Pubblicazione realizzata
da MARSILIO EDITORI S.P.A., Venezia

La Biennale di Venezia

XLV Esposizione Internazionale d'Arte

Punti cardinali dell'arte

Marsilio

Sommario

Volume I

Gian Luigi Rondi, *Presentazione*, XXI
Achille Bonito Oliva, *Punti cardinali dell'arte*, XXIII
Ernst Jünger, *Prognosi*, XLIII

Opera Italiana
Transiti
Mario Perniola, *L'arte come mutante neutro*, 3; **Vittorio Rubiu**, *Arte e persona*, 5
Giulio Carlo Argan, *Napoli*, 10; **Fulvio Abbate**, *Gibellina fabbrica civica*, 18;
Viana Conti, *Parabilia*, 24; **Angelo Trimarco**, *Due modelli*, 32
Aldo Tagliaferri, *Attributi dell'arte odierna nell'opera di Emilio Villa*, 34
Anne-Marie Sauzeau, *Omaggio a Carla Lonzi*, 36; **Francesco Poli**, *Persona*, 48
Luciano Giaccari, *Il Museo elettronico* (MUEL), 52

Trittici
Pier Giovanni Castagnoli, *La figura della differenza*, 59; **Jole De Sanna**,
Complessa, 60; **Corrado Levi**, *Imagina*, 64; **Demetrio Paparoni**, *Abstracta*, 70
Loredana Parmesani, *Oggettistica: la sfida dell'arte al reale*, 76; **Duccio
Trombadori**, *Nella memoria del sacro e del profano*, 82

Partecipazioni Nazionali

Australia, 88; **Austria**, 90; **Belgio**, 92; **Brasile**, 94; **Bulgaria**, 98
Canada, 100; **Cipro**, 102; **Comunità Stati Indipendenti**, 104
Danimarca, 106; **Egitto**, 110; **Francia**, 112; **Giappone**, 118
Gran Bretagna, 122; **Grecia**, 126; **Irlanda**, 128; **Islanda**, 130
Israele, 134; **Lussemburgo**, 136; **Olanda**, 138
Paesi Africani: Senegal, 140; **Costa d'Avorio**, 142
Paesi Nordici: Finlandia, 148; **Norvegia**, 148; **Svezia**, 149;
Polonia, 154; **Repubblica Cèca**, 156; **Repubblica di Corea**, 158
Repubblica di Croazia, 160; **Repubblica di Macedonia**, 164
Repubblica di San Marino, 166; **Repubblica di Slovenia**, 168
Repubblica Federale di Germania, 172; **Repubblica Slovacca**, 178;
Romania, 180; **Spagna**, 182; **Stati Uniti d'America**, 186; **Sudafrica**, 190
Svizzera, 194; **Turchia**, 196; **Ungheria**, 200; **Uruguay**, 204
Venezuela, 208; **Istituto Italo-latino Americano**, 212

Aperto 93
Emergenza/Emergency

Paul Virilio, *Il privilegio dell'occhio*, 227
Helena Kontova, *Intervista a Julia Kristeva*, 233

After the Event
Mike Hubert, *Dopo l'evento*, 236

Riavvicinamenti
Helena Kontova, *Riavvicinamenti (Tra i vari luoghi)*, 246

Il semplice scambio
Francesco Bonami, *«Il semplice scambio (The Mere Interchange)»*, 258

Reality Used to Be a Friend of Mine
Matthew Slotover, *999*, 270

Can Art Still Change the World?
Jeffrey Deitch, *Può l'arte cambiare il mondo?*, 282

Das Reale/Die Arbeit
Thomas Locher, *Das Reale/Die Arbeit*, 294

Indicatori
Antonio d'Avossa, *Vedute sul mondo reale*, 302

Indifference and Non-Indifference
Kong Changan (Lauk'ung Chan), *Essere non-indifferenti*, 314

Standards
Nicolas Bourriaud, *Standards*, 322

News from Post-America
Berta Sichel, *Notizie post-americane*, 330

Forse
Rosma Scuteri, *Forse...*, 340

An Essay on Liberation
Robert Nickas, *An Essay on Liberation*, 350
John Miller, *Il corpo come feticcio*, 350

Vaporetti
Benjamin Weil, *Emergenze*, 354

Punti dell'arte

Arthur C. Danto, *Oltre quel che l'occhio vede*, 365
Tommaso Trini, *Bussola. Verso il centro delle quattro direzioni comuni*, 369

Muri di carta

Arturo Carlo Quintavalle, *Fotografia e paesaggio dopo le avanguardie*, 411
Gloria Bianchino, *Il CSAC e la politica della fotografia*, 419

Volume II

Passaggio a Oriente

Elémire Zolla, *Il carattere internazionale dell'avanguardia e la specificità giapponese*, 493

Le Lettrisme
Roland Sabatier, *Il Lettrismo*, 495
Manuela Gandini, *Dalla società del «Paradiso»*, 496

Gutai
Barbara Bertozzi, *Jirō Yoshihara leader del Gutai*, 514
Ada Lombardi, *Gutai, arte all'aperto*, 518
Koichi Kawasaki, *Il gruppo Gutai. Le opere della purezza*, 519
Kazuo Yamawaki, *Gutai - Il primo impatto*, 520

Da Mosca
Giacinto Di Pietrantonio, *Viaggio nel libero spazio del nulla*, 532

Nuova pittura cinese
Francesca dal Lago, *Il realismo critico della giovane arte cinese*, 538
Li Xianting, *L'ultima avanguardia cinese*, 538

Shigeko Kubota
Marco Meneguzzo, *Dietro la vita del video (Behind the Video Life): un paesaggio narrativo*, 554
Shigeko Kubota, *Passaggio a Oriente e Passaggio dall'Oriente*, 557

Yoko Ono
Virginia Baradel, *Il cielo, soprattutto*, 558; **Yoko Ono**, *Due stanze*, 561

Slittamenti

Gianni Vattimo, *Oltre i confini dell'estetico*, 565
Chiara Bertola, *«...l'esitazione di fronte al processo mistificante»*, 568
Barbara Tosi, *Come aprire le scatole cinesi tranne l'ultima*, 570
Gabriella Di Milia, *Alviani lo specchio e gli altri*, 572
Corinna Ferrari, *L'occhio esclusivo*, 574; **Gabriella Drudi**, *Per Burroughs*, 576
Franco Bolelli, *Un metro sopra*, 578
Luca Massimo Barbero, *Osservare l'acqua. Un percorso tra le affinità della luce: Peter Greenaway - Mariano Fortuny*, 580
Marisa Volpi, *Peter Greenaway*, 580; **Fulvio Salvadori**, *Phosphoros*, 584
Vittoria Coen, *«Soffia ora il vento attraverso il mio cuore a buchi...»*, 586
Marco Giusti, *Pascali/Serpenti*, 588
Luca Maria Patella, *Duch Dis-Enameled, are you ready-maid?*, 590
Jan Foncé, *Introduzione all'approccio referenziale dell'arte di Patella*, 590
Giovan Battista Salerno, *Il segreto è una parola di sette lettere*, 592
Furio Colombo, *Rinascimento nel Lower East Side: le molte vite di Larry Rivers*, 594
Enrico Ghezzi, *Mario Schifano, l'immagine mossa*, 596
Giorgio Verzotti, *Abendland. Wim Wenders e l'immagine fotografica*, 598
Dario Ventimiglia, *Robert Wilson: un viaggio nella memoria*, 600
Luigi Meneghelli, *«Tutto a un tratto entra qualcuno o piuttosto "qualcosa"...»*, 603

Figurabile
Omaggio a Francis Bacon
David Sylvester, *Bacon racconta*, 607
Lorenza Trucchi, *L'ultimo erede di Michelangelo*, 609
Daniela Palazzoli, *Bacon, la fotografia e l'uomo invisibile*, 613

Fratelli

Maurizio Fagiolo dell'Arco, *Fratelli: Francesco Lo Savio e Tano Festa - l'essere e il niente, l'azzeramento e il monocromo; il silenzio*, 621
Massimo Carboni, *Contributi. Anima ed esattezza: Francesco Lo Savio*, 665
Francesca Alfano Miglietti, *Tano Festa: per una molteplice identità*, 687

Il suono rapido delle cose
Cage & Company

Alanna Heiss, *Introduzione*, 729
Carolyn Christov-Bakargiev, *Viaggiamo in aereo, ma pensiamo a cavallo: un omaggio italiano a John Cage*, 733
Angela Vettese, *Considerazioni sui rapporti di John Cage e le arti figurative*, 741
Ludovico Pratesi, *John Cage a «Lascia o raddoppia?»*, 749
Alanna Heiss, *Il mio amico John*, 753

Cage e le arti visive
Wulf Herzogenrath, *John Cage artista figurativo*, 759
Jon Eister, *La randomizzazione in arte*, 767
Richard Kostelanetz, *Lo sviluppo della sua arte visiva*, 771
Giulio Alessandri, *Cage: universi multimediali*, 775
Ray Kass, *Diario: John Cage, il seminario di Mountain Lake*, 779
William Anastasi, *Jarry, Joyce, Duchamp e Cage*, 783
Thomas McEvilley, *«Non mi occorre un piano, ho la 6th Avenue»*
John Cage e la tradizione Zen, 789

Cage e la poesia
Gigliola Nocera, *Frammenti di funghi*, 797

Cage e la musica
Daniel Charles, *Dalla musica alla fonografia*, 807
Martin Erdmann, *Su alcune trasformazioni caratteristiche nelle ultime opere di Cage*, 817
Paul Van Emmerik, *John Cage e il serialismo europeo*, 823
Heinz Klaus Metzger, *L'anarchia mediante la negazione del tempo*
ovvero Saggio di una lezione contro la morale, 829
Margaret Leng Tan, *Il mio ultimo giorno con John Cage: un ricordo*, 835
Klaus Schöning, *John Cage alla Westdeutscher Rundfunk Köln*, 839
John Cale, *Come si dice Zen in gallese?*, 841
Lokke Highstein, *Caged/Incaged: un omaggio rock/sperimentale a John Cage*, 845

Cage e l'Italia
Carolyn Christov-Bakargiev, Ludovico Pratesi, Angela Vettese,
John Cage (1912-1992) in Italia: principali eventi, 851
Luigi Russolo, *L'arte dei rumori. Manifesto futurista*, 856; **Gianfranco Maffina**, 858
Michelangelo Pistoletto, 860; **Gianni-Emilio Simonetti**, *Voci fuori testo*, 862
Giuseppe Chiari, 866; **Sergio Lombardo**, *Pittura stocastica*, 868
Renato Mambor, *Evidenziatore*, 870; **Gianfranco Baruchello**, *La verifica incerta*, 872
Giancarlo Cardini, *Happy New Ears*, 874
Yoshiaki Tono, *Spazio vuoto e spazio pieno*, 876; **Lucio Fontana**, 878
Walter Marchetti, 880

Macchine della pace

Laura Cherubini, *Eiréne*, 887

La coesistenza dell'arte

Lóránd Hegyi, *La coesistenza dell'arte*, 899; **Danilo Eccher**, *Il sottile desiderio della frontiera*, 904; **Paolo Balmas**, *L'anomalia romana: identità storica e aderenza al presente nell'arte italiana d'oggi*, 906; **Luisa Somaini**, *Milano, provincia d'Europa*, 908
Biljana Tomić, *La geografia dell'arte*, 910

Viaggio verso Citera
Arte e poesia

Francesca Pasini, *In viaggio verso Citera*, 929

Art Against Aids. Venezia 93

John Cheim, Diego Cortez, Carmen Gimenez, Klaus Kertess,
Drawing the Line Against Aids, 951
Mathilde Krim, Elizabeth Taylor, *Art Against Aids Venezia*, 953

Deterritoriale

Virginia Baradel, Luca Massimo Barbero, Chiara Bertola, *Deterritoriale*, 967
Giulio Alessandri, *Deterritoriale*, 967

Casino Container
MASA, *Casino Container*, 982

Plot Art
Alessandra Mammì, *Najpax*, 987

Mostre patrocinate da La Biennale
Trésors de voyage
Adelina von Fürstenberg, *Trésors de voyage*, 992

La notte dell'informazione: strumenti di pace
Luigina Bortolatto, *Intorno a Canova, ars adriatica*, 998

Insulae & insulae
Massimo Donà, *Nuove forme di esperibilità estetica*, 1000
Giorgio Nonveiller, *Insulae & insulae*, 1000

Incroci del Sud
Affinities
Sally Arnold, *Concetto per la mostra «Incroci del Sud.Affinities»*, 1004

Eventi

Swatchanschauung, 1010
Xenografia, 1012
Emilio Fantin, 1014
La Guerra dei Figli della Luce contro i Figli delle Tenebre, 1016
Flamenco y kathak, 1018
Jazz in Time, 1020
Allan Kaprow, 1022
James Lee Byars, 1024

Il cavallo di Leonardo

José Luis Brea, *Mai più sarà un cavallo...*, 1029

Indici

Indice degli artisti, 1033
Elenco dei prestatori, 1036
Courtesy, 1038
Crediti fotografici, 1039

XLV Esposizione Internazionale d'Arte

Passaggio a Oriente

GIARDINI DI CASTELLO
PADIGLIONE ISRAELE
PADIGLIONE ITALIA

Kasumi-dana
Shelf of
Kyaku-den

492

Il carattere internazionale dell'avanguardia e la specificità giapponese *di* Elémire Zolla

Credo che non ci siano differenze, quasi nemmeno marginali fra chi tenti di esprimersi artisticamente (per ciò che possa ancora designare il termine) da noi e in India, in Cina, in Giappone. Una danza giapponese moderna potrebbe essere nata da noi, una vena pittorica giapponese preserva soltanto una certa linea raffinata, in memoria di antiche eleganze nazionali. Per l'India e la Cina l'assimilazione è ancora più totale. Non è tanto importante allineare le pitture giapponesi di Van Gogh o di Whistler o di Monet; nemmeno conta elencare le giapponeserie che invasero i salotti parigini di fine Ottocento, importati tramite Fenellosa: sono soltanto memorie di un periodo di reciproca assimilazione, che è oggi giunta all'ultimo limite. Un'avanguardia già in questo secolo non ha nazionalità: il futurismo fu l'ultimo movimento dove sarebbe forse possibile accertare la diversità fra la versione italiana e la russa. Un movimento d'avanguardia oggi non nasce necessariamente in un luogo specifico del globo. Un quadro non risente del momento storico, una composizione di elementi non reca traccia delle divisioni di civiltà: si pone fuori della storia, nell'unico e assoluto globo unificato. Perciò non è dato di parlare d'una varietà di indirizzi, di tensioni, di propositi.

Questa condizione comincia a stabilirsi nell'Ottocento, si rafforza nel nostro secolo. Le arti africane e oceaniche furono esposte a Parigi nei primi vent'anni del Novecento e, dopo un'incomprensione radicale degli inizi (quando sembravano esasperazioni selvagge ed espressionismi della foresta), furono intesi come operazioni magiche e descrizioni di condizioni psichiche al margine della norma. Il loro influsso fu distruttivo, la radicalità dei loro intenti riuscì inassimilabile in un ambiente che ignorava la possibilità della transe. Rappresentarono quegli esempi, una carica dirompente, che aiutò l'annientamento delle tradizioni europee. Fino al loro arrivo l'Europa era riuscita a tenersi fedele al suo passato. Dopo, ogni fedeltà fu rinnegata.

La resistenza tuttavia era stata pertinace. Si pensi alla sua durata! Alla prova a cui resse l'Europa nel Settecento, con le cineserie che invasero l'intero continente.

Che cosa si prova entrando nelle stanze cinesi arroccate nei palazzi settecenteschi? L'interesse che subito si accende, sempre è venato di lievità, di divertimento, di gioco. C'è un fondo frivolo al cuore dell'artigiano fiorentino, parigino, svedese di cineserie: si sente che non penetra al fondo più intimo dell'arte cinese, non arriva nemmeno a capire la diversità di carattere fra sé e il Cinese. Questa si manifesta già nelle scaffalature: presso di noi sono giochi di piani paralleli sovrapposti, in Cina sono dislocate in modo eccentrico, ad un piano segue l'altro più breve o più esteso, creando effetti di varietà animata e tortuosa. Si riproduce lo stesso movimento frastagliato e spiralato che regge i draghi dell'ornato cinese.

Le grottesche europee rispondono a ritmi incompatibili e si adattano a popoli che, per mettersi in coda, si allineano lungo una linea dritta. In Cina per accedere ad uno sportello la gente forma una spirale, imita un corpo di serpente o di drago. Questo istinto cinese, questa particolare disposizione al movimento ondulato, che si manifesta anche nel pugilato con l'ombra, nelle mosse di *tai ch'i chuag*, non è compresa e non è riprodotta dagli artigiani di cineserie: i loro interni non raggiungono mai l'effetto elusivo, giocato, misterioso degli originali. La loro mano non saprà mai istintivamente frangere e far ruotare le linee dritte, torcere i contorni, scandire secondo scale distinte.

Del pari gli elogi settecenteschi del sistema di governo cinese fondato sui concorsi di letterati, i tentativi di imitare i principi dell'*I King* ai quali Leibniz si dedicava, paiono non cogliere il modello. Ancor più il tipo di tolleranza religiosa che si era mantenuto in qualche modo nella Cina non arrivava a imprimersi in menti europee che pure tentavano di evadere dalla violenza cristiana, dalla prigione in cui le racchiudevano i concetti europei di creazione dell'universo, di individualità eterna delle persone, di Dio come persona. La distanza rimase incolmabile, nessun ponte autentico fu gettato.

Nell'Ottocento la distanza fra l'Europa e l'Oriente si attenua. Proprio perciò si inacerbisce e diventa insolente, nel caso di Hegel, che grida le sue invettive contro l'India femminea e oscura e tenta di chiudere ogni spiraglio a un'intesa. Ruskin esclude con pari rigore la via dell'assimilazione. Sono difese estreme, nel momento stesso in cui l'ammirazione viceversa travolge i più sensibili, fino all'abbraccio memorabile di Schopenhauer. Da lui sorge la vena radicalmente diversa di Wagner, impregnata di miti buddhisti.

È una storia che già si è narrata, che porta al lento sfascio dell'arte occidentale tradizionale.

Vale la pena di porsi la domanda: che cosa tenne a distanza la civiltà? Dopotutto ogni intelletto sgombro e capace ha sempre pensato come il Plutarco del trattatello su Iside e Osiride, congiungendo la logica rigorosa all'interesse dell'amore e della pace:

«Non esistono dèi diversi per popoli diversi, né dèi barbari e dèi greci e ancor meno dèi settentrionali e meridionali; come sole e luna, cielo e terra, benché assumano diverso nome, appartengono a tutti, così svariano da popolo a popolo religioni e divinità secondo le varie tradizioni e tuttavia si riferiscono tutte ad un'unica ragione primaria, la stessa che generò questo mondo, e all'unica provvidenza che lo regge».

Così predicò il più illuminato degli scrittori antichi, così ripeterono i Fiorentini alla fine del Quattrocento e ancora oggi continuano a ripetere coloro che pensino aldilà d'ogni interesse o timore.

Eppure esiste una difficoltà a porsi da questa prospettiva sincretica. Non sono tanto le varietà di esperienze storiche a dividere: si possono assimilare e comprendere. C'è uno strato divisorio che separa gli uomini e che giace a una profondità notevole della psiche e di cui non sempre si riesce a essere consapevoli. Non è la differenza linguistica, che la traduzione varca. Non è nemmeno l'aspetto specifico, il colore della pelle, che ben presto si cessa di avvertire. Quanto alle superstizioni, esse alla fin fine non dividono i popoli più di quanto dividano fra loro i membri di ciascun

popolo. Esiste viceversa un insieme di reazioni istintive inestirpabile, che si impianta nell'uomo fra i due e i tre anni di età. In questo momento intensissimo i bambini edificano un sistema di simpatie e antipatie, di accettazioni e condanne, di attrazioni e ripulse che nulla potrà mai estirpare.

Essi respingono in primo luogo l'escremento, che prima non li allarmava e allineano ad esso certi sapori e odori, certe abitudini, certi atteggiamenti apparentemente spontanei. Esistono sapori che certe civiltà impongono ai fanciulli di aborrire, altre di prediligere. Allarmante e disgustoso appare l'aglio di norma in Inghilterra o in Giappone, ma sembra un condimento saporoso nei paesi mediterranei o in Corea. Latte e formaggio sono barbarie di pastori aborriti in Cina. Queste ripulse diventano dogmatiche nelle varie religioni; ripugna ad un Ebreo o ad un Islamico osservanti il sapore dolciastro del maiale e all'Islamico anche il sentore del vino. Tutte queste reazioni si scambiano per naturali e fisiologiche, anche se la storia documenta la facilità con cui si ribaltano, come avvenne per la patata o il tabacco nell'Europa del Seicento. Questo strato psichico sottile ma violento suona come voce del sangue e della razza.

In case esotiche saremo sopraffatti dalle regole che ci faranno ressa addosso: guai a volgere in direzione d'un ospite orientale le dita delle mani o dei piedi, guai a emanare odori vietati, guai a tenere i piedi calzati. Soltanto una lunga consuetudine consuma le nostre irritazioni, che vietano ogni affiatamento intimo, ogni travaso da una civiltà all'altra, rinserrandoci nella nostra particolare nazione e classe, vietando la piena adozione d'un'arte straniera.

Perché gli artigiani di cineserie svedesi, fiorentini, inglesi non riuscirono a immettersi interamente nei ritmi cinesi?

Giocava un'inassimilabilità delle due culture. L'Europa non aveva coltivato fino al Rinascimento il paesaggio in sé e per sé, mentre in Cina e in Giappone si erano sfruttate fino in fondo tutte le possibilità della contemplazione di mari, pianure, montagne. Si era anche esplorata la possibilità di penetrare in mondi naturali rastremati al minimo, ridotti a proporzioni esigue, dove l'anima contemplativa si immergeva e si trasformava interamente: un processo che in Europa fu soltanto capito nel nostro secolo da R.A. Stein. Una consuetudine cinese che in Europa non penetrò mai fu la raffigurazione in scultura e in pittura delle rocce e dei sassi.

Con stupore un giovane critico giapponese, Yasuhiro Saito ha notato che soltanto nell'arte cinese si trovano precedenti al paesaggio leonardiano della *Sant'Anna*. Egli cita le sfumate montagne di Hsu Dao Ning e di Yan Wen Gui, sorgenti sulle acque, selvagge e inaccessibili, viste da tre prospettive concorrenti, dall'alto, dal basso e secondo una giustapposizione digradante: esattamente corrispondenti al paesaggio montano leonardesco, che mirava a raffigurare il mondo emergente ai primordi dal diluvio. Per i Cinesi quelle catene erano dimora di esseri sovrannaturali e di draghi[1].

E questi divari d'esperienza erano radicati nel sistema inconscio formato nella prima infanzia, perciò nemmeno esprimibili salvo dopo secoli di prossimità.

Ma le arti della Cina e del Giappone si erano forse anch'esse difese dall'abbraccio?

Credo che la Cina abbia dovuto soccombere, anche perché la lunga tirannide comunista ha divelto ogni possibilità di sopravvivenza tradizionale e ora l'immenso paese si apre all'assimilazione totale.

Il Giappone è un caso assai diverso. Parve convertirsi integralmente all'Occidente con l'inizio dell'epoca Meiji. Una deputazione di nobili giapponesi viaggiò per l'Europa e importò i maestri di diritto dalla Germania, i maestri di ingegneria dall'Inghilterra, i maestri d'arte dall'Italia. Al Fontanesi furono affidati i giovani Giapponesi che vollero dedicarsi alla pittura. Fu una conversione spaventosa e distruttiva: i samurai che vollero resistere furono sterminati. In pochi anni si costruì un paese rivale dell'Occidente, capace all'inizio del nostro secolo di sbaragliare esercito e flotta dell'Impero russo. Eppure ciò che colpisce l'occhio nel Novecento credo sia soltanto la parte essoterica del Giappone. Si rifletta sulla sua dinastia imperiale, rimasta uguale a se stessa da 1600 anni, durata quasi pari a quella del papato. La religione nativa non fu mai repressa, rimase intatta via via che furono assimilati i sistemi confuciani, taoisti, buddhisti della Cina e ispirò i grandi teorici politici del Settecento, che giudicarono morto l'impulso politico autonomo cinese e presagirono l'emersione nell'universo del Giappone. Questa tradizione religiosa si unì alla casa imperiale in un legame strettissimo, che le riforme imposte dagli Americani non riuscirono a svellere.

Tutte le discipline dell'Occidente, assimilate in modo strettissimo, intimo e pervasivo, non arrivarono tuttavia a scalfire le tradizioni autonome giapponesi, che seppero prolungarsi, anche se la superficie occidentale sembrò piena e convinta. Il culto degli antenati, la coesione della famiglia, le conoscenze trasmesse a gesti, a intonazioni, mediante atti memorabili e suicidi, le tennero in vita più delle parole pronunciate, più di un'arte rettorica e oratoria.

Nelle arti si produsse la stessa scissione perfetta, poiché continua la tradizione ininterrotta, una pittura nipponica imperterrita. Negli anni scorsi girò l'Europa settentrionale una mostra incantevole di pittori giapponesi che preservavano nitidamente l'insegnamento antico: Nihonga. Così la lingua antica è preservata dalla famiglia imperiale. Così continua a mantenersi intatto il culto delle sillabe giapponesi fondamentali.

Dietro la facciata tutta occupata dall'adozione di filosofie occidentali, via via imitate e adottate con piena sincerità, perdura la concezione trasmessa dall'inizio dello Stato.

Il mondo giapponese è tutto assimilato, eppure si celebrano riti imperiali come il *daijô-sai*, più complessi di quelli mesopotamici.

Forse il Giappone tiene stretta una riserva intatta: non la si vede lungo le strade giapponesi, non si scopre entrando nelle case giapponesi o intrufolandosi nelle aziende. Ma esiste uno spazio diverso al quale alcuni Giapponesi hanno accesso e si mantiene, unico nell'universo.

Tuttavia nel mondo delle avanguardie non si distingue una nazione dall'altra, il globo risulta perfettamente unificato.

---

[1] Yasuhiro Saito, *Leonardo e la pittura estremo-orientale*, in *Nature and Artifice in the World of Life*, a cura di G. Marchianò, Siena 1992, pp. 67-88.

Le Lettrisme

Il Lettrismo

Tra tutti i movimenti culturali del passato – dei quali rivendica a sé la necessaria continuità creativa – il Lettrismo si afferma come il movimento che ha prodotto il maggior numero di creazioni specifiche, senza curarsi di generalizzazioni esteriori, oltranziste, errate.

Situandosi in modo preciso nella maggior parte delle varie discipline artistiche, scientifiche, filosofiche, teologiche e tecniche – i contributi portati alla storia da questo movimento pongono inusitati problemi di diffusione e comunicazione, proprio a causa della loro grande varietà.

La definizione fondante di «Lettrismo», se alle origini circoscrive un'innovazione basata sulla lettera sonora e limitata alla poesia e alla pittura, per semplificazione verrà imposta anche alle innovazioni proposte in un secondo tempo, quando queste non ricorreranno più – o non sempre – all'uso di caratteri latini.

In quanto progetto globale, desideroso di spingersi al limite estremo delle conoscenze del suo tempo, il Lettrismo tende a un decuplicarsi del Sapere e della Pratica. Sua esigenza è la rivoluzione culturale permanente – sottoposta al vaglio moltiplicatore della Creatività – che per finalità conclamata ha «la società paradisiaca».

Introduction à une nouvelle poésie et à une nouvelle musique *(1947)*, L'Agrégation d'un Nom et d'un Messie *(1947)*, Traité d'Economie nucléaire *(1949)*, Les journaux des Dieux *(1950)*, Esthétique du cinéma *(1952)*, Fondements pour la transformation intégrale du théâtre *(1953)*, Introduction à une esthétique imaginaire *(1956)*, Manifeste pour le bouleversement de l'architecture *(1968)*, o Manifeste pour une nouvelle psychopathologie *(1971)*: sono solo alcune tra le opere-manifesto di Isidore Isou, creatore nel 1945 del movimento. Queste opere incarnano tale esigenza e si pongono a fondamento di quelle multirivoluzioni, raccordate e spiegate nelle loro origini con La Créatique ou la novatique *(1941-1976)* o metodo del disvelamento permanente, pubblicato nel 1977.

Attorno a Isidore Isou, e sulla base del suo apporto, i creatori del gruppo lettrista – Gabriel Pomerand, Maurice Lemaître, Roland Sabatier, Micheline Hachette, Alain Satié, François Poyet, Gérard-Philippe Broutin, Woodie Roehmer, Albert Dupont, Frédérique Devaux, Michel Amarger, Virginie Caraven e Jean-Paul d'Arville – esplorano a tutti i livelli queste nuove concezioni con realizzazioni personali che dimostrano la ricchezza e l'estensione dei territori scoperti.

Altro tratto originale del Lettrismo, legato in particolare al suo a priori creativo, è l'attitudine a superare di continuo se stesso. In passato accadeva che questo o quel grup-

po giungesse all'espressione più avanzata dell'avanguardia in una data disciplina, proponendo ad esempio il cubismo o il simbolismo. Poi, in virtù dell'assimilazione degli apporti precedenti, erano gruppi diversi a spingersi oltre con l'apporto di strutture distinte quali l'astratto, oppure l'ermetismo di Mallarmé. Nell'ambito delle discipline di volta in volta prese in esame, è il Lettrismo stesso che supera i propri apporti; la pittura lettrista esigeva fin dal 1945 la riduzione della rappresentazione alla lettera latina, poi nel 1950 veniva estesa, attraverso la cosiddetta Hypergraphie, alla totalità dei segni culturali e pratici. Quest'ultima struttura veniva a sua volta superata nel 1956 dall'Esthapéirisme, ovvero Arte Infinitesimale, fondata – al di là dei segni concreti – su valori virtuali o immaginari. Oggi viene superata dall'Excoordisme o Téisynisme, che si occupa delle coordinazioni iper-infinite delle componenti formali minime o immense.

La cornice che la Biennale di Venezia ha messo a disposizione del gruppo di avanguardia non consente di rendere conto delle diverse sfaccettature del Lettrismo nell'ambito di ciascuna disciplina e, a maggior ragione, della molteplicità delle sue sfere d'interesse. La vocazione essenzialmente pittorica di questo Ente ci ha spinti a porre l'accento soltanto sulle attività visive di questo gruppo. Dal 1945 a oggi, alcuni momenti forti attestano la realtà del movimento nella creazione formale, plastica e prosodica, come nei settori collaterali para-estetici della méca-esthétique (1952) – struttura del complesso dei supporti possibili offerti all'arte – e delle cornice sovratemporale (1960), costituita a partire dalla partecipazione attiva e illimitata del pubblico.

Tuttavia questa prevalenza nell'offerta, specialmente attraverso le tematiche veicolate, consente di intravedere gli altri interessi – altrettanto rilevanti – dei protagonisti del Lettrismo, in relazione ad altre discipline dell'arte e alle discipline complementari della Conoscenza: la poesia e la musica lettriste, le expressions aphonistes, esploratrici del silenzio, create nel 1959, le arti dello spettacolo, l'architettura, la matematica, l'etica, la psicologia ecc. A tal fine, parecchi video contribuiranno alla percezione della dimensione storica del movimento – in particolare per quanto riguarda il cinema, con la proiezione di sequenze di film girati a partire dal 1951, e l'economia politica, con la presentazione dei concetti del Sollevamento della gioventù. Queste realizzazioni verranno inframezzate da testi teorici, concepiti per definire e insieme situare il Lettrismo nella cultura generale rispetto all'attività contemporanea. Oltre all'interesse – per alcuni della scoperta, per altri della riscoperta – che tale scelta non mancherà

di suscitare, le opere presentate, in quanto organizzate attorno a segni concreti e virtuali della comunicazione sonora, visiva e immaginaria, simboleggiano i «passaggi» e gli «slittamenti» possibili tra le varie civiltà. In questo senso, esse indicano l'auspicata unità di Oriente e Occidente in una stessa necessità creativa. In virtù del carattere pluridisciplinare globale dell'indagine lettrista, pongono quindi le basi per la costruzione di un universale Rinascimento artistico, filosofico, scientifico, teologico e tecnico.

Roland Sabatier

Dalla società del «Paradiso»

Nel 1945 arriva a Parigi Isidore Isou. Bello sexy intransigente, assomigliava a Elvis prima di Elvis. Era energico strafottente deciso a tutto. Era venuto per affermare la sua singolare espressione poetica che avrebbe rappresentato l'unità base e il fondamento della teoria lettrista. Il Lettrismo – come si legge in qualsiasi testo dell'immenso edificio teorico di saggi e trattati, prodotti dai componenti del gruppo in quasi cinquant'anni di esistenza – nasce come «organizzazione delle lettere e dei fonemi considerati nella loro purezza non concettuale» (Sabatier). Nel '47 Gallimard pubblica il primo testo di Isou: Introduction à une nouvelle poésie et à une nouvelle musique, che costituirà la base della dottrina lettrista. Con la fondazione del nuovo Movimento, la parola viene scomposta e le lettere, dolorosamente separate tra di loro, s'impongono, con la peculiarità del proprio suono, nella bocca dei poeti lettristi. L'isolamento della micro-particella linguistica non è che il principio di un rigore disciplinare che il lettrismo applicherà a tutti gli ambiti del sapere. Dada era arrivato al rien. Il Surrealismo risucchiava le parole da un altrove inconosciuto. Baudelaire, Verlaine, Rimbaud, Mallarmé avevano scarnificato via via il verso esaltandone il suono. Proust e Joyce, avevano tolto i freni alla narrazione, lasciato scorrere, con la deviazione della grammatica, un'interminabile fiumana di parole. L'Impressionismo aveva disfatto l'immagine con la luce. In meno di cento anni s'era passati – secondo l'analisi isouiana – da una fase amplique della cultura, ossia di rappresentazione e arricchimento formale del romanzo e del disegno, iniziata con Omero e conclusasi con Hugo e il Romanticismo, ad una fase ciselant, nella quale si era iniziato a destrutturare, liquefare, spezzettare il linguaggio, il segno, la forma, il concetto di unicità. Spinto dall'idea di superare e seppellire ciò che era rimasto delle avanguardie, Isidore Isou, irrom-

peva con violenza e clamore nella Parigi dell'arte, a Saint-Germain-des-Prés, alla conferenza di Tristan Tzarà, e con la sua incontenibile esuberanza trascinava a sé folte schiere di adepti. Nel 1944 si inaugura «l'era lettrista», paragonabile, secondo i componenti del gruppo, per la sua portata culturale omnicomprensiva, al Classicismo e al Rinascimento. Non c'è settore del sapere (Kladologie o scienza integrale delle branche) di cui il lettrismo non si sia occupato, offrendo, ai propri adepti e alla gente comune, gli strumenti metodologici per giungere, attraverso la Creatica, cioè l'arte della creazione, alla Società Paradisiaca. Nell'universo lettrista le fasi: di movimento e di paralisi, di costruzione e distruzione, di voce e di silenzio, si susseguono alternativamente o si sovrappongono, secondo una sistematicità coerente di sviluppo e diniego di un medesimo concetto. In tutti gli ambiti – poesia scienza arte cinema erotologia tecnologia teologia matematica – il Movimento ha applicato la medesima unità di pensiero. La sollecitazione plurisensoriale del lettore del romanzo meta-grafico o ipergrafico, ad esempio, scritto e disegnato con grafismi e anti-grafismi, fotografie e altri elementi dell'universo a tre o x dimensioni (compresi vita, odori, suono), anticipa concettualmente l'uso delle nuove tecnologie virtuali in cui lo spettatore si rende partecipe «realmente», con i cinque sensi, di una situazione che esiste solo nella virtualità. Il Lettrismo, andando oltre, ha anticipato il concetto di autore collettivo che negli ultimi tempi si sta comunemente affermando nella realtà e nella telematizzazione dell'individuo. Nel ricco vocabolario lettrista, troviamo l'estapeirismo o estetica infinitesimale, che è basata sull'impiego di particelle incomplete o prive di significato (nell'arte, nell'alfabeto, nell'architettura) che permettono il completamento immaginario dello spettatore. Con l'arte supertemporale ('60) lo spettatore diventa a tutti gli effetti co-autore, poiché è invitato ad intervenire realmente nell'opera o a salire su un piedistallo, usando gli strumenti che l'artista mette a disposizione. Nell'ambito del cinema (il primo film di Isou, Traité de Bave et d'Éternité, è del '51 e il primo di Maurice Lemaître, Le Film est Déjà commencé?, del '52, con il montaggio discrepante, ossia la non-sincronizzazione dell'immagine con suono, e con la pellicola ciselate, cioè graffiata, strappata, maltrattata; le immagini, integre e deturpate, si presentano vive, autonome, e marciano in anticipo sulle successive invenzioni cinematografiche. Nel '49 Isou pubblica il Traité d'Economie Nucléaire: Le Soulèvement de la Jeunesse, trattato che individua nei giovani («externist» all'economia) un potenziale serbatoio di rivoluzionari, pronti alla

creazione pura o alla guerra. La prima analisi economica sulla condizione giovanile, che troverà sfogo vent'anni più tardi nella rivolta del '68, è ancora una volta l'individuazione, da parte di Isou, dell'origine e della sua fecondità: come il la lettera solitaria non ha ancora formato la parola, il giovane non ha ancora formato la propria identità sociale. Nel '50 Lemaître fonda la rivista «Front de La Jeunesse», per un'unione studentesca di massa. Ciò che il Lettrismo, «avanguardia delle avanguardie», nella sua teoria della cultura, ha anticipato, non è stato il frutto della realizzazione della società paradisiaca in senso idealistico, piuttosto ha avuto la lungimiranza di intravvedere, nello svolgersi della propria scuola, ciò che volgarmente e genialmente nella pratica, l'uomo ha realizzato nel corso del proprio vagabondaggio anarchico di questa fine secolo. Del resto l'arte ha sempre dato indizi senza mai completare.

Isou nella Paradilogia, cioè la sfera della felicità creatrice che si compie nella società «lettrizzata», afferma che diventeremo tutti Iddii e tutti maestri. Essere Iddii non significa essere dèi – cioè avere un ruolo specifico, interdipendente, in una società spirituale che rappresenta l'organizzazione fondata sulla divisione del lavoro – ma piuttosto significa acquisire onnipotenza, poter intervenire in ogni campo, essere protagonisti e autori. Siamo già una società di «iniziati»: qualunque uomo fatto immagine e moltiplicato può assurgere al palco quando vuole e propagare la sua imperfezione, la sua ira, il suo splendore e al plauso del pubblico, intervenendo, «autore di fatto», nella creazione della società Paradisiaca.

Manuela Gandini

In coproduzione con il Département des Affaires Internationales du Ministère Français de la Culture et de la Francophonie. Con il sostegno di: La Galerie de Paris (Paris) L'AFAA L'Association Ecritures

Isidore Isou, Les journaux des Dieux, pubblicato nel 1950

44. Joseph met à l'épreuve ses frères.

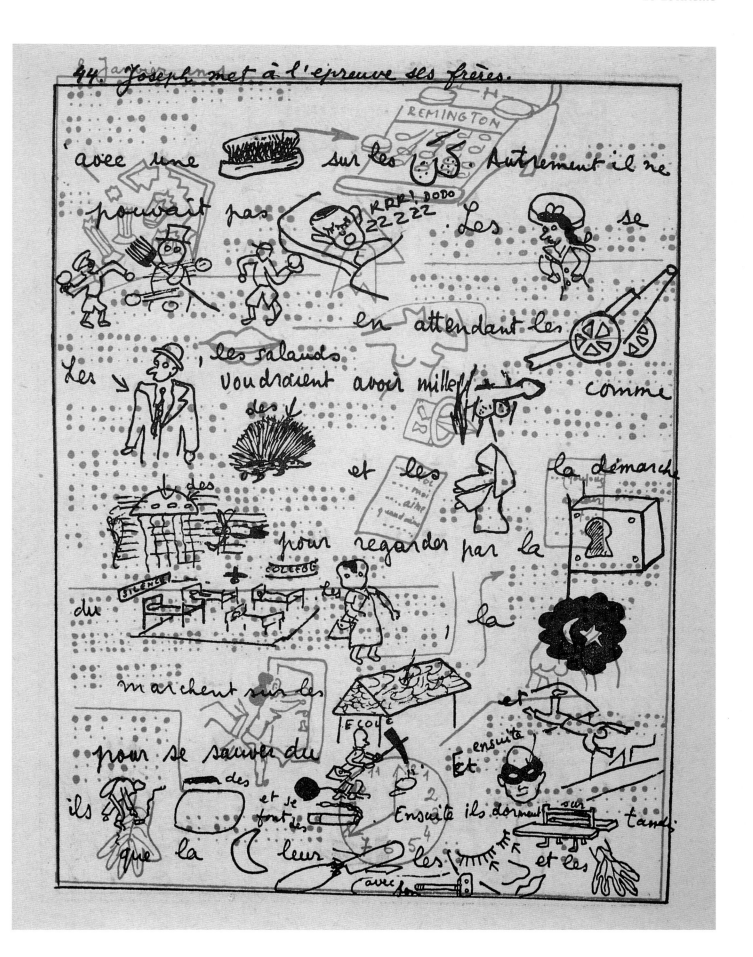

Isidore Isou

1. Dessin lettriste,
1944
Matita su carta, 19,5 x 15,5 cm
Parigi, Collezione
Roland Sabatier

2. Plastique infinitésimale
ou esthapéïriste,
1956-87
Acrilico su tela, 130 x 97 cm
Parigi, Collezione Eric Fabre

3. Opus Aphonistique N. 1,
1959-87
Fotografia, 52 x 62 cm
Parigi, Collezione Eric Fabre

4. Initiation à la haute volupté,
1960
Inchiostro su pellicola, 3 parti,
18 x 13 cm ciascuna
Parigi, Collezione
Gérard Rambert

5. Méca-Esthétique
physiologique,
1962
Escrementi e inchiostro su tela,
19 x 24 cm
Parigi, Collezione Eric Fabre

6. Estrade pour l'art
supertemporel,
1962-87
Acrilico su legno,
100 x 100 x 30 cm
Parigi, Collezione Eric Fabre

7. Méca-Esthétique de la
plastique liquide,
1962-87
Smalto su vetro, 24 x 12 cm
Parigi, Collezione Eric Fabre

8. Oeuvre de prodigalité
esthétique,
1962-87
Forno a gas e bottiglia butano,
40 x 70 x 15 cm
Parigi, Collezione Eric Fabre

9. Plastique physiologique,
1962-87
Falso escremento in vaso
da notte, 62 x 52 cm
Parigi, Collezione Eric Fabre

10. Enfin et non (en 2 parties),
1963
Olio su due tele,
22 x 16 cm ciascuna
Parigi, Collezione Alain Satié

11. Bref manifeste infinitésimal,
1963-87
Fotografia, 52 x 62 cm
Parigi, Collezione Eric Fabre

12. Le Telescripto - Peinture,
1963-87
Fotografia e telescrittura,
62,5 x 52,5 cm
Parigi, Collezione Eric Fabre

13. Introduction à un traité
de mathématiques, *1964*
Olio su undici tele sovrapposte,
168 x 140 cm
Parigi,
Collezione Bruno Sabatier

14. Grâce à Isou il y a un os
dans la photo, *1971*
Parigi, Collezione Alain Satié

15. La plus petite photo
du monde, *1971*
Collage e inchiostro su tela,
27 x 22 cm
Parigi, Collezione Alain Satié

16. Oeuvre
anti-supertemporelle,
1987
Inchiostro e collage su libro,
18 x 12 cm
Parigi, Collezione Eric Fabre

17. Portrait de Dieu,
1991
Olio e collage su tela,
55 x 46 cm
Parigi, Collezione Eric Fabre

Gabriel Pomerand

1. Sans titre,
1951
Olio su tela, 65 x 54 cm
Parigi, Galerie 1900-2000

Maurice Lemaître

1. Autoportrait lettriste,
1957
Olio su tela, 73 x 32 cm
Parigi, Collezione Eric Fabre

2. Cadre sup, *1962*
Inchiostro e acrilico su tela,
22 x 27 cm
Parigi, Collezione Eric Fabre

3. Carnet de note du peintre,
1962
Olio su tela, 24 x 35 cm
Parigi, Collezione Eric Fabre

4. Oeuvre pulvériste
supertemporelle, *1962*
Pasta e pittura materiale in una
cornice di legno, 70 x 90 cm
Parigi, Collezione Eric Fabre

5. Médaille du mérite lettriste,
1963
Metallo dipinto, 46 x 37 cm
Parigi, Collezione Eric Fabre

6. Stencil supertemporel,
1964
Macchina da scrivere, inchiostro,
correttore su matrice
per ciclostile, 63 x 40 cm
Parigi, Collezione Eric Fabre

Roland Sabatier

1. Electrographie en prose
avec noirs, *1963*
China su cartone,
34,3 x 33,6 cm

2. Peinture a-optique, *1963*
Inchiostro su cornice di legno,
61,5 x 41,5 cm

3. Oeuvre d'art
supertemporelle, *1963-64*
Inchiostro e pittura su panno
con 4 freccette, 40,5 x 32 cm
Parigi, Collezione Eric Fabre

4. Stendhal a fait..., *1965*
Acrilico su tela, 50 x 64,5 cm

5. Peinture déambulatoire,
1966
Collage e inchiostro
su superficie, 56 x 75 cm

6. Post-embrouillages
excoordistes, *1992*
Gomitolo di lana con etichetta,
25 x 10 cm

Micheline Hachette

1. Lettres pour Guatimozin,
1964
Matita su tela, 27 x 22 cm
Parigi, Collezione
Roland Sabatier

2. Oeuvre sup sado-maso, *1976*
Acquerello su foto, 30 x 40 cm
Parigi, Collezione
Roland Sabatier

3. Oeuvre excoordiste, *1992*
Tessuto tagliato e litografia,
63 x 56 cm
Parigi, Collezione
Roland Sabatier

Alain Satié

1. Sans titre, *1964*
Inchiostro, matita e pittura
su panno, 40 x 26 cm

2. Entassements, *1966*
Inchiostro su due tele,
35 x 27 cm ciascuna

3. Hypergraphie infinitésimal
contrôle et relance, *1973*
Serigrafia, acrilico e inchiostro
su tela, 73 x 60 cm

4. Poly-infinis excoordistes,
1993
Specchi e installazione elettrica
in una scatola, 30 x 30 x 30 cm

5. Emblème pour la société
paradisiaque
Inchiostro e olio su tessuto,
550 x 300 cm

François Poyet

1. Polystile, *1972*
Inchiostro e vinile su tela,
35 x 27 cm

2. Sans titre, *1972*
Acrilico, inchiostro e collage
su tela, 46 x 38 cm
Parigi, Collezione Alain Satié

3. Délice et haine, ça lasse;
Label gospel,
1991
Alluminio lavorato,
2 piastrine, 13 x 35 cm ciascuna

4. Portrait d'Isou,
1992
Vetro, specchio e lente incisa,
51,5 x 41 cm

Gérard-Philippe Broutin

1. Hypergraphie
polyautomatique,
1968
Inchiostro su tela grezza,
46 x 33 cm

2. Méticisation géologique,
1970
Inchiostro colorato su carta,
32 x 24 cm

3. Les habitants de New York,
etc. ..., *1982-90*
Inchiostro su tre tele, computer
su tavolo, 108 x 46 cm

4. La pyramide
non symétrique, *1992*
(La piramide non simmetrica)
Collage e inchiostro
su fotografia, 24 x 30 cm

Woodie Roehmer

1. Le roman de la fête,
1971
Acrilico e inchiostro su tela,
46 x 38 cm
Parigi, Collezione Alain Satié

Albert Dupont

1. Parc naturel mondial
de l'imagination,
1992
(Parco naturale mondiale
dell'immaginazione)
Smalto su metallo
(2 pezzi, diam. 60 cm ciascuno)

Frédérique Devaux

1. La vie des signes, *1981*
Lucido tagliato, ricamo
e acquerello su foto,
30 x 40 cm

2. Petite introduction à la
tapisserie-livre excoordiste,
1992
Ricamo su canovaccio,
20 x 28 cm

Michel Amarger

1. Oeuvres excoordistes, *1992*
Oggetti in vasi di vetro, 20 cm

Virginie Caraven

1. Légende indienne
et d'ailleurs, *1991-92*
Acrilico su carta stradale
incollata su tela e libro dipinto
2 pezzi, 38 x 46 cm;
10 x 14 cm
Parigi, Collezione
Roland Sabatier

Jean-Paul d'Arville

1. Hyperaldique, *1989*
Acrilico su tela, 46 x 38 cm
Parigi, Collezione
Roland Sabatier

Alla pagina precedente:

Maurice Lemaître, Sculpture
inimagìnable, *1964*

Roland Sabatier,
Electrographìe, *1963*

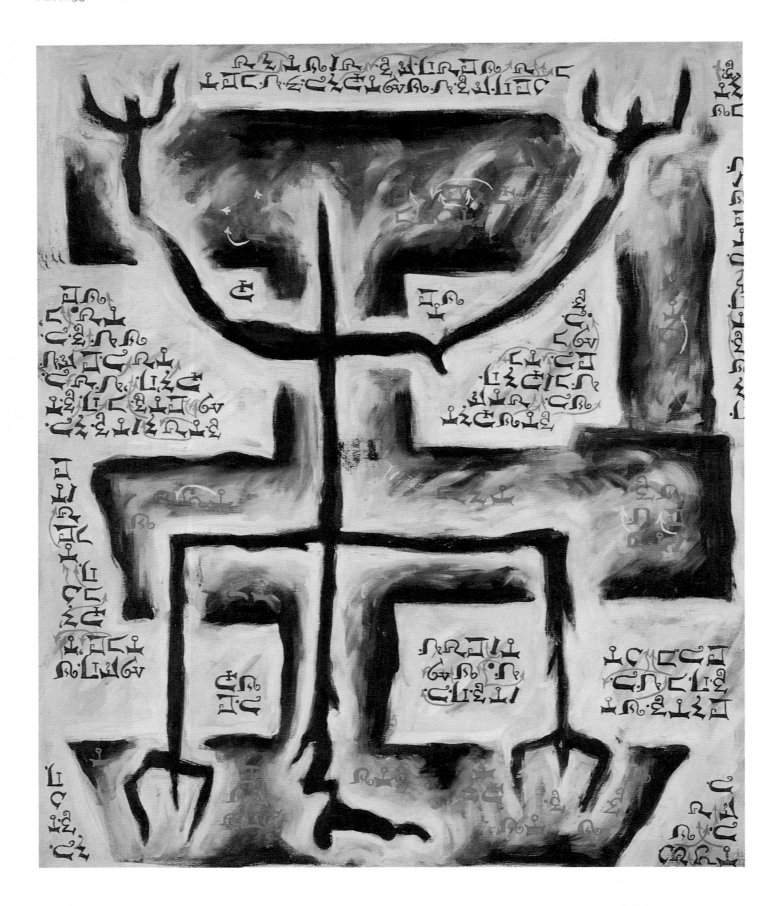

Gabriel Pomerand,
Sans titre, *1951*

Alain Satié,
Entassements, *1965-66*

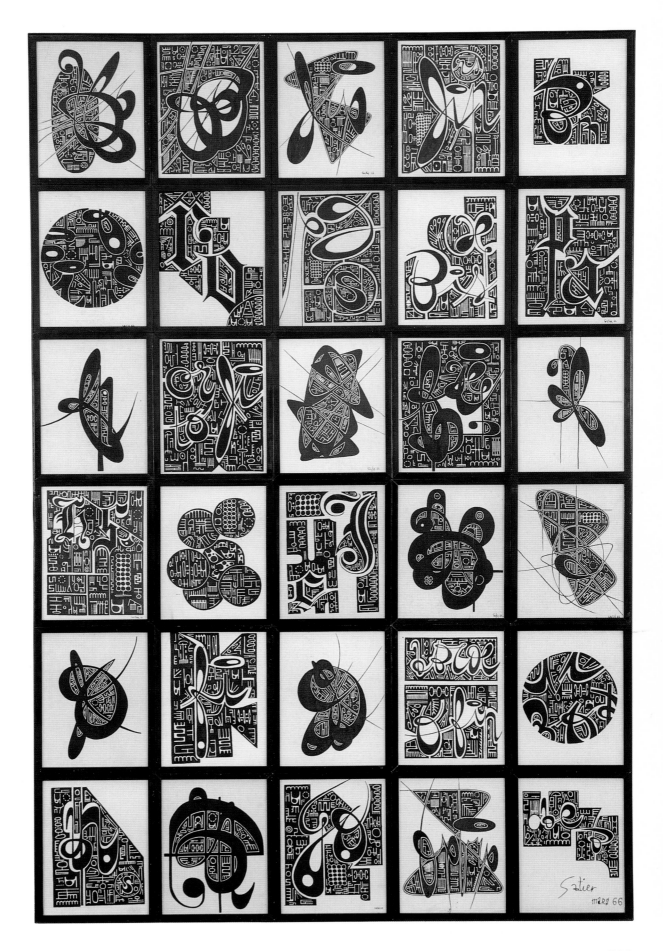

Passaggio a Oriente

'69 Micheline Hache

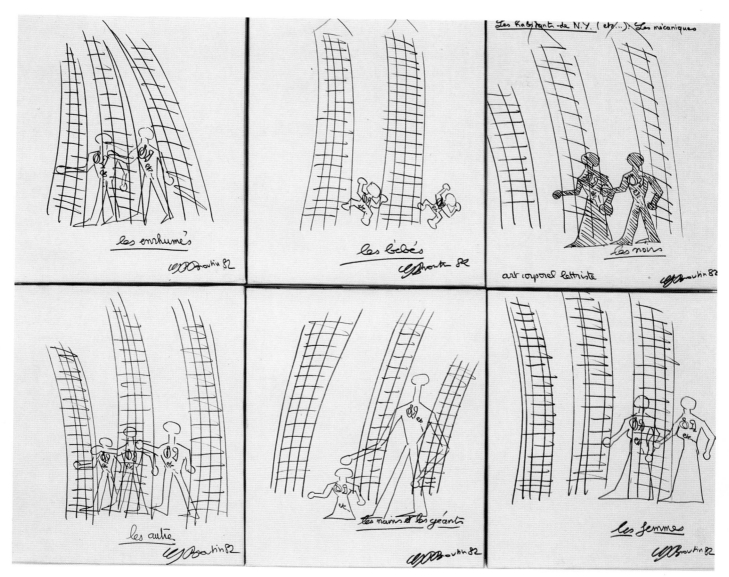

Gérard-Philippe Broutin,
Les habitants de New York
constituent le plus grand
groupe de sculpture vivante:
Les mécaniques, *1982,
particolari*

Frédérique Devaux, Portrait
partiellement sup
de M. Amarger, *1990*

Alle pagine precedenti:

Micheline Hachette,
Hypergraphie, *1964*

Jean-Paul d'Arville,
Hyperaldique, *1988*

Woodie Roehmer,
Symphonie pastel, *1971*

Albert Dupont,
Clavier Sonnet Opus 1,
1986-87

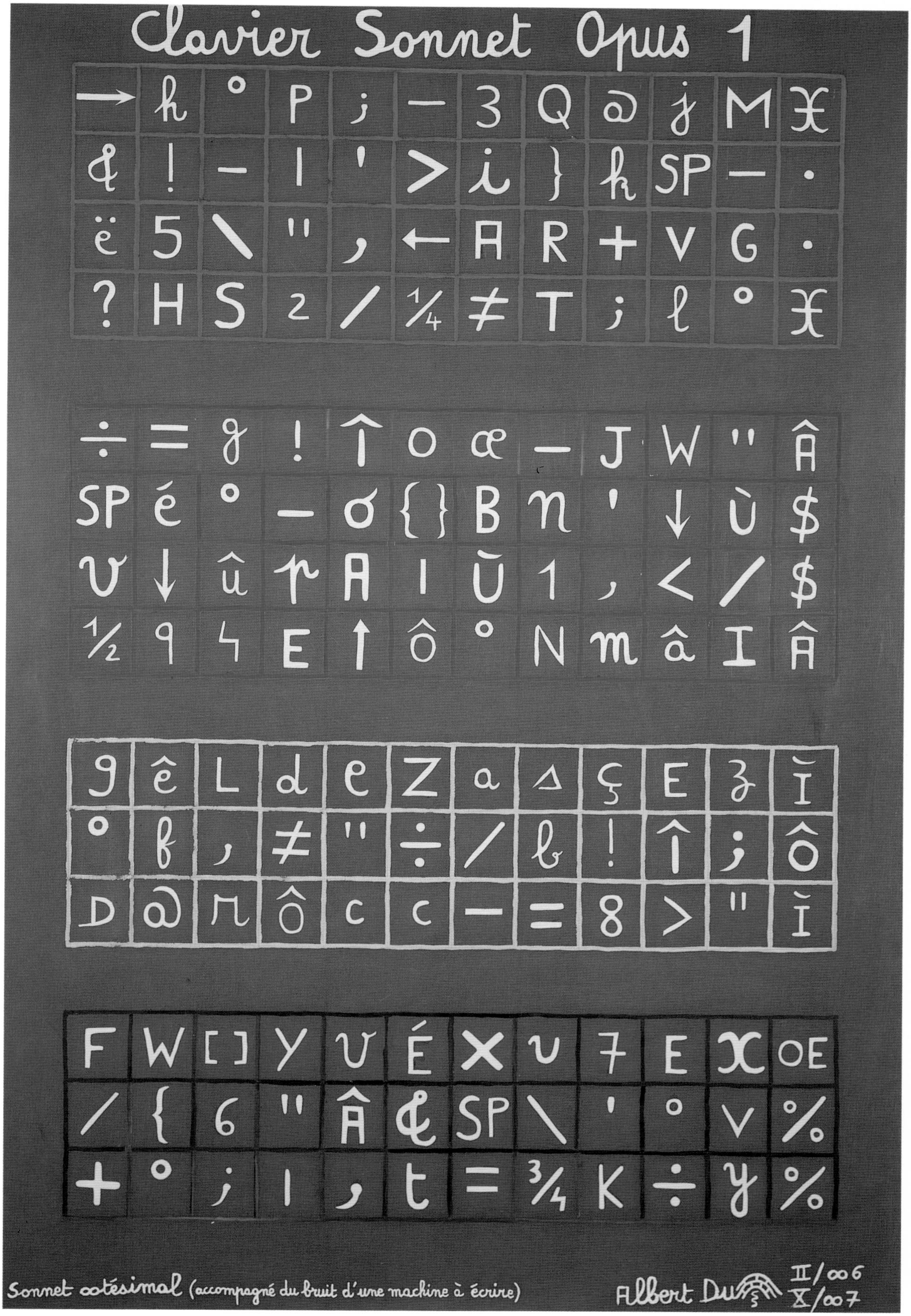

Clavier Sonnet Opus 1

Sonnet octésimal (accompagné du bruit d'une machine à écrire)

Albert Du...

II/006
X/007

François Poyet, Regards
multiples à l'intérìeur d'une
oeuvre éclatée ou Portrait
d'un groupe, *1992*

Michel Amarger,
Trois oeuvres excoordistes
(1. Le parois;
2. Cuisine moyenne décorée;
3. Brassages), *1992*

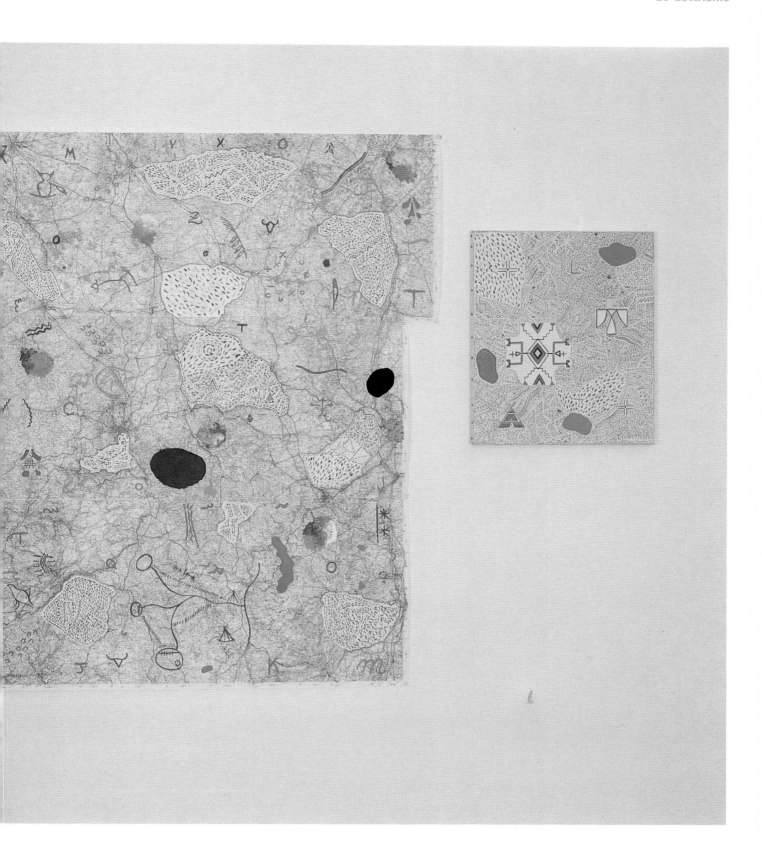

Virginie Caraven, Légende
indienne et d'ailleurs, *1990-91*

Gutai

Jirō Yoshihara
leader del Gutai

Jirō Yoshihara è celebre non solo per essere uno degli artisti giapponesi di maggior rilievo in questo secolo, ma anche per il suo ruolo di fondatore e leader del gruppo Gutai: vale a dire il primo movimento d'avanguardia che ha avuto larga risonanza in Occidente, introducendo l'arte giapponese nel dibattito internazionale della modernità. La fondazione del gruppo Gutai (1954) è preparata per altro da venti anni di attività: durante questo ventennio, Jirō Yoshihara sperimentò diversi linguaggi, tenendo conto dei modelli occidentali; ma affrontando al tempo stesso problematiche che in quei modelli non trovavano riscontro.

Dopo un periodo iniziale ispirato all'arte europea (da Severini e de Chirico all'École de Paris, a Picasso e al Surrealismo), la pittura di Jirō Yoshihara approdava infatti nel 1934 all'astrattismo e all'interno di questa esperienza toccava già risultati di assoluta originalità linguistica. A persistenti riferimenti alla cultura europea (in questo caso all'astrattismo organico-surrealista e bauhausiano), Yoshihara alternava momenti di ricerca decisamente informali, senza riscontro nella contemporanea produzione occidentale.

In Sakuhin A, del 1936, le forme ovali frequenti nella produzione di questo momento, si presentano con contorni slabbrati, come ritmicamente fluttuanti su un fondo fatto di pennellate raggrumate, con freghi, macchie e asperità di superfici diversamente trattate. Questo dipinto suscitò la sorpresa di Michel Tapié quando conobbe a Ōsaka l'artista nel 1957; il critico francese volle addirittura stamparlo con grande evidenza in apertura di Continuité e Avant-garde au Japon, il volume-catalogo della celebre mostra che si tenne a Torino e a Milano nel 1961. Evidentemente Tapié vi riconosceva una sorta di trait d'union fra la tradizione estremo-orientale della pittura di segno (con le sue raffinate trame materiche) e la visione informale che in artisti occidentali come Mathieu o Tobey aveva preso le mosse proprio dalla conoscenza di quella tradizione.

Sempre negli anni trenta, Yoshihara alternò a quelle ovali delle forme circolari, e ad esse conferì un significato diverso, centrale e «universale», come di mandala. In alcuni straordinari dipinti del 1934, un delicato gioco di cerchi concentrici a punti rossi che si impicciolìscono degradando verso il centro, quasi suggerisce – grazie anche alla presenza di forme a freccia – l'idea di un «bersaglio» spirituale; e una simile idea è certamente in noi sollecitata, anche, da una certa somiglianza che queste opere di Jirō Yoshihara presentano con i «bersagli» eseguiti da Jasper Johns negli anni cinquanta e sessanta: tanto nelle forme, quanto nella squisita delicatezza pittorica. Del resto l'artista americano, nel 1951, aveva trascorso un periodo di sei mesi in Giappone.

A questa visione «mandalica» Yoshihara tornerà nella fase terminale della sua vita di pittore, tracciando dei cerchi la cui impronta dipinta in bianco è come investita, nei contorni irregolari, dal flusso fenomenico attorniante (il fondo nero). Ma prima di questa riduzione all'essenziale che interessa dunque la sua arte dopo il 1965, Yoshihara aveva dato vita negli anni cinquanta e ancora nella prima metà dei sessanta alla fase più esplosiva e matura del suo originale informalismo. Nei dipinti di questo periodo, grumi, scolature, pennellate gestuali si stampano su fondi rappresi, simili a intonaci martoriati o a superfici terrose; il senso organico della vitalità della materia si esprime come attraverso la rappresentazione di un fenomeno naturale di metamorfosi in atto, ma senza rinunciare alla finezza di squisiti e puramente «pittorici» rapporti di colore. Yoshihara è all'unisono, in queste opere, con i suoi compagni del gruppo Gutai, pur distinguendosi per la sua particolare finezza, cui corrisponde l'acume dell'intelligenza progettuale.

Se negli anni trenta il suo sforzo era stato quello di puntare a una forma d'arte esente da influssi (specie occidentali) e totalmente «nuova», nel periodo del dopoguerra questa esigenza si era fatta ancora più forte e si era allargata verso il bisogno, anche, di un originale recupero di identità nazionale. Come egli stesso scrive nella Autobiografia del mio cuore (Waga kokoro no jijoden), il paese era uscito sconfitto, umiliato dalla guerra. Si trattava di chiamare a raccolta le forze per scrivere, nel campo dell'arte, un capitolo orgogliosamente inedito ma, al tempo stesso, giapponese.

Dopo aver concepito l'Associazione d'Arte della città di Ashiya (1948) e dato vita alle annuali Conversazioni d'Arte Contemporanea (1952), il grande capolavoro di Jirō Yoshihara fu nel 1954 la fondazione del gruppo Gutai. Intorno a lui si radunarono alcuni artisti più giovani, accomunati dalla volontà di seguire il suo invito per un'arte d'avanguardia ma animata da un forte impulso creativo e senza alcun riscontro nelle forme fino ad allora conosciute. Con un criterio del tutto nuovo, le prime mostre del gruppo furono tenute all'aperto nella pineta di Ashiya (1955 e 1956). Yoshihara fu il regista e il coordinatore di tutte le attività, oltre che un autore tra gli altri. La novità di esporre all'aperto si sposava con quella, anche più clamorosa, dell'uso di oggetti e materiali, anche di natura, in luogo delle tecniche tradizionali di rappresentazione. «Abbiamo deciso – scriveva Yoshihara sullo «Yomiuri hinbun» del 7 luglio 1955 – di fare uscire all'aperto le mostre che fino ad oggi si tenevano in luoghi chiusi. Quella di esporre non solo sculture ma oggetti plastici, è una caratteristica assente altrove; l'esperimento è quello di collegarsi direttamente alla Terra, sottostando alle condizioni naturali quali il sole, il vento, la pioggia».

Gli elementi naturali, oltre ad ambientare le opere, spesso concorrevano a costituirle: come l'acqua nel caso di Motonaga, la terra nel caso di Michio Yoshihara (figlio di Jirō), o il cielo e il sole che i lavori di Murakami e di Horii servivano a «catturare».

A questi elementi naturali, si alternava poi l'impiego di oggetti quotidiani o caduti in disuso: dai piatti di Kitani alle biglie e al semaforo ferroviario di Kanayama, alla stoffa da kimono di Mizuguchi, ai rottami di macchinari industriali e ai frammenti di legno dipinti, o dalle assi ricoperte di chiodi, alle lamiere metalliche e alle zanzariere.

Su queste realizzazioni di Yoshihara e dei suoi amici, lo scritto di Ada Lombardi dà ampi ragguagli; la loro estrema importanza è ben valutabile oggi, alla luce anche della evidente influenza che esse hanno avuto, nel decennio seguente, sulla nascita e sugli sviluppi dell'Arte Povera, come ho già avuto modo di sottolineare presentando il gruppo Gutai nel museo di Darmstadt nel 1991 e in altre occasioni. Non a caso, fu proprio Torino la città nella quale Michel Tapié mostrò, tra gli anni cinquanta e i sessanta, la produzione Gutai, facendo circolare anche molte riproduzioni.

Il carattere di spontaneità e vivacità è ciò che tuttavia distingue le realizzazioni del Gutai dai successivi movimenti come appunto l'Arte Povera o, nello stesso Giappone, il Monoha, nonché da fenomeni storicamente precedenti come il Dadaismo. L'intervento dell'artista, altrettanto importante dell'oggetto nella costruzione dell'opera, lascia nell'opera stessa un segno vistoso, ma alieno da qualsiasi carattere di speculazione concettuale. Ci sono oggetti (o elementi della natura) belli in sé, tuttavia l'opera nasce dal loro incontro immediato con l'artista, che li colora, li mette insieme, li inquadra, obbedendo ad un impulso felice di «risposta» all'oggetto stesso, come in un gioco. C'è una gioia quasi infantile, di manipolazione colorata della natura, in questo lavoro; e quando si osservano le superstiti foto a colori delle opere originali (oggi quasi tutte perdute), tale caratteristica risulta ben evidente. È facile rendersi conto, infatti, che il colore aveva in tutta l'arte Gutai un ruolo importante. Quasi mai i materiali erano lasciati grezzi, specie quando si trattava di oggetti; erano invece trattati con pigmenti vivaci, di spicco segnaletico. E gli stessi elementi della natura, come l'acqua di

Jirō Yoshihara, Sakuhin,
1961

Motonaga, venivano sottoposti a colorazione.

(Vero è anche, però, che gli artisti occidentali hanno conosciuto queste opere attraverso fotografie in bianco e nero).

Altra caratteristica della creatività Gutai va ravvisata nell'intenzione di coinvolgere lo spettatore: coinvolgerlo in un'emozione estetica, in una particolare situazione fisico-percettiva, o in una riflessione di tipo filosofico.

Un esempio di ciò è dato proprio da un'opera di Jirō Yoshihara come Shitsu (La stanza), del 1956: un perimetro irregolare di legno dipinto in blu costituisce la singolare struttura, dotata di tre entrate che introducono a percorsi di accesso verniciati in rosso. Chi si affaccia a uno di questi percorsi, vede un'intensa luce all'interno, che esercita una forte attrattiva. Ma il percorso si restringe progressivamente e, al suo termine, il varco disponibile consente soltanto di introdurre un braccio nell'inaccessibile «stanza», senza poter osservare l'interno, né la fonte di luce. Si tratta, evidentemente, di una metafora dell'Inconoscibile e della condizione dell'uomo, pur nell'aspetto tra «ludico» e rituale dell'originale struttura. La quale, osservata in una fotografia in bianco e nero, può davvero già sembrare un'opera minimal, o appartenente alla cultura dell'enviroment tipica degli anni sessanta.

Dopo le mostre all'aperto (e quelle al chiuso), Yoshihara intravide un'ultima, rivoluzionaria destinazione per il proprio lavoro e quello dei suoi amici: il teatro. La ricerca fu estesa alla creazione di un'«arte per il palcoscenico» (1957-1958). Qui la vocazione alla performance, già manifestatasi nelle precedenti mostre, si sviluppò in forme che influenzarono gli happenings e gli events americani.

C'è una radice comune tra la produzione «extrapittorica» di Jirō Yoshihara e del Gutai, e la loro contemporanea pittura «informale»? Evidentemente sì, e molto stretta, anche se in apparenza possono sembrare mondi separati. Questa comune radice è l'interesse per la materia, materia pittorica e di natura, che attraverso l'arte di ricongiunge con l'uomo e con la sua spiritualità. Il Manifesto dell'arte Gutai (1956) di Jirō Yoshihara insisteva proprio su questi concetti.

Nella comune produzione artistica o artigianale, egli infatti scriveva, «materie come il pigmento di colore, tessuti, metalli, la creta o il marmo sono stati rivestiti di un falso significato, cosicché, invece di presentare la loro stessa essenza di materia, essi hanno assunto l'aspetto di qualcosa d'altro. Per una distorsione intellettuale, le materie sono state del tutto annientate e non possono più parlarci.

Lasciamo questi cadaveri nelle loro tombe.

L'arte Gutai, al contrario, non altera né falsifica le materie: salvaguardia la loro vita. Nell'arte Gutai lo spirito umano e la materia, pur nel loro contrapporsi, si danno la mano. La materia non si assimila allo spirito, lo spirito non sottomette la materia. La materia presentata nella sua nudità comincia ad esprimersi, fino a gridare, quando le sue peculiarità sono messe in luce. Mantenere viva la vita della materia equivale a vivificare lo spirito, innalzare lo spirito è innalzare la materia».

Barbara Bertozzi

Jirō Yoshihara

Ōsaka, Giappone, 1905-1972

1. Fukei D, 1933
(Paesaggio D)
Olio su tela, 112,3 x 145,5 cm

2. Sakuhin (I), 1935
(Opera - I)
Olio su tela, 97,5 x 130,3 cm

3. Sakuhin (Ro), 1935
(Opera - Ro)
Olio su tela, 97 x 130,6 cm

4. Sakuhin A, 1936
(Opera A)
Olio su tela, 116,5 x 91 cm

5. Sakuhin, 1936
(Opera)
Olio su tela, 73 x 91 cm

6. Sakuhin, 1937
(Opera)
Olio su tela, 130 x 96 cm
Mie, Prefectural Art Museum

7. Kazan, 1943
(Vulcano)
Olio su tela, 73 x 91 cm
Tokyo, The National Museum of Modern Art

8. Yoru, Tori, Ryojin, 1951
(Notte, uccello, cacciatore)
Olio su tela, 112 x 145,5 cm
Ashiya, City Museum of Art & History

9. Bokka, 1952
(Pastorale)
Olio, collage su tela, 130 x 194 cm
Kobe, Hyogo Prefectural Museum of Modern Art

10. Sakuhin, 1953
(Opera)
Olio su tela, 97 x 130,3 cm

11. Sakuhin, 1953
(Opera)
Olio su tela, 130,5 x 193,5 cm

12. Sakuhin, 1957
(Opera)
Olio su tela, 162,8 x 130,5 cm
Kobe, Hyogo Prefectural Museum of Modern Art

13. Sakuhin, 1958
(Opera)
Olio su tela, 162 x 130 cm
Ashiya, City Museum of Art & History

14. Sakuhin, 1960
(Opera)
Olio su tela, 160,5 x 130,5 cm
Kobe, Hyogo Prefectural Museum of Modern Art

15. Sakuhin, 1960
(Opera)
Olio su tela, 161 x 130 cm
Kobe, Hyogo Prefectural Museum of Modern Art

16. Sakuhin, 1961
(Opera)
Olio su tela, 117 x 91 cm

17. Sakuhin, 1961
(Opera)
Olio su tela, 162,3 x 131 cm
Kobe, Hyogo Prefectural Museum of Modern Art

18. Mudai, 1962
(Senza titolo)
Olio su tela, 182 x 272 cm
Tokyo, Metropolitan Museum of Art

19. Shiroi En, 1967
(Cerchio bianco)
Olio su tela, 194 x 259 cm
Kurashiki, Ohara Museum of Art

20. Sakuhin, 1971
(Opera)
Olio su tela, 130,3 x 162,1 cm
Kobe, Hyogo Prefectural Museum of Art

Jirō Yoshihara, Sakuhin A, *1936*

517

Gutai - arte all'aperto

Il gruppo Gutai si forma nella prima metà degli anni cinquanta sotto la guida del suo leader Jirō Yoshihara, durante la ripresa post-bellica del Giappone. Il gruppo è uno di quei casi irrisolti perché di difficile collocazione. Spesso se ne è parlato, nell'intento di spiegarne l'evoluzione, come di una parabola tronca, ovvero di un moto entusiastico e di carattere sperimentale troncato di netto dall'irruzione di Michel Tapié che ne privilegiò l'attività pittorica, eleggendolo come «punta» dell'Informale giapponese. Con tale etichetta viene diffuso in Occidente. Tuttavia ne viene diffusa, a livello di repertorio, anche l'attività più specificamente sperimentale del primo periodo, grazie alle foto e soprattutto ai bollettini gutai, una sorta di rivista-catalogo edita da loro stessi. In sostanza la lettura ormai più diffusa è che il gruppo abbia abbandonato la sua attività di «arte processuale» e di happening perché costretto dal gioco delle esigenze del mercato occidentale, e soprattutto dalla ferma posizione di Tapié. In effetti l'interessante attività di environment e performance si ferma alla data fatidica del 1960, diradandosi in particolare dal 1958, anno in cui si intensificarono i rapporti tra Tapié e il gruppo. Ma anche se letto in questa chiave tendenzialmente riduttiva, e anche se l'intera attività del gruppo si fosse ridotta esclusivamente allo scarto di questi quattro anni, il Gutai avrebbe comunque meritato di essere preso in considerazione con la massima attenzione per diversi motivi. Primo tra tutti è il suo ruolo di battistrada e di precursore.

Le prime due manifestazioni del gruppo, e in particolare le due mostre all'aperto del 1955 e del 1956, rappresentano una geniale esplosione di creatività e di estrema intuizione sullo sconfinamento dell'arte nello spazio della vita e del quotidiano, tematiche presenti poi nelle neo-avanguardie degli anni sessanta.

Le motivazioni che spinsero il gruppo giapponese a soluzioni che anticiparono di netto le espressioni linguistiche delle tendenze artistiche occidentali sono molteplici e di carattere interattivo tra i vari componenti del gruppo. Senz'altro ha contato molto il tipo di formazione. Il gruppo Gutai nasce da un'associazione di carattere interdisciplinare chiamata Genbi, che non accoglieva solo artisti ma aveva un carattere tecnicistico indirizzato verso forme tradizionali quali l'ikebana, la pittura a inchiostro ecc. Alla prima formazione, che comprendeva tra i membri più attivi già Shimamoto (che creava opere con tagli e buchi negli stessi anni in cui Fontana iniziava il suo ciclo sui tagli), Yoshida (che all'epoca lavorava con i tizzoni ardenti), Yamasaki e Michio Yoshihara, seguì una seconda trasformazione grazie all'immissione del gruppo Zero-Kai, con Tanaka, Kanayama, Shiraga e Murakami. In seguito vi fu un terzo vistoso cambiamento con l'entrata di Motonaga, Ono ecc. Dopo quindici un continuo assestamento di presenze durato praticamente un anno si evidenziava nettamente un carattere «tridimensionale», una forte tendenza degli artisti a slittare al di fuori del quadro verso l'ambiente e lo spazio.

Comunque fu Yoshihara stesso a forzare la situazione in tal senso, spingendo gli artisti verso due precise direzioni.

La prima fu quella che li esortò a rivolgersi verso la materia in sé, ovvero alla presa diretta delle materie attraverso incontri casuali e spontanei: «Dobbiamo dare alla materia un'occasione per vivere, in altre parole tutto ciò che avviene nell'animo umano è concretamente esprimibile attraverso la materia» (Manifesto dell'arte Gutai in «Bollettino Gutai» n. 7). In questo assunto di Yoshihara c'è ciò che può definirsi lo spirito del Gutai, che, generalizzando, si può descrivere come una sorta di scambio di identità tra l'artefice (artista o spettatore) e la materia esterna (realtà/oggetto). Dove l'immagine del sé e la sua autodeterminazione può essere sostituita o rappresentata nell'immediato da un oggetto d'uso (ready-made), da una materia primaria (presentata in genere così come appare) o manipolata e «agita» dall'artista (strumento di un vero e proprio corpo a corpo). Ma ciò che ha spinto in particolare allo sviluppo in senso liberatorio di questo discorso (e che rappresenta la seconda direzione imposta da Yoshihara) è stata la decisione, sempre di Yoshihara, di far uscire le opere dallo spazio della galleria a quello aperto e decodificato di una pineta.

Queste due manifestazioni rappresentano il primo di una serie di eventi in cui l'arte interrompe realmente quel circuito che porta alla conservazione dell'opera attraverso gli spazi istituzionali, affrontando la caducità del quotidiano. Attraverso l'assemblaggio di oggetti e di materie allo stato primario il gruppo inizia ad elaborare un tipo di «oggettistica» o installazione a contatto con l'ambiente esterno che anticipa svariate tendenze (Arte Povera, Land Art, Minimal Art), mentre attraverso la «materia agita» anticipava la performance e l'happening.

Il Gutai rappresenta anche la prima volta in cui una tendenza artistica giapponese ha invertito i ruoli tra l'Occidente e l'Oriente, costringendo l'Occidente alla seconda postazione e a riprendere quindi dal Gutai, anche se forse non in maniera intenzionale. Del resto allora, in Giappone, si erano verificate delle condizioni irripetibili in altri luoghi e che, solo con il senno di poi, possiamo straordinariamente mettere a confronto e a paragone con quanto sta accadendo ora soprattutto in Occidente.

Il Giappone usciva da una guerra dove non solo era stato sconfitto, ma dove aveva subito un crollo completo delle proprie ideologie nazionalistiche; non solo, ma soprattutto aveva provato il trauma angoscioso del day-after. I giovani gutai di allora, come i giovani artisti di oggi, dovevano ricostruire da zero il loro concetto del «sé», dell'artefice, dell'umano e della sua immagine, e proprio come gli attuali emergenti avevano intorno una realtà oggettiva che spingeva in tal senso. E ancora come i giovani degli anni novanta, che hanno subito un crollo altrettanto totale dei valori e delle ideologie, si risolvevano verso un'arte processuale. Ma a differenza dell'Arte Povera era una processualità che sottolineava più il concetto del «processo» di azioni e di incontro con la materia o l'oggetto in sé che non la soluzione formale come costruzione estetica, dando così una idea di assemblaggio veloce, spontaneo e smontabile. Un'arte da campo quindi, pronta all'evacuazione, alla fuga ma anche al confronto diretto. Gli artisti, sostanzialmente quelli che rimasero e che con gli anni si identificarono completamente con il gruppo, si allinearono con entusiasmo alle due direttive del loro leader, e ognuno sviluppò una propria interpretazione. Ciascun artista trovò i mezzi per esprimere il proprio linguaggio che ben presto, nonostante l'anonimato dei titoli riflesso anche in alcune opere di gruppo, si concretizzò in una cifra individuale altamente originale e al di là di un mero linguaggio estetico. Ad esempio rimane tipico l'atteggiamento di unione e di «corpo a corpo» con la materia oleosa e fangosa di Kazuo Shiraga, oppure lo «sfondamento in diretta» di Saburo Murakami, che con fragore saltava dentro i telai ricoperti di carta; o ancora i vestiti elettrici di Tanaka e il rispecchiare metallico delle lamiere di Yamasaki. E continuando si può isolare ad esempio la figura di Yoshida attraverso la pittura spruzzata con un innaffiatoio, quella di Kanayama attraverso le tracce a volte meccaniche e a volte umane, e ancora l'acqua colorata, oscillante nelle plastiche, può ben rappresentare la figura di Motonaga mentre le sabbie luminose quella di Michio Yoshihara. Shimamoto è facile identificarlo grazie al suo «lancio liberatorio» del colore.

Se il Gutai è riuscito ad anticipare ciò che può definirsi come la tabula rasa della condizione estetica, concependo l'opera come entità a sé stante, libera dalla coazione degli spazi deputati, non se ne può attribuire il merito solo a Jirō Yoshihara.

Il Giappone, curiosamente, può indicare un altro episodio come antecedente di questa tendenza. Mi riferisco al gruppo MAVO fondato nel 1925 dal suo leader Tomoyoshi Murayama. Il carattere di questo gruppo, generalizzando, era in qualche modo formato dalla fusione delle caratteristiche di progettualità a 360° della Bauhaus, del non-sense dadaista e della creatività protesa verso un concetto di collettività tipica dei costruttivisti russi. Questa particolarissima impronta fu derivata dalle conoscenze acquisite da Murayama che ebbe l'opportunità di restare per un anno a Berlino, in Germania, fulcro e macina di questi fermenti avanguardistici.

Le prime manifestazioni di come gli artisti giapponesi tradussero tutto ciò (perché la singolarità fu che all'inizio il fenomeno MAVO si palesò come opera di traduzione) furono le opere collettive all'aperto, alla cui realizzazione parteciparono tutti i componenti del gruppo MAVO e anche altri artisti del Nikakai. Le opere vennero realizzate in diverse riprese a fianco del palazzo della associazione Nika, in sostanza una specie di assemblaggio di oggetti e spesso con carte scritte, collegabili visivamente alla tipica tradizione della suiboku-ga. Evidentemente che le caratterizzava ne isolava ancora di più la fondamentale forza innovativa. Tale forza travalicava l'arte intesa come plusvalore di un oggetto, dato dalla cornice spaziale e istituzionale e dalla cifra soggettiva dell'artefice. In sostanza l'opera all'aperto non diventava solo un evento, un apparato scenico di una festa popolare (come nei costruttivisti) ma si componeva come linguaggio e come valore pieno di «arte nel mondo».

La spinta essenziale alla messa a punto di questa tendenza è da ricercare in due caratteri appartenenti in particolare alla cultura giapponese, che legano il gruppo MAVO e il gruppo Gutai al di là di una diretta ripresa stilistica basata sull'effettiva conoscenza (da parte del Gutai) dell'opera. I due caratteri o tendenze culturali a cui mi riferisco sono: la fondazione dell'individuo come creatore di valore per sé e per gli altri e l'interazione tra individuo e ambiente.

Il primo rimanda a una condizione necessaria all'esistenza stessa, dove la specificità dell'individuo viene a caratterizzarsi attraverso il rapporto di unione tra spirito e materia o tra individuo e oggetto, in un binomio in cui le valenze individuali si arricchiscono del carattere di libera identificazione. Ovvero c'è alla base l'appropriarsi di un sistema di pensiero che nasce dal concepire il libero assemblaggio che, all'interno della codificazione o al riferirsi ai modelli culturali già esistenti, porta l'artista giapponese a «tradurre» un modello culturale esterno e a farlo proprio assemblandolo a un proprio pattern culturale. A questo proposito come esempio vorrei citare l'opera di un pedagogo giapponese, Tsunesaburo Makiguchi (1871-1943) e in particolare la sua trattazione più famosa esposta nel libro Kachiron (La filosofia del valore), dove vengono trattati proprio i principi del libero assemblaggio attraverso i quali l'individuo identifica se stesso con un sistema di valori, valido per l'individuo (attraverso il carattere di specificità e di liberta scelta) e valido per gli arti (attraverso il sistema di relazione).

Il secondo carattere, e cioè l'interazione tra individuo e ambiente, è basato sull'immediata relazione di scambio tra l'individuo e l'universo, sull'appartenenza fisica dell'individuo al suo ambiente inteso sia come spazio naturale e geografico che come collettività. Al punto da ipotizzare uno scambio fisico (di materia quindi) appartenente a tutte le cose. Ovviamente esiste alla base uno specifico culturale collegabile alla tradizione shintoista e buddista, che insieme fondano un sistema culturale o sostrato di base su cui possono riconoscersi anche i caratteri «modernisti» della cultura giapponese. Una tendenza di pensiero che in qualche modo porta a una sorta di identificazione tra l'individuo e l'ambiente come intima appartenenza e come sensazione di possesso di valori in comune e di scambio di identità.

Per queste ragioni forse si è potuto arrivare, in Giappone più che altrove, a concepire un'arte che conservava il suo valore specifico al di là del plusvalore dato dallo spazio istituzionalizzato, atto alla messa in pagina dell'opera. Un'arte quindi che sconfinava nello spazio aperto e decodificato dell'ambiente naturale, o in quello appartenente ad altri codici di valori estetici come il teatro.

Un'arte che attraverso la libera identificazione fonda la specificità della creatività individuale, come ricorda Kazuo Shiraga nel suo scritto La fondazione di un individuo apparso nel «Bollettino Gutai» del 1° luglio 1956. Un'arte che al contempo unisce l'individuo e l'ambiente, presentandoli come antichi fratelli di un lontano passato.

Ada Lombardi

Il gruppo Gutai. Le opere della purezza

Non si può dissertare della storia dell'arte giapponese che si è sviluppata dal 1945 in poi senza citare il gruppo Gutai. Indicativo appare il fatto che il gruppo Gutai non si affermò a Tokyo, il centro del Giappone, bensì emerse dalla cultura di Ōsaka, storicamente indipendente. Persino al giorno d'oggi riesce impossibile esporre con chiarezza le differenze culturali tra Tokyo e Ōsaka: la cultura del Giappone è frutto della lunga storia del suo popolo e, sebbene si tratti di una na-

zione piccola, la diversità e l'espressione degli stili di vita propri delle regioni ne hanno sostenuto lo sviluppo. Le versioni storiche attualmente riportate sulla storia del gruppo Gutai hanno un che di mitologico. La spiegazione va ricercata nel fatto che solamente le persone cresciute nella regione di Ōsaka o ivi ambientatesi possono facilmente apprezzare il significato implicito della loro opera. Inoltre si può asserire che numerose loro attività sono a noi note solamente perché se ne è accennato nella rivista «Gutai». Indubbiamente nel Gutai compaiono anche aspetti filosofici che sono stati espressi nella difficile lingua del Manifesto Gutai sebbene le prime opere sperimentali del gruppo rivelino, a quanto pare, elementi più semplici, più chiari e primordiali.

«Non imitate gli altri. Create un'arte fino ad ora ignota».

Essi sono importanti perché seppero rendere l'essenza del discorso che fu rivolto a Yoshihara stesso quando, per la prima volta nel settembre del 1929, egli mostrò a Tsuguji Fujita la propria opera. Nel presente saggio analizzerò come gli avvenimenti che hanno portato alla nascita del Gutai sono collegati alla vita di Jirō Yoshihara.

Nell'estate del 1946, quando le ferite della guerra erano ancora molto evidenti, la città di Ashiya organizzò alcune conferenze sull'arte alle quali fu invitato, come relatore, Yoshihara. Tra i partecipanti alla conferenza c'era Tsuruko Yamasaki, che di lì a poco avrebbe iniziato a studiare pittura presso lo studio di Yoshihara. Sempre in quel periodo Shōzō Shimamoto ebbe l'occasione di conoscere Yoshihara.

Al termine del 1947, Yuzo Ukita, direttore della rivista «Kirin» – una pubblicazione formata essenzialmente da poesie scritte da bambini – si recò in visita da Yoshihara: fu un incontro propizio in quanto Ukita, affascinato dal carattere di Yoshiara, iniziò ad interessarsi d'arte con maggiore attenzione, mentre Yoshihara, da parte sua, iniziò ad apprezzare il potere creativo dei bambini. Nel 1948 venne fondata l'Associazione artistica della città di Ashiya che costituirà l'elemento fondamentale per la formazione del gruppo Gutai.

Con l'evolversi del gruppo divenne sempre più evidente durante i numerosi incontri l'influsso delle idee di Yoshihara, pertanto il gruppo si distinse come centro della pittura astratta nella regione di Ōsaka. Uno dopo l'altro, tutti gli artisti, che in seguito sarebbero divenuti membri del gruppo Gutai, iniziarono ad esporre le proprie opere all'Esposizione d'arte della città di Ashiya.

Accanto all'Esposizione d'arte della città di Ashiya, nel 1950 circa nel Kansai fu creato il Genbi un altro centro di riunione in cui dibattere d'arte, da un gruppo di artisti

che praticavano generi vari.

Mentre nell'area di Tokyo ci si adoperava con ogni mezzo per ripristinare le mostre di gruppo presenti prima della guerra, nel Kansai esisteva un forte movimento propenso a creare una nuova arte che non presentasse legami con le tendenze prebelliche: e Jirō Yoshihara ne divenne il principale fautore.

Pare che la formazione del Gutai abbia preso corpo nel corso delle visite che i giovani artisti facevano nello studio di Yoshihara per ricevere il suo apprezzamento. Nel gennaio del 1954, alcuni artisti, che volevano esporre le proprie opere all'Esposizione della giovane avanguardia, si riunirono affinché Yoshihara esaminasse la loro pittura prima dello svolgimento della mostra. Nell'agosto dello stesso anno fu pubblicato il catalogo delle opere esposte. Da questo catalogo deriva il nome del gruppo che fu conosciuto come «Gutai» e i diciassette artisti ivi compresi sono considerati i fondatori del gruppo. L'anno seguente, nell'agosto del 1955, il gruppo tenne una mostra intitolata Experimental Outdoor Exhibition of Modern Art to Challenge the Midsummer Sun (Esposizione sperimentale d'arte moderna all'aperto per sfidare il sole di mezza estate). Il sito della mostra faceva parte di un antico parco di pini situato ad Ashiya ad appena cinque minuti di cammino dalla casa di Yoshihara.

Se consideriamo le norme che fino ad allora furono comunemente accettate, questo sito non rappresentava un luogo adatto per la mostra d'arte, seppure fu proprio lì che si rivelarono l'individualità e l'intuito degli artisti, non in seguito ad una strategia logica bensì per il desiderio di esprimere la purezza, la semplicità e la chiarezza tramite l'utilizzazione di questo spazio e di qualsiasi materiale adatto che ne venisse scoperto. Non esistevano restrizioni ad eccezione del precetto di Jirō Yoshihara «Create un'arte fino ad ora ignota». Tutti gli artisti che parteciparono alle mostre esterne, due ebbero svolgimento, condividevano la convinzione in base alla quale chiunque sia coinvolto nell'azione creativa può sentirsi purificato.

Quasi tutti i membri del Gutai insegnavano pittura ai bambini. Attraverso l'insegnamento essi si riproponevano di imparare qualcosa dai bambini. Questo «qualcosa» non era lo stile dell'arte creata dai bambini bensì il loro atteggiamento, capace di produrre da uno spazio vuoto e bianco con celerità e spontaneità risultati unici e sorprendenti. Ci parrà che il Gutai sia alquanto incomprensibile se non lo classifichiamo come arte all'aperto o meta-arte, tuttavia dovremmo considerarlo come una forma o un'attività che nasce da un'arte perdutasi nella memoria dell'uomo. Il Gutai rappresenta il concepi-

mento della creazione che è stata soffocata dall'eccessiva presenza della tecnica e del pensiero intellettuale.

La dimostrazione dell'interesse che il Gutai manifestò per l'arte dei bambini appare chiaramente dai loro scritti. A questo proposito, «Kirin» costituisce un importante documento del primo Gutai. In questa sede desidero trattare un articolo pubblicato in «Kirin».

Baby and Milk: Something to Live for (Il bimbo e il latte: qualcosa per cui vivere), di Kazuo Shiraga, «bambini perché la pittura apparsa su «Kirin» è rappresentata da dipinti in cui manca la forma, in cui non riusciamo a distinguere nessun oggetto? Il fatto che per l'Esposizione Kirin abbiamo scelto solamente dipinti di questo genere significa che c'è qualcosa di sbagliato nei dipinti che invece ci danno una forma? [...].

Immaginate una persona che desideri volare in un aeroplano. Le piacerà possedere un dipinto che renda la sensazione del volo sebbene ciò non basti. La maggior parte della gente disegnerebbe linee con il crayon o con la matita seguendo l'aeroplano per indicare la sensazione dell'elevata velocità. Ciò che questa persona intende fare può essere mostrato solamente tracciando quelle linee che rappresentano l'elevata velocità. Può farlo persino un bambino che non sia ancora in grado di disegnare bene. Oppure immaginate che vi sia qualcuno che desideri talmente possedere un aeroplano da dipingerne uno. Eppure se ne possedesse uno vero, ne dipingerebbe l'immagine? Ritengo piuttosto che dopo esservi salito volerebbe – volerebbe in alto nel cielo per provare ogni genere di emozione. Provare significa lanciarsi nella sensazione diretta. Non vi può essere soddisfazione maggiore di quella per cui facciamo ciò che vogliamo sapendo così quello che si prova. Viviamo per questo. E così ognuno faccia un'arte che verta sulle cose che desidera fare e su quelle che pensa». («Kirin», n. 94, maggio 1956).

Se consideriamo questo articolo e le informazioni a nostra disposizione sull'approccio che il gruppo Gutai ebbe nei confronti dell'arte, emergerà la vera natura che sta alla base della loro filosofia. Come tutti i generi d'arte il Gutai ha avuto origine dalla convinzione relativa all'importanza dell'esistenza dell'uomo. Questa fu la filosofia sulla quale si è formato lo spirito Gutai e che oggi dobbiamo provare.

Koichi Kawasaki

Gutai - Il primo impatto

Jirō Yoshihara, il fondatore del Gutai, era solito ripetere ai suoi seguaci: «*Non prendete a prestito dagli altri*» e «*Create qualcosa che su questa terra sia nuovo*».

Questi sono diventati i motti del gruppo. Il Gutai creò espressioni originali che, per la prima volta nella storia dell'arte moderna giapponese, non erano copie degli stili occidentali. Yoshihara disse: «*Sentivo che anche nell'arte e nel campo della pittura doveva verificarsi un cambiamento su larga scala, simile a quello avviato dal Dadaismo dopo la prima guerra mondiale[1]*». Così iniziò il Gutai allo slogan di «Outgrowing Abstraction» (Astrazione sempre crescente). Queste parole non sono solo ostentazione dal momento che i futuri membri del Gutai avevano condotto vari esperimenti nel campo dell'«astrazione sempre crescente» addirittura ancor prima di formare il gruppo.

Akira Kanayama «*ha prodotto dipinti che sembrano versioni estremamente semplificate delle opere prettamente astratte di Mondrian*». *Atsuko Tanaka* «*ha detto che è ormai superata la pittura ad olio su tela, pertanto ella, servendosi di stoffe, ha creato opere di forma assai semplice[2]*».

Saburo Murakami ha messo l'inchiostro di china su una palla di gomma, e facendola rimbalzare contro una tela ha dipinto un quadro. Le opere di *Shōzō Shimamoto* sono fatte con fogli di cartone incollati a mano in cui sono stati ritagliati dei fori, mentre *Kazuo Shiraga* ha iniziato a dipingere con il palmo della mano, con le dita, ed anche coi piedi. *Toshio Yoshida* ha creato le sue opere facendo rotolare su una tavola tizzoni di carbone oppure sparando con un fucile ad aria compressa contro una tavola producendovi dei fori.

Eppure, per tutto il tempo, la pittura è sempre stata nella loro mente. L'Esposizione sperimentale d'arte moderna all'aperto per sfidare il sole di mezza estate, che si tenne nel luglio del 1955 permise loro di liberarsi dalla struttura pittorica e di concepire l'arte in un senso più ampio. Questa mostra all'aperto tenuta da un gruppo di pittori fu concettualmente insolita, altrettanto sorprendenti furono le opere esposte, le quali sfidavano il concetto convenzionale d'arte. «*La partecipazione a questa mostra all'aperto rese gli artisti del gruppo Gutai ancor più decisi nel rompere con l'arte convenzionale[3]*». In questo modo il Gutai si era imbarcato in una serie di esperimenti ed azioni che non solo trascendevano l'esistente pittura astratta ma anche la forma stessa della pittura.

Nell'arte Gutai l'espressione non è ricavata dal materiale, bensì è il materiale stesso che si esprime. Gli artisti appartenenti al Gutai percepivano un mondo che è costruito all'estremo limite del mezzo pittorico troppo distanziato da loro stessi, perciò hanno cercato di far parlare il materiale con la sua concretezza, la sua chiarezza e la sua immediatezza. Questo approccio, che capovolgeva la convinzione esistente per cui le opere d'arte sarebbero l'espressione dei pensieri e delle idee degli artisti, cercò di avvicinare alla sfera espressiva la natura, in quanto indipendente e libera dal controllo esercitato dalla personalità degli artisti o dalle loro idee. In questo atteggiamento possiamo rintracciare l'influsso del pensiero orientale, il quale non attribuisce un valore supremo alle attività della mente dell'uomo bensì le considera facenti parte dell'insieme trascendentale, chiamato natura o universo, in cui sono compresi gli esseri umani, e considera l'arte come il mezzo per prendere coscienza di ciò. Questo atteggiamento venne ulteriormente accentuato e portò ad una forma assai radicale che si manifestò quindici anni più tardi ad opera degli artisti giapponesi del gruppo Mono-ha.

Per far sì che il materiale potesse esprimersi completamente, alcuni artisti si rivolsero alle azioni. Gli artisti Gutai consideravano insoddisfacente l'arte convenzionale, non solo i dipinti figurativi ma anche quelli astratti. Essi ritenevano che queste opere rappresentassero mondi fittizi e astratti separati dalla vita reale, teorici e intangibili per natura. Nella ricerca di una forma d'espressione che fosse concreta, tangibile ed immediata, che non potesse essere ottenuta con le forme artistiche convenzionali del quadro e della scultura, essi giunsero all'azione. Essi cercavano di redimere l'arte che era stata così distante dalla gente per portarla alla sua condizione primordiale intesa come parte della vita.

Attualmente il Gutai merita la nostra attenzione non solo perché ha rivestito il ruolo di precursore dei vari movimenti d'avanguardia nati nel mondo dopo il periodo bellico, ma soprattutto perché è notevolmente avvicinato all'essenza dell'arte rivelandocela direttamente nella sua forma primordiale. Gli artisti Gutai provarono eccitazione per aver trovato un'arte che stava nascendo pertanto cercarono di riprodurre quell'impulso.

In questa mostra che ricrea la storica esposizione all'aperto, viene presentato l'aspetto del Gutai che è fondamentale per il gruppo ed anche assai innovativo. Io spero che questi artisti, dopo quasi quarant'anni, ricordino ancora il loro atteggiamento di allora. A quell'epoca essi demolirono l'esistente struttura dell'arte e crearono cose situate al confine tra l'arte e la non-arte, che non era possibile categorizzare con facilità o spiegare con teorie, eppure erano stranamente affascinanti. L'atteggiamento diretto e spontaneo che gli artisti Gutai ebbero nei confronti dell'arte è dimostrato dal fatto che essi, considerandole pari alle loro, pubblicarono in «Gutai», la rivista del gruppo, le opere di Michiko Inui, uno scolaro di scuola elementare, e di Toshiko Kinoshita, un chimico. Pittura d'azione, happening e arte concettuale – quando queste etichette sono state attribuite alle forme d'arte, sono diventate stili sanciti e riconosciuti.

Qualora, secondo l'affermazione di Gempei Akasegawa, la cosiddetta arte d'avanguardia riesca ad inserire nuovamente nella nostra vita l'arte che si è allontanata dalla vita reale, e riesca a restituirle la sua energia primordiale, gli esperimenti Gutai meriterebbero veramente di essere chiamati avanguardia. I loro esperimenti sono significativi non solo perché l'arte moderna crede nel progresso e attribuisce perciò valore a qualcosa di nuovo.

Se nel Gutai esiste un elemento caratteristico proprio dell'origine asiatica dei suoi componenti, esso è dovuto al fatto che viviamo in una tradizione la quale tiene in grande considerazione gli incontri estetici. Ad esempio, esiste un detto riferito alla cerimonia del tè, secondo il quale ogni incontro dovrebbe essere apprezzato poiché esso accade una volta sola nella vita. Siamo abituati all'idea che la bellezza è effimera e il nostro incontro con lei dura solo un istante fuggevole. E noi sappiamo che questo suo carattere effimero le permette di rinascere ogni volta, in ogni luogo e in ogni momento.

Tuttavia i loro esperimenti non proseguirono per molto tempo. Dopo due mostre all'aperto, quattro esposizioni d'arte Gutai e due rappresentazioni teatrali, gli esperimenti Gutai terminarono. I giovani avventurosi maturarono trasformandosi in cosiddetti artisti. E il Gutai, tramite l'incontro con Michel Tapié, spostò l'obiettivo della propria attività verso le opere dipinte. Lo stile riscontrato in queste opere corrisponde all'inevitabile punto d'arrivo a cui essi giunsero maturando come artisti, e trasforma i loro dipinti in opere superiori notevoli per originalità. I loro dipinti nacquero dagli esperimenti degli artisti che con la maturità svilupparono stili originali e propri ad ognuno di loro. Dal momento che furono presentati in America e in Europa da Tapié che era a capo del Movimento informale, essi vengono spesso ritenuti una scuola facente parte dell'informale, eppure, nonostante essi condividano molti elementi dell'Informale, sono troppo importanti per essere considerati come imitazioni. Eppure questi dipinti, malgrado tutta la loro superiorità, non potranno ridare agli artisti quella strana eccitazione che essi sperimentarono alla nascita dell'arte. Le azioni spariscono. Il loro spirito, invece, continua a vivere.

Lo spirito e le azioni del Gutai continuano ad infondere coraggio a coloro che scelgono di vivere l'arte, sia mediante la creazione sia mediante la valutazione.

Kazuo Yamawaki

[1] Jirō Yoshihara, *Memories from My Life*, in «The Kobe Shimbun», 9 luglio 1967.
[2] Kazuo Shiraga, *Records of Adventures*, in «Bijutsu Tacho», n. 285, luglio 1967, p. 141.
[3] Jirō Yoshihara, *L'Avenir du Nouvel Art*, in «Notizie», aprile 1959, p. 22.

Le mostre Jirō Yoshihara *e* Gutai: avanguardia sotto il cielo *sono state realizzate in collaborazione con la* Japan Foundation, Tokyo, *e il contributo della Fondazione Mudima e dell'Istituto Giapponese di Cultura a Roma*

Panoramica di gruppo del 1956
con l'opera di Tanaka

GUTAI - AVANGUARDIA
SOTTO IL CIELO

*Le opere sotto elencate furono
esposte dagli artisti Gutai
alla prima e seconda mostra
all'aperto del gruppo
nella pineta di Ashiya (1955-56).
Di queste opere tutte perdute,
si espongono i remakes, eseguiti
dagli autori in occasione della
Biennale di Venezia*

Jirō Yoshihara

Ōsaka, Giappone, 1905-1972

1. Shitsu, *1956*
(La stanza)
*Legno dipinto, lampada,
200 x 550 x 470 cm
Ashiya,
Collezione Michio Yoshihara*

Akira Kanayama

*Ōsaka 1924
Vive a Nara*

1. Sakuhin, *1955*
(Opera)
*Tavole dipinte di bianco
e sfera rossa di gomma,
32 x 801 x 801 cm*

2. Ashiato, *1956*
(Impronte)
*Smalto nero su vinile,
0,5 x 45 x 400 cm*

3. Tama, *1956*
(Biglie)
*Biglie di vetro dipinte di bianco,
1000 x 1000 cm ca.*

Sadamasa Motonaga

*Ueno 1922
Vive a Takarazuka*

1. Akai mizu, *1955*
(Acqua rossa)
*Contenitore di vinile trasparente,
acqua colorata di rosso,
misure variabili*

2. Kugi, *1955*
(Chiodi)
*Paletti di legno dipinti, chiodi,
220 x 23 cm*

3. Fune, *1956*
(Navi)
*Legno, asfalto, acqua, cellofan,
candele, 30 x 200 x 1000 cm*

4. Mizu, *1956*
(Acqua)
*Contenitori di vinile trasparente,
acqua colorata in varie tinte,
misure variabili*

Saburō Murakami

*Kobe 1925
Vive a Nishinomiya*

1. Sakuhin, *1955*
(Opera)
Asfalto, 90 x 2000 cm

2. Arayuru fukei, *1956*
(Tutti i paesaggi)
Legno, 60 x 73 cm

3. Sora, *1956*
(Cielo)
*Tela, zinco, legno,
380 x 98 x 98 cm*

Shōzō Shimamoto

*Ōsaka 1928
Vive a Nishinomiya*

1. Ana, *1955*
(Buchi)
*Zinco dipinto di bianco
e di nero, 180 x 200 cm*

2. Kono ue wo aruite kudasai,
1956
(Camminate qui sopra)
*Legno colorato e congegno
di molle, 50 x 48,5 x 360 cm*

3. Tsutsu ni yoru sakuhin, *1956*
(Opera realizzata
con un cannone)
*Smalto su vinile,
1000 x 1000 cm*

Fujiko Shiraga

*Ōsaka 1928
Vive a Amagasaki*

1. Shiroi Ita, *1955*
(Asse bianca)
*Tavole di legno dipinte
di bianco, 80 x 1000 cm*

2. I, *1956*
(Sorgente)
*Asfalto e zinco,
50 x 200 x 200 cm*

Kazuo Shiraga

*Amagasaki 1924
Vive a Amagasaki*

1. Dozo ohairi kudasai, *1955*
(Prego, entrare!)
*Nove pali di legno dipinti
di rosso, 400 x 6 cm ciascuno*

2. ⬭ *1956*
*Fango, lino, cellofan,
30 x 240 x 120 cm*

3. ◯ *1956*
*Fango, cellofan,
25 x 150 x 150 cm*

Yasuo Sumi

*Ōsaka 1925
Vive a Itami*

1. Sakuhin, *1956*
(Opera)
*Rete metallica, carta, smalti,
100 x 3000 cm*

Atsuko Tanaka

*Ōsaka 1932
Vive a Nara*

1. Sakuhin, *1955*
(Opera)
*Rayon rosa fluorescente, legno,
30 x 700 x 700 cm*

2. Denkifuku, *1956*
(Vestiti elettrici)
*Vinile, legno, neon, 7 sagome;
ogni vestito misura
436 x 364 cm*

Tsuruko Yamasaki

*Ashiya 1929
Vive a Ashiya*

1. Totan ita no kusari, *1955*
(La catena di zinco)
*Zinco, legno, chiodi,
500 x 500 cm*

2. Sakuhin, *1956*
(Opera)
*Zinco, tinture tessili e lacche,
360 x 750 cm*

3. Sakuhin, *1956*
(opera)
*Zanzariera rossa, legno, lampade,
300 x 400 cm*

Toshio Yoshida

*Kobe 1928
Vive a Kobe*

1. Sakuhin, *1955*
(Opera)
*Paletti di legno dipinti di bianco,
misure variabili*

Michio Yoshihara

*Ashiya 1933
Vive a Ashiya*

1. Sakuhin, *1955*
(Opera)
*Cerchio di ferro dipinto,
80 x 61 cm diam.*

2. Sakuhin, *1955*
(Opera)
*Tubo di ferro dipinto,
120 x 120 cm*

3. Chishin kagami, *1956*
(Specchio al centro della terra)
*Zinco dipinto, lampada,
h 50 cm*

4. Hakken, *1956*
(Scoperta)
*Lampadina interrata,
50 cm profondità*

5. Hikaru mizu, *1956*
(Acqua luminosa)
*Vetro, acqua, lampada,
30 x 30 x 30 cm*

Tsuruko Yamasaki, Sakuhin,
1956

Yasuo Sumi, Sakuhin, *1956*

Akira Kanayama,
Ashiato, 1956

Kazuo Shiraga, ⬭, *1956*

Shōzō Shimamoto,
Kono ve wo arvite kudasai,
1956

Michio Yoshihara,
Hikaru mizu, *1956*

Sadamasa Motonaga,
Mizu, 1956

Saburō Murakami, Sora,
1956

Atsuko Tanaka,
Denkifuku, *1956*

Toshio Yoshida, Sakuhin,
1955

Fujiko Shiraga, Shiroi Ita,
1955

Da Mosca

Viaggio
nel libero spazio del nulla

Sapevate che andare in Russia vuol dire recarsi in uno spazio neutro, quindi in un Oriente particolare? Non si va, infatti, in quella terra dove si sono da sempre recati esploratori, avventurieri, mercanti, poeti, artisti per cercarvi mille e una opportunità. Difatti, né ieri, né oggi l'Occidente ha considerato la Russia come un paese ad oriente, ma come una nazione ad est. In questo piccolo spostamento semantico sta il senso di una diversità profonda con il senso che la storia della cultura attribuisce all'oriente, là dove sorge il sole sorgente di vita e l'est, la Russia che si imprime nell'immaginario collettivo per la sua ideologia, per il suo spazio mentale più che materiale. Anche i suoi inverni gelidi e le sue sterminate pianure innevate sono uno spazio neutro, un enorme spazio bianco su paesaggio bianco per parafrasare Malevitč in cui il Kollektivnye Deistvia (Collettivo Scenico), sigla KD *(con Nikita Aleksev, Georgii Kizevalter, Nikolai Panitkov e Andrej Monastyrskij) propose le sue performance in uno spazio alternativo rispetto a quello delle città occidentali e orientali. In questo luogo neutro ed astratto fuori dal paesaggio totalitario realista si svolgevano azioni che comprendevano suoni minimali vicino all'esperienze di un Cage, di un artista occidentale che ha fatto dell'Oriente il suo ideale estetico e di vita quasi a volersi ricreare una verginità. Si capisce, così, che la terra russa è per gli occidentali, come per gli orientali, un punto neutro, una cerniera tra Occidente ed Oriente in cui convivono le due culture che è possibile vedere nel lavoro dei suoi artisti. Per questo il gruppo sopracitato di cui Monastyrskij faceva parte ha parlato della loro attività come di «viaggi nel nulla» alla ricerca della «non entità della soggettività». Si tratta di una condizione esistenzialmente ricca che per sopravvivere doveva andare verso il vuoto, e per questo imprendibile dalla pressione ideologica; alla realtà dell'ideologia, che si faceva sentire in tutte le sfere della vita quotidiana, si oppone quella dello spirito ciò che non si può controllare, perché non è possibile imprigionarlo. In questo modo, ed in tempi non sospetti l'arte russa, per mezzo di alcuni suoi rappresentanti d'avanguardia dell'allora arte non ufficiale, anticipava i tempi dei nostri anni ottanta e novanta, opponendo alla determinazione politica e ideologica, la realtà spirituale con punte di misticismo etico che hanno rappresentato il motivo dominante dei nostri anni. Basterebbe questo a segnalare l'indipendenza di tale cultura che il nostro colonialismo concettuale si è compiaciuto di vedere ovestdipendente. Non si è tenuto conto, infatti, che testi, scritti degli artisti russi sia creati autonoma-*

Andrej Monastyrskij,
La tavola dei Direttori
per il Drago, *1990*

mente per vivere in piccole pubblicazioni o come scritte per apparire su quadri, oggetti, eccetera, hanno poco a che vedere con l'impiego semiotico fatto da noi. In Russia gli artisti, e non solo essi, spiegano e discutono il proprio lavoro attraverso categorie letterarie, dato che per loro i maggiori pensatori non sono filosofi, ma scrittori che, come Tolstoj o Dostojevskij si interrogano sui maggiori temi dell'umanità. Ciò è spiegato in maniera esemplare dalle opere esposte in questa Biennale che hanno in comune tra loro il fatto di essere originate da un libro come si deduce anche dall'installazione di Monastyrskij che può essere considerato il maestro precursore, o almeno un punto di riferimento delle generazioni più giovani rappresentate dall'Ispezione Medermeneutica (Sergej Anufriev, Vladimir Fedorov, Pavel Pepperstejn), da Jurij Lejderman e Aleksander Mareev, una caratteristica centrale perché il libro è anche all'origine delle religioni spirituali e materiali a cui sopra accennavo: Bibbia – cristianesimo, Corano – islamismo, Veda – induismo, Sutra – buddismo, Tao-te-ching – taoismo, Il Capitale – comunismo.
Difatti, l'installazione di Andrej Monastyrskij si chiama Dal Libro, *quello dell'arte ufficiale nordcoreana esposto su un tavolo e con al soffitto un registratore contenente un nastro con i discorsi sull'arte di Kimersen presidente della Corea del Nord, dove libro e parole stabiliscono la testualità normativa, mentre la seconda parte rappresentata da un elevatore d'acqua dei contadini nordcoreani realizzato a partire da un'immagine del libro descrive il passaggio da un'estetica del prelievo e dello spostamento duchampiano a quello di una metasimulazione dove l'oggetto passa dall'arte all'arte in un'operazione di re-ready-made a cui si aggiunge un cartellino. Anche per le grafiche a parete è un cartellino ad introdurre alla serie dell'opera costituita ognuna da un testo ideologico di base cui viene sovrapposta un'immagine prelevata da un fumetto coreano e una successiva descrizione dell'immagine stessa. In tale passaggio dalla politica comunista verso l'estetica sta il percorso di Monastyrskij di allontanamento dal reale verso l'astrazione concettuale. Difatti, la scelta del comunismo nordcoreano avviene per il suo grado di radicalità, atemporalità e astoricità e quindi di lontananza dal reale, così come avviene per il buddismo, altro riferimento dell'artista teso a smaterializzare l'iconografia realista che, voluta dall'ideologia, si dà come luogo di «mortificazione e guerra». Per ciò questo tendere verso i gradi elevati dell'ideologia come della religione attraverso l'estetica, fa sì che egli, come Dostojevskij, cerchi nel distillato della bellezza una possibilità di salvez-*

za del mondo trasformando quest'ultimo dal pieno della sua materia nel vuoto dell'eternità.
È un'opera, questa di Monastyrskij, direttamente collegata con quella della Ispezione Medermeneutica in cui viene sviluppata l'idea dell'icona vuota. Icone ortodosse su paesaggi con angeli, diamanti, giardini, un caleidoscopio paradisiaco come via, ascesa spirituale nel quale troviamo angeli, cherubini, serafini. Tali oggetti, che stanno in tutti i sensi al posto di Dio, stabiliscono un rapporto con la chiesa ortodossa come elemento al di fuori dal tempo e dalla storia che prima riguardava l'ideologia comunista. Allora, analizzare, riflettere questa struttura vuol dire coltivare le differenti relazioni che si stabiliscono tra essi, mettendo, tramite l'icona vuota, in discussione il dogmatismo ortodosso, la sua ideologia conservativa come psicopatologia della sacralità, della spiritualità, della meditazione con operazioni testuali-visive tendenti ad armonizzare le loro relazioni.
Per Jurij Lejderman, invece, la scrittura di riferimento non è un testo ideologico come avviene per il primo, né una scrittura sacra come accade ai secondi, ma un racconto laico, dove le due realtà si incontrano in una situazione allucinata: Il pozzo e il pendolo *di Poe che dà anche il titolo all'opera esposta in Biennale. Egli è convinto, a differenza degli artisti americani che si sono riferiti alle filosofie francesi, che l'arte contemporanea è l'illustrazione di un semplice testo di finzione, dove le situazioni psichedeliche e schizofreniche possono essere meglio evidenziate tramite l'immissione di corpi estranei come avviene in questo caso con i piedi del gatto sul pendolo, ricordate che l'inquisito viene salvato dai topi, e la scrittura di un testo idiota e grafomane sulla cinghia che tiene legato il condannato qui rappresentato da una forma cilindrica. Ma la salvezza non è in questi elementi artificiali che vengono portati all'esasperazione come motivo di guarigione, piuttosto sta nel fatto «che tra questi frammenti e attorno al palco emergono zone libere, in cui non c'è alcuna conoscenza psichedelica superiore, e tanto più questa conoscenza non è minacciata da nessun avvenimento terrificante, inaspettato...».*
Infine per Aleksandr Mareev, che propone un grande acchiappafarfalle più un tavolo con su la Bibbia, una candela e con delle pitture di insetti a parete, ciò che muove il suo lavoro sono parole come: «amare, credere, sperare», dove una mescolanza di spirito e sentimento sono gli ingredienti base con cui armonizzare il mondo. La chiave, però finisce per stare ancora una volta nella scrittura dei libri presenti, la Bibbia, e assenti quello di entomologia di Fabre letto dall'artista quando era bambino e di Kabakov sulle mosche che co-

DRAGON DIRECTOR EFFECT TABLE
таблица директоров для дракона
TABELLE DER DRACHEN-DIREKTOREN

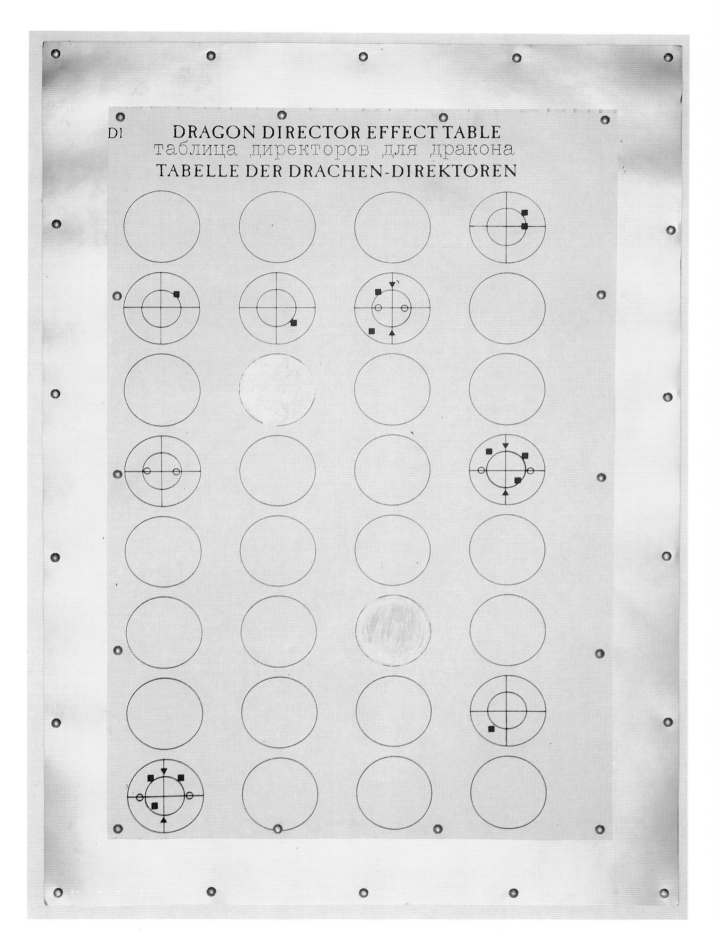

nosce da adulto. Difatti, in questo ciclo di riferimento concettuale sta il passaggio dal luogo della creazione divina a quella biologica, fino all'artistica, che nell'andamento temporale passa da quello senza tempo del primo al relativo del secondo fino a quello immediato del terzo, mostrando, parafrasando ancora Monastyrskij lo slittamento valido per buona parte dell'arte russa dal momento descrittivo, narrativo e discorsivo del testuale a quello dell'estetica che è senza tempo, perché data dalla percezione immediata del visuale.

Giacinto Di Pietrantonio

Andrej Monastyrskij

Petsamo, Russia, 1949
Vive a Mosca

1. Dal libro, *1990*

Jurij Lejderman

Odessa, Ucraina, 1963
Vive a Mosca

1. Il pozzo e il pendolo, *1992*

Aleksandr Mareev

Mosca 1969
Vive a Mosca

1. Senza titolo, *1993*

Ispezione Medermeneutica

Gruppo costituitosi a Mosca
nei primi anni ottanta

Sergej Anufriev

Odessa, Ucraina, 1964
Vive a Mosca

Vladimir Fedorov

Sumy, Ucraina, 1963
Vive a Mosca

Pavel Pepperstejn

Mosca 1963
Vive a Mosca

1. Senza titolo, *1993*

In collaborazione con l'Istituto
Schola San Samuele, Roma

Ispezione Medermenutica,
La frammentazione
della memoria, *1991*

Aleksandr Mareev,
Gli insetti, *1992, particolare*

Jurij Lejderman,
Il pozzo e il pendolo, *1992*

Nuova pittura cinese

Il realismo critico della giovane arte cinese

In Cina, paese ancora nominalmente socialista, esistono specifiche direttive ufficiali in campo artistico, improntate su una visione dell'arte e della cultura centralmente controllate. I soggetti affrontati in tale produzione propongono in genere un commento positivo o una descrizione neutrale della realtà basati sulla totale e in molti casi virtuosa padronanza del linguaggio realistico, nelle sue molteplici modalità espressive.

Tale premessa è importante per comprendere lo sfondo sul quale si muovono gli artisti cinesi presentati in questa edizione della Biennale, che a tale ambito non si ritiene appartengano. Qualsiasi sia la lettura che venga assegnata alla loro produzione è comunque importante sottolineare il loro valore di rottura nel contesto storico-artistico che li pone in una inevitabile e limitante condizione di diversità: vittime dei molti pregiudizi che sussistono ancora nel dialogo tra la cultura cinese e quella occidentale, sono destinati a essere, da una parte o dall'altra, perennemente fraintesi nei loro intenti e nelle loro scelte: in Cina vengono spesso e semplicisticamente considerati come prodotto dell'asservimento culturale all'Occidente, da noi possono altrettanto facilmente venire accettati con lo spirito di esotismo politico-antropologico con il quale viene spesso considerata la produzione culturale moderna dell'ultimo grande paese socialista.

Gli artisti qui riuniti presentano tuttavia una produzione che nel complesso arriva a dare forma alla reale situazione culturale della Cina di oggi; nello stravolgimento di valori provocato dalla rottura con il passato «antico» della tradizione classica, dal richiamo inevitabile al passato «recente» della rivoluzione socialista e dalla presente aggressione del consumismo di stampo occidentale, si manifesta in questi artisti un desiderio di autoaffermazione che non li rigetti in nessuna «tradizione» né tantomeno li costringa ad una occidentalizzazione forzata.

Tuttavia la loro produzione è ancora strettamente legata alla storia recente, all'impronta indelebile che la politica ha impresso nella coscienza di ognuno: sia che essa vi sia volutamente ignorata, ironicamente citata o criticamente sottointesa, la presenza o l'assenza di un suo riferimento inevitabilmente forma il giudizio che questi artisti esprimono sulla loro società contemporanea.

Il linguaggio della Pop Art è divenuto – anche per questo – facile veicolo di espressione dei contrasti presenti nella Cina di oggi, delle sovraimpressioni di messaggi e culture diverse, della ironica e critica smitizzazione di un passato eroico. Ma invece dell'ottimismo consumistico, della positiva neu-

tralità dell'originale pop americano, il pop cinese mette a fuoco le stratificate problematiche della sua società contemporanea. La materia di queste opere non consiste più nei semplici oggetti di consumo o i rifiuti della società industriale, ma diventa alternativamente il super-valore che il prodotto di marca occidentale assume nel nuovo contesto della realtà cinese o, più frequentemente, l'azione demistificatoria dei simboli più sfruttati del realismo socialista, utilizzati come «logo» del consumismo politico.

Le immagini popolari, i veri ready-made nell'ambito del socialismo cinese saranno necessariamente il ritratto di Mao o i simboli primari del comunismo, come la stella a cinque punte, il popolo vittorioso, il sole raggiato. Estrapolando questi emblemi dal contesto originale, senza alterare se non marginalmente il loro modello iconografico, essi assumono automaticamente una polimorficità semantica provocata dalla sovrapposizione di citazioni desitualizzate, fuorviate e, in quanto tali, fuorvianti. Il risultato è quindi una presentazione ironico-critica del soggetto ottenuta con l'impiego di diverse modalità interpretative e basata su livelli diversi di decontestualizzazione.

In primo luogo la trasposizione temporale – da ieri a oggi – è causa di sconcerto per l'osservatore che si confronta con immagini non più pertinenti in questo momento storico; successivamente lo stesso linguaggio pittorico accresce una volta di più il processo di straniamento: la scelta di colori sgargianti si ricollega ai canoni dell'arte popolare, incorporati dal realismo socialista degli anni sessanta, ridicolizzandone l'entusiasmo originale con l'esagerata accentuazione del carattere celebrativo e ottimista: a ciò si aggiungono a volte simboli dichiaratamente appartenenti al patrimonio iconografico del mercato occidentale, ancora una volta non tanto per criticare lo spirito del capitalismo di importazione, ma soprattutto per vanificare il valore semantico originale del soggetto.

Il microcosmo quotidiano riportato a valore assoluto è invece il tema e la scelta di altri artisti, più giovani, che affrontano il reale con un misto di cinismo e ingenuità, originati essenzialmente dal segno specifico della propria esperienza personale. Anche in questi autori esiste una dicotomia di base che modella l'immagine e giustifica il significato dell'opera. La tensione generata dalla volontà di esagerare il reale per denunciarne l'eccessiva piattezza e, allo stesso tempo, per cercare di operarvi un'ideale azione di abbellimento generata da una interpretazione quasi infantile, è la sostanza stessa di questa pittura. Scene di vita quotidiana, ritagli di immagini conosciute, ritratti di lessico familiare vengono trasfigurati

dai colori surreali, dalla plasticità quasi tattile delle immagini. Il substrato tecnico è la pratica maniacale del realismo così come viene tutt'ora impartita nelle Accademie cinesi: ma questi allievi indisciplinati si burlano dei maestri e usano il verbo realista per parlare d'altro e cioè della loro alienazione, della mancanza di ideali, dell'indifferenza a qualsiasi autorità, del cinismo cronico che permea le loro vite. Ma c'è anche una voglia infantile di lasciarsi andare, di giocare, di sognare, di colorare la vita e trasfigurare il mondo perdendosi nella fantasia.

Infine un'altra via, che pure si ricollega alle precedenti nella volontà di invalidare la verità ufficiale è quella che nella ossessiva ripetitività del segno e nella conseguente apparente astensione di giudizio ritrova una possibile lettura della realtà indecifrabile. Tra gli artisti qui presenti non a torto Xu Bing e Ding Yi vengono considerati anche in Cina come i più «tradizionali» e quindi i più autentici; il gusto del segno fine a se stesso, l'annullamento totale di sé raggiunto attraverso l'ossessiva ripetizione del tratto o del carattere, il lavoro manuale dell'artigiano che crea senza apparire, la passione filologica del letterato sono elementi fondamentali della pratica artistica tradizionale che questi due autori sanno utilizzare efficacemente con l'intento di sovvertire il sistema dall'interno. Isolati da un significato coerente questi segni paiono assurdi e altrettanto inespressivi che i comportamenti vuoti di ogni ufficialità.

I filoni individuati non devono comunque sovrapporsi alle singole personalità di questi artisti che, rinnegando la dimensione di collettivismo totale e omnicomprensivo propria della loro società, rivendicando il diritto ad una nuova autonomia creativa, contenutistica e formale, slegata da ogni schema interpretativo preimposto, pur rimanendo sempre articolata su linguaggi di diretta frequentazione intellettuale.

Francesca dal Lago

L'ultima avanguardia cinese

Il 1989, come il 1979, è un anno particolarmente sensibile per il mondo artistico e intellettuale cinese: la mostra China-Avant Garde apertasi a Pechino all'inizio di febbraio presso la Galleria Nazionale presenta i risultati ottenuti in un decennio di iniziale assorbimento e riadattamento dell'arte occidentale e manifesta un ideale superiore teso alla ricostruzione di una nuova cultura. L'atto di sparare in pubblico contro le proprie opere trasforma l'avvenimento in un grande fatto sociale e svela una sensibilità politica di opposizione all'ideologia ufficiale presente nell'arte ci-

Fang Lijun, 1993 - N. 3, *1993*

Liu Wei, Matrimonio, *1993*

nese sin dalla Mostra delle Stelle. In relazione a ciò la mostra dell'89 segna l'uscita obbligata degli artisti d'avanguardia dai musei statali e li confina di nuovo alla non-ufficialità, diventando in un certo senso premonizione dei fatti di Tian'Anmen. Infatti, sia in arte che nella società, il 1989 segna una cesura che, come nel 1979, segnala una nuova situazione di crisi spirituale dopo dieci anni di sforzi idealistici per ricostruire e salvare la cultura cinese con l'ausilio delle moderne correnti occidentali: in tal senso, quest'anno fornisce lo sfondo alla nascita delle due correnti artistiche anti-idealistiche del «realismo cinico» (popì) e del «pop politico».

Popì è un termine colloquiale della vita quotidiana che io utilizzo come concetto culturale i cui significati principali sono cialtroneria, menefreghismo, cinismo, sarcasmo e indifferenza. I rappresentanti di questa corrente sono giovani nati negli anni sessanta, diplomati alla fine degli anni ottanta che appartengono alla seconda generazione successiva alla Rivoluzione Culturale. Fin dall'inizio degli studi elementari, alla metà degli anni settanta, questi ragazzi sono stati proiettati in una società in perenne cambiamento e hanno iniziato la loro formazione artistica all'insegna di un ideale di riscatto della cultura cinese tipico delle due precedenti generazioni. Nel 1989 entrati nel mondo sociale, dopo aver osservato i tentativi di utilizzare ogni possibile forma artistica occidentale sono testimoni del fallimento del sogno di salvare la cultura cinese che lascia loro solo delle schegge di verità, accidentali e inafferrabili: non credono più agli inutili sforzi di ricreare una nuova cultura e per salvare se stessi possono solo affrontare realisticamente la propria impotenza. Perciò la noia del vivere diventa la sensazione più autentica nei confronti di una realtà esistenziale priva di significato che in quanto tale non è più necessario affrontare con deferenza: quindi l'atteggiamento popì diventa l'unica alternativa loro rimasta. Anche nell'arte, di conseguenza, a differenza del rispetto per l'uomo tipico delle precedenti generazioni, questi artisti si riportano ad un'ottica orizzontale, rifugiandosi nella realtà quotidiana del mondo circostante e utilizzano il «realismo cinico» (popì) per descrivere se stessi e i frammenti di una vita assurda, occasionale e senza prospettiva, come dimostrano i personaggi con le teste pelate delle tele di Fang Lijun e i ritratti deformati dei genitori di Liu Wei.

Il fallimento degli ideali e il nuovo sviluppo economico forniscono ad altri artisti, che si sentono socialmente responsabili, un nuovo stimolo provocato dalle mode, dalla popolarizzazione e dagli incessanti mutamenti: questo fenomeno sta alla base del cambio di direzione che conduce a un'ottica pop nella trattazione della realtà. Questo è preceduto, in questi primi anni novanta, dall'emergere di un revival dell'immagine di Mao come riflesso di una situazione di grande complessità sociale e espressione di quel «complesso del periodo maoista» che i cinesi non hanno ancora superato – e racchiude in sé l'intenzione di deridere la realtà attuale utilizzando i miti passati. Il «pop politico», come la canzone oggi di moda Sole rosso d'oriente, arrangiata in chiave rock e cantata in falsetto, utilizza il linguaggio per operare una volgarizzazione e una diffusione popolare delle immagini politiche mitizzate in passato che, in tal modo, assumono un valore indefinito neutralizzando la solennità e la sacralità un tempo loro proprie.

Certamente il «pop politico» viene influenzato da Andy Warhol e dal pop americano, ma in primo luogo, caratteristico del pop americano è il rafforzamento o la divinizzazione delle immagini popolari che di conseguenza acquistano una dignitosa solennità, mentre l'originalità del «pop politico» consiste nel volgarizzare e popolarizzare attraverso lo scherno e la satira, immagini politiche già consacrate. Secondariamente il pop americano si concentra sulle immagini attuali più comuni, mentre il «pop politico» combina in una stessa dimensione pittorica i ricordi della cultura passata con le icone più comuni della presente realtà. Tra i pittori presenti nella panoramica qui proposta Wang Guangyi, Zhang Peili, Geng Jianyi, Yu Youhan sovrappongono immagini della Rivoluzione Culturale con i simboli dell'odierno consumismo, mentre Feng Mengbo sostituisce le figure degli eroi della Rivoluzione con i personaggi dei videogame: tutto contribuisce a creare una sensazione di assurdità e conflitto caratteristiche dell'attuale situazione culturale cinese.

A causa dello sviluppo ineguale della cultura, le diverse influenze della Rivoluzione Culturale, del periodo ad essa successivo, della società contadina e di quella industriale e post-industriale coesistono nella dimensione temporale presente, mentre la perdita della concezione dei valori provoca confusione e inselezionabilità tra impressione reale e memoria culturale: oppressa dalla presente commercializzazione, l'immagine politica viene così composta in questo «consumismo immediato».

Queste due correnti, che costituiscono un fenomeno correlato, risultante dalla tipica situazione sociale post '89, dimostrano in effetti la ormai raggiunta modernità della cultura cinese contemporanea.

Li Xianting

Ding Yi

Shanghai 1962
Vive a Shanghai

1. Serie a croce 1992 N. 17, *1992*
Acrilico su tela, 240 x 240 cm

2. Serie a croce 1992 N. 18, *1992*
Acrilico su tela, 240 x 240 cm

3. Serie a croce 1992 N. 20, *1992*
Acrilico su tela, 240 x 240 cm

Fang Lijun

Handan, Cina, 1963
Vive a Pechino

1. 1993-N. 1, *1993*
Acrilico su tela, 180 x 230 cm

2. 1993-N. 3, *1993*
Acrilico su tela, 180 x 230 cm

3. 1993-N. 5, *1993*
Acrilico su tela, 180 x 230 cm

Feng Mengbo

Pechino 1966
Vive a Pechino

1. Tempo scaduto, *1993*
Acrilico su tela, 264 x 300 cm

Geng Jianyi

Zhengzhou, Cina, 1962
Vive a Hangzhou, Cina

1. Raggi N. 1, *1992*
Olio su tela, 200 x 135 cm

2. Raggi N. 2, *1992*
Olio su tela, 200 x 135 cm

3. Raggi N. 3, *1992*
Olio su tela, 200 x 135 cm

Li Shan

Lanxi, Cina, 1942
Vive a Shanghai

1. Belletto N. 36, *1993*
Acrilico su tela, 170 x 300 cm

2. Belletto N. 37, *1993*
Acrilico su tela, 263 x 262 cm

3. Belletto N. 38, *1993*
Acrilico su tela, 263 x 272 cm

Liu Wei

Pechino 1965
Vive a Pechino

1. Invito a cena, *1993*
Olio su tela, 175 x 155 cm

2. Matrimonio, *1993*
Olio su tela, 175 x 155 cm

3. Tempo di viaggi, *1993*
Olio su tela, 150 x 200 cm

Song Haidong

Yangzhou, Cina, 1958
Vive a Shanghai

1. Il profumo di Peter Süskind, *1992*
Legno, plastilina, serigrafia, 240 x 240 x 20 cm

Sun Liang

Hangzhou, Cina, 1957
Vive a Shanghai

1. Da 1 a 16 figure, *1992*
Olio su tela, 130 x 130 cm

2. Da 1 a 19 figure, *1992*
Olio su tela, 130 x 130 cm

3. Da 1 a 21 figure, *1992*
Olio su tela, 110 x 110 cm

Wang Guangyi

Harbin, Cina, 1956
Vive a Pechino

1. La Grande Critica-Benetton, *1992*
Smalto acrilico su tela, 200 x 340 cm

2. La Grande Critica-Canon, *1992*
Smalto acrilico su tela, 200 x 170 cm

3. La Grande Critica-Swatch, *1992*
Smalto acrilico su tela, 200 x 340 cm

Wang Ziwei

Shanghai 1963
Vive a Shanghai

1. Playboy, *1991*
Acrilico su tela, 190 x 140 cm

2. Donna francese, *1992*
Acrilico su tela, 191 x 119 cm

3. Jolly d'avanguardia, *1992*
Acrilico su tela, 168 x 120 cm

Xu Bing

Pechino 1955
Vive in South Dakota

1. Un libro dal cielo. Specchio per analizzare il mondo, *1987-91*
Carta, libri, caratteri xilografici

Yu Hong

Pechino 1966
Vive a Pechino

1. Principesse della Cina, *1992*
Olio su tela, 177 x 182 cm

2. Sport di moda, *1992*
Olio su tela, 174 x 179 cm

Yu Youhan

Shanghai 1943
Vive a Shanghai

1. Mao che gioca a ping pong, *1992*
Acrilico su tela, 155 x 119 cm

2. Mao e Whitney, *1992*
Acrilico su tela, 190 x 130 cm

Zhang Peili

Hangzhou, Cina, 1957
Vive a Hangzhou e Pechino

1. Rosa carne e grigio, *1992*
Olio su tela, 200 x 360 cm

2. Rosa porpora e grigio, *1992*
Olio su tela, 200 x 600 cm

Con il contributo di Giorgio Armani s.p.a.

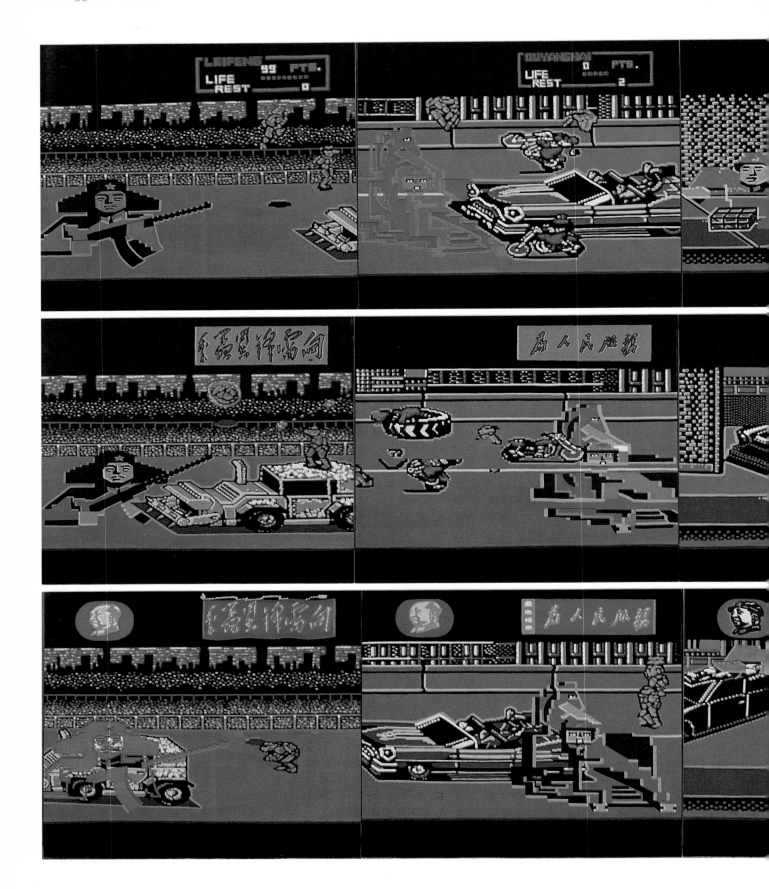

Yu Hong, Sport di moda, *1992*

Feng Mengbo,
Tempo scaduto, *1993*

Geng Jiany, Raggi N. 3, *1992*

Wang Guangyi, La Grande
Critica-Benetton, *1992*

Zhang Peili,
Rosa porpora e grigio, *1992*

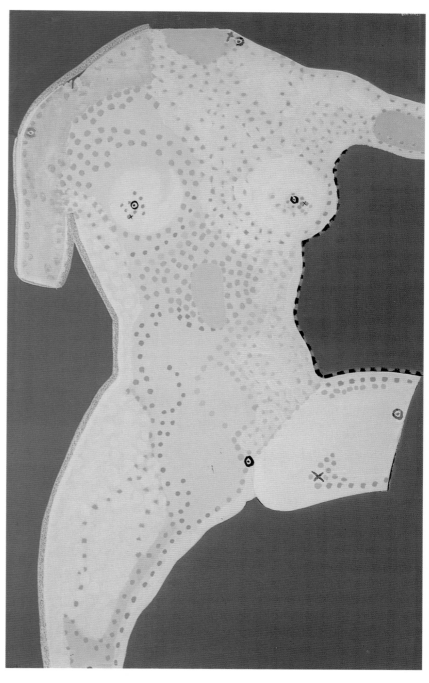

Song Haidong,
Il profumo di Peter Süskind,
1992

Wang Ziwei,
Donna francese, *1992*

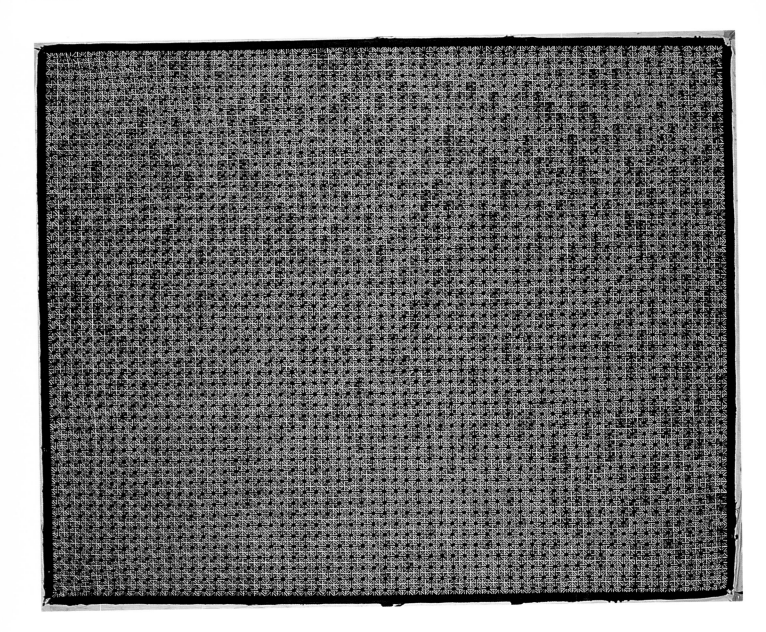

Ding Yi,
Serie a croce 1992 N. 17, *1992*

Yu Youhan, Mao e Whitney,
1992

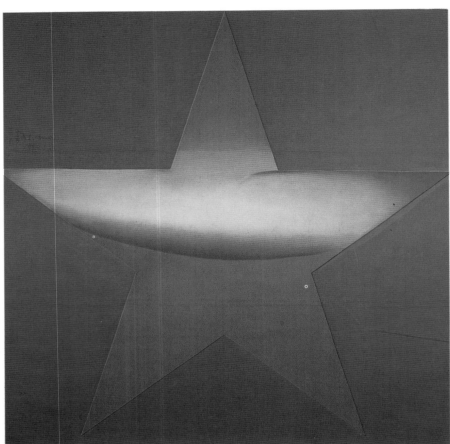

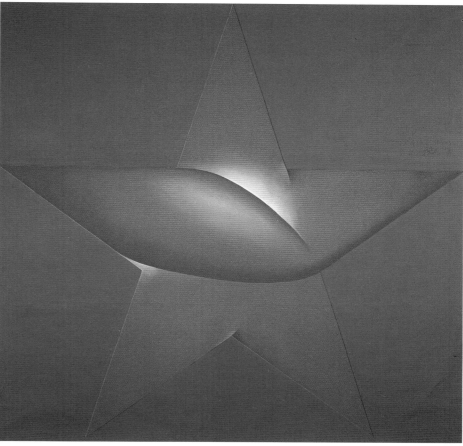

Li Shan, Belletto N. 37, *1993;*
Belletto N. 36, *1993;*
Belletto N. 38, *1993*

Xu Bing, Un libro dal cielo.
Specchio per analizzare il
mondo, *1987-91*

Sun Liang,
Da 1 a 16 figure, *1992*

Shigeko Kubota

Dietro la vita del video (Behind the Video Life): un paesaggio narrativo

Il lavoro di Shigeko Kubota è la dimostrazione di come gli artisti che usano il video abbiano scelto la strada di un'ibridazione linguistica. Se infatti il momento pionieristico del video – alla metà dei sessanta – doveva cercare di appropriarsi dell'alfabeto con cui comunicare, a partire dalla metà degli anni settanta la «purezza» del linguaggio video era già un'utopia. Kubota l'aveva capito, tanto che basta guardare ai suoi primi lavori – il ciclo Duchampiana *del 1968-77, il* Broken Diary, *le* Three Mountains *del 1976-79 – per accorgersi che il video non entrava in relazione solo con se stesso, ma, anzi, dialogava con l'arte, istituendo un metalinguaggio, costruiva un «hardware» – tanto per usare termini vicini all'immagine elettronica – dai fortissimi connotati plastici e, soprattutto, tentava una «registrazione» dei sentimenti, di contro alla presunta freddezza glaciale del mezzo.*

Questi nuclei operativi possono anche essere in contrasto tra loro, in «collisione» – una parola che Kubota usa spesso, soprattutto riguardo a questa sua installazione veneziana, e che di certo costituisce una chiave di lettura importante per tutto il suo lavoro –, ma la relativa novità del mezzo e la freschezza concettuale e sentimentale con cui Kubota lo usa, producono un'azione e un'opera agile e naturale, nonostante la complessità della messa in scena.

Garden of Eden, *Il giardino dell'Eden, è infatti un'opera complessa, una specie di accumulo di tante opere già prodotte, ma che non è un'antologia, quanto piuttosto un'altra opera ancora, un passaggio ulteriore attraverso il tempo. Quell'agilità e quella disinvoltura di cui si parlava, si nota immediatamente in quella specie di «ingenuità» dei componenti del paesaggio e della narrazione: un autoritratto –* Jogging Woman *–, un ritratto del marito Nam June Paik come* Pissing Boy, *le* Niagara Falls, *un o una* Skater, *alberi di metallo, le ruote di bicicletta di Duchampiana, uccelli, montagne, un cimitero coreano sulla montagna, i pneumatici d'auto, eccetera, sono tutti elementi che ci parlano del vissuto, di Shigeko come scrittrice di un* unbroken diary, *per parafrasare una sua opera... Tuttavia, la presenza ossessiva dei monitor, piccoli e medi, rendono spettrale questa narrazione che, altrimenti, ci parlerebbe di ciliegi in fiore: la fioritura c'è, l'acqua scorre, ma è elettronica, è al di là di uno schermo, istituisce un aldilà, un'«altra parte». Il paesaggio, come la narrazione, si complica: ogni componente, ogni figura – e Kubota nel suo progetto non teme di parlare di «tre sculture figurative», cioè lei, il marito e lo/la skater – diventa il*

luogo di un conflitto o, meglio, di una collisione.

La virtualità, l'immaterialità del video collide con l'antropomorfismo schematico e metallico delle sagome; il linguaggio elettronico si scontra con la fisicità della scultura; l'acqua delle Niagara Falls, *che scorre sugli schermi, se scorresse «negli» schermi distruggerebbe tutto, come a dire che l'immagine raccontata è altro dalla realtà (per inciso: mai come nella videoarte, sia occidentale che orientale, si è usata l'immagine dell'acqua...); il conflitto si estende al rapporto uomo/donna e, forse, a quello di competizione tra artista e artista; la ruota di Duchamp viene letteralmente messa in moto e un paesaggio scorre all'interno di essa, metafora di un ricominciare dell'arte dalla palingenesi duchampiana, di cui però non riusciamo a liberarci: l'equilibrio di questo lavoro è sempre un equilibrio conflittuale, che coinvolge tutti i livelli della vita, dal psicologico al linguistico, se poi c'è tanta differenza ... Il video non fa che accentuare, che rendere visibile con la sua artificialità l'artificio delle relazioni. Non sempre ciò che il monitor trasmette ha un suo significato narrativo: ciò che è fondamentale è la sua alterità, di cui non possiamo fare a meno. In questo senso, alcune dichiarazioni di Kubota pongono ora l'accento sulla quasi identificazione tra umanità e video – «io faccio video, quindi sono», ma anche, nel 1974, in pieno femminismo «io sanguino, quindi sono» e «recentemente sanguino in mezzo pollice...3M o SO-NY...per una lunghezza di diecimila piedi al mese» – altre volte su di un rapporto fisico col video – «mi piace il video, perché è pesante», e «io viaggio da sola, col mio video portatile in spalla, come fanno le donne vietnamite coi loro bambini» –: in entrambi i casi, il risultato è quello di un prolungamento sensoriale, percettivo, che riesce a sfiorare, quasi a raggiungere una dimensione ultrafisica (per non dire metafisica, termine troppo pesante in arte).*

Questa capacità di andare oltre, che Kubota riscontra nel video, non è, cioè, un semplice prolungamento delle capacità sensitive dell'uomo, ma è un prolungamento «spirituale». Così, mentre in Occidente «spirituale» è un termine desueto, vagamente romantico, sostituito da altri – concettuale, mentale, intellettuale, ecc. –, per Kubota, e per altri artisti orientali (anche se vivono a New York) il significato è attualissimo: la sfera dello spirituale coinvolge il sentimento e la comunicazione, senza che tra senso e linguaggio vi sia frattura. Sembra, cioè, che tutto possa essere risolto in un gesto e nel ricordo di quel gesto: quale miglior mezzo del video per agire, ricordare e registrare assieme? Il video diventa così la parte spirituale di un paesaggio la cui mate-

ria – quello che avevamo chiamato «hardware», la sagoma in metallo o in legno, le superfici riflettenti di specchio – è vivificata dalla sua presenza, dal mutare delle immagini/metafore che passano sullo schermo. Infatti, il movimento, il mutamento, la trasformazione e quindi, in una parola, il tempo, è segnato dal video. Percepire il tempo, il suo trascorrere, è una pratica contemplativa molto radicata (tra l'altro, Kubota viene da una famiglia di monaci, custodi di un tempio): è anche questa percezione che compone tutti i conflitti, tutte le collisioni particolari che agitano la vita, e la metafora di questa che è l'opera (almeno per Kubota). Lo scorrere, il fluire – non dimentichiamoci di Fluxus, di cui l'artista giapponese fu vicepresidente nel 1964 – rappacifica, e indica quel continuum universale che trova lontane analogie con l'esperienza del video. Trascorrere e registrare permette cioè di gettare un ponte oltre la vita: una parte di questo grande «paesaggio narrativo» è una collinetta con il cimitero coreano, dove le stele al posto dell'iscrizione mostrano un monitor. Ma l'evidenza maggiore di questo passaggio, di questo ponte, è nella deposizione – registrata in mezzo pollice e riproposta in Marcel Duchamp's Grave, *del 1972-75 – di un libretto su Duchamp e Cage, sulla tomba di Duchamp, «come – sono parole di Kubota – è costume delle famiglie orientali di deporre dolci di riso sugli altari degli antenati».*

Marco Meneguzzo

Shigeko Kubota, Skater, *particolare di* Garden of Eden, *1993*

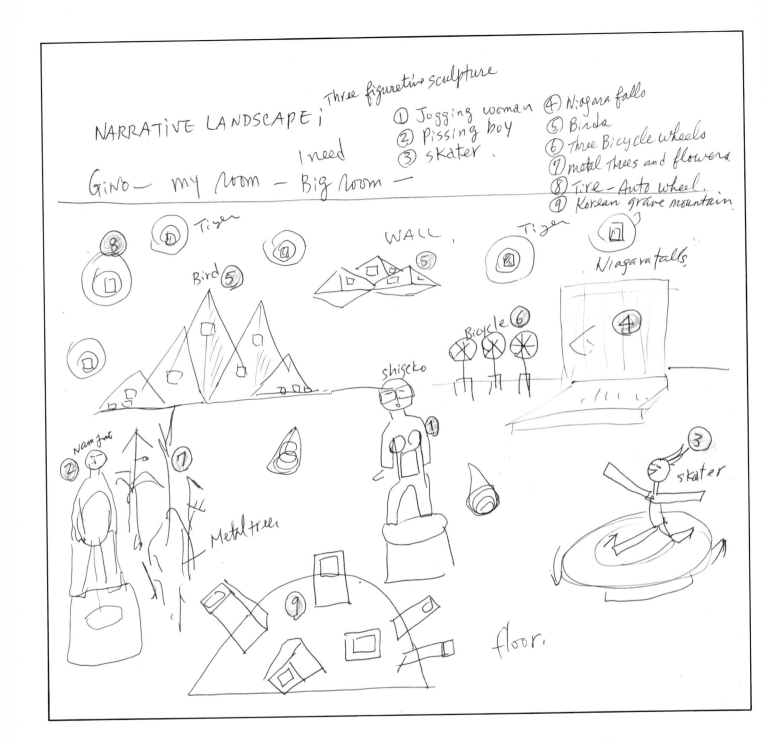

Shigeko Kubota,
Garden of Eden, *1993*

Passaggio a Oriente
e Passaggio dall'Oriente

Nel 1274 Marco Polo giunse in Cina-Mongolia e scrisse Passaggio a Oriente. *Egli trascorse 26 anni circa in Oriente oppure compiendo viaggi verso quella terra.*

Nel 1964 lasciai il Giappone per unirmi ai gruppi Fluxus di New York e vissi a New York, o in Occidente, per un periodo lungo quasi quanto quello vissuto da Marco Polo in Oriente. Sebbene Marco Polo, a causa del vasto mare che separa la Cina dal Giappone, non abbia visitato questa terra, venne a conoscenza di alcune voci, voci assai positive sul nostro conto, e scrisse quanto segue...

«Concedetemi di narrarvi la prossima grande meraviglia che si verificò allorché questi due baroni fecero parecchi prigionieri in un castello dell'isola (Giappone). Poiché essi si erano rifiutati di arrendersi, venne dato l'ordine di decapitarli. L'ordine fu debitamente eseguito. Tutti i prigionieri furono decapitati tranne otto uomini le cui teste non potevano essere mozzate. Questo fatto fu possibile grazie alla virtù di certe pietre che essi portavano nella loro persona. Ognuno di loro aveva una pietra incastonata tra la carne e la pelle del braccio, in modo tale che non fosse visibile in superficie. Questa pietra possedeva una proprietà magica per cui chiunque la portasse addosso non poteva essere ferito da una spada. Quando i baroni furono informati del motivo per cui questi uomini non potevano essere uccisi con la spada, essi ordinarono di picchiarli con randelli fino a farli morire, e così accadde che essi morirono all'istante. In seguito queste pietre furono estratte dalle loro braccia e furono tenute in grande considerazione».

Sicuramente si tratta di voci alquanto strane sul Giappone, di cui non sono a conoscenza...

Nel 1992 ho fatto il mio primo viaggio a Bologna. Ne avevo sentito parlare da molto tempo... la prima università del mondo... la calda patria del radicalismo italiano... professori famosi come Umberto Eco... e trovai che queste voci e questa illusione avevano senso. Mentre camminavo nella città vecchia, percepii il conflitto tra le due dicerie... le voci sul Giappone del XIII secolo di cui venne a conoscenza Marco Polo e le mie sulla Bologna del XX secolo.

Le dicerie sono la forma più antica di informazione... qualcosa di cui sentiamo ma che non vediamo mai... folle miscuglio di verità e bugia...

Eppure questa complessità riflette in qualche modo la nostra mente e il nostro desiderio.

La collisione tra l'Oriente e l'Occidente... la collisione tra due dicerie... la collisione di due mezzi d'informazione... questi gruppi costituiscono il tema principale della mia partecipazione al padiglione «Passaggio a Oriente», che è aperto simbolicamente col padiglione della RDT *(la Repubblica Democratica Tedesca), che poi non fu così democratica.*

Ho studiato scultura e costruzione classiche presso l'Università di Tokyo (ora chiamata Tsukuba) tra il 1956 e il 1960. Perciò il video è solo una collisione... la collisione frontale con i mezzi classici, da me appresi a scuola.

1) Collisione tra video e metallo.
l'arte della disposizione dei fiori (Ikebana) riguarda la transitorietà della vita e del tempo. Il fiore reciso non vive nemmeno per una settimana. Tuttavia l'arte rinascimentale italiana è fatta di pietra, solida ancora oggi. Ho raffigurato la collisione tra l'Oriente e l'Occidente realizzando con il metallo la disposizione floreale (Ikebana), adornata qua e là dai nuovi televisori a cristalli liquidi.
L'effetto è alquanto desolante.
Ho fatto una figura classica che ritrae mio marito Nam June Paik. Lo stomaco è fatto con il suo favorito schermo della Philco e il pene sta urinando, poiché egli va spesso in bagno. E la mia scultura figurativa è una donna sempre di corsa... una donna molto indaffarata nei lavori domestici e con le opere artistiche.
2) Collisione tra video e arte cinetica.
l'arte cinetica fiorì negli anni cinquanta e sessanta ma negli anni settanta si impose l'arte del video. Ma entrambi i mezzi creano una nuova estetica della collisione.
3) Collisione tra l'acqua e il video.
da quando ho fatto le cascate del Niagara per Dokumenta 1987, l'opera è stata il centro di attrazione di molte altre mostre.
La collisione tra l'acqua e il video è particolarmente pericolosa poiché l'acqua può uccidere all'istante l'elettronica.
Noi giapponesi mangiamo il pesce velenoso «Fugu», perché è pericoloso. Ci piace scommettere con la nostra vita. Allo stesso modo assaporo la collisione tra l'acqua e il video... in particolare la sporgenza del video ferma la goccia di pioggia come nella fotografia ferma.
4) Collisione tra lo specchio e il video.
chi ha inventato lo specchio? Nei tempi antichi in Oriente si usava ricavare gli specchi da lastre di rame.
Ora facciamo specchi di plastica e possiamo tagliare e incollare e curvare.
Lo specchio può riflettere il nostro corpo e la nostra mente. Può fare tutto ciò che fa il video... eppure lo specchio non può registrare o trasmettere in play-back... ma lo specchio non è costoso, è abbondante e può avere numerose dimensioni... un materiale molto conveniente per la scultura.

Ho partecipato all'ultima Biennale nel padiglione Fluxus. Quest'anno sono nel padiglione della Germania orientale, mentre mio marito si trova in quello della Germania occidentale. Siamo sempre in competizione... che pure è una specie di collisione.

Shigeko Kubota

Shigeko Kubota

Niigata, Giappone, 1937
Vive a New York

1. Garden of Eden.
Video Dreamscape,
1993
(Il giardino dell'Eden)

In collaborazione con la
Fondazione Mudima

Yoko Ono

Il cielo, soprattutto

Yoko Ono inizia la sua avventura creativa come artista Fluxus di origine e di formazione giapponese, trapiantata nel cuore dell'avanguardia newyorchese sul volgere degli anni cinquanta. Fluxus per adesione a quel movimento sin dall'inizio, ma fluxus, anche, per via di un'intima e profonda determinazione a considerare la vita come ambiente totale, come luogo di manifestazione permanente ed oggettivo della propria interiorità poetica. Il critico musicale Kuniharu Akiyama, ricordando la sua presenza – come artista e come fautrice – ai primi concerti Fluxus in Giappone, parla di lei come di una specie di «nuovo trasmettitore spirituale arte nell'equazione arte = vita». Nelle performance, nelle opere, nei film della Ono si avverte, da subito, una sorta di «senso del dovere» verso se stessa, verso la propria immaginazione; una ineluttabilità realizzativa che l'ha posta immediatamente tra gli artisti più radicali, quelli che dividono i critici in ammiratori o detrattori ad oltranza. Più che estrema la sua energia poetica è non trattabile, dotata di quella forza sottile che mira allo scopo; non certo passiva bensì impassibile, che sente i desideri come una missione. La sua radicalità ha sempre potuto contare sul bene dell'indifferenza che tutela gli artisti dalla tentazione di fare dell'anticonformismo combattente oppure di ridurre il volume della propria autonomia in nome della comunicabilità. Al primo serve una tendenziosità immanente (una certa nevrosi, direbbe Roland Barthes), alla seconda un margine di convenzionalità che, in ogni caso, orienterebbe la creazione verso una tesi e non verso un evento. Nella Ono ogni arbitrio creativo viene compiuto con una naturalezza che aumenta, senza sforzo né provocazione, la sensibilità della mente, che conforta mentre spaesa, perché avvertiamo che le reazioni del soggetto destinatario sono incluse nell'opera, la comprensione coincide con la condivisione di un'esperienza speciale che ci rende interiormente più liberi, più leggeri, più sognatori. In questo senso è «naturale» che la Chiave per aprire i cieli (1962) sia di vetro. Le performance degli anni sessanta richiedevano al pubblico una contemplazione attiva, prevedevano una «partitura» con precise istruzioni da parte dell'artista: attenendosi ad esse lo spettatore si trovava in situazioni di inedita intensità poetica, basate su un minimo di azione, sufficiente a trasformare il funzionamento abituale dell'esperienza. Ci sono parole o gesti o oggetti ricolmi di significato, continuamente usati, incorporati nella nostra mente, che la Ono ricolloca, con leggera fermezza orientale, in modo tale che si possano riavere tramite la sorpresa, scardinando la struttura abituale del nostro rapporto tra pensiero e realtà.

Emblematica a questo riguardo l'opera costituita da una scala a pioli, una lente che penzola dal soffitto e una minuscola scritta «yes» apposta sul soffitto stesso. Il rapporto tra immaginazione e realtà è inversamente proporzionale: l'immaginazione è la materia prima dell'artista che, pertanto, riduce la realtà ad un piccolo fatto, del tutto irrilevante sul suo stesso piano. Il corpo dell'artista, unità inscindibile di spazio e di tempo, procede in ogni direzione, ideale e reale, purché sia a sé continua, non implichi una negazione, un taglio. Le performance storiche erano incentrate sulla sua presenza fisica, corpo e voce; in sintonia con Cage erano i concerti per gesti, movimenti, silenzi («the only sound that exists to me is the sound of the mind»). Lo spazio che si irradia dal corpo, da ogni corpo, si estende sino a dove può arrivare lo sguardo, sino al cielo; il tempo è lo stesso della vita, tutto il tempo della vita. La voce che si alza contro «il vento, il muro, il cielo», la pianta rampicante che sbuca dalla superficie della tela bianca e poi cresce ricoprendola e poi si secca e muore, la bottiglia che appare in controluce dietro la tela bianca, in virtù di un unico e preciso raggio di sole al tramonto, appartengono ad una sensibilità che percepisce l'unità del tutto, che si sente all'incrocio tra le infinite relazioni che si intrecciano continuamente nel flusso delle esistenze e che trovano nel soggetto una temporanea luce, un'occasione e un tempo per manifestarsi. Nella Ono è evidente una felice combinazione di qualità culturali dell'Oriente e dell'Occidente. Ella mostra di possedere un quieto, imperturbabile sentimento della totalità unito ad una tangibile individuazione di sé: parte del tutto e, contemporaneamente, fascio di relazioni, una coscienza sospesa tra Lao-Tzu e Merleau Ponty. La coscienza come anima politica, dove convergono storia personale e storia collettiva, abita in Yoko Ono in una casa giapponese. Nell'arredo della sua mente, l'idea è già azione, il silenzio più eloquente delle parole; ciò che accade ad opera del tempo è più significativo di ciò che accade ad opera della volontà. In tal modo esperienze personali, quali l'amore, il femminismo, il pacifismo, diventano per Yoko Ono repertori salienti della sua arte, ma senza dare origine ad eventi o ad opere tesi a risvegliare la coscienza. L'esperienza non viene rappresentata, drammatizzata, ma solamente riportata, esposta come un oggetto, secondo un modo orientale di pacato accertamento dell'essere, riluttante a teorie e a ideologie. Le sue non sono «prese di posizione», bensì «posizioni» dell'immagine del suo corpo, della sua presenza fisica, che attiva associazioni e pensieri,

si moltiplica e si specchia in altre presenze, situandosi, materialmente, nel luogo, poetico, dove si genera l'idea, prima di trasformarsi in ideologia. Nel corso degli anni tutta questa materia prima, basata sul tempo reale e sullo spazio simultaneo alla vita, è andata mutando, indurendosi, ed ora è bronzo, materia prima della memoria, appunto. Di bronzo sono la mela, i cucchiai, gli occhiali di Lennon, la famiglia di Endangered Species. Di bronzo è la bibbia aperta: ben più di un cucchiaio, non più di un cucchiaio, carica di significato ma allo stesso tempo oggetto-monumento, immortalato nella sua forma di cosa. È occidentale lo stress culturale della scalata al «monte analogo» dei significati: quegli oggetti non sono lì, in alto come su piramidi di concetti. La scelta della Ono li ha attratti nel vuoto del suo cielo come testimoni diretti del dolore. Nella sala della Ono il cielo è scisso per poter restare all'interno dello spazio: si è materializzato nell'azzurro delle pareti e del soffitto e ha lasciato il vuoto libero, invisibile, dove gli oggetti cadono a terra per la forza di gravità. (Nell'opera Half a Wind Show del '67, gli oggetti erano dimezzati e una sedia spuntava dalla parete ... quando il cielo era ovunque e lo spazio era il corso del tempo). Poggiati a terra stanno banchi di chiesa e sedie su cui ebrei prigionieri scrissero parole: in mezzo la bibbia in bronzo. La Ono non teme l'eccesso di simbolismo, la sua non è una interrogazione drammatica sul dolore universale: epocale o quotidiano anche il dolore è parte del tutto. Il dolore grava sulla terra in opposizione al cielo. Il dolore ammutolisce la vita terrena, mentre l'immaginazione si rifugia nel regno infinito del cielo. Durante la guerra, dopo un'infanzia dorata, la Ono venne separata dalla famiglia e segregata in un campo: il cielo finì per contenere la sua fantasia, divenne la sua riserva di vita. Sono sufficienti due fori su una tela (opera del '61 ora tradotta in bronzo) per vedere il cielo. Anche per questo Yoko Ono è un'artista fluxus: le sue mosse elementari rovesciano le aspettative dell'economia politica dei fatti e degli oggetti, liberandoli dalle sovrastrutture significanti, anche quando il significato è così ingombrante da incorrere nel mito.

Virginia Baradel

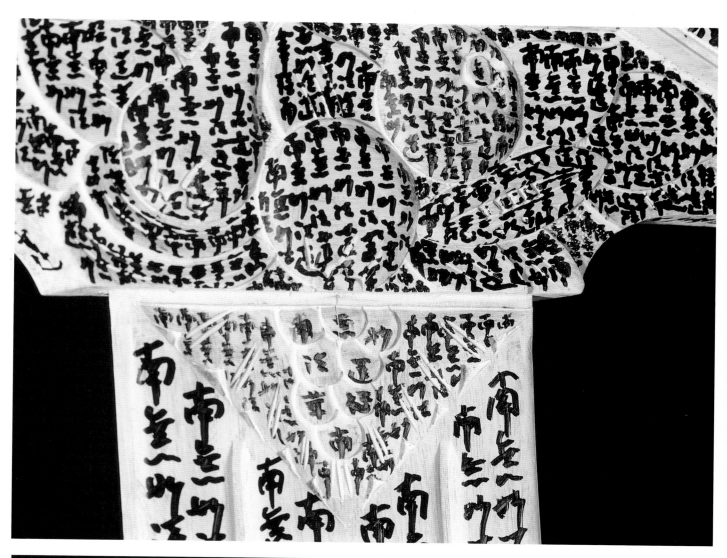

Yoko Ono,
Two Rooms, 1993, *particolare*

Yoko Ono,
Two Rooms, 1993, *particolare*

Yoko Ono,
Two Rooms,
1993, particolare

Due stanze

La realtà è sempre più reale della nostra creazione?

Siamo noi l'unica razza che contrappone la realtà alla finzione e la chiama vita? Accadde l'inevitabile quando praticai un foro nel mio quadro: la realtà che appariva attraverso il foro offuscava il mio «disegno» sulla tela.

I graffiti hanno distolto l'attenzione dagli avvenimenti verificatisi nel ghetto che invece ha un grande bisogno di attenzione e di cure.

Incorniciare è tutto ciò che possiamo fare. Incorniciare è ciò che comunque facciamo. Non possiamo fare a meno di incorniciare le cose. La nostra mente non può percepire la realtà senza una cornice. La cornice è forse un modo per limitare la realtà ad un dosaggio più digeribile?

In alternativa possiamo fare ciò che la realtà non è in grado di fare. Vale a dire, cambiare il corso della realtà mediante l'intercettazione. Siamo degli intercettatori, ci piaccia o no. Sopportiamo la gioia e la colpa di esserlo. Mi piacerebbe che tutte le mie opere fossero come pezzi contenenti i nostri desideri poiché non riesco a pensare un modo più piacevole di intercettare la vita.

Il gruppo di sedie fu costruito in Francia durante l'occupazione della Germania. Le scoprii a New York mentre stavo cercando delle sedie per comporre il «pezzo dei desideri».
Dapprincipio non mi sembrò che il gruppo fosse particolarmente unico inoltre era pure in pessimo stato. Perciò mi misi alla ricerca di qualcosa di meglio. Eppure la mia mente continuava a ripensare a quel gruppo, perciò ritornai al negozio per comprarlo. Chiesi il prezzo e la donna mi disse un prezzo che, secondo me, era troppo alto. Quindi ella sollevò il rivestimento di pelle logora di una delle sedie e mi mostrò ciò che esso nascondeva. Mi balzarono agli occhi delle scritte in francese: «Vive la France. A bas l'allemagne ... Mort à Hitler et aux nazia». Mi ero messa alla ricerca di un gruppo di sedie per il mio pezzo dei desideri mentre ne avevo trovato uno che aveva già il suo.

Vi sono due stanze nella stanza. Mio padre, che sta in piedi ad Ovest, entra in mia madre, che giace ad Est, ed io, nata dal passaggio del sangue, porto i ricordi del sogno di mio padre e del dolore di mia madre.

Entrambe le stanze mi sono care. Mi hanno ossessionata, mi hanno insegnato e resa quella che sono: la fusione di entrambe le stanze; una donna senza ritorno.

Tutti noi viviamo in stanze definite dalle forme precise e dalla dimensione che la nostra mente ha concepite. Mi spaventa la nostra insistenza nel voler scolpire l'universo a somiglianza della nostra mente. Rimaniamo vagabondi.

Una folata di vento ha intercettato il corso dei miei pensieri – regalandomi un po' di pace.

Yoko Ono

In collaborazione
con la Fondazione Mudima

Yoko Ono

Tokyo 1934
Vive a New York

1. Two Rooms, 1993
(Due stanze)
Pareti blu, 6 sedie, banchi di chiesa, bibbia di bronzo, mappa del mondo sul pavimento

Slittamenti

Granai delle Zitelle, Giudecca
Palazzo Fortuny

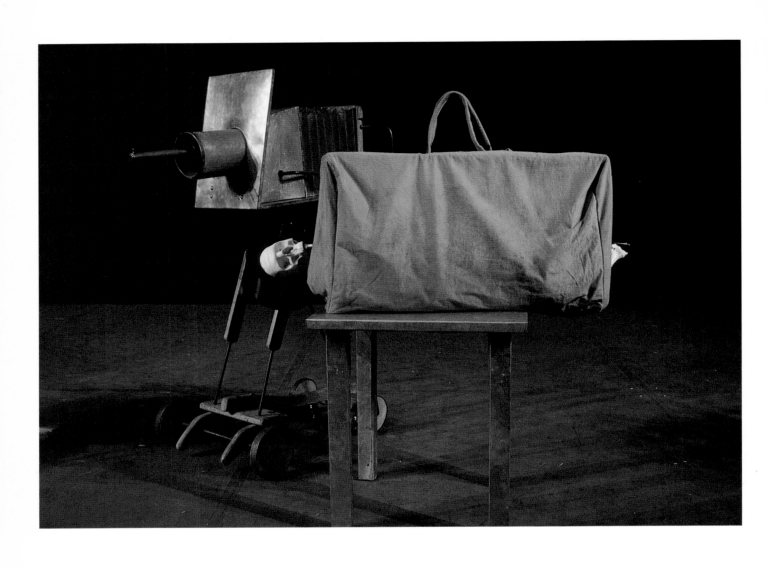

Tadeusz Kantor,
Povera stanza dell'immaginario

Oltre i confini dell'estetico *di* Gianni Vattimo

È difficile guardare con interessi teorici all'esperienza di questi slittamenti – rottura dei limiti dei singoli generi, contaminazione di linguaggi diversi secondo linee di inedite rassomiglianze, violazioni di ogni specie di frontiera – senza domandarsi se essa abbia da fare in qualche modo con il *Gesamtkunstwerk* wagneriano, con il programma, anche remotamente mantenuto come puro ideale utopico, dell'opera d'arte totale. Dobbiamo confessare che il *Gesamtkunstwerk* viene evocato da queste esperienze soprattutto come termine di confronto negativo, come ciò che queste opere, fin da principio, non vogliono essere; ma rimane un riferimento teorico ineludibile, se non si vogliono ridurre questi slittamenti a un puro gioco, a piccole strategie di provocazione – ciò che essi sicuramente, e spesso anche molto esplicitamente, come nel caso di lavori come quello di Jarman, non vogliono essere. Lo slittamento si colloca qui emblematicamente – nel senso che vale più o meno per tutti gli autori interessati – nella prospettiva di una rivendicazione di estrema serietà del gioco dell'arte, come se i confini dei generi e dei linguaggi che qui vengono violati fossero anche, e soprattutto, i confini di quella esteticità che la sensibilità «moderna» – da Kant in poi, e soprattutto nel neokantismo otto-novecentesco – ha ristretto nell'ambito della fantasia, del gioco dell'immaginazione, facendone un'attività del tutto innocente e perciò anche innocua. Dei due tratti che Hölderlin aveva riconosciuto alla poesia – «poetare: la più innocente di tutte le occupazioni»; che però lavora con il linguaggio, «il più pericoloso di tutti i beni» – la sensibilità estetistica otto-novecentesca ne ha conservato uno solo, l'innocenza-innocuità del lavoro dell'artista. Ma l'estrema serietà delle opere che qui consideriamo rimette in discussione anzitutto questa innocuità; certo, questo è lo spirito dell'avanguardia storica, che – se dobbiamo dar ragione a Adorno – nasce anche in polemica contro il sogno wagneriano del *Gesamtkunstwerk*, sentito come estremo punto di arrivo dell'esteticità intesa in termini di pura gastronomia, di innocuità decorativa, di arte per il tempo libero che, come aveva sostenuto Nietzsche contro il Wagner del *Parsifal* e delle messe in scena di Bayreuth, deve mettere in atto tutte le risorse più «teatrali» del teatro e della musica per svegliare la sensibilità ottusa e stanca di un pubblico sempre più oppresso dallo stress del lavoro razionalizzato e della nuova vita urbana.

È possibile leggere le violazioni e le trasgressioni dei confini di genere e di linguaggio, che qui incontriamo, come trasgressione dei confini dell'estetico inteso nel senso dell'innocuità e della neutralità esistenziale? In qualche misura, era questo il proposito dell'opera d'arte totale wagneriana, che si attribuiva una portata rivoluzionaria proprio nella direzione di un riscatto estetico dell'esistenza mediante un'esplosione dell'arte fuori dai confini del decorativo e del *loisir*. D'altra parte, però, l'intensificato uso di strategie strettamente estetiche, anche nel senso letterale del fare appello soprattutto alla sensibilità-sensualità degli spettatori, conduceva fatalmente il progetto wagneriano verso un esito esattamente opposto a quello cercato, cioè alla riproposizione di un'esperienza artistica essenzialmente decorativa, emozionale, «innocente» rispetto all'estrema serietà dell'esistenza.

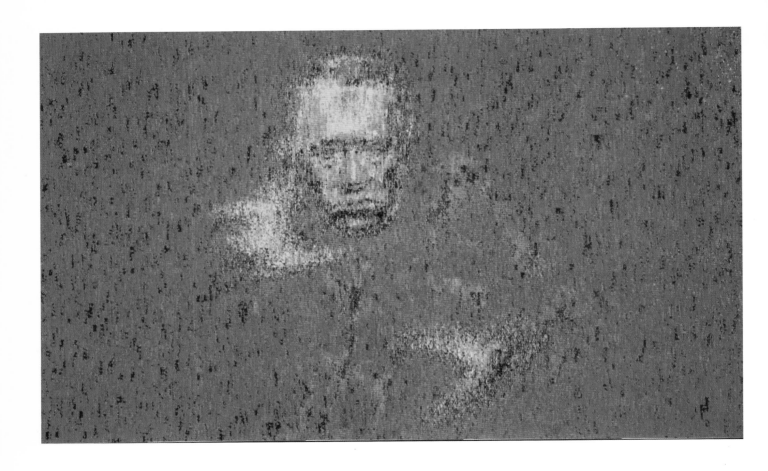

Wim Wenders,
Appearance, *1991*

La polemica adorniana contro la fantasmagoria dell'opera di Wagner, una polemica che interpreta bene lo spirito dell'avanguardia storica del nostro secolo, considera chiusa la via intravista da Wagner, trova cioè impossibile violare i confini dell'esteticità mediante la trasgressione dei confini dei linguaggi e dei generi nella direzione di una esperienza dell'arte più complessa, composita e, soprattutto, tendenzialmente «totale». Oggi, però, quando l'avanguardismo adorniano appare ormai del tutto consumato, esperienze come questi slittamenti ci mettono di nuovo di fronte a quella che potremmo chiamare senz'altro la questione wagneriana: ripropongono cioè la domanda se la violazione dei limiti dei linguaggi e dei generi artistici, che si giovi anche intensamente degli apporti delle tecnologie più recenti, possa avere il senso di una rottura dei confini dell'estetico «innocente» (gastronomico, apologetico, decorativo...) o debba ricadere invece, a causa dei suoi elementi spettacolari (e complice l'invadenza delle tecniche), entro il quadro puramente estetico del piacere dei sensi, della fantasmagoria, del *loisir*.

Ciò che, com'è facile vedere, distingue questa operazione degli slittamenti dall'impresa wagneriana, pur nell'affinità profonda dei propositi (che credo si debba riconoscere, di là dal salto temporale e dalle differenze sostanziali nell'atteggiamento di fondo...), sono due aspetti che, proprio nella loro fecondità critica, mostrano l'utilità di risalire a un termine così apparentemente remoto come il *Gesamtkunstwerk* wagneriano. Nel caso degli slittamenti che si presentano in questa mostra, la violazione dei confini dei linguaggi non si configura come tensione verso una totalità – verso un'opera d'arte totale; e ciò in conseguenza, o come causa, di un uso non illusionistico della tecnologia. In questo senso, potremmo parlare di un ritrovamento di Wagner dopo l'avanguardia, che ha assimilato la lezione dell'avanguardia. Ciò che ha distrutto il significato rivoluzionario dell'opera wagneriana (cioè: la sua capacità di rompere i confini dell'estetico come ambito separato e innocuo) è stata la pretesa di costruire un mondo compiuto altro rispetto al mondo dell'esperienza quotidiana; l'illusionismo era l'esito inevitabile di tale operazione e rappresentava anche il limite di ogni ricorso alla tecnologia. Si potrebbe descrivere questo esito e questo fallimento anche riprendendo le pagine di Benjamin nel saggio su *L'opera d'arte nell'epoca della sua riproducibilità tecnica*, individuando la via di Wagner come quella che egli chiama dell'estetizzazione della politica, la via dell'estetica fascista. Per le trasgressioni e gli slittamenti che incontriamo in questa mostra, il ricorso alla tecnologia non ha una funzione illusionistica perché non è messo al servizio di un proposito «totale»; la rottura dei confini dell'estetico «innocente» è operata in larga misura con i mezzi già cari all'avanguardia, per la via della frammentazione, in cui all'illusione è sostituito lo shock, lo spaesamento, l'inquietante. E tuttavia, contro tutti i canoni ideologici dell'avanguardia, si cerca qui un chiaro effetto di spettacolo, nel quale hanno grande parte il piacere dei sensi, la curiosità visiva, o addirittura l'emozione legata all'evocazione ironica, nostalgica o comico-grottesca (pensiamo all'opera di Almodóvar e Leigh).

Stiamo proponendo di guardare alle opere raccolte in questa sezione della mostra come ad altrettante proposte di ricupero della spettacolarità «wagneriana» dopo l'avanguardia; non solo una volta che l'avanguardia è finita, ma anche: facendo tesoro della sua «iconoclastia», salvaguardando ciò che di irrinunciabile era contenuto nella sua diffidenza per l'illusione e nella sua preferenza per lo shock e l'inquietante. Del resto, la capacità di fare dell'autoriflessività ironica dell'arte avanguardistica una fonte di nuova «decoratività» è uno dei tratti specifici di quegli artisti degli ultimi decenni che si sono imposti come veri e propri nuovi classici (Giulio Paolini insegna). Una delle vie per raggiungere questo scopo è quella di lavorare sui confini dei linguaggi; la riuscita consisterà nella capacità di ottenere dal puro gioco linguistico delle vere e proprie forme di vita (per usare in modo del tutto autonomo la terminologia di Wittgenstein); nel far accadere, partendo dalla grammatica e dalla sintassi dei vari linguaggi messi a reagire fra di loro, effetti di contenuto che trascendono la semplice dimensione «linguistica».

Nessun proposito di raffigurazione più autentica e completa, come se si trattasse di violare i confini dei linguaggi in vista di una forma più capace di cogliere l'essenza profonda, inafferrabile, dell'esperienza vissuta. Piuttosto, sforzo di produrre nuove dimensioni di esperienza seguendo il filo conduttore di possibilità aperte anche e soprattutto dalle tecniche. I linguaggi e i generi artistici, non sono sistemi raffigurativi che, nella loro specializzazione, si lascerebbero sfuggire i tratti complessi del mondo e della vita vissuta. Sono eventi originalmente costitutivi del vissuto, e anche porsi il problema di metterne in discussione la pura valenza «estetica» significa prenderli sul serio come eventi, rifiutandosi di ridurli a «immagini di immagini». Esporsi all'esperienza di questi slittamenti, dunque, lungi dal costituire un ennesimo gioco innocente, ha da fare con il rischio e il pericolo legati allo shock di un incontro con la verità dell'essere che va al di là non solo dei confini dei generi, ma anche e soprattutto al di là dei confini del tranquillo dominio di ogni pura e semplice esteticità.

Vincenzo Agnetti

«... l'esitazione di fronte al processo mistificante»

Convinto che la conoscenza passi attraverso il linguaggio e che ogni linguaggio sia uno strumento di conoscenza e non solo di espressione, Vincenzo Agnetti ha di volta in volta assimilato nella sua ricerca artistica i luoghi della poesia, della pittura, della scultura, del teatro e della musica. La sua mentalità dialettica, dagli esordi di «Azimuth» con Manzoni e Castellani all'attenzione per le ricerche di Buren, Arakawa, Kosuth e altri ancora, lo ha portato ad intrecciare i territori dell'arte con quelli della critica al fine di promuovere quella «dilatazione del concetto» che ha sempre ritenuto necessaria alla fondazione di una nuova cultura.

La vicenda artistica di Agnetti muove da una precoce area concettuale dove il pensiero, pur vivendo nell'astrazione e nell'assenza del mondo, ha sempre inteso riflettere sull'esistente e su una sua riqualificazione culturale. Gli enunciati concettuali entro cui si sviluppa non sono che molteplici segnali, i quali cercano continuamente di «violentare il presente», dove violentare il presente vuol dire costringere l'arte a livelli che stanno al di fuori del concetto di arte. È un'operazione che si sottrae alla rigida e sterile autoriflessione sugli strumenti linguistici dell'arte e che non rinuncia ad accogliere al proprio «interno» implicazioni «esterne» sia filosofiche che politiche, annullando quella ferrea separazione tra forma e contenuto, tra teoria e prassi postulata dall'arte concettuale. La tautologia e la contrapposizione, l'uso di grafici e diagrammi, assurgono allora a forme linguistiche di un «lavoro» fondato semmai sulla sintesi, sull'ipotesi, sul rischio delle supposizioni.

Fin dall'inizio Agnetti si rende conto che la crisi dei linguaggi artistici nella decadenza contemporanea mette di fronte chiunque voglia «fare arte» a forme divenute vuote, costringendolo a rinnovare i mezzi espressivi, giunti ormai ad un limite estremo di entropia e di saturazione. Soltanto con l'azzeramento dei linguaggi sarà possibile rifondare una cultura nuova, interiorizzata e memorizzata per un «futuro a dimensione d'uomo». Condizione fondamentale perché ciò avvenga è riportare al punto di partenza i linguaggi delle discipline con operazioni di cancellazione, di negazione, di contraddizione e di non-sense, fino ad una loro totale estinzione. Questo processo di azzeramento ha inizio con le cancellature di Obsoleto (1967), un romanzo le cui ultime pagine risultano illeggibili perché i blocchi di composizione sono stati limati

prima della stampa; continua nei Libri dimenticati a memoria (1969) in cui la cancellatura si fa radicale diventando sparizione: le pagine del libro sono addirittura tagliate, non perché il loro contenuto sia inutile, ma perché solo assimilandola alla cultura, metabolizzandola si riesce a dimenticarla. Quel che conta è assorbire un sapere per non rimanerne succubi; una cultura dimenticata a memoria, infatti, è possibile ricordarla proprio perché ormai parte del nostro patrimonio biologico. Con il concetto del «dimenticare a memoria», Agnetti entra nella dimensione dello spazio qualitativo, inserendo il suo concetto di cultura entro un campo di forze la cui azione non lascia più tracce «di quante ne lasci il mio sguardo sui vetri dai quali guardo» (V. Zuckerkandl). Tutti i suoi interventi linguistici, dalla sostituzione del verbo col numero alla sua negazione, dall'alterazione alla cancellazione dei significati, s'inscrivono in un'unica idea portante: la forza di una cultura circolare in grado di rompere la visione di un sapere progressivo e lineare che postula la separazione dei differenti linguaggi disciplinari. Aprire i confini dei linguaggi significa sempre, per Agnetti, dilatare le loro infinite possibilità segniche, trasformando la sostituzione della parola col numero in un semplice «supporto d'intonazione».

Si tratta di una dimensione molto prossima alla struttura uditiva spazio-temporale aperta dalla musica contemporanea, che si articola secondo una gestualità ritmata e suscettibile di ricorrenza circolare, in cui suono e non suono, luogo e non luogo possono convivere. Solo se inserita in questa circolarità, fatta di infiniti segnali qualitativi, si riesce a cogliere l'intensità di un'opera come Neg (1970), in cui Agnetti manipola un giradischi e riesce ad invertire il rapporto di emissione facendo ascoltare, anziché suoni, solo i vuoti delle pause tra suono e suono: una sorta di ascolto in negativo dove il suono diventa silenzio e viceversa. Una volta azzerate ciò che incollano le regole che incollano i significati ai loro significanti, allargati cioè i limiti comunicativi dei linguaggi, «sarà quello il momento di strumentalizzare la disciplina usata fino a cancellarne la struttura. Allora i concetti si ridurranno a pure e semplici segnalazioni».

Così nell'Amleto politico, l'azzeramento avviene privando le parole del loro significato e sostituendole con numeri. La lettura del monologo di Amleto si trasforma in una sequenza numerica di nuovi significati diffusi esclusivamente dal ritmo delle intonazioni; il monologo ci appare nella sua originarietà, spogliato dalle ambiguità del linguaggio di un'opera tradotta in tutte le lingue. Allo stesso meccanismo Agnetti ricorre nella Macchina Drogata, una calcolatrice automatica i

cui 110 numeri sono stati sostituiti con altrettante lettere dell'alfabeto (ordine: consonante/vocale) in modo che tutte le parole ottenute casualmente siano anch'esse dei supporti d'intonazione. «Alterare il bene di consumo, o meglio ancora degenerare qualcosa che abbia contribuito alla fissazione di un linguaggio, di un'intesa ormai scontata e sfruttata, significa ben altra cosa. Perlomeno facilita il pensarci sopra, l'esitazione di fronte al processo mistificante».

Di qui la coscienza che lo spazio-tempo entro cui agisce l'uomo è fatto di infiniti «segnali» qualitativi: che il silenzio è suono, che l'assenza del colore è colore, che tutte le pause sono ritmi, che il recto di un oggetto o di un pensiero esiste tanto quanto il suo verso. La ricerca, scrive infatti Agnetti, deve essere «integrale, continua, necessità superante, escludente» e «non può trattenere il prodotto, non può favorire una fissazione organizzata dei mezzi espositivi». Così nella complessità della sua opera, Agnetti esercita ciò che si potrebbe definire un'inversione delle valenze segniche in grado di riattivare all'origine – in una costante distruzione creativa – la funzione dei linguaggi e di aggiungere ogni volta un nuovo valore alla cultura.

Chiara Bertola

Vincenzo Agnetti

Milano 1926 - 1981

1. Corfine 1967, 1967
Telaio in legno, tela emulsionata, colore a tempera, 83 x 73 cm
Milano, Collezione Lisa Ponti

2. Apocalisse nel deserto - Teatro statico, 1969
21 lastre di perspex trasparenti pantografate tenute assieme da sette sigilli di ceralacca rossa con impressa la lettera A, sabbia, proiettore, 60 x 45 cm
Milano, Archivio Vincenzo Agnetti

3. Artmetica (Aritmetica), 1969
Libro fatto con macchina drogata; copertina in tela emulsionata, 28,5 x 13 cm
Milano, Archivio Vincenzo Agnetti

4. Cometa, dalla macchina drogata, 1969
Fotografia su carta emulsionata, 44 x 63 cm
Milano, Collezione Lisa Ponti

5. Libro quasi dimenticato a memoria, 1969
Cartone svuotato, fustellato al centro, 100 x 70 cm
Milano, Archivio Vincenzo Agnetti

6. Macchina Drogata, 1969
Calcolatrice divisumma 14, pannelli, 36 x 22 cm
Milano, Archivio Vincenzo Agnetti

7. Quandi mi vidi non c'ero (autoritratto), 1970
Feltro grigio inciso e dipinto, 120 x 80 cm
Milano, Archivio Vincenzo Agnetti

8. Monologo - In allegato vi trasmetto un audio tape della durata 30 minuti - Teatro statico, 1973
Fotografia con intervento a mano, voce registrata, 30 x 40 cm
Milano, Archivio Vincenzo Agnetti

Vincenzo Agnetti,
Quando mi vidi non c'ero
(autoritratto), 1970

QUANDO
MI VIDI
NON C'ERO

Pedro Almodóvar

Come aprire
le scatole cinesi
tranne l'ultima

Se l'Arte è la messa in visione di pensieri, ricordi, viste, punti delle stesse e non solo di quello che si vede, ma anche è una posizione, un'idea, una geometria, che consiste di rappresentazioni e ancora percezioni, osservazioni, interpretazioni; il cinema, dal suo canto, in quanto settima Arte, offre alla stessa, nelle sue molteplici manifestazioni, la possibilità della moltiplicazione di tutto questo, del suo relativo movimento, o per meglio dire, della messa in moto di questo articolato e mirabolante meccanismo del pensiero comune alle arti.

Del resto il cinema non è nuovo alla contaminazione con le sue anziane e vivaci sorelle.

Il grande Fritz Lang nasce poeta, musicista, pittore e soprattutto pittore, quindi, ben rappresenta il prototipo, così come ha scritto Jean Arroy, di «uno di quegli spiriti sintetici, situati al quadrivio di tutte le arti». Allo stesso modo lo studioso francese Romain riscontra nell'opera di Lang affinità pittoriche con Holbein, Dürer e Grünewald; musicali con Wagner, Beethoven e Bach; filosofiche con Nietzsche, Schopenhauer...

Ricercare le fonti, per quanto interessante e proficuo sia allo studio, mantiene, per chi scrive, il carattere di una speculazione di saggista, un gioco da analizzatore colto, che poco giova alla fruizione dell'opera stessa, poiché non mette a fuoco che le parti di un tutto.

Per Lang era forte e determinante lo spirito di un acceso nazionalismo culturale, tanto che nel 1925 gli fece scrivere: «Se fosse stato possibile ottenere da ogni nazione film che racchiudessero la nota tipicamente personale di ciascuna di esse, il risultato sarebbe quello di un museo gigantesco e vivente delle più interessanti e originali opere d'arte».

Al contrario, in poco più di mezzo secolo, le frontiere delle differenziazioni nazionali, soprattutto per quel che riguarda il cinema sembrano essere più pallide, in quanto il carattere di nazione è rilevante per lo più nel contesto, mentre le memorie evocate, i referenti culturali e visivi sono promiscui e contaminati, quindi, ben lontani da quel desiderio scritto da Lang.

Il progetto di Pedro Almodóvar & Christian Leigh prevede un cast spirituale e nei fatti, la cui distinzione sarà possibile, qualora necessario, a quell'analizzatore colto di cui sopra, che certamente avrà un compito impegnativo.

Dal cinema all'arte, sia che si visualizzi un fotogramma, sia che si materializzi un'atmosfera, sia che si evochi una presenza, sia che l'opera appaia «in carne e ossa», sia, sia e sia, che il tutto si componga nell'affastellamento fabulatorio proprio dell'Alter Ego di Almodóvar, la sublime, Unica estrella internacional del porno: PATTY DIPHUSA, il gioco dei rimandi è un rocambolesco, funambolico intreccio di illusioni e allusioni.

Questo gioco si compone come nell'antico meccanismo delle scatole cinesi, delle quali si può intuire la fine, ma non è mai certo che quella, pur piccola scatola, che si manifesta sia l'ultima, è così che, una volta persa la nozione della misura, virtualmente, diviene una rappresentazione dell'infinito, connotata nella sua finitezza, solo dai limiti dell'umano.

Se ne conosce l'inizio, ma appena esso ha preso il via se ne perde la nozione, sino all'impossibilità di riconoscerne la fine, proprio in quanto non c'è.

Essa non appartiene al meccanismo, è vero, avviene, ma suo malgrado, il pensiero di fine sta stretto alla mente, che per i suoi spazi difficilmente prevede confini e limiti, soprattutto quando l'immaginazione si mischia al desiderio.

Parlando per bocca dell'ineffabile Patty Diphusa, laddove ci è consentito, in una conversazione telefonica con un ammiratore dice: «A estas horas mi IMAGINACÍON se confunde con mis DESEOS, y mis deseos no tienen MEDIDA, sé MAS CONCRETO». («A quest'ora la mia immaginazione si confonde con i desideri e questi non hanno misura. Sii più concreto»).

Tralasciando la concretezza, che appartiene alla cronaca di tutto questo e non alla sua storia, che, invece, ci affascina e ci calamita nel vortice delle scatole cinesi in una corsa accelerata, affrontiamo Patty Diphusa.

Vitale, appassionante, graffiante, ma anche solitario e solo personaggio Patty è provvista di un cuore a cerchi concentrici, che, come un ripetitore di onde sonore, risucchia pezzi sparsi, di sé e degli altri, umani o meno, ma che differenza fa?, ridotti a quasi arti disarticolati non più in possesso di controllo, immersi in un movimento continuo e invisibile, inesorabile e preciso come un'azione chirurgica.

In un qualche modo anche gli incontri di Patty Diphusa – Y otros textos – sono scatole cinesi, la vita forse?, l'immagine e l'immaginario, impossibile arrestare il magnifico processo, e poi perché?

È un meccanismo del pensiero e in quanto tale dà vita, la srotola come una pergamena, è anche Alice che passa lo specchio e stranizza, potenzia, il mondo, seppure infantile allo stesso modo di Dorothy, quando il vortice di vento la porta nel fantastico mondo di Oz.

Le strade per arrivare alle scatole cinesi sono state e saranno ancora molte, arrivare alla moltiplicazione fabulatoria, fantasiosa e inventiva di immagini, popolare di tanto e di tutta la folla di quello che già esiste è irresistibile, quanto necessario. L'accesso a questo esaltante cammino è individuale, salutare, contemporaneo, non necessita di scarpe speciali, o bacchette, strumenti più o meno eleganti, basta solo una mente aperta e attenta.

Barbara Tosi

Pedro Almodóvar
Calzada de Calatrava,
Spagna, 1949
Vive a Madrid

PEDRO ALMODÓVAR
BY CHRISTIAN LEIGH

1. I Love You More
than My Own Death
A Melodrama in Fragments
... with Music, *1993*
(Ti amo più della mia stessa
morte.
Un melodramma a frammenti
... con musica)
Allestimento di un set
cinematografico

La metafora che preferisco per le mie installazioni è quella suggerita da un mio amico che è artista, fumettista, musicista. «Un film esploso con un centinaio di livelli di lettura». Pedro Almodóvar è un genio delle esplosioni. I suoi film migliori rappresentano il culmine logico del progetto post moderno. Nulla è sacro, e quindi tutto è favoloso. Mae West e Douglas Sirk. Divine e Bette Davis. Warhol e Cocteau. Billy Wilder e Russ Meyer. Picasso e Dalì. Ingmar Bergman e Elisabeth Taylor. Quello che cerco di fare con le mie installazioni è simile... Nulla è consacrato, tuttavia tutto è spiegato. I maestri del Pop (Warhol, Lichtenstein, Ramos) si sono mescolati ai designers (Garouste & Bonetti, Sottsass) insieme ai giovani artisti per i quali i maestri della Pop Art già nominati non sono nulla di più che materiale su cui loro effettuano le loro ricerche che sono pronte per una rielaborazione (Kass, Lachowicz, Morimura). Ciò che è importante non è il quadro singolo (o l'opera) ma piuttosto il tutto, assieme alle sue complesse e contraddittorie implicazioni. Amatelo o detestatelo, ma è indubbiamente vivo.

Christian Leigh

Pedro Almodóvar,
Tacones lejanos, *1991*

Getulio Alviani

Alviani, lo specchio e gli altri

Getulio Alviani non si lascerà mai trascinare all'interpretazione perché pretende che ogni cosa da lui ideata viva poi in sé. Nemico della metafora e, quindi, di artisti come Malevič, fa riferimento a Mondrian, di cui condivide lo spirito monastico, ma non teosofico. Nelle tele del neo-plasticismo probabilmente lo ha attirato la suddivisione equilibrata degli spazi che sembrava suggerire progetti in piano su cui vivere.

Il fatto che Alviani abbia spesso trattato materiali che meglio rifrangono la luce e si sia misurato costantemente con superfici speculari, evitando di questo tema così enigmatico tutte le implicazioni non oggettive, sembra quasi una sfida. Anche in Interrelazione cromo-speculare, *l'ambiente presente in questa Biennale, lo specchio è per Alviani strumento utile alla riproduzione esatta e veritiera, non ha quindi funzioni deformanti o allucinatorie e tanto meno allusive a fenomeni di sdoppiamento e sregolamento, oppure a significati psicoanalitici, come per esempio alla «fase dello specchio», cioè dell'identificazione, di cui parla Bacan. L'environment viene qui riproposto in una versione costruttivamente perfezionata, ma in cui restano invariati tutti i fattori ottico-percettivi della prima realizzazione del 1969, dedicata a Mondrian, che è fissa, in muratura, e si trova in Olanda. Oggi come allora il lavoro risulta complementare al precedente* Interrelazione speculare *del 1965-67, costruito a Foligno nell'ambito della mostra* Lo spazio dell'immagine. *Prima di tale esposizione Alviani aveva organizzato superfici dai contrasti luminosi e cromatici in un «op-game» che faceva percepire come mobile quel che stava fermo. Sembrava che la materia venisse scelta ed elaborata in modo da restituire rispondenze e riflessioni tra sé e la luminosità, tra sé e lo spazio circostante.*

Nell'ambiente monocromo di Foligno, i semicilindri metallici che assorbivano il colore bianco delle pareti, costituivano uno spazio indeterminato a cui, per virtù ottiche, veniva tolta ogni dimensione. Chi entrava in questo spazio, indistintamente riflesso dalle curvature cilindriche, vedeva confondersi anche il proprio sembiante.

Nell'attuale lavoro della Biennale invece, gli specchi restituiscono obiettivamente l'immagine. Inoltre il fruitore, spostandosi, non potendo fare a meno di toccare le angolature speculari, poco distanti l'una dall'altra, mette in moto innumerevoli apparizioni.

Alviani, per introdurre il movimento reale, non utilizza perciò congegni a motore e lascia che la logica strutturale del contesto ambientale solleciti l'uomo a percorrere un pensiero plastico. Ogni progettazione nasce infatti da programmi precisamente fissati che Alviani sa descrivere e teorizzare meglio di chiunque altro. Sicché a noi, dopo le sue delucidazioni, non resta che intervenire criticamente con congetture e illazioni.

Interrelazione cromo-speculare è un ambiente quadrangolare, in cui ognuno dei lati, di colore diverso, riflettendosi sul gruppo di specchi ruotanti al centro, crea una fitta foresta di strisce colorate che adescano lo spettatore in un succedersi cinematico.

Può accadere che la sensazione prevalente sia di sentirsi inghiottito dalla vivacità cromatica, intensificata dalla luce omogenea ed abbagliante, e di essere travolto dalla molteplicità dei mutamenti, anche se si potrebbe avere la possibilità di intravedere un punto fermo, nel colore fisso delle pareti. Uscendo poi si potrebbe avere l'impressione di essere inseguito dall'aggressività del colore.

Oppure è possibile che nel dare a chiunque la possibilità di specchiarsi e far parte dell'opera, Alviani provi a sollecitare dei narcisi? E finché lo spettatore, immesso in quello spazio artificiale ha la percezione di sé, Getulio Alviani prova un senso di possesso? E se due immagini si incontrassero allo stesso specchio, quali conflitti sorgerebbero?

Potremmo anche supporre che lo specchio non accetti, restituisca l'immagine. Giocare con gli specchi è un giocare con l'inconsistenza perché il rifiuto delle immagini riflesse è istantaneo. Se lo specchio invece, quando noi ci spostiamo, fermasse ancora per un attimo la nostra presenza, con il sopraggiungere di altri, potremmo godere di sovrapposizioni sconcertanti o meravigliose. Invece, avvertiamo il disagio di sapere che un attimo dopo il nostro passaggio, l'oggetto, liberatosi di noi, vivrà in sé. E se Alviani ci avesse teso un agguato e tendesse ad escludere l'osservatore da tutti i punti di vista?

Interrelazione cromo-speculare genera dunque questa dinamicità: l'individuo si sente un essere critico e pensante, crede di partecipare, di entrare in una dimensione di cui può essere un elemento attivo, mentre invece sta rischiando di essere vanificato.

Tutte queste relazioni previste e impreviste tra oggetto e fruitore provocano una tensione che costituisce l'emozionalità dell'operare di Alviani come artista manipolatore e possessivo.

Gabriella Di Milia

Getulio Alviani

Udine 1939
Vive a Milano

1. Interrelazione cromospeculare, 1969-93
Environment

Quattro pareti, ciascuna di un colore primario (giallo, rosso, blu, nero) determinano uno spazio interno di 224 x 420 x 420 cm. La fonte luminosa data da 24 lampade al fluoro disposte sul soffitto è interamente schermata e la luce, fredda e a elevata intensità, giunge diffusa e uniforme. Il pavimento è bianco.
Al centro di questo spazio, ancorati alla parte inferiore e superiore con perni, sono disposti nove elementi angolari in specchio di 210 x 50 x 50 cm ruotabili lungo il loro asse.
Gli elementi speculari mobili riflettono i colori delle superfici che li circondano e determinano una interrelazione di immagini-colore continuamente variabili per l'intervento del fruitore, che procedendo all'interno dello spazio fa ruotare gli elementi.
L'alternanza di colori e forme vere e riflesse porta alla perdita della cognizione esatta di quale sia il reale e quale il virtuale in uno spazio fruibile allo stato di rapporto fisico, psicologico, primario e globale.

Getulio Alviani

Si ringraziano:
Albert van Meteren,
Alva Lamslag,
Saint-Roch Swallow Nederland,
Benedetto Quaquaro,
Milana Sistemi componibili Italia

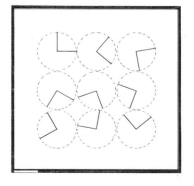

Getulio Alviani,
Interrelazione cromospeculare,
1969

Jean Baudrillard

L'occhio esclusivo

Un primo gruppo di fotografie di Jean Baudrillard era apparso come contrappunto visivo a un testo di Marité Bonnal, Passage[1], pubblicato nel 1986 in una collana editoriale dedicata alla confluenza dei due linguaggi, «Ecritures/Figures». In quello stesso anno era uscito America[2], il brillante saggio di sociologie sur place, in cui Baudrillard, fondendo descrizione e commento, aveva dato esempio di una scrittura capace di emulare la fluidità e anche la vivacità, di una carrellata cinematografica, nel suo scorrere lungo le parvenze più spettacolari dello stile di vita made in USA. Anche il testo di Marité Bonnal è il resoconto di un viaggio, che si addensa però in alcuni luoghi, o episodi, esposti in una forma di narrazione estraniata, che tende a rapprendersi nella cruda enumerazione dei fatti. Alcuni scorci di panorami autostradali accompagnano le esperienze tese del brano d'esordio (U.S.A. Travelling), il dettaglio delle scale di un interno parigino conduce agli «shock Corridors» di un appartamento dove si praticano agopunture, ma la maggior parte delle vicende, un pellegrinaggio tra discoteche, bar, saune e peepshow, sono scandite dalla messinscena fotografica di alcuni manichini femminili, quelli che affollano gli stand e le vetrine dei grandi magazzini, abbigliati alla moda e atteggiati nelle pose e nei gesti che assumono le mannequin quando si sforzano di apparire come manichini. A prima vista sembrerebbe di trovarsi in un girone di quel paradiso artificiale degli oggetti, a una sfilata di quella merceologia dei feticci, a cui Baudrillard ha riservato le sue analisi semiologiche e attribuito il monopolio del senso, dal Sistema degli oggetti (1968) alla Società dei consumi (1970), da Per la critica di un'economia politica del segno (1972) a Le Miroir de la production (1973); o, più in generale, nel mezzo di quelle tematiche della disumanizzazione dell'arte o dell'umanità replicata che hanno attraversato insistentemente la letteratura artistica del Novecento fino alla recente edizione della mostra Post Human[3]; effettivamente, però, questo materiale, nel suo aspetto rétro e nel suo glamour sinistro, non tradisce altro che quello che è, la sua realtà di artefatto semplicemente imitativo, in questo caso degli stereotipi della vita quotidiana: rimane, cioè abbandonato a quella logica della presenza, a cui Baudrillard si appella, anzi della presentazione, che invece costituisce il punto di approdo della elaborazione della visione artistica e conoscitiva; un'immagine in particolare, riprodotta a colori in copertina, un

manichino talmente espressivo da sembrare un volto umano, ci riporta all'interno del colloquio privato, che ha dato origine e senso alla stesura di questo libro.
La successiva attività fotografica di Baudrillard intende bandire ogni traccia o residuo di soggettivismo, «niente volto, niente rassomiglianza, niente significato, niente psicologia»[4], è il suo programma. Il fine è di raggiungere una obiettività totale, che non è più, o solo, il grado zero dell'espressione, ma quello stesso della riproduzione, di arrivare, cioè, al livello xeroxzero di una ritrattistica che si propone come fotocopia, anche se usa il traslato dell'analogia. Nessun risalto è quindi accordato a un presunto psichismo degli oggetti, che Mapplethorpe ad esempio, aveva spinto fino al parossismo precisionista, nessuna concessione ai canoni estetici di qualsivoglia scuola, fossero pure quelli dell'Inespressionismo[5], semmai un'eloquenza del silenzio, che può planare nell'ampio ambito del banale per segnare il destino delle immagini; che non risultano affidate alla soggettività dello sguardo, ma catturano invece il soggetto, considerato da Baudrillard come un «agente» non altrimenti «identificato». E una citazione dell'«assenza», che, in qualche caso, risulta piuttosto dichiarata, e quindi, a sua volta palese come presenza. Perché, ormai, il problema è diventato quello di mantenere, in ogni senso, il grado zero del linguaggio a zero gradi.
Ed è anche difficile scordare l'avvertenza che T.S. Eliot aveva apposto alla sua Teoria dell'Impersonalità: «La poesia non è un libero movimento dell'emozione, ma una fuga dall'emozione; non è espressione della personalità, ma la fuga della personalità. Naturalmente, però, soltanto coloro che posseggono personalità ed emozione sanno che cosa s'intende dire accennando a una necessità di fuga da queste cose».
Da un punto di vista formale le fotografie si caratterizzano per la scelta di un campo visivo chiuso; l'immagine si presenta come un dettaglio che l'inquadratura si incarica di staccare dall'intorno, da ciò che può circondarlo. È impossibile per l'osservatore prolungare l'immagine con l'immaginazione. Il dettaglio non è una parte che sta per il tutto, ma la parte a sé stante. L'orizzonte, come estensione potenzialmente aperta all'infinito, e attesa, è quindi negato, a favore di una fissazione e di un indugio tutto verticale sull'oggetto che l'obiettivo circoscrive ed estrapola dalla continuità del reale.
Un'eco, un'atmosfera impercettibilmente metafisica, certamente raggelata e tutta trasposta in superficie, è forse suggerita dalle strisce compatte di luce, dalle zone di ombra spessa, dai piani opachi che intersecano, come in un collage, talune immagini.

Per Baudrillard, la fotografia è anche lo strumento di un esorcismo, che consente «au coup par coup» un'interruzione, da sé e dal mondo; quel mondo che egli sarebbe tentato di far sparire, come ha fatto sparire l'arte[6] per verdetto, rinnovando così la nota profezia hegeliana. Eppure queste istantanee rimangono un appiglio agli aspetti del reale. E, verosimilmente, esse costituiscono anche uno stacco e un'inversione, rispetto all'esercizio della sua scrittura, che nell'ultima trilogia, La Transparence du mal: essai sur les phénomènes extrêmes (1990), La guerre du Golfe n'a pas eu lieu (1991), L'illusion de la fin (1992), Baudrillard ha sottoposto a un turnover del pensiero: macinare i grossi problemi e accadimenti che stanno scuotendo il mondo, dagli avvenimenti politici dell'Est europeo, alla guerra, alle ricerche della genetica, per svuotarli di ogni senso, archiviandoli nel sistema indistinto dei simulacri, retto dalla trama cospiratrice della simulazione, e tutto questo per formulare infine una dichiarazione di sostanziale fatalismo, che trova la sua radice nella desolata accettazione dell'illusione e della sua persistenza.
Se questo estratto di testo avrà un proseguo, vorrei sviluppare un commento in proposito, di cui anticipo i temi: il paragone della caverna in Platone, le sue variazioni nel corso dei tempi[7], a partire dall'interpretazione terrena di Francesco Bacone degli idola inculcati nel carattere individuale e nelle convenzioni del consorzio umano, la critica a ogni forma di fatalismo, sia teologico, sia materialista o meccanicista, sferrata da Ralph Cudworth[8], esponente della scuola neoplatonica di Cambridge, nella sua difesa della libertà morale e religiosa dagli attacchi, dagli «horrenda decreta» del dogmatismo oscurantista.

Corinna Ferrari

[5] Germano Celant, Inespressionismo. Il periodo di marmo, Costa & Nolan, Genova 1988.
[6] J. Baudrillard, La sparizione dell'arte, Politi editore, Milano 1988.
[7] A questi temi ha dedicato un ciclo di conferenze, raccolte in volume, Konrad Gaiser, Il paragone della caverna, variazioni da Platone a oggi, Istituto Italiano per gli studi filosofici, Bibliopolis, Napoli 1985.
[8] Si veda Ernst Cassirer, La rinascenza platonica in Inghilterra e la scuola di Cambridge, 1932, trad. it. La Nuova Italia, Firenze 1968, pp. 82-83. Per i dogmatici, la teologia a sfondo liberale di Cudworth era un attentato all'idea dell'onnipotenza divina, che poteva condannare l'uomo per puro arbitrio.

[1] Marité Bonnal, Passage, photogr. J. Baudrillard, Galilée, Paris 1986.
[2] J. Baudrillard, Amérique, Grasset & Fasquelle, Paris 1986.
[3] Post Human, Musée d'art contemporain, Pully/Lausanne, giugno-settembre 1992, quindi Museo d'Arte Contemporanea, Castello di Rivoli, Torino, e altre sedi.
[4] Intervista a Jean Baudrillard, di Serge Bramly, «Galeries Magazine», n. 53, Paris, febbraio-marzo 1993.

Jean Baudrillard

Reims, Francia, 1929
Vive a Parigi

1. Saint-Clément, *1983*
Fotografia a colori, 30 x 40 cm
Parigi, Galerie Gerald Piltzer

2. Paris, *1985*
Fotografia a colori, 30 x 40 cm
Parigi, Galerie Gerald Piltzer

3. Floride, *1986*
Fotografia a colori, 30 x 40 cm
Parigi, Galerie Gerald Piltzer

4. Manuscrit, *Paris 1986*
Fotografia a colori, 40 x 50 cm
Parigi, Galerie Gerald Piltzer

5. Empire State, *1987*
Fotografia a colori, 40 x 30 cm
Parigi, Galerie Gerald Piltzer

6. New York, *1987*
Fotografia a colori, 30 x 40 cm
Parigi, Galerie Gerald Piltzer

7. Soho, *1987*
Fotografia a colori, 40 x 30 cm
Parigi, Galerie Gerald Piltzer

8. Saint-Clément, *1988*
Fotografia a colori, 40 x 30 cm
Parigi, Galerie Gerald Piltzer

9. São Paulo, *1988*
Fotografia a colori, 30 x 40 cm
Parigi, Galerie Gerald Piltzer

10. Chicago, *1989*
Fotografia a colori, 30 x 40 cm
Parigi, Galerie Gerald Piltzer

11. Le fragile Lisbonne, *1989*
Fotografia a colori, 40 x 30 cm
Parigi, Galerie Gerald Piltzer

12. Lisbonne, *1989*
Fotografia a colori, 40 x 30 cm
Parigi, Galerie Gerald Piltzer

13. Paris, *1989*
Fotografia a colori, 40 x 30 cm
Parigi, Galerie Gerald Piltzer

14. Venice, *1989*
Fotografia a colori, 40 x 30 cm
Parigi, Galerie Gerald Piltzer

15. Caparica, *1990*
Fotografia a colori, 30 x 40 cm
Parigi, Galerie Gerald Piltzer

16. Guadalajara, *1990*
Fotografia a colori, 40 x 30 cm
Parigi, Galerie Gerald Piltzer

17. Rue Sainte-Beuve, *1991*
Fotografia a colori, 40 x 50 cm
Parigi, Galerie Gerald Piltzer

18. East Side, *1992*
Fotografia a colori, 40 x 30 cm
Parigi, Galerie Gerald Piltzer

19. New York, *1992*
Fotografia a colori, 30 x 40 cm
Parigi, Galerie Gerald Piltzer

20. Zeebrugge, *1992*
Fotografia a colori, 30 x 40 cm
Parigi, Galerie Gerald Piltzer

Jean Baudrillard, Venice,
1989

William S. Burroughs

Per Burroughs

Effigi liturgiche e dissacranti insieme, i dipinti di WB si danno sottomessi all'implacata visionarietà di Klee quanto all'autolesionismo impudente di un barbone. In Klee l'ansia stellare assume esatta figura, il minimo accadimento cromatico, d'inizio, casuale o simbolico, si carica di necessità, ragione altra, nel ritmarsi spaziale. Strutture che non ammettono un lager, geometrie suggerite alla mano da una mente che il corruttibile l'ha già inglobato, lungo il percorso. Mi chiedo se avrei pensato a Klee senza certe dichiarazioni di WB sulla sua poetica. Prima di vedere i quadri non avevo badato molto alla citazione di quel nome. L'incontro con questi brevi rettangoli di materiali poveri, cartone, compensato, vecchie foto – poveri e maltrattati – mi sgomentò. La pittura di WB ti affronta con un plasma cromatico denso e disperso. Si direbbe traccia di un'ora di ristagno. Un interrogare il visibile nella cesura tra veglia e sogno. A una distanza convenzionale – due, tre paesi – i grumi di colore si amalgamano, sì, luccica un rosso di garanzia, più in là l'ombra è blu di prussia, riconosco una stesura di alluminio, ma un vetro inesistente e sporco di fredda polvere organica ottunde la superficie, la fa blanda, losca, acqua cheta. Mi accosto oltre il lecito, ficco gli occhi in questi fragili reperti – è l'ansioso campo pittorico che lo chiede. Pseudo fantasmi. Sul corto supporto sono stati compiuti gesti spastici, per non dire cerimoniali. Trovo frammenti di scotch che mascherano fori e ustioni, a loro volta sepolti da ditate, larve di colore. Trovo un muso di scimmietta, foto semi sommersa in una rossa placenta di acrilico. Trovo il bianco tentatore di una mano. La mano della dama? Il libro manca. Taglio al polso, dita tentacoli, mano uncino.

Le stelle sono certamente superbe, diceva Sigmund Freud, scrutando nell'inattingibile fondo del pozzo. Che i mostri assudino pathos è indiscutibile, sono legioni, umili e brutali, creature della dolce Natura corruttibile dal caso.

Mi prende il panico. Ondate di gelatina avanzano, freddo da scantinato, mentre liquidi verdastri bollono negli alambicchi. Qui si sta generando l'ingenuo Frankestein, con un sogghigno del cane.

Avanti. Vorrei smettere. Vorrei rinunciare. Qual è il rapporto con – cosa sono questi dipinti? Chi sono? Se andassi a fare un giro in biblioteca ritroverei fiducia nel caso e nella causa, nelle poetiche della mia epoca, nel tanal, nel repal e in altri psicofarmaci concettuali. Di questi giri ne ho fatti tanti,

ma nessuna fede mi ha fermato mai, né nelle stelle, né nella magia, né nella chimica, né nel paradosso di Cristo, il mite barbone. «Bisogna spalancare la porta al caso», ingiunge WB. Ma il problema con il caso non sarà la porta? Ponetevi, in provvisoria buona fede, a provocare il caso con un cadavere esquis. Non è detto non vi sembri del tutto ragionevole. Gli anni passano. I cadaveri crescono. Le porte sono tutte spalancate. Talvolta il caso si apre con una porta chiusa la rima che lasciò entrare «l'ombra d'Argo».

L'agire di WB sulla superfice, con il colpo di fucile, l'inserto fotografico, la scritta, l'andamento a groviglio del pannello, enuncia una modalità di evocazione del visibile non estranea agli artisti della nostra epoca. Dagli espressionisti astratti fino ai tagli di Fontana, alle combustioni di Burri, alle metamorfosi di Beuys, fino ai protagonisti dell'arte povera. Ma qui sul cartone malmenato da spari, vernici, toppe e visioni, la superficie pittorica viene ricondotta all'indistinto. Grazie a meticolose operazioni chimiche, ustione, dissoluzione, fusione, lavaggio, catalisi, liquefazione, il quadro si fa presenza di un continuum materico dove ogni singolo gesto di violenza, eros o follia trova il suo naturale esilio.

Quando sfilai per caso da uno scaffale della Librairie Anglaise a rue de Seine una copia di Naked Lunch nell'edizione di Girodias il titolo mi fece venire in mente il pasto di un serpente. Effetto nagual? Ma la Bibbia non dà carico di tutti i nostri guai, dalla cacciata alla nascita, ad un povero serpente di campagna? Fuori, via di qui, addio monocordi primavere.

Finora l'ho chiamato WB. Paventavo sui dipinti l'ombra despota del personaggio. E però è ormai certo che non potrò dialogare con queste figure ingenuamente, fenomenologicamente. La memoria mi spia. Burroughs deve in parte la sua fama a censori e tribunali. A causa dell'ascolto al linguaggio da suburra. Ma è scrittore spudoratamente visivo. Sassofono linguistico ossessionato dai nomi. Nomina di tutto lui, contagocce, burroni, spranghe, organi genitali e loro derivati, aggeggi che aiutano spremute di sperma e altre lave, giacinti, fogne, topi, flutti e biossido di carbonio. Maniacale, quasi quanto Tolstoj, nel riferire delle materie, di colori e suoni.

L'incredibile ontogenesi subisce tagli in profondità, aperture di silenzio prima che il corpo testo si formi in eccesso di membra, gigantesco. Il collage, così come Burroughs lo usa nella scrittura, ingloba il frammento, il nesso escluso esalta la metafora, instaura una sorta di vastità da estasi, funebre, ma estasi, incombenza. Narrando organizzava uno spettacolo. D'altronde Mary McCarthy non ha parlato di circo equestre per lui?

L'unica volta che l'ho incontrato nella sua vuota stanza di rue Git le Coeur – un letto, un bidet, un pianoforte, un registratore, e basta – mi disse che non aveva paura delle parole. Ora che me ne rammento mi riconcilio con i suoi dipinti. Me lo figuro, questo posseduto dalle parole, mentre spara, si accosta al cartone, nomina l'ustione, torna sui suoi passi, dice il colore, come cola dal tubetto, riparte, si dà a bersaglio una bomboletta di vernice, incolla, cancella, scrive, impreca, sempre narrandosi ciò che sta facendo. Gesti sepolti nel magma del medium, e però ritmati da esplosioni, il bersaglio vero. Esplosione è parola chiave per William S. Burroughs. Ovvero l'Apostolo dell'Assurdo plausibile, o El Hombre invisibile, o anche Ibnam Zahr, i nomi che gli davano a Parigi allora. Esplosioni della mente, del sesso, di una zolletta di zucchero se una mosca si mette in posa. In questa tana di cartoni dipinti, come un tempo tra nomi tristi e feroci, vive ora il visionario WB. Fuochi artificiali esplodono, uniche stelle a portata degli umani. Burroughs chiama i suoi quadri «spalla dolente». A chi guarda darsi per vinto o trovare il bandolo. Avanti. Impiccarsi al filo del labirinto e dondolare come un bersaglio.

Gabriella Drudi

William S. Burroughs

Saint Louis, Missouri, 1914
Vive a New York

1. Senza titolo
(Silver Grid Field), *1987*
Opera su cartone nero,
81 x 51 cm
Roma, Galleria Cleto Polcina
Artemoderna

2. A Curse on Mohatir
Mohamet, *1988*
(Una maledizione su Mohatir
Mohamet)
Opera su cartone grigio,
43 x 30 cm
Roma, Galleria Cleto Polcina
Artemoderna

3. Curse against Mohatir
Mohamet, *1988*
(Maledizione contro Mohatir
Mohamet)
Cartone corrugato, 61 x 79 cm
Roma, Galleria Cleto Polcina
Artemoderna

4. Powder Trails
to Nowhere, *1988*
(Tracce polverose
verso nessun luogo)
Compensato, 66 x 30 cm
Roma, Galleria Cleto Polcina
Artemoderna

5. The Red Wind, *1988*
(Il vento rosso)
Tecnica mista su carta,
76,5 x 57 cm
Roma, Galleria Cleto Polcina
Artemoderna

6. The Split, *1988*
(La spaccatura)
Cartoncino nero e collage,
81 x 51 cm
Roma, Galleria Cleto Polcina
Artemoderna

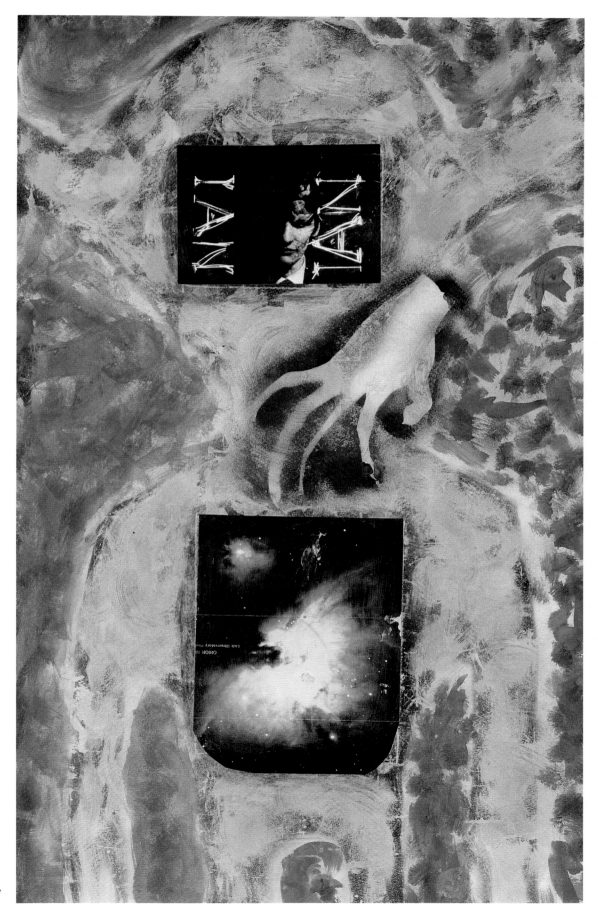

William S. Burroughs,
The Split, *1988*

Salvador Dalí
Orson Welles

Un metro sopra

Che l'immaginazione abbia origini squisitamente fisiologiche, è fra le scoperte più essenziali eppure meno note della ricerca neurologica. Se poi guardiamo dal punto di vista dell'antropologia, Joseph Campbell ci ha raccontato che miti e visioni sono non fascinose fantasticherie, ma manifestazioni figurate delle energie del corpo.

Se davvero è così, ecco che l'immaginazione visionaria e gli stati alterati della coscienza ci appaiono non più come proiezioni geniali quanto «fuori dal mondo», ma come naturali slanci di un uso più intenso e più espanso delle energie della mente, dei sensi, della sfera psicochimica.

È in questa luce che proporrei di vedere personaggi come Salvador Dalí e Orson Welles, nel loro incontro per A Soft Self-Portrait e in generale nelle loro «vite e opere».

Tanto Dalí quanto Welles hanno sprigionato un sentimento di surrealtà che non può più esser confinato (e dunque disinnescato) nella gabbia dorata della genialità artistica.

Cinema e pittura, invenzioni ed eventi, sono i mezzi elettivi attraverso cui Dalí e Welles ci hanno svelato la povertà e l'assurdità dell'idea di reale. Ci hanno svelato che la nozione di realtà è un disturbo dell'immaginazione, l'effetto di un uso parziale e assai modesto delle energie di creazione che l'organismo degli esseri umani possiede in sé.

Pensiamo alle visioni grandangolari di Orson Welles, ai nuovi punti di vista che le sue inquadrature mettono a fuoco. E pensiamo agli «strani corpi dello spazio» che Dalí rappresenta nella Nascita dei Desideri Liquidi.

Le loro (vertiginose eppure dolci) trasfigurazioni ci propongono un allargamento, una dilatazione della nostra percezione, del nostro sguardo e del nostro stesso senso di realtà. C'è la realtà ordinaria, certo: ma c'è realtà, c'è energia viva, anche più fuori, più dentro, più in alto (come diceva Suzuki a chi gli chiedeva cosa fosse l'illuminazione; «è esattamente come la normale esperienza quotidiana, solo che è a circa un metro da terra»).

La surrealtà di Dalí e la realtà espansa di Welles stanno al punto di intersezione fra l'«esse est percipi» del vescovo Berkeley e la scoperta della neurofisiologia che lo sguardo e l'immaginazione provengono dalle stesse cellule nervose.

È il 1969, quando Welles narra Dalí: forse il loro incontro sarebbe stato più esplosivo qualche anno prima, più nel vivo della loro esperienza.

Ma attenzione, prego: nel 1969 siamo nel pieno di quella cultura psichedelica che davvero scioglie il tempo e la percezione come Dalí fece nella Persistenza della Memoria. L'esperienza psichedelica annuncia che la dittatura monoteista della realtà «normale» è al tramonto e che spalancando le porte della percezione possiamo incontrare gli infiniti mondi possibili che scorrono nel flusso dell'energia. Non è forse quello che Dalí e Welles ci avevano raccontato? La logica di chi imprigiona Dalí e Welles nell'eccezione artistica è la stessa che vede la psichedelia come un viaggio «fuori», ai margini dell'esperienza. Ma Watts, Leary e la conoscenza psichedelica hanno semmai messo a fuoco la grande chance di un'espansione del potenziale umano, la ricchezza ancora largamente inesplorata che gli esseri umani trovano non fuori ma dentro di sé.

Oggi le nuove tecnologie comunicative (interattive e virtuali) evidenziano macrocosmo e microcosmo, infinitezza dell'esperienza e personalizzazione dell'esperienza, mettendo implacabilmente in crisi il mesocosmo, il sociale, l'idea di una realtà unica e piatta.

Gli spazi stravolti di Welles e di Dalí (pensiamo alla Venezia dell'inizio di Otello e ai paesaggi incantati di Dalí) hanno aperto la strada all'immagine virtuale. Il progetto di allargamento della visione e di espansione della materia di Dalí e di Welles sta ormai diventando pratica di vita del nuovo immaginario avanzato.

Ma non è tutto, mi sembra.

In modi naturalmente differenti, tanto Welles quanto Dalí hanno espresso uno stile e una sensibilità fortemente aristocratici (si veda soprattutto l'intervista di Bazin a Orson Welles). Ma che significa la loro aristocrazia? E come è possibile che Welles e Dalí ci abbiano rivelato un nuovo orizzonte anche attraverso una parola così ambigua e sospetta? La loro aristocrazia non è naturalmente quella della stirpe, del censo, della purezza delle origini.

Aristocrazia è (Franco Berardi l'ha raccontato molto bene) quel sentimento di apertura elettiva, di perdita fatale, che l'irradiazione delle energie creative e vitali mette inevitabilmente in campo. (Orson Welles si dice aristocratico proprio in quanto non accetta la retorica del genio artistico: «vado in estasi davanti al dispiego della funzione umana»). Aristocrazia è il carattere, non la virtù.

Aristocrazia è ricchezza: ma non la ricchezza banale e volgare che si esaurisce nel possesso di simboli esterni.

Ricchezza come espansione di quelle facoltà mentali, sensuali, neurologiche, che si esprimono pienamente nelle esperienze di amore, di estasi, di sperimentazione, di creazione. Non arroccamen-

to nell'ego chiuso, ma singolarità aperta al flusso dell'energia erotica e comunicativa. È questa lunghezza d'onda, più ancora che l'opera estetica, a costituire l'essenza di Orson Welles e di Salvador Dalí.

Si dovrebbero allora guardare le loro opere ma anche le facce, gli eventi, gli incontri, gli accadimenti, gli stati d'animo. Perché Welles e Dalí non hanno chiuso la vita nella bottiglia dell'arte: hanno invece, con un gesto più semplice e insieme superiore, sciolto l'arte nella corrente del vivere.

Franco Bolelli

Salvador Dalí

Figueras, Spagna, 1904 - Port Lligat, Spagna, 1989

Orson Welles

Kenosha, Wisconsin, 1915 - Hollywood 1985

1. Salvador Dalí: A Soft Self-Portrait, 1969
Video col.; durata: 60 min.
Diretto
da Jean-Christophe Averty
Voce narrante Orson Welles

Immagine dal video, Salvador Dalí: A Soft Self-Portrait, *1969*

Peter Greenaway

**Osservare l'acqua.
Un percorso tra le affinità della luce:
Peter Greenaway
Mariano Fortuny**

Da parte di un artista dagli interessi e dai linguaggi essenzialmente poliedrici quale Peter Greenaway esiste un lucido piacere nel donare un'immagine allo spettatore. Egli ama altresì la sfida di poter costruire un'immagine che possa darsi nella sua completezza anche letteraria, narrativa, oltre che estetica. Questi i punti di partenza del complesso ed articolato approccio che l'artista inglese, connotato ormai dal suo ruolo di regista, ha nei confronti dell'Icona, dell'immagine fissa che diviene motivo, complemento e traslazione nell'immagine in movimento realizzata cinematograficamente. Spesso gli studi critici sul rapporto creativo tra cinema e pittura sono stati condotti con un interesse indagatore e vagamente «etimologico» rintracciando una fonte, o svelando riferimenti e citazioni dirette della storia dell'arte nel «racconto filmato». Peggio ancora, si è spesso tentato di ricondurre una lettura testuale della pittura «filmata» negli allestimenti scenici o nella realizzazione dei costumi, del tableau vivant; deviante risulta applicare tale metodo per l'opera di questo regista che fa della pittura, più che fonte documentaria, o citazione. Egli concepisce la creazione pittorica come base del proprio operare, le sue opere pittoriche acquistano e conservano l'originalità del singolo lavoro e contemporaneamente interagiscono nel Percorso creativo legato all'immagine in movimento, al cinema, al film e al suo concepimento. Egli confessa infatti che: «Ho cominciato volendo essere un pittore, quando avevo 15 o 16 anni. Ed è alla scuola di Belle Arti che mi sono reso conto di come il cinema fosse un mezzo d'espressione formidabile, ed il mio interesse si è spostato dall'immagine fissa all'immagine mobile. Credo che alla base io abbia due passioni: la letteratura e la pittura. Il cinema permette di combinarle»[1].
L'arte, intesa appunto come multimedialità focalizzante e determinante la visione dell'immagine nella sua alta complessità, diviene uno specchiante e molteplice contenitore privo di limiti e disposto ad assuefare i sensi e la percezione. Per ogni aspetto indagato da Greenaway, il mondo sensibile ed il mondo come opera d'arte, assumono valenze pronte ad arricchirsi e dilatarsi grazie allo Sguardo coinvolto dal colore, dalla linea, dalla staticità e dal movimento. Sempre l'artista inglese ricorda questo concetto di contenitore elettivo ch'egli sceglie nel cinema dicendo: «Per me il cinema non è che un baule dove io metto la scrittura, la luce, l'estetica, il linguaggio. Come molti affermano io sono un ibrido, un bastardo che fa dei film per rappresentare ciò che non è mai riuscito a fare con la pittura e per esprimere ciò che non è mai stato capace di scrivere. Io vengo dalla pittura che è un'esperienza artistica completamente diversa dal cinema. Guardando un quadro non si ride e non si piange, ma si vive un'esperienza profonda, cerebrale. Ecco, vorrei che vedendo i miei lavori si provasse una sensazione del genere. Spesso i critici mi accusano di essere freddo, eccessivamente intellettuale, ma a me non interessa creare un "empatia" semplicemente emotiva tra il pubblico ed i miei protagonisti»[2].
Con l'intento di impossessarsi del «Contenitore», invadere spazi astratti e fisici, è nato il progetto Watching Waters-Palazzo Fortuny. La mole strategicamente appartata del Palazzo Pesaro degli Orfei nella sua totalità è assurta metaforicamente a vita tramite la «visita» immaginaria di Greenaway a quello che fu l'ultimo dei proprietari dell'antico palazzo: Mariano Fortuny. A chi scrive l'artista inglese ricorda che: «L'architettura di questo palazzo è viva, la voglio vedere e far vivere come se fosse il corpo immenso di una grande donna. La voglio scrutare e vestire, donarle sottovesti, indumenti e vestiti per poterla svestire e scrutare con le luci. Sai come nel mio film Il ventre dell'architetto: dove l'architettura del Pantheon è applaudita dai protagonisti». Dagli spazi vuoti delle finestre della facciata, dal portale d'ingresso con la scalinata ed il cortile interno, lo sguardo accede al palazzo, con i sensi si è coinvolti dal salone del piano nobile dove più viva è la presenza oggettiva di Mariano Fortuny. Per questo spazio Greenaway ricorre al suo più nuovo e vivo interesse, far interagire tutte le Arti attraverso l'installazione, la distribuzione sapiente degna di un direttore de Gesamtkunstwerk. Le opere di Fortuny sia tessili, che decorative o pittoriche mantengono pressoché invariata la loro collocazione, si interviene invece sullo «Spirito» della casa, su Fortuny di cui Greenaway ama ricordare una frase incontrata quasi per caso ove l'artista veneziano d'adozione ricorda: «Conoscete forse qualche cosa di più magico del mistero dell'elettricità?». Questa nota di Fortuny diviene il tratto di unione di tutto il percorso. «Dall'elettricità ricorda Greenaway – dipende tutta la mia opera, i film, la nascita del nuovo cinema, la televisione e l'illuminotecnica». Fortuny rivive allora nel suo palazzo grazie a tracce luminose, cambi improvvisi e riflessi d'acqua che invadono gli ambienti, lasciano presenza «fantasmatica» e simbolica di colui che all'inizio del nostro secolo brevettò grandi scoperte illuminotecniche teatrali. Ed il percorso luminoso attrae e costringe verso l'iniziale profondità delle installazioni di Greenaway. Stanze dedicate ad una «discesa della percezione», alla visione sensibile della Totalità immersa nell'acqua, nei riflessi che mutano lo sguardo rendendolo molteplice, mutevole ed infinito. Le pitture dialogano con le installazioni, acquari riportano la claustrofobica immagine del contenitore trasparente dell'imprigionata forza di una parte microscopica del Naturale. Nel tragitto compiuto attraverso queste diverse soglie si percepisce la necessità, la felice insistenza di produrre, associare, sommare i fenomeni vitali dell'arte. I valori espressivi e dialoganti delle Forme Artistiche, attraverso la loro vitalità, possono quindi dare all'effimero il senso dell'eterno, assurgere al potere di «estrema visualità» che vuol far propria e dialogante la Forma dell'espressione, tanto da coinvolgere musica, immagine e letteratura. Se esiste una narrazione suprema e molteplice ove il senso sia indissolubilmente privo di ri-conducibilità, questa narrazione avviene per Greenaway tramite lo Sguardo. Nella soglia percettiva ch'egli muta costantemente, si vuole collocare l'estrema richiesta di attenzione, quell'allegorica e simbolica «Pausa» ove dalla molteplicità faccia emergere il turbinio Silenzio della Poesia, fattosi purezza dell'immagine.

Luca Massimo Barbero

[1] Per una corretta documentazione filmografica e critica italiana sul regista, vedi Peter Greenaway, Quaderno n. 41 del Circuito Cinema, a cura di M. Chirivi, Venezia 1991. La presente citazione: L.M.B. in ibid., p. 7.
[2] Del rapporto cinema, pittura, architettura vedi, P. Moretti, Intervista a Peter Greenaway, in «L'Arca», n. 23, Milano 1989.

Sans une vieillesse originaire, la nature dans son innocence a été moins belle qu'elle ne l'est aujourd'hui dans sa corruption.

Chateaubriand

Un'eleganza mostruosa è la costante connotazione di Peter Greenaway. A mio parere deriva da un postulato esistenziale: non poter concedere credito all'ordine che gli esseri umani tentano di darsi o si sono dati in migliaia di anni di giochi linguistici. Norme, regole del gioco, cabale, sistemi magici, nozioni enciclopediche, filosofia, vicende della vita perfino – e il loro narrarsi o recitarsi – si riducono a tassonomie discutibili, enumerazioni arbitrarie ma plausibili. È così che il problema dell'assoluto sfocia nello scherzo. Plausibilità e discutibilità presiedono sia alla scelta dei materiali di Greenaway, ai loro assemblages complessi, incuneati entro riferimenti visivi, musicali, narrativi illusoriamente ad infinitum, sia al loro sistema organizzativo matematico, o geometrico, o paratattico. L'effetto può essere vertiginoso, il proliferare insensato della materia può essere repellente, ma il colpo d'ala gli permette sempre un gioco di prestigio affascinante che scopre l'ironia metafisica da cui parte ogni progetto, ogni applicazione e ogni uso del bric a brac della cultura. Il filo dell'intelligenza non lascia che l'ironia si perda – l'unica cosa che non si perde nei film, nei quadri, negli allestimenti di Greenaway – e alla fine, dopo lo stress a cui l'artista sempre ci sottopone, possiamo sorridere o addirittura ridere di lui e di noi stessi.
L'evocatore di mondo, Greenaway-Prospero, non si incanta al punto da prendere le sue fantasmagorie per apparizioni autonome, ha cura di esibire i suoi strumenti, anche rischiando il kitsch di questa esibizione, preferisce mantenere la mente lucida nel metter mano al repertorio dell'interminabile e incerto sogno delle generazioni umane. E, forse, tenta di demistificare i quintali di fiction a cui ci sottopongono i mass media.
Fummo colpiti in Italia dal film The Draughtsman's Contract (I misteri dei giardini di Compton House) del 1982, perché la cultura dell'astrazione pittorica ci aveva tolto la suggestione dell'immagine e la fantasia se ne lamentava. Un disegnatore accademico, Neville, artificialmente immesso del XVIII secolo, di cui l'esterno filmico conteneva l'interno dei dodici disegni, e di cui i disegni a loro volta avevano costituito il progetto di Greenaway, già creava i presupposti di un fascino nuovo. E tale rispecchiamento ne offriva un terzo nella sceneggiatura – dialogo pieno di giochi di spirito, annunciazioni, ipotesi di intreccio – scandita dalle ore e costellata da indizi di un delitto. Questo revival freddo di icone e di sequenze che implicavano sesso e morte fu uno degli avvenimenti di quello stile che alcuni avevano definito post-moderno.
Il film si ricorda per la sua ricca valenza antiquaria ed il suo enigma sanguinoso, ma i disegni ancora oggi, tra i molti, acquerelli, pastelli, collage, serbano a mio avviso un incanto evocativo di giochi di paesaggio a tavolino, sorprese rigonfie di infanzia, di scherzi sinistri dell'infanzia, quando il nulla è presentato dietro la perfezione ma la finzione naive del suo «perfetto» cattura. Un incanto rinnegabile se l'autore, così avveduto, scalpita troppo ad essere letto poeticamente. Avveduto poiché nel 1974 lo conoscevamo quasi allievo postumo di Beardsloy, nel 1989 capace di omaggiare tra parentesi Bacon, capace di tutto come pittore, e come regista, convinto assertore del-

l'interminato dei linguaggi e dunque del suo diritto di andare e venire tra essi, accompagnato da un musicista straordinario come Michael Nyman. Del resto egli stesso si definisce un «ibrido», interessato soprattutto alla letteratura (ha scritto diciotto romanzi, non pubblicati) e alla pittura. E al cinema in quanto gli permette di usare l'una e l'altra.

I film di Greenaway in verità, come per ogni artista significativo, sono sempre lo stesso film, dove il fondo che non parla trova un simbolo per venire fuori con fragranza quasi letterale, o almeno al primo livello della metafora: architettura, acqua, ventre, volo-caduta, cibosesso, simboli equivalenti per contenere aneddoti della vita dalla nascita alla morte. Egli palesemente scommette ogni volta sul bisogno di illusionismo dello spettatore che si servirà delle sue sceneggiature e delle sue figure per imbastire lui una storia, un'interpretazione. Così in The Falls, in The Draughtsman's Contract in The Belly of an Architect (Il ventre dell'architetto), in Prospero's Books (L'ultima tempesta), in Drowing by Numbers (Giochi nell'acqua). «Le soluzioni non mi interessano, dice l'artista, appena la gente crede di aver capito qualcosa concretamente è la fine, così i miei film rimangono aperti a qualsiasi interpretazione». A questo punto dovremo fare noi un repertorio – riassuntivo e occasionale – dell'enorme quantità di riferimenti figurativi, nonché letterari e cinematografici, cultura di cui l'artista si dichiara lui stesso divoratore. Da lontano nel tempo, lo emoziona e lo attira Il settimo sigillo di Bergman, e si capisce, connesso com'è al tema più teatrale, la morte, in uno scenario basso-medievale, ma certamente gli è piaciuto Ferreri, e in modo radicale il surrealismo barocco e funzionale del primo Buñuel e dell'ultimo Buñuel, l'ottica lenticolare da brivido e l'assurdo simbolico.

Ma parliamo di pittura: per quel che riguarda l'arte contemporanea, un binario di scambio leggibilissimo nei dipinti e disegni è la Pop Art inglese, da Hamilton a Hokney, a Tilson, a Kitaj, con l'occhio talvolta agli americani, nei ricalchi più freddi a Lichtenstein, e i collage più narrativi ricordano Hauschenberg, e attraverso lui l'origine di tutti: Schwitters. Binario di scambio anche l'arte minimal e la land art – non dimentichiamo l'allestitore, a Parigi della mostra sul volo umano, e a Vienna all'Hofburg, dei cento elementi rappresentativi del pianeta, mostra spettacolare dotata di uno spirito apocalittico fine secolo, semi-serio.

Ma binario di scambio per che cosa? Diciamolo, per l'uso sterminato di riferimenti visivi dell'arte del passato nel cinema: da Veronese a Michelangelo, a Vermeer, a Velázquez, a Caravaggio, a Mantegna, a Canaletto, a Bellini, a Bron-

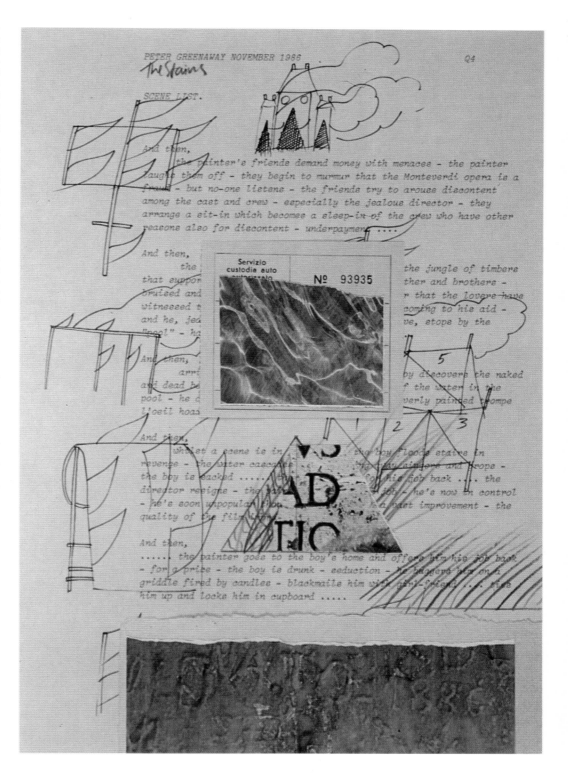

Peter Greenaway,
The Stairs, 1986

zino, all'architettura di ogni secolo,
ovviamente a Étienne Louis Boul-
lée, uso spregiudicato e privo di
ogni rispetto (ma forse Proust ri-
spettava i suoi Monet, o i suoi Bot-
ticelli, e così via?). Uso di filtri che
alterano e accentuano i valori, di
immagini che compongono un accordo, o un fulcro narrativo, costumi, arredi, suggestioni, molte abilità arrivano al regista dalla pittura.
E così ci accostiamo al progetto
veneziano della Biennale 1993;
l'allestimento del palazzo Pesaro
degli Orfei, noto come dimora del
pittore, scenografo, inventore di
tessuti sublimi, costumista della
Duse, creatore di una cupola per
l'illuminazione teatrale: Mariano
Fortuny y Mandrazo.
Sembra dunque che Peter reinter-
preterà un suo simile, un esteta, un
artista poliedrico, anch'esso erede
della metafora barocca fino all'e-
stenuata eleganza dannunziana.
Ma poi siamo a Venezia e se tanti
dei film o dei cortometraggi del regista hanno l'acqua come motivo
dominante, immaginiamo il carattere simpatetico che assumerà l'o-
perazione, enfasi e travestimento,
interno ed esterno del palazzo a
Venezia. Con dentro il montaggio
di immagini filmate dai suoi Intervals *(1969)*, Death in the Seine
(1988), Prospero's Book *(1991)*,
Drowning by Numbers *(1992)* e A
Walk Through Prospero's Library
(1992).
Se poi, come ci racconta Greenaway, egli ha avuto dall'Abazia di
Fonthill, o meglio dalle rovine di
quell'architettura del folle bibliofilo
William Beckford una spinta voca-
zionale, tutto torna, *come sempre
nella cabala personale del regista.*
Un regista che si colloca nella tipica tradizione inglese della fantasia
metafisica e surreale, da John
Donne a Lewis Carrol, e appunto a
Beckford, l'autore di Vathek, il nono califfo abassida che erige una
torre babilonica per decifrare i pianeti. Anche Greenaway minaccia
di scendere come lui fino al fondo
del mondo.
Come horror che filtra nella percezione, dal gotico al barocco, al regista inglese dovrebbe piacere il
veneziano Piranesi, anche lui filosofo delle grandi trasfigurazioni.
Ed è a Piranesi, oltre che a Calvino
e a Borges che rimandano le visioni labirintiche di Greenaway.

Marisa Volpi

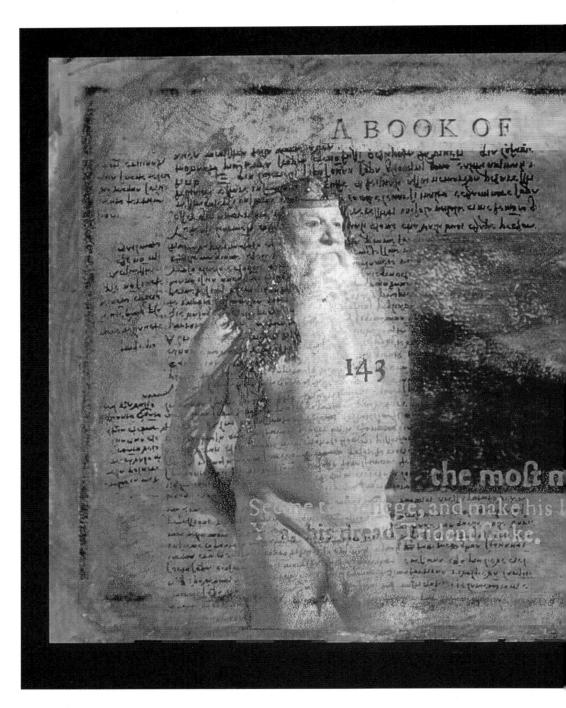

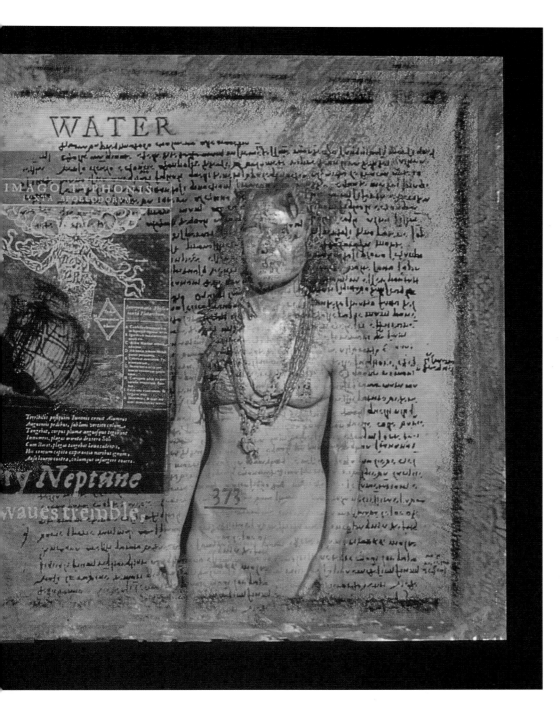

Peter Greenaway,
Water Book,
Neptune and His Wife

Peter Greenaway

Newport, Galles, 1942
Vive a Londra

Watching Waters, *1933*
(Osservando le acque)
Installazione-evento concepito
come omaggio a Venezia
e a Mariano Fortuny
250 dipinti-opere su carta e tela
Installazioni video: immagini da
Intervals, *1969;*
Drowning by Numbers, *1988;*
Dood in de/Death in the/
Les Morts de la Seine, *1989;*
Prospero's Books, *1991;*
A Walk Through
Prospero's Library, *1992*
Installazioni scenografiche
immagine-illuminazione-suono
in tutti gli spazi del palazzo

Progetto speciale curato da
Luca Massimo Barbero in
collaborazione con l'Assessorato
alla Cultura del Comune
di Venezia e Grandi Eventi.

Derek Jarman

Phosphoros

L'Angelo Azzurro fu intronizzato da Dio al momento della caduta. Siede alla destra del Padre, ed è come Lui; è phosphoros, conduce la corte degli angeli della notte; la sua virtù è l'agape, l'amore dell'altro o di se stesso al massimo grado. San Michele è il primo tra gli Angeli poiché è il più vicino allo smarrimento dell'uomo. «Di sicuro noi eravamo gli angeli a cui fu negata ospitalità dai Sodomiti – ha scritto Jarman – Sodoma non era forse una piccola e scomoda città dormitorio data in ipoteca ai duri di cuore, da qualche parte oltre Epsom?».

I film di Jarman sono pieni di presenze angeliche così come lo sono i quadri di Caravaggio, angeli che hanno l'aspetto troppo umano dei ragazzi di periferia dei film di Pasolini. Ma mentre questi agiscono nella violenza di una solarità mediterranea, panica e implacabile, quelli di Jarman sono piuttosto figure di un dionisiaco in terra desolata, angeli alchemici, realizzazioni della camera oscura – lo studio di Caravaggio dalle pareti annerite – impronte osmotiche dello schermo bianco o anima persa nell'abbandono.

Nella zona d'ombra tra il sogno e la realtà l'immaginazione si esprime per simboli, ma in situazioni in cui il simbolo è direttamente esperienza quando l'oscurità sia esaltata dalla presenza dell'altro. In ciò si confonde un'aura implicita nell'accettazione del diverso che certo appare violenta, ma necessario effetto di una visione laterale che i più si negano. «Com'è possibile paragonare la carne e il sangue al pigmento e alla tela?» si chiede il Caravaggio di Jarman ferito dall'amante come prova d'amore, in una sequenza che di per sé è la risposta migliore a questa domanda, poiché contiene il segreto di una fissazione quando una certa immediatezza sia raggiunta.

La diversione opera infatti sul limite della luce dove vi è continuo scambio e dove si può ottenere l'annullamento della distanza che separa l'arte dalla vita. A chiudere la cesura è una lama di luce che è questione di un istante; l'altro che infligge la ferita è il doppio necessario in modo che un esorcismo della distanza si compia. Ciò può dar ragione d'essere all'arte come vuoto in attesa di tracce, ma se l'illuminazione avviene nel segno dell'abbandono, il contraccolpo ha luogo nella terra della desolazione di The Last of England. «Aprile è molto più crudele di quello che pensi Eliot» ha scritto Jarman. In questa periferia dell'occidente l'opera d'arte mantiene l'immediatezza di una ferita appena inflitta. La differenza è anche allora tra illuminismo e illuminazione. Se in nome di una normalità della ragione fondata sul diritto naturale l'illuminismo affermò un principio di libertà, questo principio, una volta espresso, doveva dispiegarsi poi in tutte le sue possibilità fino al sadiano corpo illuminato di Barthes e a quello freudiano, inciso dalle parole della lettera che nasconde l'istanza di morte, di Lacan. Lo scarto può esser colto tra l'Eros solo un po' volgare che scende dal letto di Psiche nel quadro di David, e il suo modello, l'Amor Vittorioso di Caravaggio; nell'uno vi è preoccupazione del vero, nell'altro affermazione per eccesso di verità. Con un rovesciamento tipico di Jarman, il Marat martire dell'inflessibilità razionale di David diviene il persecutore di Caravaggio e, seduto nella vasca da bagno, scrive a macchina le sue calunnie verso il rivale. Strano cortocircuito di allusioni che coinvolge anche il corpo trafitto di un altro diverso, o la lucida follia di Artaud.

Di queste ambiguità si alimenta l'arte di chi ha fatto della sua vita e del suo corpo un tramite di essa. La tela è dapprima illuminata, accecata, bruciata o sfiorata dalle proiezioni dei corpi. Nella fosca luce del tramonto poi diviene la cartina di tornasole dell'esaltazione dell'essere: dopo la scomparsa nel rosso del sole infatti il cielo si colora ad occidente di un intenso blu, e se blu è la tenebra guardata attraverso la luce, phosphoros è infine la stella del mattino. Nell'Edoardo II di Jarman i corpi immersi nelle tenebre splendono come lampade di fuoco, mentre vi sono aperture luminose nel blu il cui guardiano è una figura militaresca e paterna che uccide uno ad uno i compagni del re. Questo fantasma dell'autorità è l'angelo azzurro che induce alla devianza e la punisce, o riflesso di quel «fosforo interiore la cui luce – come ha scritto Eliphas Levi – è della stessa natura del fuoco che ben usato riscalda e ravviva, ma che nell'eccesso brucia e dissolve».

Si dice che Barnett Newman abbia smesso di dipingere per un anno per meditare su un disegno a cui dette in seguito il nome di Onement I: si tratta di un foglio percorso da pennellate d'inchiostro nero che delineano una banda bianca centrale. La banda bianca può essere paragonata alla luce di scorcio che distrae i giocatori nell'oscura taverna della Vocazione di Matteo del Caravaggio, un taglio laterale che diviene centrale per la conversione dell'apostolo. Ora, questa conversione avviene in un lampo che satura e imbeve di sé tutto lo spazio. L'abbandono provoca l'apertura di spazi di solitudine colorati. I colori sono gli spazi di luce dell'oscurità che è il corpo del vuoto.

Newman ha compreso che il colore è un evento dell'illuminazione e non un fenomeno della luce. La sua è stata un'opera intellettuale e cabbalistica con lo scopo di costruire un luogo – a place, come diceva – che contenesse una certa energia spirituale; il suo modello era il silenzio della sinagoga.

Il monocromo di Klein, simile nella concezione a quello di Newman, si differenzia però perché è alchemico e mistico. Il blu di Klein è senza confini e pertanto senza luogo; è al di là dell'illuminazione stessa senza avere un al di qua; l'inquadratura non lo contiene perché è intenso e non esteso. Jarman lo chiama the fathomless blue of Bliss – il blu profondo della Carità. Klein era devoto di Rita da Cascia, la santa delle cause perse, delle difficoltà insormontabili, dei malati senza speranza; pregò e ottenne da Dio la morte per i propri figli adolescenti perché fossero preservati dalle sofferenze delle loro azioni – la vendetta per l'uccisione del padre. Questo blu implica oltrepassare la soglia della definitiva distanza del vuoto, esprime un lontano orizzonte, der Vater Aether, der Himmlischer, di Hölderlin. La sua tonalità è l'ultramarino, che sta al di là del mare. Pindaro chiamò il raggiungimento di questa meta «l'ultima navigazione». Jarman dedica il suo film Blue «il primo film fatto da qualcuno che ha l'AIDS sull'AIDS», a Yves Kein, «pittore del vuoto», e dice: «Il virus è essenzialmente invisibile, il blu ne è l'esatta riflessione. Blu è il paesaggio della libertà».

Se si può dire in un certo senso che Jarman sia un estremista, egli sembra assecondato dal destino nel suo progetto di un'arte che sia diretta espressione vitale di libertà assoluta. Ciò che negli anni settanta era ribellione contro qualsiasi tabù nell'euforia di una utopia a portata di mano, e che Jarman rivendica di aver vissuto con gioia, si comprende ora, nel crepuscolo di un'epoca, come parte di un progetto più ampio. Fate Fated Fatal: queste parole congiungono molte vie nella sorte di un uomo che è un artista. Persino l'autorità, che era stata il bersaglio più o meno esplicito di ogni eversione, si inserisce nel disegno con la figura del dottore che affligge di una luce impossibile l'occhio attaccato dalla malattia: «La mia retina è un pianeta lontano, un rosso Marte come nei fumetti dei bambini. Sembra un pianeta, dico. E il dottore: A me sembra una pizza». Perché l'indifferenza della serenità è quella «carità che permette agli indifferenti di apparire caritevoli» ed è l'indizio più importante di una solitudine. De l'éternel azur la sereine ironie e la victoire méchante, ha scritto Mallarmé. Ora l'angelo azzurro può svelarsi definitivamente come il Christos Angelos che appare in The Garden, presso la centrale nucleare di Dungeness. Io sono la verità è l'estrema affermazione che declama l'indicibile.

Blue viene presentato nell'ambito della XLV Biennale d'Arte di Venezia e non in quella del cinema come sembrerebbe più appropriato. Tuttavia Jarman ha iniziato la sua attività d'artista come pittore e ha dichiarato di aver girato i suoi film dal punto di vista del pittore e non da quello usuale del regista cinematografico. «Penso che i registi cinematografici siano come gli struzzi e spesso nascondano le loro vite. Pochi hanno fatto il contrario ed è pericoloso addentrarsi in quest'area. Il mio punto di vista è diverso: è quello del pittore. Concentrarsi sulla propria vita o su ogni altra espressione dell'arte è in effetti una ragione d'essere per un pittore, e se questi si comportasse come un regista le sue opere sarebbero senza valore».

Fulvio Salvadori

Derek Jarman

Northwood, Gran Bretagna, 1942
Vive a Dungeness, Gran Bretagna

1. Blue, *gennaio-marzo 1993*
Film in 35 mm in stereofonia (Dolby System)
Londra, Basilisk Communications Uplink Co.

Il Film è prodotto da Basilisk Communications Uplink Co. con il supporto di Channel 4 in collaborazione con Arts Council of Great Britain, Opal, BBC Radio 3 e The British Council.

Markus Lüpertz

«Soffia ora il vento attraverso il mio cuore a buchi...»

Nelle ipotesi di cambiamento che caratterizzano il variare dei tempi e l'avvicendarsi delle epoche, è lecito pensare a un mutamento radicale degli orientamenti culturali, delle ipotesi di analisi dell'operato artistico di qualsiasi ordine esso sia.

Più che mai siamo oggi di fronte all'avviarsi di una nuova curiosità, contro l'idea di specificità che aveva caratterizzato gli anni '80, contro un professionalismo inteso in senso restrittivo, contro una trattazione delle arti ancora viste attraverso le tradizionali ripartizioni in generi che non possono certo dare l'idea della totalità di un pensiero che cresce, che si sviluppa nel mondo e non in un solo settore.

Il nuovo approccio all'universo delle immagini ci richiama alla necessità di intraprendere le strade che non si percorrono tutti i giorni. La rivoluzione dei valori dell'immagine sulla parola ha del resto stimolato un desiderio di approfondire il rapporto fra l'immagine fissa (tela) e quella in movimento (cinema, televisione) fino ad arrivare a un'idea di arte double face che vuole verificarsi e confrontarsi con qualsiasi tecnica di espressione. Il che non vuol dire, come si era pensato anche solo nel decennio scorso, che si debba inseguire ed imitare il ritmo del procedere incalzante della sofisticazione tecnologica, ma che l'arte con la sua forza intuitiva possa addirittura precorrere le scienze fino ad addomesticarle per le proprie necessità.

Così la coerenza nella ricerca di un artista internazionale come Markus Lüpertz non ha bisogno di giustificazioni stilistiche ma si svolge su di una linea culturale ricca di modi e di linguaggi molteplici che scavalcano le barriere dei generi. Quando una mostra dal titolo A New Spirit of Painting organizzata a Londra dalla Royal Academy nel 1981 impone all'Europa fino allora fortemente influenzata dall'arte d'oltreoceano negli anni del dopoguerra, l'esistenza di un'arte tedesca e la sua forte impronta, Markus Lüpertz ha già al suo attivo un'importante esperienza artistica, segnata sin dagli inizi dalla tendenza a giocare liberamente in vari ambiti, come allusivamente fa notare Andreas Franzke quando dice che la pittura di Lüpertz abbraccia tutte e sette le arti liberali. Non dissimilmente da altri artisti della tradizione tedesca del Novecento in particolare, ma non solo tedesca, l'arte di Lüpertz slitta dalle grandi sculture che conservano sempre elementi di fedeltà alla pittura, ai Wandbilder per grandi spazi, alle scenografie teatrali, secondo una linea di continuità, ad esempio con un Oskar Schlemmer e altri sodali che in altre stagioni avevano fatto del cabaret, del teatro, delle più varie occasioni d'incontro, l'area in cui misurare nel fuoco diretto le idee e le ideologie che li animavano, mescolando testo teatrale, musica, balletto, in una compagnia che comprende molti dei più bei nomi del Gotha della cultura e dell'arte mitteleuropea e russa.

La formazione di Lüpertz, d'altra parte, la sua Bildung, pur così evidentemente collegata ad una storia di vicende e di atmosfere marcatamente tedesche e di indiscutibile riconoscibilità, spazia, e forse persino così continua ad essere tedesca nella più raffinata delle accezioni, in situazioni e riferimenti che attraversano altri mondi e si nutrono di altre memorie, anche dicotomiche, purché sia salvo il suo principio fondamentale: «I mezzi della pittura sono tela, colore e una nuova forma», una struttura formale e cromatica ugualmente presente negli oggetti banali e in quelli allusivi, negli elmi aggressivi come nelle sedie di sottile elettiva affinità picassiana, nella simbolica tragica torre del 1977 (Babylon-dityrambisch) come nelle grandi sculture che si muovono nella sfera del mito, Orfeo, Prometeo, Cerbero, Centauri. Perché l'artista dice di sé: «Io dipingo di più quando osservo» («Ich male mehr, als ich betrachte») e forse i suoi referenti non sono poi tanto arcani ma perfettamente individuabili, sia pure in una complessa e ricchissima tematica culturale e psicologica strettamente interiorizzata.

Questa grande consapevolezza che Lüpertz esprime con parole molto semplici: «Io voglio provare» («Ich will erleben»), «Io fiuto» («Ich spüre»), dà certamente modo di leggere più correttamente quest'altra possibilità di rendere, lui dandy confesso, lui curioso del mondo, la tensione e il mistero dell'arte. «Forse noi dipingiamo ancora solo per la pittura, forse dipingiamo ancora solo per la gente che ci comprende, forse dipingiamo ancora solo per il futuro».

C'è infatti nelle intenzioni, nel coinvolgimento emotivo dell'artista una forte impronta umanistica che dà senso alle immagini dipinte, mai tanto realistiche da dover fare appello ad altro, a particolari riserve della parodia per garantirsi autonomia al di là dell'elemento puramente visivo o descrittivo. Gli oggetti sono generalmente gravati di una patina oscurante, incupiti spesso in un cloisonnisme di nota matrice espressionista. Contro ogni rischio di livellamento quest'arte rivendica per sé una volontà eroica, che non vuol avere nulla di mistico e non aspira ad alcuna forma di trascendenza, ma è presente qui e ora, nella memoria del passato come nella proiezione verso il futuro.

E qui soccorre in modo efficace la pluralità delle arti praticate. Dichtung und Wahrheit. La testimonianza poetica di Lüpertz in forma di elegia (Rilke) come in altri artisti delle generazioni precedenti da Kandinskij a Klee, e forse più che nella sua, il risvolto poetico contribuisce a dare forma esplicita a quello che di lui sospetteremmo leggendo la sua opera pittorica, didascalie esatte ed impietose dei lavori più recenti, ad esempio. Qui l'anatomia del disincanto brutale torna ai motivi consueti, l'aridità della vita disseccata, il corvo, la morte la fanciulla, il ghiaccio, la natura indifferente quando non ostile, un senso di irrimediabile solitudine. Così i segni duri, il cloisonnisme ancora una volta spesso e perentorio quasi alla Rouault, enfatizzano quello stato di ansietà permanente che si rivela dovunque, anche nelle strutture dei dettagli insistiti, da certe deformate maschere esotiche a un Prometeo del 1990 così poco prometeico. In che cosa dunque potrà salvarsi questo frammento di tempo, se non nello slancio ditirambico, un andare comunque?

Vittoria Coen

Markus Lüpertz, Orpheus, *1990*

Markus Lüpertz

*Liberec, Boemia,
Germania, 1941
Vive a Berlino,
Karlsruhe e Cortona*

1. Orpheus, 1990
*Video b/n e col.
durata: 43,05 min.*

*Si ringraziano Galerie Michael
Werner, Colonia e New York,
WDR, Dr. Wibke von Bonin
e FADMA GmbH, Colonia*

Pino Pascali

Pascali / Serpenti

Pascali ritorna alla Biennale. Il cerchio si chiude, il cerchio si riapre. O forse è una di quelle misteriose pratiche mitiche per cui ogni artista ritorna, anche da morto nei propri luoghi, nel proprio mare, nella propria terra. Fortunatamente, curiosamente, Pascali si presenta alla Biennale con la sua produzione più inesplorata, più nascosta, per anni considerata minore a quella alta dell'arte, cioè con la pubblicità, i cartoni animati, le sigle televisive, la grafica quotidiana del disegnare per sopravvivere. Come se non fossero anche queste parti di un unico progetto artistico, di un'unica mente, capace di metterle poi in contatto continuo con le produzioni chiamate alte. Come se Pascali non sperimentasse nella pubblicità o nella scenografia televisiva le stesse idee messe poi in pratica nelle opere maggiori. Ma soprattutto come se una parte, fondamentale, della vitalità pascaliana non risiedesse nello scambio continuo dei ruoli dell'artista e del manovale, dello zappatore e del principe, della piccola grafica e della grande scultura, del bricolage fatto coi coriandoli o con le scatolette di pomodoro e delle mille performance da attore, sacerdote, Dio. Vedendole oggi, tutte assieme, le opere maggiori e minori, i film interpretati o ideati, i caroselli e le grandi bestie da esposizione, i soldatini rossi e i cannoni, non si capisce come ci sia stato tanto distacco critico, tanta presa di posizione schifiltosa tra ciò che era considerato arte e il resto, quando proprio il resto era parte dell'arte e viceversa, al punto di nascondere, ignorare questa attività minore e quindi di amputare l'intera opera di Pascali di elementi vitali per la sua giusta comprensione. Ma dopo vent'anni solo il ritrovamento di queste piccole opere diventa una missione santa, e il loro riaffiorare da cantine e archivi polverosi le rende simili a brandelli di balene, di bestie dello zoo pascaliano.
Proprio quella Biennale del 1968, la prima di Pascali e anche l'ultima, lanciandolo nella storia al tempo stesso lo racchiudeva in una dimensione di artista che in qualche modo lo avrebbe codificato, costretto entro limiti precisi, suo malgrado. Perché, pur arrivando alla Biennale, non aveva lasciato realmente nessuna delle sue piccole attività, al massimo le aveva trasformate, dalla TV al cinema, dalle scenografie classiche a quelle folli, inventive di Scala Reale, ormai sperimentali citazioni di spazi artistici. Certo, non si può sapere cosa avrebbe fatto negli anni successivi di Pascali. E la sua morte, portandosi questo segreto con sé, avrebbe finito per proteggere il mi-
to dell'artista, racchiudendolo dentro una corazza di dotti rimpianti, quando la sua stessa vitalità avrebbe richiesto una serie di operazioni di svelamenti, confronti, smontaggi e ricostruzioni, scivolamenti e slittamenti. Perché pochi come lui erano stati in grado di raggiungere così presto tutti i media, di impadronirsene, di giocarci a soldatini, a castelli di sabbia, secondo le sue regole artistiche, i suoi procedimenti rituali. Forse Pascali era troppo avanti rispetto al suo tempo, forse faceva con naturalezza incredibile quello che altri avrebbero fatto con fatica e eccesso di evidenza artistica alta. Ma le piccole opere di Pascali, le sue fotografie, il suo filmato vestito da pazzariello, le sue mille varianti di Pulcinella, i suoi studi sull'arte africana o giapponese, le sue nuove concezioni scenografiche per la TV, se ne andavano con lui. Irriconoscibili, impercettibili. La morte finiva per definire qualcosa e qualcuno che non era mai stato così ben definibile e la cui vitalità era dichiarata proprio nelle teorizzazioni del mito del serpente, di colui che «ogni tanto» cambia pelle, deve scomporre e ricomporre se stesso secondo un procedimento mitico inesauribile, al punto che ancora oggi, dopo tre anni di ricerche, spuntano nuove produzioni pascaliane, nuove idee. Per questo, evidentemente, l'arte di Pascali era stata così folgorante nel panorama italiano, scottato sia dalla sua apparizione che dalla sua morte. «Quando Pino è morto», scriveva Cesare Brandi nel 1976, «è parso infatti che si fosse arrestato qualcosa nel tempo, almeno in una certa situazione dell'arte italiana, che lui aveva riportato di botto alla ribalta internazionale. Dall'apparizione di Burri, non era più accaduta una cosa del genere. Ma proprio perché aveva trascinato il futuro nel presente, con l'immediatezza disarmante dell'atto di un bambino, il futuro non continuò: si rinchiuse, quel futuro che, diverso Orfeo, aveva violentato con un'ascesa nel tempo, invece che con una discesa nel passato».
A vent'anni di distanza, insomma, il suo corpo artistico ci sembra ancora intatto, da svelare, e intatta la sensazione di non continuazione del futuro che sembrò comportare la sua morte. Come se il tempo, così breve, così pieno che aveva vissuto, dilatato verso ogni direzione, perfino nell'agonia che rese il suo martirio un mito e la sua morte un'opera d'arte, avesse raggelato, trattenuto con un abbraccio i suoi segreti.
Evidentemente entrare nel suo corpo da una porta marginale, senza aver vissuto il mito del personaggio, ha permesso di svelare almeno una parte dei suoi giocattoli. Spezzarli, rimetterli in moto, soprattutto riattivarli dopo tanti anni di silenzio, ormai decontestualizzati dalla loro forse fittizia, forse
mai esistita contemporaneità. E la loro modernità attuale, la loro freschezza, ci permettono di dilatarne i tempi, in tutti i sensi, al punto che non sono più un passato, ma parte di un Pascali presente, più completo e complesso. Pronto a ributtarli a mare o a farne qualcos'altro senza rimpianto in un'operazione ciclica di arte-mangia-arte. Ma non era anche questa una teorizzazione pascaliana dell'arte?
La ricerca minuziosa delle sue opere minimali, dei suoi spot per il cinema perduti, di quelli alla fine ritrovati anche con colori perfetti, dei suoi caroselli in bianco e nero, delle sue sigle famose, dei suoi telecomunicati animati per Radiotelefortuna, dei suoi studi fotografici per la pubblicità Cirio, fino alla serie di animazioni del contenitore Intermezzo o ai pupazzetti e alle storie dei caroselli per i biscotti Maggiora, ci rilanciano la sfida del continuo riciclo, della scomposizione. Non solo quella oggettiva, operata da Pascali, visto che tante scenografie passano da un carosello all'altro per anni, ma anche quella nostra, di ricercatori, che decomponiamo e confrontiamo i frammenti trovati con quelli esistenti del Pascali artista in un gioco di rimandi senza fine. Ma è così che tutte le sue opere tornano finalmente a respirare, riacquistano vita, che la stessa folle compressione dei tempi dell'attività artistica di Pascali si dilata e ci svela meccanismi finora ignoti di creazione. Chissà se si è capito di più? Certo, si è visto di più. E il Pascali inedito non ci mostra un Jekyll e Hyde degli anni '60, ma un personaggio complesso e coerente che non faceva distinzioni tra arte maggiore e arte minore, essendo tale la sua facilità creativa per cui non gli sarebbe stato possibile limitarsi o non portare avanti le sue ricerche al di là dei singoli specifici. Tutto sembra naturalmente muoversi, confluire nell'arte di Pascali, scambiarsi, rinnovarsi, esattamente come le sue macchine da guerra che vengono smontate e rimontate con nuove forme. E anche il tempo di riuso finisce per fare parte dell'opera, per aumentare il suo fascino. Al punto che questi venti anni di ritardo sono ben poca cosa rispetto al futuro ipotizzato per lui da Cesare Brandi o al tempo brevissimo delle sue animazioni pubblicitarie con l'inseparabile Sandro Lodolo, il co-regista tecnico dei suoi film. È come se Pascali avesse disposto proprio col tempo uno (l'ultimo?) dei suoi giochi o dei suoi lavori, lasciando a noi la possibilità della scomposizione e della ricostruzione della sua opera. Forse per questo la ricerca è così esaltante. Fa parte di un mito. Forse stiamo portando alla luce brandelli di un Orfeo del paleolitico o ributtando nel mare pezzi di terra e di pane lavorati tanti secoli prima.

Marco Giusti

Pino Pascali,
Soldatini "Pronti fuoco", 1962

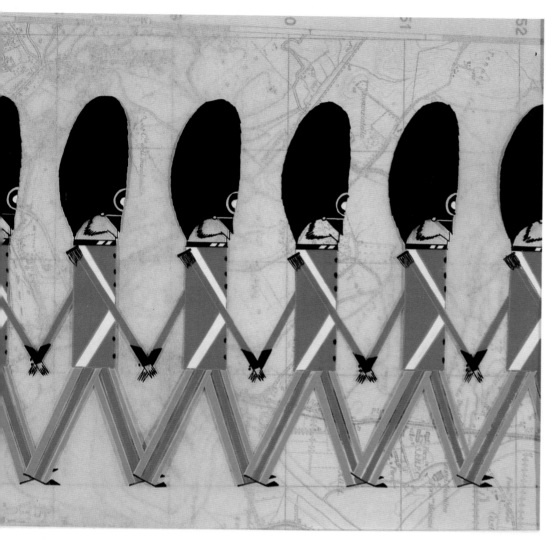

Pino Pascali

Bari 1935 - Roma 1968

1. Automobile, *1964*
Tecnica mista e collage
su lamiera, 71 x 201 cm
Collezione
Roberto Casamonti

2. Nave, *1964*
Tecnica mista su tavola,
70 x 200 cm
Collezione
Sandro Lodolo

3. Senza titolo, *1964*
Due pannelli preparatori
per la serie ittica commissionata
dalla FAO *di Roma*
Tecnica mista su lamiera,
50 x 125 cm; 50 x 116,8 cm

4. Opere per pubblicità
televisiva, *anni '60*
80 bozzetti, collage, disegni
su carta e su acetato, story boards;
100 fotografie e foto a contatto,
sculture-pupazzo assemblate
con materiali vari;
4 pannelli decorati;
Video: *Pascali*
o la trasformazione
del serpente, di Marco Giusti,
con immagini di tutte
le pubblicità televisive

Si ringraziano:
la Galleria Arco d'Alibert,
Giuliana Capuzzo, Sandro
Lodolo, e gli altri collezionisti
prestatori di opere.
Mostra ideata e coordinata
da Daniela Ferraria
con la collaborazione
di Caterina Niccolini
e della Lodolofilm

589

Luca Maria Patella

DUCH DIS-ENAMELED
are you ready-maid?

Duchamp dis-enameled: la coppia dei «Letti Wrong & Right» (mia interpretazione oggettivata dell'Apolinère enameled duchampiano) è posta in luce, a grande altezza sulla parete di mattoni, che funziona da... pavimento verticale.

Una telecamera occultata riprende l'immagine e la trasmette a un monitor, restituendola in piano; ma, oltre a ciò, la inquadra dall'unico punto di vista dal quale l'«errore strutturale» (che ho rilevato, «sverniciato» nel ready-made e trasposto nel Wrong Bed): viene virtualmente annullato. In conseguenza, entrambi i Letti risultano «corretti» e si equivalgono! Il visitatore potrà, anche e invece, agire e guardare di persona: situandosi su un tondo Stand Here.

Il monitor, che opera come un osservatore fantasma, è piazzato inclinato su uno strano mobiletto, in cui è traforato un mobiletto, nel cui vano è scritto: vano / in vano.

Alla base del grande muro storico dell'ambiente: una firma di Luce (che è anche... Littérature e coda di un «gatto manipolabile»), e liste di Colores paraduchampiani (vedi, sul leggio, il mio saggio: DUCH dis-enameled), oltre a quattro rosee Valigette-light-boxes, che rimpallano porzioni di un Viaggio-Femminile... ARE YOU READY-MAID?

Luca Maria Patella

Introduzione all'approccio referenziale dell'arte di Patella

La caratteristica più sorprendente di Den & Duch dis-enameled – e a ben considerare, di tutta l'attività di Luca Maria Patella in quanto artista – è il suo carattere straordinariamente complesso. Da un lato, bisogna tener presente che l'interesse di Patella per Duchamp e Diderot, e in particolare per «Les analogies et correspondances» (Baudelaire) tra i due, non può essere localizzato solo entro i confini delle arti plastiche. La metodologia usata da Patella, in primo approccio è risolutamente psicanalitica e, in particolare, posta sotto il segno di Jung. Due testi: Jacques le Fataliste, di Denis Diderot, come Autoencyclopédie, e Duchamp dis-enameled: cromostereo-grammi psichici profondi "from Duch", propongono un'analisi circostanziata (dell'opera) di questi artisti. D'altra parte, Patella ha parallelamente creato un insieme di opere che scaturiscono da, o s'imparentano con, queste analisi e i loro risultati: Den & Duch dis-enameled. Queste opere sono – e il titolo della serie è abbastanza esplicito – ispirazione deliberatamente referen-

ziale. È pur vero che, nel corso dell'ultimo decennio, abbiamo avuto agio di familiarizzarci con un approccio artistico referenziale; si potrebbe anche affermare che questa è l'attuale strategia dominante. Quello che tuttavia è importante, è che Patella intende e rende la «referenza» in maniera completamente diversa dagli altri artisti.

Patella non si balocca mai con citazioni stilistiche, prese in prestito da altri momenti, perché il concetto di storia dell'arte come semplice successione lineare di vari periodi stilistici sembra privo di senso ai suoi occhi. Benché Patella abbia della storia (dell'arte) una conoscenza ampiamente documentata, dettagliata e precisata, il lavoro dell'artista si sottrae con evidenza alla tirannia della storia dell'arte recente.

La sua arte è da vedersi come una Auseinandersetzung, un confronto con il passato, piuttosto che una limitata critica dell'arte attuale, la quale non lo preoccupa al punto da lasciarle determinare l'evoluzione della sua opera. Quasi non si saprebbe situare il «vocabolario» di Patella nell'ottica della storia dell'arte; è persino difficile paragonarlo ad altri artisti o correnti (...).

Almeno una buona parte del complesso delle opere di Den è Duch dis-enameled si riferisce, a ben considerare, in prima all'analisi di un'opera di Duchamp, Apolinère Enameled (il significante), un ready-made «aiutato» del 1916-1917. Come Patella dimostra nel testo già citato, si tratta di un'opera essenziale, di un'opera cardine, ... proprio perché (oh paradosso!) il fatto curioso è che una fiancata laterale del letto (su questa maquette) è priva di uno dei suoi cardini, è difettosa! Si tratta dunque di un «oggetto-test», che si può analizzare come un «sintomo», e che contiene, in germe, l'evoluzione completa dell'opera di Duchamp (nonché della sua personalità), anche se espressa in modo fortemente criptico. Patella ha costruito oggettivamente, in differenti versioni, il piccolo letto che si vede su Apolinère Enameled. Il fatto curioso che la traversa posteriore non si colleghi al rispettivo montante, ma sembri raccordarsi, per errore ed in maniera illusoria, a quello anteriore, ha fornito all'artista l'idea di partenza per la realizzazione dei due letti. Esiste quindi il Letto Wrong, che possiede il raccordo erroneo della traversa alla testata (quale è suggerito dal ready-made) e che Patella ci dimostra esser un oggetto paradossale: in quanto l'«errore» non è percepibile, se ci si situa in piedi su un punto di vista ben determinato (il cerchio dello Stand here); errore che però salta agli occhi, non appena lo spettatore si sposta da questo punto di vista privilegiato. Patella ha fabbricato inoltre un Letto Right, ovverosia strutturalmente e coloristica-

mente corretto. Esistono, di questi due Letti, varie versioni, che differiscono nei materiali e nella gamma dei colori sulle testate (vedi, in proposito l'interpretazione che Patella dà della simbologia strutturale e cromatica; interpretazione assai dettagliata e riportata nel suo libro, nonché nel catalogo omonimo del MUHKA Museum di Anversa). Tutti questi Letti sono, per giunta, non trattati: cioè non solo metaforicamente, ma anche letteralmente: dis-enameled, sverniciati. (...) Gli oggetti di Patella, possono in ragione dei messaggi verbali che orientano l'interpretazione in un dato senso, esser «spiegati», in qualche misura. Ma, d'altra parte, l'artista possiede un senso e una coscienza eccezionali della magia propria dell'oggetto, cioè di quella dimensione dell'opera d'arte che, nell'intimo, sfugge al discorso: di quello che in essa rimane enigma e sorpresa; della sostanza resistente a ogni analisi integrale. Sostanza di cui sono intessute le relazioni fra gli oggetti e le persone, all'interno di quella rete infinitamente complessa di interazioni coscienti e inconsce, che vanno a compiersi e consumarsi nel Mysterium Coniunctionis.

Jan Foncé

Luca Maria Patella

Roma, 1938
Vive a Roma

DUCHAMP DIS-ENAMELED
(ARE YOU READY-MAID?)

1. Letto Right, *1983-85*
Scultura in legno dipinto e smaltato, 90 x 144 x 108 cm

2. Letto Wrong, *1983-85*
Sculture in legno dipinto e smaltato, 90 x 144 x 108 cm

3. Liste di colores, *1983-85*
Legno dipinto e laccato, perspex, 80 x 6 cm

4. Liste di colores, *1983-85*
Legno dipinto e laccato, perspex, 80 x 6 cm

5. Liste di colores, *1983-85*
Legno dipinto e laccato, perspex, 80 x 6 cm

6. Liste di colores, *1983-85*
Legno dipinto e laccato, perspex, 80 x 6 cm

7. Mobiletto vano in vano, *1983-85*
Scultura in legno dipinto e smaltato, 90 x 60 x 60 cm

8. Quadretto dei letti, *1983-85*
Fotografia incorniciata sotto vetro, 50 x 40 cm

9. Tondo Stand Here, *1983-85*
Legno dipinto e laccato, perspex, diam. 60 x 3 cm

10. Ready-Maid: Comenonsaretemai, *1990-93*
Diapositiva a colori in valigetta-light-box in plastica, 24 x 20 x 9 cm

11. Ready-Maid: Con être et mâle, *1990-93*
Diapositiva a colori in valigetta-light-box in plastica, 24 x 20 x 9 cm

Si ringraziano, per il coordinamento organizzativo, Luigi La Rosa Gravina della Galleria 5-55 di Roma e per le attrezzature video, Elvino De Grossi, Arte Video Service, Roma

Luca Maria Patella, Are you a ready-maid?, *1990*

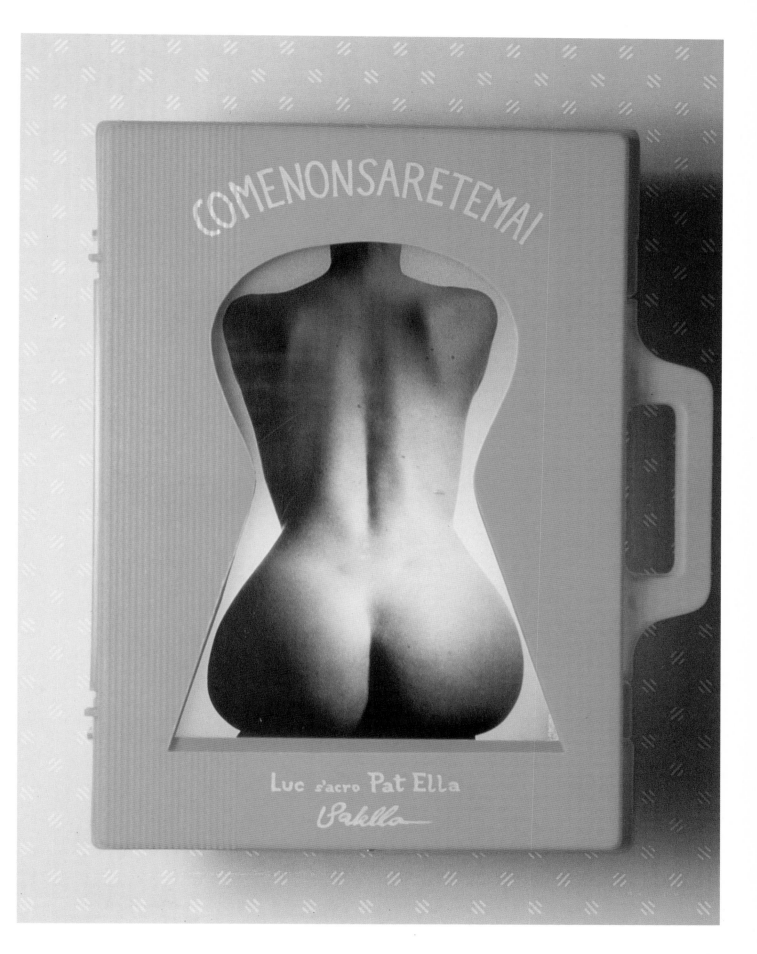

Vettor Pisani

Il segreto
è una parola
di sette lettere

Può darsi che tutto sia pubblico e illuminato di giorno e di notte, oppure che la rete delle comunicazioni sia invece una rete di messaggi occulti, ma se dev'esserci un segreto, dove tutto è pubblico, dev'essere un cibo in scatola, ermeticamente chiuso e ampiamente pubblicizzato (ci si potrebbe persino domandare se c'è una specie di simmetria tra il primo artista che si è accorto dell'esistenza della Campbell' Soup e un altro che, magari su un altro pianeta, mette in scatola «gustosi bocconcini di pesce per Sfinge e giocatori di scacchi»). Se dev'esserci un segreto, ben custodito, inviolabile, deve stare proprio lì dove ogni cosa è aperta a tutti, dove anzi, le cose vengono messe in mostra e in palcoscenico, fuori dai loro nascondigli. Dev'essere come uno che incontri per la strada e neanche lo riconosci, come una cosa che ci sbatti il naso e ti fa solo male il naso. Ciò che si evita e si disprezza e a cui non si presta attenzione perché è troppo ovvio, risaputo e arcinoto: questo è il segreto con intorno le sue protezioni.

Noi tutti credo, siamo i testimoni oculari ciechi di questa banale informazione, che appare la più paradossale e comica del mondo e che sta sugli architravi, sui timpani, sulle insegne luminose, sugli stemmi e le monete, sulle facciate delle chiese, nelle fontane delle piazze, nei protocolli e nelle manifestazioni ufficiali, nell'orientamento lampante delle strade che percorriamo. Il segreto esposto a chiare lettere non è una novità, ma è anzi il più misterioso, cioè il più antico dei segreti. Un antico filosofo dice testualmente: «Ogni volta che vi sarà parso che io mi sia espresso in modo più chiaro e manifesto in merito alla nostra scienza, proprio allora vi dovrete invece vedere ancora più perfettamente nascosto e oscuro l'oggetto del mio discorso».

Eppure rimane il fatto che ci sono pari testimonianze su eroi che sono morti per aver violato il segreto e altri che sono morti per essersi rifiutati di violarlo; in numero pari alcuni sono venuti per dirlo e altri se ne sono andati per tacerlo. L'architetto Hiram fu assassinato perché rifiutò la delazione, eppure Ermete in persona aveva detto: «ecco, vi ho svelato ciò che era tenuto nascosto». La letteratura su questo argomento è certo la più vasta del mondo (mi riferisco solo a quella che si dichiara tale, tralasciando il fatto che ogni giorno qualcuno analizza che Pinocchio ρ il Corvo di Poe sono allegorie); sui frontespizi dei testi c'è scritto: ecco a voi

per la prima volta svelato, esplicitamente e chiaramente, il più importante dei segreti. Ma poi seguono mille pagine di indovinelli. E subito dopo mille dizionari per decifrarli.

Se tutto questo è vero, c'è ancora una cosa da dire sul segreto: perché se ne parla?
I pareri dei filosofi sono discordi, a riguardo. Fra i più autorevoli c'è uno che dice: una delle ragioni addotte dai filosofi per scusarsi di non divulgare un segreto tanto utile a chi lo conosce, è che tutti vorrebbero lavorarvi, e abbandonerebbero le arti e i mestieri, così necessari alla vita; tutta la società sarebbe così turbata e sconvolta. Ma con tutta umiltà vorrei rispondere: dov'è questa società senza turbamenti? E perché bisogna lavorare se il lavoro, al mondo, è alienato, ed è una schiavitù e una sofferenza?
Alcuni dicono che la verità potrebbe compromettere la salute stessa di chi non fosse preparato ad accoglierla. Eppure la verità è nello stesso tempo definita come una grande e unica medicina per piccoli e grandi mali, e non sembra che gli uomini moderni godano di una salute di ferro, non sembra che la nostra malattia possa peggiorare di molto.
Altri dicono che la verità è un'arma potente e letale, quando capita in mani sbagliate, e che sarebbe meglio che la maneggiassero persone edotte e buone. Ma i criminali di questo mondo appaiono tutt'altro che disarmati, e non sembrano così ignoranti circa le verità pericolose, e neppure si può affermare che ne facciano un uso circoscritto e locale.
Poi ci sono da considerare le continue ed improvvise reticenze. Di una dico le iniziali dell'autore, che sono J.B. In un passo intorno alla lettera G scrive che non crede di dover rivelare il nome che gli adepti hanno rivelato alla rinfusa con le parole e le immagini e dichiara che quanto ha detto deve bastare a coloro che sanno. Un altro afferma di aver detto molto di più di quanto sia mai stato detto finora e aggiunge che alcuni saranno forse tentati di rimproverarglielo. Ciononostante questo autore, il cognome del quale inizia con la G., è persuaso che in tutto questo non vi sia niente che non debba essere detto, benché proprio lui meno di ogni altro sia disposto «a contestare che siano giustificate le questioni di opportunità quando si tratta di esporre pubblicamente cose di carattere un po' inusitato».
Naturalmente l'argomento più forte è il seguente. Il segreto non è un'interdizione, non è un divieto; si potrebbe anzi dire il contrario: ciò che non è proibito, questo è segreto. Roland Barthes aveva detto della lingua che essa «non è né reazionaria né progressista; essa è semplicemente fascista; il fascismo, infatti, non è impedire di dire,

ma obbligare a dire». E Kerényi, in un testo sui misteri, spiega che «sul piano esistenziale noi agiamo e subiamo, e il nostro agire e subire toccano noi stessi in un punto così profondo in cui c'è solo un'accadere, ma nessuna parola adeguata per esprimerlo». In breve, il segreto è strutturato in modo che sia indicibile. Non ci possono essere delazioni perché non ci sono parole adatte. Le parole di uno che dice la verità sono le parole di un matto, di quei matti che urlano il segreto per la strada, di quelli che vengono legati nei manicomi, di quelli che non hanno conforto. Ma allora, ancora una volta, perché se ne deve parlare?
Infine il più strano dei paradossi: se la scienza della verità è dedicata a coloro che sanno, cosa se ne fanno costoro di questa dedizione e di questa scienza?
Rimane perciò incomprensibile che un artista spari una luce, una luce elettrica, letterale, in faccia al segreto. Anche se lo spirito che lo muove è uno spirito critico; anzi, è peggio. Perché non esiste al mondo che si possa discutere una cosa di cui non si può neanche pronunciare il nome.

Giovan Battista Salerno

Vettor Pisani

Bari 1935
Vive a Roma

1. Due casse nere
con rivestimento
di tappeti e stoffe,
1993
Due casse di legno nero
con panneggi e stoffe,
75 x 200 x 80 cm

2. Due tende con stecca
metallica, *1993*
Tende e stecca metallica,
500 x 300 cm

3. Ger/Mania:
manicomio Rosacroce, *1993*
Collage fotografico
su cartoncino bianco,
6 elementi,
100 x 450 cm

4. Piramide specchiante, *1993*
Scultura, 60 x 40 x 40 cm

Vettor Pisani,
German Love Sinfonietta, *1992*

Larry Rivers

Rinascimento nel Lower East Side: le molte vite di Larry Rivers

C'è una parola chiave che torna, nella vita, nelle interviste, nel libro autobiografico che Larry Rivers ha appena scritto sulla sua vita, in collaborazione con Arnold Weinstein. La parola è «play». «Play» come teatro. «Play» come verbo che indica sia giocare che realizzare, con bravura, una finzione.

La finzione, in Larry Rivers, è un modo di procedere nella vita e ha due caratteristiche speciali, anzi uniche, che quasi contraddicono la parola, o almeno la realizzano nel senso più grandioso della tradizione teatrale.

Fingere è esistere attraverso la realizzazione di una parte di se stesso, mentre l'altra parte si siede fra il pubblico e osserva. Fingere è uno sdoppiamento fra l'artista e il critico, fra il realizzatore e l'utente, ma, nel caso di Rivers, anche fra artisti diversi che realizzano performance diverse, ciascuno per intrattenere l'altro come se le varie vite scorressero parallele.

Questo spiega perché Rivers ha vissuto da letterato fra letterati, da jazzista nel mondo della musica, da pittore fra pittori, ed è stato padre, amante, marito in una serie di combinazioni non sempre successive, ma sempre diverse, e in un contesto che non è pettegolezzo, qui, riferire.

Perché non si spiega la vita di Rivers persona e di Rivers artista senza le tante vite, tutte le vite e tutte le performance, fare gruppo, fare musica, fare figli, fare amori, fare parties, fare quadri.

Ricordo le varie volte in cui ho sentito Larry Rivers parlare del suo cominciare a essere pittore. Ogni volta si riferisce per prima cosa all'immagine di se stesso pittore. Il giovane Rivers, cioè, considera se stesso sulle varie scene che sono disponibili per lui. Per esempio la musica. Vede se stesso suonare, condurre una jazz band che raggiunge anche notorietà fra i grandi del suo periodo.

Poi vede se stesso in uno studio, davanti a una tela, vede se stesso dipingere. Intanto guarda se stesso fra poeti, se stesso fra altri pittori, se stesso nella vita in gruppo che era la frontiera fra i cinquanta e i sessanta, quando il gruppo era così dominante, che ha bruciato un bel po' di identità individuali, anche grandi.

Voglio far notare che quando Larry Rivers ha scelto se stesso pittore, non ha affatto abbandonato le altre scene. Ha continuato a frequentarle. Per esempio anche adesso fa musica, e quando la fa, comanda rispetto e interesse da parte dei bravi che fanno musica.

Per esempio, è sua (credo insieme a Weinstein) questa idea: la gente, in una stanza, in una strada, in una scuola, in un ufficio, sta facendo quello che sta facendo, va, viene, lavora. A un certo punto qualcuno pronuncia una parola convenuta, una parola magica. Per esempio «Cabaret»! Subito tutti si mettono a recitare, o cantano, o ballano, o suonano, comunque cambiano ruolo. Poi qualcuno dice «stop!», e le attività di routine ricominciano.

Posso aggiungere la mia esperienza personale quando Larry Rivers ha dipinto, nel 1987, la serie dedicata a Primo Levi.

È stato l'incontro di due ossessioni, nato da una lunga conversazione a casa di Camilla Pecci McGraath, uno dei luoghi dell'arte newyorkese. Io stavo preparando un convegno su Primo Levi alla New York University, insieme a Luigi Ballerini. Era il primo convegno su Primo Levi, in America, nonostante che così tante opere dello scrittore torinese fossero state pubblicate. Larry Rivers aveva appena letto la traduzione di I sommersi e i salvati e quella sera non voleva parlare d'altro.

Ci siamo ritrovati nel suo studio, prima a Manhattan, nella Tredicesima strada, poi a South Hampton, nella sua casa segnata, per l'attenzione dei passanti, da una gigantesca gamba di donna con calza a rete, più alta della casa.

Poi di nuovo a Manhattan. Io portavo racconti e fotografie. Lui ascoltava e chiedeva e schizzava ed era uno strano rapporto con un pittore, del tutto insolito. Eravamo davvero due che preparano un film o un teatro. Come è possibile che un quadro nasca da una conversazione? Ma la sua esigenza di conversazione arrivava al punto di telefonare, di chiedere chiarimenti.

Ora chi legge potrà pensare che mi sto illudendo di avere co-dipinto Primo Levi sulle tele di Larry Rivers. Spesso chi sta vicino a un artista immagina di toccarne, sia pure marginalmente, il talento, e di esserne toccato. L'esperienza è stata un'altra. Ho visto Primo Levi affiorare nei quadri di Rivers come memoria di Rivers, come vissuto di Rivers. Primo Levi, poeta ed ebreo di un'altra vita, di un altro tempo e di un altro paese, come in una esperienza medianica (ma è meglio dire, nel senso alto e misterioso della parola, «artistica») diventava Rivers e Rivers dipingeva se stesso diventato Levi.

«Pensa che prima di leggerlo non ho mai pensato, mai neppure riflettuto sul fatto di essere ebreo» mi aveva detto a quel tempo. Per mesi si era aggirato con I sommersi e i salvati nella tasca della sua sahariana, vedeva venire avanti i volti della folla di prigionieri. Vedeva bambini, vedeva persone anziane che emergevano, invece (ho visto le fotografie di famiglia) dalla sua vita, dalla sua infanzia. O da immagini che aveva ritratto in altri momenti.

Da attore si era impossessato della trama fino al punto alto del dramma. Ed ecco, ho pensato, come nascono i suoi quadri e come si compongono le sequenze della sua vita. Sulla scena di «Continental Devide», il piccolo bar di New York, e sulla scena della «Brasserie» di Houston Street, in Soho, dove ha ripreso a suonare più tardi. Larry Rivers chiude gli occhi, alza il sassofono. E di notte (le notti in cui suona) non esiste che musica.

Se invece viene con lui Allen Ginsberg, non esiste che poesia. L'importante è la scena. E quando scende a parlare con noi, i suoi amici seduti alle varie tavole, è come quando ci aggiriamo con lui nello stanzone lungo quasi come un isolato che è il suo studio nella Tredicesima strada. Un attore-regista-artista che parla col pubblico.

Furio Colombo

Larry Rivers

New York 1925
Vive a New York

1. Figure, Chairs and Tree; Red Socks, 1989
(*Figura, sedie e albero; calzini rossi*)
Tecnica mista,
174 x 161 x 11,5 cm
New York,
Marlborough Gallery

2. Memory, 1989
(*Memoria*)
Tecnica mista,
195 x 205 x 19 cm
New York,
Marlborough Gallery

3. Seated: Crossed Rectangles, 1989
(*Seduto: Rettangoli incrociati*)
Tecnica mista,
75 x 68 x 6,5 cm
Roma, Collezione Carolina Rosi

4. Berdie Revisited, 1990
(*Berdie rivisitato*)
Tecnica mista,
136,5 x 108 x 7,5 cm
New York,
Marlborough Gallery

5. Toucan, Wood Pecker Uhummingbird: Secretary Bird, 1990
(*Tucano, picchio, A-colibrì: serpentario*)
Matita, 63,5 x 103,5 cm
New York,
Marlborough Gallery

6. The Mistery of Objects, 1991
(*Il mistero degli oggetti*)
Tecnica mista,
150 x 166 x 13 cm
New York, Marlborough Gallery

7. Art and the Artist: Matisse and «The Dance», 1992
(*Arte e l'artista: Matisse e «La danza»*)
Tecnica mista,
195,6 x 213,4 x 10,2 cm
New York,
Marlborough Gallery

8. Art and the Artist: Picasso and His Meninas, 1992
(*Arte e l'artista: Picasso e le sue Meninas*)
Tecnica mista,
160,2 x 142,88 x 15,88 cm
New York,
Marlborough Gallery

9. Mixed Landscape, 1992
(*Paesaggio misto*)
Tecnica mista,
145,5 x 190 x 12,5 cm
New York,
Marlborough Gallery

10. Art and the Artist: Morning Toilet of Balthus, 1993
(*Arte e l'artista: Toeletta del mattino di Balthus*)
Tecnica mista,
147,32 x 131,45 x 10,80 cm
New York,
Marlborough Gallery

In collaborazione con Marlborough Fine Arts, New York e la Galleria Il Gabbiano, Roma.

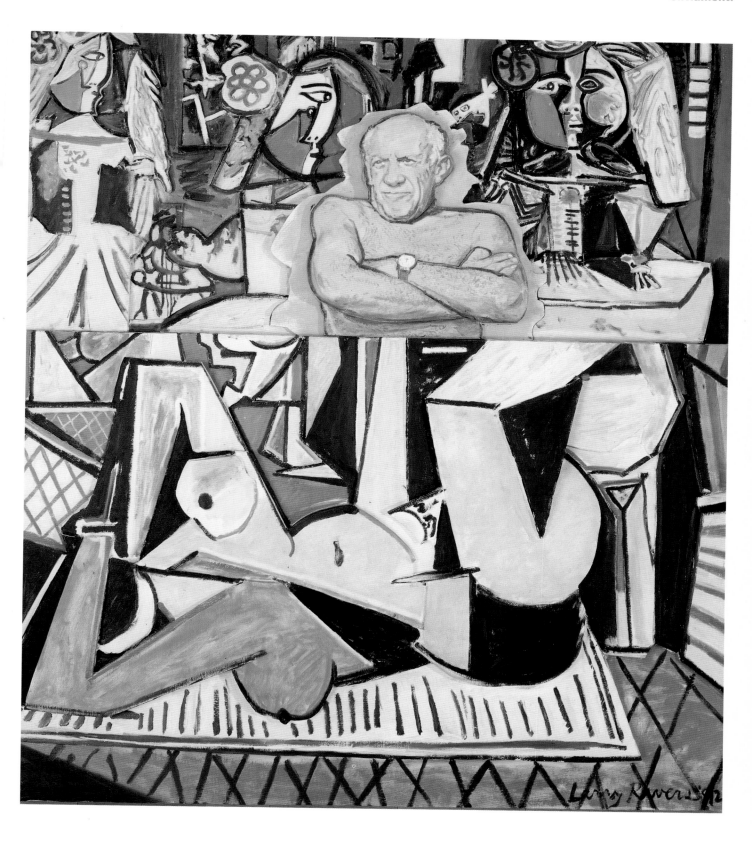

Larry Rivers, Art and the
Artist: Picasso & His Meninas,
1992

Mario Schifano

Mario Schifano, l'immagine mossa

Nella sfocatura fotografica spesso riconosciamo meglio o per la prima volta una forma, il suo battito, la sua complessità, la sua durata. Il disturbo del senso, della compiutezza formale, ci obbliga a trovare un senso come direzione.

Da trent'anni Schifano muove le sue immagini, con una strategia filosofica di lunga durata. Non può mancare, in una «cosa» intitolata Slittamenti, *un autore che ha dato alla pittura la forza di giocare con l'inconsistenza dell'attimo e ha tolto al cinema l'illusione di base, quella di poter fotografare il tempo, (non può mancare anche se mentre scrivo Schifano ancora* manca, *manca il disegno della nostra installazione, siamo appesi all'ultimo minuto, l'unico che lo può muovere e interessare, forse neanche questo pezzo arriverà in tempo per essere stampato). È l'immaginario di Schifano a slittare da un formato all'altro, indifferente ai contorni e ai supporti e insieme avido di sperimentarli. Le pitture e i superotto, i video, i 35 millimetri, i continui ultimi modelli di Polaroid. La televisione. Oggetto feticcio della mossa Schifano, macchina per muovere attraverso la distanza la visione stessa.*

Umano-non-umano, Schifano-non-Schifano. Ogni immagine è scissa slittante fuori da sé, è il quadro e il suo fuoriquadro.

Slitta verso il proprio fuoricampo, verso la ripetizione fotogrammatica degli oggetti ossessivi, tra Monet e Warhol, ma sempre sapendo che la serie è virtuale o illusoria, può interrompersi d'improvviso; non è tentativo impressionistico o razionalistico di catturare infine la cosa, ma resa diretta dell'impossibilità di questa cattura, del movimento/tempo che la rende impossibile.

«Bisogna stabilire che cosa implichi il fatto che nei diorami la variazione di luce, che la successione delle ore del giorno arreca a un paesaggio, si svolga in un quarto d'ora o in mezz'ora. Qui c'è una specie di scherzoso precursore dell'acceleratore, un'arguta e un po' malvagia accelerazione "danzante" del corso del tempo, che per contrarium fa pensare allo sconforto della μίμησις, *che Breton menziona nella* Nadja: *il pittore che nel tardo pomeriggio innalza il suo cavalletto davanti al vieux port di Marsiglia, e al calare della luminosità muta incessantemente i toni del quadro, finché il quadro non mostri l'oscurità. Per Breton, però, l'opera non era "finita"» (Walter Benjamin, Das Passagen-Werk, Q la, 4; ed. it. Einaudi 1986, trad. Giuseppe Russo).*

In questo periodo di grandi mostre di multipli (Monet, Warhol, le montagne di Cézanne), è facile vedere la distanza del multiplo di Schifano dall'aristotelicità warholiana o dal sublime iperplatonismo materialista di Cézanne. Più vicino a Eraclito, ma non di scorrimento (armonico, omogeneo, quasi filmico: fluviale) si tratta, quanto appunto di slittamenti, spostamenti e aggiustamenti tra un frammento e l'altro (e i frammenti sono compiuti mentre i componimenti più lunghi appaiono frammentari, ricorda Sandro Penna parlando della propria poesia in Umano non umano), messe a fuoco e sfocature.

Così, fuori da dilemmi teorici, oggi Schifano è unico nel prendere la televisione come cattedrale mutante, cappella Sistina collettiva scomponibile e ricomponibile, catalogo permanente e scala mobile di immagini, stairway to heaven verso il cielo del nulla che tanto «faticosamente» l'artista cerca normalmente di raggiungere mediante le autostrade del senso. Cut-up automatico e continuo, summa dell'arte d'avanguardia, la tv è il luogo in cui oggi Schifano cerca di capire/carpire la velocità del tempo, il balenare di forme che si lasciano tallonare, fotografare, segnalare, indicare o irridere dal suo pennarello auratico.

«Ecco, sei nel film» dice ancora il poeta Sandro Penna umano e non umano nel film di quasi venticinque anni fa. Lo dice al telefono, a una voce che lo ha chiamato a casa trovandolo sul set di un film, ignara di starci per entrare, nel film, per sempre, inaudita e non ascoltabile, anche nel giugno del 1993 a Venezia.

Tentativo di questo slittamento in mostra sarà allora quello di sfalsare ancora il rapporto tra i tempi e la durata del cinema fermo e dell'immagine mossa di Schifano. Videare tutta la sua opera (o quasi), dilatare la durata dei suoi quadri/attimo, e comprimere nell'accelerazione digitale di un minuto l'ora e mezzo di un lungometraggio. Permettere al pubblico di staccare da questo flusso alterato ulteriori fotogrammi/videogrammi. E costringerlo a scrutare il video, a scegliere un'immagine dentro il tempo ambulante di una mostra.

Badando al sodo, i Lumière quasi cent'anni fa, dopo essersi incrociati fatalmente con la luce del loro nome, ipotizzavano per il cinema non tanto e non solo la costitutiva assenza di futuro, quanto un uso futuro sostanzialmente poliziesco (registrazione conservazioni controllo di volti e movimenti sospetti) e feticistico consolatorio (mantenere oltre la morte l'immagine vivente dei propri cari). Né la pittura, invenzione senza presente, si esime dagli stessi compiti primari. Dando al pubblico l'illusoria facilità di un possesso e di un controllo sull'insieme di un'opera, questo «slittamento» vorrebbe accedere alla semplicità della forza infantile

con cui Schifano insegue momento dopo momento il momento prima o cerca di raggiungere quello dopo, ripetizione dopo ripetizione, approssimazione dopo approssimazione, sfocatura dopo sfocatura. Di nuovo. Fermando fotografando irridendo il movimento telefilmico, filmando/pitturando e movendo quel che par fermo (la superficie, la forma del quadro). Trovando la pittura come «scultura di tempo» vangoghiana. E inventando il cinema come sovrimpressione fisica e mentale di mille immagini, dinamizzandolo con l'immagine fissa. (Umano non umano: «oggi la pittura sembra finita...»). E anche il cinema (oggi? Così tardi?) sembra finito. Restano tele/visioni (o visioni/tela), immagini rotolanti come rolling stones.

Enrico Ghezzi

Mario Schifano

Homs, Libia, 1934
Vive a Roma

1. Mario Schifano – con aura e senza aura – The Making of, 1993
Installazione-allestimento di Mario Schifano e Enrico Ghezzi

Mario Schifano,
Mario Schifano – con aura
e senza aura –
The Making of, *1993*

Wim Wenders

ABENDLAND
Wim Wenders
e l'immagine fotografica

Wim Wenders fa fotografia da molti anni, ma solo le sue immagini più recenti sono state esposte presso istituzioni come il Centre Pompidou di Parigi, o il Musée de la Photographie di Losanna. In entrambi i casi si è trattato di fotografie a colori, dopo i molti anni di bianco e nero, e di un soggetto particolare: il «sogno americano».
Su questo sogno l'autore ha, come è noto, anche scritto un saggio, in forma di veloci aforismi e lampanti illuminazioni, che di quel sogno racconta l'individuale compartecipazione del regista tedesco, e di cui, alla fine, decreta soprattutto la scomparsa.
Una delle cause di questa scomparsa viene da subito identificata: un'immagine, l'onnipresente immagine televisiva. Il primo contatto fra Wenders e l'America passa attraverso la mediazione del mezzo televisivo e dalla percezione precisa che un simile strumento funziona perfettamente come dispositivo di falsificazione della realtà: tra la realtà, qualsiasi tipo di realtà e le immagini mostrate non sussisteva più alcun legame coerente[1]. Wenders certo non è uno spettatore qualsiasi, e nonostante subisca anch'esso il potere allucinatorio che la televisione infonde su tutti noi, sa produrne una critica mirata alle condizioni della messa in forma del messaggio. Queste condizioni sono le stesse che sovrintendono ai messaggi pubblicitari: TUTTO, *ogni immagine veniva livellata dal medium, dalla «Televisione Americana» a livello di reclame, aveva la* FORMA *della* PUBBLICITÀ[2].
Come si può contrastare questo regime di falsificazione, la cui prima condizione è sottrarci la possibilità stessa di fare esperienza del reale?
L'unica risposta possibile è riconquistare l'esperienza come possibilità, e uno come Wim Wenders, cioè il grande regista che conosciamo, ci propone l'esperienza che gli è più pertinente, quella dell'immagine. Di un'altra immagine, ovviamente, le cui condizioni di messa in forma rifuggano dalla ricerca dell'effetto, cioè da ciò che maggiormente connota i messaggi pubblicitari.
Abbiamo imparato a conoscere il cinema di Wenders a partire da Nel corso del tempo, *uscito in Italia alla fine degli anni Settanta, e poi dai film precedenti usciti sull'onda di quel successo, via via fino a* Fino alla fine del mondo. *Credo che tutti siano rimasti colpiti dalla sobrietà, dal rigore formale su cui le sue narrazioni visive sono costruite. Non sono un esperto di linguaggio cinematografico e non saprei dire*

quale esperienza fattuale, concreta, stia dietro alla creazione dei suoi film. Ma non mi è difficile cogliere la pregnanza di ciò che Wenders fa quando scatta immagini fotografiche, e quando ne parla.
La scelta del soggetto da ritrarre e dell'inquadratura dipende da uno stato d'animo interiore, da un'affezione che è riconquista del sé. Ma si combina col massimo rispetto per le cose che impedisce all'autore ogni prova narcisistica, ogni estetizzazione. Per questo ci vuole perfetta conoscenza del mezzo impiegato e forte senso della forma: sapere, come sanno gli artisti, costruire la composizione. Se manca la compresenza di dedizione e di forma, dice Wenders, allora si fanno fotografie da turisti (essendo il turista l'altra faccia del teledipendente).
Per questo le foto di Wenders sono sempre riprese frontali, perché gli oggetti mantengono la propria identità[3], mentre diverse angolazioni porrebbero in primo piano la soggettività del fotografo e non la realtà delle cose. E nelle immagini che ne risultano sarà sempre evidente un centro della composizione e un ruotare del contesto intorno a questo centro. Senso «classico» della forma che si confà ad un fotografo che fa parlare le cose e che rispetta, piegando a questo scopo le specificità del mezzo, la natura intrinseca dei soggetti che tratta. Nel caso cui queste osservazioni si riferiscono, soggetto è il paesaggio, qualcosa cui anche il cinema tributa scarsa importanza, a causa ancora della televisione che predilige i primi piani ed elimina i campi totali[4].
Il paesaggio è il West, lo scenario del sogno americano che si va dissolvendo (e che il regista ha fotografato prima e dopo le riprese di Paris, Texas).
Queste sono le immagini della fine del mondo: spazi vastissimi e abbandonati, costellati da città in decadenza e da autostrade poco frequentate. L'altra faccia del mito cinematografico, è questa verità di assenza e di decadimento, che la natura sta poco a poco riconquistando a sé.
Restano i colori della natura, e quelli, straordinari, delle scritte, le insegne colorate o al neon, veri, per quanto effimeri, monumenti scritti («La creatività e l'amore per i caratteri nell'elaborazione delle scritte al neon o nelle réclame è del tutto sbalorditivo e molto spesso si trova qualcosa di davvero bello» dice Wenders, e ci fa capire qualcosa di più di artisti come Edward Ruscha o Barbara Kruger)[5].
Maneggiando, per così dire, questa verità, Wenders ci mostra immagini che trascendono, alla fine, la loro connotazione geografica e sociologica. Si tratta pur sempre di un grande mito, che oggi ancora funziona nella sua fascinazione ma che parimenti può assumere

altre connotazioni. Wenders vuole mostrarci qualcosa che sta scomparendo, il West come Abendland e dunque, forse, come qualcosa che appartiene intimamente al nostro essere occidentali, di cui l'America è solo l'emblema più eclatante.
E quale immagine potremmo scegliere come complementare se non oppositiva a quelle della terra del tramonto? Forse la figura dell'angelo che parla nell'orecchio dell'uomo in Il cielo sopra Berlino. *Forse il nuovo inizio è annunciato da una parola non più scritta, non più esplicata nella visualità, ma finalmente detta, e in segreto.*

Giorgio Verzotti

Wim Wenders

Düsseldorf 1945
Vive a Berlino

1. 8 Electronic Paintings
(Quadri elettronici):
Man in Distress
(L'uomo spossato);
The Look
(Lo sguardo);
Sad Man
(L'uomo triste);
Little Boy Undressing
(Il ragazzino svestito);
Girl with Baby Carriage
(Ragazza con carrozzina);
Curtain
(Sipario);
On the Beach
(Sulla spiaggia);
Venice II
(Venezia II), 1991
Materiale di pellicola 8 mm e 35 mm trasferito su cassetta ad alta definizione, quindi digitalizzato, 70 x 100 cm
Amburgo, PPS. Galerie

[1] W. Wenders, *Il sogno americano*, in *Stanotte vorrei parlare con l'angelo*, Milano 1989, p. 129.
[2] *Ibid.*, p. 130.
[3] W. Wenders, *Scritto nel West*, Milano 1988, p. 17.
[4] *Ibid.*, p. 14.
[5] *Ibid.*

Wim Wenders, On the Beach, *1991*; Venice II, *1991*

Robert Wilson
Tadeusz Kantor

Robert Wilson:
un viaggio nella memoria

Robert Wilson è un artista che rifugge dagli schemi ed è per questo che scrivere su di lui, sempre restio a esprimere giudizi e opinioni, rischia di inserirlo in uno di quei modelli di cultura verso i quali tutto il suo lavoro, fino dagli esordi, si è posto in maniera alternativa.

Individuare nelle sue opere uno sviluppo lineare o una nuova definizione di «arte» è travisarne la premessa fondamentale, il tentativo di ricomporre in un qualsiasi spazio, sia esso un palcoscenico o un ambiente o, come in questo caso, un ex-granaio, tutto quello che la vita sistematicamente frantuma. L'universo di Wilson, gli innumerevoli protagonisti, le scene in apparenza surreali, la lentezza ossessiva della gestualità, il rito della costante presenza degli elementi illuministici curati alla perfezione, la durata delle sue opere sono un'analisi approfondita del nostro essere al mondo con il dramma latente in ognuno di noi sulla soglia, appena percettibile, tra «normalità» e qualcosa d'altro.

Per comprendere Wilson non occorre essere al corrente dei problemi della linguistica o della fenomenologia, non è nemmeno indispensabile conoscere l'inglese; è sufficiente saper cogliere nei balbettii, nella ripetizione pietrificante di frasi e gesti, nel roteare dei danzatori, nelle urla laceranti e nei singulti la totalità del bagaglio culturale che ci appartiene, senza frammentazioni e senza frenare la possibilità di effetti dirompenti che fatalmente derivano da questa immersione in noi stessi, frapponendo tra noi e lo specchio una fila di lampadine che invece di illuminare accecano.

Mistico o visionario, ritroso di fronte al successo, inesorabile nella costruzione architettonica di opere dal carattere epico somiglianti a delle saghe dei tempi moderni, creatore di chanson de gestes non come una canzone di «gesta» ma di «gesti», Wilson ritorna a Venezia per la quarta volta, ma in una cornice diversa e più importante, inventando un intervento artistico appositamente per la quarantacinquesima Biennale d'Arte.

Fin dai tempi di The Deafman Glance del 1971 alle più recenti opere in cui si è confrontato con altri autori, allestendo testi contemporanei, Wilson ha saputo fondere i ruoli di regista e di designer intuendo una sintonia visiva pur non rinunciando all'indipendenza formale della luce, dello spazio e del suono. È normale quindi che in una sua mostra confluiscano tutti questi elementi e per questo non deve sorprendere che il termine

mostra o installazione, in una pratica artistica che non separa le discipline, i generi, le tecniche, i materiali dell'espressione, non sia del tutto appropriato.

Un lavoro che si è protratto senza sosta in direzioni diverse, nel design; nella pittura, nel teatro, sradicando le gerarchie che limitano tradizionalmente le relazioni tra le discipline artistiche e i mezzi espressivi, è testimone di un mondo ricco e complesso che richiede costanti azioni simbiotiche per tradurre le impressioni più intime, per concretizzare le immagini dei sogni in realtà sul palcoscenico, sulla tela, nello spazio, negli oggetti.

La bellezza e la purezza formale delle immagini di Wilson non dovrebbe oscurare il fatto che si tratta di immagini ambivalenti e a volte dolorose; l'incantamento che la sua opera suscita è quasi sempre travolto da un'apparente casualità, una confusione, un'ansia, un incontro di suoni e di silenzi che può lasciare a volte perplessi, a volte affascinati, ma l'interrelazione tra queste componenti rende il mondo visivo, sul quale si fissa il nostro sguardo, piacevole da contemplare e catartico a un tempo. Delle sue opere Wilson pensa che «ci sono tanti modi diversi di guardarle; alcune provengono da messinscene teatrali, altre sono come molecole che si separano e si ricombinano, si trasformano per un fenomeno di decostruzione, altre ancora hanno una loro personalità, evocano risonanze e suscitano riflessioni».

Generalmente Wilson inizia un lavoro con un diagramma geometrico semplice che successivamente rimaneggia nel corso dell'elaborazione. Quando è venuto a Venezia e gli è stato mostrato il luogo della mostra, Wilson ha concepito immediatamente un'esposizione-environment che si potesse dispiegare come un viaggio nella memoria. Più in particolare nella perdita della memoria, attraverso pezzi del suo passato ed elementi realizzati appositamente per l'occasione che poggiano, o meglio affiorano da un pavimento di argilla che si sgretola e si spacca sotto i segni del tempo, suscitando l'immagine forte di una landa desolata – forse anche una memoria di Waco, la città del Texas oggi tristemente famosa dove è nato Wilson – con al centro un mezzobusto di cera di se stesso. Ed in effetti questa enorme distesa di argilla è la grande protagonista di questo environment i cui contrappunti indispensabili sono il suono – una colonna sonora che utilizza la voce dello stesso artista e suoni e note ricavate da campionature digitali – e la luce che disegna ricordi che riemergono dall'infanzia e dalle origini e cimeli del suo teatro.

Sedie, divani, troni ... tutto questo mette in mostra l'opera di un «designer-scultore-artista» nella quale gli oggetti e i disegni segnano

una tappa importante nella storia delle forme. Ma non solo perché sedie, troni, oggetti irradiano i ricordi degli eroi che occupano il pantheon reale ed immaginario di Wilson. «The loss of memory» è insieme un omaggio alla propria memoria ma anche a Venezia dove il segno del passato è quanto mai presente. E in un viaggio nella memoria non poteva mancare l'intervento come performer di Wilson che ripercorre la sua strada e le sue scelte artistiche in una singolare «lecture».

Nel suo environment Wilson ha integrato l'opera di Tadeusz Kantor che, con il tema della memoria o meglio, dei fantasmi del passato, ha sempre avuto un rapporto privilegiato e divide con Wilson il dono di inventore di visioni inquietanti. Come Wilson, Kantor è stato maestro delle più alte emozioni, rievocatore dei propri sogni e della propria storia, con mezzi diversi, meno sofisticati forse, ma altrettanto forti e di grande energia. E come Kantor, Wilson non fa differenza tra un oggetto d'arte che poi diviene, in gergo teatrale, «attrezzeria» oppure pezzo da esporre. Perché ambedue gli artisti vivono il proprio lavoro come un'opera, nel senso di «opus», prodotto che si costruisce nel tempo attraverso la combinazione e l'interazione di sensazioni, di immagini, di ricordi, di storia personale e collettiva.

Dario Ventimiglia

«Ieri ho sognato la fine delle biblioteche: vicino alle baracche e alle sale-macchina in cui si producevano forme geometriche, la cui funzione o impiego non ho potuto stabilire, cataste, mucchi di libri nell'erba, libri nel fango, negli scavi dei cantieri, carta putrefatta, caratteri in decomposizione.

Un testo di Tschiningis Aitmatov descrive una tortura mongola per trasformare i prigionieri in schiavi, in strumenti senza memoria. La tecnica era semplice: al prigioniero condannato alla sopravvivenza e non destinato al commercio degli schiavi ma ai bisogni dei conquistatori, veniva rasato il capo sul quale veniva posto un elmo fatto con la pelle del collo di un cammello appena abbattuto. Veniva sotterrato fino alle spalle nella steppa ed esposto al sole che seccava l'elmo facendolo restringere attorno alla testa; così i capelli ricrescevano all'interno del cuoio capelluto e in cinque giorni, se sopravviveva, tra atroci tormenti perdeva la memoria. Dopo questa operazione il prigioniero diveniva un lavoratore che non dà problemi, un "Mankurt". Non c'è rivoluzione senza memoria».

Da una lettera scritta a Robert Wilson da Heiner Muller, 23 febbraio 1987.

Robert Wilson

Waco, Texas, 1941
Vive a New York

Robert Wilson, Floor, 1993

Tadeusz Kantor,
Supermarionette, *1938-88*

«Tutto a un tratto entra qualcuno o piuttosto "qualcosa"...»

«Eccomi di nuovo in scena. Ma a dire il vero non in scena, bensì alla frontiera». Sono le estreme parole di Tadeusz Kantor, registrate e fatte ascoltare in apertura di Oggi è il mio compleanno *(1990): una specie di* Ultimo nastro di Krapp, *attraverso il quale l'artista polacco ribadisce la sua idea di un teatro che pratica gli angoli della realtà, i margini della vita. Un teatro che si produce più per riduzione che per eccedenza (come invece potrebbero far pensare i cortei di personaggi con la loro frenetica gestualità o l'ammucchiata di «oggetti poveri» che costruiscono letteralmente la scena). Un teatro, a suo modo, astratto, non perché coglie proprio il quotidiano «alla soglia dell'immondezzaio», spogliato della sua funzione vitale protettiva, reso «nudo, disinteressato, artistico».*
Astratto, dunque, in quanto non assorbito dalla vertigine di un racconto, non condizionato dalla perfezione di un significato: astratto, in quanto teatro che vive nel gesto stesso di astrarsi, di liberarsi dal concetto di rappresentazione, di mimesi del reale, per darsi come realtà altra, come luogo rovesciato, come spazio dell'aldilà *(spazio anteriore alle forme e alle definizioni, spazio ricondotto sempre nei «paraggi dello zero»).*
Del resto, in quale modo leggere un'opera che si fonda sull'incessante idea del viaggio, dell'eco, della coazione a ripetere, del continuo ritorno al punto di partenza? Come inquadrare tutto quel gioco di apparenze e di trasandatezze, tutti quei brandelli di frasi e di gesti sospesi prima di ogni compimento? Non si tratta di mettere in scena qualcosa che ha a che fare con l'assurdo dell'esistere, di «rendere pubblico ciò che nella vita è più segreto», ma si tratta di creare situazioni artificiali, improbabili o addirittura irreali, al limite del clownesco o del marionettistico, un po' come in G. Craig (e non è un caso che il nome della compagnia teatrale di Kantor sia proprio Cricot 2, *l'anagramma delle parole* To Cyrk, *ecco il circo).*
Per cui l'attore si trova deprivato dell'abituale «ruolo» interpretativo, liberato da ogni residuo espressivo e impiegato come strumento, come attrezzo, come «meccanismo della macchina scenica»: quasi un attore-oggetto, quasi un essere che si confonde con le cose, come succede nel Piccolo maniero *(del 1961), dove dentro un armadio le persone stanno appese a mostruose grucce alla pari dei vestiti o come nella* Classe morta *(1975), dove la fila dei banchi di scuola sembra costringere e irrigidire nel suo spazio d'ordine il disordine di alcuni vecchi che tentano di rivivere frammenti del loro passato. Certo, non è la mitica Supermarionetta di*

Craig che rinuncia al peso del corpo, per acquistare il corpo della leggerezza: è un attore-burattino agitato da soprassalti grotteschi, da scosse d'agonia che ripete con ostentazione le proprie «minime attività» di ogni giorno: è un ready-made, come lo sono tutti gli oggetti di scena. «È la chance del reale», annota lo stesso Kantor in quel manuale per mille decifrazioni che si porta dietro fin dagli anni del Teatro Clandestino *(1942): è la vita elevata ad arte, è il teatro stanato dal suo «cantuccio tranquillo» e portato in uno spazio inedito, è la materia che si sottrae alla forma, in nome di «un'azione libera e gratuita»..., è la memoria che si materializza in miserabili residui, per mantenersi a livello di esistenza.*
Ma l'esistenza poi si specchia sempre nel suo doppio: la nascita, il vuoto, la distruzione. È come se la consistenza del reale cercasse di continuo qualcosa capace di metterla in pericolo, di farla entrare nello stadio del sospetto, nell'alveo di una operazione misteriosa. Già negli happening degli anni '60, nel Teatro Informale *o nel* Teatro Zero *il procedimento di Kantor è prossimo a quello di un detective che cerca di smascherare «gli errori, i delitti, le peripezie, i particolari nascosti dell'oggetto» (l'interno dell'armadio che spalanca le sue regioni buie, la catasta di sedie pieghevoli che invadono minacciosamente tutto lo spazio): non si tratta più solo della proposta duchampiana dell'insignificante come pura entità estetica, ma anche del tentativo di sondare il «profilo» inconsueto delle cose, di riflettere sulle loro latenti possibilità di senso (o di non senso). Con il ciclo del* Teatro della morte *sembra addirittura apparire ciò che è sparito (ciò che è affondato nella banalità del reale, della vita): si ha la presenza in quanto assenza, si ha l'esistenza come fantasma: si tocca lo spazio dichiarato del simulacro, delle ombre, dei segni della storia convocati e subito derealizzati. E allora il teatro non è più il doppio di qualcosa, ma il suo proprio doppio, la realtà della sua propria finzione. Non è più solo arte, ma discorso sull'arte.*
Non si esce mai veramente dalla cornice, non si dà mai reale fuga dalla scena, ma solo immissione del fuori scena nel recinto della «rappresentazione». Perfino l'opera pittorico-plastica di Kantor pare abitare la ribalta con i suoi interrogativi inquieti, con la sua continua messa in causa di tutti gli statuti formali, di tutti i sospetti referenziali. È une peinture *qui bouge: un quadro inteso come azione e non come immagine. Una tela diventa (come nei famosi* Ombrelli*) uno spazio da cercare, da creare: uno spazio-oggetto, che si contrae e si distende, comunicando un'idea di energia, di tensione, di movimento. Ma è con gli* Emballages *che si arriva ad una totale*

identificazione tra pittura e teatro: *«sacchi di paccottiglia, pacchetti legati con corde, buste, borse, zaini» che conservano, isolano, chiudono ciò che si conosce, rendendolo in qualche modo sconosciuto. Anche gli attori infatti si trovano spesso avvolti in sudari, legati con corde, rivestiti da immense tele nere: poveri corpi nascosti, smaterializzati, forse censurati alla vista, ma che rimangono lì ad agitarsi, ad imbrogliarsi, a incollarsi a tutto il collage di oggetti, suoni, costumi che praticano la scena. Dietro però c'è sempre Kantor con la sua presenza fatale, «illegale», a organizzare e plasmare ogni sera i suoi artisti: a trasformarsi (come è stato detto) in vivo tra i morti, in demiurgo, in sciamano, in direttore d'orchestra. Forse però, se si osserva bene, la sua figura non fa che «recitare la recitazione», «mimare la mimica»: in una parola sottolineare che si è sempre davanti a un'opera aperta, a uno spettacolo che raddoppia se stesso, come un quadro nel quadro, o un film nel film.*

Luigi Meneghelli

Tadeusz Kantor

Wielopole, Cracovia, 1915 - Cracovia 1990

1. Loss Memory
(Memoria perduta)
Installazione
Chage Performing Art Production

Figurabile
Omaggio a Francis Bacon

Museo Correr

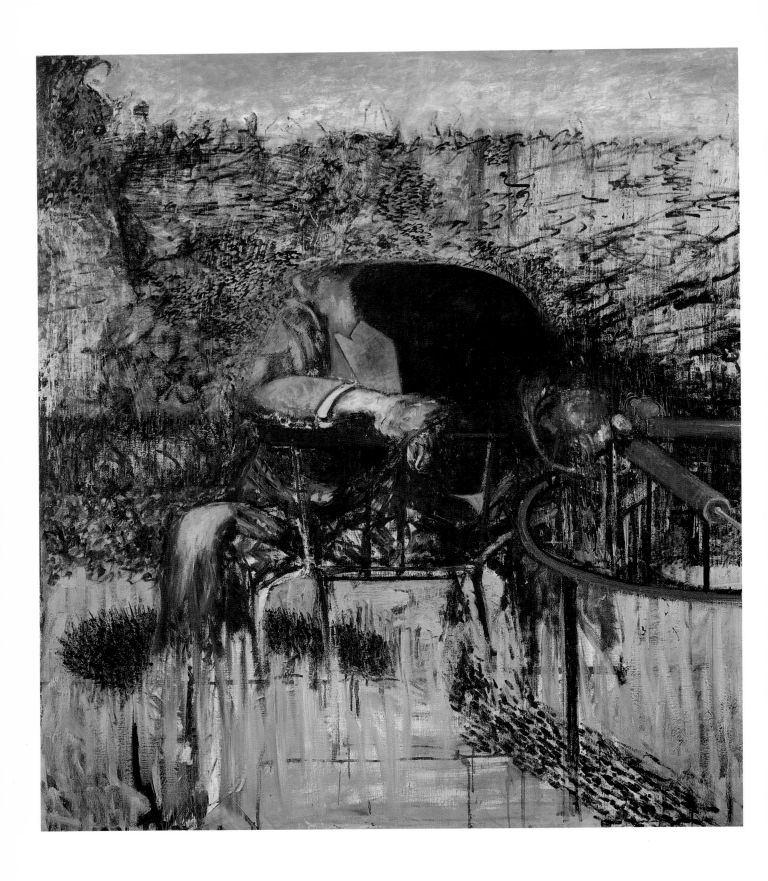

Figure in a Landscape, *1945*

Bacon racconta

Vedo stanze colme di quadri; allineati come diapositive. Posso sognare a occhi aperti tutto il giorno e vedere stanze colme di quadri. Ma se li creo veramente uguali alle immagini che si presentano nella mia mente non so, perché, ovviamente, poi svaniscono. (1962)

Nella complessa situazione in cui si trova la pittura attualmente, nel momento in cui diverse figure prendono forma sulla stessa tela, il racconto inizia a svilupparsi. E nel momento in cui il racconto si sviluppa, la nota prende il sopravvento; la voce del racconto è più forte di quella del colore. (1962)

Per quanto mi riguarda, se qualcosa davvero funziona, funziona nel momento in cui, consciamente, non so quello che sto facendo. (1966)

Credo di avere la tendenza a distruggere i quadri migliori, o comunque quelli che lo sono stati fino a un certo punto. Cerco di condurli oltre, più lontano, e così perdono tutte le loro qualità, perdono tutto. (1962)

Quando ti guardo dall'altra parte del tavolo, non è solo te che vedo, ma quell'intera emanazione che è personalità e tutto il resto insieme. Comunicare questo in un quadro, ed è quello che vorrei essere in grado di fare in un ritratto, significa che i colori di quello che apparirà non potranno che essere violenti. (1973)

Tu non puoi sapere come la disperazione nella creazione di un'opera ti porta ad afferrare i colori e a fare praticamente qualsiasi cosa per uscire dalla formula dell'immagine illustrativa – quello che voglio dire è che io arrivo a strofinare tutto con uno straccio, un pennello, o a sfregare il quadro con qualsiasi cosa, a gettare trementina o altro nel tentativo di spezzare la forzata articolazione dell'immagine, questo perché l'immagine possa crescere spontaneamente e all'interno della sua stessa struttura, e non della mia. È solo in un secondo momento che la volontà dell'artista entra in gioco e inizi così a lavorare su quello che appare sulla tela. Da questo procedimento, forse, nasce un'immagine più organica. (1979)

In realtà io penso a me stesso come a un creatore di immagini. L'immagine ha più importanza della bellezza della pittura. (1979)

Penso sempre a me stesso non tanto come a un pittore, ma piuttosto come a un veicolo della casualità e della sorte... Forse perché penso di essere unico in questo senso; e forse è vanitoso affermarlo. Ma non credo di essere dotato. Credo solo di essere ricettivo... Come pittore credo di possedere un particolare tipo di sensibilità che mi consente di utilizzare le cose che mi vengono porte. (1975)

(Brani tratti e scelti da *The Brutality of Fact: Interviews with Francis Bacon* di David Sylvester).

L'ultimo erede di Michelangelo *di* Lorenza Trucchi

L'ultimo erede di Michelangelo. Un nuovo, grande manierista che ha dato forma a sentimenti e istinti senza fare della letteratura o cedere al verismo descrittivo. Bacon non racconta né illustra. Proprio per evitare un'articolazione narrativa usa l'espediente del «trittico» che spezza lo spazio dell'azione e isola le figure. Le sue immagini, fuori da ogni possibile controllo, raggiungono lo scopo del tutto irrazionale di toccare il sistema nervoso di chi le osserva.

La terribilità di Francis Bacon è profondamente attuale, ci appartiene ed è inconcepibile senza una concezione laica e post-freudiana della vita. Dopo un'arte di *impressione* e un'arte di *espressione*, Bacon ha instaurato un'arte di *tensione critica*. Il suo fine è sempre quello di accumulare prove sulla condizione psicofisica dell'uomo, captandone e trascrivendone le reazioni sensorie.

La posizione di Bacon di fronte al soggetto è, insieme, quella del *voyeur*, che non sa ciò che sta per scoprire, e quella del *voyant*, che sa quello che guarda. Se fosse solo un contemplatore cadrebbe nell'estetico, nell'apollineo, se fosse solo un *voyeur* sarebbe travolto dalle emozioni sino a una pittura troppo impetuosa, a giacenza dionisiaca. La sua visione è invece, a un tempo, consapevole e obbiettiva come un referto medico e il fine è sempre unico: la registrazione completa dei nostri istinti e dei nostri sentimenti più segreti e incontenibili.

La pittura di Bacon si attesta principalmente sulla figura umana, sebbene non manchino agli inizi alcuni animali – scimmie, gufi, cani – che quasi indicano come a un certo grado di istinto la ferinità non si differenzi troppo. Consequenziale a tale interesse è lo scandaglio fisiognomico al quale Bacon sottopone i propri soggetti e l'importanza che accorda al gesto, all'atteggiamento.

Una fisiognomica non scientifica che non si basa su precisi codici anatomici o estetici, piuttosto una pratica che utilizza indizi labili, furtivi o fortuiti, magari captati con l'ausilio di un terzo occhio: l'occhio freddo, spietato, impartecipe, ma profondamente veridico, della macchina fotografica.

Come è noto Bacon si serve di ogni tipo di immagine fotografica, dagli album di Muybridge alle foto più desolate e anonime di cronaca nera, dai fotogrammi dei film di Eizenštejn e Buñuel alle riproduzioni di opere d'arte che preferisce non leggere dall'originale. In questo tipo di indagine laterale e sintomatologica, che ha finito con il farne il più grande, seppure il meno convenzionale, ritrattista contemporaneo, capace di cogliere anche l'inquietante emanazione dell'immagine, ovvero il suo stesso mistero, una smorfia o una mossa, il colore della pelle o un lineamento teso, estatico, contraffatto, un tic insistente, una malformazione ossea, una adiposità, una muscolatura atletica, possono essere estremamente rivelatori. Mai forse il corpo di un essere umano ha saputo dire più cose, esprimere tante vicissitudini – miserie, drammi, passioni – con la insistenza della sua sola presenza.

L'unità della poetica baconiana è ribadita dalla costanza di pochi temi continuamente ripresi, ribaditi: le crocifissioni (di solito è con i *Tre studi per figure alla base di una crocefissione* del 1944 che si dà inizio al suo *iter* pittorico), i papi, i ritratti,

Study from Portrait of Pope Innocent x, *1965*

gli autoritratti, gli studi del corpo umano. Ciò non toglie che nell'arco di più di cinquant'anni vi siano delle variazioni sintattiche relative soprattutto al colore.

La maggiore svolta si verifica negli anni 1956-57, allorché Bacon dedica un'intera suite, liberamente ispirata, all'*Autoritratto sulla strada di Tarascon*, un quadro di Van Gogh del 1888, bruciato in Germania durante l'ultima guerra. Da allora il suo colore si fa lucido, levigato, molto intenso in rapporto alla crescente semplificazione compositiva e a una spazialità che, sebbene dilatata, tende a delimitare e a delineare sempre più l'azione dei personaggi.

Ma questa maggiore precisione e concentrazione non annulla il tumulto, non placa il delirio e anzi con la sua lapidaria evidenza li esaspera. Scattano così, nella serie degli insuperati trittici degli anni 1962-74, evidenziate come mai, la crudeltà e la violenza, sino alla tragica presenza del sangue, alla spietata rappresentazione della tortura, e scatta alla pari quasi come un antidoto, più cupo e ossessivo, l'erotismo. Ma sempre il suo talento, il suo eccezionale dono pittorico sa trasformare anche l'immagine più scabrosa e brutale in un affascinante e splendido brano di pittura. In tal senso mi pare si possa parlare di Bacon come di un classico. Anche se si tratta di una classicità non tradizionale che pur avvalendosi di fonti museali le sottopone poi a una tale operazione di frantumazione e dissacrazione (il pittore stesso si è definito un tritacarne) da divenire *altro da sé*, ma nel senso di un grande stile che, come voleva Camus, è anche «l'espressione della rivolta più alta».

Study for Portrait, *1971*

Figure in Movement, *1976*

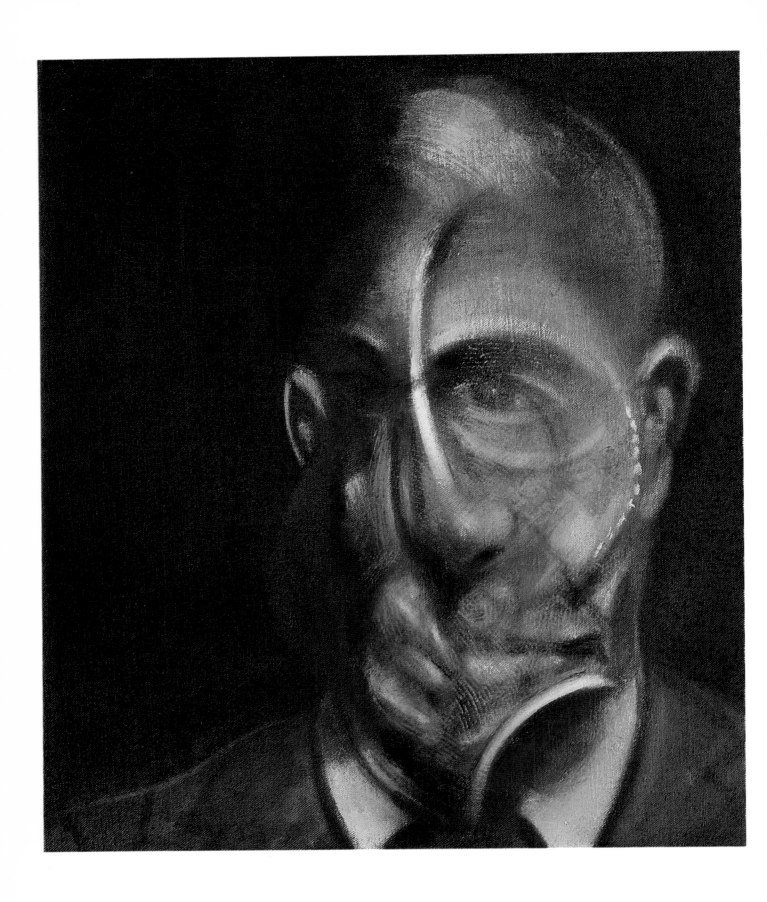

Portrait of Michel Leiris, *1976*

Bacon, la fotografia e l'uomo invisibile
di Daniela Palazzoli

Guardando un'intervista televisiva dedicata a Bacon da Melvyn Bragg e David Hinton sono rimasta particolarmente colpita dal modo di muovere la bocca di Bacon. Descrivere brevemente a parole la sua gestualità è praticamente impossibile, perché la nostra lingua non è stata costruita per rappresentare i particolari dei processi in azione. Per capire questo particolare modo di essere di Bacon, che dà un tocco molto personale non tanto ai suoi lineamenti, quanto al modo in cui egli li interpreta facendoli vivere nella propria espressività quotidiana, si possono invece guardare alcuni suoi autoritratti come *L'autoritratto* (1971), *L'autoritratto 1972* e anche *L'autoritratto 1970*, in cui egli si rappresenta con la bocca lievemente aperta. Benché alcuni tratti come il naso, la mandibola, le guance e il ciuffo sulla fronte siano delineati con accuratezza fisiognomica, quando si arriva alla bocca le pennellate divengono più frenetiche e distorcenti ma, se paragonate ai movimenti della sua bocca nel film, esse ci catturano per la loro capacità di rendere i movimenti effettivi delle sue labbra e le loro caratteristiche peculiari rispetto al modo in cui noi ci aspettiamo che una bocca si apra e chiuda secondo un'idea convenzionale dei suoi movimenti autorizzati.

Prima che esistesse la fotografia, l'uomo aveva un'idea molto approssimativa di quello che accadeva dentro i movimenti delle persone e degli animali. La stessa invenzione dell'istantanea da parte di Edward Muybridge si deve al fatto che il ricco americano Stanford, non riuscendo a dirimere con un amico la questione relativa al fatto se le zampe di un cavallo fossero o no sollevate completamente da terra durante la corsa, aveva appunto dato incarico a Muybridge di fotografare un cavallo in corsa con tutte e quattro le zampe alzate (il che all'epoca non si poteva fare perché i tempi di posa della fotografia erano lunghi), finanziando così le sue ricerche. Il nostro occhio, a causa di un fenomeno chiamato «persistenza dell'immagine sulla retina», non riesce a isolare le varie fasi del movimento che sulla retina si sovrappongono l'una sull'altra, un po' come si vede accadere nelle foto mosse.

Bacon ha sempre mostrato grande interesse per la fotografia e per il cinema, e spesso si è osservato che molte delle sue opere prendevano spunto da delle fotografie, come ad esempio dalla balia che urla in una sequenza de *La corazzata Potëmkin* di Ejzenštejn, oppure da foto segnaletiche delle macchine automatiche per i ritratti, o anche da fotogrammi di Muybridge. Ma la cosa più importante del rapporto con la fotografia di Bacon non è tanto il fatto che egli abbia usato l'immenso repertorio visivo di immagini che la fotografia e il cinema hanno fatto entrare nella nostra memoria collettiva. La cosa determinante, che ha dato un senso e un obiettivo alla sua pittura e alla sua idea della deformazione e della distorsione come modi per uscire dal «realismo naturale», è appunto la scoperta che gli esseri, uomini e animali, in movimento, non sono afferrabili e inseguibili dall'occhio umano nella loro attività muscolare ed energetica. La scoperta di questo «uomo invisibile», che per noi rimane nascosto dentro le sue azioni, apre all'artista un vastissimo territorio in cui egli si può avventurare armato di una sensibilità quasi medianica per cogliere l'essenza e i ritmi peculiari dei comportamenti di coloro che vuole ritrarre. Queste sensazioni, individuali, ma non arbitrarie, egli riuscirà poi a trasferirle in pittura attraverso l'interferenza incrociata di segni che costruiscono, e di altri che alterano, la fisionomia ottica che per forza di cose non può che risultare contaminata e diversa rispetto ai dati statici. Il processo di costruzione di questa immagine fisiodinamica (e non semplicemente fisiognomica) tiene conto fino a un certo punto dell'apparenza, ma poi si distacca da essa per catturare, attraverso un lento percorso di avvicinamento che include la macchia e la sua definizione, l'abrasione fin quasi all'assenza e la distorsione costruttiva, quella che Bacon chiama «l'energia interna all'apparenza». Praticamente tutte le opere di Bacon da un certo punto in poi mirano a ritrarre questo «uomo invisibile», e il suo apparato muscolare in azione, ma ve ne è una che racconta esplicitamente, sotto la pressione dell'emozione della perdita dell'amico George Dyer, la differenza fra la fotografia come illustrazione di un ricordo e la sua funzione di stimolo che ci ha insegnato a guardare dentro la realtà per coglierne l'invisibilità dinamica che la pittura può sperare di registrare solo grazie a una specie di capacità di sintesi, non intellettuale, ma sensoriale.

L'opera è *Tre ritratti: Ritratto postumo di George Dyer, Autoritratto, Ritratto di Lucien Freud* (1973). Il ricordo personale, il ritratto in bianco e nero di Bacon, è appeso al muro nella parte del trittico dedicata a Dyer, a commemorare il rapporto con l'amico morto. Ma nel proprio autoritratto, parte centrale del trittico, la costruzione coscientemente fisiologica dei lineamenti si anima e si arricchisce della gestualità istintiva che, non l'occhio, ma la disponibilità in agguato dell'artista distilla dall'esperienza della vita. Bacon trasferisce sulla tela i propri comportamenti, soprattutto del naso e della bocca, al di là del «realismo naturale», in una pittura che appare di «deformazione» solo se non si tiene conto che egli sta costruendo la trappola che riesce a imprigionare la realtà nei suoi dati esistenziali più profondi, mentre essa si manifesta dentro il movimento dell'uomo invisibile al nostro occhio terreno.

Francis Bacon

Dublino 1909
Madrid 1992

1. Figure in a Landscape, *1945*
Olio su tela, 145 x 128 cm
Londra, Tate Gallery

2. Head I, *1948*
Olio e tempera su tela,
103 x 75 cm
New York, Richard S. Zeisler
Collection

3. Head II, *1949*
Olio su tela, 80,5 x 65 cm
Belfast, Ulster Museum

4. Head VI, *1949*
Olio su tela, 93 x 77 cm
Londra, Arts Council
of Great Britain

5. Study for Portrait
(Man in Blue Box), *1949*
Olio su tela,
147,5 x 131 cm
Chicago,
Museum of Contemporary Art,
dono di Joseph e Jory Shapiro

6. Fragment for a Crucifixion, *1950*
Olio, cotone e lana su tela,
139,7 x 108,6 cm
Eindhoven, Stedelijk
van Abbemuseum

7. Portrait of Lucien Freud, *1951*
Olio su tela, 198 x 137 cm
Manchester, Whitworth Art
Gallery

8. Study for Nude, *1951*
Olio su tela, 198 x 137 cm
Marlborough, Marlborough
International Fine Art

9. Study for a Portrait, *1953*
Olio su tela, 152,5 x 118 cm
Amburgo, Kunsthalle

10. Three Studies of the Human Head, *1953*
Olio su tela (trittico),
61 x 51 cm ciascun pannello

11. Two Figures in the Grass, *1954*
Olio su tela, 152 x 117 cm

12. Study for Portrait II
(after the Life Mask of William Blake), *1955*
Olio su tela, 61 x 51 cm
Londra, Tate Gallery

13. Study for Portrait III
(after the Life Mask of William Blake), *1955*
Olio su tela, 60 x 51 cm

14. Self-Portrait, *1956*
Olio su tela, 198 x 137 cm

15. Three Studies
for a Crucifixion, *1962*
Olio su tela (trittico),
198 x 145 cm ciascun pannello
New York, Solomon
R. Guggenheim Museum

16. Three Figures in a Room, *1964*
Olio su tela (trittico),
198 x 147 cm ciascun pannello
Parigi, Musée National d'Art
Moderne, Centre Georges
Pompidou

17. Study from Portrait
of Pope Innocent X, *1965*
Olio su tela, 198 x 147,5 cm

18. Two Studies for a Portrait
of George Dyer, *1968*
Olio su tela, 198 x 147,5 cm

19. Study for Portrait,
July 1971, *1971*
Olio su tela, 198 x 147,5 cm

20. Triptych August 1972, *1972*
Olio su tela, 198 x 147,5 cm
ciascun pannello
Londra, Tate Gallery

21. Triptych May-June 1973, *1973*
Olio su tela, 198 x 147,5 cm
ciascun pannello

22. Sleeping Figure, *1974*
Olio su tela, 198 x 147,5 cm
Collezione A. Carter Pottash

23. Triptych 1974-77, *1974-77*
Olio e pastello su tela,
198 x 147,5 cm ciascun pannello
Marlborough, Marlborough
International Fine Art

24. Figure in Movement, *1976*
Olio su tela, 198 x 147,5 cm

25. Portrait of Michel Leiris, *1976*
Olio su tela, 35,5 x 30,5 cm
Parigi, Musée National d'Art
Moderne, Centre Georges
Pompidou

26. Sand Dune, *1981*
Olio e pastello su tela,
198 x 147,5 cm

27. Triptych inspired by the
Oreisteia of Aeschylus, *1981*
Olio su tela, 198 x 147,5 cm
ciascun pannello

28. A Piece of Waste Land, *1982*
Olio su tela, 198 x 147,5 cm
Parigi, Societé Financière
de Banque - SOFIB

29. Study for Self-Portrait
Triptych, *1985-86*
Olio su tela, 198 x 147,5 cm
ciascun pannello
Marlborough, Marlborough
International Fine Art

30. Study for a Portrait
of John Edwards, *1986*
*Olio e pastello su tela,
198 x 147,5 cm
Marlborough, Marlborough
International Fine Art*

31. Jet of Water, *1988*
*Olio su tela, 198 x 147,5 cm
Marlborough, Marlborough
International Fine Art*

32. Second Version of Triptych
1944, *1988*
*Olio su tela, 198 x 147,5 cm
ciascun pannello
Londra, Tate Gallery*

La mostra Figurabile.
Omaggio a Francis Bacon
*è realizzata
dalla Biennale di Venezia,
dall'Assessorato alla Cultura
del Comune di Venezia,
dal British Council
e da Grandi Eventi.*

Alla pagina precedente:

Jet of Water, *1988*

Study for Self-Portrait
Triptych, *1985-86*

Fratelli

Museo d'Arte Moderna di Ca' Pesaro

UOMO

unico esempio di perfezione

strutturale a massima

libertà STATICA con

EQUILIBRIO VARIABILE

NOTE particolari per le

articolazioni dei singoli

elementi costruttivi

particolari

FRATELLI: Francesco Lo Savio e Tano Festa l'essere e il niente, l'azzeramento e il monocromo; il silenzio*

di Maurizio Fagiolo dell'Arco

Le immagini si dividono in due grandi gruppi opposti: il primo gruppo deriva dall'essere circondati dagli eventi e l'altro gruppo dal circondarli. Questo «essere dentro a una cosa» e «guardare una cosa dal di fuori»; la «sensazione concava» e la «sensazione convessa»; l'«essere spaziale» e l'«essere oggettivo»; la «penetrazione» e la «contemplazione» si ripetono in tante altre antitesi dell'esperienza e in tante loro immagini linguistiche, che è lecito supporre all'origine un'antichissima forma dualistica dell'esperienza umana.
ROBERT MUSIL, *L'uomo senza qualità.*

Quando facevo professione di critico «militante» (mi si poteva perdonare, avendo 26 anni?), davo alle stampe un libro intitolato *Rapporto 60 - le arti oggi in Italia* (Bulzoni, Roma 1966), ponendo come epigrafe la stessa che si legge in testa a questo lavoro. Ho sempre detestato le epigrafi perché servono di solito a comunicare allo «sprovveduto» lettore brani fossili di libri non letti... Ma quella epigrafe di Musil mi sembrava molto adatta a precisare la situazione di allora, in bilico tra arte programmata e figurazione «novissima» (come definivo la pop all'italiana); mi sembrava ideale per cogliere l'inquietante dialettica tra il mondo e il profondo... Ebbene, oggi posso dirlo, non era una epigrafe di Musil, era Musil rubato a una epigrafe di Lo Savio (*Spazio-Luce*, 1962).
Il testo che accompagna questa mostra (voluta da Achille Bonito Oliva) contiene un capillare regesto, dalla nascita dei Fratelli al 1964: Lo Savio si è suicidato nel 1963, Festa comincia a suicidarsi sposando l'immagine (di matrice USA)... Ogni evento è chiarito nell'intimo, con notizie su esposizioni, recensioni, testimonianze originali che si riferiscono al particolare momento, fatti e problemi dell'anno (abbondantemente illustrati). Non posso quindi, qui di seguito che fornire, nella forma più sintetica che conosco, quella del «dizionarietto», l'idea che mi sono fatto su questa situazione europea che percorre l'Europa a cavallo del 1960.

AZZERAMENTO (vedi SILENZIO; MONOCROMO)
Un grado-zero si impone dopo lo Sturm und Drang dell'Informale: ed è un fenomeno europeo. Yves Klein propone nel 1957 *12 proposizioni monocrome* a Milano nella galleria Apollinaire (Guido Le Noci è ispirato da Lucio Fontana). I tedeschi si muovono su questa via e daranno il via al «Gruppo Zero» a Düsseldorf (1958): Mack, Piene, Uecker (la sorella sposa Klein) sono raggiunti anche dagli italiani di «Azimuth», Dorazio, Lo Savio... Dorazio, già a New York nel 1954 arriva a questa coscienza [Dorazio, 1960: «Un pensiero critico radicale e analitico rivolto più alla ricerca di un metodo pittorico che a un discorso sull'arte... psicologica della percezione piuttosto che estetica»]. Ma è Enrico Castellani a cogliere un aggancio storico, allora forse poco praticato (Castellani, 1960: «Adesso forse dall'esterno, si può dire che riguardo al famoso azzeramento possa esserci una qualche aria di famiglia, ma al tempo... anche il lavoro di Manzoni era un po' *a latere* di quel che facevo io, quella sua componente dada...»). Il nulla, il vuoto, il nichilismo, la filosofia del negativo: ma sono le parole d'ordine di Dada! Sono passati quarant'anni; il futuro ha ancora questi coman-

damenti... Nell'estate 1961 alla Salita, mostra *0 + 0*, forse auspicata da Lo Savio: i tedeschi da una parte, Klein dall'altra, e in mezzo, lui, col suo «accumulo zero» (come scrive Villa). Nel 1962 partecipa alla mostra *Nul*, proprio mentre il fratello espone alla Tartaruga in una mostra sulla *materia*: un altro grado-zero ...

AMERICA (vedi INFORMALE)

Il regesto 1957-1963 è ricolmo dei fatti USA: una interminabile spola sul Pacifico, con la sorpresa che spesso Colombo scopre l'Italia (i Fratelli non li vedono solo sui cataloghi quei personaggi, ma possono additarseli a piazza del Popolo). All'inizio è Jackson Pollock: è esposto dalla Bucarelli (con qualche scandalo) nel 1958. «Non abbiamo capito niente», mormora una fonte non sospetta, Mario Mafai (secondo la testimonianza di Lorenza Trucchi). E poi alla Tartaruga si vedono Kline e De Kooning (portati dal barone Franchetti *retour d'Amérique*). Alla Biennale del 1958 trionfano Rothko e Tobey. Alla Tartaruga nel 1959 si affaccia Bob Rauschenberg. La rivista di Emilio Villa pubblica a piena pagina quei capolavori dell'action painting che i Fratelli (stanno pensando a nuove forme di «inaction») meditano e doppiano. Che cosa li attrae di quell'American Dream? non l'action, ma il silenzio orientale, il gesto che si risolve nel bianco e nero, la tessitura monocroma, l'energia della concentrazione...

COLORE (vedi AZZERAMENTO; MONOCROMO)

Colore di Lo Savio: il bianco, il nero, il grigio: il non colore. Colore di Festa: (almeno agli inizi) il rosso. [Pozzati, 1959: «Festa propone due quadri rossi, uno un po' burriano, dove la carta dipinta si sfoglia, si solleva, si "stela" come pelle ripulsa dalla stessa tela»]. Tra parentesi, anche Emilio Villa nota la discendenza burriana. E poi, sarà proprio un caso che siano tutti rossi (coniugati col nero), i dieci lavori presentati da Festa alla personale del maggio 1961 alla Salita? Quanto a Lo Savio, non sarà lui a parlare di «colore-idea»?

CONCAVO-CONVESSO (vedi LUCE)

Impressionante quella citazione di Musil doppiata da Lo Savio. In effetti, questa suggestione lui poteva riagganciarla a un fenomeno soltanto: quello degli specchi e della luce raccolta o respinta... Taccio sull'enigma sessuale, per notare come Scialoja abbia visto nei ferri (che, poi, saranno sempre burriani) «il significato della luce, dell'inclinazione, del tipo di materia o di opacità».

CONTEMPLAZIONE (vedi SILENZIO)

Si è sempre parlato di questa categoria per Lo Savio. Ma vale anche per il Fratello. È lui a dichiarare che il suo pianoforte ha tasti di legno che non si muovono, che lo specchio non riflette l'immagine, che l'armadio non contiene nulla, che dalle finestre non filtra luce... «Questi oggetti sono ricostruiti come noi li percepiamo non nel momento dell'uso ma in quello della contemplazione, sono solo delle apparenze, dei falsi oggetti».

CRITICA

Non si può certo dire che i Fratelli siano stati ignorati dalla Congrega Saccente. Hanno avuto, al momento giusto i compagni di strada più congeniali: Emilio Villa presenta il gruppo a Bologna nel 1960 e, l'anno prima, ha segnalato Lo Savio sulla rivista «Appia Antica», per scrivere l'articolo più memorabile un anno dopo sul suo lavoro. Pierre Restany, il profeta europeo del Nouveau Réalisme, presenta la mostra di gruppo alla Salita nel 1960. Udo Kultermann, nel 1960, include Lo Savio nella mitica mostra *Monochrome Malerei*, e poi nel 1961 lo accosta a Ad Reinhardt, e lo espone in molte mostre in Germania. Sulle pagine dei giornali sono seguiti con acutezza da Filiberto Menna, Lorenza Trucchi, Marisa Volpi. Tano Festa è assecondato da Cesare Vivaldi (presentazioni 1961, 1963), Giorgio De Marchis (presentazione 1963), Pierre Restany (presentazione 1963).
Lo Savio è seguito (con prudenza) da Giulio Carlo Argan, da William Demby e perfino da Leonardo Sinisgalli.
E poi ci sono i «colleghi»: Scialoja e Dorazio, Klein e Novelli, Castellani e Manzoni...

DESIGN

La grande illusione degli anni trenta diventa lo scoglio di Lo Savio che parla nel suo libro, ostinatamente, di un necessario atteggiamento sociale, di un incastro «artista-società». Quanto al Fratello, tutto il suo lavoro è un intelligente ossimoro: progettare un oggetto per mettere al suo posto lo scatto dell'idea del soggetto.

FOTOGRAFIA (vedi STORIA DELL'ARTE; LUCE)

Il dizionario dei luoghi comuni assicura che non è arte (è, anzi, il suo contrario). E allora, Lo Savio approfondisce il «contrario», mentre Festa che ha studiato fotografia (non dimenticando la visita in via Oslavia col suo maestro di fotografia Ferretti, per riprendere il vegliardo Balla) recupera dopo il 1962 i lacerti di un mondo che è solo apparentemente «fotografico». Quella dei *Coniugi Arnolfini* o della *Creazione di Adamo* è memoria (in positivo-negativo) non della fotografia *tout court*, ma: 1) della storia dell'arte; 2) dell'enigma eterno (metafisico) della luce... Il rosso è quello della camera oscura.

GEOMETRIA (vedi DESIGN; CONCAVO-CONVESSO; IDEA)

«La geometria è una vocazione più che un sistema» scriveva Sinisgalli, con matematico furore, nella monografia di Lo Savio. Ma non era buon profeta quando assicurava che la geometria «è l'istinto di conservazione... di sopravvivere, di non morire». Lo Savio è riuscito a dimostrare che si può morire anche di geometria: ed era più profeta Villa quando scriveva nel 1960: «In fondo, la geometria di Lo Savio è il suo calvario... Geometria è, in Lo Savio, ogni campo investito dallo spazio, che vi si aggruma, che si esclude dalla "luce", lo spazio che è la morte, la contrazione, lo spasimo cieco, la radice convulsa di morte». Demby legge la geometria nel senso del «profondo» (a proposito delle *Articolazioni totali*): «Un ventre, un rifugio di pittura impastata col cemento». Quanto al Fratello, la sua geometria trascorre da Vermeer a Mondrian. È Lorenza Trucchi, sottolineando la sua «malcelata nostalgia metafisica», a dire esemplarmente: «sembra aver risciacquato il suo neo-costruttivismo nel Tevere». Geometria che svanisce come in Malevič (Lo Savio); geometria che si aggruma come in de Chirico (Festa).

IDEA
Dal primo flash di Villa («Appia Antica» 1959): «Dal colore alla luce dalla luce allo spazio, e dallo spazio a un probabile umore di idea». Francesco Lo Savio, nella dichiarazione della mostra di Leverkusen (1961), arriva a parlare di «idea-oggetto». E non sono soltanto «idee» i metafisici «mobili sulla parete» di Festa? Quanto a Villa, insiste, nella prima presentazione (Bologna 1959): «Si veda di Lo Savio il paziente sortilegium, l'artificiosa ricerca dell'increato, l'umile atto di referenza alla indiscreta e baluginante caligine dello spazio, che non è colore, ma idea».

INFORMALE (vedi AZZERAMENTO)
Tutto qui è il problema dei Fratelli (e *compagnons de route*), il superamento di quel momento tanto ricco di materia, di segno, di gesto, di colore, di azione. Per ritrovare un grado zero: sarà possibile? Sono gli anni di Michel Tapié e della sua «Art Autre», che si spinge nel 1957 anche a Roma come consulente della «Roma-New York Art Foundation» (ma di Tapié possono condividere l'amore per l'oriente, il brivido sottile della contemplazione). Presentandoli a Bologna nel 1959, Emilio Villa fornisce una sintesi (quasi satanica) di quel clima da superare: «Sono esemplari nuovi di operazione che possono essere accolti tra le rare ed energiche, giovanili, testimonianze di una imminente ribellione al vizio corsivo odierno, ecumenico, della pittura colorata di pletorico magma, dei plasmi caotici, delle nevrastenie sofistiche, delle scroscianti convenzioni esistenziali, tinteggiate e manipolate a vanvera, a quiproquo».
(Pozzati, 1959: «Se ne incuriosì lo stesso Arcangeli»).

LETTERATURA (vedi STORIA DELL'ARTE, SILENZIO)
Due ragazzi nati a Cinecittà, con le Capannelle e «Hollywood sul Tevere» nell'inconscio, in una casa popolare concessa al padre dal regime (già, sorpresa dalla mostra: non erano fratellastri i due ragazzi dal cognome diverso, ma sono effettivamente fratelli...).
Eppure, quanti libri giravano tra quelle mani... Nei progetti di Festa (conservati da Franchetti) affiorano omaggi a Joyce, Valery, T.S. Eliot. E ancora... Le poesie di Sandro Penna, l'amico di Tano (che cerca anche di sfidarlo sullo stesso campo della strofetta). *L'uomo senza qualità* di Musil (Lo Savio lo cita nel suo libro del 1962). Gli scritti essoterici di Emilio Villa (troppo bistrattato, oggi riemergente): quanti libri fuori moda avrà consigliato ai Fratelli...

LUCE (vedi FOTOGRAFIA; METAFISICA; MONOCROMO)
È Villa, nel suo testo fondamentale, a dare la chiave di lettura; la luce come quoziente «presocratico».
«Egli ora si ritiene "operatore della luce": bene, *operarius lucis*... La proiezione della sua opera che, appunto, agisce su impulsi orientati in direzione di superiori rilevazioni, lungo intervalli analitici volti all'altra zona centrifugante, poteva essere tematicamente chiamata "luce". Da intendere come esitazione (transito, passaggio, abbrivido) in intervalli della linea del rigenerare».
Già nella prima personale del 1960 Lo Savio batte sulla tematica della luce, una utopia realizzabile.
Sono stati due pittori a precisarmi il valore di questa ricerca.

(Scialoja, 1959: «La luce. Come oggetto, non come appartenenza a un colore o alla materia. Ma la luce in sé, come essenza. Una idea essenziale. La luce come dotata di una sua spazialità propria, fisica, tangibile spazialmente»).
(Lombardo, 1960: «La luce bella come quella di Plotino, viva come quella dello pseudo Dionigi, fondamentalmente invisibile all'occhio fisico e perciò certamente una luce interna»; e ha parlato ancora del Pantheon col suo invaso sferico che nasce dal globo di luce). Quanto al Fratello, è tutto un programma il suo omaggio continuo a Jan Vermeer, il teorico nordico di una luminosità-illuminismo...

METAFISICA (vedi CONTEMPLAZIONE; IDEA; LUCE; SILENZIO)
È Festa (con Del Pezzo) il primo riscopritore del disprezzato metafisico. Vivaldi nota nel 1961 il «gesto non utilitario calato in un manufatto di esecuzione impeccabile»; Menna rileva in una recensione la pulizia dell'antico classicista. «Factual Art» definisce Sidney Janis il lavoro di quei suoi figlioletti (Festa compreso) che presenta nella mostra «New Realists»: nuovi scopritori dei feticci e totem della città e della vita quotidiana. Basta leggere il passo di Festa (1966) sulla scoperta degli Arnolfini: non lo appassionano le due figure (quanto cariche di significati!) ma proprio e soltanto quel contorno complicatissimo lampadario: l'unica cosa che sopravviverà della scena (come un «mobile sul soffitto»). Quanto al Fratello, perché non pensare che le *Articolazioni totali* (1962) non possano leggersi come la realizzazione stereometrica e astratta di una «piazza d'Italia» o forse di un «interno metafisico»?

MONOCROMO (vedi AZZERAMENTO; CONTEMPLAZIONE; SILENZIO)
Le tappe sono indicate nel regesto: e sono accelerate come una «action adventure». Nel 1957, Klein espone a Milano le prime *Proposizioni monocrome*. Nel 1958 alla ribalta è Manzoni, e ancora Klein (ma anche i *Ferri* di Burri, esposti in quest'anno sono nel tema). Nel 1959 i *Tagli* di Fontana e la mostra di Dorazio a Berlino; e poi i «gruppi» di ricerca a Milano e Padova e la rivista «Azimuth» a Milano con Castellani e Manzoni (*Non commettere atti impuri* si intitola un editoriale di Vincenzo Agnetti).
Nel 1960, la sala monocroma di Dorazio alla Biennale di Venezia e la mostra *Monochrome Malerei* a Leverkusen (partecipa Lo Savio); nell'introduzione, Kultermann legittima la nuova corrente innervandola nel flusso di Futurismo-Malevič-Neoplasticismo. A Basilea, la mostra *Nul bei nul*. Una avventura accelerata come quella dell'Informale: una «grande illusione» che dura tre o quattro anni. Purezza: solo un attimo di sosta...

MORTE
Yves Klein, 21 gennaio 1962. Franz Kline, 1962 (Festa gli dedica il progetto di un «monumento»).
Piero Manzoni, 6 febbraio 1963. Lo Savio, settembre 1963 (suicidio, 28 anni).
Premonizione di Villa (1960): «Disperatamente egli sta cercando origini pullulanti, l'immediato motore, la cancellazione delle urgenze di campo e delle solitudini quantitative, spaziali. Disperato amico mio».

PATHOS

Ho letto, a proposito della ricerca di Lo Savio, gli aggettivi più svariati ma tutti sullo stesso tono: freddo, meccanico, rigoroso (il rigor mortis?), algido, distaccato, scostante, gelido, asettico, frigido... Giulio Carlo Argan, in una lucida intervista (pochi giorni prima della sua scomparsa) ci ha parlato di pathos... («La grande passionalità simbolica che lui collegava al suo razionalismo»). Ma anche Marisa Volpi (1961) ha intravisto un mistero nella pulizia losaviana: «Si imponeva sugli altri per il suo acceso purismo. E per l'enigmaticità... C'è sempre qualcosa di allarmante dietro all'aspirazione di scientificità».

SILENZIO (vedi AZZERAMENTO; CONTEMPLAZIONE; MONOCROMO)

I primi titoli di Lo Savio hanno uno strano sentore di oriente: *Un pretesto per non essere, L'esigenza di una comunicazione, Io giungo all'essere e a me stesso...* È l'idea cardine che da Marcel Duchamp arriva a John Cage (i suoi interventi sono del 1957 e 1961). Il *Vide* di Yves Klein, la galleria vuota esibita come una mostra, è del 1958. Il silenzio di Lo Savio affiora dalle testimonianze (Pozzati, 1960: «Opere pur tutte aniconiche diventano oggettuali e "iconiche" per la loro forte presenza. Un silenzio grave, quasi metafisico, austero... Un velo presente davanti alle opere, una specie di astensione»). E sarà quanto mai felice l'abbinamento, voluto da Kultermann a Leverkusen nel 1961, Lo Savio-Reinhardt. A Leverkusen nello stesso anno, Lo Savio decreta: «Sensibilizzare lo spazio vuoto inteso come un momento dinamico della luce». Ed è tutto un clima: una pagina del premio Lissone 1961 reca le riproduzioni (non uno sfallo) di Festa, Schifano, Lo Savio, Sordini, Uncini, Paolini.

STORIA DELL'ARTE (vedi LETTERATURA)

Un codicillo (non indifferente) alla cultura dei due ragazzi di periferia. Nell'introduzione al libro, Lo Savio ricorda che nel 1954 frequentava Wright e Gropius, la Bauhaus e De Stijl, Mondrian e Klee, Malevič e Gaudí, Le Corbusier... E Festa ricorda la passione per Matta e Gorky, De Kooning e «soprattutto» Rothko, Pollock e Tobey; ma anche Balla (che fotografa in via Oslavia) e de Chirico. (Rotella, 1958: «Festa era un entusiasta di de Chirico e credo che nel suo lavoro sia sempre presente una atmosfera irreale e atemporale»). E poi c'è il dadaismo di Duchamp e il rafforzato amore per Malevič pazientemente divorato da Lo Savio alla mostra della Bucarelli nel 1959. Insomma il Nuovo Mondo e la vecchia Europa convivono in una fame di cultura che porterà Lo Savio a scegliere un edificio di Le Corbusier come ribalta per la calata del sipario.

TEORIA

Un artista sa sempre dove vuole arrivare, ma spesso non riesce a esprimerlo neanche lui. Diffidare, quindi, sempre dei libri e auto-presentazioni... Vi esonero quindi dal leggere *Spazio-Luce* di Lo Savio: il ragazzo assatanato che credeva di continuare il Bauhaus e aveva in realtà preconizzato (vedrà la luce cinque anni dopo il suo ritorno nel Nulla) la Minimal Art.

Questo lavoro è costruito anche sulle testimonianze originali di (nell'ordine): Antonella Amendola, Sergio Lombardo, Mimmo Rotella, Giuseppe Uncini, Toti Scialoja, Renato Mambor, Piero Dorazio, Concetto Pozzati, Enrico Castellani, Gian Tomaso Liverani, Cesare Vivaldi, Giulio Carlo Argan, Marisa Volpi, Carla Accardi, Giovanni Carandente, Maurizio Calvesi, Giulio Paolini, Giorgio Franchetti.
Le fonti più recenti per questo lavoro sono: il catalogo *Millenovecentosessanta*, a cura di Plinio De Martiis, Galleria Vespignani, Roma 1990 (soprattutto le parti di L. Cherubini e M. d'Alesio) e il saggio di L. Cherubini *Roma anni 60*, in «Flash Art», dicembre 1989.
Ringrazio per la collaborazione nelle ricerche: Laura Cherubini, Francesca Morelli, Flavia Matitti, Marco Cardinali, Gerd Roos, oltre (naturalmente) tutte le persone che hanno fornito le testimonianze. (Per ragioni tecniche o di tempo non è stato possibile raccogliere alcune testimonianze determinanti: Mario Schifano, Gianni Colombo, Ettore Sordini, William Demby, Plinio De Martiis).
I documenti scritti e visivi appartengono all'archivio dell'autore. Si ringrazia per la concessione di alcuni documenti: Gian Tomaso Liverani, Plinio De Martiis, Roma, Archivio Galleria Nazionale d'Arte Moderna; Roma, Archivio Crispolti; Berlino, Bauhaus Archive; Berlino, Freie Universität.
Hanno assecondato il mio lavoro Francesca Alfano Miglietti, Massimo Carboni. Un ringraziamento a parte, ad Achille Bonito Oliva.

* Le frasi racchiuse tra parentesi [ ] si richiamano a testimonianze originali contenute nel catalogo *Fratelli: Lo Savio e Festa* (con il rinvio all'anno riguardante la testimonianza).

**FRATELLI:
Francesco Lo Savio
Tano Festa 1958-1964,
regesto a cura
di Maurizio Fagiolo dell'Arco**

1935
28 gennaio

*Francesco Lo Savio nasce a Roma, in via Appia Nuova, nella zona delle Capannelle, nel quartiere dove Vincenzo Festa (impiegato ministeriale) ha ottenuto in epoca fascista una casa popolare.
(E si uniscono così due sedimentazioni di memoria: l'ippodromo delle Capannelle e la metropoli artificiale di Cinecittà).*

1938
2 novembre

Tano Festa nasce a Roma nella stessa casa.

FAMIGLIA
Quando nasce Tano, i genitori hanno già avuto un figlio: dato che non erano sposati, lo hanno registrato all'anagrafe in maniera impropria. In realtà sono fratelli. Ma nasce forse un problema di identità.

STUDI
*Francesco Lo Savio (così appare nei registri) studia al Liceo artistico in via Ripetta. Nell'anno scolastico 1955-56 si presenta come privatista ed è respinto: passa nella sessione autunnale dell'anno dopo (nei registri figura come Franco Lo Savio). Si iscrive alla Facoltà di Architettura nel novembre 1957: nel 1961 figura ancora iscritto ma ha dato un solo esame (Disegno dal vero I) nell'ottobre 1958 con la votazione 19/30.
Tano Festa studia all'istituto d'Arte in via Conte Verde (allora annesso al Museo artistico industriale). Nel diploma di «Maestro d'arte di Fotografia Artistica» (1956-57) si leggono i seguenti voti: materie letterarie 8, storia dell'arte 9, materie scientifiche 4-6, prospettiva e teoria delle ombre 6, disegno ornamentale 7, fotografia 7. Tra i professori, Vincenzo Golzio (storia dell'arte), Alfredo Libero Ferretti (fotografia).*

FAMIGLIA
Quando Tano era nato, il 2 novembre 1938, Francesco aveva quasi quattro anni. La madre, tuttora vivente, Anita Vezzani, era casalinga e si era lasciata alle spalle un matrimonio triestino con il capitano della marina mercantile Paolo Lo Savio. Anita viene da una patriarcale famiglia emiliana. Suo padre, Ottavio, era un piccolo commerciante di Boschi, un paese tra Ferrara e Bologna: un omone grande e grosso, soprannominato il Duca, che da vecchio quando c'erano i temporali si chiudeva nell'armadio. Sua madre Ernestina Meloni aveva avuto ventuno parti. Vincen-

zo Festa, il papà dei due bambini, era nato a Napoli ma discendeva da una nobile famiglia palermitana. Vincenzino, come lo chiamava affettuosamente Tano, era un provetto sarto (le forbici, citazione dalla vita familiare compaiono nella mostra di Festa tenuta nella galleria Sperone a Roma nel 1976) che nella maturità aveva deciso d'impiegarsi presso il Ministero delle finanze.
Vincenzino aveva perso un fratello in guerra, il valoroso capitano d'artiglieria Gaetano Festa, decorato con medaglia d'argento. Una famiglia della piccola borghesia quella di Tano e Francesco: un budget mensile da amministrare con parsimonia, molti sacrifici in primo luogo per Anita che per tanti anni d'estate lasciava la casa romana per aprire una pensione a Rimini. Così i ragazzi potevano godere di lunghi mesi al mare. A ottobre tornavano a Roma abbronzati come carboni. Mamma Anita era bianca e affaticata per non aver mai messo piede sulla spiaggia. Il suo posto era in cucina, ai fornelli, a solleticare la gola dei clienti con le tagliatelle e le lasagne fatte in casa. Mamma Anita ha sempre cucinato volentieri per gli amici dei figli. Ancora oggi le piace rievocare il formidabile appetito di Franco Angeli e di Mario Schifano.
Nei dodici anni che sono stata accanto a Tano Festa non ho mai sentito pronunciare il nome di suo fratello Francesco Lo Savio. Solo dopo il 14 luglio 1987, data in cui Tano per via della rottura delle varici esofagee cominciò a presagire la fine, Francesco diventò l'argomento quotidiano dei nostri discorsi.
«Dopo la morte di Francesco detti via in fretta, come se scottasse, la sua eredità, mi pare per trecentomila lire», mi confidò Tano. «Chiusi la saracinesca. Non ne parlai più con nessuno. È un suggerimento che do anche a te. Se vorrai rimanere a lungo con me quando non ci sarò più non mi nominare, non mi dividere con nessuno».
[Antonella Amendola, testo per Maurizio Fagiolo dell'Arco, marzo 1993]

FRANCESCO LO SAVIO, FORMAZIONE
Nel testo introduttivo al libro Spazio-Luce *pubblicato nel 1962, Lo Savio ricorda i suoi primi passi nel mondo della ricerca.
Parte dall'architettura contemporanea europea e americana (e infatti cita un passo di Frank Lloyd Wright). I suoi interessi sono precisi: «l'esperienza di Gropius relativa al Bauhaus [il libro di Argan risaliva al 1951] nei suoi rapporti con il movimento De Stijl e in particolare con l'opera di Mondrian» (era disponibile un libretto divulgativo di Bruno Zevi, edito da Einaudi, nel 1953).
L'interesse non è formale, aggiunge Lo Savio, ma «soprattutto ideologico e sociale». Per il profilo for-*

Alla mostra della Salita: Festa, Lo Savio, Schifano; sul fondo Piero Dorazio e Giulio Turcato

male si indirizza invece, per sua ammissione, a Paul Klee, Casimir Malevič, Antoni Gaudí, Le Corbusier.
È interessante notare che in questa prefazione, sostiene tuttavia che, quando comincia a lavorare veramente, si sente libero da tutte queste influenze, anche se resta il grande amore per l'architettura e per l'industrial design.

TANO FESTA, FORMAZIONE
In una dichiarazione più tarda (intervista con Giorgio de Marchis, Galleria La Salita, 28 aprile 1967) precisa i suoi primi interessi:
Agli inizi del 1960 ho cominciato a fare un tipo di lavoro che tuttora mi interessa, prima erano solo ricerche da apprendista. Mi interessava la pittura americana, che si poteva vedere a Roma in quegli anni, Matta, Gorky, De Kooning, e soprattutto Rothko che fu esposto in una mostra alla Tartaruga nel 1959, con Scarpitta e Kline.

Da una intervista di Antonella Amendola, in «Max», Milano, dicembre 1986:
Inizialmente mi muovevo guardando molto il surrealismo americano, Matta, Tobey, poi anche De Kooning e Pollock; dell'arte italiana non conoscevo quasi niente se non un po' Balla anche perché lo avevo fotografato nella sua incredibile casa di via Oslavia.

Da una intervista a «Playmen», Roma, aprile 1987:
La mia prima ambizione, da ragazzo, è stata quella di specializzarmi in maestro di fotografia alla scuola d'arte. Una volta andai persino a Chianciano ad immortalare le coppiette dei «fanghi»: stitiche, fegatose e fragatose, quelle dei «sette giorni tutto compreso», pasto, soggiorno, cura e sesso. Come fa oggi il regista Altman sul grande schermo. Le prime cose che feci nella pittura furono le cosiddette visualizzazioni di tipo figurativo. Poi ebbi un'esperienza più vicina al concettualismo, sino a un recupero pieno della manualità e del figurativo che tuttora mi coinvolge. Ma ogni artista che ama sperimentare, è portato a cambiare spesso la sua pittura.

Da un testo di Antonella Amendola, a proposito di Tano Festa e il cinema, 1991:
Erano i tardi anni cinquanta e Tano, che viveva con i familiari alle Capannelle in una casa popolare dall'architettura fascista, ogni giorno nell'andirivieni tra l'ippodromo e Roma passava con il tram davanti ai cancelli della mecca della celluloide, rimaneva incantato dalla febbrile animazione delle comparse, dei manovali ed era a suo modo conquistato dal sordido protagonismo dei cinematografari capitolini, gente tra la più volgare, cinica e sguaiata che esista al mondo. Di certo la comparsa l'aveva fatta da ragazzo insieme al fratello Lo Savio. «In una pellicola di Zam-

MONDRIAN

EDITALIA
ROMA

ROME - NEW YORK
ART FOUNDATION

20, PIAZZA S. BARTOLOMEO ALL'ISOLA TIBERINA

ARTE NUCLEARE 1957

GALLERIA S. FEDELE   MILANO

Baj Bemporad Bertini Dangelo   Yves Klein Manzoni Arnaldo Pomodoro Gio Pomodoro Rossello Sordini Verga Jorn Vandercam

12-30 ottobre 1957

GALLERIA S. FEDELE
Piazza S. Fedele 4, Milano

Catalogo della mostra di Mondrian, Galleria Nazionale d'Arte moderna, 1957

Catalogo della mostra di americani e italiani, Rome New York Art Foundation, *1957*

Catalogo della mostra Arte Nucleare, *Galleria San Fedele, Milano 1957. Tra gli artisti, Klein e Manzoni*

Yves Klein nella sua mostra alla Galleria Apollinaire, Milano 1957 (da «4 Soli», Torino)

pa (che sia *Anni difficili?*) dentro la stazione Termini io e Francesco interpretavamo due anonimi viaggiatori. Ci toccò aspettare un sacco di ore per il ciak: mancava sempre qualcosa».

1956-58

TANO FESTA, APPUNTI DI POESIE

Giorgio Franchetti ha raccolto sulla rivista «Nuovi Argomenti» (1988) un gruppo di 18 poesie di Festa scritte dal 1956 al 1986. Alla sua testimonianza, seguono quattro di queste poesie non lontane da quelle del suo «amico» Sandro Penna.

Tano Festa inizia la sua traversata per il mondo dell'arte, del pensiero, della poetica nella sua prima gioventù. Aveva forse diciassette anni quando nel 1955 offriva per la strada le sue prime poesie riprodotte con il ciclostile, e sulle scalinate di Piazza di Spagna. Lo racconta il pittore Ettore Sordini: da dissipato scorritore nel medesimo territorio, ne aveva disegnato la copertina. E furono subito amici per la stima reciproca provocata da una sorta di affinità, nel continuo tentare di istituire un ordine nel loro provocatorio disordine. Fu Sordini, come racconta, a stimolarlo verso la pittura, territorio filosofico a suo vedere più adatto alle pulsioni indagatrici della natura e cultura di Tano Festa. Ed è certo che nel lavoro di pittore questi agli inizi manifesta un chiaro interesse per la struttura e l'analisi. Laddove la poesia in Tano appare sovente come un lampo della memoria che illumina lo scenario di una esistenza – come in quella dedicata a Sandro Penna – o scorci della propria. Solo nel frammento *Tutti dobbiamo* evoca filosoficamente e, anche quasi cristianamente – «e rimetti a noi i nostri debiti» – il debito cosmico dell'umanità.

Quelle prime poesie Tano le inviò alla Rai, che allora trasmetteva una lettura di giovani poeti. E furono accolte e lette; poi, malgrado ultime attente ricerche, non sono state trovate, e mancano alla raccolta.

Questa si è costituita per caso e per amore, ché tutti coloro a cui sono venute in mano, le riconobbero, e testimoni di stima e di ammirazione, le hanno conservate con copie a mano e con fotocopie.

E non c'è luogo
nella mia memoria, di quel litorale
Solo i giochi vedo chiari
e la palla che s'alza verso il sole
Il nome dei miei compagni
ed il mio
fu scritto sulla sabbia
poi lo cancellò il mare
In quale oceano sta annegando
ora la mia infanzia
e chi di noi è morto per primo?
(1956)

Alta rupe scoscesa
la marina – ligure
e la sua terra verde
avversa al cielo
ove dal mattino
rapidi si levano i gabbiani
(1956)

Attenta, nell'improvvisa sera
udrai il grido teso del falco
sarà un breve richiamo
Tutta l'estate ti sembrerà allora
una notte di festa
come rapida carezza della mano
Da un picco assorto
s'alzerà in volo un uccello di passo
Solo uno sbatter d'ali
Altro ricordo non resta
della tua sera
(1956)

Io nel getto dell'accusa
mi aprirò nel sole
e marmoree braccia s'apriranno
sopra silenti chiostri
per invocare l'angelus
nel giorno del mio compleanno
(1958)

Mostre ed eventi, 1957

Roma, Galleria Nazionale d'Arte Moderna
Una mostra del passato (l'«astratto concreto») è *Pittori moderni della collezione Cavellini* (maggio).
Mostra di Mondrian (catalogo a cura di Giovanni Carandente). Sulla rivista «Arti visive» (n. 6-7) conclude Achille Perilli: «Non è forse questa la strada che la pittura sta oggi sperimentando; ma vi sono filoni di tradizione che scorrono, per lunghi periodi invisibili, e vengono d'improvviso alla luce. Non possiamo assolutamente escludere che, domani, la lezione pura e razionale di Mondrian non possa fornire nuova esca alla pittura». Ed è profetico: sarà infatti dedicato a Mondrian il primo e unico libro di Lo Savio (1962).

Roma, L'Obelisco
In febbraio mostra di *Disegni di Arshile Gorky* (presentato da Afro): la rivista «Arti visive» dedica un intero numero (6-7) al russo-americano. In maggio, *Combustioni* personale di di Alberto Burri.

Roma, Galleria La tartaruga
In gennaio espone, reduce dagli USA, Dorazio; in febbraio, mostra di Afro, Burri, Scialoja; in marzo Leoncillo; in aprile Turcato; in maggio Scarpitta;

in giugno Karel Appel; in novembre *Ferri e Legni* di Colla.

Roma, Galleria La Salita
Apre in febbraio questa galleria destinata a diventare la sede espositiva dei Fratelli.
La prima mostra, *Venti nomi*, impostata da Venturi, è presentata da V. Martinelli.
In novembre, un trio: *Burri, Morlotti, Vedova*.

Roma, Rome New York Art Foundation
A cura di Michel Tapié, il teorico dell'Art Autre (e cioè l'*Informel*) inaugura questo centro diretto da J.J. Sweeney, H. Read, M. Tapié, Sandberg, L. Venturi: un cosmopolita centro sul Tevere. Collettiva in estate di artisti italiani e stranieri. Tra gli altri, De Kooning, S. Francis, F. Kline, G. Mathieu, J. Pollock, A. Tàpies, M. Tobey. Tra gli italiani, Colla, Burri, Capogrossi, Fontana, Vedova, Accardi. Lawrence Alloway tiene una conferenza sulla situazione USA (il New Dada).

Roma, Galleria Appia Antica
Si inaugura (direzione di Liana Sisti) con una collettiva di astrattisti romani: Bemporad, Buggiani, Cervelli, Colla, Mannucci, Marotta, Nuvolo, Sartoris, Uncini (Le notizie sulla galleria per quest'anno e il successivo sono tratte dall'ultimo numero di «Arti visive»). Seconda mostra: Bruno Caraceni, presentato da E. Villa.

Pubblicazioni
Appare a Roma, diretta da Achille Perilli, la rivista «L'esperienza moderna» (5 numeri, fino al 1959): propone un superamento dell'Informale in nome del Segno.
A Milano in settembre appare il *Manifesto contro lo stile* firmato da Arman, Baj, Bertini, Dangelo, Sordini, Hundertwasser, Klein, Manzoni, i fratelli Pomodoro, Restany, Saura.
Appare su «Paragone», n. 85, lo scritto di F. Arcangeli *Una situazione non improbabile*: esalta gli «ultimi naturalisti».

MONOCROMO E AZZERAMENTO
Alla Galleria Apollinaire di Guido Le Noci (ispiratore è Lucio Fontana) si apre in gennaio la mostra *12 proposizioni monocrome* di Yves Klein (la sua prima mostra in Italia). Klein si

accosta a Manzoni e altri coi quali firmerà il *Manifesto contro lo stile*.
Alla Galleria Peter di Milano (maggio) espongono Manzoni, Sordini, Verga.
John Cage pubblica sulla rivista «Incontri musicali» la *Conferenza sul Niente* scritta come un pezzo musicale, con casualità e silenzio.

Dépliant della Mostra
di pittura Premio Cinecittà,
Roma 1958.
La prima mostra di Lo Savio
e Festa

Catalogo della Rassegna di arti
figurative di Roma e del Lazio,
Roma 1958. Espongono
Lo Savio e Festa

1958

Lo Savio ha ventitré anni: fonti accreditate ricordano che già lavora come industrial designer.
Tano Festa ha vent'anni. Alcuni testimoni raccontano del suo amore per Giorgio de Chirico: in quest'anno il «grande metafisico» lancia il suo anatema anti-modernista, in una conferenza al Teatro Carignano di Torino (è destinata ad avere una grande eco a Roma).
Si collocano in quest'anno le prime uscite pubbliche dei Fratelli (quelle almeno a nostra conoscenza)
In ottobre la Mostra di Pittura Premio Cinecittà (dove espongono entrambi), a novembre la Rassegna di Arti figurative di Roma e del Lazio (espone solo Lo Savio).

2-10 ottobre

Mostra di Pittura - Premio Cinecittà
Cinecittà, Roma
La mostra è organizzata dal Partito Comunista Italiano. La giuria è composta di Ugo Attardi, Antonio Del Guercio, Giuseppe Mazzullo, Dario Micacchi, Duilio Morosini, Marcello Venturoli, Renzo Vespignani, Alberto Ziveri.
Catalogo: pieghevole di tre pagine con introduzione ed elenco delle opere esposte. Lo Savio e Festa espongono accanto a Piero Guccione, Sergio Lombardo, Renato Mambor, Mario Schifano, Cesare Tacchi, e altri.
Opere esposte:
Tano Festa   7) Un avvertimento
Franco Lo Savio   17) Un pretesto per non essere

UNA MOSTRA DEL 1958
Avevo diciassette anni. Qualcuno mi disse che al «Premio Cinecittà» se avessi portato dei quadri me li avrebbero esposti, specialmente se orientati verso lo stile neorealista. Ne feci uno per sedurre la giuria: Uomini a passeggio e un altro astratto, uno dei primi monocromi. Esposero il secondo, ma sul catalogo comparve il primo. All'inaugurazione notai, oltre al mio monocromo, i quadri di Tacchi molto materici, e quelli di Mambor astratto-surrealisti.
Appena iniziò la presentazione da parte degli organizzatori e della giuria di fronte a una platea di operai seduti, cominciai a sentirmi a disagio. L'esordio di Antonio Del Guercio fu press'a poco: «Come vedete in questa mostra vi sono tre artisti astratti, li abbiamo invitati per mostrarvi come non se deve dipingere». Mambor se ne andò, Tacchi si scusò e promise di mettersi a studiare la pittura giusta, pertanto fu invitato a cena con i capi. Io mi alzai e chiesi la parola. Difesi la libertà della ricerca e citai i movimenti internazionali dei giovani, gli arrabbiati inglesi, gli americani. In risposta fui additato a tutti gli operai della sala con queste parole: «Ecco, vedete, questo è un figlio di papà, un borghese». Poi il

critico Del Guercio si rivolse a me con queste parole: «Signor Lombardo, si ricordi che noi siamo nemici di classe, lei non potrà più esporre in nessuna mostra nella quale farò parte della giuria, e ora se ne vada». Andandomene sfilai davanti agli sguardi inferociti degli operai seduti.
[Sergio Lombardo, lettera a Maurizio Fagiolo dell'Arco, marzo 1993]

novembre

Rassegna di Arti figurative di Roma e del Lazio
Palazzo delle esposizioni, Roma
Nel comitato esecutivo: P. Bucarelli, E. Lavagnino. Nella giuria di accettazione: L. Bianchi Barriviera, M. Mazzacurati, A. Ziveri e altri. È invitato il solo Lo Savio.
Sono molto significativi i titoli delle opere (simili a quelli della mostra precedente) concepiti in senso spirituale e quasi orientale.
Opere esposte:
Sala xxix
16. L'esigenza di una comunicazione
Sala xxx
18. Io giungo all'essere e a me stesso

UN PERIODO DURO, MA VIVO
Intorno al 1956, avevo uno studio in piazza del Popolo, e conobbi nello stesso periodo Festa e Angeli. Siamo diventati subito amici, ci vedevamo spesso, specie la sera al caffè Rosati; passavano tutti di là, attori, scrittori, intellettuali, ma eravamo noi artisti a tenere banco. La prima volta che abbiamo esposto insieme è stato alla Galleria La Salita, in una mostra di gruppo. Eravamo spesso d'accordo sul concetto di arte, e siamo diventati quella che poi hanno definito la Scuola di piazza del Popolo.
Festa era un pittore bravissimo, era entusiasta di de Chirico, e credo che nel suo lavoro sia sempre presente un'atmosfera irreale e atemporale. Credo che abbia anche cercato di avere un rapporto di lavoro con lui, ma con scarsi risultati. De Chirico non capì.
Certo le idee e la sensibilità mutano e così il lavoro di un artista, ma questo non vuol dire che è diminuita la tensione. Le «finestre», le «porte» di Festa sono molto interessanti ma non meno di tutto il resto della sua opera. Mi stupirono molto sia le finestre che i particolari della Cappella Sistina, il suo modo di trattare tutti gli artisti, quelli che gli piacevano, anche quelli del passato, come interlocutori attivi. Erano sempre fatte bene le sue opere, sia quelle fotografiche che quelle pittoriche: un segno sintetico, un colore moderno...
Una volta abbiamo fatto un cambio: un décollage per una persiana. L'ultima volta che vidi Festa fu proprio qualche anno fa, venne a trovarmi a Milano. Era molto cambiato, non era più l'artista chiassoso e sereno che avevo conosciuto

a Roma, era molto nervoso, inquieto. Penso fosse infelice.
Una volta chiamai sia Festa che Angeli ad aiutarmi per la realizzazione di una scenografia per il cinema, a Cinecittà per la serie di Ercole; andavamo con la mia macchina e lavoravamo lì. Era un'epoca problematica economicamente, non si vendeva (il barone Franchetti ci acquistava delle opere, il resto era molto duro).
Sai io ero più grande, e per loro ero una specie di «guida». Mi volevano molto bene e mi stimavano molto. Mi consideravano un padre spirituale; proprio Tano una volta mi disse che quando ero a Parigi mi ricordavano spesso. Un periodo duro economicamente, ma vivo; andavamo insieme alle feste, a pranzo; dividevamo tutto, anche le ragazze.
[Mimmo Rotella, intervista raccolta da Francesca Alfano Miglietti, novembre 1992]

Mostre, eventi, libri, viaggi

Galleria Nazionale d'Arte Moderna
Gennaio: 75 capolavori del Solomon R. Guggenheim Museum
Marzo: Jackson Pollock (31 dipinti e 29 opere grafiche). La mostra è organizzata dal MOMA di New York, presentata da Palma Bucarelli e introdotta da Sam Hunter (catalogo di Nello Ponente).
Maggio-giugno: 46 opere di Kandinskij dal museo Guggenheim (catalogo a cura di Ponente).

Roma, Galleria La Salita
In marzo Alberto Burri presenta tre opere. Mostra di Carla Accardi presentata da Michel Tapié. Toti Scialoja presenta a novembre Tre dipinti recenti.

Roma, Galleria La tartaruga
In febbraio, mostra personale di Franz Kline; in marzo Asger Jorn; in aprile, mostra personale di Scarpitta (testo suo e testimonianza di Leonardo Sinisgalli); in primavera la prima personale di Twombly che si è stabilito a Roma nel 1957 (presentazione di Palma Bucarelli); in luglio una mostra collettiva (Afro, Capogrossi, Consagra, De Kooning, Kline, Marca-Relli, Matta).

È da notare che i pittori americani sono acquistati e portati a Roma da Giorgio Franchetti (allora socio di Plinio De Martiis).

Roma, Galleria Appia Antica
Ambrogio Fumagalli, presentato da Luigi Moretti (marzo). Da aprile, collettiva (Accatino, Caraceni, Ceccarelli, Cervelli, Moriconi, Rambaldi, Samonà, ecc.).

Roma, Rome New York Art Foundation
In giugno, *Nuove tendenze dell'arte italiana*, presentazione di L. Venturi: sono esposti astrattisti come Magnelli, Reggiani, Cagli, Capogrossi, Afro, Birolli, Santomaso, Vedova, Accardi, Sanfilippo, Rotella, e altri. Una sorta di anti Biennale di Venezia.
In seguito Lawrence Alloway presenta *Nuove tendenze dell'arte britannica*.

Venezia, XXIX Biennale
Da giugno a ottobre presenta interessanti retrospettive: Wols, Rothko, Tobey, Kandinskij. Nei padiglioni si incontrano Antoni Tàpies, Osvaldo Licini, Lucio Fontana. Con poche opere, si vedono Burri, Dorazio, Scarpitta. Premi a Licini, Tobey, Tàpies.

Milano
Alla Galleria d'Arte moderna in giugno *Nuova pittura americana* (Gorky, Gottlieb, Guston, Kline, De Kooning, Motherwell, Newman, Pollock, Rothko, e altri).
Alla Galleria Blu, in dicembre, *Ferri* di Alberto Burri.

MONOCROMO E AZZERAMENTO
Mostra degli *Achromes* di Piero Manzoni in aprile (Milano, Galleria Pater); nominalmente, Manzoni fa ancora parte del M.A.C. («Movimento Arte Concreta»).
Mostra di Yves Klein nella galleria di Iris Clert a Parigi, in aprile: si intitola *Vide*, e presenta la galleria completamente vuota.
A Düsseldorf si forma il «Gruppo Zero».

Muoiono Giacomo Balla e Osvaldo Licini.

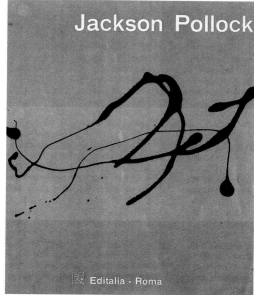

Jackson Pollock

Editalia - Roma

*Toti Scialoja alla Galleria
La Salita, 1958*

*Mario Schifano e Tano Festa
nello studio di Mambor e Festa*

*Il primo articolo su Lo Savio:
Emilio Villa in «Appia Antica»,
1959*

*Invito della mostra di Tano
Festa (con Angeli e Uncini) alla
Galleria La Salita, Roma 1959*

Alla pagina precedente:

*Due disegni di Festa datati
1958: Nascita copula morte,
a T.S. Eliot; L'uccello di fuoco
(a Strawinsky)*

*Catalogo della mostra di
Pollock, Galleria Nazionale
d'Arte Moderna, 1958*

*La mostra di Kandinsky alla
Galleria Nazionale d'Arte
Moderna, Roma 1958
(foto dell'inaugurazione,
da «Arti Visive»)*

*Performance di Yves Klein.
L'obelisco di Place
de la Concorde illuminato
da fasci di luce blu*

*Piero Manzoni nel suo studio
con i primi Achromes,
Milano 1958*

1959
da martedì 24 marzo

Prima mostra di Franco Angeli, Tano Festa, Giuseppe Uncini
Roma, Galleria La Salita
Catalogo: *Invito con brevi biografie
degli espositori.*

TANO FESTA, nato a Roma nel
1938. Ha frequentato i corsi dell'Istituto d'Arte di Roma nella sezione di fotografia artistica. Ha sempre lavorato in forma indipendente. Fin dalle sue prime esperienze ha rivelato particolare interesse verso alcune tendenze del surrealismo astratto europeo e americano.

LA CERNIERA
Quel momento, alla fine degli anni cinquanta, penso che sia stata una scintilla creativa, distruttiva da una parte e creativa dall'altra; è stata una svolta molto decisa. Dico *scintilla*, perché tutto è successo in un attimo: tante cose che abbiamo poi visto sfociare in momenti diversi, la Pop Art, l'Optical Art, e i gruppi o i costruttivismi più o meno razionali. Vorrei definire *cerniera* questo momento: qualcosa che gira a 360 gradi, dopo di che tutto si risistema nelle diverse espressioni.
Sono venuto a Roma dietro la spinta del mio «compaesano» Edgardo Mannucci e per un paio di anni sono stato ospite del suo studio di via Margutta 17 e ho lavorato per lui. Vedevo sempre Burri e Capogrossi, spesso Cagli, Colla, Franchina, Gentilini, frequentavamo lo studio di Fazzini, Afro era lì davanti, e naturalmente incontravi sempre Turcato. Cagli era in quel momento un personaggio molto influente: era capace di riunire la gente più diversa, era una specie di agitatore. E poi c'erano le sponde: i bar Canova e Rosati come due grandi trincee, con tutti i figurativi da una parte (la cosiddetta «scuola romana», poveretta, che avevano sbrindellato in tutti i modi) e dall'altra i cosiddetti astratti. Guai ad attraversare quel confine, perché si rischiava di parlare col «nemico» e se qualcuno ti vedeva...
Era eccezionale il clima di Roma. Una specie di villaggio fatto per la cultura era quel triangolo tra piazza di Spagna, via Margutta e piazza del Popolo: tutti passavano di lì, da Mafai a De Kooning, da Kline a Sinisgalli: difficile era il *non* incontrarsi. Non c'erano critici che ci seguivano. Ma Vivaldi, sornione, aveva capito...
Quanto a Emilio Villa, era uno di noi, mangiava più di noi, capiva più di noi. Ci incontravamo nelle osterie a buon mercato (non c'era la televisione che ha rotto ogni rapporto) e Turcato era bravissimo a scovare questi posti. Cambiavamo solo quando avevamo abbastanza debiti.
Nel 1956 ho lasciato Mannucci e ho preso una stanza (studio e abitazione) al vicolo Scavolino, vicino

Fontana di Trevi. Facevo di tutto per l'arredamento: mosaici, vetri, tavolini...
Intorno al 1958 nel vicino vicolo Scanderberg venne Mario Schifano: abbiamo esposto nella sede della rivista «Appia Antica». Facevo allora dei lavori con le terre, e fu brevissimo il passo verso i cementi: anche Schifano, con altri intendimenti lavorava col cemento, ma lo applicava direttamente sulla juta. Gli dicevo, guarda, Mario che ti casca tutto, e lui rispondeva: Ma che te ne frega... Oggi si capisce bene che il vero valore di Schifano sta nell'attimo, nella velocità: se dipingesse un minuto di più la pittura si fradicerebbe. (Non l'ho più visto dal 1961).
Perché il cemento? Fino allora, 1958-59, pensavo di fare il pittore: adoperavo materiali corposi, reperibili con facilità e il più possibile non costosi, anzi poveri. Erano terre, tufo, pozzolana, sabbia, cenere e cemento. Il cemento, appunto: questo materiale unito al ferro coincideva bene con la mia natura di «costruttore». Volevo infatti costruire una «cosa», non più un quadro; che fosse concreta, autoportante e autosignificante, per azzerare così immagine e colore. Mi trovai di colpo a non essere più un pittore ma uno scultore, con sgomento (e entusiasmo). In questa avventura ebbi vicinissimo Lo Savio, vicini Schifano e Festa, poi Angeli. Incontravamo anche Kounellis (ma parlavamo poco) che andava nella stessa direzione.
Uscire dal quadro. Lo Savio lo faceva col design, e cioè con una riflessione, se vuoi più colta, con l'esperienza del Bauhaus e De Stijl. Io lo facevo con il lavoro sulla materia. «Spazio luce» era il suo problema, e cioè tutto quello che non c'è che non si tocca; mentre per me il problema era l'opposto, materializzare il concetto o l'idea, oggettivare il disegno. La mia esigenza, ora come allora, era quella di tornare al disegno come inizio del momento creativo, il momento forse più duro, più vero...
Attraverso Schifano ho conosciuto Festa e Lo Savio, Angeli era un po' più appartato. Nel 1960 eravamo molto vicini, poi ognuno ha fatto la sua strada. Alla mia prima personale a L'Attico ero ancora preso come «informale». Alcuni la accolsero con entusiasmo (Crispolti, Boatto) ma ricordo bene le parolacce che ho trovato scritte sulle opere, trattate proprio per quello che volevano essere: muri. Venne Capogrossi e mi disse: bravo Uncini: questi cementi li trovo forti, intensi, ma permetti una domanda, perché non ci metti una cornicetta di legno, magari con un filetto d'oro?
Roma e Milano erano due mondi molto lontani. Il nostro piccolo gruppo ha cercato di riunirli, e poi c'era quel personaggio favoloso che era Fontana. Burri l'ho amato

molto da vicino, ma lui, come uomo, era poco praticabile: un grande artista molto isolato. Nei miei interessi fu sostituito da Fontana: volevo fare un lavoro che fosse a metà tra la pittura e la scultura, un oggetto impossibile. La rappresentazione di qualcosa è una idea letteraria; i miei cementi non vogliono significare nulla se non se stessi.
Mi sentivo molto vicino a Lo Savio. Ci accomunava, per esempio, il lavorare sempre sul «tema»: una ricerca che parte da un motivo e, una volta analizzato quel motivo, si esaurisce per passare a un'altra ricerca. L'analisi, ma anche l'emozione di trovare ogni volta qualcosa che ti sfugge subito dopo, per ricominciare da capo. Lo vedi, quelli sono i miei ultimi lavori: sono molto angosciato e preoccupato perché non so dove andranno a parare. Oggi come allora.
[Giuseppe Uncini, intervista, ottobre 1992]

28 luglio

*«Appia Antica», n. 1, atlante di arte nuova, rivista bimestrale diretta da Emilio Villa, per l'estero da Charles Delloye.
Sede: 20, via Appia Antica.
Il grosso fascicolo è praticamente redatto da Emilio Villa. Noto i begli articoli su Burri, su Scialoja, su Tobey (Arte e rito), su Mannucci e Franchina, su Twombly (Talento bianco). C'è anche un articolo su Motherwell di G. Drudi.
Riproduce due opere di Lo Savio, con una nota di Emilio Villa:*
Lo Savio, pittore romano, è un giovane che sta incontrando una destinazione personale. La sua pittura sale di grado in grado dal colore alla luce, dalla luce allo spazio, e dallo spazio a un probabile umore di idea. Gli aspetti si direbbero ancora legati a una compiacenza «visiva», ma se questo pittore riuscirà a prendere possesso della sua occasione originaria, noi troveremo un nuovo operario destinato ai superiori intendimenti della pittura.

LO SAVIO, UN INVASATO
Un pomeriggio eravamo da Rosati. Parlavo con il giovane Lo Savio della sua recente scultura e del problema della luce che la coinvolge. A un certo momento lo apostrofai con una domanda provocata proprio dai suoi discorsi sulla luce come essenza e insieme come superficie e angolazione: «ma insomma questa luce è anima o lamina?» Restò interdetto un attimo: come se ci fosse poco da scherzare sulla luce. A precipizio rispose: «tutte e due, tutte e due», e subito si mise a ridere, più della sua risposta che del mio gioco di parole.
Conobbi Lo Savio al caffè Rosati a piazza del Popolo, me lo presentò Tano Festa: subito mi accorsi di una differente qualità interna dei due. C'era in Lo Savio una passio-

ne incredibile; si vedeva da come parlava e vibrava... Era nel 1959. Parlammo del lavoro, mi disse che sarebbe stato contento di mostrarmi i suoi quadri: andai. Prendemmo il n. 1, un tranvetto delizioso che da piazzale Flaminio portava a Ponte Milvio: aveva una stanzetta in una casetta neoclassica sulla destra (la cosiddetta Villa dei Cardinali). In fondo alla stanza c'erano dei quadri contro il muro: mi piacquero subito perché il problema della luce era portato fino in fondo. E poi, la sua passione per il problema della pittura e della luce era in certo modo anche un mio problema.

Mi disse se lo aiutavo a esporli: lo presentai a Liverani che era il mio gallerista (ricordo la mia mostra di tre quadri nel 1958 e la mostra del 1962 con lavori tutti eseguiti all'Accademia, con intento didattico). Liverani fu interessato a quel lavoro, e ricordo che espose qualche quadro nella sua piccola galleria (in una mostra forse prima di quelle documentate).

Siamo rimasti molto amici, Lo Savio mi voleva molto bene. Ricordo quando ci fu la mia mostra da Cardazzo nel 1960 volle essere assolutamente fotografato con me, mi mise un braccio al collo, con l'ombrello perché piovigginava...

Una pittura nuova, insolita: grandi cerchi come enormi soli astratti che occupavano quasi interamente lo spazio del rettangolo o quadrato della tela, con una materia molto semplice, fatta di velature e sovrapposizioni delicate, qualche cosa che, pur non essendo Rothko, me lo ricordava.

La luce. Come oggetto, non come appartenenza a un colore o alla materia. Ma la luce come dotata di una sua spazialità propria, fisica, tangibile spazialmente. E allora venivano le conseguenze: il significato della luce, dell'inclinazione, del tipo di materia o opacità.

Lo Savio era un posseduto, un invasato, vedeva l'arte come una dimensione integrale della vita e anzi una sospensione della vita. La vita stessa.
[Toti Scialoja, registrazione, ottobre 1992]

UNO STUDIO A VIA PANISPERNA

Ho conosciuto Lo Savio perché avevo uno studio a via Panisperna insieme a Tano Festa, e Francesco veniva a trovare il fratello. Era il 1956-60. Io ero più giovane e stavo lì a bere come una spugna ascoltando le loro discussioni. Tano mi presentò Lo Savio come architetto, tanto è vero che alla mostra del *Premio Cinecittà* dove partecipai con un quadro figurativo tradizionale, portò dei disegni geometrici colorati ma con un tratto assolutamente grafico, come il progetto di un designer; forse addirittura su carta millimetrata... Dunque io facevo il figurativo tradizionale, mentre Tano era un po' surrealista, tipo Matta, con invasioni

micro-organiche nello spazio: lui era già moderno, io no.
E mi ricordo perfettamente che la prima forma di iniziazione che subii da Tano e Francesco fu sul trenino che portava alle Capannelle dove abitava Tano. Mi dicevano: hai delle qualità, ma adesso le cose stanno cambiando, bisogna entrare in un campo di informazione, il pittore bravo è quello che sa le cose, che è informato. Per me è stato molto importante... loro non parlavano solo di pittura, affatto, ma anche di letteratura, di filosofia. Francesco era molto colto, almeno a me appariva tale. Io, per lui, non sono mai stato un vero interlocutore, nel senso che era il mio maestro, con me aveva un rapporto di tipo sentimentale e maieutico. Ci sedevamo al bar e mi parlava... Aveva con la vita un rapporto di grande intensità...

Quando vidi la sua prima mostra da Liverani l'impatto fu grandissimo, le sue opere basate sul concavo e sul convesso per me furono l'archetipo e le componenti dell'arte, le strutture profonde del lavoro artistico e della coscienza; le assunsi più a livello biologico che mentale... E poi quella sua idea sull'autonomia dell'arte come mondo chiuso, introspettivo, funzionava per lui anche a livello esistenziale, gli mancava completamente l'ironia di Tano e di Schifano.

Non fui affatto sorpreso quando si suicidò; fu per me come una nuova opera, un lavoro d'arte... Poneva alla vita delle richieste altissime, le sue scelte – quelle della donna, ad esempio – erano, anzi dovevano essere sempre le scelte migliori. Era molto esigente, puntava in alto. Chiedeva troppo alla vita. Forse non vedeva dei ritorni consistenti e allora ha lasciato perdere...
[Renato Mambor, testimonianza raccolta da M. Carboni, gennaio 1993]

Mostre, eventi, libri, viaggi

Galleria Nazionale d'Arte Moderna
In gennaio la mostra *Amedeo Modigliani* (con appendice di scandalo). In marzo-aprile la mostra (interessante per Lo Savio) *Le Corbusier*. In maggio-giugno, *Casimir Malevič* (a cura di G. Carandente).

Roma, Galleria La tartaruga
In aprile mostra di Kline, Rothko, Scarpitta, Twombly. In maggio, mostra di Bob Rauschenberg. In novembre, collabora con la Galerie

APPIA ANTICA
atlante di arte nuova
rivista bimestrale
editori
Liana Stall
Mario Ricci
diretta da
EMILIO VILLA
per l'estero da
CHARLES DELLOYE
direzione e sede
roma
20 via appia antica
tel. 755.141
direttore
responsabile
Liana Stall

La rivista pubblica solo collaborazione richiesta. Per principio omette la citazione dei nomi dei fotografi, dei collezionisti e delle gallerie di commercio ● Un numero costa Lire 1500 ● Un numero sdoppiato doppio ● Sei numeri in abbonamento Lire settemila ● Per l'estero le tariffe sono da raddoppiarsi. un numero 5 dollari USA, sei numeri 20 dollari USA.

GALLERIA LA SALITA ROMA

Prima Mostra di

FRANCO ANGELI, nato a Roma nel 1935. Non ha frequentato regolari studi d'arte. La sua formazione artistica si è determinata in modo autonomo ed isolato. Le sue opere presentano particolare interesse per precisione compositiva e per una assolutezza cromatica molto sensibile.

TANO FESTA, nato a Roma nel 1938. Ha frequentato i corsi dell'Istituto d'Arte di Roma nella sezione di fotografia artistica. Ha sempre lavorato in forma indipendente. Fin dalle sue prime esperienze ha rivelato particolare interesse verso alcune tendenze del surrealismo astratto europeo ed americano.

GIUSEPPE UNCINI, nato a Fabriano nel 1929. Iniziò le sue prime esperienze artistiche nelle arti grafiche. Nel 1954 si trasferì a Roma, dedicandosi interamente alla pittura, operando a fianco di noti artisti Il suo lavoro è orientato verso una sintesi visiva di valori naturali ed una selezione cromatica della materia.

da martedì 24 marzo 1959

SALITA DI SAN SEBASTIANELLO 16 C - TEL. 672.841

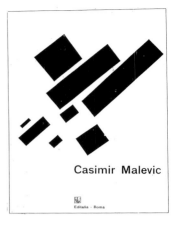

Casimir Malevic

Editalia · Roma

PIERO DORAZIO

2.–30. JULI 1959

GALERIE SPRINGER BERLIN
KURFÜRSTENDAMM 16 · TELEFON 91 AF 00

Yves Klein e Lucio Fontana,
Milano 1959

Catalogo della mostra
dei Monocromi
di Piero Dorazio, Berlino 1959

«Azimuth», n. 1, rivista diretta
da Enrico Castellani
e Piero Manzoni

Aujourd'hui al Palais des
Beaux Arts di Bruxelles per
la mostra: *Novelli, Perilli,
Twombly*. In dicembre mostra
personale di *Mario Mafai
astratto: 10 quadri presentati
da Attilio Bertolucci*.

Roma, Galleria La Salita
In aprile, mostra di Dorazio,
Sanfilippo, Turcato
(presentazione di Nello
Ponente). In maggio, Ettore
Colla, presentato da Charles
Delloye e Emilio Villa.
In giugno, Mimmo Rotella
(presentato da Emilio Villa).

*Roma, Rome New York Art
Foundation*
Herbert Read organizza in
estate una mostra con
artisti di nazioni diverse:
Piaubert, Bissier, Hepworth,
Newman, Francis, Noguchi,
Somaini, Scanavino e altri.

Milano
Alla Galleria del Naviglio
Fontana espone i suoi «tagli»
in febbraio. Sempre al
Naviglio, prima personale
di Jasper Johns.

Torino
La Galleria Notizie di Luciano
Pistoi presenta in aprile il
gruppo Gutai, fondamentale
per un'arte che non si basa più
sull'opera ma sul comporta-
mento, l'improvvisazione, il
corpo (letteralmente «gutai»
significa «concreto»).
Organizzata da Luciano Pistoi,
Angelo Dragone, Michel Tapié,
Coichi Tominaga, si tiene al
Circolo degli artisti la mostra
Arte nuova 1959 Torino: un
trionfo dell'«Art Autre» di
Tapié. Tra gli espositori
italiani: Accardi, Burri,
Capogrossi, Fontana, Moreni,
Vedova.

Venezia
A Palazzo Grassi in estate,
Vitalità dell'arte, prima mostra
di un ciclo incentrato sul
gruppo Cobra.
Espongono anche Pollock,
Dubuffet, Burri, De Kooning,
Tápies, Moreni, Vedova.

Parigi
Al Musée d'Art Moderne, in
ottobre, *Ière Biennale de Paris*.
I francesi partecipano col
Nouveau Réalisme (Klein,
César, Hains, Tinguely); gli
inglesi con Hamilton e Caro;
gli americani con Rauschen-
berg, Frankenthaler e Johns.
Il padiglione italiano, affidato a
F. Bellonzi, non è rilevante.

New York
New Images of Man è la mostra
che il museo d'arte moderna
dedica a una sorta di
rappel-à-l'ordre: segnalo la
presenza di Francis Bacon,
Jean Dubuffet, Alberto
Giacometti, Willem
De Kooning (un ponte tra
Action Painting e Figura).

MONOCROMO E AZZERAMENTO
A Berlino, Piero Dorazio
espone in luglio i suoi
monocromi luminosi presentato
da G.C. Argan, Galerie
Springer.
A Roma, alla Galleria
dell'Attico, personale di Lucio
Fontana.
Manzoni espone le prime *Linee*
a Albisola in agosto, e poi a
dicembre nella Galleria
Azimuth di Milano.
Si forma a Milano il Gruppo T
(Anceschi, Boriani, Colombo,
De Vecchi). Nasce a Padova
il Gruppo N sempre in inverno
(promotori: Biasi, Chiggio,
Costa, Landi, Massironi).
Partecipano a mostre nella
galleria Azimuth di Milano.
In inverno Piero Manzoni e
Enrico Castellani fondano la
rivista «Azimuth». Nel primo
numero, un testo di Vincenzo
Agnetti, opere significative di
Jasper Johns e Bob Rauschen-
berg, un monocromo di Yves
Klein, opere di Rotella, Mack,
oltre che dei direttori della
rivista.
Alla Galleria Appia Antica
espongono in aprile Piero
Manzoni, Enrico Castellani,
Agostino Bonalumi; in maggio,
monocromi di Mario Schifano.
Alla Galleria Trastevere di
Topazia Alliata, Samonà
(novembre).

KLINE
ROTHKO
SCARPITTA
TWOMBLY

galleria la tartaruga roma babuino 196 – 9 aprile 1959

Copertina e pagina del catalogo
della mostra Casimir Malevič,
Galleria Nazionale
d'Arte Moderna, Roma 1959

Dépliant della mostra di Robert
Rauschenberg, Galleria
La tartaruga, Roma 1959

Dépliant della mostra di Kline,
Rothko, Scarpitta e Twombly,
Galleria La tartaruga, Roma
1959

1960
16-29 gennaio

Francesco Lo Savio
Roma, Galleria Selecta
La galleria, in via di Propaganda, è
l'emanazione della Galleria del
Naviglio di Milano, ed è diretta da
Carlo Cardazzo e Vittorio del
Gaizo.
Si è aperta nel 1955 e chiude nel
1960. Da notare le mostre nel
1958 di Jean Dubuffet e Victor
Brauner; nel 1959 Angelo Savelli.
Catalogo: 8 pagine. Testo di Lo
Savio con traduzione inglese; tre
foto di quadri di filtri (Spazio luce
1959; Space lights 1959; Espace
lumière 1959); foto di Lo Savio.

FRANCESCO LO SAVIO
Queste visioni di spettri luminosi
nello spazio si sono sviluppate in
me lentamente; solo più tardi si de-
terminò la coscienza di un motivo
originario: la luce.
La luce non è per me la conseguenza di una immagine, ma la
somma di diverse immagini in movimento continuo di evoluzione.
L'idea di luce come osservazione
pura e semplice non sarebbe nulla
se non fosse la partecipazione diretta allo scaturire della vita nella
sua dinamica essenziale.
In ogni aspetto del suo essere in
relazione con qualcosa d'altro, poi
segue un ultimo cammino che la
conduce alla possibilità di perdere
il senso di ciò che è, per vagare nel
vuoto.
Questo vagare, per se stesso
niente, è solo nel modo come ci
appare: immagine di una realtà
quasi impossibile.

18 marzo-8 maggio

Monochrome Malerei
Leverkusen, Stadtisches Museum
Catalogo: testo di Udo Kulter-
mann (altre volte si occuperà di Lo
Savio). Partecipazione italiana:
Fontana, Dorazio, Scarpitta, Bor-
doni, Castellani, Lo Savio, Man-
zoni.
Opere esposte:
Komposition, 110 x 130 cm
In catalogo è una breve dichiara-
zione di Lo Savio:
Sensibilizzare lo spazio vuoto, inteso come momento dinamico della luce, può essere l'azione iniziale
di un processo che tende all'affermazione di una nuova realtà.
Un'indagine essenziale nei confronti di quest'ultima conduce alla
immediata negazione di ogni precedente esperienza: quindi a una
libertà d'azione che sembrava pre-
clusa.
Libertà che annulla l'ansia della fine e propone un'esperienza che
potrà vivere nel futuro.

PITTURA MONOCROMA
UNA NUOVA DIMENSIONE
La mostra *Pittura monocroma* è un
tentativo di riassumere le tendenze internazionali che si rifanno a
un nuovo tipo di creazione. La
maggior parte dei pittori che si rico-

noscono in questa tendenza è
quasi del tutto sconosciuta.
Il titolo della mostra è da intendere
soltanto come descrizione di un fenomeno non definibile fino in fondo. Dovrebbe caratterizzare in modo assolutamente insufficiente,
una tendenza che prende le distanze da quel fenomeno altrettanto insufficientemente definito
col nome di Informale.
Seguono due pagine dedicate al-
l'Informale, alle sue qualità e alla
sua possibile eredità; parla del mo-
vimento dinamico e della parteci-
pazione passiva dello spettatore.

La nuova pittura si basa sull'azione reciproca tra quadro e organismo umano e fa della relazione fra
opera e uomo, fra materia animata
(nel senso di forma creata) e uomo
animato (nel senso di una commozione fisica e emozionale) il tema
configurante.
«Essendo diventato il tema del
quadro, solo ora il dinamico è la vera forma del quadro» (Heinz Mack).
Non si possono comunque ignorare i movimenti della pittura del xx
secolo che anticipano questa concezione. In questo senso sono da
ricordare il futurismo, le visioni pittoriche di Casimir Malevič che si
addentravano già molto nel futuro
e la liberazione dal colore dei quadri di Robert Delaunay. Persino la
pittura del Neoplasticismo e l'arte
che ne è conseguenza, come la
pittura del Costruttivismo russo e
l'arte di Paul Klee per alcuni importanti aspetti possono essere considerati anticipatori della presente
pittura. Sia nell'opera di Willy Bau-
meister che nelle composizioni di
Charchoune, ispirate dalla musica, si trovano fasi di monocromia
dinamica. È evidente, quindi, che
essa fa parte di una continuità storica e che è legittima continuazione della tradizione storica.
A ragione si può parlare di un'«arte
senza arte», che può essere definita da una citazione del maestro
di spada Takuan: «Tutto è quindi
vuoto: tu stesso, la spada sguaina-
ta, e le braccia che conducono la
spada. Persino il pensiero del vuoto non esiste più. Da questo vuoto
assoluto nasce il meraviglioso
svolgersi del fare».
Il colore è sensibilità materializza-
ta, materia allo stato primordiale,
mezzo per la liberazione dell'uomo dai legami del mondo materiale. I quadri sono soltanto colore, il
rosso, il bianco, il nero, il giallo e il
blu creano un effetto puro e indo-
mito.
Contemporaneamente il colore è il
mezzo di una nuova esperienza
dello spazio che, in contrasto con
l'illusione ottica, cerca di creare
un'immaginazione spaziale perfetta. Liberandosi dai loro limiti i
valori spaziali sono entrati in uno
stadio in cui la loro ampia realtà
può essere sperimentata. Tutti
questi nuovi pensieri, opere e progetti sono la conseguenza di una
concezione e di forme di realizza-

Copertina e retro del catalogo
della prima mostra personale
di Lo Savio, Galleria Selecta,
Roma 1960

Manifesto della mostra
Monochrome Malerei,
Leverkusen. Partecipa Lo Savio

Lo Savio nel suo studio, 1960

zione di una nuova verità. Lo scopo non è più quello di produrre arte ma di cambiare la realtà.
Yves Klein: «L'arte della pittura per me consiste nel creare uno stato di libertà per la materia primordiale. Un quadro comune, come lo si concepisce nella sua materia universale per me significa la finestra di un carcere in cui linee, contorni, forme, e composizioni vengono determinati dalle sbarre. Le linee per me significano la concretizzazione del nostro stato di essere mortali, della nostra vita sentimentale, del nostro intelletto e persino della nostra spiritualità; essi sono i nostri limiti psicologici, il nostro patrimonio ereditario, la nostra educazione, il nostro scheletro, le nostre infermità, i nostri desideri, le nostre qualità, la nostra furbizia».
Richiesta principale degli artisti è quindi che il movimento del quadro parta dal quadro stesso e che, attraverso l'immaginazione artistica venga portato oltre un puro movimento meccanico.
L'autodinamismo del quadro aiuta a creare uno spazio che includa lo spettatore. Questo spazio del quadro non ha più nulla a che vedere con una profondità spaziale ma ha a che fare più con una attività spaziale o addirittura con una aggressione spaziale. Si muove verso lo spettatore e lo fa entrare in un gioco alterno che richiede una forma di attività sia da parte del quadro che dello spettatore. Il recipiente fa parte di un campo di forze che è stato messo in moto. Il quadro in alcune unità parziali contiene, attraverso reticoli, disposizioni in file, sistemi di buchi e tagli, adeguamenti di colori ecc., un ordine che è un ordine artistico. Il procedimento meccanico dell'applicazione di colore sul fondo alcune volte segue una regola e già di per sé stabilisce infinite possibilità.
Lo scopo estetico, però, rimane quello di mettere in movimento il colore, di aprire allo spettatore la possibilità di sentire in modo fisico la propria vita dinamica dei colori.
[Udo Kultermann, traduzione, per cortesia di Plinio De Martiis]

UN PENSIERO CRITICO RADICALE E ANALITICO

Io non ho mai messo insieme a priori e poi dipinto di conseguenza, una teoria del monocromo. Al contrario, attraverso l'esperienza intuitiva della scelta e dell'uso di tante serie di scale cromatiche, prima tonali e poi di armonia e di contrasto, sono arrivato (1951-54) all'azzeramento di tutte quelle variazioni e cioè al bianco o al bianco-grigio. Proprio come accade nella ruota inventata da Erwin Maxwell che, operando la sintesi di tutte le tinte e di tutte le sfumature dello spettro, produce un campo grigio chiaro, quasi bianco. Quindi la mia prima esperienza monocroma, risale a quegli anni. Dopo aver dipinto delle tele bianche ho capito

allora che per non perdere di vista gli effetti della luce, era essenziale cambiare supporto e lavorare su una superficie da modulare in modo che essa producesse, con il rinfrangersi della luce, effetti cromatici indotti o immaginari. Ho esposto queste opere che chiamavo impropriamente «rilievi» o «cartografie» nel 1954 alla Rose Fried Gallery di New York e nel 1955 a Milano alla Galleria Apollinaire e alla Galleria del Cavallino di Venezia. Certamente si trattava di una pittura insolita, quelle superfici alle quali aggiungevo a volte dei punti colorati in rilievo, piacevano a poca gente: a New York a Fritz Glarner, a Hans Richter, a Frederich Kiesler e a Marcel Duchamp, a Milano a Lucio Fontana e a Piero Manzoni il quale ne trasse certamente ispirazione più tardi per i suoi quadretti bianchi.
Contemporaneamente a questi rilievi e soprattutto fra il 1953 e il 1955, continuavo le mie esperienze cromatiche su fondi bianchi trattando i pigmenti con la spatola. Ne risultava una materia densa e impregnata di luci e ombre con effetti interessanti dove il fondo bianco lambiva le zone sfumate da accenti cromatici indotti dall'occhio. L'uso della spatola e quindi, il contatto più diretto della mano con la materia e le diverse qualità dei pigmenti, mi indusse a indagare la possibilità di sviluppare effetti ottici in un'area a me già nota agli inizi della mia esperienza, quando mi ispiravo alla pittura futurista e cubista di Severini. Quell'area cioè in cui dalle relazioni strette fra spazio, segno e composizione, insorge la percezione del tempo e quindi la sensazione parallela del «ritmo». Ammiravo molto il jazz nuovo di Charlie Parker, Dizzy Gillespie e Thelonius Monk (anche Mondrian era stato un ammiratore di quest'ultimo a New York). Così abbandonate le idee un po' troppo rigorose dei rilievi, ho ripreso i pennelli cominciando a dipingere composizioni prima ritmiche poi più fluide e continue, con timbri modulati come i suoni di un sassofono o di un pianoforte (1955-57). Il movimento e di conseguenza la composizione, venivano suggeriti dall'interno di una immagine corposa fatta da pennellate lunghe e convergenti o parallele (Previati), come fossero le fibre di un muscolo in tensione.
Il concetto di quelle esperienze non era quello della pittura monocroma, termine mai sentito prima della mostra *Monochrome Malerei* di Leverkusen. La mia aspettativa dipingendo un quadro, era che questo rivelasse un'immagine ritmica immersa in una luce uniforme e fredda che risultasse dalle sommatorie delle tante pennellate di tono diverso ordinate secondo un orientamento, in modo da far vibrare la superficie del supporto. A quel tempo era di moda l'«informale». Mi proponevo allora di fare il

contrario, di abolire il segno e trasformarlo in elemento portatore di faville luminose in modo che l'insieme di tanti segni o pennellate creasse piuttosto che una composizione nello spazio, uno spazio totale, una massa colorata dalla quale risultasse un effetto luminoso omogeneo e vibrante. Quelle pennellate se a distanza sembrano righe continue sono invece composte da tratti i quali si aggiungono uno alla coda dell'altro e in realtà nessuna riga è diritta bensì sinuosa. Queste righe costituiscono tutte insieme uno strato colorato e vibrante poiché l'intervallo fra le righe corrisponde o meno alla larghezza della riga, e cioè il suo negativo, al fondo.
L'insieme di queste linee colorate veniva poi incrociato da un altro strato di linee di altro colore inclinate a un certo angolo, ciò raddoppiava la vibrazione della superficie lasciando intravedere come tanti punti più chiari l'insieme delle parti del fondo, libere dal pigmento. Incrociando ancora con angolazioni diverse e in senso orario, altri sistemi di linee di timbro sempre più scuro, risultavano effetti ottici come quello dei colori endogeni e l'effetto «moiré», effetti che non erano voluti ma che eventualmente arricchivano dall'interno la massa colorata. Questi effetti e soprattutto la semplice struttura lineare dei piani di linee incrociati, davano l'impressione superficiale di una rete. Sicché alcuni osservatori abituati a cercare il «soggetto» in un quadro perché avvezzi alla pittura naturalista, li hanno poi chiamati «reticoli».
All'interno di quelle masse colorate che dipingevo cercavo di ottenere per la sovrapposizione delle pennellate delle trasparenze attraverso le quali si potesse leggere il processo di sedimentazione dei pigmenti sul supporto, fino alla superficie finale. Questi quadri erano in genere grandi, avevo scelto come formato ideale quello di una porta o di una doppia porta e lasciavo (o da un lato o da due o da tutti e quattro) intravedere come nella cimosa di un tessuto il processo formativo del quadro (Gestaltung). Questi quadri non piacevano a nessuno dei miei amici romani salvo che a Nino Corpora e a Turcato, impressionarono però molto sia Hans Richter che Frederich Kiesler e specie Bill De Kooning il quale suggerì all'amico Leo Castelli di farne una mostra. Per Argan, furono una rivelazione, tanto che mi offrì un testo da pubblicare nella rivista «Quadrum»: che io preferii pubblicare nel catalogo della mia mostra alla Galleria Springer (Berlino, giugno 1959). Quei quadri erano già stati esposti a Roma dalla Galleria La Salita e visti da molti pittori, alcuni dei quali (Schifano) cambiando improvvisamente il loro stile ne fecero imitazioni veramente «monocrome», o come Lo Savio il quale frequenta-

va quasi ogni giorno il mio studio e tentò un'altra via «costruttivista» più interessante.

La mostra di Berlino ebbe successo fra gli artisti e specie per due critici jugoslavi, Putar e Méstrovich i quali ebbero l'idea di ripartire da quelle idee e da quelle di altri artisti per organizzare la mostra *Nove Tendecije* a Zagabria. La mia mostra fu trasferita da Berlino a Düsseldorf nell'autunno 1959 e fu vista da Heinz Mack, Otto Piene e da Günther e Rotrhaut Uecker (la sorella di Günther, che acquistò un mio disegno a carboncino e in seguito sposò Yves Klein). Dall'incontro di questi artisti con il sottoscritto e poi con Fontana, nascerà nel 1961 il Gruppo Zero. Il mio lavoro di quegli anni proponeva una volta ancora l'azzeramento delle esperienze della pittura moderna per mezzo di un pensiero critico radicale e analitico, rivolto più alla ricerca di un metodo pittorico che a un discorso sull'arte. La realtà sulla quale operare era per me e per altri, il mondo dei sensi e la psicologia della percezione, quindi, la poesia attraverso le sensazioni piuttosto che l'estetica.
[Piero Dorazio, testo scritto per Maurizio Fagiolo dell'Arco, Todi, 2 marzo 1993]

dal 23 marzo

Giovani pittori - Lo Savio, Schifano, Uncini, Festa, Angeli, Sordini.
Appunto, Galleria d'arte, Roma.
Esiste della mostra, a mia conoscenza, solo una lettera per la stampa (GNAM, Roma, Archivio) firmata dal direttore Richard Chase.
Allude alle mostre in corso a Roma: la Quadriennale, i pittori americani a Valle Giulia, i giovani americani a Palazzo Venezia, ed è quindi databile al 1960 (come ha precisato L. Cherubini, in «Flash Art», n. 153, 1989-90).
Dalla lettera si apprende che Chase ha voluto mostrare «quello che sta facendo "la generazione adolescente in guerra"».
La mostra di gruppo (quasi assestato) precede quindi di pochissimo la prima finora nota che si tiene a Bologna esattamente un mese dopo.
Giuseppe Uncini (testimonianza orale) ricorda che, al posto di Sordini, partecipò il pittore De Bernardi, amico di Mario Schifano.

dal 23 aprile

Angeli, Festa, Lo Savio, Schifano, Uncini.
Bologna, Galleria Il Cancello (diretta da Giovanni Ciangottini).
La mostra è intermediata da Concetto Pozzati [testimonianza].
Catalogo. Copertina nera e doppia pagina col testo di presentazione di Enrico Villa.
Sono esemplari nuovi di operazione che possono essere accolti tra le rare ed energiche, giovanili, testimonianza di una imminente ri-

bellione al vizio corsivo odierno, ecumenico, delle pitture colorate di pletorico magma, dei plasmi caotici, delle nevrastenie sofistiche e enfatiche, anguste e oscure, delle scroscianti convenzioni esistenziali, tinteggiate e manipolate a vanvera, a quiproquo. Questi artisti assai giovani conservano, invece, esibiscono, evocano proprio una tentazione e perfino una nostalgia di fantasmi spogli e spontanei, sorgivi e non ripresi alla foresta del Monstrum, al carcere dell'ileomorfico, alle piste elisie della psiche storpia; e invece un desiderio di quei monumenti di silenzi solenni che succedono a uno sterminio, o dopo un olocausto. Sono desideri o tentazioni ribaditi da una ispirazione rigorosa; e da fede in una breve libera giocosa giurisdizione della res extensa, nel semplice atto di congiungere e disgiungere, atti che provocano l'eco e l'orbita di ideazioni fruste ma profonde in realtà; e ripropongono come recupero le misure perpetue del campo della tomba, della porta, della putrella, della parete, delle fondamenta: connettere, e ritrovare una ostinata porzione dell'incorruttibile in seno alla corruzione ostinata, perpetua. Di Uncini si legga la dibattuta e impeccabile o non astrusa ecologia, l'energica opzione dei due materiali, per tralicci irritati, vibrati e stesure dalla persistente animazione, contro le restrizioni mentali del segno. Di Schifano quella luce logora alta costernata, e la sua ideologia strumentale, la macchinazione dei due elementi giustapposti, imbullonati, sacramentati in una prospettiva ingenua di due aloni illuminati alla quaternità. Ecco il braccio che scopre i canoni grevi, originari, della sua azione: giustapporre sovrapporre combinar abolire rigenerare, chiudere e aprire: è la energia radicale e istituzionale dell'implicito, una condizione traumatica ma persuasa dell'esperienza, del pragma, della pratica umana che si dovesse, da queste opere sorprese nella loro parvenza nativa, trarre un indizio che possa esprimere la integrale nullità del gesto (come molti oggi potrebbero non senza qualche diritto giudicare) esse appunto sarebbero indizi certi in tale senso, proprio perché, proponendo l'esclusività del gesto operativo come fine e conclusione, come atto integrato con la nozione stessa dell'operare, e anzi in essa inserito a nutrimento e inquietudine cieca e magnanima confusione, l'oggetto operato si testimonia come misura istantanea, come ictus, di quello che è insieme e reale e apocalittico, quotidiano e escatologico, non si tratterà più dunque di «pittori» nel significato antiquato della parola, ma di attori che manifestano una fruizione tesa, violenta, quasi graduata in un senso che è fisiologico, di tutto ciò che è consumato e sfibrato e che si rigenera in cadenze, in orientamenti, in con-

'appunto' galleria d'arte via gregoriana 46 roma tel. 687730

637/9

MOSTRA PER LA CRITICA

La Galleria APPUNTO inaugurera il 23 marzo alle 6.30 una mostra PER LA CRITICA: Giovani pittori. Sono LO SAVIO, SCHIFANO. UNCINI. FESTA. ANGELI. et SORDINI. E sono fra i migliori della loro generazione. Noi speriamo, quindi, che la critica dara loro ampio spazio. A Roma ora abbiamo la Quadriennale; pittori americani a Valle Giulia; ed i pittori giovani americani a p lazzo Venezia - la Galleria APPUNTO offre la possibilità al pubblico e, principalmente, alla critica, di vedere quello che sta facendo "la generazione adolescente in guerra."

E una mostra importante per questa ragione.

La mostra è aperta dopo la mostra delle fotografie di ROLOFF BENY (meezzanotte 20 febbraio - 20 mezzanotte per invito.) Rimane aperta all 2 marzo. Il 3 marzo inaugurazione di ACCATINO.

Richard Chase
Richard Chase
(Director)

La mostra di gruppo nella Galleria Appunto, Roma, febbraio 1960 (Lo Savio, Schifano, Uncini, Festa, Angeli, Sordini)

Un quadro di Ettore Sordini, 1960

cezioni metriche, in evocazioni dello status. O si veda di Lo Savio il paziente sortilegium, l'artificiosa ricerca dell'increato, l'umile atto di referenza alla indiscreta e baluginante caligine dello spazio, che non è colore, ma idea. E di Angeli quella specie di cosmologia arida, appena intravedibile da filiture e marezzature da screpoli e coaguli, tutta una metafisica sensitiva e ritmi generalizzati della disparizione. Ma lo sbigottimento che esibiscono e sconfiggono è così austero, così percosso e quasi perseguitato da idee equivalenze invocazioni, da pronunciare, nella apparente uniformità del materiale, un umile trepido stato della perpetuazione. E non è che non siano descrivibili in una circoscrizione minore di pubbliche convenzioni pittoriche; forse anzi spiccano quali frutti proprio di questo momento, come una impennata, o come un rigoglio come inatteso; o forse solo vi si difendono, asserragliati in una stagione futura, che non mancherà di una veemenza, assiepati nel dominio delle arcane dissipazioni, essi operano semplici opere: accentuano divisioni e scissioni, vidimazioni univoche, dentro la sostanza della materia povera, trovata, tentata e ritentata come disponibilità di pronuncia e di identità, di evento e di inconsumabile finzione, di progetti e di inizi fulminei, di tracce, di evidenze: categorie, riverberi della comprensione, dell'espansione.

Il testo è riproposto, con poche varianti, come recensione alla mostra, sulla rivista francese «Art d'Aujourd'hui», n. 28.

LO SAVIO, TANO E ... BOLOGNA

Nel 1958 espongo a Roma alla Salita con Giosetta Fioroni e Nanni Valentini, vado a trovare Perilli e Novelli che lavorano nello stesso studio, Bignardi mi porta da Scialoja e poi da Twombly, rivedo Cintoli perché la stima e l'amicizia sono forti (come forte è il suo lavoro non ancora fatto galleggiare da questo maledetto sistema dell'arte). Degli amici della cosiddetta (detta poi nel 1963) «scuola di piazza del Popolo» non esiste ancora traccia ufficiale (a eccezione di un outsider isolato come Uncini), ma li conosco subito l'anno dopo (1959) alla Salita: Angeli è amico di Festa, mentre Lo Savio frequenta Schifano.

È proprio Gian Tomaso Liverani che me li manda a Bologna per vedere di fare loro una mostra. La galleria più forte (e più vasta) è senz'altro La Loggia, consigliata anche da Gnudi, Arcangeli, Cavalli. Disinvoltamente andiamo a trovare la signora Pederzini, dico le intenzioni degli amici romani e prima che termini il mio discorsetto di circostanza Lo Savio, piccolo e vestito di nero, tira fuori nervosamente da una busta una foto, forse tutta nera, di un suo lavoro. Pur smarrita e sorpresa la signora è gentilissima ma ci consiglia di an-

dare a trovare il pittore Ciangottini, che dirige la galleria Il Cancello. Combiniamo la mostra per aprile, con la presentazione di Emilio Villa.

La mostra fece molto discutere, se ne incuriosì lo stesso Arcangeli. Tutti tentavamo una uscita dall'informale anche se memorie in Tano e Franco erano ancora presenti. Tutti monocromi e azzerati, soprattutto Lo Savio per l'ossessione già evidente di un filtro occultante e di poliedri «ambiguamente» regolari pre-minimalisti. Festa propone due quadri rossi, uno un po' burriano, dove la parte dipinta si sfoglia, si solleva, si «stela» come pelle ripulsa dalla stessa tela. Opere pur tutte aniconiche diventano oggettuali e «iconiche» per la loro forte presenza. Un silenzio grave, quasi metafisico, austero e per niente giovanilistico e baldanzoso. Un senso cupo, profondo, un velo pesante davanti alle opere, una specie di astensione.

Li rivedo tutti, escluso Schifano che rinuncia, alla grande mostra delle *Nuove Prospettive della Pittura Italiana* a Bologna nel 1962, poi ancora riesponiamo, senza Lo Savio purtroppo, alla Biennale del 1964 dove Uncini è ingiustamente assente. Che nostalgia! Ma, come avrebbe borbottato Festa, parliamo invece di quello che siamo e non solo di quello che eravamo e facevamo.
[Concetto Pozzati, fax 7 ottobre 1992]

MUTISMO DI LO SAVIO

Lo avevo conosciuto nel 1960 o 1961, un periodo in cui questi giovani artisti di Roma venivano a Milano spesso perché c'era Fontana, c'eravamo Manzoni e io, avevamo creato una certa rottura con il resto di quel che si faceva. E poi a Milano c'era il mercato, ottima ragione per frequentare la città. Era l'epoca in cui Lo Savio faceva i filtri. All'inizio la nostra frequentazione è stata molto sporadica, una volta a Roma, una volta a Milano, e poi quegli ultimi incontri più ravvicinati ma molto penosi... avevamo tutti dei problemi, eravamo tutti senza una lira a quei tempi, ma lui era particolarmente, drammaticamente depresso, sapevo che aveva dei problemi con la moglie, ma non fino al punto di compiere quel gesto estremo... Francesco era di un mutismo quasi assoluto, era lì, presente, ma presente soprattutto a se stesso, si sentiva che aveva un rovello, ma a quell'età è abbastanza normale, chi può immaginare che poi... non è che si parlasse molto di arte, di cultura, comunicavamo con quel che facevamo... Anche con Manzoni si parlava, ci scambiavamo i libri, ma poi i rapporti passavano attraverso il lavoro, uno prendeva atto di ciò che faceva l'altro e stimavamo in una certa misura il lavoro reciproco, la nostra convinzione insomma era che i veri critici eravamo noi l'uno

Catalogo della mostra di Angeli, Festa, Lo Savio, Schifano Uncini, con la presentazione di Emilio Villa, Galleria Il Cancello, Bologna, aprile 1960

Emilio Villa in una fotografia di Mario Schifano

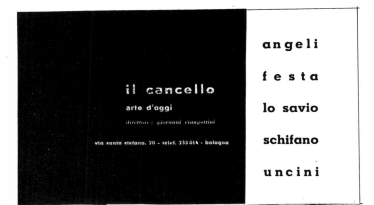

dell'altro... Una volta o due ricordo che siamo stati assieme tutti e tre, Lo Savio, Manzoni e io... Francesco era molto chiuso di carattere, Tano stava con Angeli, con Schifano, ma Francesco stava per conto suo; questo, Tano me lo ha raccontato molte volte, aggiungendo con rammarico che forse se fosse stato in compagnia con loro, non sarebbe accaduto niente... Quando veniva da me aveva dei lavori in una valigia, forse dei disegni, non ricordo, in ogni caso non mi ha mai mostrato niente, era semplicemente il suo bagaglio...

Adesso forse, dall'esterno, si può dire che riguardo al famoso azzeramento possa esserci una qualche aria di famiglia, ma al tempo... anche il lavoro di Manzoni era un po' *a latere* di quel che facevo io, quella sua componente dada, comportamentale... c'era una stima reciproca anche se in fondo il nostro lavoro si indirizzava su strade diverse. Con Lo Savio avevo un'affinità che tuttavia paradossalmente ci respingeva, perché partivamo da presupposti diversi in senso formale: per esempio io facevo gli angolari, i baldacchini, ero interessato alla concavità come metafora di una superficie più estesa, di uno spazio infinito, mentre Lo Savio faceva le cose convesse: ecco questo, a quel tempo, già non mi interessava, ecco perché parlavo di sottili, forse eccessive distinzioni: prendevo atto e basta... Certo, adesso vista la cosa a distanza di tempo, si può dire che tutte queste differenze non ci fossero ... insomma eravamo dogmatici, puristi, perché eravamo intenti strenuamente a far qualcosa che collimasse il più possibile con quel che avevamo in mente ... allora non ero al corrente dei contatti che Lo Savio aveva con la Germania, l'ho saputo dopo del Gruppo Zero ... Certamente la sua è stata una ricerca interrotta; conoscendo gli ultimi suoi lavori si vede benissimo che poteva svilupparsi ulteriormente, progredire...

Credo che Lo Savio pensasse di Fontana quello che tutti pensavamo, cioè che era un grande maestro che aveva fatto una vera rivoluzione nella pittura, nel modo di concepire la superficie, ma non ci scambiavamo molti pareri, eravamo lontani dalla tradizione dei caffè parigini...

[Enrico Castellani, testimonianza raccolta da M. Carboni, 2 novembre 1992]

18 novembre

Roma 60 - 5 pittori - Angeli, Festa, Lo Savio, Schifano, Uncini
Roma, Galleria La Salita
Catalogo: *dépliant di 4 pagine azzurrine con un testo di Pierre Restany.*

ENTRE-DEUX ROMANO
Roma, divenuta decadente, avrebbe pagato caro il peso della propria storia. Invasa, oppressa, ferita, risponde con l'indifferenza alle ingiurie del tempo. Questa noncuranza la rende eterna: come stupirsi se questa metropoli della nostra cultura, la Città per eccellenza, è oggi il rifugio di tutti i nostri conformismi?
Talvolta accade però che salti un anello di quella lunga catena forgiata dal tempo, nella quale la storica alienazione esprime in realtà solo la somma di tutte le rinunce a sé. Per poco tempo. Ma sufficiente per creare una situazione, un'apertura sul futuro, forse anche un artista vero.
Questa situazione aperta, la presagivo già da qualche tempo, anche se l'ho percepita davvero lo scorso ottobre a livello di giovane generazione romana, quella degli Angeli, Festa, Lo Savio, Schifano, Uncini. Sarebbe vano attribuire un comune denominatore a processi intellettuali così diversi e ancora insufficientemente affermati. Ci addentreremmo nelle Paludi Pontine dell'indecisione, ma anche della virtualità e del possibile divenire. Ovviamente, questa zona marginale si colloca per la maggior parte di loro tra Parigi e New York, tra i neodadaisti e i Nuovi Realisti e, per uno, tra lo *hard edge* e il *nuagisme*. La via è stretta ma esiste, se non altro allo stato di parentesi tra due *art labels*...
In virtù di tale sfasamento rispetto a posizioni consolidate, ufficialmente riconosciute e unite oramai all'accademismo di avanguardia, a questi giovani pragmatisti viene offerta un'occasione. È il momento di dirlo loro, e di dirlo.
[Pierre Restany, Parigi, novembre 1960, tradotto dal francese per il presente catalogo]

RECENSIONI
Un gruppo di giovani romani – che ha appena esposto in una mostra alla galleria La Salita: Angeli, Festa, Lo Savio, Schifano e Uncini – comincia la sua avventura sotto il segno del Dada: in alcuni di loro emerge al tempo stesso la preoccupazione di fare del quadro un oggetto, o piuttosto una *cosa*. La loro opera, allo stadio attuale, vale più per l'atteggiamento che rivela, la sfida che rappresenta, che non in se stessa.
L. Hochtin, in «L'Oeil», gennaio 1961.

Presentati da una breve ma pertinente introduzione di Pierre Restany espongono alla Salita cinque giovani pittori romani. Uncini, Festa, Lo Savio, Schifano e Angeli si erano già presentati insieme all'Appunto nel febbraio del '59. Li accomuna lo stesso bisogno di andare oltre le ultime esperienze dell'informale, che, una volta perduta l'originaria forza romantica di un Pollock o di un Wols, viene sempre più scadendo a mera decorazione. Il loro maestro è Burri, di cui ovviamente essi non cercano i «contenuti», l'irripetibile storia dell'anima, ma le nuove possibilità di linguaggio che l'artista ha aperto con l'impiego di materie pressoché inedite, con il suo ordine mentale e la compostezza della forma in cui la sua angoscia esistenziale si rapprende e decanta.
Ecco dunque Uncini servirsi di un'ampia superficie metallica, interrotta al centro da una massa geometrica di cemento riuscendo a metterci dentro tutto il suo animo contemplativo e sereno; Festa, che si è accorto per tempo del rischio di inseguire l'assolutezza formale di un Rothko, realizzare un nuovo ordine geometrico scandito da ritmiche interruzioni materiche; Lo Savio avventurarsi in una direzione costruttivista, riuscendo a creare dei ritmi di una purezza architettonica, mentre Schifano sembra prediligere le esperienze neodadaistiche, rifiutandosi a un discorso strutturato come quello dei suoi amici. Angeli, infine continua nel suo gioco allusivo di forme scattanti e leggere, cui però nuocciono certi ricordi surrealistici.
F. Menna, in «Telesera», Roma, 10 dicembre.

LAVORO CON LO SAVIO
Una mattina di gennaio del 1960 Toti Scialoja mi propose di andare a vedere alla Galleria Selecta la mostra di un giovane artista. Entrammo e trovai avvolti nella semioscurità i dipinti di Lo Savio, che sembrava volessero uscire dalla parete. Ne rimasi fortemente impressionato e prendemmo un appuntamento per visitare il suo studio a ponte Milvio, dove invece ritrovai questi quadri in un'atmosfera molto luminosa. L'impressione fu la stessa e parlammo a lungo dei suoi problemi sulla luce. Nel novembre dello stesso anno lo presentai nella mia galleria, nella mostra proposta da Pierre Restany: *5 pittori - Roma '60*. Una mostra di rottura con l'informale, dove i cinque artisti si presentarono con opere monocrome e di ricerca affine. Da questo momento il loro lavoro fu sempre più differenziato. L'anno seguente Lo Savio si dedicò principalmente ai metalli, li espose in diverse mostre in Germania. Da allora la sua ricerca ha in parte condizionato il lavoro della mia galleria. Lo vedevo sulla linea di Fontana, ma lo sentivo più vicino. Il nostro rapporto rimase sempre un rapporto di lavoro, ma piuttosto freddo sul piano personale. Il suo carattere imperioso mi imponeva, come raramente mi è successo con altri artisti, le sue proposte. Nel 1962, ho dovuto tinteggiare le pareti della galleria di grigio, per la mostra delle *Articolazioni totali*, cui davamo molta importanza. Questa mostra rese evidente l'isolamento cui la ricerca aveva condotto Lo Savio, al punto che il giorno dell'inaugurazione nessun artista, nemmeno suo fratello, si presentò in galleria, ma tutti fecero

Catalogo della mostra Roma 1960-5 pittori, Galleria La Salita, novembre 1960

Giuseppe Uncini e Mario
Schifano (sul fondo una tela
di Schifano con applicazione
di cemento)

Alla mostra di Uncini, L'Attico,
Roma 1961. L'architetto
Sacripanti con Emilio Villa

«serrata» al caffè Rosati. L'unico visitatore fu Giulio Carlo Argan, che arrivò in galleria poco prima della chiusura a riempire il vuoto che questa situazione aveva prodotto, e lasciandoci ebbe parole di sopresa ed elogio per l'artista.
Alla sua morte conclusi con sua madre Anita e sua sorella Leda un contratto notarile di successione. In quell'occasione acquistai pure i diritti d'autore di un secondo volume *Spazio-Luce, progetti per architettura*, da lui già completamente ultimato e consegnato dalla madre nel 1963 a Udo Kultermann per la pubblicazione, che è avvenuta solo parzialmente nel catalogo del P.A.C. del 1979. Ho sempre evitato di disperdere le sue opere in modo da trovarmi disponibile per qualsiasi mostra importante.
[Gian Tomaso Liverani, lettera a Maurizio Fagiolo dell'Arco, marzo 1993]

dal 30 dicembre

Piccolo formato
Roma, Galleria La Salita
Festa e Lo Savio espongono insieme a Accardi, Angeli, Burri, Capogrossi, Conte, Dorazio, Fontana, Tazzari, Prampolini, Rotella, Sanfilippo, Schifano, Scialoja, Sordini, Sterpini, Turcato, Uncini, Vedova, Colla, Franchina.
Gastone Novelli espone la prima volta a La Salita il 15 aprile 1957 e poi il 29 marzo 1958 (presentato da Vivaldi). È sempre presente nella galleria, più volte accanto a Lo Savio e Festa. (Tra il 1957 e il 1959 esce la rivista «L'esperienza moderna» diretta insieme a Achille Perilli che predica un superamento dell'informale). A lui dobbiamo un bel ricordo scritto nel 1967.

Caro Tano mi hai chiesto di scrivere su Lo Savio ed è una cosa che mi fa piacere.
Ricordo la sua mostra alla Selecta e quando lavorava alle lamiere nere per la necessità di intervenire più direttamente nello spazio dell'uomo (oggi si parla di minimal), e i cubi alla Salita.
Non mi sento però di scrivere sul suo lavoro, che allora mi interessò molto anche perché credo che tuo fratello sia uno di coloro che servono a denunciare il fallimento totale della nostra società. Forse è morto troppo giovane per poter portare alla comunicazione l'universo linguistico completo.
Certamente però ha preannunciato con la sua opera e con la sua morte, la difficoltà di esistere in una società che nega il diritto di produrre senza vendere, di ricercare fuori dagli schemi del momento, di operare nel fantastico.
Scusami se parlo di questo invece che di pittura: ma è il problema che oggi più mi assilla.
Non è facile lavorare al proprio linguaggio, comunicare in un mondo che è sempre più simile a quello americano: una società che con-

suma slogan, che chiede esibizionismo, continuo rinnovamento purché non provochi una «remise en question» del sistema.
Questa società rifiuta ogni ricerca, ogni atto che la costringa a riflettere e a mettere in dubbio i propri valori, la propria morale.
L'operaio di Guttuso non è meno conformista, inutile e conservatore del cardinale di Manzù.
I giovani americani più propagandati non sono in rivolta, ma sono l'espressione di una società decadente, estetizzante, superficiale, non sono meno conformisti dei realisti socialisti del tempo di Zdanov.
Credo che operare nelle arti sia soprattutto approfondire un universo possibile e portarlo alla comunicazione, anche lenta e difficile, al di fuori di ogni preoccupazione per i problemi del consumo.
Lo Savio, penso, agiva così.

«Appia antica - atlante di arte nuova», n. 3, direttori Emilio Villa e Charles Delloye.
Il testo, riportato da ultimo nel libro edito da Feltrinelli (1970) degli scritti di Emilio Villa a cura di A. Tagliaferri, ha una pubblicazione non accertata (lo stesso Tagliaferri ha raccolto Opere poetiche I, *per l'editore Coliseum, Milano 1989). L'accenno interno («Ho scritto nel numero precedente di questa rivista / ... / operarius») fa pensare al numero 3 della rivista. Non l'ho finora mai reperito. D'altra parte nella* Didascalia *di Villa posta alla fine del volume* Attributi dell'arte odierna *si legge: «Appia da me diretta, nn. 1 e 2 e, non editi, anzi ancora giacenti nelle muffe di un magazzino di tipografia a Città di Castello, nn. 3 e 4».*
Ha una grossa, cruda grinta, in testa. Prima i soli, quei soli ignoti (soli? cosmopatia? non so), mai abbastanza affogati, mai bene spenti nel proprio partorirsi, nel proprio affanno quasi uranomachico, uranomachie impulsive dell'ulna, tuffati «nelle correnti dello spettro materno, silenzioso ed erratico, come immemoriale e ultimo, nella propria manifestazione, non già coloristica, ma quasi come dermatologica, ora escatologismi corrosi pulviscolati vitali atomizzati, nella omelia, in punta in punta, della friabilità della fragilità della intoccabilità, della delusione opaca discendente diffratta, infinitamente deflagrata e paziente. Ho scritto, nel numero precedente di questa rivista, di lui la parola: *operarius*, parola fredda, lontana, intima, per definire il freddo rapidissimo strettissimo della sua concitazione staccata, lontanissima, segreta, del suo allarme penante che si misura e specchia nel senso attratto della liberissima evocatività, chiamata di forme organizzate come nuclei di una regressione nel mondo, come proclami di solitudine severissima. *Operarius*: rimandato e sottoposto a un estro accorato di

parenesi, perfino muta, ma di trattenuta avvinghiata eloquenza; penso che Franco anima le sue opere con la sua stessa purezza fisiologica; e che riuscirà a far scendere una traccia diagonale, di delusione e di deliquio, in seno a una piramide spirituata di matrici illimitate. Un insieme, sì, numerabile e irreale, un pericoloso avvertimento (sub-vertimento) prospettico su scala periodica deflessoria; una specie speciale di contrazione, alfabetica: successioni e sovrimpressioni di reti metalliche, nuclei cellulati trasferiti in notazioni di numeri-vuoto, con indice temporale zero e posizione occulta, non reperibile, forse inconcepibile, ovvia come una parola dissennata, che sia scritta e distrutta nello stesso tempo, tendente a zero: l'aggancio critico, e dispressivo, ultimo, è una serie di intervalli espressi da intensificazioni perimetrali, urgenze luminose incerte e anche grezze, come riuscisite da quella tomba semi-illimite che è lo spazio non coerente, non ospitato, inevitabile inganno della natura. Settica, evanescente, trepidante geometria, colore fango fumo asma color polvere cenere tessissima; proprietà di una efflazione fisiologale, aderente a uno slancio a un impeto ultraico o arcaico, certo non del secolo ventesimo, certo non secolo, ma dell'eone: scattante e insolubile alterco-alternanza, in onde irripetute alla sorgente contro la sorgente come incolore, di ambiziosissima tensione analitica espansiva aggressiva, fluttuando in un campo orbitato che si avvale di pur minime imprese, ma libere, per rivelarsi e celarsi, in sistole e apostole, in unanime accettazione dell'emergenza e del trasalimento chiuso, nella articolazione a spola del non discernibile.

È da mettere in immagine anche quella sua tensione, spinta ossessiva, a stabilire e scrivere dinamicamente, in estroversione come allucinata, un contatto (impatto) con la altissima inanità del «transfinito» contrattile (formabile), inteso come affermazione e finzione del non-mondo, dell'anakosmos. Demondificazione, anakosmizzare; quindi, trarre al silenzio convulsivo (quasi come mistico, quasi come in un sollevato svelto e poverissimo precario) la sua opera di dannazione e cancellazione di nozioni deformi, quali le nozioni, totalmente vaghe e buche, di spazio e di tempo. La altissima inanità va andrebbe intesa come sintesi dispersiva del «pleroma», egli nella sua voce e anche nei suoi scritti, definisce, invece, come per una improvvisa caduta presocratica, «luce». In realtà egli non può uscire dall'insieme fisico del suo lavoro; e la sua nominazione non può divenire che in senso o dissenso analogistico. Ma la proiezione della sua opera che, appunto, agisce su impulsi orientati in direzione di

superiori rilevazioni, lungo intervalli analitici volti all'altra zona centrifugante, poteva essere tematicamente chiamata «luce». Da intendere come esitazione (transito, passaggio, abbrivido) in intervalli della linea del rigenerare. Egli vuole convocare, attrarre, a sé gli «elementi», senza rifletterne l'agonia: il cubo, la lastra, il concavo-convesso, la fuga, la parabola, come negazioni di ogni organizzazione interna, e pura esplosione viaggiante verso l'accumulo zero, agitando e esplodendo sorprendenti fasi anteriori, larve biologiche del simbolo geometrico, centri-eretemi di nozioni energiche, microtumuli organici, falde cellulari, ipogei di urli e chiamate alla libertà: inutili forme, astenie come pieghe di abissi, decreti ipnotici, endogrammi inusi, punti di ex-inerenza. Non libertà assoluta: ma imperiosa semplicità ferma, ad afferrare il corpo intero dell'attributo immobile e senza fine; rattrappita contesa, per sottrarsi alla inquinazione, per rompere l'accerchiamento (del quotidiano, dello storico, del pensato) per cancellare lo schermo dello sperpero, per uccidere l'istinto tecnofrenico, per ricoverare (recuperare) l'avvenimento senza tempo, per sfoltire nella deriva delle percezioni il groviglio dei «formati» (degli insiemi, dei non-insiemi, degli intervalli puri, dell'equipollente, dell'equiloquo); presa sul «momento libero»: il momento del cibo transfinito, del pane della presenza accanita, dell'allarme cristallizzato, della preclusione, dell'esclusione, dell'assunzione, dell'affronto. Lo Savio inaugura, con le pseudogeometrie, un modo umile e caparbio di libertà rinnovata. Quella che sembra una immagine atrofica o distrofica (un cubo, una lamiera tesa, il piano che deflette, la spirale intenta all'immoto scatto, l'asse ribaltato) è invece una crepitazione di sforzi e tensioni minime, intimidite, relegate in un segno che è garanzia di processo, di liberazione: idea dell'inscindibile idea turbata, conturbante senso, organismo incorrotto, che lo esalta, così come la solitudine del semel lo ospita nel suo intimo, lo numera, lo placa, lo risana, lo salva dall'aggressione della frenesia circoscritta all'espressione fisiologica. Egli ora si ritiene «operatore della luce»: bene, operarius lucis. E io penso che la sua oscillante testimonianza, il suo isolamento torbido e feroce, sia evocazione di una immagine pura e conchiusa, senza nessi né articolazioni né declinazioni, come un corpus effractum, adimensionato. Geometria è, in Lo Savio, ogni campo investito dallo spazio, che vi si aggruma, che si esclude alla «luce», lo spazio che è la morte, la contrazione, lo spasimo cieco, la radice convulsa di morte: individuare, con advocata citata geniale impulsiva liberazione, la presenza dello spazio, permette lo scampo e coltivare co-

sì la mania severa opaca tempestosa di lavorare la «luce», formarla fulminarla, colpirla, ustionarla. In fondo, la geometria di Lo Savio è il suo calvario. Campi negativi, ostruzioni intimidatorie, lacune della luce, amnios di assenza, posizioni indeclinabili, segni di oscura immota paralisi, chiusura (e degressione, avulsione, eversione). Con il suo mirabile elaborato geometrico Franco ci riporta nella scarna secca assidua induzione (tentazione) cosmogonica, nella industre emergenza del «primarium». E qui insieme ricordiamo le nostre visite, sveglie ed eccitate, sul prezzo di povere birre, in piazza di ponte Milvio; i nostri duri scontri nel cortiletto sull'Appia, qui; le nostre tempestose telefonate. Ieri voleva fare una immagine di quel freddo silenzio (spatium) dove Franco considera, suppone, giacia a dimora il resto delle nostre estasi, della nostra febbre genica, dei nostri puri trasalimenti, della protoepifania; voleva fare un cubo di un kilometro di lato; io invece vorrei che ne facesse uno, pericoloso e disastroso, un minimissimo, ecco di mm 1^{-10} di lato; uno alla meno dieci di lato alla meno dieci uno di lato uno potenza meno dieci; lui dice che è atomico e non sarebbe più geometrico; appunto, gli ho detto, perché la geometria è ancora remora antica, antiquata, neolitica, neolatrica, agricola; mentre nei pascoli bradi dei mondi, submondi, microcosmici, il senso dell'agricoltura non ha più numeri per farsi intendere, non ha numeri psichici; e la libertà vera, invece, è fuori, necessariamente, fuori dell'agricoltura, fuori della tecnica, fuori della società, fuori di tutto; e allora sì che il cubo è segno della nostra separazione, della nostra liberazione, della nostra salvezza. E questo, segretamente, inconsciamente forse, Franco Lo Savio, animus operarius, intento e teso a salvare la sua unità, l'unità audace del suo cuore, sa e immagina, al tempo medesimo minacciando gli schermi estatici, le lusinghe del decreto geometrico, dell'attributo minore, delle serie mentali.

Disperatamente egli sta cercando origini pullulanti, l'immediato motore, la cancellazione delle urgenze di campo e delle solitudini quantitative, spaziali. Disperato amico mio.

ARCHITETTO DELLA VITA

Quello che Francesco Lo Savio cercava sempre di evitare era lo scontro con una realtà violenta e selvaggia, che non ti lascia il tempo di pensare, di meditare. Si preoccupava dell'arroganza delle persone con le quali non è possibile evitare il contatto, come gli impiegati degli uffici pubblici, i poliziotti, i vigili. Mi faceva lunghe lezioni sul modo di trattare con loro, più per convincere se stesso che sarebbe bastata la sola gentilezza

dei modi per allontanare il pericolo di essere sopraffatti da una cultura sempre più volgare. Più che pittore, o scultore, si definiva «architetto», ma dava un significato molto ampio a questo termine, sottolineandone l'aspetto progettuale, demiurgico. Voleva progettare un modo di vivere, e in questo si identificava con il compito più idealizzato dell'avanguardia: «Siate ingegneri – aveva esortato Arvatov nel 1922 – ingegneri del montaggio della vita quotidiana», e prima di lui i futuristi avevano cercato di superare i generi artistici per sostituirli con un'Arte Totale ben più coinvolgente. Ma il progetto di Lo Savio era meno estroverso: la vita non era pensata in modo teatrale. Egli sognava, anzi progettava, un modo di vivere senza oggetti, senza interazioni contingenti, per sottrarsi alla frammentazione quotidiana. Come L'uomo senza qualità di Musil, che citava spesso, non voleva essere limitato da nessuna definizione. Come il Pantheon, che ammirava, secondo lui l'arte non doveva né imitare, né riprodurre il mondo profano, ma doveva affrontare temi assoluti: la vita, lo spazio, la luce.

I suoi progetti, infatti, convergevano idealmente verso un'unica fantasia di abitazione, un ambiente da dove tutti gli oggetti erano stati rimossi, dove si poteva vivere senza fare. Aveva semplificato sempre più questo ambiente ideale adottando forme pure, angoli e curve geometriche. Aveva tolto la luce riflessa, già impregnata dalla materia, dipingendo le pareti di nero opaco uniforme, rendendole completamente assorbenti. Aveva tolto ogni indizio prospettico di profondità arrotondando gli angoli e gli spigoli, in modo da annullare la percezione delle distanze, come in un esperimento di deprivazione sensoriale. Forse c'era in lui una fantasia di regressione alla beatitudine della vita intrauterina, comunque era attratto da un'idea della luce molto arcaica, proprio come quella di Plotino, viva come quella dello pseudo-Dionigi, fondamentalmente invisibile all'occhio fisico, perciò certamente una luce interiore.
[Sergio Lombardo, lettera a Maurizio Fagiolo dell'Arco, gennaio 1993]

STUDI CON TANO FESTA

Per un periodo lavorammo insieme in uno scantinato di via Margutta come assistenti di un restauratore, un po' per denaro e un po' per far pratica. Era già il 1960. Tano aveva preso un piccolo studio ai Santi Apostoli. In quello studio ho visto i primi quadri completamente azzerati, senza immagini né segni. Potevo pensare a Rothko, ma meno atmosferico, più freddo. In questi quadri cantinelle dipinte erano fissate in alto e in basso al telaio a intervalli. Scandivano e dividevano lo spazio del quadro. Il bordo

Catalogo della mostra Konkrete Kunst, *museo di Zurigo, 1960*

«Azimuth» n. 2: catalogo della mostra La nuova concezione artistica

Lucio Fontana al lavoro ai primi Tagli

Il giornale di Yves Klein, novembre 1960. Esplicitazione del vuoto: Un homme dans l'espace!

La sala dei Monocromi *di Piero Dorazio alla Biennale di Venezia del 1960*

Yves Klein, *Anthropométries et Simphonie monoton, performance, 9 marzo 1960*

Dépliant della mostra di Jannis Kounellis, Galleria La tartaruga, Roma 1960

Catalogo della pittura americana, Galleria Nazionale d'Arte Moderna, Roma 1960

della cantinella in rilievo era il recinto di spazi rettangolari verniciati con ducotone rosso, verde, bianco, zone lisce alcune, altre con rugosità determinate dalla carta igienica.

Nel 1961 prendemmo uno studio assieme a via Cimarra. Quando andammo dal padrone di casa per il contratto Tano chiese una stanza e cinque minuti per decidere prima di firmare. Il 1961 fu per me un anno di iniziazione. Feci i miei primi oggetti usando delle mollette dei panni per creare delle scanalature per intrappolare la luce. Sostituii il cavalletto con un piccolo tavolo da falegname. Facevamo dei quadri come si costruiscono gli oggetti, con legno, chiodi, colla e colori industriali.

[Renato Mambor, lettera a Maurizio Fagiolo dell'Arco, febbraio 1993]

Premio Apollinaire 1960 per la giovane pittura italiana
Milano, Galleria Apollinaire
Tano Festa partecipa accanto a Aricò, Bellandi, Cintoli, D'Angelo, Della Torre, Francesconi, Marotta, Marzot, Notari, Olivieri, Piattella, Pozzati, Recalcati, Romagnoni, Schifano, Sordini, Uncini, Valentini, Verga e altri.

Mostre ed eventi - Monocromo e Nouveau Réalisme

Roma, Galleria Nazionale d'Arte Moderna
All'inizio dell'anno, *Venticinque anni di pittura americana*, in estate *Arte italiana contemporanea nelle collezioni americane* (dal Futurismo alla Metafisica, dal '900 alle ultime tendenze). Due mostre correlate: in gennaio, *De Stijl* (iniziata nel novembre dell'anno prima) e in novembre una mostra didattica dedicata al Bauhaus.

Roma, Galleria La tartaruga
Mostra di disegni e acquerelli di Afro in febbraio. In aprile mostra di Cy Twombly (all'inizio dell'anno la galleria ha pubblicato un libro di grande formato sull'americano ormai romano). In giugno, Jannis Kounellis (le lettere dell'alfabeto in bianco e nero). In novembre collettiva Burri, Consagra, De Kooning, Matta, Rothko. Altra collettiva in novembre: Kounellis, Schifano, Twombly.

Roma, Galleria La Salita
In gennaio, prima personale di Franco Angeli (presentazione di Cesare Vivaldi): è l'anno dei *5 pittori - Roma 1960*. In dicembre *Opere recenti di Toti Scialoja*.

Roma, Rome New York Art Foundation
Mostra a cura di Tapié in novembre: *From Space to Perception*. In novembre, una nuova corrente, con la personale di Morris Louis.

Torino
Il 1960 segna l'arrivo a Torino di Michel Tapié che aveva teorizzato l'informale nel 1952 (*Un Art Autre*) e perfeziona oggi la sua teoria (*Morphologie autre*, ed. Pozzo). Apre a Torino l'International Center of Aesthetic Research: molti saranno gli artisti romani chiamati a esporre, l'architetto Luigi Moretti è un consulente fisso.

Venezia, xxx Biennale
Mostra storica sul futurismo curata da Guido Ballo. Retrospettive di Brancusi, Fautrier, Magnelli, Guttuso, Dorazio (la famosa sala con i monocromi). Tra i premiati: Jean Fautrier, Hans Hartung, Emilio Vedova.

Scritti
Cesare Vivaldi cura (*Crack*) per l'editore Krachmalnicoff di Milano, un libro bizzarro: comprende le opere di Cascella, Dorazio, Marotta, Mauri, Novelli, Perilli, Turcato. Esce in dicembre il primo numero di «Metro», rivista semestrale diretta da Bruno Alfieri (avrà una nuova serie nel 1968).

Arte Concreta
Grande retrospettiva a Zurigo della Konkrete Kunst (giugno-agosto): è curata da Max Bill che muove dai maestri storici (Kandinskij, Mondrian) per arrivare agli ultimi esperimenti. Tra gli italiani Giacomo Balla, Bruno Munari, Piero Dorazio, Alberto Magnelli.

Nouveau Réalisme
Dalla Galleria Apollinaire di Milano, diretta da Guido Le Noci, Pierre Restany lancia il primo manifesto del *Nouveau Réalisme*: è il 16 aprile. In una collettiva di maggio, presenta Klein, Tinguely, Hains, Villeglé, Dufrène, Arman. Il gruppo si perfeziona dopo

YVES KLEIN PRÉSENTE :
LE DIMANCHE 27 NOVEMBRE 1960

NUMÉRO UNIQUE

FESTIVAL D'ART D'AVANT-GARDE
NOVEMBRE - DÉCEMBRE 1960

La Révolution bleue continue

SEANCE DE 0 HEURE A 24 HEURES

Dimanche
27 NOVEMBRE
0,35 NF (35 fr.)

Le journal d'un seul jour

THEATRE DU VIDE

● SUITE EN PAGE 2

L'ESPACE, LUI-MÊME.

UN HOMME DANS L'ESPACE !

(Photo Shunk-Kender)

Le peintre de l'espace se jette dans le vide !

Sensibilité pure

● SUITE EN PAGE 2

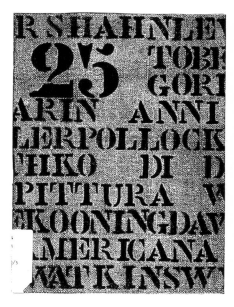

l'estate: si aggiungono Mimmo Rotella, César, poi Christo e altri.
Al «Salon de Mai» di Parigi, partecipazione del movimento; esposizione accresciuta in giugno con un confronto con gli americani (in pratica il New Dada), alla Galerie Rive Gauche.
Nasce anche negli Stati Uniti d'America una corrente analoga. Alla mostra della Galerie Rive Droite partecipano, accanto ai francesi, Bob Rauschenberg, Jasper Johns, Chamberlain e altri.
A New York in ottobre, nella galleria di Martha Jackson, *New Media - New Forms*. Testi di Lawrence Alloway e Allan Kaprow (il teorico dell'happening). Tra i partecipanti: Rauschenberg, Johns, Dine, Oldenburg.

MONOCROMO E AZZERAMENTO
Si è già detto della sala monocroma di Piero Dorazio alla Biennale di Venezia.
Sempre su questa linea (ma in dialettica) appare la mostra in bianco e nero di Kounellis.
A Milano alla Galleria Pater si tiene in gennaio una mostra del Gruppo T *Miriorama 1*. Nella mostra rendono omaggio a Manzoni con una «linea», a Fontana con un «taglio».
Le mostre Miriorama proseguono febbrilmente.
Alla galleria Azimuth, in gennaio, *La nuova concezione artistica*: espongono tra gli altri Castellani, Klein, Mack, Manzoni, Mavignier.
In maggio, sempre alla Galleria Azimuth, Manzoni presenta i *Corpi d'aria*. Nuova personale in luglio *Consumazione dell'arte* (le uova sode con impronte dell'artista che il pubblico doveva mangiare in mostra).
A Basilea nasce il gruppo Nul bei Nul (Castellani, Manzoni, Mack, Piene e altri).
Il gruppo di Milano si accosta a quello che si chiamerà Gruppo N; a Padova: la mostra *La nuova concezione artistica* si apre in aprile.
A Roma nella Galleria Trastevere di Topazia Alliata espongono in ottobre Piero Manzoni, Bruno Munari, Dadamaino, Agostino Bonalumi, Biasi e Massironi (il futuro Gruppo N). Personale di Samonà, *Continuum*.

Catalogo della mostra di Lo Savio insieme a Ad Reinhardt e Jef Verheyen, museo di Leverkusen, 1961

Catalogo della prima personale di Tano Festa, Galleria La Salita, Roma 1961

1961
27 gennaio - 19 marzo

Ad Reinhardt, Francesco Lo Savio, Jef Verheyen
Leverkusen, Stadtisches Museum
Catalogo. *36 pagine. Introduzione di Udo Kultermann. Le 15 opere sono riprodotte. Francesco Lo Savio firma una breve dichiarazione*: Sensibilizzare lo spazio vuoto, inteso come momento dinamico della luce, è l'azione iniziale di un'indagine che concretizza una presenza estremamente coerente all'urgenza di recuperare una supremazia qualitativa del fare estetico. Questa presenza è un'idea-oggetto: dove l'oggetto sia il minimo contatto dell'idea con la realtà esteriore.
Opere esposte:
9-16) *Spazio-Luce*, 1959
17-23) *Spazio-Luce*, 1960
Dall'introduzione di U. Kultermann:
Tutti i lavori di questa mostra, traggono origine dalla forma del cerchio e tentano per mezzo di sottili sfumature di colore di realizzare il movimento di un respiro spaziale. Per mezzo di pochi filtri sovrapposti, di un diverso valore tonale, si suggerisce una zona spaziale fluttuante che non conosce direzione o dimensione, ed è per supposizione un'entità con identità propria.

RECENSIONI:
Lo Stadtisches Museum di Leverkusen ospita una mostra di pittori la cui produzione rivela un certo parallelismo con l'opera di Klein, pur non subendone l'influenza: Ad Reinhardt (New York), Francesco Lo Savio (Roma), Jef Verheyen (Anversa), mentre Lucio Fontana esponeva stavolta ceramiche, alla Galleria Schmela di Düsseldorf.
Tutti questi artisti rappresentano una reazione all'*Informale*, così come Seurat si era schierato contro l'Impressionismo o Mondrian contro i Fauves.
Sono tutti paralleli, a mio modo di vedere, a Rothko, Newman e Still negli Stati Uniti.
Fontana non sembra comunque raggiungere la sua massima espressione con la ceramica.
Vengono evidenziati i due principali vizi degli italiani: una eccessiva eleganza e una tendenza alla rappresentazione da museo.
Quanto a Reinhardt, farebbe meglio a liberarsi dalle forme costruttivistiche ereditate dai suoi trascorsi con gli astrattisti americani, che nulla hanno a che fare con i delicatissimi problemi di colore che egli sta attraversando in questo momento.
Lo Savio, 26 anni più giovane di lui, sembra molto più indipendente dal passato. Le sue superfici grigio scuro creano una circolarità vagamente luminosa, simile al sole che traspare appena nella foschia.
Sono stereoscopiche, ipnotiche.
Credo che le parole stesse del giovane pittore siano significative:

«Rendere percettibile lo spazio vuoto, ciò che le dinamiche della luce riescono a fare in un attimo, è l'inizio dell'atto creativo».
L'opera di Verheyen si avvicina molto a questo concetto, ma egli raggiunge i suoi effetti senza la circolarità, semplicemente con il flusso dei suoi toni grigio e neri.
Si tratta di una pittura appagante, ma la sensibilità alla luce la rende difficile da vedere.
J.A. Thwaites, Exhibition in Germany, *in «Pictures on exhibit», marzo 1961 [tradotto dall'inglese per il presente catalogo]. (La recensione è pubblicata da Lo Savio nel libro* Spazio-Luce, *edito l'anno seguente).*

5-30 marzo

Konvergenzen (Cuixart, Lo Savio, Prachensky, Quinte, Rainer, Zangs)
Kalrsruhe, Galerie Rottloff
Lo Savio partecipa a questa mostra che vede presente, tra gli altri, Arnulf Rainer, destinato ad altre sorti.

dal 3 maggio

Tano Festa
Roma, Galleria La Salita
Catalogo. 4 pagine con un testo di Cesare Vivaldi, tradotto in inglese. La lista delle opere è su una carta velina rossa inserita.
Opere esposte (tutte datate 1961): Nero e rosso n. 28; Rosso e nero n. 30; Rosso con smalto n. 36; Rosso; Rosso e nero n.40; Rosso con smalto n. 42; Grande rosso n. 43, riprodotto; Rosso e nero con smalto n.44; Rosso e smalto n. 45; Rosso «Anna Maria» n. 46.

Con una disinvoltura e un'autorità davvero sorprendenti per un giovane alla sua prima mostra personale, Tano Festa viene a inserirsi in quella ristretta pattuglia di punta della pittura italiana e internazionale che opera nella zona d'intersezione tra istanze neodadaiste, neogeometriche e novorealiste. Di suo, già fin d'ora Festa immette nel coro una nota particolare, una stralunata fissità di sguardo, un senso ritmico esasperato e insieme una sorta di innocente stupore: la meraviglia delle proprie capacità manuali, della perfezione del prodotto che gli è riuscito di costruire, della felice realizzazione della sua idea pittorica. Tano Festa dipinge nel modo caparbio e ostinatamente candido con cui un bimbo si delizia nel correre strisciando un bastone lungo una interminabile cancellata: le ineguaglianze di ritmo sono percepite «dal di fuori», e sono indipendenti dalla velocità fissa della corsa. Quel che conta in questa pittura, vogliamo dire, è la realizzazione di un'idea di spazi continuamente aperti e interrotti di una superficie; per continuare nella metafora, quel che conta è proprio la fissità della corsa, anche

volendo dare per accidentale e intercambiabile il distribuirsi di tali spazi, il modo con cui essi sono scanditi (operazione di fatto condotta con un rigore estremo), aperti e interrotti e chiusi. Lontanissima la geometria euclidea di Kandinskij o Malevič dalla geometria puramente pretestuosa di Festa e di altri giovani; l'azione oggi può espandersi anche in formule geometriche o geometrizzanti, ma senza rinunziare a essere anzitutto azione. E gli schemi esteriori, nel caso di Festa, sono così semplici ed elementari da porre decisamente l'azione in primo piano. Niente altro che un ritmo orizzontale di elementi verticali, interrotto o ripreso senza come, senza quando, senza perché. Il significato sta nell'azione di interrompere, la poesia nel gesto non utilitario calato in un manufatto di esecuzione impeccabile.
Cesare Vivaldi

RECENSIONI:
La mostra di Tano Festa, allestita in questi giorni alla Salita, rimanda a un bilancio dell'attuale situazione post-informale compiuto da Cesare Vivaldi sull'ultimo numero di «Tempo Presente». Il critico romano, che non certo a caso ha presentato l'attuale mostra di Festa, muove da un acuto intervento di Michel Butor apparso sul numero di febbraio delle «Lettres nouvelles» a proposito della mostra *Sources du xx siècle* a Parigi. Lo scrittore francese si chiede quale sia l'apporto degli artisti odierni dopo il periodo delle avanguardie che si può considerare chiuso negli anni intorno alla fine del primo conflitto mondiale. Le cose più interessanti, avvenute dopo, si muovono, secondo Butor, in due direzioni: una che continua la lezione geometrica, l'altra che si rifà alla esperienza surrealistica. Le due vie non si sono finora incontrate, ma sarebbe estremamente utile che ciò avvenisse. «Il grande compito della pittura d'oggi – scrive difatti Butor – è la sintesi di questi due versanti; il che significa nientemeno che un recupero dell'unità della nostra coscienza». Vivaldi sottolinea giustamente proprio questo aspetto dell'articolo di Butor, osservando come la parte più stimolante di esso sia «la constatazione della necessità, per la giovane pittura, di approfondire i due dati contrastanti del geometrismo e del surrealismo, di tentarne una sintesi».
La pittura di Tano Festa sembra rispondere appunto a queste aspettative, iscrivendosi, insieme a quella di molti altri giovani artisti, nel vasto e articolatissimo movimento dell'arte attuale che intende superare (dopo, però, averne accolto la lezione) l'esperienza, ormai stanca, della pittura informale. In Festa le due istanze sottolineate da Butor e da Vivaldi sono entrambe operanti raggiungendo un equilibrio situato in un astratto giusto

mezzo, ma impostato, secondo gli umori predominanti dell'artista, verso il polo geometrico e costruttivista. La precisione accurata con cui Festa esegue le sue opere, la pulizia, anzi il valore formale di queste sue «composizioni», gli stessi effetti, calcolatissimi, del colore, in cui i timbri aggressivi dei rossi si equilibrano con quelli spenti e caldi dei neri. Il respiro ampio delle superfici che spaziano interrotte da pause verticali, sono tutti elementi che parlano di una impostazione architettonica del quadro. Il quale non a caso dà l'impressione di un oggetto perfettamente calibrato nella sua struttura, e quindi dotato di un suo significato autonomo, ma che attende, per essere valorizzato appieno, l'inserimento in una struttura più vasta. Ma non bisogna lasciarsi ingannare dalla «oggettività» di questi pezzi. Voglio dire che sotto la volontà costruttiva dell'artista, si avverte come una incrinatura, qualcosa come un'angoscia improvvisa che si manifesta in certe iterazioni ossessive dei ritmi compositivi e in una «stralunata fissità di sguardo».
F. Menna, in «Telesera», Roma 13 maggio

Dal 3 maggio espone il «non obiettivo» Tano Festa. Egli è uno dei tanti «sottoprodotti» di quel «niente» pittorico che gli americani hanno classificato «non obiettivo». Così anche Tano Festa ha portato la sua intelligenza artistica all'ammasso dell'americano Barnett Newman con i suoi tabelloni di legno dipinti di rosso ravvivati da carta igienica. Un cervellone! Un cervellone perché ha saputo superare, in questa audace prova, il grande Barnett Newman fondatore del «non obiettivo». Infatti, mentre Newman incolla sui suoi tabelloni la carta igienica in modo liscio, il nostro Festa ha scoperto che la carta igienica la si può incollare anche «increspata» e ha osato farlo! Pare, però, che cotanto sforzo intellettuale non gli abbia fatto scoppiare il cervello vulcanico. E come poteva se il cervello di Tano Festa è un vulcano artisticamente spento?
«Europa informazione», agenzia giornalistica, 6 maggio

Alla galleria La Salita il giovane pittore Festa espone i suoi pannelli che, se proprio dovessimo catalogare in qualche modo, diremmo neodadaisti per il tentativo in essi ben percepibile di stupire, per il tono forzatamente casuale di certe soluzioni. Concordiamo con il presentatore Vivaldi quando parla della «disinvoltura» del pittore; per quanto invece riguarda ciò che egli dice di un «manufatto di esecuzione impeccabile», ciò non è possibile. Un comune imbianchino sarebbe più preciso.
Vice [Toni Bonavita] «Il Tempo», Roma 7 maggio.

Catalogo della mostra
Konvergenzen, *Karlsruhe 1961 Partecipa Lo Savio*

Gian Tomaso Liverani, proprietario della Galleria La Salita di Roma

Tano Festa, carte dedicate a Lo Savio; l'ultima è Il giorno dei morti, *1961*

Espongono alla Tartaruga: Manzoni e Castellani, due giovani pittori, se non erro di origine milanese, per i quali potremmo in parte ripetere ciò che abbiamo scritto per spiegare i motivi della pittura di Schifano, e che potremmo estendere con variazioni per i quadri di Tano Festa che espone dal 3 maggio alla Salita. Questi giovanissimi non posseggono più neppure la emozione della scoperta dell'assurda esistenza, direi quasi che si sono abituati a essa, giocano con essa, senza il piglio romantico dell'ironia o le risonanze patetiche dell'angoscia. Se dobbiamo giudicare con i termini a cui siamo assuefatti da una tradizione, quasi inalienabile, dovremmo affermare dunque che opere «senza come, senza quando, senza perché» (come scrive Vivaldi nella presentazione di Festa) non solo non hanno senso, ma non hanno valore.
M. Volpi, in «L'Avanti!», 7 maggio

DUE AUTENTICI TALENTI
Ho conosciuto Lo Savio e Festa in tempi diversi, prima cioè Lo Savio, che vidi alla sua mostra personale alla Selecta, più tardi Festa, che mi fu presentato credo da Sandro Penna poco prima della mostra *Angeli, Festa, Lo Savio, Schifano e Uncini* che si tenne con il noto scalpore alla Salita.
Benché fratelli, erano dissimili fisicamente: Lo Savio col volto lungo, gli occhi alquanto allucinati e la corporatura snella, Festa col volto largo, la testa rotonda e fisicamente più tozzo e pesante. Di veramente in comune i due avevano forse un solo punto: l'essere entrambi dei solenni rompiscatole. Anche in questo però dissimili, poiché Lo Savio era un verboso genialoide, ossessionato dalla sua arte, mentre Festa era inopportuno, capace di intromettersi nei discorsi, di dirti cose sgradevoli senza rendersene conto, di farti perdere tempo per nulla e simili. Quanto ai loro discorsi sull'arte se Lo Savio era lucidamente ossessivo, Festa era casereccio e romanesco. Dico questo, naturalmente, con tutto l'affetto possibile per due autentici talenti, che ricordo come notevoli artisti e come cari amici.
Su Festa ho scritto parecchie volte, presentazioni e articoli, citandolo molto spesso. Nel 1961 Festa fece la sua prima mostra veramente importante, con un mio scritto in catalogo, alla Salita. Era un periodo totalmente astratto ma pieno di allusioni musicali, con quadri impostati tutti sul ritmo e sullo spazio, determinati con molta intelligenza da variazioni di spessore e di materia delle superfici. Ancora un passo e Festa renderà esplicite le sue allusioni con gli *Omaggi a Albinoni*, gli *Studi per pianoforte*, gli *Omaggi a Vermeer* e finalmente le *Finestre* e gli *Armadi*: tutti titoli di opere della mo-

stra del 1963 da *Schwarz*, egualmente da me presentata in catalogo.
[Cesare Vivaldi, lettera, 18 novembre 1992]

15 luglio - 24 settembre

Internationale Malerei 1960-61
Wolframs-Eschenbach, Schloss
Lo Savio è presente con due opere:
432 *Spazio-Luce-marrone* 1959;
433 *Spazio-Luce-verde* 1959.

settembre-ottobre
XII Premio Lissone, Lissone
Il premio esiste dal 1946, ma è questa forse la sua più importante manifestazione. Nella giuria degli inviti sono: G.C. Argan, Cesare Brandi, Werner Haftmann, Jean Leymarie, Pierre Restany, Marco Valsecchi.
Catalogo. *Nella seconda sezione (arte italiana) è una sezione «informativo-sperimentale» con una trentina di giovani dell'ultima generazione. Lo Savio e Festa espongono accanto a Angeli, Aricò, Paolini, Pozzati, Recalcati, Romagnoni, Schifano, Uncini, Gruppo N, Gruppo T, Gruppo Milano '61: Castellani, Manzoni, Bonalumi, Dadamaino e altri. Sono presenti anche, nei settori stranieri, Jannis Kounellis, Bob Rauschenberg, Kenneth Noland, Morris Louis...*
In una pagina, piuttosto singolare, si vedono riprodotte una accanto all'altra, le opere di Festa, Schifano, Lo Savio, Sordini, Uncini, Paolini. Una sorta di mappa dell'azzeramento, della monochrome Malerei.
Tra i premiati, Mario Schifano. Una segnalazione per Francesco Lo Savio.

PATHOS DI LO SAVIO
Devo dire in tutta onestà che fu uno dei pochi casi in cui fu lui, un artista, a cercare me. Lo Savio era interessato alla mia linea critica. Era molto discreto: conservo della sua memoria una grande dedizione anche perché non mi chiese mai nulla, mai mi chiese una presentazione. Mi cercò soltanto per conoscermi, per parlare, per farmi vedere le sue cose. E anche per questa ragione ho scritto volentieri quel testo su di lui nel 1986 quando me lo chiese Liverani per il catalogo della mostra a Leverkusen... Naturalmente mi interessava molto quella sua apertura, quel suo interesse profondo verso l'architettura... Mi colpì soprattutto il pathos, la grande passionalità simbolica che lui collegava al suo razionalismo, a quelle sue opere apparentemente «fredde».
[Giulio Carlo Argan, testimonianza raccolta da Massimo Carboni, 26 ottobre 1992]

dal 15 giugno

Mack + Klein + Piene + Uecker, + Lo Savio = 0
Roma, Galleria La Salita
Espongono Yves Klein accanto a Francesco Lo Savio, che fu in certo senso il promotore della mostra, e ai tedeschi Heinz Mack, Otto Piene, Gunther Uecker.
Invito. *Disegnato da Lo Savio, è uno straordinario acrostico, dove tutti i nomi tendono allo zero. All'interno si vede la volontà di «azzerare» Roma-Parigi-Düsseldorf.*
Catalogo. *12 pagine in orizzontale; due sono dedicate a ogni artista. Di Lo Savio è riprodotto un* Metallo nero opaco uniforme.
Molto interessanti i dati biografici (contengono qualche nuova proposizione di ricerca). Lo Savio di sé, scrive:
1957 inizia ricerche sperimentali di architettura; 1958 lavora come industrial designer; 1959 esperienze fisio-scientifiche con materiali nuovi; 1960 ricerche d'architettura sperimentale e pubblicazioni sulle stesse; 1960 lavora su nozioni di fisica pura, nucleare e tecnica elettronica stabilendo un rapporto tra queste e la sua sfera di ricerche.

RECENSIONI:
Alla Salita Yves Klein, Francesco Lo Savio, Heinz Mack, Otto Piene, Gunther Uecker. Un altro aspetto del raggruppamento presentato di recente alla Galerie J. da Restany, a Parigi (Arman, César, Dufrène, Hains, Klein, Rotella, Spoerri, Tinguely, Villeglé); un'arte dello «zero» vorremmo definirla, senza implicazioni ideologiche di nessun tipo. Comunque si voglia intendere la qualità dei motivi e dei risultati, il neo-dadaismo europeo e americano è un sintomo di perplessità spinta al limite dell'inerzia: sembra che non sappiamo più perché dovremmo costruire nel campo dell'espressione, né per quale rivolta, né per quale positiva circolazione di un linguaggio, così facile a tradirci.
M. Volpi, in «L'Avanti!» 8 luglio

30 novembre

Festa - Lo Savio - Rotella *(mostra a rotazione)*
Roma, Galleria La Salita
Una diversa angolatura della mostra risulta da un invito (Archivio GNAM*) in cui si parla della mostra di Festa e Lo Savio «in apertura della stagione 1961-62» con opere recenti. E in effetti, c'è in questo senso anche una recensione di M. Volpi su «L'Avanti!», 12 dicembre:*
Alla Salita sono stati presentati ad apertura della stagione 1961-62 opere recenti di Tano Festa e di Franco Lo Savio. I due giovani cercano nelle loro opere-oggetti di seguire un impulso puramente formale e insieme costruttivo, creando sagome colorate che ci riportano per certi aspetti alle ricerche sperimentali degli allievi della Bauhas.

Francesco Lo Savio

geb. 28. 1. 1935 in Rom. Archi-
tekturstudium und Ausbildung an
der Akademie der Schönen
Künste in Rom. Ausstellungen in
Italien und Deutschland.
Lebt in Rom.

432 „Spazio-Luce-marrone"
1959
Öl auf Leinwand, 130 x 150 cm

433 „Spazio-Luce-verde"
1959
Öl auf Leinwand, 130 x 150 cm

XII

PREMIO
LISSONE

1961

*Pagina dedicata a Lo Savio
nel catalogo della mostra
Internationale Malerei,
Wolframs-Eschenbach 1961*

*La pagina del catalogo del
Premio Lissone con le opere
di Festa, Schifano, Lo Savio,
Sordini, Uncini, Paolini*

*Copertina del catalogo
del Premio Lissone, 1961*

*Il catalogo della mostra con
il Gruppo Zero allargato a Lo
Savio e Yves Klein, La Salita,
Roma 1961*

*Le pagine del catalogo
precedente dedicate a Lo Savio*

$$m + k + p + u + l = 0$$
$$a + l + i + e + o = 0$$
$$c + e + e + c + s = 0$$
$$k + i + n + k + a = 0$$
$$n + e + e + v = 0$$
$$r + i = 0$$
$$o = 0$$

MACK	DUSSELDORF
KLEIN	PARIGI
PIENE	DUSSELDORF
UECKER	DUSSELDORF
LO SAVIO	ROMA

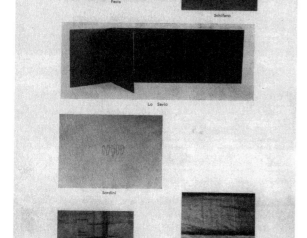

francesco losavio

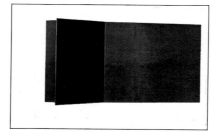

la galleria la salita presenta in apertura della stagione 1961 - 62 opere recenti di *tano festa e di franco losavio*, alle ore 19 giovedì 30 novembre

roma, salita di san sebastianello n. 16 c

ZERO

Edition
Exposition
Demonstration

Mittwoch, 5. Juli 61, 21ʰ
GALERIE SCHMELA
Düsseldorf, Hunsrückenstr. 16–18

Bitte kommen Sie
persönlich

Invito per la mostra di Festa e Lo Savio (partecipa anche Rotella), La Salita, Roma 1961

Invito del Gruppo Zero, Düsseldorf 1961

Pierre Restany con il catalogo della mostra di Yves Klein, Galleria Apollinaire, Milano 1961. Restany aveva presentato la mostra di gruppo Roma 1960 *alla Galleria La Salita*

Dépliant della mostra di Rauschenberg, Twombly, Kounellis, Tinguely, Schifano, Galleria La tartaruga, Roma 1961

Dichiarazione del Gruppo Enne di Padova

Dépliant della mostra di Castellani e Manzoni, Galleria La tartaruga, Roma 1961

È una conseguenza di questa mostra, un articolo di M. Volpi, su «L'Avanti!», 29 dicembre 1961.
Un pomeriggio lo abbiamo trascorso con Festa, Lo Savio e Angeli: il lavoro dei tre giovani è assai diverso, ma molto simili ci sembrano la puntigliosità delle loro polemiche, la fiducia nelle loro ricerche, e una problematicità messa continuamente a fuoco dalla discussione. Ho ascoltato Lo Savio preferire l'architettura e interessi scientifici a interessi letterari. Tutti indistintamente, di ogni tendenza artistica, esprimono il disagio, il dispiacere o comunque la constatazione neutra per l'indifferenza del pubblico e degli uomini di cultura alla loro ricerca.
Certamente Roma non offre da questo punto di vista un ambiente stimolante: rintracciare le ragioni della pesantezza paludosa nella quale affonda ogni tentativo di socialità culturale, non puramente mondana o affaristica, è molto difficile. A una accidia spirituale, prodotta da secoli di praticismo e di tatticismo privi di ogni organicità politica viva ed europea, si aggiunge l'influsso della disgregazione intellettuale, che investe ormai tutte le sovrastrutture del mondo neocapitalista occidentale. Da cui, aggiungiamo vengono colpite non solo le possibilità del pubblico, ma quelle degli artisti stessi, che conducono una singolare battaglia contro la strumentalizzazione schiacciante della vita dell'individuo, ora confondendosi con gli stessi risultati della strumentalizzazione ora ribellandosi per vie che raramente hanno la possibilità di valicare le buone intenzioni.
Festa e Angeli si risentono per questo stato di fatto, Festa rifiuta di considerare proprie alla sua opera funzioni che egli chiama spettacolari, preferisce assimilarsi a un complesso di ricerche a cui dà il nome di «pittura industriale» e che comprendono l'industrial design, la segnaletica ecc. In qualche modo anche Lo Savio sembra su questa strada.

QUALCOSA DI ALLARMANTE
Lo Savio fu un anticipatore, su questo non vi è il minimo dubbio. Il suo purismo si può accostare a quello di Castellani, e questo tipo di situazione si respirava più al nord che a Roma. Ricordo che andai a trovarlo in un suo studio vicino a Santa Maria Maggiore: aveva l'ossessione del concavo e del convesso, su questo lavorava moltissimo. E lavorava esattamente come un architetto... Nelle sue sculture, come d'altra parte nei filtri, il problema era quello della luce. Si imponeva sugli altri proprio per il suo accento purista. E per l'enigmaticità: non si riusciva a mettersi in un contatto immediato con quei suoi oggetti... In fondo anche il razionalismo di Lo Savio, come quello del Bauhaus, viene dall'Espressionismo, anche se lui

non so se ne fosse conscio, nel senso che c'è sempre qualcosa di allarmante dietro all'aspirazione di scientificità; è esattamente come in Musil, dal quale Lo Savio trasse quell'idea del concavo e del convesso. Citare Musil in quegli anni era strano, anticipatore... Tra Festa e Lo Savio la contrapposizione era soltanto apparente; tutta quella generazione è stata drammatica, nell'opera e nella vita. E poi il primo Festa era semiastratto, geometrico come Lo Savio.
[Marisa Volpi, testimonianza raccolta da M. Carboni, gennaio 1993]

MOSTRE IN GERMANIA E AUSTRIA
Frankfurt, Galerie 59
Neue Italienische Kunst
Partecipa Lo Savio (mostra non controllata).
In questo stesso anno si ha notizia da parte tedesca di altre partecipazioni a mostre collettive:
Wien, Galerie nächst St. Stephan,
Neue Italienische Kunst.
Trier, Städtisches Museum: Avantgarde 61.

Mostre, libri, eventi

Galleria Nazionale d'Arte moderna
In gennaio, una mostra di Oscar Schlemmer segue quella della Bauhaus. Ma la mostra più determinante appare la retrospettiva di Mark Rothko (aprile), sia per Lo Savio che per Festa.

Roma, Galleria La Salita
Mostra di Carla Accardi in febbraio presentata da Lionello Venturi; Rotella in febbraio presentato da Pierre Restany. Mostra del Gruppo T *Miriorama* in aprile (Anceschi, Boriani, Colombo, De Vecchi, Varisco), presentati da Lucio Fontana: «La pittura e la scultura non rispondono più alla sensibilità dell'uomo d'oggi [...] La scienza, la nozione del rapido e del mutevole, determinano nell'uomo un modo più intenso di percepire il flusso del tempo [...] Si impone, per una necessità di comunicazione totale di arrivare a un'arte basata sull'unità del tempo e dello spazio».
Mostra di Tano Festa presentato da Cesare Vivaldi, Ettore Colla presentato da Lawrence Alloway. In giugno, Gruppo 0 + 0 (Yves Klein, Lo Savio, Mack, Piene, Uecker).

KOU NE LLIS	RAU SCHEN BERG	TIN GUE LY		TWOM BLY
			SCHI FA NO	
		GALLERI A LA TAR TARUGA		
BABUINO 196 TEL. 671611				ROMA DICEM BRE 1961

CASTELLANI
&
MANZONI

Galleria La Tartaruga Roma
Via del Babuino 196 tel. 671611
Sabato 22 Aprile 1961

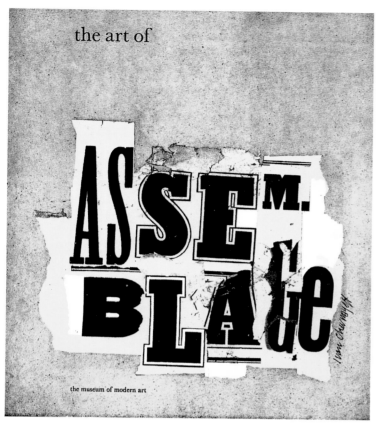

Catalogo della mostra
The Art of Assemblage,
New York 1961

John Cage, Silence,
Lectures and Writings, *1961*

Dépliant della mostra
Miriorama 10
*del Gruppo T di Milano,
Galleria La Salita, Roma 1961
(presentazione di Lucio
Fontana)*

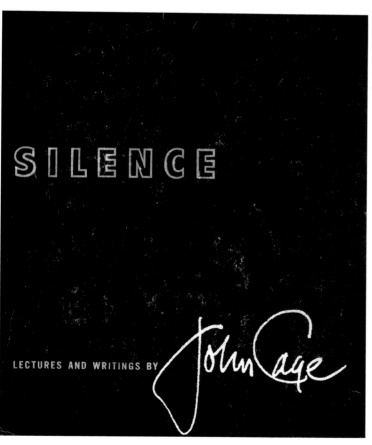

GALLERIA NAZIONALE D'ARTE MODERNA ROMA

MARK
ROTHKO
DE LUCA EDITORE

Catalogo della mostra
di Mark Rothko,
Galleria Nazionale d'Arte
Moderna, Roma 1961

Roma, Galleria La tartaruga
In aprile, una mostra di Enrico
Castellani e Piero Manzoni;
in novembre, un trio, Jannis
Kounellis, Mario Schifano,
Cy Twombly; in dicembre un
tentativo di «ponte»
(Rauschenberg, Twombly,
Kounellis, Tinguely, Schifano).

Torino
Si apre l'ultima mostra della
serie iniziata nel 1951 del
confronto Italia-Francia. Da
notare l'importante omaggio
a Balthus, un modello per i
teorici del ritorno alla figura.
Nell'ambito delle celebrazioni
di *Italia '61* si apre una mostra
di arte figurativa a cura di F.
Russoli: *Da Boldini a Pollock*.
C'è qualche presenza incisiva.

Gallerie italiane
È un momento di attesa e di
confusione. Da notare la
Mostra della critica a Milano
(Galleria d'Arte Moderna,
dicembre).
I nove critici (Apollonio,
Calvesi, Carluccio, De Grada,
Ponente, Russoli, Santini,
Valsecchi, Venturoli) scelgono
artisti affermati e un pochino
osano. Tra i partecipanti, da
notare, Lucio Fontana, Afro,
Burri e tutti i vecchi compreso
Guttuso; tra i giovani Dorazio,
e pochi altri.
Una eccezione è l'annuale
mostra del premio Lissone, con
un singolare schieramento di
novità (rimando al testo perché
sono invitati sia Lo Savio che
Festa).

Nouveau Réalisme
A Parigi, Galerie J (maggio):
À 40° au dessus de Dada,
organizzata da Pierre Restany.
A Nizza in luglio, *I Festival du
Nouveau Réalisme* (Abbaye de
Roseland).
A Milano alla Galleria
Apollinaire, in novembre *Yves
le monochrome - il nuovo
realismo del colore* (undici
opere presentate da Pierre
Restany).

Assemblage, Pop Art (prodromi)
A New York, MOMA,
ottobre-novembre, *The Art
of Assemblage*. Una mostra
organizzata da W.C. Seitz che
parte dai precursori (Cubismo,
Futurismo, Dada, Surrealismo)
per arrivare al New Dada
e al Nouveau Réalisme.
Tra gli italiani: Burri, Colla,
Crippa, Baj, Magnelli,
Prampolini, Carrà, Rotella,
Severini.
A Milano, Galleria dell'Ariete,

in ottobre, mostra personale
di Bob Rauschenberg
(presentazione Gillo Dorfles).
A New York, nella galleria
di Martha Jackson, in maggio
Environments Situations Places:
tra gli espositori, Claes
Oldenburg, Jim Dine, Allan
Kaprow.

Arte visuale
A Zagabria nasce la biennale
Nove Tendencije
(agosto-settembre):
accanto ai gruppi, partecipano
Castellani, Dorazio, Manzoni.
A Parigi, alla II Biennale
(settembre-novembre) ha
un posto d'onore il Groupe
de Recherche d'art visuel.
(Il potere italiano affida
il padiglione a Fortunato
Bellonzi).

Una fusione
Amsterdam, Stedelijk Museum:
a cura di K.G. Hultén (Pontus
Hulten) si apre una mostra
intitolata *Bewogen-Beweking*
che presenta l'arte visuale
(Gruppo T, Gruppo N)
accanto al New Dada
(Johns, Rauscheberg).

Libri, teoria
Allan Kaprow presenta
a New York la sua teoria
sull'Happening.
Appare a Milano, in giugno,
un numero speciale della rivista
«Il Verri» dedicato, con
singolare tempestività al tema
dell'Informale. Tra i saggi,
da notare quelli di Argan, Eco,
Sanguineti, Calvesi, Vivaldi...
John Cage pubblica un volume
che si dimostrerà fondamentale
per la ricerca anche delle arti
figurative: *Silence*.
(Non bisogna dimenticare il suo
amore per Marcel Duchamp,
per lo Zen, per *I King*).
Un impegno «mentale».

MONOCROMO
Pietro Manzoni espone a
Copenhagen (Galleria Kopke,
ottobre) *Merda d'artista e opere
viventi*.
Da notare, che i gruppi si
rimescolano: Manzoni
partecipa anche alla biennale
di Zagabria, per esempio,
accanto a Castellani.

1962
dal 30 novembre

Francesco Lo Savio - Articolazioni
totali
Roma, Galleria La Salita
Catalogo: *pieghevole di sei pagine
con una foto di Lo Savio al lavoro,
una citazione di Musil, un testo di
Demby tradotto in italiano e in francese, la riproduzione di un'opera,
notizie biografiche.*

Può il raggio di sole penetrare nel
ventre della madre dove si sta
svolgendo il dramma della nascita? Possono i raggi invisibili della
radiazione atomica penetrare nel
rifugio di pietra e cemento dove
Adamo ed Eva ripetono il dramma
della Creazione? Gli oggetti inanimati, siano tavole o seggiole, macchine da scrivere o cuscini, o la
Pietà di Michelangelo, sono formati da universi invisibili di materia e
di energia: in questo senso sono
vivi. Chiusi in una stanza, in una
chiesa, in un museo, in una casa o
in un castello, si influenzano l'un
l'altro – condizionano l'uno l'esistenza dell'altro (proprio come gli
«oggetti animati», i membri umani
di una famiglia, si influenzano l'un
l'altro, condizionano l'uno l'esistenza dell'altro, in una casa o in
un castello). Questa è la scoperta
di Lo Savio: i miei drammi plastici,
drammi di Luce e Spazio, non devono essere influenzati, non devono essere condizionati da altri oggetti, «animati» o «inanimati», nel
luogo dove si sono posti in riposo...
locus, repos. I miei drammi plastici, drammi di Nascita e Creazione,
Luce e Spazio, non devono essere
condizionati o influenzati da altro
dramma che non sia il dramma del
movimento del sole: Anche quando tu, lo Spettatore, camminerai
intorno al mondo che ho creato –
anche quando voi Spettatori inarti-
colati, tavole e sedie e altre opere
fatte e create, trasmetterete le vo-
stre vibrazioni – i miei drammi plastici, i miei drammi di Nascita e
Creazione, di Luce e Spazio, si
svolgeranno in uno spazio di silenzio fabbricato da *me*. Perché io li
ho rinchiusi in un ventre, in un rifugio: un ventre e un rifugio di pietra
impastata e di cemento.
William Demby

... le immagini si dividono in due
grandi gruppi opposti, il primo
gruppo deriva dall'essere circondati dagli eventi, e l'altro gruppo
dal circondarli, ... questo «essere
dentro a una cosa» e «guardare
una cosa dal di fuori», la «sensazione concava» e la «sensazione
convessa», l'«essere spaziale»
come l'«essere oggettivo», la «penetrazione» e la «contemplazione» si ripetono in tante altre antitesi dell'esperienza e in tante loro
immagini linguistiche, che è lecito
supporre all'origine un'antichissima forma dualistica dell'esperienza umana.
Robert Musil, *L'uomo senza
qualità*, vol. 2, pp. 26-27, Einaudi

Mostra molto estremista, combattuta perfino dagli artisti più vicini a Lo Savio (si veda la testimonianza di G.T. Liverani): unici visitatori, Giulio Carlo Argan con il suo assistente Maurizio Bonicatti.

9-25 marzo

Tentoonstelling Nul
Amsterdam, Stedelijk Museum
Arman, Armando, Bury, Aubertin, Castellani, Dorazio, Fontana, Goepfert, Haake, Henderikse, Holweck, Kusama, Mack, Dada Maino, Manzoni, Mavignier, Megert, Peters, Piene, Uli Pohl, Lo Savio, Schoonhoven Uecker, Verheyen, De Vries.
Catalogo: Copertina che racchiude un manifesto pieghevole. A cura del direttore W. Sandberg.

maggio

La materia a Roma
Roma, La tartaruga
Secondo la testimonianza di Plinio De Martiis, Tano Festa espone una Finestra rossa e nera. Gli altri espositori sono Angeli, Burri, Marotta, Schifano, Rotella, Scarpitta.

15 giugno

Premio Apollinaire 1962
Venezia, Ca' Giustinian
Promosso da Guido Le Noci della Galleria Apollinaire, presenta come candidati Castellani, Dangelo, Festa, Lo Savio, Recalcati, Rotella, Schifano, Tancredi ecc. I votanti sono, come dice il volantino, «i Critici, Pittori, Scultori, Poeti, Collezionisti, Mercanti d'arte, Scrittori, Architetti».
Uno dei premiati è Francesco Lo Savio.

giugno

Nuove prospettive della pittura italiana
Bologna, Palazzo di Re Enzo
Presentazione di F. Arcangeli.
Scelta degli artisti: Barilli, Calvesi, Courir, Crispolti, Emiliani, Ferrari, Tadini, Tassi. Espongono Lo Savio e Festa.
Mostra a tesi (nuova oggettività).
Tra gli espositori: Bendini, Vacchi, Ruggeri, Saroni, Brunori, De Gregorio, Raspi, Soffiantino, Strazza, Francese, Scanavino, Adami, Aricò, Pozzati, Romagnoni, Peverelli, Recalcati, Guerreschi e altri.
Opere esposte:
Francesco Lo Savio: 1 Parabolico verso elissoide Lamiera di ferro, (1961) 2 Irregolare parabolico Lamiera di ferro, (1961)
Tano Festa: 1 Via Veneto (n. 3) Carta e legno su tela, (1961) 2 Dublino Tempera e smalto su tela, (1961) 3 Finestra n. 1: Omaggio a Vermeer Cementite su tavola, (1962)

Proprio a Roma, tanto per fare solo qualche esempio, vive e lavora uno dei pittori giovani più importanti e stimati su scala internazio-

Catalogo della mostra di Lo Savio, Galleria La Salita, Roma 1962

Catalogo della mostra O, Stedelijk Museum, Amsterdam 1962. Nella pagina riprodotta, al centro, appare il nome di Lo Savio

Lo Savio e Festa partecipano al Premio Apollinaire, Venezia 1962

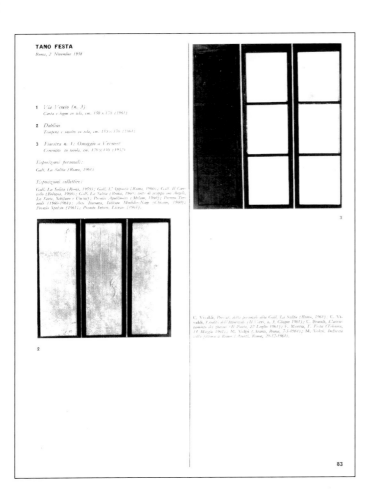

TANO FESTA
Roma, 2 Novembre 1938

1 *Via Veneto (n. 3)*
   Carta e legno su tela, cm. 150 x 170 (1961)

2 *Dublino*
   Tempera e smalto su tela, cm. 153 x 176 (1961)

3 *Finestra n. 1: Omaggio a Vermeer*
   Cemento su tavola, cm. 170 x 110 (1962)

Esposizioni personali:
Gall. La Salita (Roma, 1961)

Esposizioni collettive:
Galli. La Salita (Roma, 1959); Gall. L'Appunto (Roma, 1960); Gall. Il Cancello (Bologna, 1960); G.B. La Salita (Roma, 1960; tutti di gruppo con Angeli, Lo Savio, Schifano e Uncini); Premio Apollinaire (Milano, 1961); Premio Termoli (1960-1961); Acc. Iberama, Istituto Michdes-Neer (Chicago, 1960); Premio Spoleto (1961); Premio Intern. Lissne (1961).

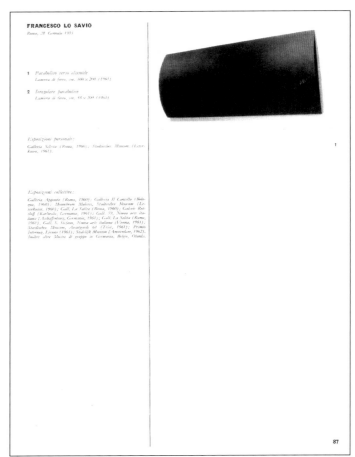

C. Vivaldi, Presen. dello personale alla Gall. La Salita (Roma, 1961); C. Vivaldi, L'osilio dell'Informale (Il Verri, n. 5, Giugno 1961); C. Brandi, L'accreditamento dei pittori (Il Punto, 22 Luglio 1961); E. Moetta, I. Festa (Telesera, 11 Maggio 1961); M. Volpi t. Iosata, Roma, 7-5-1961); M. Volpi, Inchiesta sulla pittura a Roma (Avanti, Roma, 29-12-1961).

83

FRANCESCO LO SAVIO
Roma, 28 Gennaio 1935

1 *Parabolico verso ellissoide*
   Lamiera di ferro, cm. 100 x 200 (1961)

2 *Irregolare parabolico*
   Lamiera di ferro, cm. 55 x 200 (1961)

Esposizioni personali:
Galleria Salita (Roma, 1960); Studdisstdo Muscunt (Lerenb, 1961).

1

Esposizioni collettive:
Galleria Appunto (Roma, 1960); Galleria Il Cancello (Bologna, 1960); Musselrum Makiees, Stadticdsa Muscunt (Leverkusen, 1960); Gall. La Salita (Roma, 1960); Galerie Rothoff (Karlsruhe, Germania, 1961); Gall. 59, Nuova arte italiana (Aschaffenburg, Germania, 1961); Gall. La Salita (Roma, 1961); Gall. S. Stefano, Nuova arte italiana (Venna, 1961); Staedlisches Muscum, Avantgarde '61 (Trier, 1961); Premio Internaz. Lissne (1961); Städslijk Muscum (Amsterdam, 1962); Inoltre altre Mostre di gruppo in Germania, Belgio, Olanda.

87

Catalogo della mostra
Nuove prospettive della pittura
italiana, *copertina e pagine
dedicate a Lo Savio e a Festa,*
Bologna 1962

650

nale, l'americano Cy Twombly, ormai da anni cittadino romano; a Roma vive e lavora Dorazio (che personalmente consideriamo l'artista italiano più interessante della nostra generazione) insieme a Rotella e ad altri notevoli artisti. Infine a Roma sta maturando un gruppo di giovanissimi, non ancora trentenni (Schifano, Festa, Angeli, Lo Savio, Uncini), dai quali molto ci si può attendere in avvenire.
Cesare Vivaldi

22 giugno-19 agosto

Konstruktivisten
Leverkusen, Städtisches Museum
Partecipa Lo Savio con l'opera acquistata dal museo espositore: 76. *Spazio-Luce, olio su tela.*

21 giugno

Spoleto, Festival dei Due Mondi, Drive-in Gallery
Lo Savio e Festa espongono accanto a Accardi, Dorazio, Fontana, Rotella, Sanfilippo, Scialoja.
(È anche l'anno della grande mostra *Scultura nella città presentata* da Giovanni Carandente).
Opere esposte:
Festa, Biasule op. 32, 1961; Lo Savio, Spazio-Luce, 1960-62.
Partecipa anche (luglio) alla mostra Disegni italiani moderni, *in Palazzo Ancaiani a Spoleto.*

dal 1 agosto

VII Premio Termoli
Termoli, Palazzo Municipale
Presentazione di Nello Ponente. Giuria di premiazione: Bucarelli, Argan, Maltese, Ponente, Sossi, Menna. Giuseppe Uncini vince un premio per Cemento armato n. 31.
Partecipano tra gli altri: Angeli, Barisani, Biggi, Carrino, Cintoli, Corpora, Dorazio, Festa, Guarneri, Lombardo, Marotta, Nativi, Pozzati, Rotella, Santomaso, Turcato, Uncini, Vedova.

6 ottobre

Mostra collettiva
Roma, Galleria La Salita
Festa e Lo Savio espongono insieme a Accardi, Colla, Dorazio, Fontana, Rotella, Sanfilippo, Scialoja.

31 ottobre - 1 dicembre

New Realists
New York, Sidney Janis Gallery
Catalogo: Presentazione del gallerista, testi di J. Ashbery e Pierre Restany. Presenta la «Factual Art» come caratteristica della nuova generazione dopo l'Informale e l'action painting. Gli espositori sono internazionali. Gli inglesi: Blake, Latham, Philips. I francesi: Arman, Christo, Hains, Klein, Raysse, Spoerry, Tinguely. Gli svedesi: Fahlström, Ultved. Gli statunitensi: Agostini, Dine, Indiana, Lichtenstein, Moskovitz, Oldenburg, Rosenquist, Segal, Stevenson, Thie-

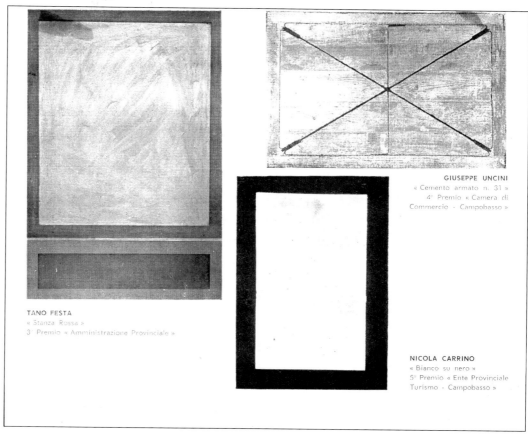

TANO FESTA
« Stanza Rossa »
3° Premio « Amministrazione Provinciale »

GIUSEPPE UNCINI
« Cemento armato n. 31 »
4° Premio « Camera di Commercio - Campobasso »

NICOLA CARRINO
« Bianco su nero »
5° Premio « Ente Provinciale Turismo - Campobasso »

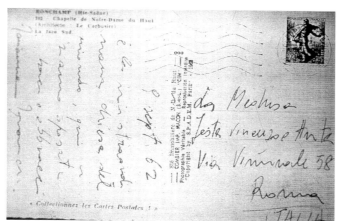

Pagina del catalogo del Premio Termoli, 1962

Dépliant della mostra di Spoleto, cui partecipano Festa e Lo Savio, 1962

Cartolina di Lo Savio ai genitori:
«È la più straordinaria chiesa del mondo, qui ci siamo sposati, baci e abbracci Marianna Francesco». *La chiesa di Ronchamp di Le Corbusier, 9 settembre 1962*

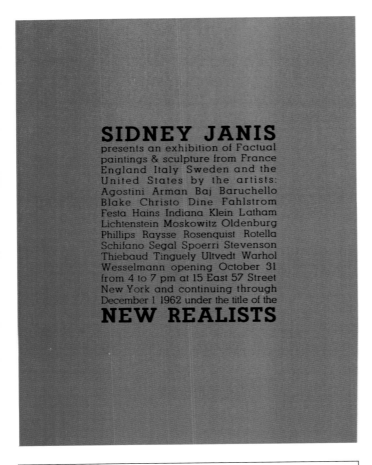

SIDNEY JANIS
presents an exhibition of Factual
paintings & sculpture from France
England Italy Sweden and the
United States by the artists:
Agostini Arman Baj Baruchello
Blake Christo Dine Fahlstrom
Festa Hains Indiana Klein Latham
Lichtenstein Moskowitz Oldenburg
Phillips Raysse Rosenquist Rotella
Schifano Segal Spoerri Stevenson
Thiebaud Tinguely Ultvedt Warhol
Wesselmann opening October 31
from 4 to 7 pm at 15 East 57 Street
New York and continuing through
December 1 1962 under the title of the
NEW REALISTS

24 GIANFRANCO BARUCHELLO
Awareness II, 1962

TANO FESTA **25**
New Shutter, 1962

baud, Warhol, Wesselmann. Gli italiani: Baj, Baruchello, Festa, Rotella, Schifano.
Opera esposta: 25. *New Shutter,* 1962
(Oil on Wood)

Da una intervista di A. Amendola, in «Max», Milano, dicembre 1986:
Ricordo come fosse oggi quando mi arrivò il telegramma di Ileana Sonnabend con l'invito da Sidney Janis a New York. Gli amici, i pittori che si riunivano da Rosati a piazza del Popolo, pensavano che fosse lo scherzo di un burlone. Invece no, era proprio vero: con Baruchello, Baj, Rotella e Schifano fummo invitati a rappresentare l'Italia alla prima grande mostra della pop art che si tenne appunto da Janis nel 1962. Tra gli espositori c'erano, per farti qualche nome Oldenburg e Dine. Fui presente con una *Persiana,* un oggetto in legno che mi perseguita di mostra in mostra, di Biennale in Biennale. Tutti pensano che Festa sia il pittore delle Persiane, e basta. Come se dopo non avessi fatto più niente.

15 dicembre - 10 gennaio 1963

Oggetto Utile
Roma, Galleria La Salita
Accardi, Angeli, Cascella, Colla, Consagra, Conte, Festa, Fontana, Franchina, Garelli, Lo Savio, Mauri *(espone paralumi stampati con immagini),* Novelli, Rotella, Sanfilippo, Schifano *(espone un armadio dipinto),* Turcato, Uncini *(espone un fornello).*

GERMANIA E ROMA
Ho conosciuto Lo Savio negli anni sessanta. Esponevamo insieme nella galleria di Gian Tomaso Liverani, che in quegli anni era la galleria di punta di Roma insieme a quella di Plinio De Martiis.
Era un giovane molto chiuso e un po' fuori della tipologia dell'artista in giro per Roma in quei tempi, infatti il suo lavoro era lontano dalle matrici romane. Talvolta lo incontravo e scambiavamo qualche parola. Poi vidi un suo lavoro in casa di Kultermann a Düsseldorf. Kultermann lo amava molto e lo sosteneva. Come tutti, fui molto colpita per quel suicidio spettacolare da una casa di Le Corbusier a Marsiglia, ma il suo enigma è rimasto.
Tano Festa era molto diverso dal fratello, anzi l'opposto. Frequentava tutto l'ambiente artistico, galleristi, alta società e bottegai. Era molto integrato con il tessuto della città e prendeva da Roma caratteristiche quasi d'altri tempi. In quegli anni sessanta naturalmente era giovane e ancora libero dalla dolorosa confusione nella quale lo vidi immerso negli anni della maturità. Come artista era chiaro che, al contrario del fratello, aveva eletto Roma come contenuto della sua pittura nella quale trasferiva in pieno la sontuosità della città.
[Carla Accardi, fax a Maurizio Fagiolo dell'Arco, marzo 1993]

2 dicembre - 6 gennaio 1963

Kunstbesitz der Stadt Leverkusen
Grande mostra cui Lo Savio partecipa con due opere:
241 Cementite su tela *Öl, 1961;*
242 Komposition *Öl auf Leinwand, 1961*

Francesco Lo Savio SPAZIO-LUCE - evoluzione di un'idea, volume primo *De Luca editore (copyright Galleria La Salita)*
Volume di 68 pagine; dedica «alla memoria di Piet Mondrian»; epigrafe di Robert Musil; testo di Marianne di Vettimo Lo Savio (2 pagine); due pagine esplicative di Lo Savio; notizie biografiche.
Dipinti: *una pagina teorica di Lo Savio; quattro riproduzioni; un testo di J.A. Thwaites.*
Filtri: *Una pagina teorica di Lo Savio; sette pagine di riproduzioni.*
Metalli: *Una pagina teorica di Lo Savio; 12 pagine di riproduzioni; un testo di L. Sinisgalli; un passo di F.L. Wright; un testo di Udo Kultermann.*
Articolazioni totali: *Una pagina teorica di Lo Savio; 10 pagine di illustrazioni; un testo di W. Demby.*

TESTO INTRODUTTIVO
nel '54 cominciai i miei studi sull'architettura contemporanea, europea ed americana, sentendo precisi interessi per l'esperienza di gropius relativa alla bauhaus, nei suoi rapporti col movimento de stjil e in particolare con l'opera di mondrian. l'interesse di questa esperienza era soprattutto ideologico e sociale. Le mie ricerche sui problemi dell'espressione formale si rivolsero invece al lavoro di klee, malewitsch *[sic!]* gaudì, le corbusier, maillart; e quando iniziai a lavorare (escluse alcune esperienze accademiche d'informazione) ero libero da ogni preconcetto formale, coerente esclusivamente a una concezione ideologica e sociale, derivata dalla mia partecipazione ai problemi d'evoluzione, sia concettuale che formale, dell'architettura e dell'industrial design.
l'idea d'impegnare uno spazio tridimensionale per realizzare un'esperienza biunivoca, interna come problema dell'espressione formale, esterna come problema del rapporto sociale, condiziona lo sviluppo del mio lavoro sotto un aspetto di discontinuità visiva, sia nella scelta dei mezzi che nel risultato di forma.
nei dipinti su tela, diretti principalmente allo sviluppo di una concezione spaziale pura, dove la luce è l'unico elemento che definisce la strutturazione di superficie, tentando un contatto con lo spazio ambientale – realizzato mediante una situazione di differenti intensità cromatiche – l'elemento tridimensionale si configura attraverso un'immagine stereoscopica che puntualizza la situazione teorico-concettuale del rapporto tridimensionale.
i filtri, un'azione addizionale di va-

rie superfici semitrasparenti, iniziano un reale contatto con lo spazio ambientale, ma solo nei metalli l'azione si esplica con un possibile riscontro specifico del fatto tridimensionale, realizzando allo stesso tempo una partecipazione sociale chiara con oggetti che rimangono in un limbo dell'utile ma di cui la qualità della loro dignità civile è inequivocabile. poi l'idea di avere una maggiore libertà nella strutturazione formale di questi oggetti, mi ha condotto alla necessità di definire uno spazio d'azione integrato all'oggetto stesso, che viene ad usufruire di una situazione ambientale più limpida nella lettura formale, limitando nel contempo l'interferenza dell'ambiente esterno che diminuiva la resa totale dell'oggetto.

in queste ultime esperienze, metalli e articolazioni totali, credo si siano realizzate le mie istanze di partecipazione diretta ai problemi di evoluzione dell'industrial design e dell'architettura, decifrando un possibile atteggiamento sociale dell'opera, che rimane prodotto d'arte, ma concretizza quel contatto necessario, soprattutto attualmente, fra artista e società.
Francesco Lo Savio

TESTO INTRODUTTIVO
lo savio non ha inventato un nuovo giuoco ma una nuova disciplina. dopo la sregolatezza deve vincere il rigore, dopo lo scempio arriva sempre in tempo la geometria. la geometria è una disposizione, è una vocazione più che un sistema. la geometria è l'istinto di conservazione della materia e dei pensieri. può ancora esistere in noi una volontà di durare, di sopravvivere, di non morire? ebbene questa volontà, questa possibilità è garantita solo dalla geometria. quando l'uomo non sente più la voglia di vivere, che è voglia di edificare, butta a mare gli strumenti della geometria e torna allo scarabocchio. michaux non ha nessuna voglia di vivere e per questo si affanna a riempire i rotoli di scarabocchi, di bava, di muco, di urina.

non vive, vegeta, dicono a napoli. anche pollock, anche gorky, anche wols avevano soltanto voglia di morire. ma il Geometra non pensa alla morte.
la morte, il tempo, le malattie: egli è riuscito a scacciarli dal suo regno. il suo regno predispone alla stasi, alla contemplazione, non all'immobilità. predispone a un moto regolato ed eterno com'è quello della natura, com'è quello degli astri. la geometria è contro l'orgasmo, contro l'angoscia.
nello scarabocchio c'è nascosto un mostro, un drago, un nemico. mentre nel cerchio e nella sfera c'è nascosta soltanto una verità che è insieme calcolo e giuoco, non un inganno ma neppure l'ombra di una promessa o di una speranza. lo savio ha prestato un gesto alle

sue figure geometriche, ha tentato di rendere incantevole quello che finora era soltanto enigmatico o sublime. non propone delle forme ma degli oggetti.
naturalmente inutili.
sono oggetti lisci, non sono pelosi, sono oggetti nuovi non sono rugosi,
sono forse più idee che cose.
i Geometri cercano ormai delle formule, arrivano con le formule a descrivere l'invisibile.
lo savio è rimasto allo stadio pitagorico.
le sue forme hanno un peso come i famosi quadrati costruiti da pitagora sui cateti e sull'ipotenusa del triangolo retto.
Leonardo Sinisgalli

L'ARTISTA E LA MACCHINA
(a proposito dei nuovi lavori di francesco lo savio)
la concezione strutturale di realizzazione dell'opera d'arte ha subito negli ultimi anni una trasformazione fondamentale da far pensare, ed è accaduto spesso in passato, di essere giunti ai confini del fenomeno artistico. l'artista nel registrare queste nuove possibilità consegue unicamente lo scopo di chiarire gli orientamenti di progresso della civiltà attuale. nell'arte figurativa si tende a un rapporto concreto d'integrazione con la macchina nell'attualizzazione dei mezzi di lavoro.
finora l'artista ha usato mezzi ausiliari di qualsiasi genere, liberamente inseribili nel processo creativo, senza mutarne il procedimento essenzialmente manuale, oggi l'estendersi dell'industrialismo determina la scelta di nuovi materiali tecnici e di nuove condizioni di lavoro. e l'uso di macchine o apparecchiature industriali, le stesse adoperate nei procedimenti in serie, realizza ugualmente in ogni caso lo scopo singolo dell'opera d'arte.
da alcuni giovani artisti come mack, pohl, von graevenitz, uekker ed in particolare dal giovane pittore italiano, francesco lo savio, la macchina viene usata per la produzione di opere d'arte.
in una prima accezione visiva le opere così realizzate possono sembrare vicine ai prodotti di massa, ma esiste invece una differenza fondamentale: la produzione industriale coniata su esigenze economiche ed orientata esclusivamente verso il consumo, esclude possibilità di effetti spirituali. molto diverse invece sono le esigenze dell'estetica di nuova formazione: mutate le basi della concezione creativa, diversa strutturazione e immagine moltiplicata dell'opera, in grado ugualmente di promuovere nuove idee artistiche, di attivare una realtà dello spirito e di immergere lo spettatore in quel fluido, che in tutte le epoche ha caratterizzato il campo degli avvenimenti dell'arte.
ma i materiali ed il modo di lavoro

della nostra epoca differiscono da quelli di epoche passate. fondamentalmente diverse sono anche le leggi di effetto del prodotto artistico perché la luce e le tonalità di uno spazio movente, il silenzio e il tranquillo respiro di una superficie, come anche i cambiamenti originati da oscillazioni atmosferiche e la relazione in cui si trova chi osserva l'opera in rapporto alla stessa, sono stati ottenuti in aggiunta per la prima volta nella nostra epoca come elementi di effetto del fenomeno artistico.
il campo dell'arte non viene sorpassato, ne risultano semplicemente spostati i suoi confini e mutata la sua struttura sociale, come spesso è accaduto nella storia dell'arte.
«per ottenere una più vasta possibile partecipazione, per non irrigidire nell'abitudine, per essere liberi», dice gunther uecker.
non si tratta più di una realtà artistica coniata dall'opinione borghese, ma di un'immaginazione che partendo da mutate premesse sociali ha per fine ultimo il mutamento della società, attraverso l'opera creativa dell'artista, superando l'aspirazione borghese, verso l'originalità e la bellezza distillata da essa, a favore di una nuova vitalità sociale ed una nuova forza di sentire in comune
Udo Kultermann

TESTI INTRODUTTIVI DI LO SAVIO ALLE SEZIONI DEL LIBRO
DIPINTI
tentativo di contatto tra superficie estetica e spazio reale esterno la vibrazione di superficie a carattere polidirezionale determina un FLUSSO OTTICO verso lo spazio ambientale: precisando una continuità dinamica d'espansione interno-esterno
interno = superficie estetica
esterno = spazio ambientale
questo flusso ottico ha un carattere ENERGETICO perché si esplica attraverso una vibrazione cromatica di superficie cioè
stato dinamico energetico relativo alla luce
questa vibrazione continua realizzata mediante una differente intensità cromatica di superficie, che tende a questo rapporto di relazione ambientale, presenta una situazione di particolare interesse per lo stato dinamico assoluto, cioè una vibrazione continua di superficie in contrasto con la situazione
colore = modo dinamico relativo della luce
in relazione dovremmo avere una vibrazione non continua ma la strutturazione di superficie, che determina la vibrazione continua, è un fatto mentale dove l'idea, elemento primo di situazione, supera il fatto fisico-ambientale e realizza uno spazio estetico-concettuale dove il colore non è solo modo

Copertina del libro Spazio-Luce *di Lo Savio, De Luca editore, Roma 1962*

Dépliant della mostra Oggetto utile, *cui partecipano Festa e Lo Savio, La Salita Roma 1962*

Alla pagina precedente:

Catalogo della mostra New Realists, *con la pagina dedicata a Festa, Sidney Janis Gallery, New York 1962*

dinamico apparente della luce
ma *colore-idea*
tentativo quindi di realizzare uno
spazio a relazione *dinamico-mentale*
importante per iniziare un'azione
di sismografia spaziale con la
possibilità di uno *spazio-idea*
per riuscire di conseguenza a
pensare a uno spazio con la
presenza chiara di *spazio-energia* e *spazio-continuo* quindi
relativa integrazione di
polivolumetria ambientale in
relazione con vari stati di
spazio-energia
risultato di questo primo contatto
teorico-spaziale è la possibilità di
una partenza ab-origine di uno
spazio ambientale di coerenza
ideo-energetica
FILTRI
prima di un'integrazione diretta
con lo spazio reale è necessario
chiarire la situazione dinamica
relazionale tra *spazio-teorico* e
spazio-reale cioè situazione
spazio-teorico-reale non più di
carattere *dinamico-mentale* ma
dinamico-ambientale dove
l'azione precisi una situazione
d'assorbimento *cromatico-energetico* eliminando il *flusso
ottico* specificando una superficie
di controllo come elemento
relazionale tra situazione
dinamica diretta e situazione
dinamica indiretta
la situazione d'assorbimento
cromatico-energetico si esplica in
un'addizione di superfici a basso
potere d'assorbimento
determinando una dinamica
d'intensità cromatica
inversamente proporzionale
all'azione addizionale dei filtri
elementi relazionali simultanei
sono depotenziamento cromatico
energetico e dinamica
d'assorbimento notare il
momento dinamico di vibrazione
cromatica di superficie
sensibilizzato in evidenza dalla
situazione addizionale dei FILTRI
abbiamo così *momenti-spazio-energetici* in una registrazione
estetico-reale a carattere
riflessivo-ambientale
quindi esperienza teorico-reale
dove teorico = *processo
dinamico d'azione*
reale = *superficie di controllo
relazionale*
METALLI
colore: *nero, opaco, uniforme*
superficie: *articolata*
(piani trasversali con varia
incidenza di superficie)
qualità cromatica come potere
d'assorbimento di luce
ambientale
articolazioni di superficie come
situazioni riflessive *dinamico-ambientali*
integrazione diretta con lo spazio
reale
dinamismo esterno alla
superficie estetica
le possibilità relazionali sono
determinate da un *coefficiente
luminoso-ambientale* che

stabilisce la possibilità riflessiva
ambientale-luce dell'oggetto una
coefficienza dinamica direzionale
di luminosità ambientale che
determina la possibilità riflessiva
ambientale dell'oggetto
elementi relazionali *oggetto-ambiente* sono
coefficienza d'intensità
spazio-luce
coefficienza dinamico-direzionale
spazio-luce
quindi l'oggetto come massima
possibilità di contatto *spazio-luce*
situazione d'equivalenza
riflessivo-ambientale tra
metallo-oggetto e *spazio-architettura*
l'equivalenza esprime le stesse
possibilità relazionali di
registrazione ambientale
dove il dinamismo ambientale
dell'oggetto suggerisce:
un dinamismo *sismografico di
volumetria* spaziale
un'assimilazione dinamica di
strutturazione tra *spazio vuoto* e
spazio strutturato nel tentativo
d'integrazione
spazio-energia/struttura
coefficienza biunivoca
d'ambientazione energetica
ARTICOLAZIONI TOTALI
involucro: cemento bianco opaco
articolazione totale interna:
metallo nero opaco uniforme
*l'involucro elimina l'interferenza
ambientale* nell'accezione ottica
dell'articolazione totale interna
*l'involucro realizza inoltre
l'integrazione totale* con lo
spazio ambientale
DINAMISMO interno / DINAMISMO
esterno
articolazione particolare interna
articolazione totale esterna
possibilità relazionali:
ambiente-involucro
involucro-articolazione interna
determinate da: *coefficiente
luminoso* AMBIENTALE che
stabilisce una situazione di
accezione ottica particolare o
totale
con differenziazione di: *rapporto
parziale*
rapporto semi-parziale o
semi-totale
rapporto totale
la coefficienza dinamica
direzionale di luminosità
ambientale condiziona secondo
un massimo o un minimo il
rapporto totale
semi-totale
semi-parziale
parziale
elementi relazionali sono:
coefficienza d'intensità
spazio-luce
coefficienza dinamico direzionale
spazio-luce
con maggiore riscontro nel
rapporto totale quindi
articolazione totale = spazio
architettura
quest'uguaglianza è valida solo
considerando lo spazio
architettura nella sua fase
fisico-volumetrica

Pop Art, «Reazione», Azzeramento

Roma, Galleria La Salita
In febbraio, *Collages 57-61* di Toti Scialoja (presentazione di Milton Gendel); in marzo Accardi, Dorazio, Sanfilippo; in maggio *Oggetto pittura*, a cura di Cesare Vivaldi (Arman, Baruchello, Colla, Deschamps, de Saint Phalle, Mauri, Rotella, Spoerri, Tinguely); in giugno, *Happening musicale* di Bussotti-Rzewski (collaborano anche artisti come Novelli, Perilli, Rotella).
Lo Savio appare in mostre collettive.

Roma, Galleria L'Attico
Si impone il segno di Capogrossi in una personale (marzo).

Venezia, XXXI Biennale
Mostra dei Gran Premi della Biennale dal 1948 al 1960, retrospettive di Arshile Gorky e Odilon Redon. Personale di Alberto Giacometti. Tra le altre personali: Capogrossi, Dova, Morlotti.
Nei padiglioni stranieri, da notare: Manessier e Poliakoff per la Francia; Schumacher per la Germania; Riopelle per il Canada, Louise Nevelson per gli Stati Uniti.
Premi a Giacometti, Manessier, Morlotti (ex aequo con Capogrossi), Calò (ex aequo con Milani): lotto continuo...

«Reazione»?
A Firenze in giugno, Galleria La Strozzina, *Nuova Figurazione* testi di Bueno, Loffredo, Moretti, Bergomi. Appare un nuovo (ambiguo) termine.
A Parigi nella Galerie Mathias Fels in giugno-luglio *Une nouvelle figuration*: tra gli italiani, Enrico Baj.
All'Aquila, nel castello cinquecentesco, in estate, Enrico Crispolti presenta la prima edizione di *Alternative attuali*, all'insegna della «nuova figurazione» (e della confusione).
Un *Omaggio a Burri* (opere 1948-1961) affoga nella nuova figurazione (Bergolli, Guerreschi, Recalcati, Romagnoni, Pozzati, Vacchi, Peverelli, Scanavino, Baj, Fergola, Persico, Sterpini). Da notare le buone presenze di Adami, Del Pezzo, Rotella.
Nuove prospettive della pittura italiana (considerata nel testo perché sono invitati sia Lo Savio

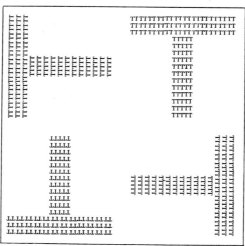

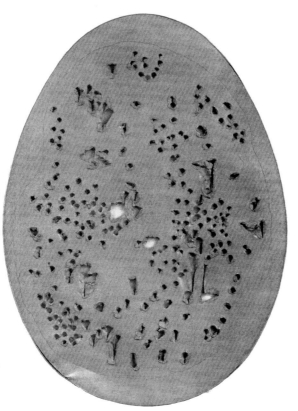

Tre immagini di Lo Savio, 1962

Tano Festa, Monumento a Franz Kline, *1962*

Catalogo del Gruppo T di Milano, Galleria Gruppo N, Padova 1962

Lucio Fontana, La fine di Dio, *1962*

Alle pagine seguenti:

Yves Klein nella grande uniforme dei Rose-Croix, 1962

Yves Klein (all'estrema sinistra) mentre si gira una scena di Mondo cane *di Jacopetti, 1962*

Piero Manzoni, Socle du monde, *eseguito a Herning in Danimarca, 1962*

Catalogo della mostra Arte programmata, arte cinetica opere moltiplicate, opera aperta, *Olivetti, Milano 1962*

Dedica di Lo Savio a Giovanni Carandente del libro Spazio-Luce, *dicembre 1962. Il disegno presenta un esperimento prospettico che forse Lo Savio andava maturando*

La cartella edita da La Salita nel 1963, con opere di Festa e Lo Savio

La mostra dei 13 pittori a Roma: confronto tra il Gruppo 63 e la giovane pittura. Partecipa Festa

Tano Festa, Gli amici del cuore. *Schifano, De Martiis, Festa, Franchetti, Rotella, Castellani*

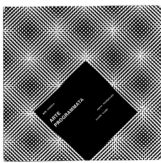

che Festa) è una messa a punto, sulla linea della nuova oggettività (o nuova figurazione?).

Pop Art
Al Salon de Mai a Parigi gli Stati Uniti si presentano compatti (Rauschenberg, Johns). Jim Dine espone a Milano, Galleria dell'Ariete, in ottobre (presentazione di Alain Jouffroy).
Tra ottobre e novembre, *New Realists* da Sidney Janis è quasi il lancio internazionale del nuovo movimento (avrà anche Tano Festa tra i partecipanti). La mostra è considerata, per questa ragione, nel testo.
Il 13 dicembre il MOMA organizza «A Symposium on Pop Art». Il lancio è fatto...

Figura
Alcuni europei resistono con una figurazione tra informale e fotogramma. Si apre a settembre al museo Civico di Torino una mostra personale di Francis Bacon (proveniente dalla Tate Gallery e dal Kunstmuseum di Zurigo). Fortuna per Alberto Giacometti.

AZZERAMENTO
Ad Amsterdam si tiene tra febbraio e marzo la mostra *Tentoostelling Nul*: dato che espone Lo Savio, è considerata nel testo.
In settembre, al negozio Olivetti di Milano, *Arte Programmata*, un repertorio di arte cinetica e opere moltiplicate, curata dall'ex M.A.C. Bruno Munari e presentata da Umberto Eco. Espongono il Gruppo N, il Groupe de Recherche d'Art Visuelle, Enzo Mari, Getulio Alviani, Bruno Munari (la mostra passa a Venezia e Roma).
In Danimarca, nel parco di Herning, Manzoni realizza la *Base del mondo (Socle du monde)*.
Yves Klein rivela la sua fede «rosacroce», ma a Roma partecipa al film *Mondo cane* di Gualtiero Jacopetti.
Lucio Fontana espone all'International Center of Aesthetic Research di Torino: esce per l'occasione il grosso libro *Devenir de Fontana* per le edizioni Pozzo.
Espone nel museo di Leverkusen e inizia la serie di tele a forma di uovo sul tema *La fine di Dio*.

Muoiono Yves Klein (21 gennaio), e Franz Kline.

1963
dal 9 febbraio

13 Pittori a Roma
Roma, La Tartaruga (nuova sede, piazza del Popolo)
Opere esposte: *Tano Festa presenta* Finestra (omaggio a Vermeer).
È presentato da una poesia di Antonio Porta. Espone accanto a: Franco Angeli, Umberto Bignardi, Giosetta Fioroni, Jannis Kounellis, Renato Mambor, Fabio Mauri, Gastone Novelli, Achille Perilli, Mimmo Rotella, Peter Saul, Cesare Tacchi, Cy Twombly.
Catalogo con poesie di Edoardo Sanguineti, Nanni Balestrini, Antonio Porta, Alfredo Giuliani, Elio Pagliarani. Scritti di Umberto Eco, Gillo Dorfles, Cesare Vivaldi.

18 febbraio

Presentazione del volume Spazio-Luce, *edizioni De Luca Roma, libreria Einaudi*
Interventi di Giovanni Carandente, William Demby, Cesare Vivaldi (e dell'autore).

UNA AUTOPRESENTAZIONE
In vita, sono stato più legato a Festa, mentre con Lo Savio i rapporti sono stati meno frequenti. Tranne nell'ultimo periodo della sua vita, quando ci siamo visti spessissimo perché io ero redattore di *Tempo presente*, la rivista di Silone e Chiaromonte che si stampava da De Luca a Tivoli, nella tipografia dove Lo Savio impaginava il suo libro. Proprio dopo questi incontri Lo Savio mi ha chiesto di presentare con Carandente, il suo libro alla Einaudi. Così di Lo Savio ho parlato; ma non ho mai scritto un vero testo su di lui.
Su Lo Savio ho scritto solo citandolo in articoli di carattere generale senza mai avere occasione di dedicargli un testo «vero». Ho però partecipato alla presentazione del suo libro alla libreria Einaudi, insieme a Carandente e allo stesso Lo Savio. Ma il mio non fu un grande intervento. Dopo un discorso impegnato di Carandente io dissi qualcosa di abbastanza generico per pochi minuti e mi affrettai a dare la parola a Lo Savio come il più adatto a esporre il proprio pensiero. Apriti cielo, Lo Savio parlò quasi all'infinito senza che nessuno potesse fermarlo. Debbo ammettere che tirare in ballo Lo Savio fu vile da parte mia; ma debbo anche ammettere che il libro di Lo Savio, a differenza delle sue opere, non mi entusiasmava.
[Cesare Vivaldi, lettera a Maurizio Fagiolo dell'Arco, 18 novembre 1992]

UNA PRESENTAZIONE, UNA METEORA
Nell'inverno 1962-63, Marisa Volpi aveva ricevuto da Einaudi l'incarico di organizzare una stagione di incontri, mostre e conferenze nella nuova sede romana della libreria, in via Veneto. La giovane studiosa

fu abilissima nel tracciare uno stimolante programma nel quale gli opposti riuscivano a conciliarsi. Sicché, a poche settimane di distanza gli uni dagli altri, si successero Roberto Longhi, Briganti e Castelnuovo a discutere del volume *La Pittura delle origini* di Ferdinando Bologna, appena pubblicato dagli Editori Riuniti, e Argan, Battisti, Assunto e la stessa Volpi a illustrare il *Mondrian* di Filiberto Menna, apparso nelle Edizioni dell'Ateneo. La gara, dunque, poneva in lizza autori ed editori concorrenti (gli altri editori furono Boringhieri, Comunità, Sciascia e Mondadori) e artisti affermati contro artisti emergenti. Giuseppe Sprovieri, memoria storica del Futurismo e delle avanguardie, presentò le rare xilografie di Lorenzo Viani.
Avevo conosciuto Lo Savio tre anni prima, alla mostra romana nella Galleria Selecta, che Carlo Cardazzo aveva aperto in via di Propaganda: vi esponeva i suggestivi «filtri», che allora si chiamava *spettri luminosi*. Nel dicembre 1962, mi portò la prima copia del volume *Spazio-Luce*, edito da De Luca, chiedendomi di presentarlo nel febbraio successivo, insieme con Demby e Vivaldi. Sulla pagina di frontespizio, che reca la citazione da *L'uomo senza qualità* di Robert Musil, scrisse la dedica a me e a matita disegnò uno *spettro luminoso* in prospettiva.
Le sue mostre in quei tre anni avevano riscosso un grande interesse. La sua fama crebbe rapidamente e la critica gli rivolse grande attenzione. Giulio Carlo Argan fu tra i suoi primi convinti estimatori anche se poi ne scrisse soltanto nel 1986 un lucido saggio, apparso in tedesco.
Nel 1962, Gian Tomaso Liverani, accogliendo l'invito di chi scrive, che organizzava quell'estate la memorabile mostra a Spoleto *Sculture nella Città*, aprì nella città umbra, in un garage della via del Duomo, una succursale della sua Galleria La Salita e la chiamò *Drive-in*.
La serata alla libreria Einaudi, fu animatissima. Quei «lunedì» richiamavano il meglio della cultura artistica e letteraria romana. Ricordo tra i molti intervenuti, Argan, Palma Bucarelli, Leonardo Sinisgalli, che fu uno dei primi collezionisti di Lo Savio, Emilio Villa, Menna. Nella sala erano esposti collages, progetti per metalli, «filtri» e altre opere grafiche. La discussione fu accesa e vivace ma non vi furono contestazioni. Il pubblico era allora molto attento, pronto a recepire le mutazioni che avvenivano nell'arte. Erano i primi tempi nei quali si parlava di oggetti invece che di opere (la mostra *L'Objet* aveva appena avuto luogo a Parigi, al Musée des Arts Décoratifs, seconda della serie degli *Antagonismes*) e dell'assolutezza metafisica dei metalli di Lo Savio fu facile per tutti e tre gli oratori di parlare

con convinta partecipazione. L'artista era, nel suo consueto atteggiamento distaccato, pago della piccola gloria che gli veniva tributata. Era, del resto, deciso nella sua concezione di uno spazio puro nel quale la luce diventa essenziale componente dinamico.
Nella breve meteora che fu la sua arte, l'intenso lavoro e le idee antesignane già in quel pomeriggio invernale poterono essere indicati come anticipatori di tendenze artistiche – dal concettuale al minimalismo – che in seguito avrebbero costituito il fianco robusto dell'arte contemporanea.
[Giovanni Carandente, lettera a Maurizio Fagiolo dell'Arco, febbraio 1993]

Lo Savio partecipa alla terza (e ultima) mostra del Gruppo Zero (esiste per la documentazione di questo momento, unico nell'avanguardia europea, un reprint dei tre cataloghi curati da Otto Piene e Heinz Mack, The Massachusetts Institute of Technology, 1973).

aprile-maggio

IV Rassegna di Arti figurative di Roma e del Lazio
Roma, Palazzo delle Esposizioni
Tano Festa espone accanto a Uncini, Angeli e Mauri.
Opere esposte:
Sala XXXVII
11. Conte Dracula,
12. Omaggio a Rothko 2°,
13. Rosso e nero - n. 27,
14. Interno scuro.

*La Galleria La Salita pubblica una cartella di opere grafiche (il VI volume di una serie) con una presentazione di G.C. Argan. Opere di Lo Savio e Festa sono accanto a quelle di Accardi, Colla, Fontana, Sanfilippo, Scialoja, Dorazio, Rotella, Schifano.
Sintomatica antologia di un momento di passaggio.*

dal 6 maggio

Festa - personale
Roma, Galleria La tartaruga
Catalogo: *un ottavo con quattro riproduzioni e un testo di Giorgio de Marchis.*
Opere esposte: *tra quelle riprodotte:* Piazza del Popolo, 1963; Finestra, 1963; La sala degli specchi, 1963; Armadio, 1963.

RECENSIONI:
Festa tenta la ricostruzione di un mondo interiore corrodendolo dalle fondamenta coll'imbandirci il prodotto adulterato e surrogante ma non per questo meno significativo e urgente di quello originale. Non già dunque oggetto trovato, ma oggetto ricostruito, con i medesimi procedimenti tecnici, gli stessi ingredienti e le stesse dimensioni (ed eventualmente, qualora questo non fosse possibile, ricostruito su scala) dell'originale; per poi isolarlo in una luce di squallore sun-

tuosissimo, di onoricità, di fissità bianca e irreale che non possono non farci ricordare la stagione metafisica del 1920, con in più forse una pungente carica di glaciale drammaticità e di consapevolezza impotente.
G. Politi, in «La fiera letteraria», (e anche in «Crisi e Letteratura», n. 2).

Il giovane pittore romano Tano Festa crede di aprire un discorso nuovo, con i suoi legni dipinti ch'egli presenta alla galleria Schwarz. Ma le sue persiane dipinte, i suoi fondali di stanze, spesso monocromi, non offrono alcuna presa stimolante all'attenzione del visitatore. Secondo Cesare VIvaldi che lo presenta, i lavori di Festa sarebbero degli oggetti che vivono in uno spazio inventato, capaci di suggerire tutto un senso di «spaesamento» in chi li guarda. Ma dov'è qui lo spazio inventato? Festa oscilla tra l'oggetto da esibire e lo spazio da suggerire. In fondo, egli è ambiguo e reticente, come lo sono spesso i giovani artisti d'oggi. Non c'è più, oggi, la proposta esplosiva dell'avanguardia, ma la guardinga ricerca, chiusa ed aggrovigliata in se stessa. Anche in quest'ordine, siamo ben lontani dai propositi rivoluzionari di quarant'anni fa. Si cercava di «aprire» la vita, si cerca oggi di «riuscire» come pittori.
Giorgio Kaisserlian, in «Il telegrafo», Livorno 12 giugno.

Tano Festa che ha allestito una nutrita personale alla Tartaruga sembra aver sciacquato il suo neocostruttivismo nel Tevere. Una patina romana umanizza le sue «finestre» (fino a ieri compattamente tinteggiate in rosso e nero) dalle quali già si affacciano invitanti volti di donne e l'immagine sorridente dello stesso pittore, mentre i battenti dei suoi «armadi» si maculano di vecchie patine allusive che sarebbero persino piaciute al romanissimo Scipione. Festa ha dunque inserito il racconto nel suo tardivo momento razionale. Colpa o merito di Roma, città per eccellenza non logica, dove l'ultima sparuta stirpe degli eredi di Mondrian finirà presto con avere il respiro affannoso e il passo militaresco appesantito dalla tramontana. Meglio quindi la sosta all'ombra degli obelischi (il massimo della linea retta che sappia darci questa città di curve), magari rifatti in legno e verniciati di un lucente smalto bianco come questi, esposti alla Tartaruga, fabbricati da Festa non senza una mal celata nostalgia metafisica. Meno Mondrian dunque e più de Chirico sia pure rivisto attraverso l'occhio barbaro e candido di un Jasper Johns o di un Jim Dine.
L. Trucchi, in «Le Arti», giugno.

I legni dipinti che il giovane pittore romano Tano Festa presenta alla galleria Schwarz costituiscono gli

...le immagini si dividono in due grandi gruppi opposti, il primo gruppo deriva dall'essere circondati dagli eventi, e l'altro gruppo dal circondarli, ... questo « essere dentro a una cosa » e « guardare una cosa dal di fuori », la « sensazione concava » e la « sensazione convessa », l'« essere spaziale » come l'« essere oggettivo », la « penetrazione » e la « contemplazione » si ripetono in tante altre antitesi dell'esperienza e in tante loro immagini linguistiche, che è lecito supporre all'origine un'antichissima forma dualistica dell'esperienza umana.

robert musil: « l'uomo senza qualità », vol. 2, pag. 26-27, einaudi

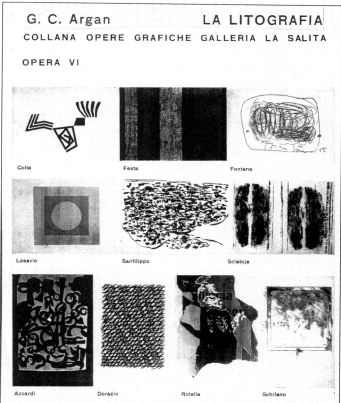

G. C. Argan   LA LITOGRAFIA
COLLANA OPERE GRAFICHE GALLERIA LA SALITA

OPERA VI

Colla   Festa   Fontana
Losavio   Sanfilippo   Scialoja
Accardi   Dorazio   Rotella   Schifano

13 Pittori a Roma La Tartaruga ★
nuova sede Piazza del Popolo 3 9 febbraio 1963

SCHIFANO PLINIO ANGELI FESTA
G.FRANCHETTI ROTELLA CASTELLANI
GLI AMICI DEL CUORE

657

oltre l'informale

FESTA

6 MAGGIO 1963
mostra personale

ROMA
GALLERIA LA TARTARUGA

Catalogo della mostra di San Marino, 1963. Partecipa Festa; non è invitato Lo Savio

Catalogo della personale di Tano Festa, La tartaruga, Roma 1963

esercizi più recenti di un artista ancora in formazione, dal quale si possono prevedere, nel futuro, nuove e più feconde espressioni. Tano Festa è indubbiamente uno dei pittori più vivi della giovane scuola romana, e certamente egli porta avanti con tenacia e coerenza da vari anni un suo programma di pittura non vedutista. Resta il fatto che le sue persiane dipinte, i suoi fondali di stanze, spesso monocromi, non offrono alcun elemento stimolante, degno d'attenzione, cui si possa riconoscere una struttura complessa che testimoni la presenza di un'opera elaborata come un organismo vero. Il presentatore Cesare Vivaldi parla di molte componenti ravvisabili in queste composizioni, assai semplici d'altronde: i lavori di Festa sarebbero degli oggetti che vivono in uno spazio inventato, capace di suggerire un senso di «spaesamento» di tipo surrealista. ma dov'è qui lo spazio inventato? Festa è ben reticente, nel mostrarlo in modo esplicito. Gli auguriamo di elaborare i suoi lavori futuri con maggiore pazienza e badando meno alle trovate, come quella del legno dipinto che è solo un vicolo cieco.
G.K., in «Il Popolo», 20 giugno.

La mostra passa poi alla Galleria Schwarz di Milano (25 maggio-14 giugno), con introduzione di Cesare Vivaldi.
Opere esposte (tutte riprodotte):
La persiana rossa, 1962, legno dipinto;
Omaggio a Vermeer, 1962, legno dipinto;
Armadio, 1963, legno dipinto;
Studio per pianoforte, 1963, legno dipinto;
La sala degli specchi, 1963, legno dipinto;
Le stanze del Vaticano, 1963, legno dipinto;
Persiana chiusa, 1963, legno dipinto;
Studio per pianoforte, 1963, legno dipinto;
La camera rossa, 1963, legno dipinto.

PRESENTAZIONE
Le ascendenze che Tano Festa si riconosce – ed ostenta persino nei titoli dei suoi quadri – sono i pittori olandesi della linea che da Vermeer arriva sino a Mondrian e la pittura metafisica di de Chirico e Carrà. La contraddizione fra tanti elementi, a prima vista inconciliabile, è solo apparente: poiché Festa guarda alla pittura d'interni seicentesca e alla spazialità di Mondrian con occhio «metafisico», e riduce la pioggia luminosa di Vermeer e il tenero, sensibilissimo palpito che s'insinua come un sospiro tra la rigidità delle impalcature neoplastiche a un bianco fitto e polveroso, denso da tagliarsi col coltello, a uno spazio «cieco», che diventa paradossalmente vuoto per troppa pienezza.
Pur subendo una tale riduzione lo

spazio non è però negato. Il lavoro di Festa è ancora un lavoro sullo spazio e sulla luce e le sue ascendenze, vicine e lontane, non sono affatto velleitarie ma, a loro modo, funzionali e funzionanti. Proprio questo – per venire subito al punto cruciale e obbligato di qualsivoglia discorso si possa fare sull'arte del giovane pittore romano – differenzia le sue «finestre», le sue «persiane», le canne d'organo che egli chiama «Omaggio a Albinoni», in una parola i suoi «oggetti», dagli *assemblages* novorealisti o neodadaisti. Gli oggetti costruiti da Festa vivono in uno spazio inventato, che non è quello della vita quotidiana ma lo spazio poetico dell'arte. La «rugosa realtà» è trasformata con un accanito lavoro che si esercita tanto sullo spazio interno all'opera quanto sullo spazio esterno, la parete o l'ambiente. Accecanti di bianca luce calcinata le «finestre» resistono, e assumono in quest'atto il loro significato, al furioso torrente galattico che le invade; pongono tra parentesi un cielo nemico alla vita, popolato da invisibili ultracorpi. Isolate da ogni usuale contesto le «persiane» sono l'equivalente perfetto – collocate su una qualsiasi parete di una qualsiasi stanza soggetta al normale tempo umano – del «manichino» metafisico: segnano un'ora «diversa», scandiscono uno spazio diverso.
Tano Festa ha saputo dunque approfittare della lezione metafisica (e surrealista) di quel tanto che gli era necessario per arricchire d'una nuova dimensione le proprie esercitazioni spaziali. Certo: le sue «camere incantate» non sono mai dipinte. Però ogni camera può divenir tale, egli ci insegna, quando il suo spazio sia modificato da qualcosa che provochi, con la sua sola presenza, un'impressione di spaesamento. Lo «spaesamento» surrealista dall'interno del quadro è spostato all'esterno: l'opera d'arte stessa, in inconsueta relazione rispetto all'ambiente, è «spaesata» e insieme oggetto di spaesamento. Ma le intenzioni di Festa (e i suoi umori culturali di pittore attentissimo a tutti i fatti e gli episodi artistici) sono varie e molteplici, ben lontane dall'esaurirsi nelle componenti sin qui sommariamente enunciate. Nei suoi oggetti c'è anche come un leggero odore di *art brut*: meglio ancora il patetico, commovente ricordo dei pittori d'insegne cari a Rimbaud e degli imbianchini che piacevano a Soffici. Non per nulla le «persiane» sono un contraltare rivoluzionario alle finte finestre che, per amor di simmetria, adornavano e tuttora adornano le facciate di molte case di provincia, in Toscana, in Liguria, in Piemonte e altrove; idiotismi di capimastri legati al lavoro da una gentilezza asciutta, per nulla deamicisiana, tutta ingenua, concreta fabulazione.
Rigoroso e semplice, ideologica-

mente complesso ma svolto sempre secondo linee il più possibile dirette, nitide e scarne, quasi elementari, il lavoro di Tano Festa è uno dei più definiti e dei più interessanti nel quadro delle ricerche artistiche dell'ultima generazione, in Italia e fuori. Egli può sembrare muoversi, a volte, per proposizioni estreme, ma i suoi risultati – per chi sappia guardarli con quel minimo d'amore e d'interesse che le opere dell'ingegno richiedono – sono genuinamente poetici, toccati spesso dalla grazia.
Cesare Vivaldi

Festa: Gli inizi dell'immagine
Da una «Lettera ad Arturo Schwarz», pubblicata nel catalogo della mostra personale del 1966. Festa riepiloga il passaggio dall'oggetto all'immagine: dopo l'epoca del monocromo, e insomma il passaggio dal 1962 al 1964:
Caro Arturo,
dagli inizi del '62 fino agli ultimi mesi del '63 io ho costruito porte, finestre, persiane, armadi, specchi, pianoforti e degli obelischi che sono uguali a quello che sta in piazza del Popolo a Roma.
Per due anni mi sono espresso attraverso gli oggetti, la pittura la usavo solo per verniciarli, come farebbe un qualsiasi artigiano mobiliere. All'inizio del '62, passando per via due Macelli, vidi attraverso la vetrina di una libreria la riproduzione del quadro di Van Eyck *I coniugi Arnolfini*.
Osservando il quadro mi sembrò che il suo vero protagonista fosse il lampadario, perfettamente immobile, come se nulla, nemmeno un forte vento, potesse farlo oscillare. Questo lampadario incombe sulle figure degli Arnolfini come qualcosa che sta a misurare la durata e quindi il limite della loro esistenze. Pensai con malinconia che gli Arnolfini sarebbero scomparsi molto prima del lampadario, che da tutta quella scena sarebbero stati i primi ad uscirne, mentre gli oggetti sarebbero rimasti ancora per lungo tempo al loro posto, testimoni muti e impassibili della loro esistenze. Questa intuizione della sopravvivenza dell'oggetto, della sua possibilità di essere protagonista, mi affascinò.
Da tempo guardavo gli oggetti di mobilio domestico che, essendo i più privati, sono quelli con i quali siamo più a contatto, verso i quali sveliamo gli atti e i gesti più intimi e segreti della nostra esistenza.
All'inizio questo interesse era di carattere prevalentemente formale, ma più tardi cominciai a stabilire un rapporto di natura psicologica ed emozionale. In quei mesi a causa dell'asma soffrivo d'insonnia e avendo «paura del buio» mi limitavo ad accostare le persiane anziché chiuderle completamente, perché filtrasse dalla finestra la luce delle lampade della strada. In quei momenti tutti gli oggetti della stanza assumevano un valore in-

solito a quello normale e quotidiano. Pensai di ricostruire degli oggetti che fossero mutilati delle loro funzioni, oggetti che nella loro fisicità esprimessero una sottile inquietudine di fronte alla loro troppo facile e certa presenza, un senso di ambiguità e d'impotenza di fronte al loro essere fisico, inorganico, ottuso, e ancora un senso di mistero e d'impenetrabilità nelle loro fredde e scure geometrie.

Oggetti d'arredamento, come gli specchi e gli armadi, e quelli della relazione sociale e del rifiuto di essa, come le porte, le finestre, le persiane. Se li avessi dipinti, gli oggetti avrebbero assunto una forma che non è quella della realtà ma è quella appunto della pittura, dello stile, avrebbero assunto la forma del mio gusto, del mio fare, della mia capacità.

Infatti nel quadro di Van Eyck, proprio perché dipinto, l'oggetto, cioè il lampadario, è protagonista solo in relazione al concetto della sua ipotetica durata, ma è il quadro tutto e in particolar modo la presenza della figura umana a rendere quell'idea.

Se avessi usato degli oggetti trovati (vecchie porte, finestre, ecc.), questi, sia pure destituiti dalle loro funzioni, avrebbero conservato il loro senso d'uso, una particolare storia e un personale e privato logorio, tutte cose che non permettono (almeno a me) ulteriori interventi e intenzionamenti se non nell'indicazione che dà l'oggetto medesimo. Ecco perché le mie persiane, le mie porte e gli altri oggetti sono completamente inutili, perché costruiti in modo che non potranno mai funzionare. Una mia porta è impossibile aprirla anche se è una vera porta, perché i suoi battenti non hanno né cardini, né maniglie, e resterà sempre ermeticamente chiusa.

Il mio pianoforte ha i tasti di legno che non si possono muovere, gli specchi dei miei armadi non riflettono nessuna immagine, gli armadi stessi non contengono nulla e dalle mie finestre non filtra nessuna luce.

Questi oggetti sono ricostruiti come noi li percepiamo non nel momento dell'uso ma in quello della contemplazione, sono solo delle apparenze, dei falsi oggetti. Ma è proprio da questo loro essere falsi che deriva l'espressione del modo in cui li ho percepiti.

...Adesso al buio posso vedere la porta, guardare l'armadio di fronte a me mancando di uno sportello lascia scorgere una macchia biancastra che con la luce del giorno tornerà ad essere una camicia. Guardo ancora la porta chiusa e mi sembra che in quel momento dietro non ci sia più né il corridoio né tutto il resto della casa. Che se l'aprissi in quell'attimo vedrei solo un grande cielo azzurro pieno di nuvole bianche.

Cari saluti, tuo Tano.

15 maggio-15 giugno

XIV Mostra Nazionale Premio del Fiorino
Firenze, Palazzo Strozzi
Catalogo: *La commissione di scelta è formata, tra gli altri, da Giovanni Colacicchi, Umbro Apollonio, Renato Barilli, Gillo Dorfles, Marisa Volpi. La commissione per i premi è composta, tra gli altri, da G.C. Argan, C. Brandi, C. Cagli, R. Guttuso, G. Marchiori. L'introduzione è di L. Vinca Masini. Il primo premio va a Vinicio Berti.*
Opere esposte:
A quanto è dato di sapere a tutt'oggi, è l'ultima opera esposta di Francesco Lo Savio.
Si riportano le brevi biografie:
FRANCESCO LO SAVIO
Nato a Roma il 28-1-1935, vive a Roma.
Ha partecipato a collettive a Bologna, Roma, Lissone, Venezia, Spoleto. Ha tenuto personali a Roma, Leverkusen, Karlsruhe, Francoforte, Vienna, Amsterdam, ecc.
Articolazione di superficie orizzontale piano-divergente, 1962
TANO FESTA
Nato a Roma il 2-11-1938, vive a Roma.
Ha partecipato a collettive a New York, Parigi, Roma. Ha tenuto personali a Roma e Milano. Ha ottenuto premi alla Mostra Premio Ministero P.I. e a Termoli. Ha opere nella Galleria d'Arte Moderna di Roma.
Specchio, 1963

7 luglio-7 ottobre

IV Biennale Internazionale d'arte - Oltre l'informale
San Marino, Palazzo del Kursaal
Catalogo: *Commissione inviti. Presidente Argan; membri Aguilera Cerni, Restany, Apollonio, Gatt. È una mostra che fa scandalo e suscita molte polemiche.*
Opere esposte: *Tano Festa*, La porta rossa.
Tra gli espositori: Angeli, Schifano, Uncini. Non si riesce a comprendere l'assenza di Lo Savio (scompare a Marsiglia il 21 settembre).

ANGOSCIA DI UNA ESTATE
Con Francesco Lo Savio abbiamo avuto rapporti intensi soprattutto nell'ultimo periodo, l'estate del 1963, anno in cui è morto. È stato a lungo da me, ospite nel mio studio a Milano. Stava una quindicina di giorni, poi partiva, diceva che tornava a Marsiglia o a Roma... Era un periodo per lui già tragico, perché era molto depresso, non si riusciva a parlare, non riuscivamo a farlo mangiare, e stava lì, così, quasi come un sonnambulo. Penso che venisse a Milano per starsene via da Roma, per esser più vicino a Marsiglia, era un'estate caldissima, afosa, galleristi non ce n'erano, la stagione era chiusa, quali contatti poteva avere? Stavamo lì, in via Palermo, con qualche amico, Antonio Maschera...

Poi se ne andava, la moglie abitava a Marsiglia e in quel periodo erano separati ... poi tornava ancora ... l'ultima volta che è partito aveva detto che andava a Roma, e qualche giorno dopo mi telefona Tano per sapere dov'era Francesco, io gli dico guarda che è venuto a Roma, è partito qualche giorno fa, aveva anche lasciato la valigia perché come al solito poi sarebbe tornato. A Roma non c'era. Insomma, qualche altro giorno dopo mi chiama di nuovo Tano e mi dice che Francesco si era suicidato a Marsiglia ... lui voleva morire perché so che aveva distrutto ogni traccia che poteva far riconoscere le pillole che aveva preso. Aveva un amore quasi maniacale per l'architettura; che strano che abbia voluto morire in un edificio di Le Corbusier...

Ricordo ancora oggi il dolore e l'angoscia di quell'estate, di quell'anno in cui ai primi di febbraio era morto Manzoni, questa suprema ingiustizia; con Lo Savio è successa un po' la stessa cosa, anche se con Manzoni ci vedevamo ogni giorno... Siamo sul piano delle congetture azzardate, ma può darsi che anche la morte di Piero abbia influito sullo stato di Lo Savio, lo abbia in qualche modo tragicamente suggestionato. Non dimentichiamo che l'anno precedente era morto Yves Klein. Nel giro di un anno tre giovani... È ipotizzabile forse mettere in relazione il suicidio con la volontà di assolutezza di Francesco, però per questioni esterne al lavoro, per questioni caratteriali, perché nella ricerca artistica uno dovrebbe trovare le compensazioni a tutte le carenze della vita...
[Enrico Castellani, testimonianza raccolta da Massimo Carboni, 2 novembre 1992]

21 settembre

Marseille, Unité d'habitation di Le Corbusier.
Una testimonianza sugli ultimi giorni è stata raccolta da L. Cherubini (Tutte le strade portano a Roma, Roma 1993) dalla voce di F. Mauri:

Lavoravo alla Bompiani in via Bissolati e Lo Savio veniva a trovarmi, ci eravamo conosciuti da Liverani. Era sempre un po' incazzato, non sembrava un pittore, sempre con il loden, sembrava un designer. Criticava sempre il lavoro di tutti, aveva una moglie molto bella, discutevamo tantissimo. Gli trovai lavoro per agosto a Milano alla Bompiani per l'Almanacco Letterario (un lavoro di un mese per L. 35.000), poi a settembre Giorgio Soavi lo avrebbe preso all'Olivetti. La moglie era tornata in Francia, non credeva in lui come artista. Gli comprai un lavoro a L. 15.000 per il viaggio a Milano, poi partii. All'ultimo momento in casa editrice non gli diedero più questo lavoro.

Catalogo della personale di Festa, Galleria Schwarz, Milano 1963

Mostra del Fiorino, *Firenze 1963. Partecipano Lo Savio e Festa*

Alle pagine seguenti:

Omaggio di Tano Festa a Lo Savio, Lapide, 1963
Personale di Tano Festa a Parigi, Galerie J., 1963
Tano Festa, Le porte del paradiso
Michelangelo Pistoletto, Donna seduta, 1963
Un'opera di Mario Schifano del 1963, Omaggio a Leonardo
Copertina del catalogo della mostra storica sull'Informale, a cura di D. Durbé, M. Calvesi, Livorno 1963

C'è un prima e un poi nel destino di Tano. Prima della morte di Francesco a Marsiglia. Dopo la morte di Francesco a Marsiglia. Cosa fu la morte di Francesco a Marsiglia? Mancò il «nome». Francesco, suicidandosi, ebbe cura di distruggere la confezione, quella che conteneva le pillole letali. I medici non lo poterono salvare perché non poterono conoscere il nome del preparato con cui si era intossicato. Tano, così mi raccontò, rimase giorni e giorni, forse diciotto al capezzale del fratello moribondo. Si allontanò solo quando i medici gli dissero che c'era un certo miglioramento. Fece appena in tempo ad arrivare in albergo e ad infilarsi sotto la doccia per scrollarsi la stanchezza che gli telefonarono dall'ospedale: «Venez, votre frère est très fatigué». Francesco era morto.
Antonella Amendola

4-25 dicembre

Festa
Paris, Galerie J
È la galleria della compagna di Pierre Restany. Il testo in catalogo è di Restany.

Opere esposte:
La porte de la Cathédrale, 1962, bois peint;
La porte grise, 1962, bois peint;
Pour Marck [sic!] *Rothko*, 1962, bois peint;
Caligula, 1961, huile sur toile;
Kiosque des journaux n. 2, 1962, bois peint;
Perslenne n. 5, 1962, bois peint;
Pierre sépulcrale, 1962, bois peint;
Armoire aveugle, 1963, bois peint;
Etude pour piano, 1963, bois peint;
Miroir, 1963, bois peint;
Fenêtre, 1963, bois peint;
Porte et détail de paroi, 1963, bois peint.

17 dicembre

Accardi, Castellani, Festa, Kounellis, Schifano
Torino, Galleria Notizie
Mostra molto intelligente, per gli accostamenti non di tendenza ma di qualità.

Mostre, bilanci, nuove correnti

Bilancio dell'Informale
A Livorno, tra marzo e aprile si apre la mostra *L'informale in Italia* a cura di Dario Durbé e Maurizio Calvesi. È la fine della corrente che ha dominato gli anni cinquanta.

Pop art e Pop all'italiana
A Washington, *The Popular Image Exhibition* (aprile-giugno) con Rauschenberg, Johns, Dine, Oldenburg, Segal, Lichtenstein, Warhol,

Rosenquist. Il gruppo sembra definitivo. (La mostra si trasferisce a Londra, ICA).
A New York, The Solomon R. Guggenheim Museum, *Six Painters and the Object* con testo di L. Alloway (Rauschenberg, Johns, Dine, Lichtenstein, Warhol, Rosenquist).
Prima mostra pop in Italia: Roy Lichtenstein al Punto di Torino (direttore, Gian Enzo Sperone).
Tra gli italiani, da notare la mostra personale di Mario Schifano (Galleria Odyssia, aprile, presentato da Calvesi e Vivaldi); *13 pittori a Roma*, nella nuova sede de La tartaruga (un discorso tra pseudo-pop e avanguardia letteraria). Pistoletto alla Galatea, Torino (aprile-maggio, testo di Carluccio).

Mostre del superamento dell'Informale
A Firenze, Galleria La Strozzina (giugno-luglio) *Nuova figurazione*: una mostra internazionale che propone la nuova generazione alla ricerca della figura perduta. Tra gli italiani: Baj, Crippa, Del Pezzo, Recalcati, Novelli, Perilli, Rotella, Schifano e altri.
A San Marino la IV Biennale d'arte si intitola, programmaticamente *Oltre l'informale* (luglio-ottobre). Mostra che, almeno per le polemiche, passa alla storia. È seguita da famosi articoli di G.C. Argan su «Il Messaggero» e dalla rivolta degli artisti che lo accusano di «dirigismo». In settembre si tiene a Verucchio un congresso che dibatte lo stesso problema.
Un momento di *surplace*, un po' sterile. In dicembre mostra del Gruppo 1 alla Medusa: ne fa parte anche Uncini.

Nostalgia
Grande retrospettiva di Renato Guttuso a Parma, presentata da Roberto Longhi.

Scritti
Nasce la rivista «Marcatré» diretta da Eugenio Battisti, organo della nuova avanguardia. A Palermo nasce la rivista «Collage», apparentemente tratta di musica, ma ospita un importante settore dedicato alle arti nuove.

Sipario
Muore Piero Manzoni (6 febbraio).
Suicidio di Lo Savio.

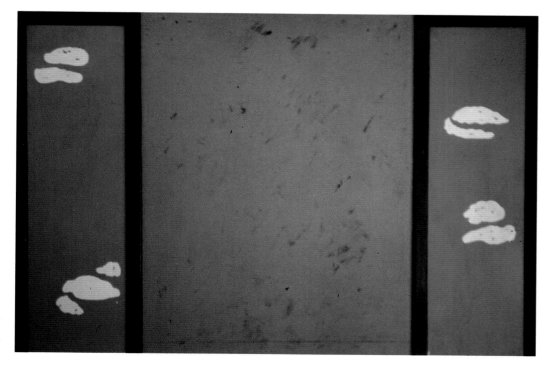

7° **Premio Modigliani**

LIVORNO MARZO-APRILE 1963

l'Informale in Italia fino al 1957

XXXII Biennale di Venezia
È l'anno del trionfo della Pop Art (premio a Bob Rauschenberg). Maurizio Calvesi cura il settore Gruppi di opere: pitture e sculture. Tra gli artisti della nuova ricerca più notevoli: Angeli, Festa, Del Pezzo, Schifano, Alviani, Castellani, Mari, Gruppo T.

Presentazione
In Festa, il prelievo fotografico di un'immagine di Michelangelo, l'iterazione e la frammentazione, l'accostamento di tecnica fotografica e di pittura a smalto, l'uso ritmico delle scritte che, insieme alla suddivisione del quadro in conchiusi pannelli contribuiscono ad alienare l'immagine, per consegnarla come ad una metafisica ma scettica aspettativa.
Opere esposte:
1 *La creazione dell'uomo* (a colori), 1964. Smalto e collage su tavola. 2 *La creazione dell'uomo* (in bianco e nero), 1964. Smalto e collage su tavola.

LA BIENNALE DEL RECUPERO DELL'IMMAGINE
Lo Savio era un personaggio estremamente chiuso, retrattile, appartato, molto solitario, che non chiedeva mai nulla... ricordo che l'ultima volta che ho parlato con lui, mi disse che sarebbe andato a Milano a parlare con Fontana per vedere se riusciva a fare delle mostre perché a Roma trovava delle difficoltà in questo senso. Poi, durante le riunioni della commissione della Biennale nel novembre del 1963, Fontana – che faceva parte della commissione – mi disse appunto che Lo Savio era andato da lui per un aiuto... il fatto è che Fontana era generosissimo con tutti gli artisti, ma a Lo Savio disse di no, chissà perché, poi in seguito ebbe un grande rimorso... Il suo lavoro mi colpì come quello degli altri pittori che esposero con lui nel 1960 alla Salita; allora non si percepivano le differenze tra l'uno e l'altro, colpiva questo azzeramento, ridurre il quadro alla superficie monocroma. Si vedeva che in Lo Savio c'era un intento costruttivista che lo avvicinava più a Uncini e lo diversificava da Schifano, Angeli e Festa; allora si parlava anche di neodadaismo.
Alla Biennale del 1964 invitai tutti questi artisti [tranne Uncini, n.d.r.], ma non potei per statuto invitare Lo Savio perché era già morto, un po' come quattro anni dopo, nel 1968, quando ero con Brandi nella commissione per i premi alla Biennale e decidemmo per Pascali, poi ci fu la contestazione e l'assegnazione slittò a ottobre, così non fu più possibile premiare Pascali... in quei quattro anni c'era stata un'evoluzione verso il recupero dell'immagine, si parlava di «nuova figurazione», sia pur distinta da quella caratterizzata in senso più tradi-

Giulio Paolini, Autoritratto,
*1968. In primo piano a destra,
Tano Festa*

*Copertina del catalogo
del padiglione americano
della* XXXII *Biennale
di Venezia, 1964*

*Biennale di Venezia,
Tano Festa,* La creazione
dell'uomo, *particolare.
Festa espone due quadri
dedicati a Michelangelo*

zionale: così mi trovai ad esporre questi artisti mentre nel padiglione statunitense c'era l'esplosione della pop art, di cui in fondo, e se ne è parlato moltissimo, gli italiani rappresentavano una specie di parallelo. Selezionai anche gli artisti della cosiddetta arte ghestaltica e programmata; poi altre figure come Recalcati, Titina Maselli, Tancredi (altro artista che poi si suicidò).

Oggettivamente sì, si può parlare da parte di Lo Savio di un'anticipazione del minimalismo, ma in questo c'è una glacialità che non ritroviamo nell'artista italiano, che ricerca il dato immateriale della luce nelle sue superfici. D'altra parte Lo Savio è un artista profondamente europeo: non bisogna dimenticare che Francesco era il fratello di Tano Festa, e credo di aver detto tutto: un'altra persona dedita all'autodistruzione...

[Maurizio Calvesi, testimonianza raccolta da Massimo Carboni, 6 novembre 1992]

LA «SUA» BIENNALE

Ho conosciuto Tano Festa nell'estate del 1964 a Venezia, alla sua Biennale. Sì, la Biennale di Rauschenberg che io però ora ricordo come sua. Un incontro fraterno (non sapevo che aveva perduto il fratello da poco) che doveva protrarsi abbastanza assiduamente per qualche tempo...

Mi veniva a trovare spesso, in quegli anni. Fu il primo, mi pare, a visitare la mia prima mostra alla Salita.

Mi apparve perfino in un quadro, in quell'*Autoritratto* dove lo pregai di posare in primo piano, accanto a me che ero, allora, Henry Rousseau. Altri, molti altri affollavano quella riunione che rimane ancora, ai miei occhi di oggi, una bellissima «Festa».

[Giulio Paolini, lettera a Maurizio Fagiolo dell'Arco, marzo 1993]

RITRATTO DI TANO FESTA
DA BRICCONE ARISTOCRATICO

Tano Festa un giorno ti ho incontrato / a Campo de Fiori che biglietto in bando / partivi per le Americhe in aereo. / Dopo tre giorni di nuovo: e ti domando / non più parti? / e invece eri in tuo raggio a pena ritornato / New York, Mexique, Brazil e P. Farnese / son tutt'uno per talun che mai si muove / giusto un salto a vedere in quel paese / se bianca «neve» è più buona oppure dove / Falstaff dal grande riso conturbato / duca marchese o cialtron tutti irritando / sei ciascuno e nessuno, et mihi quaero / se vero o qual fantasma passi, forgiando / con tue arti / un pittore, un poeta, un saggio o un disperato.

Questi versi ribaldi, che ho rivisitato nei giorni scorsi, li avevo stesi in abbozzo nell'autunno del 1981 per un omaggio a Tano Festa. In quel tempo mi era piombato una volta in casa con un piego di carte spiegazzate; e mi aveva demandato con investitura la custodia delle sue poesie, contenute in buon numero tra quelle scartoffie. E da quella cartaccia da cestino è uscita la lirica alta ed emotiva del poeta Tano Festa. In seguito ne ho cercate in giro accuratamente e raccolte varie, costituendo il notevole corpo di diciotto sue poesie; pubblicate in primis da Enzo Siciliano su «Nuovi Argomenti» numero 28 del 1988, nella circostanza della sua morte. Un omaggio soprattutto a quanto in Festa, oltre la sua arte, più mi ha appassionato: la sua capacità di dare un calcio a tutto in qualsiasi momento, anche di maggior fulgore, pur di stare di là, di sopra, dentro e fuori ad un tempo indifferentemente. Tutto sperimentando senza lasciarsi legare da nulla e nessuno. Un asceta briccone. Stato luciferino che forse nella sotterranea coscienza avrei desiderato raggiungere anch'io, senza averne il coraggio, la potenza necessaria. Mancandomi soprattutto la qualità essenziale: essere, come lui, solamente, assolutamente artista.

La attualità della mostra *Fratelli*, che per Tano e Lo Savio è come una rinascita, me ne ha stimolato la rivisitazione per una stesura nuova e definitiva della filastrocca, e con tale mezzo tornare nel vivo di quella personalità straordinaria e sconcertante, la quale non si è estinta come sorgente di sorprese e ammirazione.

Sgorga il ricordo di quel giorno a piazza Farnese nella luce tersa di una mattina di giugno, 1964, se trent'anni trascorsi non mi tradiscono, ove incontrando Tano per la seconda volta dopo tre o quattro giorni, la prima mi aveva annunciato la sua partenza per gli USA, mi raccontò che era appena ritornato da quel viaggio, e come si svolse. Partito con Mario Schifano con la Pan Am, erano sbarcati a New York nel pomeriggio. La frenesia di Mario, che non stava nella pelle di trovarsi finalmente nella terra promessa degli hippies, nel santuario di Kerouac, lo aveva indotto a ripartire la stessa notte, dopo appena una occhiata a Manhattan, con la Greyhound, per la traversata degli USA in autobus, secondo il canone. Particolare di Mario che durante il percorso inutile e senza fine, «Tanuccio, anche noi on the road, eh?» ripetendosi di continuo quasi un disco rotto. Beh, a Houston, dopo tre notti e due giorni in pullman, Tano abbandonò. Ciao Mario, si fece portare in aeroporto da un taxi, dove trovò quasi subito un volo per Città del Messico.

Nel pomeriggio del terzo giorno girava imbambolato per quella città, ma con il fiuto acuto dalla necessità, seppe incocciare tramite un taxista, uno spacciatore che lo rifornì di coca abbastanza pulita da metterlo in grado di mantenersi sveglio e poter fiutare anche un poco il Messico. E poi avanti di corsa all'aeroporto, e in volo per Rio de Janeiro. Al mattino del quarto gior-

no passeggiava a Copacabana. Afferrato il meccanismo aveva subito trovato sul mercato la dose necessaria per mantenersi desto, per dare una occhiata al Brasile, e via di nuovo per Roma, ed era qui che mi raccontava tutto con suo fare sornione, sveglio e fresco dal buon sonno fatto in volo.
E non sapeva una parola di inglese o di spagnolo. Ma era ben capace di inventarsi il comunicare necessario.
E il suo potere di persuasione e la autorità innata? Un giorno, questo già negli anni settanta, prese un taxi a piazza del Popolo e si fece condurre a Palermo. Ed il taxista ve lo condusse! Ed era sempre quasi senza una lira in tasca. Ma prestante da giovane, e con una sua eleganza spavalda, benché perdendo terreno, confrontandosi con quella ferina di Schifano, o quella congenita e sostenuta da innata bellezza di Franco Angeli.
Tali caratteri gli consentivano, citando Antonella Amendola, «di trovarsi bene tanto ai tavoli del ristorante Toulà di Cortina, quanto alla mensa del carcere dell'Ucciardone a Palermo, nelle ville palladiane accanto al nobildonna venete, come tra la teppa di Roma».
Anche un fiero provocatore per il gusto della cosa. Ricordo un suo micidiale sfottere Plinio de Martiis nel ristorante ai giardini della Biennale del 1964 alla quale partecipava per l'appoggio fattivo di Plinio, ma secondo Tano, condizionato e non privo di riserve.
E di recente nell'ultimo tempo della sua vita, partecipando condottovi da me, conciato da barbone, ad una festa in una delle case più eleganti di Roma nel selezionato mondo di artisti, politici, intellettuali e aristocratici, sdraiato sul migliore divano del salone con il piede nudo del suo gambone rigonfio per la esiziale flebite, affondato sui cuscini candidi, l'ho visto addormentarsi saporitamente mentre la padrona di casa tentava di incenerire con lo sguardo me causa dell'obbrobrio che accasciava, per lei, il tono della serata. Dedicata fra l'altro ad inaugurare la definitiva disposizione della notevole raccolta della casa di opere di artisti italiani, quasi tutti i migliori contemporanei, con l'esclusione di Tano Festa.
Sì, la sua presenza spesso dirompente, il suo vocione prevaricatore, le uscite trancianti, le dichiarazioni inoppugnabili, e di una pertinenza impertinente, la risata secca quasi meccanica, ecco i caratteri che uniti a molti altri di elevato valore, e assai notevoli nella figura di un artista superiore lo hanno reso quasi un mito, un simbolo della Roma di sempre. Ne avevano fatto peraltro un personaggio scomodo, da evitare. Nei suoi bui anni settanta nessuno lo cercava intanto negli oscuri vicoli di Roma vecchia. Quando appariva fra conoscenti, alcuni lo salutavano, pochi caloroamente, molti si defilavano a scanso di rischi.
Ma alla sua morte il suo mondo, assai più vasto del prevedibile, ha recepito l'assenza, come un tal vuoto nella città. Al suo funerale, nonostante l'indifferenza della stampa, e fu in Santa Maria del Popolo, la chiesa si è riempita. Ed io dopo aver letto per elogio funebre la sua epica *Il vascello fantasma*, ho visto molti fazzoletti bianchi passati sugli occhi.
[Giorgio Franchetti, ottobre 1981 - febbraio 1993]

EPILOGO
Sfortuna di Festa, fortuna di Lo Savio

1965
Festa presenta alcune mostre personali: a Torino alla galleria Notizie, a Milano alla Galleria Schwarz, a Roma alla galleria La Tartaruga. Tra le collettive, da notare la partecipazione alla IX Quadriennale; a Cannes è presentato da Restany alla mostra L'arte attuale in Italia. *Una mostra che fa il punto sugli anni sessanta è* Una generazione *(Roma, Galleria Odyssia): Festa è accanto a Angeli, Aricò, Del Pezzo, Castellani, Mari, Pozzati, Recalcati, Schifano.*
Lo Savio ha una importante retrospettiva, curata da Filiberto Menna, nella Rassegna di arti figurative *(Roma, Palazzo delle Esposizioni): una consacrazione.*

1966
Festa partecipa alla mostra, curata da A. Schwarz, 50 anni a Dada: *si ritrova accanto a Man Ray e agli altri precursori (Milano, Galleria Comunale d'arte moderna).* Partecipa alla mostra (poi itinerante in Germania, paesi nordici, Inghilterra) Aspetti dell'arte contemporanea in Italia. *La tartaruga lo include nella mostra* Realtà dell'immagine. *Mostra personale da Schwarz a Milano, presentazione di Maurizio Fagiolo dell'Arco.*
Esce il volume Rapporto '60, le arti oggi in Italia, di Maurizio Fagiolo dell'Arco (un testo su Festa, analisi dell'opera di Lo Savio).

1967
La «scuola di piazza del Popolo» è riconosciuta nella mostra a Bologna, Galleria De' Foscherari, 8 pittori romani. *Mostra personale a La Salita; collettiva al museo dell'Aia (Art Contemporain de l'Italie). Brevissimo viaggio a New York (era stato negli Stati Uniti già nel 1964).*
Lo Savio ha una retrospettiva, Opere 1959-63, alla Galleria La Salita. È presente nella mostra Contemporary Italian Art nei musei di Tokyo e Kyoto.

1968
Festa espone alla Galleria Arco d'Alibert di Roma, presentato da Furio Colombo; tra le collettive, da notare il Salon de Mai a Parigi.
Alla Galleria Notizie di Torino, presenta il super8 a colori (28 minuti) Pittura '68 che presenta l'operazione di Paolini e Castellani.

Lo Savio è presente nella mostra Una analisi mentale dell'esperienza visiva a cura di M. Volpi (La Salita); nella mostra Documenta IV a Kassel; Young Italians a Boston (a cura di A. Solomon); Recent Italian Painting and Sculpture (New York, Jewish Museum); Cento opere d'arte italiana dal futurismo a oggi alla Galleria Nazionale d'Arte Moderna di Roma; Linee della ricerca contemporanea alla Biennale di Venezia. Leonardo Sinisgalli scrive un importante testo che apparirà nel catalogo del P.A.C. (1979).

1969
Festa ha due personali: Galleria Il Punto, Torino; Galleria Nanni, Bologna.
Lo Savio è presente nel libro di Udo Kultermann Neue Formen des Bildes (Nuove forme della Pittura, 1969, Feltrinelli). Progetti per metalli 1960-62 alla Galleria La Salita; Roma anno '60 alla Galleria Christian Stein, Torino (rivisitazione, a cura di M. Volpi, della mostra del gruppo).
Sue opere figurano alla mostra Hommage à Fontana al Kunstverein di Wuppertal.

1970
Tentativo di nuova vita per Festa: sposa Emilia Emo Capodilista (ha due figlie) ma l'unione dura soltanto tre anni. Negli anni settanta torna alla pittura con quadri come Il falciatore, Omaggio al colore; da notare anche gli omaggi a Renoir, Munch, Modigliani, Bacon; sperimenta di nuovo il riporto tipografico. Mostra personale a La Tartaruga, Roma. È presente alla mostra Vitalità del negativo curata da Achille Bonito Oliva al Palazzo delle Esposizioni di Roma.
Lo Savio è presente all'Esposizione Universale di Osaka e nella mostra, a cura di S. Pinto e G. De Marchis, Due decenni di eventi artistici in Italia, a Prato: una importante messa a punto storica.

1971
Lo Savio è presente nella mostra Arte italiana contemporanea organizzata dalla Galleria Nazionale d'arte moderna in Austria e Jugoslavia.

1972
Festa ha una personale, presentata da Tommaso Trini, alla Galleria Levi, Milano. Partecipa alla X Quadriennale.
Lo Savio è presente alla X Quadriennale e ha una mostra retrospettiva alla Biennale di Venezia (Aspetti della scultura italiana contemporanea a cura di G. Carandente, A. Cascella, Q. Ghermandi, G. Marchiori).

1973
Festa è presente alla mostra Contemporanea a cura di Achille Bonito Oliva, Roma, parcheggio di Villa Borghese e alla mostra di fotografia Combattimento per un'immagine alla Galleria Civica di Torino.

Lo Savio è presente alla X Quadriennale nel settore Situazione dell'arte non figurativa. Appare un importante articolo di Germano Celant su «Flash Art».

1974-79
Festa partecipa nel 1975 alla mostra 24 ore su 24 alla Galleria L'Attico, Roma. Nel 1976 conosce Antonella Amendola che gli sarà accanto fino alla scomparsa. Nel 1976, personale da Sperone, Roma. Nel 1977 è nella mostra Arte in Italia 1960-1977 alla Galleria Civica di Torino. Nel 1978, personale alla Biennale di Venezia.
Lo Savio ha una personale nel 1974 a Düsseldorf, Galleria Denise René - Hans Mayer. Nel 1975 appare l'importante libro a cura di Germano Celant, Francesco Lo Savio, spazio e luce nella collana «Letteratura» di Einaudi.
Nel 1977, relativamente a una mostra alla Galleria Pieroni di Pescara, appaiono su «Domus» gli interventi di B. Corà, P. Restany, E. Spalletti.
È pubblicato il libro di Udo Kultermann The New Painting. Importante mostra al P.A.C. di Milano curata da Germano Celant.

Anni ottanta
Festa partecipa nel 1980 alla Biennale di Venezia e alla mostra L'arte italiana dal 1960 al 1980, Roma Palazzo delle Esposizioni. La pittura di questi anni passa dai Coriandoli ai Miraggi, dagli omaggi a Munch e Bacon a quelli a Capa e de Chirico; nell'86 appaiono di nuovo Il falciatore e Piazza del Popolo.
Nel 1981, personale alla Galleria Soligo di Roma (dove esporrà periodicamente). Nel 1982 è pubblicato un capitolo dell'arte italiana del dopoguerra di G. De Marchis nella Storia dell'arte italiana dell'Einaudi (Festa è considerato).
Nel 1983 ha un testo di Dario Bellezza per la personale alla Galleria Soligo. Nel 1984 partecipa alla Biennale di Venezia. Nel 1986 espone nella galleria Cortina a Roma, alla XI Quadriennale, alla mostra Sogno italiano – la collezione Franchetti a Roma, curata da Bonito Oliva a Genazzano. Nel 1986 espone a Aosta (presentazione di F. Gallo).
Dopo lunghe e penose malattie, scompare il 9 gennaio 1988, a meno di cinquant'anni.

Francesco Lo Savio, Metallo
nero opaco uniforme, *1960*

Anima ed esattezza: Francesco Lo Savio

di Massimo Carboni

Un attimo prolungatosi per quattro anni di poderosa concentrazione espressiva, scandita nell'ossimoro solo apparente di una simultanea progressione e di un'inflessibile, forse disperata, ascesi mistico-razionale: nel primo dipinto del cerchio dissolvente inscritto in un quadrato c'è già, invisibile, inarticolata eppure perfettamente prefigurata, la presenza tridimensionale dell'ultima «articolazione totale».

La congiuntura artistica in cui Lo Savio si trova a operare da indiscusso protagonista è segnata dall'esaurirsi dell'esperienza informale, intesa nell'ampiezza e nell'eterogeneità delle sue accezioni. Dovessimo riferirla a una delle correnti del grande laboratorio delle avanguardie d'inizio secolo, è indubbio – al di là del mutamento di costellazione storico-culturale che si è prodotto a partire dal secondo dopoguerra – che il suo antecedente sarebbe identificabile nella lezione espressionista, di cui ha sviluppato e condotto all'estrema tensione – in modi certo del tutto propri e specifici – i dati dell'immediatezza plastico-pittorica e dell'impulso esistenziale, della gestualità psicomotoria e della disorganizzazione dell'immagine fino al suo annullamento iconico. Il panorama che si apre dopo la stagione informale, a cavallo tra gli anni cinquanta e gli anni sessanta, trova invece il suo punto di riferimento all'interno delle avanguardie storiche – anche qui, ovviamente, mutato il contesto socioculturale – da una parte in Duchamp e nel *nihilismo* dada, dall'altra nel versante «razionale»-costruttivo del Bauhaus, di Mondrian e delle esperienze sovietiche con il Malevič suprematista in posizione centrale. Da queste radici portanti – scontata la diversità degli esiti singoli – l'orizzonte vede profilarsi e poi evolversi, in piena autonomia di poetiche e di realizzazioni formali, le esperienze-chiave di Fontana in qualità di «fratello maggiore», di Yves Klein, di Manzoni, di Castellani, le ricerche cinetico-visuali del Gruppo T e del Gruppo N, la fase aniconica del primo Festa e dello Schifano dei monocromi, che con Angeli e Uncini costituiranno il polo romano con il quale Lo Savio esporrà nella collettiva alla Galleria La Salita nel 1960. L'anno dopo e nello stesso spazio, l'artista coinvolgerà, in un'altra esperienza espositiva comune, sia Yves Klein che il Gruppo Zero di Uecker, Mack e Piene, costituitosi a Düsseldorf nel 1958. Momento di dialogo e di scambio, questo, che si inserisce nei contatti che Lo Savio sviluppa con la Germania e il Belgio, l'Austria e l'Olanda. E non dimentichiamo che alla Galleria Nazionale d'Arte Moderna di Roma si tengono le retrospettive di Mondrian nel 1957, di Pollock nel 1958, di Le Corbusier e di Malevič nel 1959: sono gli anni formativi dell'artista.

Azzeramento plastico e concettuale, autosemanticità dell'opera, tendenza all'astrazione e al monocromo, riduzione delle forme alla loro letteralità di base, assunzione dello spazio come puro dato percettivo. Sono i capisaldi della «nuova concezione artistica» (il titolo di una mostra alla galleria milanese Azimuth in cui espongono tra gli altri Castellani, Manzoni, Klein, Mack, Mavignier) nei quali Lo Savio si identifica e che il suo lavoro contribuisce, da una posizione decisiva, a definire (cfr. per la documentazione am-

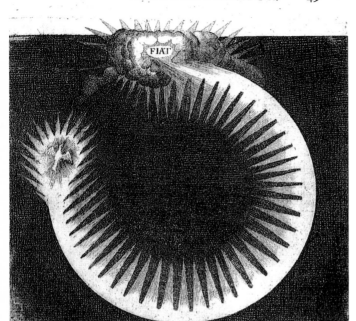

DE MACROCOSMI FABRICA.   49

*De macrocosmi fabrica,
da Robert Fludd,*
Utriusque cosmi, *1617*

*La quadratura ermetica
del cerchio, da Michael Maier,*
Atalanta fugiens, *1617*

pia del contesto qui solo accennato il *Regesto 1958-1964,* infra).

Naturalmente questa «nuova concezione artistica» è ben lontana dal poter essere ridotta a reazione più o meno automatica all'Informale, e tanto meno l'opera di Lo Savio. Più complessa e accidentata è la logica – se ve ne è una – che presiede alla successione storica delle forme, degli stili, delle poetiche. Ma questo vale tanto per ciò che sta alle spalle di Lo Savio quanto per ciò che gli segue, e ci riferiamo alla sua anticipazione sul *minimal* di Judd, di Morris o di Andre. Negare qualsiasi rapporto sarebbe improprio; ma fuorviante è trasformarlo in liturgia critica. Non solo e non tanto perché l'arte di Lo Savio affonda chiaramente le sue radici nella cultura europea delle avanguardie rappresentando in qualche modo l'«avvenire» delle sue «illusioni»; quanto perché di quella cultura egli sviluppa prioritariamente – con tutte le insanabili contraddizioni del caso – l'idea di Progetto e l'utopia di una riqualificazione estetica della società (originatasi, come noto, nell'ambito del Romanticismo), che sono tratti quasi totalmente sconosciuti all'arte statunitense e proprio al *minimal* in particolare. Nei «cubi» di Judd ci sono quelli di Lo Savio solo se ci si astiene dall'interrogarsi sulle radici artistico-culturali e sugli intenti di poetica dai quali questi, e non quelli, sono indelebilmente segnati.

«Sensibilizzare lo spazio vuoto, inteso come momento dinamico della luce, è l'azione iniziale di un'indagine che concretizza una presenza estremamente coerente all'urgenza di ricuperare una supremazia qualitativa del fare estetico. Questa presenza è un'idea-oggetto: dove l'oggetto sia il minimo contatto dell'idea con la realtà esteriore»: così Lo Savio in un breve testo del 1961 (cfr. *Regesto 1958-1964,* infra). Oltre alla «urgente» rivendicazione della qualità del fare estetico – che si connette al continuo e dichiarato interesse di Lo Savio per la dimensione e il ruolo sociale dell'arte – e al proponimento «orientale» di rendere percepibile il vuoto – che collega la sua ricerca a un arco di multiformi esperienze coeve teso tra Klein e Rothko – colpisce in questo *statement* la connotazione fortemente *ideica* – e non «ideale» – dell'oggetto, che deve limitarsi a rappresentare il contatto minimo necessario – anche se certo, sul piano dell'intuizione della forma, indispensabile – dell'idea propulsiva soggiacente all'opera con la realtà esterna. Ma ciò significa che per Lo Savio il fine non è mai l'oggetto in se stesso, ma sempre – in ogni fase del suo percorso – un rapporto, un campo di relazioni dinamiche e interagenti tra realtà concettuali e situazioni mentali originate dalla percezione visiva. Di cui l'opera effettivamente realizzata dovrà coerentemente render ragione. E questo è anche il senso di quella citazione da *L'uomo senza qualità* di Musil che egli premette al suo libro *Spazio-Luce*: la relazione biunivoca stabilita tra l'esser dentro una cosa e l'osservarla dall'esterno, tra la «sensazione concava» e la «sensazione convessa», posta alla genesi stessa dell'esperienza umana. E come Musil anche Lo Savio è connubio di *pathos* e matematica, anima ed esattezza. Questa idea di un rapporto dialogico e in sé fondante governa, attraverso varie modalità operative, tutta la sua opera. Un'idea che, ovviamente per un artista, diventa prassi, energia costruttiva. Lo schermo – sia esso dipinto filtro o metallo – è come il termine medio che, appunto sensibilizzando il vuoto, l'interazione tra spazio interno e spazio esterno realizza concretamente per farsi percepire.

Nei dipinti a olio o in resina sintetica – in cui il colore è analizzato nel suo valore direttamente spaziale – è individuata una fonte di luce posta in una zona virtuale collocata dietro al supporto, al di là della tela rispetto all'osservatore. Se questa postulazione di uno spazio ideale arretrato nei confronti dello spazio convenzionale, perimetrato della superficie si ricollega certo a tutta una tradizione dei codici visivi soggiacenti alla rappresentazione pittorica così come storicamente si è sviluppata, una consonanza è da rilevarsi anche con quella spazialità ulteriore verso cui Fontana si indirizza con la lacerazione sensibile della tela. Intercettata dalla superficie monocroma dipinta, la luce – pacata e silenziosa – assume una forma circolare dai margini fortemente dissolventi inscritta in un quadrato, capace di produrre un flusso ottico che irradiandosi dirige l'energia luminosa verso l'ambiente e che, come ha scritto Filiberto Menna, nella sua assorta vibrazione «sembra dare un ordine alle cose» (nel catalogo della *Quinta Rassegna di Roma e Lazio*, aprile 1965; ora nel catalogo della retrospettiva di Lo Savio a cura di Germano Celant al Padiglione d'Arte Contemporanea di Milano, 1979, p. 57). La «forma della luce» è diretta creazione di spazialità: forma luce e spazio si identificano. L'elemento temporale è dato dal lento sgranarsi della messa a fuoco percettiva nell'osservatore.

I filtri acquistano come una dimensione interna, una spazialità nascosta e insieme rivelata, giacché la costruzione processuale dell'opera prevede una stratificazione di carte semitrasparenti disposte per accumulo successivo e controllato su di una superficie colorata di base. La vibrazione luminosa viene così a modularsi per gradi e autonomamente, fino a definire l'intensità cromatica della superficie finale risultante. Il filtro non cede bensì sottrae energia luminosa allo spazio circostante. La dinamica di assorbimento innescata dall'addizione progressiva delle superfici semitrasparenti elimina il flusso ottico dei dipinti, e alla vibrazione pittorica, in qualche modo ancora «oggettuale» del colore come tinta, come pigmento, si sostituisce una limpidità spaziale e cromoluminosa risultante da un calcolo estremamente controllato. «Sperimentale» in quanto unico testimone d'una tecnica cui Lo Savio non ha dato seguito, è il filtro in rete metallica del 1962, in cui la forma-sigla del cerchio viene abbandonata. Secondo stratificazioni modulari quadrate solo parzialmente sovrapposte le une alle altre, le maglie si sgranano come lamelle di un obiettivo fotografico da un massimo di assorbimento della luce nel quadrato centrale fino ad un massimo di irradiamento ai lati periferici ove rimane un solo reticolo, passando attraverso tre gradazioni chiaroscurali mediane che corrispondono appunto alle sovrapposizioni in diminuendo.

Nei metalli verniciati in nero opaco è come se lo strato più profondo dei filtri – il primo sul quale l'artista comincia a operare disponendo le carte semitrasparenti, ma l'ultimo a risultare nell'immagine finale dell'opera – fosse ora rappresentato dalla stessa parete bianca su cui il lavoro è collocato, graduando così un primo coefficiente interno di spazio-luce. L'energia luminosa – azzerati i valori cromatici e perdendo il metallo la sua consistenza plastica – stavolta proviene interamente dall'esterno. Il metallo in fondo non è altro che la

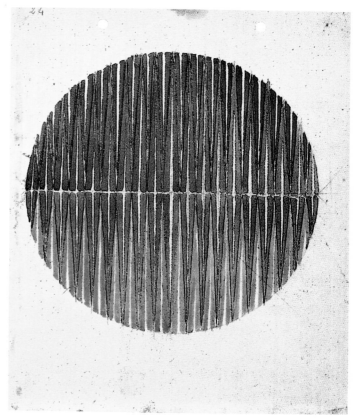

Gino Severini, Espansione sferica della luce (centripeta), *1913-14*

Giacomo Balla, Compenetrazione iridescente n. 2, studio, *1912*

concretizzazione («il minimo contatto dell'idea...») dell'assorbimento della luce, variato però dalle articolazioni angolari o curvilinee, introflesse o estroflesse, cui l'acciaio è sottoposto. La superficie è riflettente ma non passiva, proprio perché quelle articolazioni (del cui calibratissimo calcolo fanno fede i numerosi disegni e progetti preparatorii) hanno l'incarico non solo di modulare e diversificare la ricezione della luce, ma anche di proiettarsi nello spazio circostante, di muovere verso l'esterno, consegnando all'ambiente – luogo della socialità – valori tendenziali di ordine e forma estetica.
Nelle articolazioni totali la piena tridimensionalità è raggiunta mediante un involucro di cemento bianco opaco leggermente sollevato da terra attraverso un sostegno sistemato alla base, che circonda a mo' di scatola aperta il piano articolato in metallo nero. È eliminata in tal modo l'interferenza dell'ambiente circostante. Si sviluppa così una duplice relazione: da una parte tra articolazione metallica e involucro, dall'altra – ma in sintetica unità – tra quest'ultimo e lo spazio reale in cui il cubo è collocato. L'analisi operativa di quell'ingranaggio duale musiliano tra sensazione concava e sensazione convessa – che tanto stava a cuore a Lo Savio – giunge qui al suo culmine (che per forza di cose dobbiamo ritenere provvisorio). Nelle articolazioni totali, infatti, essa si rovescia intieramente nell'ambiente vitale ed esistenziale dell'osservatore, nel suo spazio di locomozione, tramite un oggetto-non-oggetto che è metafora del corpo (e anche qui basta vedere gli studi preparatorii e gli schizzi che inseriscono la figura umana all'interno dell'involucro). L'esperienza fisica e psico-percettiva rappresenta in tal modo l'interfaccia di un'esperienza mentale che, sostenuta dall'idea di una progettualità tendenzialmente infinita volta alla ridefinizione dell'ecosistema dell'uomo, trova nell'opera singola effettivamente realizzata solo un modello contratto, un microcosmo anticipato di quella razionalità estetica che avrebbe dovuto liberamente sovrintendere alla sfera sociale.

Già lo comprese perfettamente Emilio Villa in uno stupendo testo sull'artista in «Appia Antica», nel 1961: «la geometria è ancora remora antica, antiquata, neolitica, neolatrica, agricola; mentre nei pascoli bradi dei mondi, submondi, microcosmici, il senso dell'agricoltura non ha più numeri per farsi intendere, non ha numeri psichici» (cfr. *Regesto 1958-1964*, infra). Parole da sottolineare una per una, sorprendentemente aderenti agli sviluppi della matematica costruttiva neointuizionista, valide per Lo Savio come per Malevič, per Klein, per Fontana, per Rothko. Ben oltre la geo-metria, ancora misurazione degli oggetti visibili, terrestri, ancora «umana troppo umana», Lo Savio, in analogia con il multiverso aperto e reversibile della «nuova scienza», lavora sull'intuizione «suprematista» di uno spazio senza gerarchie, senza direzioni privilegiate, di pura energia. Uno spazio come «impossibile» *icona* della luce. È il *lumen naturale* che nel *continuum* quadridimensionale dello spaziotempo diventa, da relativo che era nell'universo newtoniano, assoluto; ma di un'assolutezza solo intelleggibile, come il *lumen divinum*, mai «osservabile». Luce che in una dichiarazione del 1960 Lo Savio elegge a «motivo originario» del proprio lavoro e che «segue un ultimo cammino che la conduce alla possibilità di perdere il senso di ciò che è, per vagare nel vuoto. Questo vagare,

per se stesso niente, è solo nel modo come ci appare: immagine di una realtà quasi impossibile» (cfr. *Regesto 1958-1964*, infra). Intuizione artistica o sintomo di letture aggiornate, poco importa.
Il buco nero quadrato di Malevič torna medesimo e diverso nel cerchio dissolvente ed espanso inscritto nel quadrato di Lo Savio, per certi versi forma simbolica sia della scomposizione di ciò che nella quadratura del cerchio tentava l'impossibile sintesi in un'unica figura, sia dell'irraggiamento sferico della luce cosmica risalenti alla tradizione mistica, ermetica e alchemica (vedi le figure qui riprodotte da Robert Fludd e Michael Maier). E se riportiamo questi riferimenti simbolici allo svolgersi delle vicende artistiche del Novecento, certo tra le fonti – più o meno consapevoli, è altro discorso – degli spazi-luce di Lo Savio, dobbiamo annoverare tanto le analisi sulle espansioni cromoluminose di Severini e del Balla delle «compenetrazioni iridescenti» in ambito futurista, quanto le elaborazioni spaziali di forme cerchiate irradianti di Rodčenko e soprattutto – in termini pressoché letterali – di Kliun in ambito suprematista (vedi le figure qui riprodotte). D'altra parte è del tutto evidente che le articolazioni totali possono essere perfettamente interpretate – e non soltanto, a questo punto, a livello di filologica «pura» visibilità – come lo sviluppo tridimensionale dei disegni di Malevič (e di uno in particolare, vedi la figura riprodotta) per le scenografie di *Vittoria sul sole*, l'opera teatrale di Matiušin-Chlebnikov-Kručenych del 1913.

Lo Savio – pur essendo un «isolato che operava da non allineato», come lo definì Vincenzo Agnetti (cfr. «Domus», n. 517, 1977), o forse proprio per questo – ha sempre dichiaratamente pensato il proprio lavoro in rapporto alla dimensione sociale extra-estetica. Estrema propaggine, dopo e oltre la stagione dell'Informale, di quel razionalismo della crisi che ha segnato le arti e più ampiamente la cultura della prima metà del secolo, certo. Rapporto oggi, dopo più di trent'anni, profondamente mutato, soprattutto rispetto ai modi in cui si formulava allora, sicuro. Motivo di fondo che, quando viene tematizzato negli scritti dell'artista, di questi conferma il prevalente gergo pretenzioso e vagamente intimidatorio, colmo di infatuazioni scientizzanti e tecnicistiche, indubbiamente. Eppure, questione che si è posta *a* Lo Savio e *in* Lo Savio in termini cruciali, innegabilmente. I metalli e le articolazioni totali rappresentavano per l'artista un'ulteriore e più matura fase rispetto ai dipinti e ai filtri nel progressivo adempimento di quel rapporto. L'assunzione della tecnologia industriale nel processo creativo – soprattutto nei metalli prodotti a macchina – ne è tutto sommato il lato più esteriore e all'epoca già ampiamente storicizzato. Così come l'identificazione della natura del proprio lavoro, da parte di Lo Savio, con la pratica e l'orizzonte del *design*, dell'architettura e della progettazione urbanistica, rappresenta in fondo, di quel rapporto, l'indicatore più manifesto e che forse, sotto questo profilo, ancorché significativo, meno fa problema. L'ambiente e lo spettatore con cui l'opera vuole entrare in dialogo non sono mai intesi come «naturali», semplicemente dati, ma sempre assunti in termini di socialità e storicità. Dunque, per definizione, disponibili a un processo di trasformazione qualitativa. Nel tragitto dai dipinti ai filtri e da questi ai metalli e alle articolazioni totali, il senso e l'asse della direzione, il vettore che governa il passaggio dagli uni agli altri è identificato nell'intensificazione del rapporto con lo spazio circostante, interpretato come microcosmo teso a riflettere, in termini intellettualmente e culturalmente avanzati e non ingenuamente mimetico-raffigurativi, le articolazioni sociali del mondo storico. Si può certamente sostenere (e non si sarebbe affatto lontani dal verosimile) che spesso le opere singole vengono caricate, «surdeterminate», dallo stesso Lo Savio, di un peso troppo gravoso, di un significato forse eccessivamente impegnativo, se le si intendono quali verifiche sperimentali o prototipi d'una socialità riconciliata con se stessa. Ma resta il fatto: calato in un contesto ben preciso. Sorpassare il dato, trasformarlo, andare oltre. All'opposto di ogni formalistica, astratta «autonomia», questo è ciò che disperatamente ha voluto essere il destino dell'avanguardia. Proprio l'opera «astratta», autosignificante, riacquista (pensiamo solo a Mondrian) quei valori simbolici di riferimento e di rapporto alla realtà esterna che nel suo radicale e ascetico aniconismo aveva escluso, liquidato. Così, esattamente, Lo Savio. Il problema è che quel destino vuol diventare Progetto. Ma questo Progetto è in quanto tale perfettamente, assolutamente disperato. Il suo utopismo sta nel far conseguire, partendo da verità metastoriche supposte razionali, principi di condotta morale ed estetica che servano ad agire nella storia. Ma la dialettica storica non è un processo logico. Dunque quei principi, malgrado discendano da un'impostazione criticista nei confronti di un presente che mirano a superare, derivano in realtà da una morale conformista perché tesa a difendersi dall'urto provocato dalla sostanziale imprevedibilità (ed è lezione di questi nostri ultimi anni) della storia. Allora la realizzazione del Progetto è la confutazione nei fatti della progettualità stessa, giacché questa non può valutarsi unicamente che in base ad un altro progetto; vale a dire, disperatamente e alla fine ineffettualmente, solo in base alla propria astratta, aprioristica Idea.

È questa la lezione che Giulio Carlo Argan (autore di un bellissimo testo sull'artista nel catalogo della retrospettiva di Bielefeld del 1986) ci ha lasciato proprio negli anni di Lo Savio. Non cogliere questa antinomia, questa contraddizione, immaginarla al di fuori della sua opera, significa perderne la radice storica portante oltre che gli espliciti elementi di poetica. Se liquidiamo dal suo itinerario artistico ma anche etico questa tensione estrema che lo anima ancor più forte e urgente, contratta com'è nell'arco di pochissimi anni – verso inconclusi e incompibili valori; se separiamo dalla sua visione poetica e formale questa dimensione di progettualità in quanto tale definitivamente europea, allora davvero l'opera di Lo Savio, nella scansione di ogni sua fase, diventa interpretabile come semplice, formalistica, ancorché non del tutto impropria, anticipazione o prefigurazione del *minimal* a venire di lì a pochissimi anni. Ed è indubitabilmente anche per questo che quel tenero e potente «disperato amico mio», con il quale Emilio Villa chiude il più bel testo scritto su Lo Savio, non è soltanto l'attestato di un'amicizia in irriconosciuto *limine* ma l'intuizione di una condotta etica e poetica, e forse di un destino.

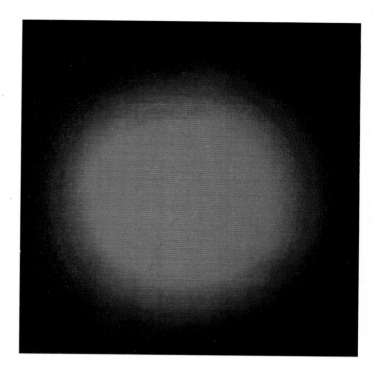

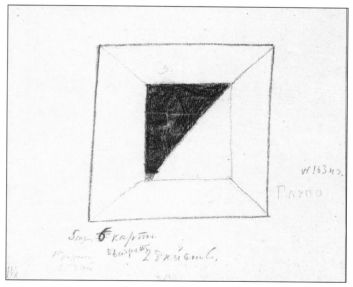

Ivan Kliun, Luce rossa, composizione sferica, *1923 ca.*

Casimir Malevič, *Disegno per le scenografie di* Vittoria sul sole, *1913*

Francesco Lo Savio

1. Depotenziamento cromatico e dinamica d'assorbimento, *1959*
Carta trasparente su cartone nero, 45 x 52,5 cm
Roma, Galleria La Salita

2. Filtro dinamico, variazione d'intensità Spazio-Luce, *1959*
Carta trasparente su cartone, 59,5 x 65,5 cm
Roma, Galleria La Salita

3. Spazio-Luce, *1959*
Resina sintetica su tela, 100 x 120 cm
Roma, Galleria La Salita

4. Spazio-Luce, *1959*
Resina sintetica su tela, 101 x 121 cm
Düsseldorf, Kunstmuseum

5. Spazio-Luce, *1959*
Olio su tela, 110 x 131 cm
Leverkusen, Städtisches Museum

6. Spazio-Luce, *1959*
Resina sintetica su tela, 155 x 170 cm
Roma, Galleria La Salita

7. Depotenziamento cromatico e dinamica d'assorbimento, *1960*
Carta trasparente su cartone nero, 59,1 x 66,5 cm
Roma, Galleria La Salita

8. For Nothing, *1960*
Resina sintetica su tela, 155 x 177 cm
Roma, Galleria La Salita

9. Filtro, Spazio-Luce, depotenziamento cromatico e dinamica d'assorbimento, *1960*
Carta trasparente su cartone, 49,4 x 66,1 cm
Roma, Galleria La Salita

10. Metallo nero opaco uniforme, *1960*
Ferro smaltato, 23,5 x 57 x 12 cm
Roma, Collezione Franchetti

11. Metallo nero opaco uniforme, *1960*
Metallo laccato nero, 100 x 200 x 20 cm
Roma, Galleria La Salita

12. Metallo nero opaco uniforme, *1960*
Metallo laccato nero, 50 x 200 x 30 cm
Roma, Galleria La Salita

13. Metallo nero opaco uniforme, articolazione di superficie orizzontale, *1960*
Metallo laccato nero, 95 x 200 x 20 cm
Roma, Galleria La Salita

14. Metallo nero opaco uniforme, articolazione di superficie orizzontale, *1960*
Metallo laccato nero, 100 x 200 x 20 cm
Roma, Galleria La Salita

15. Spazio-Luce, depotenziamento cromatico e dinamica d'assorbimento, *1960*
Carta trasparente in cornice cartonata (double-face), 23,8 x 24,8 cm
Roma, Galleria La Salita

16. Disegno per processo luminoso su carta sensibile di filtro monocromatico bianco, *1961*
Disegno su carta, 40,8 x 46,2 cm
Roma, Galleria La Salita

17. Metallo nero opaco uniforme, articolazione di superficie parasferica estroversa, *1961*
Metallo laccato nero, 92 x 200 x 12,5 cm
Roma, Galleria La Salita

18. Metallo nero opaco uniforme, elissoidale con parte centrale piana orizzontale, *1961*
Metallo laccato nero, 76 x 200 x 16,5 cm
Roma, Galleria La Salita

19. Articolazione totale, *1962*
Cemento bianco opaco e metallo nero opaco, 60,2 x 60,3 x 59,7 cm
Roma, Galleria d'Arte Banchi Nuovi

20. Articolazione totale, *1962*
Cemento, metallo laccato nero, 100 x 100 x 100 cm
Roma, Galleria La Salita

21. Metallo nero opaco uniforme, piano parabolico con articolazione, *1963*
Metallo laccato nero, 180 x 80 x 9 cm
Roma, Galleria La Salita

Spazio-Luce, *1959*

Spazio-Luce, *1959*

Depotenziamento cromatico
e dinamica dell'assorbimento,
1959

Filtro dinamico, variazione
d'intensità Spazio-Luce, *1959*

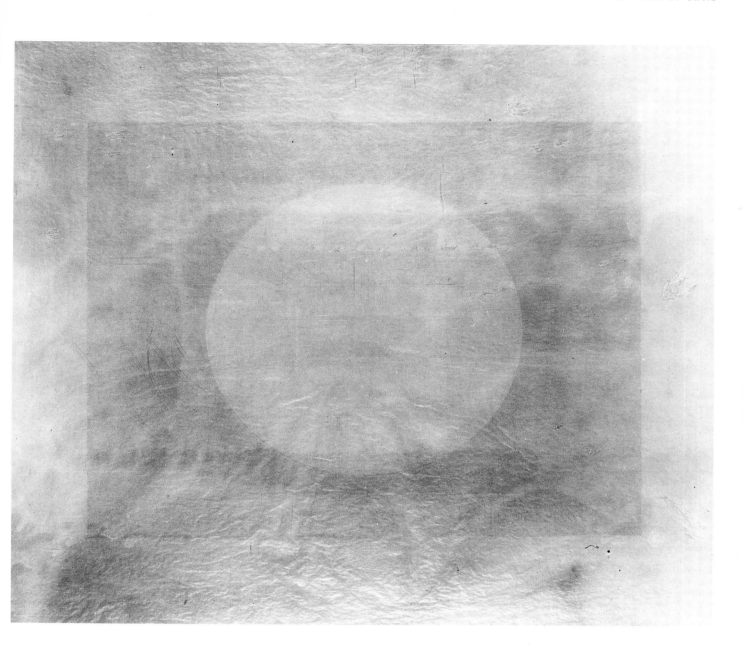

Alla pagina seguente:

Metallo nero opaco uniforme,
articolazione di superficie
orizzontale, *1960*

Metallo nero opaco uniforme,
1960

Depotenziamento cromatico e
dinamica d'assorbimento, *1960*

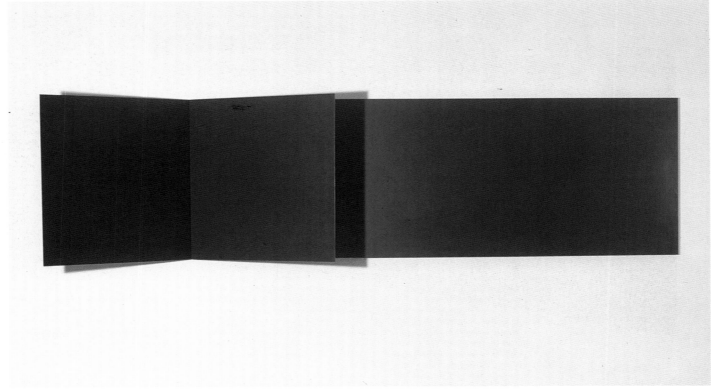

Metallo nero opaco uniforme,
articolazione di superficie
orizzontale, *1960*

Metallo nero opaco uniforme,
1960

For Nothing, *1960*

Filtro, Spazio-Luce,
depotenziamento cromatico e
dinamica d'assorbimento, 1960

Spazio-Luce, depotenziamento
cromatico e dinamica
di assorbimento, *1960*

Spazio-Luce, *1960*

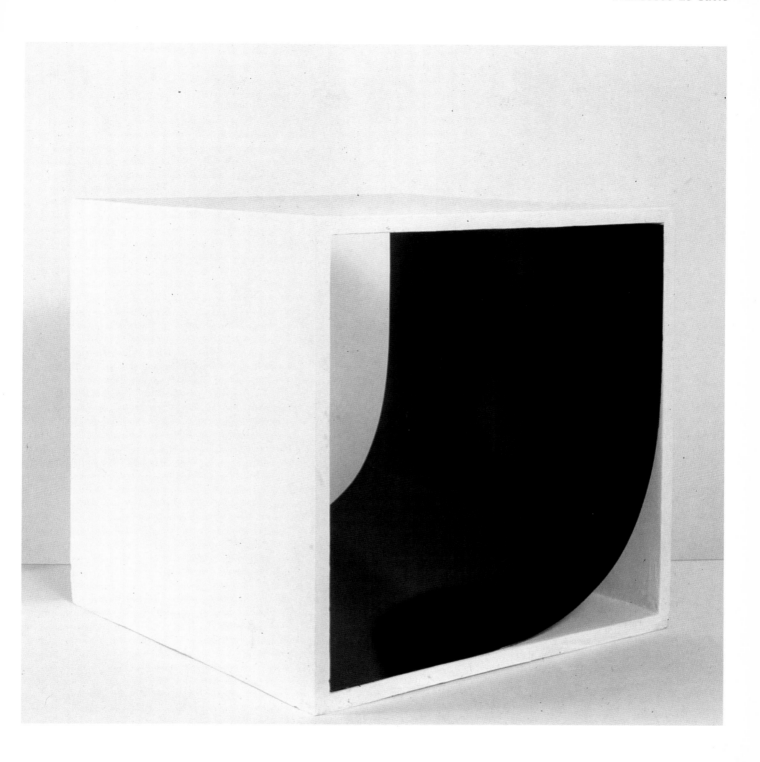

Metallo nero opaco uniforme,
articolazione di superficie
parasferica estroversa, *1961*

Metallo nero opaco uniforme,
elissoidale con parte centrale
piana orizzontale, *1961*

Articolazione totale, *1962*

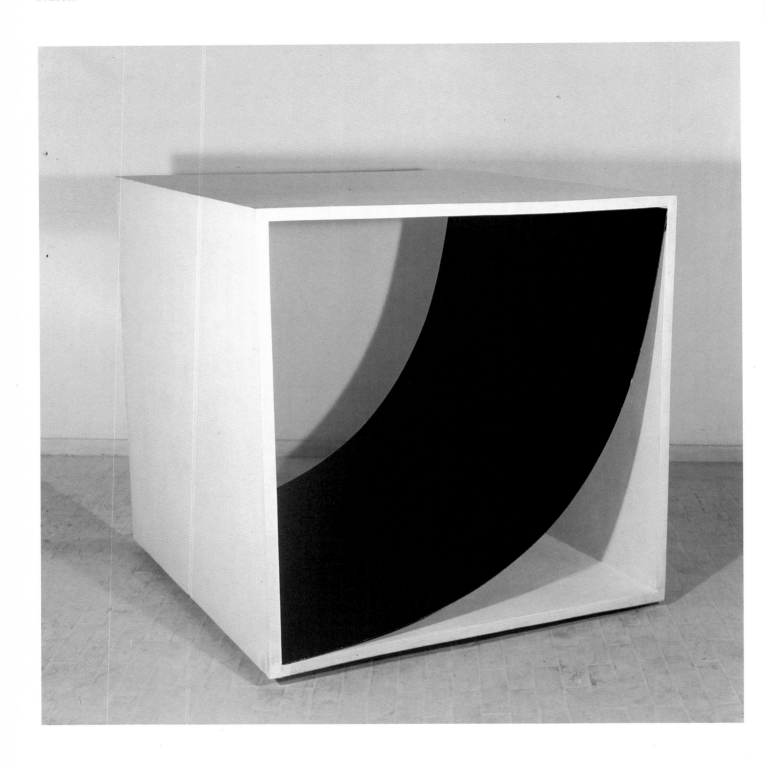

Articolazione totale, *1962*

Metallo nero opaco uniforme,
piano parabolico con
articolazione, *1963*

Tano Festa, Armadio
con specchio, *1962*

Tano Festa: per una molteplice identità

di Francesca Alfano Miglietti

Ho visto il mio moretto
seduto giù in platea
fumava un sigaretto
e gli occhi lustri avea
                    Sandro Penna

Una linea ininterrotta di intensità, una serie di scorci di un immaginario che produce eventi visivi, immagini che comunicano l'una con l'altra attraverso micro-fessure, come in un cervello, questo lo stile di Tano Festa, singolare episodio di una dimensione del fare arte, di una dimensione dominata e travolta dalla iperlucidità che provoca stati di alterazione, che induce a un nuovo modo di vedere, di pensare l'arte, di intendere la vita. Artista abbondante e generoso di intuizioni e di immagini, Tano Festa traccia linee segmentate di metamorfosi, esplora territori dell'immaginario, attraversa interzone tra linguaggi multipli, aziona una sorta di antimemoria, come se attraverso la molteplicità delle sue immagini e delle sue intuizioni visive, tracciasse una «carta geografica» che deve ancora essere costruita, un tracciato delle connessioni mentali con una sedimentazione dell'immaginario, una carta smontabile, rovesciabile, modificabile, con molteplici possibilità di entrata e di uscita, e soprattutto con infinite linee di fuga.

«L'arte è universale e dirompente: è come un colpo di pistola che squarcia il buio e spezza il silenzio», sostiene Tano Festa, e questa è l'arte che produce: un continuo di opere e di immagini taglienti che trapassano da parte a parte la materia dell'immaginario definendo una serie di stati mentali, tutte le specie del divenire della pittura. Festa produce opere come componenti mimetici destinati a disseminare le componenti di una unità esplosa: apre una nuova dimensione, una concatenazione di desiderio, innesca l'attimo dell'intuizione nel momento in cui lo colpisce. Non approfondisce, non interrompe, non analizza, si lascia andare al flusso della scoperta: «Le cose che mi vengono in mente, non mi si presentano attraverso la loro radice, ma per un punto qualsiasi situato verso il loro mezzo. Cercate allora di trattenerle, cercate allora di trattenere un filo d'erba che comincia a crescere soltanto nel mezzo dello stelo, e di aggrapparvi ad esso» (Kafka), ed è nel «mezzo» dell'arte che Tano Festa indaga e implica la dimensione delle passioni, passioni in cui le immagini si divaricano e si disperdono, si urtano, coesistono, in un movimento anarchico e assolutamente preciso, nel luogo in cui la razionalità e l'immaginazione, nel loro intreccio, per Tano Festa morboso, determinano nuove porzioni di mondo, nuovi territori, nuove terre da scoprire, nuovi viaggi. Come parlare della moltitudine di immagini e di tensioni di Tano Festa? Come farlo senza trasformare le sue molteplici identità visive, le sue porzioni di mondo, le sue tappe di esplorazione, in una «carriera artistica»? Per Tano Festa l'arte non è una condizione giocosa, non è sperimentazione, non è un modo tra tanti di «esserci». Per Tano Festa l'arte è un dialogo tra le sue passioni, è contegno, è una dimensione austera, è la possibilità del linguaggio di diventare esistenza. Tano Festa ama l'arte, tutta l'arte, in modo particolare articcia il suo amore per de Chirico e Carrà, per i costruttori di atmosfere, per gli esploratori della mente alterata! Già dalle sue prime opere (quelle dei così decantati anni sessanta), Tano Festa fa interagire contrapposizioni e scansioni di un ambiente mentale che sceglie il dialogo alternato tra materiali, tele rettangolari su cui incolla un velo di carta colorata (*Rosso 21*, *A Raffaele*, del 1960) superfici scomposte in rettangoli separati da losanghe di legno: un ritmo, i colori sono contrapposti in alcuni casi, monocromi in altri, un ritmo preciso come una partitura musicale, lo stesso ritmo che crea quando sostituisce le strisce di carta con strisce di legno rigide (*A Sandro Penna*, *Via Veneto 1*, del 1961). Una pittura che inizia a sottrarre peso, una pittura che non vuole solo azzerare ma che vuole iniziare a definire territori, a «riquadrare» dimensioni mentali, a indicare stati percettivi con i quali concatenarsi (*Particolare di Dublino*, 1961, *Interno* e *Per Mark Rothko* del 1962).

Tano Festa inizia a scegliere i suoi territori direttamente nell'arte, intuisce che è la stessa arte l'universo a cui riferirsi, ma non come citazione, non come «calco» di un immaginario già prodotto, ma come alterazione di un virus di contagio, una impercettibile rottura piuttosto che un taglio eclatante, Festa guarda all'arte che più gli piace come un *haker*, entra nell'opera dell'altro, sottrae dati e informazioni, e li immette in un altro tessuto e in una nuova situazione. Pensa alle opere d'arte come materia viva, come «mondo reale», e si muove come un pirata da un dato ad un altro, da una immagine a un'altra, da una situazione poetica all'altra: «Io sono un ladro, perché ogni pittore è un ladro. Anzi tutti gli artisti lo sono: ci rubiamo l'un l'altro le idee.

E il loro furto è trionfalmente legalizzato onorato e mercificato in soldi dalla società civile». In Festa, dunque, agisce la coscienza del proprio orizzonte di riferimenti, e ci trascina irresistibilmente verso le materie delle sue passioni, un nuovo universo esistenziale in cui l'identità si trasforma in una trama di riferimenti lontani e di ossessioni violente. Tra il 1962 e il 1963 inizia a realizzare vere e proprie «alterazioni oggettuali»: porte, finestre, persiane, battenti, armadi, specchi ottusi, superfici senza spiragli, senza trasparenze. Certo il riferimento più facile sarebbe quello duchampiano, ma non è l'humor duchampiano ad attrarre Festa, piuttosto i piani di solitudine di Carrà, le attese di de Chirico, l'immanenza del tempo, gli stati di alterazione della coscienza che non vuole essere sempre vigile, sempre presente.

Tano Festa esplora gli «strumenti» di alterazione dell'io, esplora le zone meno vigili della sua coscienza, e con uno sguardo che esce dall'abitudine percettiva, vede. Vede gli oggetti del mobilio domestico come schermi su cui proiettare la sua visione del mondo, aperture, chiusure, porte, finestre, armadi, possibilità di entrata e di uscita, ma nell'immobilità del corpo, guarda e ricrea oggetti per uscire dal mondo angoscioso delle cose, per viaggiare senza muoversi, per uno stato in cui è la mente che si muove, non il corpo: «Questi oggetti sono ricostruiti come noi li percepiamo non nel loro momento d'uso ma in quello della contemplazione, sono solo delle apparenze, dei falsi oggetti. Ma è proprio da questo loro essere falsi che deriva l'espressione del modo in cui li ho percepiti», scrive Tano Festa in una lettera ad Arturo Schwarz nel 1966. La consapevolezza estrema del suo fare, la

lucidità delle sue scelte, dunque, la possibilità di modificare lo stato delle cose proprio a partire dalla *contemplazione*, non dall'uso, uno sguardo capace di aprire orizzonti a partire dalle cose che ci circondano, gli stati di immobilità percettiva che aprono alle infinite possibilità della mobilità della mente inquieta e lucidamente alterata.

Non ready-made dunque, ma oggetti costruiti «apposta», nello spostamento, nello scarto tra gli «schermi» dell'immaginazione e le basi per la costruzione di nuovi modi di pensare all'oggetto. E non in quanto prelievo dal reale ma in quanto creazione di mondi poetici, un modo di coniugare l'estrema razionalità e lucidità con le passioni percettive che fuggono dal già assodato, dal già conosciuto, pur nel tranquillizzante aspetto «domestico» delle forme.

E negli stessi anni, accanto alle porte, alle finestre, agli armadi, ritorna a costruire i listellati rigidi, strutture che evocano pianoforti, organi, tastiere (*Albinoni*, 1962, *Studio per pianoforte*, 1963). Ancora una volta oggetti colti come presenza, non come valore d'uso, come attestazione di una identità formale, come dimensione onirica, come «...recupero del mistero», come atmosfera metafisica, come *intermezzo* tra uno stato emotivo ed uno stato logico. Come *alleanza* tra uno stato di quiete e uno di angoscia, come un viaggio tra le cose in cui sono le cose a prendere velocità, oggetti come zona di frequenza e di probabilità che delimitano un campo che neutralizza in anticipo le espressioni e connessioni ribelli ai significati conformi.

Il 1963 e il 1964 sono anni densi per Tano Festa (come torneranno ad essere densi, per l'artista, gli anni ottanta, gli anni maledetti), in questi anni le opere segneranno una serie di linee di «lavoro sull'immaginario» e di punti precisi di ambiti di ricerca.

Sono del 1963 l'*Obelisco*, la prima *Lapide*, *Le Stanze del Vaticano*, *Tricromia del cielo*, *Particolare dei Coniugi Arnolfini*, per citarne solo alcune, e del 1964 *Dalla odalisca di Ingres*, *Dalla creazione dell'uomo*, *Particolare della Cappella Sistina*, *Armadio con cielo*, anche queste solo alcune di quest'anno. Inizia qui a delinearsi un atteggiamento modificato, sia nei confronti dell'opera che nei confronti dell'intera storia dell'arte.

«All'inizio del 1962, passando per via due Macelli, vidi attraverso la vetrina di una libreria la riproduzione del quadro di Van Eyck *I coniugi Arnolfini*. Osservando il quadro mi sembrò che il suo vero protagonista fosse il lampadario, perfettamente immobile, come se nulla, nemmeno un forte vento potesse farlo oscillare. Questo lampadario incombe sulle figure degli Arnolfini come qualcosa che sta a misurare la durata e quindi il limite delle loro esistenze. Pensai con malinconia che gli Arnolfini sarebbero scomparsi molto prima del lampadario, che da tutta quella scena sarebbero stati i primi a uscire, mentre gli oggetti sarebbero rimasti ancora per lungo tempo al loro posto, testimoni muti e impassibili delle loro esistenze», scrive Festa nella già citata lettera a Schwarz, per motivare il suo interesse sulla possibilità degli oggetti di essere protagonisti. Intuizione dolorosa e angosciosamente vera. Anche nell'esistenza, spesso, il ricordo e la mancanza di un affetto vengono segnalati dagli oggetti che appartenevano a coloro «che per primi sono usciti dalla scena».

Tano Festa inizia in questi anni un lavoro di montaggio tra segni visivi di varia natura: immagini su carta emulsionata assemblata con legno e smalti, immagini fotografiche alternate con segni di pittura: fantasmi di volti in uno specchio appannato accanto ad una iconografia monumentale. Le opere della «grande storia dell'arte»: Michelangelo, poi Ingres, poi...

Immagini, non citazioni, ma immagini di immagini, come nel gioco mediale, una spregiudicata lucidità, un modo di colpire direttamente il cuore di una iconografia divenuta sempre più popolare. «È spregiudicato l'artista pop americano che elegge a status symbol della sua cultura la bottiglietta della Coca-Cola o il cartellone pubblicitario? Mi dispiace per gli americani che hanno così poca storia alle spalle, ma per un artista italiano, romano e per di più vissuto ad un tiro di schioppo dalle mura vaticane, popolare è la Cappella Sistina, vero marchio del made in Italy. E poi di Michelangelo mi ha sempre colpito quella diffusa e sottile ambiguità omosessuale... Quanto all'uso di smalti violenti che negli anni sessanta ebbe il sapore intenzionale di un pugno allo stomaco vedo con piacere che il nuovo restauro della Sistina, a opera dei giapponesi, sta tirando fuori tinte brillanti e contrastanti che fanno impallidire le mie» (da una intervista con Antonella Amendola, in «Max», n. 130).

Festa «usa» la pittura come un muro su cui l'immaginazione deve rimbalzare, costruisce un muro di lucida e consapevole materia di distinzione, un movimento, una cifra, un codice, una lingua segreta che mette in questione il sistema delle variabili della pittura pop. Tano Festa gioca in una zona distante, un gioco anomalo e solitario, crea uno stile, e per stile, con Deleuze e Guattari, qui si intende «il procedimento di una variazione continua», una dimensione allargata del cromatismo, una vorticosa produzione di intervalli e di velocità, una dimensione mobile che cambia di segno gli elementi e che mette tutto in variazione. Ma il gioco di Tano Festa e dei suoi «capolavori riscoperti» o «ricoperti» o semplicemente utilizzati, è molto più complesso della sua spregiudicata e ironica risposta: è il gioco creatore delle lingue straniere, di quella lingua in cui parla Proust («I capolavori sono scritti in una specie di lingua straniera») e Tano Festa comunica con la lingua della pittura, la sua lingua, come se fosse una lingua straniera, aziona il linguaggio multilingue, ma nella sua stessa lingua, la lingua di ciò che è creativo e ribelle, creativo nella scelta delle materie dell'immaginario e ribelle nell'opposizione ai modelli costanti: la lingua delle mutazioni.

In questi anni Tano Festa intuisce che gli spazi aperti dei suoi primi lavori, spazi aperti a qualunque possibilità, divengono in questa nuova prospettiva scansioni di fotogrammi di un lungo, ipotetico, lucido film in cui utilizza lo sguardo da «consumatore» di immagini degli anni sessanta, e guarda con la stessa confidenza immagini di oggetti estrapolati dal quotidiano e immagini di opere d'arte. Emulsioni ... fantasmi della pittura incollati sul legno, per poi dipingere gli «intervalli», le zone che inghiottono l'immagine, per segnalare la sua lingua segreta.

In seguito (1965-66) sostituisce l'insieme «emulsioni fotografiche/zone dipinte», ad uno schema geometrico in cui si alternano dettagli da Michelangelo, pannelli colorati, scritte, la successione di immagini ripetute in positivo ed in negativo,

una serie di quadri e riquadri che producono un evidente estraneamento delle immagini, una sospensione di giudizio, un modo di creare senza determinare posizioni. È il cielo il protagonista delle opere di Tano Festa di questi anni, quel cielo, precedentemente dipinto e inserito nelle finestre, nel 1965 diventa attore protagonista, il cielo appare nei «fotogrammi» dell'opera, nell'opera «fatta a pezzi», nella moltitudine di contesti in una sola superficie, come nelle opere sempre di questo periodo (*Il periodo blu*, *Indagine sul punto*) in cui si incontrano Picasso e Michelangelo, Mondrian e Lichtenstein, in cui incontri straordinari sono possibili in cieli straordinari, nell'esplosione delle nuvole, negli orizzonti planetari in cui avvengono sogni e incontri. Tano Festa sottrae al tessuto dell'arte elementi precisi e li mette in relazione in un altro contesto, come in un discorso indiretto che separa le forme dai loro «stati» primari, una condizione cangiante, la stessa (a volte iniziatica, a volte simbolica) attraverso la quale anche gli uomini devono passare per mutare identità, per moltiplicare la singolarità.

Tutta l'opera di Tano Festa è fondamentalmente in rapporto con due stati emotivi: il segreto e la scoperta. Il segreto non legato ad un dato particolare, ma la forma stessa del segreto che resta per sempre impenetrabile ... per sempre ... come nelle storie di innocenza. Un segreto celato nelle passioni di Tano Festa, nelle pieghe dei suoi riferimenti, del suo cambio d'umore (e parliamo di opere, naturalmente, parliamo della serie *Da Michelangelo*, 1966; *Michelangelo according to Tano Festa*, 1966, parliamo de *Gli amici del cuore*, 1967), un segreto nascosto nei piani sequenza, negli elementi di disturbo, nelle interferenze, e, infine nell'espressione struggente e immanente del volto michelangiolesco che ci appare come un elemento tra gli altri, un corpo pronto a tutto, a ricevere tutto, punti, linee, frammenti di altre opere, quadrettature, e smalti, che iniziano a farsi articolare dalla lucida ossessione di Tano Festa.

L'altro elemento, la scoperta, è presente in tutti i lavori di Festa, una scoperta (foss'anche la scoperta dell'esistenza del mistero) di cui Festa ci fa partecipi, e anche per chi si pone di fronte all'opera già conosciuta, c'è sempre un elemento nuovo, un particolare sfuggito alla prima percezione, un azzardo imprevisto, un attraversamento inatteso.

«Tutti parlano di me solo in relazione a quelle persiane che mi perseguitano da Biennale in Biennale [...] Ora dipingo in un altro modo. Questi quadri che vedi nascono da un'intuizione, un'immagine della storia o magari da un film che guardo in televisione e poi sogno. Sono i fantasmi della mia cultura e, soprattutto, le immagini che mi bombardano il cervello tutti i giorni, dal teleschermo» (da un'intervista di Dimitri Buffa, «Venerdì della Repubblica», 12 febbraio 1988), ancora un esempio di consapevolezza dunque. Tano Festa percepisce molto lucidamente lo spazio saturo di informazioni, e invece di subirlo passivamente lo manipola con una lucidità visionaria e attenta.

Nel percorso di Festa ci sono delle tappe e dei quadri/spia, opere che segnalano di tanto in tanto la zampata geniale, l'intuito che deterritorializza. Già nel 1963 sfonda gli spazi angusti dell'inconscio con *Le porte del Paradiso*, il primo armadio in cui compare il cielo, il primo momento in cui all'angoscia esistenziale sostituisce l'orizzonte delle mutazioni, in cui esce dal panico per entrare in una zona aperta dell'immaginario, sostituisce i fantasmi con le nuvole, toglie peso, sottrae tensione e agisce un contenuto-materia che crea gradi di intensità, di resistenza, di distensione, una pittura fatta di «tensori», di attimi di leggerezza pronti ad incendiarsi.

Nel 1968 il *Periodo rosa* di Tano Festa indica ancora una sottrazione, la riduzione del colore ai suoi primari, (*Periodo rosa n. 8*), intuisce la necessità di un percorso essenziale mediante superfici che fanno ricorso ad una mentalità capace di attivare i momenti di solitudine di una macchina astratta in cui disporre gli *indici*, i *simboli*, i *diagrammi*, di una pittura che vuole misurarsi contemporaneamente con le dimensioni disperate dell'io e con le sue estreme consapevolezze, la certezza di un'arte già esistente segnalata da opere, testi, icone, da cui Festa attinge le immagini che trasformerà in immagini di immagini.

È del 1969 il quadro *Ici c'est la place de la Gioconde*, un altro esempio della mentalità contemporaneamente logica e visionaria di Tano Festa. In un viaggio a Parigi, e nella necessaria visita al Louvre, Festa trova un biglietto al posto dell'opera *La Gioconda*, un biglietto su cui era scritto «Questo è il posto della Gioconda», in prestito al Giappone in quel periodo.

L'opera di Tano Festa riproduce il muro, coglie l'attimo dell'assenza, ed evidenzia in un solo gesto la sostituzione, lo sguardo rapinatore, il gioco tautologico, l'evocazione monocroma, la consapevolezza concettuale dell'arte e la capacità di poter utilizzare tutto per la creazione di un ulteriore punto di vista, quello del masticatore di immagini.

1970, l'anno de *Il falciatore*, l'inizio di una nuova serie di incontri per Tano Festa, l'inizio degli anni caotici, clandestini, coatti, disperati, anni densi di una pittura straordinaria, di un rapporto con l'arte assoluto, anni in cui Tano Festa sceglie gli interlocutori della sua pittura e del suo modo di pensare l'arte. Gli anni settanta e gli anni ottanta di Festa, quelli che creano problemi, quelli di cui a volte è difficile parlare, gli anni in cui sceglie le alterità alla mondanità artistica, gli anni in cui affonda gli occhi, le mani, la merce, in una dimensione che sceglie: sceglie le immagini del suo percorso, la visionarietà, il delirio poetico, sceglie di non lasciarsi prendere nel gioco dei «primi della classe», sceglie i vicoli solitari del guardar «dentro» guardando «fuori». Festa sceglie di attraversare la soglia, quella soglia tante volte dipinta, realizzata, resa vera, quella soglia che ormai è diventata un marchio di fabbrica («[...] Tutti parlano di me in relazione a quelle persiane che mi perseguitano da Biennale in Biennale») e oltre la soglia c'è la totalità, ci sono le molteplici identità di Tano Festa, ci sono opere, (come ad esempio la prima riferita a *Las Meninas*, del 1973, in cui attraverso la citazione si impegna decisamente con la pittura). C'è una pittura ormai addomesticata, c'è la libertà di scegliere gli *antenati*, ci sono i *miraggi*, ci sono i *monumenti al colore*, ci sono i *ritratti*, ci sono gli *omaggi*, i riferimenti letterari, i castelli, i *coriandoli*, paesaggi e paesaggi di immagini, luoghi in cui poter distinguere il reale, la rappresentazione, la finzione, l'iperreale, e soprattutto le frequentazioni affettive di Tano Festa, gli artisti che amava, le immagini che lo catturavano, senza nessuna cronologia.

Tutte le opere che Festa amava le considerava a lui contemporanee, come amici a cui rivolgersi per uno scambio di opinioni.

Opere come autonomia d'espressione, perché esprimere vuol dire non dipendere, opere che divengono paesaggi, personaggi, impulsi, situazioni che continuano ad arricchire le loro relazioni interne, opere, linee di pensiero, possibilità pittoriche, la pittura per Tano Festa è una dimora, un'andatura su cui innesta una linea di fuga, l'emergenza che definisce un territorio. L'arte per Tano Festa è un divenire, un'emergenza, un manifesto, un prendere distanza, e le sue opere sono una serie di distanze, componenti di passaggio e di ricambio.

È del 1978 la serie *Da Michelangelo*, infinite possibilità sulla stessa porzione di immagine, la stessa immagine ripetuta, ribaltata, replicata, «disturbata», ingrandita, rimpicciolita, colori mutati, mutanti, alterati, piatti, come se Tano Festa avesse voluto fare e rifare per carpire il segreto, l'enigma di quell'immagine con gli occhi chiusi, dolente, distante, fare e rifare mutando solo il colore, quel colore su cui il nero si dispone al tratto, come per un manifesto pubblicitario, un manifesto che pubblicizza l'estraneità e l'intensità, prove e riprove di colore, come in preda ad un movimento smanioso alterato inquieto, come se alla fine ci fosse una nuova porta da aprire, da cui vedere le nuvole.

Gli *Omaggio al colore* sono altrettante porzioni di spazio da indagare: Degas, Van Gogh, Cézanne, Renoir, Manet, Ingres, Picasso, tutte lapidi con lo stesso «sfondo nuvoloso», partiture di colore veloce, definitivo, impreciso, una partitura brutale su cui inscrivere il nome, il «nome», come su un trofeo o come appunto su una lapide, definitivi, come i momenti di angoscia o di estasi, come la scelta di andare fino in fondo, come una combustione di amore. Tano Festa sceglie la pittura come esilio, la frammentazione che estrae dal caos il pensiero e l'immagine, una metamorfosi potente, le varianti di una scelta che conduce alle passioni e all'indifferenza per tutto quello che non è universo sensibile, la fierezza di possedere una dimensione che non è semplicemente una certezza, la capacità di sedurre a partire dalla consapevolezza di non appartenere ad alcun luogo, ad alcun tempo, ad alcun sistema, Tano Festa rivendica la mancanza di origine, si trasferisce nelle altrui immagini con la naturalezza del creatore, una memoria in bilico e un presente sospeso, una transizione che esclude la fermata, come su un aereo in volo o un treno in moto «Non mi piace essere etichettato come artista di successo [...] No. A me piace "compiere il delitto" in luoghi promiscui, tra i vicoletti di Roma, e poi, riempite le tasche con quello che basta per vivere una giornata, darmi rapidamente alla fuga come un vero e proprio colpevole. Che vuoi, i soldi pesano, sono ingombranti soprattutto per uno che ha una figura corpulenta come la mia e se mi metto a fare dieci, venti quadri su una sola idea perdo la leggerezza, la fluidità dell'astuzia mercuriale» (intervista con A. Amendola, cit.), e in una furia espressiva costante, abbondante, nella consapevolezza di lavorare sulle idee della pittura, sulle idee dell'arte, Tano Festa percorre un territorio che vuole giungere alla poesia, non alle teorie precostituite. Festa rifiuta gli inviti agli incontri truccati, guarda direttamente alla grana mentale e poetica che costituisce l'arte, e crea immagini,

immagini che spesso rifiutano il reale, immagini che scelgono l'arte e che si trasferiscono nella vita.

La serie dei *Ritratti* è lo sguardo che cerca l'anima, lo sguardo che indaga i momenti più intimi dell'io, lo sguardo consapevole che la vita è un insieme vago di dati che si muovono verso un consolidamento. Intensificazioni, rafforzamenti, innesti, questi i ritratti di Tano Festa, quel «render visibile» ciò che non è visibile, in modo che le «materie d'espressione lascino il posto ad un materiale di cattura». Cattura, questo il gesto di Tano Festa, cattura le forze di una irradiazione di energia, l'essenziale non è più dunque nelle forme o nelle materie o nei temi, ma nelle forze, nelle densità, nelle intensità, forze non visibili, eppure rese visibili dalla pittura, «La filosofia, non più come giudizio sintetico, ma come sintetizzatore di pensieri, per far viaggiare il pensiero, renderlo mobile, farne una forza del Cosmo...» (Deleuze e Guattari), così come l'arte non più come opera o come insieme di tecniche più o meno allusive, ma come forza capace di mettersi in contatto con tutte le altre forze della creazione, del Cosmo.

La creazione per Tano Festa è un virus di contagio, attraversa le proprie opere e quelle altrui nell'ambito di una dimensione satura di immagini, che altera il funzionamento del sistema nervoso, che agisce nella rottura dell'equilibrio tra i sensi, nell'isolamento e nel predominio dispotico di uno di essi, la vista, nell'estrema funzione della percezione. Tano Festa intuisce che la percezione è ben più di un senso è un'intelligenza, quella percezione cara a Timothy Leary, cara a Huxley, cara a tutti gli scrutatori di spazi interiori, e l'elenco sarebbe ben più lungo di quello che si potrebbe pensare. Una mente inquieta e proiettata in avanti quella di Tano Festa, e non è un caso che molti giovani artisti abbiano guardato alle sue opere come punto di riferimento. Una mente capace di intrecciare tensioni e dati, opere e poesie, un esempio di interazione fra letteratura, cultura visiva e dinamiche sociali. Una metamorfosi neuronale che ci costringe a guardare alle opere di Festa come ad una ibridazione tra colori, sogni, materie, frasi poetiche, una ibridazione che presuppone un'estensione dei sensi, immagini cariche di presagi e dense di tensioni, immagini che divengono «icone neuroniche» sulle nostre «autostrade spinali» (Ballard).

Four Season, To James Joyce, Omaggio a Munch, Autoritratto, del 1984, *Figura nera, L'armadio* (1985), *In attesa di diventare angelo, Piazza del Popolo, Il castello, Paesaggio Italiano, La finestra nelle stelle, Miraggio, Il barone rampante, Don Chisciotte, Le Erinni, I guardiani delle stelle, Nelson all'Inghilterra* (1986), *Yorktown, Milagros, Omaggio alla Catalogna, L'Angelo Azzurro* (1987), solo alcuni tra i titoli di una fantastica produzione di opere, alcune di un eccezionale dialogo di Tano Festa con altre opere, come con quelle di Bacon, Mondrian, Velázquez, Ensor, Vermeer, così come con Joyce, Céline, Cervantés, Rimbaud, e anche qui l'elenco sarebbe lungo. Tano Festa ha intessuto uno scambio costante e determinante tra opere e opere, come un sussurro soffuso, una serie di confidenze, una dichiarata intimità, di sguardi, di visioni, di intenti.

La soglia, finalmente, sempre quella, sin dall'inizio, la soglia che appare dopo il limite, dopo gli ultimi oggetti, dopo il momento in cui lo scambio non reca più alcun interesse. La soglia, al di fuori del limite, dopo aver attraversato tutti i territori, Tano Festa la definisce come una dimensione fluida, che muta, si trasforma e permette di scegliere qualsiasi posizione al suo interno. Si guarda un'opera di Tano Festa come si guarda il passaggio delle nuvole nel cielo, un quadro per trasfigurare lentamente la propria percezione, creando combinazioni complesse, somme azzardate, modelli di interferenza. Tano Festa crea opere per sentire la geografia dell'immaginario, la luce dell'alterità, il clima emotivo.

Opere come spostamenti, incontri, linee di fuga, «Le immagini sono troppo spinte in avanti rispetto alla realtà. La pubblicità, i computers: si sta superando il livello di guardia. [...] Tu mi parli dello studio, non ce l'ho più. Ma se l'avessi, dovrebbe essere come un grande giocattolo psichedelico con la musica dei Genesis e dei Pink Floyd» (inter. di D. Buffa, cit.).

Ancora una volta estremamente consapevole, ancora una volta Tano Festa intuisce il nuovo spostamento visionario, lo spazio di ricerca degli anni novanta, la nuova dimensione dell'immaginario, quello spazio che in tutta la sua produzione ha evidenziato, quella temperatura e quel temperamento che ha agito e agisce ancora come moltiplicatore di immagini. Dogen Zenji, fondatore della setta giapponese Zen Soto, scrisse che la luce della luna illumina la terra intera, eppure può essere contenuta in una ciotola d'acqua, questa la consapevolezza di Tano Festa, la consapevolezza dei rapporti di grandezza, la capacità di congiunzione tra la percezione e il pensiero che trasforma, la dimestichezza con le grandi teorie sentimentali, questa la capacità di Tano Festa, mentre beve dalla ciotola d'acqua alla luce della luna.

Tano Festa

1. A Raffaele, *1960*
Acrilico e carta su tela,
30 x 40 cm
Roma, Collezione Giorgio
Franchetti

2. Rosso segnale n. 9, *1960*
Acrilico su carta e tela,
70 x 100 cm
Roma,
Collezione Gian Tomaso
Liverani

3. A Sandro Penna n. 47, *1961*
Acrilico su carta e legni, su tela,
50 x 70 cm

4. Cancro, *1961*
Acrilico su tela con nastro
isolante nero, 38 x 46 cm
Roma,
Collezione Gian Tomaso
Liverani

5. Dublino, *1961*
Acrilico su carta e legno,
su tela, 150 x 170 cm
Roma,
Collezione Giorgio Franchetti

6. Grande rosso n. 43, *1961*
Acrilico, carta e legni su tela,
150 x 200 cm

7. Il giorno dei morti, *1961*
Acrilico su carta e legno,
62 x 80 cm
Roma,
Collezione Gian Tomaso
Liverani

8. Nero e rosso n. 28, *1961*
Acrilico su carta e legni, su tela,
130 x 150 cm
Roma,
Collezione Paolo Sprovieri

9. Piazzale delle Muse, *1961*
Acrilico su carta e legno, su
tela, 130 x 130 cm

10. Via Veneto n. 2, *1961*
Acrilico su carta e legni, su tela,
150 x 170 cm
Roma,
Collezione Plinio De Martiis

11. Albinoni, *1962*
Smalto e porporina su legno,
115 x 145 cm

12. Armadio con specchio,
1962
Acrilico e olio su legno,
200 x 180 cm

13. Finestra grigia, *1962*
Legno dipinto acrilico,
100 x 70 cm
Roma, Collezione Silvia Farci

14. Finestra vista dall'interno,
1962
Smalto su legno, 152 x 100 cm
Roma,
Collezione Gian Tomaso
Liverani

15. La porta rossa, *1962*
Acrilico su legno, 200 x 100 cm
Roma,
Collezione Giorgio Franchetti

16. Lapide, *1963*
Smalto su legno, 116 x 88,5 cm
Terni, Collezione Tonelli

17. La sala degli specchi, *1963*
Acrilico e carta emulsionata
su legno, 130 x 195 cm
Terni, Collezione Tonelli

18. Obelisco, *1963*
Smalto su legno, 174 x 89 cm
Torino, Collezione Rebaudengo

19. Particolare dei coniugi
Arnolfini, *1963*
Smalto e carta emulsionata
su legno, 130 x 97 cm

20. Particolare dei coniugi
Arnolfini, *1963*
Carta emulsionata e smalto
su legno, 146 x 114,5 cm
Roma,
Collezione Nicola Bulgari

21. Particolare della Sistina
dedicato a mio fratello Lo
Savio, *1963*
Carta emulsionata e smalto
su legno, 116 x 88 cm
Milano,
Collezione Riccardo Cebulli

22. Persiana n. 104, *1963*
Smalto su legno, 120 x 120 cm
Milano, Collezione Riccardo
Cebulli

23. Specchio, *1963*
Olio su legno, 146 x 114 cm

24. Studio per pianoforte, *1963*
Smalto su legno, 113 x 92 cm

25. Studio per pianoforte, *1963*
Acrilico su legno, 115 x 80,5 cm
Roma, Collezione Eugenia Botti

26. Armadio con cielo, *1964*
Smalto su legno, 160 x 130 cm

27. Dalla creazione dell'uomo,
1964
Smalto e carta emulsionata
su legno, 190 x 272 cm - due
pannelli
Roma,
Collezione Giorgio Franchetti

28. Dalla creazione dell'uomo,
1964
Smalto e carta emulsionata
su legno, 210 x 112 cm

29. Ciclo newyorkese n. 5,
1965
Smalto su tela, 196 x 130 cm

30. L'amante dell'ingegnere,
1965
Olio su tela, 160 x 130 cm

31. Le Tombe Medicee, *1965*
Smalto su tela, 200 x 200 cm

32. Gli amici del cuore, *1967*
Smalto su tela, 150 x 150 cm

33. Da Mondrian a
Michelangelo, *1968*
Smalto su tela, 110 x 100 cm

34. Periodo rosa n. 8 – dal
peccato originale, Michelangelo
secondo Tano Festa, *1968*
Smalto su tela, 162 x 130 cm

35. Ici c'est la place
de la Gioconde, *1969*
Acrilico su tela, 150 x 150 cm
Roma,
Collezione Andrea Franchetti

36. Paesaggio su fondo nero,
1969
Acrilico su tela, 162 x 130 cm

37. Per il clima felice
degli anni Sessanta, *1969*
Smalto su tela, 150 x 150 cm

38. Solitudine nella piazza,
1969
Acrilico su tela, 150 x 100 cm

39. Nei giorni di pioggia –
Il falciatore, *1970*
Smalto su tela, 150 x 150 cm
Roma,
Collezione Giorgio Franchetti

40. Dedicato a Cy Twombly,
1972
Smalto su tela, 100 x 80 cm

41. Le Meninas di Velázquez,
1972
Smalto e acrilico su tela,
161 x 130 cm
Roma,
Collezione Francesco Soligo

42. Renoir, *1972*
Acrilici su legno, 162 x 130 cm
Roma, Collezione Paolo
Sprovieri

43. Paesaggio (a Robert Capa),
1973
Tecnica mista su tela,
163 x 130 cm

44. Spaesaggio, *1973*
Smalto su tela, 162 x 130 cm

45. Van Gogh – Omaggio
al colore, *1974*
Acrilico su tela, 80 x 60 cm

46. Quadro africano, *1975*
Acrilico su tela, 160 x 120 cm

47. Dai coniugi Arnolfini, *1976*
Velatura di colore su tela
emulsionata, 110 x 77 cm

48. Suicidio di Van Gogh,
1977
Acrilico su tela, 77 x 98 cm
Roma, Collezione Jean Panni

49. Dalla creazione dell'uomo,
1978
Anilina su tela emulsionata,
80 x 106 cm
Roma,
Collezione Nicola Bulgari

50. Paesaggio egiziano, *1979*
Acrilico su tela, 100 x 100 cm
Collezione Anne Lippens

51. Susan tu sei romana
e io sono una tigre, *1979*
Smalto e acrilico su tela,
60 x 60 cm

52. Camel, *1982*
Smalto e acrilico su tela,
145 x 114 cm

53. Coriandoli, *1983*
Coriandoli e acrilico su tela,
80 x 120 cm

54. A Paul Vercors, *1984*
Acrilico su tela, 160 x 130 cm

55. Four Seasons, *1984*
Acrilico e coriandoli su tela,
140 x 230 cm
Roma,
Collezione Evandro
Franceschelli

56. Gli amanti, *1984*
Acrilico su tela, 160 x 130 cm

57. Nausicaa, *1984*
Acrilico su tela, 160 x 130 cm

58. Omaggio a Munch, *1984*
Acrilico su tela, 140 x 185 cm

59. Piazza d'Italia, *1984*
Acrilico su tela emulsionata,
80 x 114 cm

60. Senza titolo (James Joyce),
1984
Acrilico su tela, 160 x 130 cm

61. Tindari, *1984*
Acrilico su tela, 160 x 130 cm

62. L'entrata di Cristo a
Bruxelles, *1985*
Acrilico su tela, 130 x 160 cm
Roma,
Collezione Evandro
Franceschelli

63. A Ingmar Bergman, *1986*
Acrilico su tela, 80 x 100 cm

64. Il castello, *1986*
Acrilico su tela, 200 x 350 cm

65. Senza titolo, *1986*
Acrilico su tela, 60 x 80 cm

66. Dal giudizio universale,
1987
Acrilico su tela emulsionata,
100 x 70 cm

67. Don Chisciotte, *1987*
Acrilico su tela, 100 x 80 cm

68. I guardiani del castello,
1987
Acrilico su tela, 250 x 134 cm

69. Maschera, *1987*
Acrilico su tela, 100 x 80 cm
Roma,
Collezione Giorgio Franchetti

70. Sulle colline, *1987*
Acrilico su tela, 120 x 150 cm

Obelisco, *1963*

A Raffaele, *1960*

Rosso segnale n. 9, *1960*

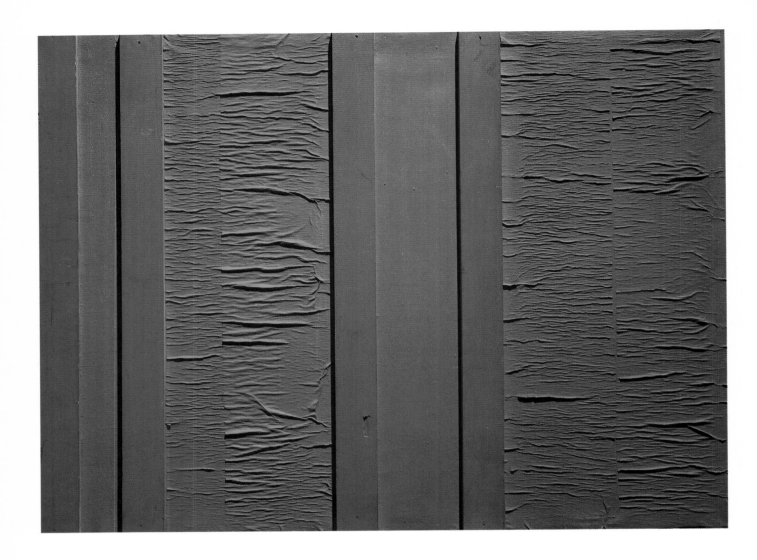

A Sandro Penna n. 47, *1961*

Grande rosso n. 43, *1961*

Cancro, *1961*

Via Veneto n. 2, *1961*

Nero e rosso n. 28, *1961*

Dublino, *1961*

Il giorno dei morti, *1961*

Finestra vista dall'interno,
1962

Piazzale delle Muse, *1962*

Finestra grigia, *1962*

La porta rossa, *1962*

La sala degli specchi, *1963*

Lapide, *1963*

Persiana n. 104, *1963*

Albinoni, *1962*

Studio per pianoforte, *1963*

Specchio, *1963*

Studio per pianoforte, *1963*

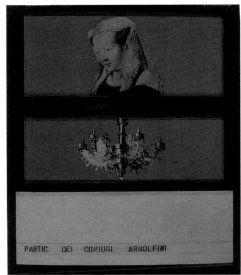

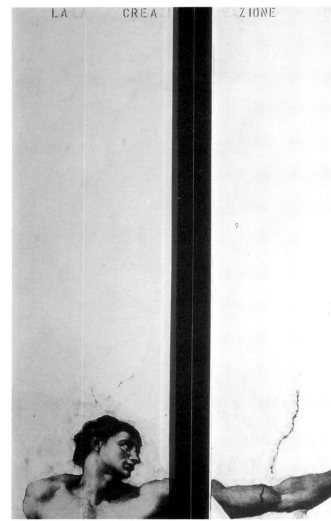

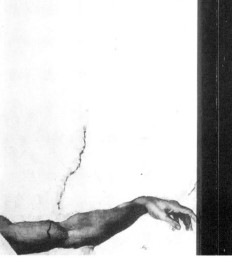

Particolare dei coniugi Arnolfini,
1963

Dalla creazione dell'uomo,
1964

Particolare dei coniugi Arnolfini,
1963

Particolare della Sistina dedicato
a mio fratello Lo Savio, *1963*

Le Tombe Medicee, *1965*

Dalla creazione dell'uomo,
1964

Armadio con cielo, *1964*

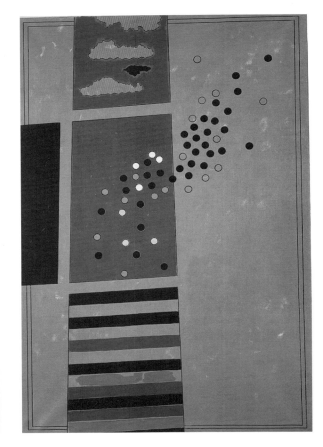

L'amante dell'ingegnere,
1965

Da Mondrian a Michelangelo,
1968

Gli amici del cuore, *1967*

Ciclo newyorkese n. 5,
1965

Periodo rosa n. 8 dal peccato
originale, Michelangelo secondo
Tano Festa, *1968*

Iei c'est la place de la Gioconde,
1969

Solitudine nella piazza,
1969

Per il clima felice degli anni
Sessanta, *1969*

Nei giorni di pioggia -
Il falciatore, *1970*

Renoir, *1972*

Paesaggio su fondo nero, *1969*

Dedicato a Cy Twombly,
1972

Spaesaggio, *1973*

Van Gogh - Omaggio al colore,
1974

Paesaggio (a Robert Capa),
1973

Le Meninas di Velázquez,
1972

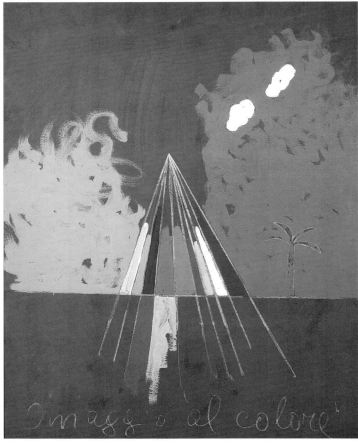

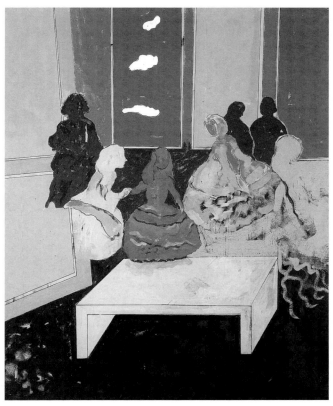

Suicidio di Van Gogh, *1977*

Dalla creazione dell'uomo,
1978

Quadro africano, *1975*

Dai coniugi Arnolfini, *1976*

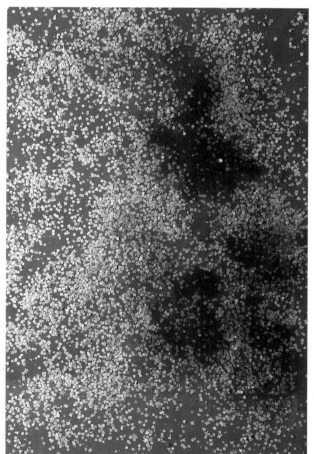

Paesaggio egiziano, *1979*

Camel, *1982*

Coriandoli, *1983*

Susan tu sei romana e io sono
una tigre, *1979*

Piazza d'Italia, *1984*

Senza titolo (James Joyce),
1984

Four Seasons, *1984*

Omaggio a Munch, *1984*
A Paul Vercors, *1984*
Gli amanti, *1984*
Nausicaa, *1984*

L'entrata di Cristo a Bruxelles,
1985

Tindari, *1984*

A Ingmar Bergman,
1986

Il castello, *1986*

Senza titolo, *1986*

Don Chisciotte, *1987*

Dal Giudizio Universale,
1987

I guardiani del castello,
1987

Sulle colline, *1987*

Maschera, *1987*

Il suono rapido delle cose
Cage & Company

Granai delle Zitelle, Giudecca
Collezione Peggy Guggenheim,
Ca' Venier dei Leoni

Introduzione *di* Alanna Heiss

Desidero innanzitutto esprimere il mio ringraziamento ad Achille Bonito Oliva, il curatore generale[1] della Biennale di Venezia, la cui amicizia con John Cage sta alla base dell'intero progetto che era stato pensato, in origine, come una collaborazione con Cage in occasione di questo centenario della Biennale e che, dopo la morte di Cage avvenuta quasi un anno fa è diventato un omaggio. Achille mi ha onorata affidandomi l'incarico di organizzare questa mostra.

La nostra prima decisione è stata quella di dare al progetto un respiro internazionale. Abbiamo riunito un gruppo di curatori, Carolyn Christov-Bakargiev, Angela Vettese e Wulf Herzogenrath, e col passare dei mesi ci siamo ritrovati quanto più di frequente e nel miglior modo possibile a Venezia, Berlino, Parigi e New York.

Il principio dal quale siamo partiti nella nostra funzione di curatori è stato di tipo *inclusivo* piuttosto che *esclusivo* tenendo conto dei molti interessi e attività nella via di John, e mantenendo come punto fermo il nostro affetto personale nel presentare niente più che il ritratto di una persona che abbiamo perso da poco a coloro che non hanno avuto modo di conoscerlo più a fondo.

Ci siamo trovati di fronte a una molteplicità di scelte dovute alla grande ricchezza del percorso artistico di Cage, che ha abbracciato un arco di sessant'anni. Una volta stabilito l'ambito entro cui svolgere il nostro lavoro, abbiamo deciso di creare un'atmosfera di intimità dalla quale non potevamo prescindere perché era alla base di ogni lavoro di John. Per questo abbiamo potuto contare su una nutrita schiera di amici, collaboratori e artisti influenzati da John, troppo numerosi per essere citati qui a uno a uno, ma di cui appare un elenco nei ringraziamenti di questo catalogo. In questa mostra abbiamo cercato di rappresentare i molti aspetti della sua attività di compositore, artista impegnato nelle arti visive, poeta, pensatore e, soprattutto la sua grande personalità, il tutto in uno spazio relativamente ridotto e adatto a mettere il visitatore a proprio agio. Fanno parte dell'allestimento alcune opere di arti visive che ci fanno conoscere i lavori più piccoli e recenti di Cage, tra cui disegni, stampe e due *suites* di *edibles*. Questa scelta ha comportato un certo numero di sacrifici; per esempio abbiamo dovuto rinunciare ad ampi e complessi allestimenti come il pezzo di Barcellona *Essays*, a beneficio di lavori più semplici e di ridotte dimensioni, come l'allestimento di René Block del *33 1/3 r.p.m.* di Cage, assieme a una versione su nastro che Cage incise per la radio europea, con la direzione di Klaus Schöning della Westdeutscher Rundfunk a Colonia. Inoltre, pur potendo allestire una mostra straordinaria con le opere degli artisti amici di Cage che testimonierebbe la grande influenza da lui esercitata su tanta parte dell'arte contemporanea, abbiamo preferito includere nella sezione più ampia della mostra soltanto i lavori di Robert Rauschenberg e Jasper Johns, suoi grandi amici fin quasi dagli esordi.

Abbiamo ritenuto opportuno che in questa manifestazione internazionale, ma molto italiana, fosse presente anche una sezione speciale dedicata all'influenza esercitata da Cage in Italia, e di questo aspetto si sono occupate con particolare

attenzione Carolyn Christov-Bakargiev e Angela Vettese.
Infine, abbiamo pensato che il modo migliore per offrire a una platea internazionale un segno tangibile di Cage, come artista ed essere umano, fosse quello di ricreare una sorta di «salotto» composito, simile alle soffitte di New York nelle quali abitava e lavorava, e le abbiamo, almeno è quanto speriamo, riempite di molti spiriti – nella fattispecie, quelli di William Burroughs, Merce Cunningham e Marcel Duchamp – che le hanno abitate di volta in volta nel corso dei decenni. Ci è stato di grande aiuto John Giorno, stretto collaboratore di Cage, specialmente per la parte riguardante la poesia.
Andiamo particolarmente fieri di quello che è probabilmente l'aspetto più inusuale della documentazione di questo lavoro, un omaggio a Cage da parte di diverse generazioni di musicisti innovatori che vanno dal genere del rock-and-roll alla musica sperimentale sotto forma di compact disc, che sarà un supplemento al catalogo. La sua realizzazione è stata possibile grazie all'organizzazione di Lokke Highstein e alla guida artistica di John Cale.
L'ironia che pervade la vita di Cage consiste nel fatto che nel suo tentativo lungo una vita di cancellare il sé e l'espressione individuale dal suo lavoro in favore delle cose e del caso, egli è diventato una voce unica e trascendente, della cui radicalità dobbiamo ancora valutare la vera portata. Speriamo che questa mostra rappresenti un piccolo passo avanti in questo senso.

Viaggiamo in aereo, ma pensiamo a cavallo: un omaggio italiano a John Cage

di Carolyn Christov-Bakargiev

Ogni affermazione è tanto sbagliata in un senso quanto è giusta in un altro, perché ogni distinzione è artificiale, una suddivisione arbitraria di ciò che è realmente un'entità unificata. Questo è uno dei motivi per cui le parole intorno all'arte sono così infinitamente inferiori all'arte stessa. L'arte ci unisce con il tutto; le parole ci permettono soltanto di maneggiare una realtà unificata manovrando dei pezzi arbitrariamente selezionati[1].
George Brecht, *novembre 1957*

Questo saggio parla di alcuni modi per avvicinarsi all'opera di John Cage e di alcuni fra gli artisti «visivi» italiani la cui opera è direttamente o indirettamente collegata agli interessi di Cage. Qui non si parla di ciò che Cage realmente fece in Italia: su questo c'è una cronologia che troverete in altre pagine del catalogo. Si parla, invece, delle idee di Cage e di come alcune di queste erano già qui (Russolo, Savinio), altre si sono sviluppate parallelamente, ma indipendentemente dalle sue (Fontana, Manzoni, Pistoletto, Lombardo, Mambor ecc.), e altre ancora hanno invece trovato dirette corrispondenze con Cage attraverso rapporti personali continui e ripetuti (Marchetti, Simonetti, Chiari, Baruchello ecc.).
Sebbene tutti conoscano Cage come sostenitore di un'arte totale dove non vi sono confini fra arte visiva, poesia, teatro, danza, musica e, naturalmente, vita, non intendo parlare di esperienze vicine a Cage, ma più propriamente musicali, quali quelle di Luciano Berio, Sylvano Bussotti, Bruno Maderna, Giacinto Scelsi o Aldo Clementi. Non parlerò dunque dell'iniziale entusiastica apertura verso Cage dell'ambiente musicale italiano alla fine degli anni cinquanta e primissimi anni sessanta, quando si sviluppava l'interesse per l'applicazione dell'elettronica e per la generazione casuale di eventi musicali, né tantomeno parlerò del successivo rigetto della radicale e anarchica messa in crisi dell'autorità dell'autore di cui erano portatori la musica e il pensiero di Cage, spesso bollati alla stregua di superficialità «americana»[2].
Inoltre, limitarsi a considerare l'opera di Cage in relazione a quella di artisti italiani del mondo delle cosidette «arti visive», e non al contesto internazionale, è conseguente a mere questioni pratiche di vita quotidiana (costo di lettere e fax, disponibilità di opere e archivi ecc.), prima ancora che a un intento filologico. Il criterio utilizzato per delimitare i confini di questo saggio è dunque del tutto arbitrario e ingiustificato e questo saggio, di conseguenza, riguarda un *nothing*.

Il progresso, l'anarchia e l'«empowerment» degli altri

Alla base di tutta la ricerca di John Cage vi è la semplice e anideologica convinzione che l'arte è «utile» alla vita. Come si può utilizzare in relazione alla tua propria vita? è la domanda che Cage pone incessantemente nel giudicare il valore di un lavoro d'arte, come di qualsiasi altro evento o cosa della realtà. Come può ampliare la percezione e la consapevolezza del mondo, e dunque la calma interiore?
L'obiettivo è quello di restituire a ogni uomo la possibilità di costruire individualmente la propria esperienza. Grazie al progresso tecnico-scientifico, riflette Cage in molte occa-

sioni e sulla scia dei suoi amici Marshall McLuhan, Norman Brown e soprattutto di Buckminster Fuller, l'uomo sarà vieppiù emancipato dalle necessità dell'economia e della politica. Cage non ha mai creduto in un ritorno arcadico alla vita pretecnologica; ha avuto fiducia, invece, nelle possibilità di liberazione insite nella stessa tecnica: «Abbiamo le macchine per produrre più di quanto non utilizziamo. Abbiamo inventato le macchine per ridurre il nostro lavoro. Ora che le abbiamo pensiamo di dover continuare a lavorare. Siamo soltanto stupidi. Prima, collegavamo la virtù e il denaro al lavoro; ora, dobbiamo avere un'altra moralità basata sulla disoccupazione e l'importanza e la responsabilità di usare la libertà»[3]. Con la forza rivoluzionaria e «iniziatica» del riso, Cage aggiunge: «Consiglio agli anarchici brasiliani: migliorate la rete telefonica. Senza il telefono, semplicemente iniziare la rivoluzione sarà difficile»[4].

La tecnica, l'elettronica, l'informatica sono dunque strumenti di liberazione per Cage, che in *Imaginary Landscape n. 1* (1939), crea una performance per giradischi e strumenti che si rivela a posteriori essere proto-musica concreta. Cage svilupperà, negli ultimi anni, complesse performance audiovisive come *Europeras 1&2* e HPSCHD (1969). Nella conferenza *The Future of Music: Credo*, del 1937, Cage sviluppa l'apologia dei rumori del manifesto futurista *L'arte dei rumori* (1913), prevedendo anche l'uso di rumori qualsiasi come materiali d'arte attraverso le possibilità offerte dalla registrazione su nastro, e prevedendo pertanto l'emancipazione del compositore, capace da solo di comporre ed eseguire brani complessi «The sound of a truck at fifty miles per hour. Static between stations. Rain. We want to capture and control these sounds, to use them not as sound effects but as musical instruments. Every film studio has a library of "sound effects" recorded on film. With a film phonograph it is now possible to control the amplitude and frequency of any one of these sounds... It is now possible for composers to make music directly, without the assistance of intermediary performers»[5].

Cage riconosce il lavoro pionieristico di Pierre Schoeffer a Parigi (1948) ma, dopo un periodo di iniziale sperimentazione negli studi di registrazione, prosegue la ricerca nel senso dell'utilizzazione dell'elettronica nell'improvvisazione e nella performance. La liberazione anarchica dell'individuo trova così la sua espressione nella responsabilizzazione degli esecutori e del pubblico, non più costretti a seguire alla lettera partiture predeterminate, né ad ascoltare passivamente una «musica». Cage indebolisce progressivamente l'«autorità dell'autore» per attivare esecutori e pubblico, in maniera simile a quello che avviene con la destrutturazione del rapporto gerarchico fra osservatore greenberghiano e dipinto all'epoca degli esperimenti visivi interattivi dell'arte programmata, del gruppo GRAV o, successivamente, in alcune esperienze concettuali. Sono gli esecutori che scelgono di essere uno o venti pianisti in *Winter Music* (1957); sono loro che decidono addirittura quali materiali su nastro magnetico utilizzare per *Rozart Mix* (1969). Ciò significa svuotare il soggetto per accogliere il tutto. Il massimo è dunque che la musica venga composta e fatta da altri, come accade nei festival-cornice degli eventi aperti alla partecipazione di chi vuole, come *Musicircus* o *Il treno*. L'aspetto «complesso» di

tali avvenimenti è lo svilupo della sovrapposizione di suoni di provenienza varia nelle opere fatte di nastri tagliati e *mixati*, come *Williams Mix* (1952) e *Fontana Mix* (1958), opere che riflettono la simultaneità delle informazioni, non diversamente da un *Combine Painting* di Robert Rauschenberg.

Sebbene poco propenso all'uso di nuove tecnologie, Walter Marchetti ha condiviso per intero il percorso italiano di Cage, avendolo conosciuto in occasione del suo primo concerto al Circolo Pirelli di Milano nel 1954, e ha sviluppato una posizione radicalmente anarchica di origine cageana, in margine al mondo della musica come al sistema dell'arte. È con Marchetti e Juan Hidalgo che Cage realizza l'opera *Il treno di John Cage* (1978) ed è Marchetti, con Hidalgo, Gianni-Emilio Simonetti e Demetrio Stratos a registrare in studio il primo disco italiano di Cage (*John Cage*, Cramps Records, 1974), lo stesso anno in cui esce anche il suo primo disco, *La caccia* (Cramps). Nelle performance di Marchetti, l'oggetto della sua polemica è la musica, sia quella tradizionale sia quella cosidetta d'avanguardia, entrambe viste come attività dalle possibilità espressive estremamente limitate ed estranee alla realtà. «I musicisti hanno da tempo chiuso le orecchie di fronte al mondo» e «la realtà nella musica non è la realtà della realtà»[6]. L'ampliamento delle limitate possibilità offerte dalla musica implica non soltanto l'uso dei rumori, ma anche l'implicazione dell'occhio. Il pianoforte a coda, con la sua forma «codificata», è per il mondo della musica l'equivalente di ciò che per il mondo dell'arte visiva rappresenta la tela. È il significante che indica l'arte stessa, nonché i suoi confini tradizionali. Così come Lucio Fontana taglia o buca la tela, così come in Giulio Paolini essa è a frammenti, così Walter Marchetti, come anche altri artisti-musicisti di ambito *Fluxus*, interviene nelle sue installazioni a partire dalla sagoma o dalla presenza di un effettivo pianoforte. *Le secche del delirio* (1978) è un brano per pianoforte e porci. *Natura morta* è un concerto eseguito con un pianoforte ricoperto di frutta ed ortaggi.

L'anarchia di Marchetti, fondata anche su di un'attenzione alla natura e ai suoi rumori, si sviluppa in una poetica polemica nei confronti della tradizione, e non sembra dunque condividere completamente l'accettazione Zen delle cose che esprime invece l'arte di Cage, il quale accoglie finanche la musica classica e tradizionale nel suo serafico ascolto del mondo e della sua complessità.

Anche Gianni-Emilio Simonetti è stato uno degli artisti italiani più vicini a Cage e suoi sono i testi introduttivi, infatti, al primo disco italiano di Cage del 1974.
Collaboratore di molte riviste fra cui «Bit» negli anni sessanta e «Flash Art» all'inizio degli anni settanta è lui a contribuire ad introdurre tematiche cageane nell'ambiente dell'arte visiva d'avanguardia italiana[7]. Del novembre 1972, infatti, è il suo lungo articolo *John Cage: Hanno Buddenbrook torna a scuola*, in cui riconosce al silenzio di Cage un passo decisivo verso l'eliminazione della musica come «merce» e dunque verso la liberazione dall'alienazione dell'individuo sottoposto alle leggi della reificazione e del valore di scambio. A Simonetti, il cui pensiero si fonda soprattutto sui testi di Guy Debord e di Theodor W. Adorno, interessa la disorganizza-

zione linguistica del lavoro di Cage, che gli appare come elemento critico nei confronti della «normazione» e dei «protocolli» della musica moderna e contemporanea. In *Lecture on Nothing* (1949), Cage stesso accennava alla impossedibilità della musica, «Io so che possiedo niente. Collezionisti di dischi, questa non è musica. Il grammofono è un oggetto, – non uno strumento musicale. Un oggetto rimanda ad altri oggetti mentre uno strumento musicale rimanda a niente. Ti piacerebbe fare parte di una società chiamata Capitalisti S.r.l. (solo così nessuno ci piglierebbe per Comunisti). Chiunque si associa, automaticamente diventa Presidente. Per associarti, devi dimostrare di avere distrutto almeno un centinaio di dischi... Una signora del Texas disse: Vivo nel Texas. Non abbiamo musica nel Texas. La ragione per cui non hanno musica nel Texas è perché hanno registrazioni nel Texas. Eliminate le registrazioni dal Texas qualcuno imparerà a cantare»[8].

Dal 1963 al 1967, Simonetti elabora la serie di 17 partiture *Mutica*, o «musica muta», basate sull'aggregazione di elementi diversi, apparentemente impossibili da «eseguire» musicalmente, e che fra l'altro prevedono il tiro di dadi per la scelta del percorso da compiere nella loro lettura. Nel 1969, per *Area condizionata*, Simonetti ed altre nove persone si chiudono per 109 ore negli scantinati della galleria De Nieubourg a Milano. Gli scritti di Simonetti, come anche i disegni e le opere visive, piuttosto che procedere linearmente verso una conclusione riassuntiva, tendono a restare difficilmente decodificabili e a non avere una struttura interna gerarchica nei termini dell'attribuzione di senso: «Noi sappiamo come la chiarezza è soltanto un momento dell'indifferenza generale che ci circonda... Indugiare sulla evidenza della rappresentazione vuole dire cedere allo spettacolo, in ultima analisi alle ragioni del consumo»[9]. Come in Cage, è l'*uso* o l'*esperienza* della conoscenza che è in questione: «l'uso delle cose deve, secondo noi, sostituirsi alla proprietà in tutti i campi»[10]. Ma se Simonetti cerca di resistere alla mercificazione attraverso la critica e la difficoltà frapposta alla consumazione veloce del suo pensiero, Cage, invece, non utilizza strategie intellettuali di resistenza, bensì cerca la massima apertura e l'accettazione. Non muovendosi da un'ottica marxiana, bensì da quella anarchica, trascendentalista e Zen, i testi e le opere di Cage, anche quando fatte di intertestualità e di complesse sovrapposizioni di realtà, suoni o caratteri tipografici, si fondano sul principio di una auspicata, e non condizionata, comunicabilità.

La comunicabilità, anzi la comunicazione, è una delle caratteristiche principali dell'arte del fiorentino Giuseppe Chiari, che ha aderito al movimento *Fluxus* sin dalle sue origini, quando George Maciunas lo ha invitato, su consiglio di Heinz Klaus Metzger, a partecipare al Festival Fluxus del 1962 a Wiesbaden. Chiari non andò a Wiesbaden, ma inviò delle «partiture» – prontamente tradotte in inglese, copiate e distribuite. Studente di matematica e musicista di formazione, l'attività di Chiari nel sistema dell'arte è, dall'inizio degli anni sessanta, tutta rivolta a valorizzare la non-professionalità come possibilità di esperienza autentica («lavora/ tu sai disegnare/ loro hanno i musei/ loro dicono che non sai disegnare/ ma non è vero/ ma non ci sono solo i musei/ tu sai

disegnare/ ci sono anche i tram/ stai tranquillo...»[11].

Il problema di evitare la mercificazione è risolto con la generosità – Chiari che scrive sui muri, Chiari che manda foglietti, Chiari che fa dei gesti sul pianoforte che tutti potremmo fare, Chiari che non può essere un artista serio – è troppo *easy* davvero il suo lavoro, Chiari che fa del suo stesso dilettantismo un'azione di avanguardia: «Esiste un ambiente sociale che si chiama arte in cui non ti viene richiesto nessun diploma, è una sorta di marciapiede che ognuno può battere»[12]. Chiari è uno dei sei italiani che Cage ha voluto includere nella raccolta di partiture *Notations*, accanto a Castiglioni, Dalla Piccola, Clementi, Evangelisti e Simonetti[13]. È lo spirito lieve, il riso e l'ottimismo di Cage che si ritrovano nell'opera di Chiari. Ma Cage tende a scomparire come «persona» dal suo lavoro che diventa vieppiù responsabilità di esecutori e pubblico. Le partiture sono «cornici», a volte «strutture» nelle quali la musica può accadere o essere trovata. Diversamente, invece, Chiari riporta sempre la performance all'esperienza dell'individuo ed alla riflessione filosofica lapidaria contenuta in essa. La riporta ai suoi gesti (pugni, gomiti, percussioni ecc.) sul pianoforte, ed alla fenomenologia di questa esperienza. Più è intensa l'esperienza «qualunque» di questo esemplare *everyman* che è Chiari, più essa è estendibile, per analogia, all'esperienza di qualunque persona, nella sua singolarità.

Una nuova arte per un nuovo mondo

L'uso dei rumori è presente sin dai primi esperimenti percussionistici di Cage degli anni 1937-38. L'apertura ai rumori partecipa dello stesso spirito emancipatorio e anarchico che è alla base di tutta l'opera di Cage, in contrasto con una visione gerarchica di valore dei materiali da utilizzare nella musica: «Stare dalla parte del più debole, imparando da colui che era oppresso a vivere fuori dalla Legge senza commettere crimini. Diventare schiavo di tutto ciò che esiste (non c'è bisogno di divenire Re). Stando dalla parte dei rumori, i musicisti hanno scoperto l'imparzialità della durata. A cosa corrisponde, nella società, il parametro della durata nel suono? CXXXIX. La Vacanza. Questa è nostra. Non fare soltanto "la tua cosa": fai così tante cose che nessuno saprà cosa stai per fare»[14]. Se la «democrazia» dei rumori di Cage ha radici nell'avanguardia musicale (Satie, Ives, Varese, Russolo) e artistica (Duchamp, Russolo), si sviluppa però con la filosofia Zen che Cage studia a New York con il maestro Suzuki dal 1949 al 1951. E, andando a ritroso, si ritrova anche nel pensiero radicale del trascendentalismo ottocentesco americano, da sempre nel cuore di Cage, che arriverà a realizzare opere con i diari ed i disegni di Henry David Thoreau (si veda, per quello che concerne l'Italia, *Empty Words, Part III* al Teatro Lirico di Milano nel 1977). La «democrazia» dei rumori di Cage è simile altresì alla «democrazia» del verso libero di Walt Whitman, il quale dedicò alla compresenza dei diversi rumori dell'ambiente un'intera strofa di *Song of Myself* (1855): «Now I will do nothing but listen, / To accrue what I hear into this song, to let sounds contribute toward it. / I hear bravuras of birds, bustle of growing wheat, gossip of flames, clack of sticks cooking my meals,/ I hear the sound I love, the sound of the human voice,/ I hear all sounds running together, combined, fused or following, / Sounds of the city and sounds out of the city, sounds of the day and night...»[15].

L'esperienza del *Treno di Cage: alla ricerca del silenzio perduto* (1978), quando Cage, invitato da Tito Gotti, realizzò un evento di vari giorni su di un treno della linea Bologna-Rimini, treno che si fermava nelle stazioni per accogliere i suoni e le musiche nei diversi luoghi, treno che proiettava all'interno il rumore delle ruote e che proiettava fuori il suono delle performance che diversi passeggeri-esecutori, dentro, improvvisavano, trova la sua origine nelle esperienze degli agit-treni del futurismo russo. Ma del futurismo è soprattutto l'arte dei rumori di Russolo, a costituire un precedente significativo per Cage[16]. In un elenco dei dieci libri più importanti per la sua formazione, infatti, compilato nel 1960-61 per la Wesleyan Center for Advanced Studies, Cage cita *L'arte dei rumori* di Luigi Russolo (1916). Per Russolo, nato come pittore prima ancora di essere un «rumorista» la musica evolve verso una sempre maggiore complessità, e l'orecchio trova piacere nell'ascolto di sempre nuovi stimoli sonori. Fino al XIX secolo, la vita era «silenziosa». Dall'invenzione delle macchine, invece, la vita è dominata dal rumore. Non è dunque più sufficiente lavorare con i suoni tradizionali, limitati dal punto di vista acustico. Russolo immagina, nel manifesto *L'arte dei rumori* (1913), che «i motori e le macchine delle nostre città industriali potranno un giorno essere sapientemente intonati, in modo da fare di ogni officina una inebriante orchestra di rumori ... Non sarà mediante una successione di rumori imitativi della vita, bensì mediante una fantastica associazione di timbri vari e di ritmi vari che la nuova orchestra otterrà le più complesse e nuove emozioni sonore[17]». Gli *Intonarumori* sono casse sonore costruite per intonare rumori della realtà. Sono «rombatori», «frusciatori», «scoppiatori», «stropicciatori», «crepitatori», «ululatori», «gorgogliatori», «ronzatori», «sibilatori» e altro ancora. Il primo fu presentato al Teatro Storchi di Modena il 2 giugno del 1913 e la prima esecuzione rumorista pubblica, con undici strumenti costruiti insieme ad Ugo Piatti, si tenne il 21 aprile 1914 al Teatro Dal Verme di Milano.

Presto l'arte dei rumori viene usata nelle serate futuriste, ed il teatro futurista anticipa per alcuni aspetti gli happening della seconda avanguardia, sia dal punto di vista della simultaneità, che porta verso l'improvvisazione e la casuale concomitanza di eventi diversi, sia da quello della sorpresa e della provocazione degli spettatori, per rimuovere la loro passività e coinvolgerli attivamente in un evento di arte totale. In *Non c'è un cane*, un cane attraversa il palcoscenico (un cane sarà anche parte dell'happening al Black Mountain College nel 1952!). In *I silenzi parlano fra di loro*, rumori atmosferici sono interrotti da durate di 80 e 40 secondi di silenzio. Il Teatro radiofonico futurista, il cui manifesto viene pubblicato da Marinetti e Masnata nel 1933, infine, prevede la radio come nuovo strumento musicale e vengono elaborate performance di radio con emissioni, interferenze fra stazioni, silenzi ed arte dei rumori.

Come Russolo, Cage vive l'esperienza musicale dei rumori in maniera libera dalle costrizioni del professionismo musicale, e quindi in maniera spregiudicata rispetto ai problemi specifici della disciplina. Ma Russolo partecipa di una visione orientata in senso evolutivo, per cui egli ricerca una continuità fra la musica occidentale del passato e la sua, convinto che i rumori, una volta ben intonati ed organizzati in strutture sinfoniche, daranno la stessa emozione musicale delle grandi sinfonie del passato. Sebbene Cage si sia dedicato allo sviluppo di strumenti a percussione, come alla preparazione dei pianoforti ed alla sperimentazione elettronica, nel tentativo di ampliare la gamma dei rumori in musica, non si pone però per lui il problema di distinguere il rumore della vita dal rumore in arte, e la sua musica non è mai intenzionalmente aggressiva o provocatoria. La sua natura lo dispone in una posizione di ascolto e di accoglimento dell'evento sonoro nel suo accadere e fluire.

I *Concetti spaziali* di Lucio Fontana, anch'essi aperti al mutevole ambiente nel quale vengono collocati, sono più vicini, per la loro essenzialità, al temperamento quieto di molti lavori di Cage. Fontana e Cage si conobbero brevemente a Milano nel 1958 attraverso Walter Marchetti. Per la cronaca, è curioso notare che, nonostante l'apparente «spazialismo» della partitura cageana, non è in omaggio di Lucio Fontana che fu composto *Fontana Mix* allo Studio di Fonologia della RAI nell'autunno del 1958, bensì per la signora Fontana presso la quale Cage era a pensione, e che beveva vino Fontanafredda.

Lucio Fontana aveva sviluppato autonomamente le sue riflessioni sulla necessità di una nuova arte lontana tanto dalla finzione della rappresentazione quanto dall'astrattismo statico e razionalista della prima avanguardia. Nel primo manifesto spazialista, il *Manifesto bianco* del 1946, viene riconosciuto il tentativo futurista di incorporare nell'opera d'arte il movimento nello spazio e nel tempo, caratteristica principale di un'epoca «meccanica» e «sperimentale». Ma viene indirettamente criticata l'illusorietà della rappresentazione del movimento nella pittura futurista («non disponendo dei mezzi tecnici necessari per dare movimento ai corpi, lo hanno dato solo in modo illusorio, rappresentandolo con mezzi convenzionali»). Viene invocata, invece, un'arte che esprima sinteticamente l'unità del tempo e dello spazio contemporaneo, poiché «l'esistenza, la natura e la materia sono una perfetta unità. Si sviluppano nel tempo e nello spazio. Il cambiamento è la condizione essenziale dell'esistenza. Il movimento, la proprietà di evolversi e di svilupparsi è la condizione base della materia». A partire dal 1949, Fontana realizza i suoi *Concetti spaziali* bucando con un punteruolo la carta o la tela, in modo da aprire il quadro alla realtà oltre la sua superficie. La luce, lo spazio, l'ambiente, entrano così a fare parte dell'opera che si presenta in maniera relativamente indeterminata. Contrariamente a Cage, però, Fontana ha sempre cercato di cogliere l'essenziale unità sincronica del fenomeno nello spazio-tempo, rifiutando perciò di raccogliere gli aspetti occasionali ed episodici della vita quotidiana.

I *Quadri specchianti* di Michelangelo Pistoletto, invece, che Cage incontrerà brevemente a Parigi quando l'artista italiano espone alla Galleria Sonnabend (1964), fanno della stessa apertura al flusso dell'episodico la loro forza, riallacciandosi alla dinamica futurista e superandola.

Pistoletto, come Fontana, vede la pittura futurista come un tentativo illusorio di rappresentazione del movimento («c'è ancora un'idea fotografica di rappresentare il movimento come una serie successiva e sovrapposta di immagini»[18]). Cerca, invece, un quadro che sia una porta sullo spazio-tempo, una raffigurazione dell'uomo non statica ma proiettata nel futuro, indeterminata nella sua immagine, capace cioè di raccogliere, di volta in volta, le realtà che si susseguono davanti ad essa. Il *Quadro specchiante* di Pistoletto, del 1961-62, è anche interattivo, poiché è completamente dipendente, per la sua stessa esistenza, dalla presenza dell'osservatore. Come Cage necessita di una struttura-cornice o un progetto-partitura nel quale lasciare che gli eventi accadano, così Pistoletto, con la cornice dello specchio e la figura statica incollata sull'acciaio, crea un punto fisso dal quale poter misurare o percepire il flusso: «La dimensione del tempo non è normalmente contemplata dall'arte e dai suoi sistemi. Ha a che fare con una ricerca di massima realtà. L'uguaglianza non è il massimo della realtà, la differenza lo è. Nulla nel mondo è "uguale" se non gli oggetti prodotti serialmente, che è comunque una falsa uguaglianza che ci riporta ad un'idea di unità ed uniformità tipica di convinzioni totalitarie»[19].

Il caso, la non-intenzionalità, la concettualità

L'attivazione degli esecutori e quella del pubblico nel suo insieme, che viene a coincidere con gli esecutori, come accade in *Musicircus* (1967), e nel *Treno di Cage* (1978) rispondono all'obiettivo anarchico dell'abolizione dell'autorità dell'autore attraverso la non-intenzionalità del caso.

In una prima fase, Cage riduce meccanicamente le possibilità di controllo del suono. Sono le opere per pianoforte preparato, le cui corde, modificate dalla presenza di oggetti eterogenei – chiodi, gomme ecc. – non permettono al compositore di prevedere aprioristicamente quali potranno essere i suoni della sua musica. Uno dei modi per raggiungere l'«arbitrarietà» dell'opera è infatti il procedimento concettuale di Cage consistente nel separare ciò che si compone da ciò che si ascolta. Spesso, infatti, il suo procedimento prevede uno slittamento da un linguaggio ad un altro, dal campo dell'immagine visiva a quello musicale, come quando realizza la partitura di *Atlas Eclipticalis* (1961-62) con fogli trasparenti posti sopra le pagine di un atlante recante le posizioni delle stelle, o quando disegna un pentagramma su di un foglio segnando le note nei punti in cui trova imperfezioni nella carta. Cage «suona» un'immagine visiva, insomma, e trova la non-intenzionalità attraverso l'attribuzione di un compito estraneo, nei fini, alle caratteristiche specifiche della musica. Il caso, in Cage, non discende dunque dalla ricerca di sintonia con pulsioni profonde pre-coscienti, come nell'automatismo di Kandinsky, Masson e Pollock, bensì dal desiderio di liberare il fine dalla scelta intenzionale dei mezzi. Come nell'arte concettuale più «processuale» degli anni sessanta darsi un compito semplice ed apparentemente extra-artistico, ed eseguirlo, apre la via alla valorizzazione del processo stesso di fare arte come opera in sé. Se l'esecuzione di un brano musicale di Cage sembra «brutta», poco importa. Sarebbe come voler giudicare la qualità delle pennellate di un *Date Painting* di On Kawara, o l'importanza di un dipinto di Roman Opalka in base alla bellezza del suo colore grigio. Cage usa dunque l'immaginazione visiva o spaziale a scopo strumentale per produrre musica, spostandosi da un campo all'altro per meglio raggiungere una non-intenzionalità del risultato acustico.

Cage trova un nuovo metodo per raggiungere questa aleatorietà dell'opera quando legge l'*I Ching* (pubblicato per la prima volta in inglese nel 1950), che gli apre la via allo sviluppo di opere come *Music of Changes*, non intenzionali già nella loro composizione. Lascia al caso dell'*I Ching* l'arbitrio di ogni scelta (materiali, durata ecc.). Ma in *Imaginary Landscape n. 4* (1951), non soltanto la partitura è predeterminata aleatoriamente con l'*I Ching*, ma anche l'esecuzione diventa una variabile imprevedibile aprioristicamente, tale da impedire che un'esecuzione sia mai uguale a un'altra. *Imaginary Landscape n. 4*, per dodici radio accese, ha infatti una partitura che indica la scelta delle bande su cui sintonizzarsi, la durata e l'intensità del suono. Ma, poiché in ogni luogo e momento in cui viene eseguita l'opera si modifica ciò che viene trasmesso via radio, essa resta fondamentalmente indeterminata e aperta.

Cage riconosce in Marcel Duchamp, conosciuto a New York negli anni quaranta attraverso Peggy Guggenheim, un precursore nell'uso del caso come metodo per eliminare le scelte di gusto nell'operazione artistica. Qualunque oggetto, trovato casualmente, può essere un *ready-made*. Anche Gianfranco Baruchello, che incontrerà Cage sia in Italia che in America, trova in Duchamp, e, prima ancora, in Raymond Roussel, un precedente al suo interesse per l'uso dell'*alea*. I lavori visivi di Baruchello sono spesso una combinazione casuale di elementi eterogenei – politici, sociali, scientifici, estetici. – correlati con elementi autobiografici. Dopo la prima presentazione a Palermo nel settembre 1965, fu l'amico Cage stesso a presentare al pubblico *La verifica incerta* al Museo Guggenheim di New York nel febbraio 1966. Il film, realizzato da Baruchello insieme ad Alberto Grifi, è dedicato a Duchamp, che vi compare nei primi fotogrammi – gli unici girati da Baruchello stesso. È un collage di spezzoni di film hollywoodiani degli anni cinquanta e sessanta, ottenuto mediante metodi aleatori di selezione a partire da tavole di numeri casuali, Baruchello acquistò per 15.000 lire un camion carico di 150 km di pellicole destinate al macero, che costituirono il materiale di partenza dell'opera. La sceneggiatura non precedeva dunque l'opera, ma veniva paradossalmente elaborata soltanto dopo. Il caso in Baruchello è elemento dell'assurdo e del gioco iniziatico, strumento per liberarsi dalla prevedibilità e dalla banalità, in linea con le esperienze dadaiste e surrealiste.

All'estremo opposto di quello di Baruchello, si pone l'uso scientifico di metodi casuali da parte di un artista come Sergio Lombardo. Tutta la serie di *Quadri stocastici*, dipinti a partire dai primi anni ottanta, è ottenuta con l'utilizzazione di funzioni matematiche applicate a sequenze di numeri aleatori, funzioni che regolano sia la composizione che la distribuzione dei colori. La «matematizzazione» del caso in Lombardo è derivata inizialmente dal desiderio di poter misurare statisticamente le esperienze percettive ed emotive degli spettatori, in maniera non dissimile da come avviene nella psicologia sperimentale. Per lo psicologo che elabora test visivi, il problema è come evitare che il proprio gusto o preconcetto influisca sull'elaborazione di uno stimolo, e pertanto sull'esito dell'esperimento. Ma più che i *Quadri stocastici*, il lavoro di Lombardo che si avvicina maggiormente a tematiche cageane è quello sviluppato a cavallo fra gli anni sessanta e settanta. «Alla contemplazione del prodotto ho sostituito situazioni e problemi di scelta. All'abilità tecnica ho sostituito l'esecuzione di un compito non qualitativamente rilevante... L'oggetto per quanto prezioso, è morto, mentre l'uomo è capace di comportarsi in modo imprevedibile. Il mio lavoro consiste dunque nella ricerca di strumenti adatti a provocare o indicare un comportamento significativo del pubblico»[20]. *Le aste*, 1967, sono un pacco di lunghe sbarre di formica di diversi colori che l'utente dell'opera dispone a suo piacimento, e costituiscono uno dei pochi esempi di un'arte visiva basata su principi interattivi, dove l'autorità dell'autore è minata a favore delle scelte determinanti dal pubblico. La *Sfera con sirena* (1968-69) è una grande sfera che, quando viene spostata, emette un acuto sibilo che cessa soltanto quando lo spettatore – divenuto attore – riesce a ritrovare la posizione iniziale. Ma, nonostante l'interesse che Lombardo ha sempre avuto per l'opera di Cage, raccogliendo un buon numero di documenti al riguardo, e nonostante l'utilizzazione di metodi casuali, la sua indagine, che egli definisce «eventualismo», risale non tanto alle esperienze di Duchamp e di Cage, quanto alla provocazione del teatro futurista, da una parte, e alla psicologia sperimentale di Berlyne (*problem-solving*) dall'altra.

Il flusso, l'indeterminatezza, l'opera processuale

Duchamp ha eliminato il gusto firmando l'oggetto «trovato», ma non ha insistito sul fatto che l'opera potesse *non* essere un oggetto. In Cage, invece, l'estetica duchampiana sfocia nella convinzione che l'opera è vita, ed è un *processo*, con la sua durata, il suo scorrere, la sua mutevolezza. Forse perché formatosi in ambito musicale, per sua natura attento alla diacronicità, o forse per via delle radici trascendentaliste e dall'esercizio Zen, Cage accoglie il flusso nei suoi «eventi». L'happening del 1952 al Black Mountain College è progenitore degli eventi Fluxus.

Per Cage, dunque, il caso non è fine a se stesso, né soltanto mezzo per eliminare una scelta di gusto. È soprattutto (come nello Zen dove ordine e disordine non sono contrari) un mezzo per avvicinarsi alla generazione naturale dei fenomeni.

Brecht, uno degli allievi di Cage alla New School for Social Research di New York nel 1956, scrive che un motivo per usare il caso in arte è quello di «porre le immagini casuali del pittore, musicista, poeta, ballerino, nella stessa categoria concettuale delle immagini casuali in natura (la configurazione dei prati, o dei sassi in un ruscello), per allontanarsi dall'idea che l'artista faccia qualcosa di "speciale", oltre al mondo delle cose comuni»[21].

L'artista romano Renato Mambor, attivo dall'inizio degli anni sessanta porta agli estremi limiti il concetto di inespressività personale e arriva a proporre un'arte priva di contenuto autonomo, dove l'operazione consiste soltanto nel costruire un indicatore. L'*Evidenziatore* (1972) è un oggetto metallico, simile a un asterisco che si potrebbe trovare in un rebus.

Mambor lo ha dato a molte persone, a ciascuno chiedendo di posizionarlo in un luogo ed in un contesto qualsiasi, a loro scelta, e di fotografarlo. Il risultato è un campionario di interpretazioni del reale, dove l'oggetto specifico costruito dall'artista, l'evidenziatore, sfuma a favore della ricchezza della realtà così indicata. «A mio parere l'evidenziatore non vuole dire niente, indicare niente, ha solo la funzione, importantissima beninteso, di mantenere desta la comunicazione»[22].

Gli *Uomini statistici* (1962) sono dipinti in cui è riprodotta la sagoma impersonale e stilizzata dell'uomo, come nelle tabelle statistiche. Indicano il senso «qualunque» attribuibile all'immagine degli «altri». È la curiosità per i diversi modi di vedere, la campionatura dei sistemi di conoscenza, la delega della responsabilità del senso, che interessa Mambor. Non dà giudizi di valore, non classifica la realtà incontrata, ed è questo che ricorda il pensiero dell'accettazione e dell'ascolto di Cage, che Mambor ha seguito non attraverso un rapporto personale, bensì frequentando alcune sue performance nella New York degli anni sessanta.

Il silenzio, l'Achrome e la base del mondo

Nei primi lavori di Cage, la precisione della struttura ritmica era essenziale alla percezione della vitalità dell'esperienza che entrava a fare parte dell'opera: «Music is a continuity of sound. In order that it may be distinguished from nonbeing, it must have a structure», diceva ad una conferenza tenuta al Black Mountain College nel 1948[23].

L'operazione più semplice e chiara in tal senso è proprio *4'33"* (1952), una delimitazione temporale di una durata in cui l'esecutore non fa nulla. Nei monocromi bianchi di Rauschenberg (1952), i limiti del quadro definiscono uno schermo sul quale si proietta idealmente l'ambiente circostante. In *4'33"*, tutti i rumori dell'ambiente sono parte del «silenzio». Lo stesso anno in cui Cage partecipa con le sue performance poco convenzionali al programma televisivo italiano «Lascia o Raddoppia?», gli artisti Enrico Castellani e Piero Manzoni fondano il gruppo Azimuth. La ricerca di Manzoni, sviluppatasi autonomamente in campo visivo e performativo, ha non pochi punti di incontro con l'opera di Cage. Sebbene non vi siano testimonianze di contatti diretti fra i due (tutti comunque frequentavano all'epoca il ben noto bar Giamaica a Brera), il numero uno della rivista «Azimuth» contiene riproduzioni di opere di Johns e Rauschenberg, nonché un articolo di Yoshiaki Tono, *Spazio pieno e spazio vuoto*, che recensisce una performance di Cage al pianoforte avvenuta poco tempo prima a New York. L'articolo, stampato accanto ad una delle *Tavole di accertamento* di Manzoni, sottolinea l'uso degli intervalli di silenzio in Cage. Ne parla nei termini del pensiero Zen, come modo di vuotare la mente per rendersi «disponibili» all'esistente. «Ho incontrato un curioso silenzio al centro di New York, la grande città dei rumori e della follia meccanizzata. Era in una cantina a Greenwich Village, piena di fumo di sigarette e di tumulto alcolico. Un pianista suonava la nota do o mi, seguita da un silenzio di parecchi minuti.

Questa musica muta, rotta da suoni, che John Cage ha consacrato a Jasper Johns e Rauschenberg, abbondava di silenzio bianco... Non si può forse dire oggi che anche in pittura si cerca il margine dello spazio, la presenza pregna del vuoto?»[24].

L'*Achrome* bianco di Manzoni segna, dal 1957, proprio la volontà di azzerare l'espressione personale, tipica della pittura informale, di eliminare il gusto dell'artista a favore di una non-intenzionalità capace di aprire l'opera all'esperienza autentica e spontanea del vissuto quotidiano. È un azzeramento radicale: «Il quadro... Perché non vuotare questo recipiente? Perché non liberare questa superficie? Perché non cercare di scoprire il significato illimitato di uno spazio totale, di una luce pura ed assoluta?... non c'è nulla da dire: c'è solo da essere, c'è solo da vivere», scrive Manzoni[25].

Nascono opere che sono paradossi, espressioni autentiche dell'artista, ma al contempo assolutamente non-intenzionali, radicalmente quotidiane, perché non controllabili dalla volontà cosciente, e neanche motivate da una pulsione inconscia: le *Impronte* (1960), il *Fiato d'artista* (1960), la *Merda d'artista* (1961). Il 22 aprile 1961, nella galleria La tartaruga di Plinio De Martiis a Roma, Manzoni «firma» gli spettatori presenti, facendone delle *Sculture viventi* e consegnando a ognuna una regolare *Carta di autenticità*. Come se non bastasse con la *Base del mondo* del febbraio 1962 a Herning, in Danimarca, Manzoni «firma» l'intero pianeta – gli eventi che vi succedono simultaneamente e in successione, un grande concerto, tuttora in corso.

[1] In «Collage», nn. 3-4, dicembre 1964.
[2] «La pretesa accettazione del dato di fatto, dell'in-sé, acustico o gestuale o che altro sia; la resa delle "cose", al non-senso, all'azzardo, all'hic et nunc indiscusso di un John Cage, conta come gesto prescrittivo esclusivamente ... il risultato fonico o visivo che sia, cui si vorrebbe attribuire una sorta di capacità propedeutica all'ascolto libero in generale, è viceversa privo di qualsiasi interesse, ed in senso proprio è pleonastico». P. Castaldi, *Take Care*, in «Collage», n. 8, dicembre 1968. Un breve resoconto di queste alterne vicende si trova in V. Rizzardi, *John Cage: sentieri interrotti*, in «Quaderni Perugini», estate 1992.
[3] Da un'intervista con R. Kostelanetz del 1966 pubblicata in R. Kostelanetz (a cura di), *John Cage: an Anthology*, Da Capo Press, New York, 1991, p. 16.
[4] J. Cage, *Diary: How to Improve the World (You Will Only Make Matters Worse). Continued 1969*, in I. Hassan (a cura di), *Liberations: New Essays on the Humanities in Revolution*, Wesleyan Univ. Press, 1971, p. 5.
[5] Id., *The Future of Music* (1937), in *Silence*, The MIT, Press, 1966, pp. 3-4.
[6] W. Marchetti, *Come in un diario*, in *Per la sete dell'orecchio*, Cramps Records, 1984.
[7] Dopo un iniziale accenno che venne fatto nel primo numero della rivista «Azimuth» nel 1959, dopo l'intervista con Michael Kirby del 1968 su «Marcatré» e le pubblicazioni su riviste di arte e musica quali «Collage», «Metro» e «Incontri Musicali» negli anni sessanta dopo la pubblicazione di *Silence* nel novembre 1972.
[8] J. Cage, *Lecture on Nothing* (1949), pubblicata in R. Pedio (a cura di), *John Cage. Silenzio: un'antologia da Silence e A Year from Monday*, Feltrinelli, Milano, 1971, p. 83.
[9] G.E. Simonetti, *Conversazione fra Tex Willer e Kit Karson nella Chamber of Horrors del Madame Tussaud's wax works. Appunti sull'iperrealismo*, in «Flash», n. 8, gennaio 1973, p. 16.
[10] J. Cage, *Per gli uccelli: conversazioni con Daniel Charles*, Multhipla Edizioni, Milano, 1977, p. 59.
[11] G. Chiari, *Music is Easy*, Firenze, 1983.
[12] Id., *Intervista con G. Di Pietrantonio*, in «Flash Art», n. 173, marzo 1993.
[13] J. Cage, *Notations*, Something Else Press, 1969.
[14] Hassan, *Liberations*, cit., pp. 14-15.
[15] W. Whitman, *Leaves of Grass*, The New American Library, Signet, New York, 1954, p. 70.
[16] Cfr. D. Lombardi, *Uno sguardo dal futuro*, in *Ubi Fluxus Ibi Motus*, Fondazione Mudima e Mazzotta, Milano, 1990, pp. 481-489.
[17] *L'arte dei rumori*, Edizioni Futuriste di Poesia, Milano, 1916, pp. 16-17.
[18] Dalla mia intervista con l'artista, in «Flash Art International», n. 151, marzo-aprile 1990, p. 108.
[19] *Ibid.*, pp. 105-111.
[20] In *S. Lombardo*, Di Maggio Editore, Milano, 1974, p. 7.
[21] G. Brecht, *Chance Imagery*, in «Collage», nn. 3-4, 1964, p. 74.
[22] T. Trini, in *Renato Mambor. L'evidenziatore*, Multhipla Edizioni, Milano, 1975, p. 191.
[23] Kostelanetz, *John Cage*, cit., pp. 78-79.
[24] Y. Tono, *Spazio pieno e spazio vuoto*, in «Azimuth», autunno 1959, s.p.
[25] P. Manzoni, in «Azimuth», n. 2, gennaio 1960, s.p.

Considerazioni sui rapporti di John Cage e le arti figurative *di* Angela Vettese

L'arte è l'imitazione della natura.
Aristotele

L'arte è l'imitazione della natura nella sua maniera di operare.
John Cage

«Le varie forme di arte sono in uno stato di dialogo permanente tra di loro. Da un lato, il cubismo si sviluppò in conseguenza di una certa evoluzione musicale: i cubisti nel loro manifesto citarono la musica come pretesto per il loro modo di dipingere. Dall'altro, in seguito agli esperimenti sulla casualità di Arp e Duchamp e delle ricerche sui materiali del Bauhaus, la musica fu costretta a dare la sua risposta... l'introduzione del concetto di indeterminazione in campo musicale costringe ora le arti grafiche a dare la loro risposta»[1]. Così John Cage ribadiva, in una tarda intervista, una delle sue convinzioni più profonde: che le arti vivano tra di loro in uno stato di simbiosi capace di eliminarne i confini, pur mantenendo le specificità di metodo.

Proprio l'osservazione di quanto si è verificato attorno al tema dell'indeterminazione, del concetto di caso applicato alla creatività e alla natura, ci consente di estendere il dialogo tra le arti anche alle scienze. Il secolo nasce all'insegna di questo tema, e lo sviluppa in tutte le sue articolazioni di pensiero. Il Novecento scientifico si apre con la fisica quantistica di Planck e con la teoria della relatività di Einstein; si sviluppa con il teorema di incompletezza di Gödel, con il principio di indeterminazione di Heisenberg, con le tesi di Alan Turing sull'arbitrarietà del calcolo; un numero sempre più folto di ricercatori di discipline scientifiche diverse hanno in seguito ipotizzato l'esistenza di limiti insuperabili alla prevedibilità e si è fatta strada una teoria del caos che prospetta un universo deterministico e ordinato, ma con forti propensioni al disordine e all'imprevedibilità[2].

Poiché un'altra caratteristica saliente del nostro secolo, riguardo all'articolazione del sapere, è stata una inevitabile differenziazione dei linguaggi specifici delle diverse discipline, fino a rendere pressoché incomunicabili tra loro i risultati raggiunti in differenti campi di ricerca, difficilmente potremmo affermare che l'evidente sintonia sui problemi che ha legato l'operare degli artisti, dei fisici, dei biologi, sia nata da un dialogo effettivo tra gli operatori dei diversi settori. Seppure al tempo di Duchamp e Picasso si discuteva della fatidica «quarta dimensione», se ancora c'era, nella Parigi degli inizi del secolo, un clima pandisciplinare ed entusiasta riguardo all'evoluzione del sapere, è realistico pensare che una simile integrazione si sia persa; troppo lontani i tempi in cui, nella sola biblioteca di Alessandria, era possibile conservare «tutti i libri». Diciamo, invece, che le persone di genio hanno continuato ad avvertire uno *Zeitgeist*, uno spirito del proprio tempo che induceva le loro ricerche verso alcuni problemi privilegiati: tra questi il rapporto tra caso e causalità, tra indeterminazione e controllo.

Anche gli eventi della storia hanno condotto in seguito verso una simile direzione, quella dell'abbandono dei progetti filosofici sistematici e per una piena accettazione delle cose così come esse si presentano: nell'epoca del post-Buchenwald e del post-Hiroshima, e già durante il primo dopoguerra, molti intellettuali hanno cercato un umanismo capace di ritornare ai valori dell'essere senza cadere in retoriche esaltazioni, accettandolo al suo grado zero e non quindi trasfigurato in un «bene», un «vero» o un «bello» assoluti. Esperienze filosofiche diverse hanno portato nella stessa direzione: la nozione heideggeriana di *Dasein*, elaborata sul finire degli anni venti, aveva già posto l'accento sul fatto che il modo d'essere costitutivo dell'uomo è il suo «essere nel mondo», non come parte di un tutto ma come costante apertura a esso. Dalla *Crisi delle scienze europee* di Edmund Husserl arrivava un nuovo dubbio sulle chiavi interpretative classiche sia della conoscenza, sia del vivere quotidiano civile così come si era venuto cristallizzando nella cultura occidentale. Più tardi Maurice Merleau-Ponty, rileggendo gli appunti dell'ultimo Husserl, propose la nozione di *Lebenswelt* come attenzione a quel mondo antepredicativo, precedente a ogni separazione tra soggetto e oggetto, che si porrebbe alla radice tanto dell'esperienza percettiva quanto delle operazioni mentali superiori.

Se pensiamo a quali letture filosofiche possano avere avuto un ruolo nella formazione di Cage, americano del Pacifico, scopriamo che egli conosceva Ludwig Wittgenstein e il suo insistere sui «fatti atomici» come unica forma di esistenza, nonché la critica del concetto di causa e quindi di necessità. Non è certo che Cage abbia letto l'antologia postuma di Pierce *Caso, amore e logica*, pubblicata nel 1923; sicuramente, però, l'insistenza pierciana sul valore delle percezioni immediate penetrò nella cultura d'oltreoceano. Così come essa fu toccata dal neopositivismo del Circolo di Vienna, arrivato agli Stati Uniti negli anni trenta attraverso il pensiero di Rudolf Carnap: questo, saldandosi con l'eredità dell'empirismo anglosassone, era teso a sfatare qualsiasi metafisica per accettare soltanto conoscenze che derivassero da una verifica empirica, fondate su di una ontologia costruita sopra le «cose» e non sopra «le idee», platonizzanti o hegeliane che fossero. La cultura estetica americana era stata infine segnata dal pensiero di John Dewey (*Experience and Nature* è del 1925, *Art as Experience* del 1934) che parlava di un interazionismo dinamico tra gli organismi e l'ambiente, tra l'uomo, in particolare, e il mondo a cui si relaziona; la stessa esperienza artistica, lungi dal collocarsi su metafisiche alture, era concepita come un attivo apprezzamento degli aspetti qualitativi e formali che caratterizzano il vivere comune. Non sembra un particolare irrilevante il fatto che il maestro di cultura Zen di John Cage, Suzuki Daisetz, abbia studiato con Dewey quando aveva circa ventidue anni[3]. Anche sul fronte letterario si era andata affermando l'accettazione degli eventi casuali e la loro rappresentazione attraverso una lingua destrutturata, sempre più scarna nell'ossatura narrativa: verso questo processo di «smilitarizzazione» del linguaggio, che fu particolarmente caro a John Cage[4] lo sospingevano le letture di Laforgue, Mallarmé, Joyce, Eliot, Robbe-Grillet.

Più che come «inventore» di certi temi, dunque, John Cage ci si presenta come un formidabile punto di coagulo del loro inevitabile riverbero sul fronte dell'esperienza musicale, peraltro considerata a partire da una formazione che aveva avuto punti di snodo interdisciplinare nella letteratura[5], nella

filosofia orientale (da cui derivano l'attenzione allo Zen, l'interesse per l'estetica indiana e l'utilizzo dell'oracolo cinese *I Ching*) e nelle arti visive[6].

Già nel 1937, in occasione di un meeting musicale a Seattle, Cage seppe lucidamente formulare un suo credo estetico e, insieme, esistenziale[7], nel quale si fa avanti una poetica giocata appunto sulla relazione tra il disordine della vita e l'ordine necessario in una composizione artistica, caratterizzata oltretutto, come la musica, dalla necessità di una notazione chiara per quanto libera e innovata nelle forme; gli elementi fondamentali del suo piano si possono riassumere in pochi punti: 1) l'accettazione nell'opera di elementi causali, tratti dall'orizzonte della vita reale; 2) la fuga dalle regole compositive accademiche, pur senza rifiutare la tradizione che le aveva generate; 3) l'intenzione di non lasciare, comunque, a se stesso il materiale scelto per la composizione, ma di imbrigliarlo in una rete di controllo e in una struttura compositiva portante; 4) l'attenzione ai mezzi messi a disposizione dalla nuova tecnologia; 5) l'apertura interdisciplinare ad attività artistiche collaterali.

È evidente che sia la danza, sia il teatro, sia il settore qui particolarmente preso in considerazione delle arti visive, si sono insistentemente mossi durante il corso del secolo in direzioni largamente analoghe. Ora il problema si pone in questi termini: è possibile attribuire a John Cage un ruolo primario nell'indirizzare le arti visive verso una poetica del caso e dell'indeterminazione, oppure le notevoli consonanze che si registrano tra l'estetica di Cage e quella di molti artisti visivi vanno considerate soltanto affinità elettive?

Dalla parte di quest'ultima opzione sta una serie inequivocabile di fatti. All'inizio di questo secolo, in relazione a un deciso venir meno dei soggetti religiosi in favore di temi mondani, borghesi, desacralizzati, l'arte ha iniziato a servirsi di oggetti «in carne e ossa»: quella che fino all'Ottocento è stata una prerogativa dell'artigianato e del lavoro domestico femminile, il «riuso» di pezzi di stoffa, pelle, fibbie eccetera, è diventata l'origine del moderno collage. Nel suo fondamentale *La peinture au défi*[8] Louis Aragon cita un quadro di André Derain, composto attorno al 1907, in cui un uomo dipinto terrebbe in mano un giornale rappresentato attraverso un reale foglio di quotidiano. Su questo *Chevalier X*, misteriosamente scomparso a Mosca, torna Breton nel suo *Les pas perdus*, sostenendo che esso sarebbe stato il primo punto di riferimento per le innovazioni che seguirono in ambito cubista e dadaista. Da questa prima e presunta appropriazione di un frammento del mondo reale sarebbero scaturiti i collage di Georges Braque (1912), non più episodici ma oramai programmatici[9], quelli immediatamente successivi di Picasso, il quale ebbe più tardi a dichiarare: «uso delle cose come ne ho voglia... Metto nei miei quadri tutto quanto mi piace»[10].

Come ha ben visto la letteratura critica sull'argomento[11], il primo collage era ancora legato a preoccupazioni di ordine compositivo, a questioni inerenti al gusto e alla bellezza di origine accademica: peraltro esso apriva la porta a una rivoluzione estetica capace, insieme a quella condotta dall'astrattismo, di porre decisamente in crisi la concezione platonico-aristotelica dell'arte come rappresentazione illusionistica della natura; se Vladimir Tatlin dichiarava di voler porre «materiali reali nello spazio reale», tra Parigi e Mosca le tematiche antirappresentative si diffusero in direzioni teoriche molteplici[12].

Una simile strada era del resto quella che stavano intraprendendo i futuristi a stretto giro di mesi: il loro primo manifesto invitava a «esaltare ogni forma di originalità, anche se temeraria, anche se violentissima»[13]; nel *Manifesto tecnico* i firmatari Boccioni, Carrà, Russolo, Balla e Severini esaltano un non meglio specificato «complementarismo congenito» visto come una «necessità assoluta della pittura, come il verso libero nella poesia e come la polifonia nella musica»[14]. Se le «parolibere» di Filippo Tommaso Marinetti ne sono state l'applicazione letteraria, lo stesso Boccioni aveva invitato gli scultori a usare legno, cemento, cartone, cuoio, crine, tessuti, specchi, lampade elettriche, e non a caso tra il 1914 e il 1916 si assiste nella pittura futurista a una vera esplosione del collage: ricordiamo, tra gli esempi più clamorosi, i primi «polimaterici» di Prampolini e le varie esperienze di Carrà, Balla, Depero e Boccioni stesso. Grazie ad artiste come Sonia Delaunay, Olga Rozanova, Ljuba Popova, Nathalia Goncharova, si attua in questo periodo anche il coerente ma rivoluzionario passaggio dalla manualità artigianale femminile all'introduzione di stoffe, carte, nastri e altri elementi quotidiani nelle «vere» opere d'arte. Come era già chiaro a Tzara nel 1931, «il *papier collé*, sotto tanti differenti aspetti, marca nell'evoluzione della pittura il momento più poetico, il più rivoluzionario, il varco aperto verso le ipotesi più varie, una più grande intimità con le verità quotidiane»[15].

Non è un caso che il ready-made duchampiano nasca soltanto qualche mese dopo i primi collage, riprendendone seppure in modo decisamente ampliato e radicalizzante le premesse di fondo. La scelta di Duchamp di un oggetto qualsiasi per trasportarlo «da questo mondo nel pianeta dell'estetica»[16] scaturiva per altro da un nuovo modo di intendere l'ingresso del quotidiano e del casuale nell'arte, completamente scevro da propositi estetizzanti o compositivi: ciò che lo indirizzava nella scelta degli oggetti da firmare non era mai una forma qualsiasi di diletto formale, ma al contrario la «totale assenza di buono o cattivo gusto... dunque un'anestesia completa»[17]; gli interessava svolgere appunto «un esercizio sull'idea di gusto ... si può fare avvallare qualsiasi cosa, ed è ciò che è successo»[18].

Ma l'aspetto essenziale per il quale l'opera di Duchamp rivoluziona il significato del collage è di carattere linguistico: la sua risposta alla vocazione mimetica dell'arte, al rapporto tra l'opera e il reale, asserisce che è impossibile una qualsiasi rappresentazione fedele che non coincida con lo stesso oggetto rappresentato, esattamente come coloro che, nell'ambito delle parole, ritengono che qualsiasi definizione linguistica presenti uno scarto incolmabile rispetto al suo oggetto: a rigore di logica, un nome proprio di cosa dovrebbe essere costituito solamente dalla presentazione fisica della cosa. Anche se, va obiettato, neppure questa dovrebbe essere considerata una soluzione vincente: pur conservando la propria integrità fisica, infatti, dal punto di vista cognitivo l'oggetto dislocato e presentato diventa un altro oggetto, poiché a mutarne le caratteristiche è sufficiente l'azione del contesto in cui esso è stato trasportato. In ogni caso il principio del ready-made porta a compimento il tema ottocentesco e ro-

mantico della circolarità tra arte e vita, appiattendole l'una sull'altra e giungendo a una esasperata forma di realismo, in cui soltanto all'apparenza il concetto di arte come mimesi è abolito: esso, in realtà, è riaffermato in forma differente e certamente problematizzata. Non possiamo non ricordare da una parte, la critica radicale del gusto svolta a Cage nei suoi numerosi scritti, e dall'altro la stretta coincidenza che ha raggiunto nelle sue opere musicali tra la composizione e lo scorrere reale degli eventi.

Soprattutto attraverso la figura di Duchamp[19], dunque, prese le mosse quell'estensione del principio del collage che fu in senso globale l'assemblage dadaista, nato da quello spirito che stava «per la sfrenata libertà dell'individuo, per la spontaneità, per ciò che è immediato, attuale aleatorio, per la cronaca contro l'atemporalità, per ciò che è spurio contro ciò che è puro»[20]. Nel campo della fotografia, ricordiamo il sovvertimento della retorica teatrale che ancora presiedeva alla ritrattistica e all'immagine di paesaggio messa in atto a New York da Man Ray e da Stieglitz; nel settore della poesia, rammentiamo l'invenzione di un metodo assolutamente casuale di assemblaggio delle parole inventato da Tzara (1918), che invita a comporre versi ritagliando le parole di un articolo di giornale, mischiandole in un sacchetto, prelevandole e accostandole poi nell'ordine in cui sono state estratte. È vero che già Lewis Carrol nella sua *Phantasmagoria* (1863) consigliava di «scrivere prima un periodo, poi tagliarlo a pezzetti, poi mescolare i pezzi e tirarli fuori proprio come capitano; l'origine delle parole non fa nessuna differenza»; ma lo scrittore inglese puntava semplicemente allo scoordinamento della logica sintattica, mentre Tzara, consigliando di partire da uno scritto qualsiasi, ribadisce la tematica dell'appropriazione randomizzata del reale. Nel settore propriamente visivo, George Grosz esegue attorno al 1917 *Ritagli disposti secondo le leggi del caso*, facendo di quest'ultimo «una presenza quasi religiosa»[21]. L'estetica della simultaneità elaborata da Tzara, quella dell'antipittura fatta propria da Francis Picabia, tutta intera l'attività performativa che ebbe sede presso il Cabaret Voltaire di Zurigo, in parte debitrice delle serate futuriste, in parte autonoma invenzione di un teatro senza più alcun copione, furono caratterizzate dalla accettazione di elementi casuali; d'altro canto non è possibile parlare, al proposito, di centralità del caso, poiché il pensiero artistico dadaista fu soprattutto segnato da un intento provocatorio, al contempo antiborghese e antiaccademico. La nota frase di Tristan Tzara, «non voglio neppure sapere se prima di me ci sono stati altri uomini»[22], più che il richiamo al vuoto mentale dei mistici stava a indicare l'intento dadaista di lasciarsi alle spalle la storia e le sue dinamiche di potere.

Un più preciso utilizzo del caso come luogo centrale di una poetica si può trovare soprattutto nell'opera di Kurt Schwitters, che fin dal titolo ricorrente delle sue opere, la paroletta *merz* ricavata da un frammento di insegna, ammette l'intervento fortuito delle circostanze nella costituzione del lavoro. I suoi *assemblages* ambientali, che introducono la variabile spazio all'interno di opere che solo forzatamente potrebbero essere definite sculture, risultano per altro costruiti a partire da criteri di scelta degli oggetti trovati legati ad aspetti sentimentali e autobiografici, dunque lontani da quella indifferenza del gusto che già abbiamo visto in nuce operante in Duchamp[23].

Né possiamo parlare di indifferenza e di indeterminazione a proposito della variegata oggettistica surrealista, scelta e assemblata con attenzione alle associazioni inconscie e significanti[24], e della varia celebrazione dell'oggetto trovato, miserabile ma redento, nelle opere di Dubuffet, Tápies, Burri, Colla e dei molti informali che li seguirono. Non era il caso a guidarli, piuttosto l'intenzione di trarre dal mondo reale scorie capaci di raccontare una storia, di parlare attraverso una metafora o una metonimia di ciò che è fuori dal quadro. Nondimeno fu di estrema importanza, per lo sviluppo successivo delle poetiche dell'indeterminazione, l'eredità che dall'oggettistica surrealista trapassò ai protagonisti dell'action painting; tra questi Joseph Cornell, l'autore delle scatole-teatrino; Willem De Kooning, che usò un annuncio pubblicitario delle sigarette Camel per disegnare il sorriso di *Woman I*; Jackson Pollock, che inseriva pezzi di vetri e di specchi incollati nelle sue vaste prove di action painting. Tutti artisti che lo stesso John Cage ebbe modo di conoscere e apprezzare, dopo il suo primo soggiorno a casa di Peggy Guggenheim nel 1942.

Fu appunto in quella occasione, e dunque in anni successivi alle sue prime teorizzazioni sull'intervento del caso nelle composizioni musicali, che egli ebbe modo di arrivare a contatto con le tematiche dadaiste nell'ambito prettamente artistico; forse ne aveva avuto sentore già nel tempo del suo primo soggiorno a Parigi, nel 1930, quando però i suoi interessi erano indirizzati prevalentemente all'architettura e alla musica; il suo unico contatto certo con il mondo dell'arte d'avanguardia risale al 1932, quando ebbe modo di incontrare in America Lazlo Moholy-Nagy (peraltro autore di indirizzo neoplasticista). Il dadaismo entrò probabilmente nella sua sfera di conoscenza attraverso l'ambito musicale e in particolare grazie a Edgard Varèse, affiliato negli anni della prima guerra al gruppo dadaista zurighese.

Malgrado il suo giovanile interesse per la pittura, i primi veri rapporti di Cage con il mondo artistico delle avanguardie risalgono al 1942, anno nel quale decise di trasferirsi con la moglie da Chicago a New York; lì ebbe modo di soggiornare lungamente a casa di Peggy Guggenheim e Max Ernst, di conoscere, per il loro tramite, artisti come Mondrian, Breton, Duchamp e molti altri più giovani, tra cui Robert Motherwell e Harold Rosenberg[25]. Attraverso testimonianze scritte, composizioni musicali come *Music for Marcel Duchamp for Prepared Piano* (1947) per il film *Dreams that Money Can Buy* e opere visive come *Not Wanting to Say Anything about Marcel* (1969), Cage più volte riconobbe il fascino e il debito che lo legavano a Duchamp; per altro non vi fu mai tra i due una precisa collaborazione sul piano artistico; Duchamp, da una parte, riteneva che «Se la gente sceglie di associarci è perché abbiamo un'empatia spirituale, e un modo molto simile di vedere il mondo... Sono cose che dipendono dallo humour... È riuscito a liberarsi del lato noioso della musica»[26]. Cage, d'altro canto, in lui vedeva soprattutto un formidabile maestro di scacchi, mentre sul piano artistico ebbe addirittura a scrivere: «Cos'è più noioso di Marcel Duchamp? Ve lo domando. Ho libri sul suo lavoro, ma non mi disturbo a leggerli... Semplicemente ha

trovato quell'oggetto, gli ha dato il suo nome. Poi che ha fatto?»[27].

Ben diversa fu la consonanza di intenti che legò l'opera di Cage a quella degli artisti più giovani, conosciuti nei primi anni cinquanta al Black Mountain College, dove venne chiamato a tenere dei seminari. L'incontro con Robert Rauschenberg, in particolare, sembrò segnare una svolta indelebile. Basti pensare che solo due anni dopo la prima conoscenza, avvenuta nel 1952, il pittore fu scelto o piuttosto cooptato come consulente artistico della Merce Cunningham Dance Company, di cui Cage era direttore musicale.

Non è lecito immaginare tra i due una relazione a senso unico, che sia andata dal più anziano musicista verso il giovane artista. A chi ha visto una rispondenza molto stretta, al limite della dipendenza, tra i *White Paintings* di Rauschenberg e l'opera musicale silenziosa di Cage, il famoso *4'33"*, tutti composti in quel 1952, i due autori hanno dato risposte che hanno dimostrato come le consonanze non derivassero che da reciproche affinità. Da un lato, è vero che la tematica del «niente» era entrata nel pensiero di Cage già dai tempi della sua *Conferenza sul niente* (1947); ma nel 1961 Cage dichiarò: «A chiunque possa interessare: I quadri bianchi vennero per primi; il mio pezzo silenzioso venne più tardi»[28]. Rauschenberg, per parte sua, in una videointervista girata a Kassel da Jef Cornelis (1968) tenne a precisare: «John Cage una volta ha detto che tutto ciò che devi fare è aprire la finestra e il dipinto entra dentro. Ma non viene affatto dentro, devi andar fuori a prenderlo. John Cage non è un pittore».

Vero è che tra i due ci furono consonanze particolari, come è testimoniato dal lungo testo che Cage gli ha dedicato, nel quale pone in evidenza aspetti salienti dei *White Paintings* e delle successive opere di Rauschenberg come l'accettazione di qualsiasi cosa accada e in generale della molteplicità, l'assenza di composizione, l'assenza di simbolismi, provocazioni e persino di idee in favore del mero dato fattuale. «Dopo attenta considerazione – scrive Cage – sono arrivato alla conclusione che non c'è niente in questi dipinti che non potrebbe essere cambiato, che essi potrebbero essere visti sotto qualsiasi luce e che non sono distrutti dall'azione della luce»[29]. Opere dunque come specchi del mondo, stabili e mutanti al tempo stesso.

Se dunque Cage si affaccia al mondo dell'arte quando in esso la tematica del rapporto tra caso e composizione era già stata proposta da tempo, assieme a Rauschenberg egli la rinnova per questo primo aspetto: nel decadere di qualsiasi giudizio, sia estetico sia concettuale, che presiede alla scelta degli elementi con i quali fare arte, in maniera più radicale ancora di quanto si era verificato con Duchamp, tutto sommato ancora molto coinvolto sul fronte della polemica antiaccademica. Il musicista riteneva che si dovesse «arricchire il ventaglio delle esperienze possibili, diminuendo la formulazione di giudizi. In questo senso è interessante il behaviourismo di B.F. Skinner, per il quale non è necessario esprimere giudizi a priori e la pratica rimane l'esperienza fondamentale»[30]. Resta semmai la consapevolezza che, nel momento in cui si sceglie una scarpa vecchia per inserirla in un'opera, essa «non è più "una" ma è "la" scarpa vecchia. Si tratta di qualche cosa come l'ipostasi del vissuto»[31].

In questo senso diviene lecito introdurre nelle opere anche l'utilizzo di sistemi di scelta degli oggetti (ma nel caso di Cage sarebbe meglio forse parlare di note e di pause) attraverso un sistema matematico, computerizzato, o comunque fondato sul calcolo e sulla logica casuale delle leggi probabilistiche, particolarmente importante per tutta la cultura orientale: non è del tutto irrilevante ricordare come il termine «azzardo» derivi dalla parola araba «dado» (come del resto il neolatino «aleatorio»); che, ancora, il testo più antico nel quale sembra comparire una teoria della probabilità matematica è il libro sacro induista *Mahābhārata*; che infine la maggior parte delle pratiche oracolari, tra cui l'*I Ching*, che Cage ha utilizzato per anni anche in sede compositiva, sono fondate su una lettura mantica e predittiva di combinazioni casuali di carte, monete, bastoncini. In generale appare determinante qualsiasi pratica capace di escludere dall'arte l'aspetto autoespressivo, azzerando qualsiasi individualismo come solo un connubio tra l'«ingenua» cultura americana e l'antica saggezza orientale poteva fare.

Soltanto in questo modo, fondandosi su di un metodo che garantisca la più assoluta indifferenza della scelta, la musica (e l'arte) possono assolvere alla loro funzione di «condurre alla coesistenza elementi paradossali per natura, condurre entro un'unica situazione elementi che possono e dovrebbero essere accordati, cioè elementi di regola, ed elementi che non possono e non dovrebbero essere accordati, cioè elementi liberi»[32]. In questo senso l'estetica cageana si raccorda volutamente a quella tradizione mistica, tanto orientale quanto occidentale, che proclama come criteri non soltanto di poesia, ma di vita e di verità, quell'assoluta indifferenza, quella totale accettazione del mondo che proviene dall'aver saputo creare in se stessi un accogliente vuoto interiore: «Perché il cuore sia disponibile al modo più elevato, è necessario che esso si fondi su un puro nulla, ed è questa la più grande possibilità che possa esserci»[33], scriveva nel XIII secolo il mistico tedesco Meister Eckhart, spesso citato da Cage. «Colui che potesse fare di sé un vuoto dove gli altri entrassero liberamente, diventerebbe signore di tutte le situazioni. Il tutto può sempre dominare la parte»[34], scrive il maestro del té giapponese Okakura Kakuzo; «La tua vera natura è come lo spazio del cielo, e se ti accade di scorgere il non-esser-qualcosa, questo può essere detto il vero, il giusto percepire»[35] recita un detto del sesto patriarca del buddhismo Zen, al quale Cage si ispirava; un amore per il vuoto testimoniato persino da molti suoi titoli: dalla già citata *Conferenza sul niente* a *Silence* e *Empty Worlds*.

La medesima tematica del vuoto interiore come mezzo per raggiungere una sorta di illuminazione artistica, e dunque anche di spontaneità, chiarifica il senso di consonanza che Cage provò anche nei confronti di Mark Tobey e, forse in minore misura, di Morris Graves[36], avanguardie di una certa cultura occidentale filonipponica e comunque vicina allo spirito Zen[37]. Sappiamo che John Cage ebbe rapporti anche stretti con molti altri artisti: tra questi naturalmente Jasper Johns, che Cage include tra coloro che lo hanno influenzato[38], lo scultore Richard Lippold, che gli ristrutturò l'appartamento a Monroe Street, Robert Motherwell, presso il cui Artists' Club già nel 1949 aveva tenuto la sua *Conferenza sul niente* e che poi aiutò con Harold Rosenberg nell'edizione

dell'unico numero della rivista «Possibilities»[39], Juan Mirò conosciuto a Cadaquès dai comuni amici Duchamp. Ma in nessuno di questi casi si può parlare di una influenza diretta che vada da Cage all'arte visiva.

Il contributo più personale che è possibile riconoscere a John Cage a questo settore è quello che ha condotto a ciò che oggi viene comunemente definito happening. L'apertura delle opere all'ambiente, allo spazio, era già stata messa in atto in Europa da Schwitters (ma ricordiamo anche il rinnovamento della tematica nel dopoguerra, dovuto a Lucio Fontana con il suo *Ambiente a luce nera di Wood* del 1949). Nel 1952, al Black Mountain College, nasceva quell'apertura dell'opera anche in direzione del tempo che le serate futuriste e dadaiste avevano solo sfiorato, dando loro una caratterizzazione soprattutto teatrale e dunque non ritenendole appieno un'estensione dell'arte visiva.

La competenza musicale di Cage non può che essere considerata determinante nell'inserire nelle opere l'invariante della durata e una serie di indicazioni compositive di massima, elementi caratterizzanti di ciò che è passato alla storia come il primo vero happening: al Black Mountain College, sempre nel 1952, alcuni tra gli allievi e i docenti misero in scena un «quadro» il cui unico aspetto prestabilito consisteva appunto nel tempo di esecuzione, 45 minuti; per il resto, la partitura lasciava libero il campo allo svolgimento di eventi casuali. Gli spettatori vennero ripartiti in quattro triangoli di sedie, i cui vertici si dirigevano verso il centro vuoto della stanza. L'azione non ebbe luogo per altro in questo centro, ma ovunque altrove nella stanza. Cage diede lettura di una serie di scritti morali, dai mistici cristiani e orientali ai giuristi moderni. Rauschenberg faceva suonare vecchi dischi di Edith Piaf su un giradischi a tromba, con un numero di giri accelerato rispetto all'originale; David Tudor suonava composizioni di Cage; i due poeti Mary Caroline Richards e Charles Olson leggevano propri componimenti da una scala; alle pareti quadri bianchi di Rauschenberg, bianchi e neri di Line, diapositive proiettate di vario soggetto, mentre Merce Cunningham improvvisava una danza. Alla fine della rappresentazione, caffè per tutti nelle ciotole-portacenere[40].

Da questo esperimento aurorale possiamo fare discendere molta dell'arte performativa, capace di utilizzare non solamente oggetti qualsiasi ma soprattutto l'interazione tra il caso, il tempo e una struttura programmatica simile, nei suoi intenti, a quella di una partitura musicale. Una struttura semplice, «una disciplina che, se accettata, in cambio accetta qualsiasi cosa, perfino quei rari attimi di estasi, che come le zollette di zucchero educano i cavalli, ci educano a fare quello che facciamo»[41].

Non capiremo gli intenti del movimento Fluxus se non avessimo presente proprio questo ridursi all'osso della struttura compositiva dell'opera insieme alla sua relazione con il tempo. L'avere avuto come allievi alla New School for Social Research di New York, nel 1958, artisti che avrebbero presto dato vita al movimento, George Brecht, Allan Kaprow, Jackson Mc Low, Maxfield, Al Hansen e Dick Higgins (oltre che frequentatori saltuari come Jim Dine, Larry Poons e George Segal) portandoli verso una concezione dell'arte, della musica, del teatro intesi come fattori interagenti e comunque mai scissi dal naturale scorrere delle cose, indeterminato e casuale, giustifica il fatto che la maggior parte degli esponenti del gruppo abbia visto in Cage uno dei loro ispiratori[42].

È vero che Jackson Mc Low e George Brecht, dalla metà degli anni cinquanta, avevano spontaneamente incominciato a lavorare su questi temi, probabilmente stimolati anche dalla pubblicazione, nel 1951, del fondamentale saggio di Robert Motherwell *The Dada Painters and Poets*; altri elementi primari per lo sviluppo della poetica Fluxus sono stati senz'altro l'introduzione del gesto stocastico, ormai privo di implicazioni inconsce, nel dripping di Jackson Pollock[43] e la comparsa di qualche informazione sull'attività performativa del gruppo giapponese Gutaj[44]. Ma fu John Cage a fare da catalizzatore di quella atmosfera, proprio durante le lezioni alla New School, e al suo stimolo indiretto dovettero molto le due serie di performance tenute presso lo studio di Yoko Ono e alla galleria di George Maciunas, nel biennio 1960-61. Non a caso il performer ante litteram Nam June Paik gli tributò l'omaggio del taglio della cravatta; a testimoniare la vitalità dei rapporti tra Cage e Fluxus, peraltro mai enfatizzati dal musicista, ricordiamo che egli pubblicò il suo *Come migliorare il mondo. Potrai soltanto renderlo peggiore* su suggerimento di Dick Higgins e per la casa editrice Fluxus Something Else Press; anche il libro *Notations* (1969) fu redatto per lo stesso editore con la collaborazione dell'artista Fluxus Alison Knowles.

Malgrado la filiazione non possa dirsi diretta, in quanto grande parte nella formazione di Fluxus ebbero i due opposti interventi coagulanti di George Maciunas e di Wolf Vostell, attraverso la relazione con gli ex allievi di Cage la sua influenza ebbe modo di esprimersi fino dal primo concerto collettivo di Wiesbaden (1962); e la sua eco si avverte in teorizzazioni come quelle di Kaprow[45], di Lebel[46], di Kirby[47], di Vostell[48]. Né ci sarebbe possibile spiegare appieno lo sviluppo che l'arte performativa ebbe a cavallo tra anni cinquanta e sessanta senza pensare a un influsso diretto o indiretto di Cage. Se ne ritrova la traccia nelle molteplici azioni di Yves Klein, peraltro condizionato da una simile formazione di provenienza filosofica orientale, nel progetto ironico e nichilista di Piero Manzoni, e nella messe di manifestazioni simili che si affollò negli anni successivi.

Opere che non utilizzavano l'indeterminazione come avevano inteso i surrealisti, conferendole il significato di una via aperta all'inconscio[49] ma che invece si orientavano semplicemente verso una estrema ratio del «less is more», la massima di Mies van der Rohe spesso citato da Cage; non per nulla un credo razionalista, che non invita ad abolire la struttura ma piuttosto a ridurla ai suoi minimi termini possibili. Proprio come accade nella natura, che nel suo pur caotico operare continuamente si ispira a un principio di interna economia.

[1] John Cage, *John Cage: dopo di me il silenzio*, Emme Edizioni, Milano, 1978, p. 43.

[2] Si vedano per esempio le conversazioni radiofoniche tenutesi presso la radio francese, tradotte e raccolte in AA.VV., *Aggiornamenti sull'idea di caso*, Bollati Boringhieri, Torino, 1992; e ancora testi come E. Morin, *Il metodo, ordine, disordine, organizzazione*, Feltrinelli, Milano, 1983 e I. Ekeland, *A caso. La sorte, la scienza e il mondo*, Bollati Boringhieri, Torino, 1992; l'antologia *Il caos, le leggi del disordine*, a cura di G. Casati, Le Scienze, Milano, 1991; *Caos*, a cura di N. Hall, Franco Muzio Editore, Padova, 1992.

[3] Circa le lettura filosofiche di John Cage, che peraltro rivendicava il diritto a «lavorare su una base di ignoranza», si vedano alcune dichiarazioni contenute in J. Cage, *Per gli uccelli. Conversazioni con Daniel Charles*, Multhipla Edizioni, Milano, 1977; e ancora passi di R. Kostelanetz, *Conversing with John Cage*, Limelight Edition, New York, 1988.

[4] Cfr. E. Lo Bue, *Nothing to Say: John Cage come letterato*, Olschki, Firenze, 1980, p. 173, e ancora il saggio di G. Nocera, in «Revue d'Esthétique», CNRS, Paris, 1987-88, n. 13-14-15. Cfr., in questa stessa rivista monografica, il saggio di Cage medesimo alle pp. 345-347, *Musique et art*, in cui dichiara di aver tratto da Alberto Savinio l'idea di una possibile e diretta interdisciplinarità tra musica, letteratura, arti visive.

[5] Si veda l'esemplare similitudine tra la filosofia generale di Cage e quella di un testo come H.D. Thoreau, *Camminare* (1851), SE, Milano, 1989; sono note le attenzioni prestate da Cage sia a Walt Withman sia a James Joyce, cfr. ad esempio J. Cage, *Roaratorio. An Irish Circus on Finnegans Wake*, Atheneum, 1985.

[6] È nota una certa giovanile propensione di Cage per la pittura, ripresa poi in tarda età; riguardo ai suoi interessi diretti per alcuni artisti, cfr. Cage, *Per gli uccelli*, cit.

[7] J. Cage, *Credo*, ripubblicato in D. Lander e M. Lexier, *Sounds by Artists*, Art Metropole e Walter Phillips Gallery, Toronto, 1990, pp. 15-19. Cfr. anche P. Griffith, *Cage*, Oxford University Press, London 1981, dove, a p. 12, si legge il seguente passo di Cage tratto da uno scritto del 1948: «The function of a piece of music is to bring into cobeing elements paradoxical by nature, to bring into one situation elements that can be and ought to be agreed upon – that is, law elements – together with elements that cannot and ought not to be agreed upon – that is, freedom elements».

[8] L. Aragon, *La peinture au défi* (1930), Paris, 1981, p. 39.

[9] Cfr. G. Braque, *Pensées et reflexions sur la peinture*, in «Nord-Sud», dicembre 1917.

[10] In M. De Micheli (a cura di), *Scritti di Picasso*, Feltrinelli, Milano, 1964, p. 19.

[11] La prima interpretazione critica sull'utilizzo del collage si ebbe nelle *Méditations esthétiques* di G. Apollinaire, Parigi 1913 e in M. Raynal, *Quelque intention du cubisme*, Paris, 1919. Per le interpretazioni più recenti sul problema del collage cfr. H. Wescher, in «Art d'Aujourd'hui», marzo 1954, pp. 12-46; C. Greenberg, *The Pasted Paper Revolution*, in «Art News», settembre 1958, pp. 46-48, e Id., *Collage* (1959), in *Art and Culture*, Beacon Press, Boston, 1954, pp. 70-83; H. Wescher, *Die Collage*, Verlag, Köln, 1968, pp. 52 ss.; M. Florian, *Le collage*, Skira, Génève, 1978; AA.VV., *Georges Braque, les papiers collés*, catalogo del Centre Pompidou, Paris, 1982, in particolare pp. 12-25; D. Waldman, *Collage, Assemblage and the Found Object*, Phaidon Press, London, 1992.

[12] Dichiarazioni di Tatlin in D. Vallier, *L'arte astratta*, Garzanti, Milano, 1984, p. 153. Cfr. anche le dichiarazioni in tal senso in C. Malevič, *Manifesto del suprematismo* (1915), in M. De Micheli (a cura di), *Le avanguardie artistiche del Novecento*, Feltrinelli, Milano, 1977, p. 384; M. Larionov, *Manifesto del raggismo* (1913), *ibid.*, p. 381; N. Gabo e A. Pevsner, *Manifesto del realismo* (1920), *ibid.*, p. 397; W. Kandinskij, *Lo spirituale nell'arte* (1912), SE, Milano, 1989, p. 46.

[13] In «Poesia», febbraio 1910.

[14] Ivi, aprile 1910.

[15] Tzara, *Le collage*, in «Cahiers d'Art», 1931, p. 32. Cfr. l'interpretazione decisamente preconcettuale che F. Menna dà del collage in *La linea analitica dell'arte moderna*, Einaudi, Torino, 1983, pp. 30-43, opposta alla tesi «formalista» espressa da Greenberg, in *The Pasted Paper Revolution*, cit., pp. 46-48. Per i rapporti tra collage e ready-made si vedano anche A. Danto, *La transfiguration du banal*, Ed. du Seuil, Paris, 1989, pp. 29-35 e G. Franck, *Esistenza e fantasma*, Feltrinelli, Milano, 1989, pp. 21 e 81.

[16] Conversazione con Harriet, Sidney e Carrol Janis del 1953, riprodotta in J. Clair, *Marcel Duchamp*, Centre Pompidou, Paris, 1977, p. 81.

[17] M. Duchamp, *Il mercante del segno*, a cura di A. Bonito Oliva, Lerici, Roma, 1978, p. 78.

[18] Intervista con Otto Hahn, in «L'Exprès», vol. 12, n. 684.

[19] Non è qui il caso di soffermarci a discutere quanti effettivi ready-made Duchamp abbia concepito, e quanti invece siano stati «aiutati» e dunque ispirati anche a logiche compositivo-estetiche.

[20] De Micheli, *Le avanguardie*, cit., p. 156.

[21] H. Richter, *Dada: Art and Anti-Art*, Abrahms, New York, 1970, p. 71.

[22] Frase stampata a caratteri cubitali sulla copertina del terzo numero di «Dada», Zürich, dicembre 1918.

[23] Cfr., in particolare K. Schwitters, *Merz 21. Erstes Veilchenheft* (1931), cit. da G. Celant in *Ambiente arte*, La Biennale di Venezia, 1977, pp. 53-55 e J. Elderfield, *Kurt Schwitters' last Merzbau*, in «Artforum», ottobre 1969, pp. 56-64.

24 Cfr. al proposito A. Breton, *Crise de l'object*, in «Cahiers d'Art», Paris, XI, pp. 21-26 e F. Alquié, *La philosophie du surréalisme*, Flammarion, Paris, 1956, p. 158.

25 Cfr. C. Tomkins, *Vite d'avanguardia*, Costa & Nolan, Genova, 1983, p. 25.

26 Cit. da *Marcel Duchamp*, catalogo della mostra di Palazzo Grassi, Bompiani, Milano, 1993, pp. non numerate, *Efemeridi*, 1 luglio 1966.

27 J. Cage, *Silenzio*, a cura di R. Pedio, Feltrinelli, Milano, 1971, pp. 131 ss.; peraltro, a testimoniare il rapporto di stima tra Duchamp e Cage, si veda il saggio del primo sul secondo ripubblicato in «Musik Konzepte», Sonderband, aprile 1978, numero monografico su John Cage, alle pp. 132-146. Sui rapporti Cage-Duchamp cfr. anche D. Charles, *Gloses sur John Cage*, Union Générale d'Editions, Paris, 1978, pp. 183-196 e O. Paz, *Marcel Duchamp ou le château de la pureté*, Claude Givandeau, Génève, 1967, pp. 39-41.

28 Cfr. il saggio su «Musik Konzepte», cit., p. 121.

29 Prima pubblicazione sulla rivista «Metro», Milano, maggio 1961, ora ripubblicato in *Art in Theory 1900-1990*, Blackwell, Oxford-Cambridge, 1992, pp. 717-720. Si veda anche la poesia dedicata a Rauschenberg da Cage nel 1953, commento ai *White Paintings*, una vera descrizione di comune poetica, ripubblicata in *John Cage, an Anthology*, De Capo Press Inc., pp. 111-114: «To whom-No subject-No image-No taste-No object-No beauty-No message-No talent-No technique (no why)-No idea-No intention-No art-No feeling-No black-No white (no and)».

30 Cage, *John Cage: dopo di me il silenzio*, cit., p. 29

31 Ivi, p. 82.

32 Citazione di Cage del 1948, tratta da Griffith, *Cage*, cit., p. 12.

33 Maestro Eckhart, *Del distacco*, in *Trattati e prediche*, Rusconi, Milano, 1982, p. 181.

34 Okakura Kakuzo, *Il libro del tè* (1906), Nuova Editoriale, Milano, 1983, p. 45. Cfr. anche l'introduzione di G.C. Calza, *Il tè e l'estetica dell'indefinito*, pp. 5-10.

35 Hoseki Schinichi Hisamatsu, *La pienezza del nulla. Sull'essenza del buddismo Zen*. Il Melangolo, Genova, 1980, p. 25. Su questo stesso argomento si vedano anche gli scritti di Suzuki Daisetz, il maestro di Cage in fatto di Zen, e in particolare *La dottrina Zen del ciclo mentale*, Ubaldini, Roma, 1968.

36 Troviamo i loro nomi ad esempio in *Themes and Variations*, Station Hill Press, Barrytown, New York, pp. non numerate, dove Cage dedica una serie di mesostici alle «persone che sono state importanti nella mia vita»: Norman O. Brown, Marshall McLuhan, Erik Satie, Robert Rauschenberg, Buckminster Fuller, Marcel Duchamp, Henry David Thoreau, James Joyce, Merce Cunningham, David Tudor, Morris Graves, Mark Tobey, Arnold Schönberg, Suzuki Daisetz. In altre sedi ripete gli stessi nomi, aggiungendo quello di Jasper Johns. Molto più «duro» John Cage si dimostra nei confronti di artisti di orientamento concettuale (cfr. *Per gli uccelli*, cit.). Estremamente vasta è invece la rosa di coloro che si sentirono direttamente influenzati dal musicista. Cfr. ad esempio le adesioni alla mostra per il 75° compleanno dell'artista organizzata a Cincinnati da Allan Kaprow, *A Tribute to John Cage*, Galleria Carl Solvay, 1987, nel cui catalogo comparivano omaggi di: Peter Moore, Laury Miller, Friedrich Lieberman, Jackson Mc Low, Ray Johnson, Per Kirkeby, Christo, Dore Ashton, Giuseppe Chiari, Laurie Anderson, A. Yo, Alice Hitchins, Henry Flynt, Milan Knizak, Jasper Johns, Toni Marioni, Louise Nevelson, Alison Knowles, Robert Morris, Robert Rauschenberg, Anne d'Harnoucourt, Peter Franck, Joseph Beuys, Ben Patterson, Robert Watts, Barbara Moore, Dorothea Rockburne, Claes Oldemburg, Shigeko Kubota, e altri.

37 Resta fondamentale al proposito il saggio dedicato a *Lo Zen e l'Occidente* (dove vengono espressamente citati i nomi di Graves, Tobey e Cage) da U. Eco nel suo *Opera aperta* (1962), Bompiani, Milano, 1988, pp. 210-334. Notiamo come peraltro sia alquanto singolare che il nome di Cage compaia in questo libro, dedicato proprio alla tematica dell'indeterminazione dell'opera d'arte, solamente in questo capitolo di coda; un precedente che spiega la cosa potrebbe essere la *retractatio* di Eco nei confronti di Cage messa in atto nell'ambito di due successivi saggi apparsi sul «Verri» nel 1959, anno in cui Eco conobbe personalmente il musicista negli ambienti della RAI milanese.

38 Cfr. per esempio la citazione di E. Downes nel suo scritto su *Atlas Eclipticalis* (1964), in Cage, *John Cage: dopo di me il silenzio*, cit., p. 143.

39 «Possibilities», numero unico, 1947-1948, a cura di R. Motherwell, H. Rosenberg, P. Chareau, J. Cage.

40 Cfr. la buona descrizione che ne ha dato Franco Masotti in *Dove il silenzio crepita*, in «Musica Viva», n. 4, aprile 1992, pp. 74-78. Riguardo alle conseguenze dell'interazione tra arte visiva e musica successive all'evento, cfr. ad esempio Lender-Lexier, *Sounds by Artista*, cit.

41 Da Cage, *John Cage: dopo di me il silenzio*, cit., p. 72.

42 Per la cronologia dei rapporti Cage-Fluxus cfr. *Happening and Fluxus*, Koelnischer Kunstverein, 1970, prime dieci pagine del catalogo non numerato e C. Dreyfus, *La breve storia di Fluxus*, in «Flash Art Italia», ottobre-novembre 1989, n. 152, pp. 97-99. Due recenti testimonianze dell'attaccamento a Cage da parte del gruppo storico di artisti Fluxus, sia americani sia europei, sono state le due mostre *Ubi Fluxus Ibi Motus*, Venezia, 1990, a cura di A. Bonito Oliva e la mostra *Da capo* tenutasi a Wiesbaden nell'estate 1992, curata da R. Block, a cui hanno partecipato Henning Christiansen, Geoffrey Hendricks, Dick Higgins, Joe Johns, Milan Knizak, Alison Knowles, Ben Patterson e Emmet Williams. Si veda anche il catalogo di E. Pedrini, *John Cage: la riformulazione quantica*, Galleria Vivita, 1988.

43 Cfr. A. Kaprow, *The Legacy of Jackson Pollock*, in «Art News», ottobre 1958.

44 Comparso sul «New York Times», 8 dicembre 1958.

45 A. Kaprow, *Assemblage, Environments and Happening*, Abrahms, New York, 1965.

46 J.J. Lebel, *El happening*, Nueva Vision, Buenos Aires, 1971.

47 M. Kirby, *Happenings*, Dutton, New York, 1965.

48 W. Vostell, *Happenings, Fluxus Pop Art*, Reinbeck, Rowohlt, 1965.

49 Cfr. C. Tomkins, *Vite d'avanguardia*, cit., p. 36, dove si legge: «Cage era ansioso di liberarsi sia del subconscio... che dello stato conscio».

zionisti di Cage è come chiedere un oggetto ricordo di uno zio amato. Ho visto una persona dare l'addio a un acquarello imballato e impacchettato con una pacca affettuosa sulla cima della cassa mentre i trasportatori se ne andavano.

Ora alcuni di questi oggetti d'arte inanimati hanno assunto una certa aurea cageana, come se un oggetto potesse mai possedere il calore magico e l'affetto che Cage abitualmente rivolgeva a coloro che incrociavano la sua strada.

È nel suono della sua musica con la sua diretta (anche se intermittente) carica sensuale che John si aspettava di incontrare le persone. Pareva sorpreso alle nostre richieste di una comunicazione più personale. Sorpreso ma accomodante. Molte delle sue storie o poesie, recitate nel corso di conferenze, sono ora disponibili in registrazioni. Esse sono enormemente popolari e riflettono ancora il curioso effetto personale della sua voce un po' infantile che ne contraddice la precisa dizione.

John si vantava di essere disponibile quasi per chiunque. Ciò causava talvolta una certa costernazione o addirittura gelosia tra gli amici più vecchi (quelli d'oro); le manovre abili per guadagnare una posizione, il desiderio di un riconoscimento speciale – tutte emozioni indegne di chi era degno di Cage. Il direttore del Henie-Onstadd Art Center in Norvegia, Per Hovdenakk, mi ha raccontato di avere visitato John a New York parecchi anni fa. Stava evidentemente cercando di finire un pezzo, il cui ordine doveva essere determinato da alcuni sassi lasciati cadere dalla cima di una scala allungabile di metallo alta due metri e mezzo. John stava invecchiando e gli era difficile salire e scendere. Hovdenakk racconta che non appena John raggiungeva la cima della scala e cominciava a lavorare, suonava il telefono ed egli era costretto a scendere per rispondere. Quando Per gli suggerì che la situazione era assurda e che si doveva staccare il telefono, John esausto scese ancora una volta dicendo «No! No! No! Si dovrebbe sempre essere accessibili».

Può darsi che fosse questo atteggiamento la ragione per cui John ammirava tanto la Federal Express, una grande impresa americana che operava le consegne. Ero presente quando egli suggerì a uno sbalordito Jasper Johns di investire l'intero patrimonio finanziario della Foundation for Contemporary Performance Art in quella società. Jasper che conosceva bene Cage, gliene chiese la ragione. «Sono così gentili» ci confidò John, «e accessibili!». Fui improvvisamente abbagliata dalla visione istantanea di John che fa delle lunghe passeggiate con gli addetti alle consegne della Federal Express. «Vengono da te *ovunque* tu sia, *in qualsiasi momento* chiami e portano *qualsiasi cosa tu voglia* ai tuoi amici». Cage fece una pausa poi aggiunse con voce solenne «In ventiquattr'ore!».

Alcuni dei molti amici di John, sia d'oro che d'argento, hanno lavorato per mettere insieme questo tributo, la mostra e il catalogo. Possiamo pensare a tutto questo come a un pacchetto di suoni, oggetti e lettere che gli inviamo questa estate del 1993.

Cage e le arti visive

John Cage artista figurativo *di* Wulf Herzogenrath

John Cage è considerato la personalità più innovativa e ricca d'influssi della musica moderna ed è attivo dalla metà degli anni trenta. La sua influenza come artista figurativo e le sue opere come tali sono invece poco note, anche se fra gli artisti e gli addetti ai lavori c'è unanimità nel riconoscere la sua grande influenza e la sua portata, che egli ha dimostrato negli ultimi anni ad esempio prendendo parte ai *Documenta 8* (1987) con un ambiente sonoro permanente nella Karls-Kirche di Kassel, o con plexigrammi, disegni, acquarelli, grafici e partiture in molte esposizioni personali in celebri musei e gallerie.

Anche se Cage ha dipinto e disegnato molto nel periodo intorno al 1930, questa parte giovanile della sua opera risulta finora ancora sparsa in collezioni private e attende di essere riscoperta. Al suo maestro Arnold Schönberg egli promise, nel 1933, di dedicare la sua vita alla musica. Questa promessa non la ruppe mai, anche se si occupò parallelamente di micologia, di scacchi, di redigere testi e conferenze, e sempre parallelamente, ma in maniera particolarmente intensa quando ebbe circa 25 anni, di opere visive, che peraltro molto spesso erano legate alla sua produzione musicale. Questa si avvicinava a diversi livelli all'elemento visivo: nel 1938 con il pianoforte preparato (a partire dal *Bacchanal*) con l'inserimento di chiodi, graffette da ufficio e pezzi di legno che venivano spostati durante l'esecuzione. Essi conferiscono all'esecuzione un aspetto teatrale e anche qualcosa di oggettivante; nella *Living Room Music*, del 1940, Cage fece sì che tutti gli oggetti che vi erano presenti diventassero produttori di suono, una sorta di primo passo verso gli environment della Pop Art che arrivano fino a coinvolgere come strumentisti apparecchi radio, giradischi o addirittura televisori.

Se c'è stata nel XX secolo una personalità artistica che ha eliminato in modo creativo la separazione fra gli ambiti della musica, dell'arte figurativa, della letteratura, della danza e del teatro e che è stata ed è attiva in tutti questi campi, esercitandovi la propria influenza, bisogna fare sempre un solo nome, quello di John Cage. «I pittori mi erano forse ostili. I concerti organizzati da me molto raramente erano frequentati da musicisti o compositori. Il pubblico si componeva di gente che aveva interesse per la pittura o per la scultura»[1]. L'influenza di John Cage sull'arte figurativa, a partire circa dalla metà degli anni quaranta, ma in particolare dalla fine degli anni cinquanta, è confrontabile solo con quella del suo grande amico Marcel Duchamp, che apprezzava molto. Egli però sviluppò le idee di quest'ultimo in modo deciso, stimolandolo quindi non tanto con singole opere visive, bensì con tutta la sua radicalità spirituale e il suo amore per l'esperimento, anche se, per quanto riguarda l'arte figurativa, bisogna dire che il pezzo *4' 33''* del 1952, un pezzo che fece epoca, costituì un punto di raccordo anche per la stessa arte figurativa e fu occasione di molteplici sollecitazioni in questo campo.

La casualità come principio compositivo: «I Ching»
Sull'influenza di Marcel Duchamp su Cage si è detto molto. Esso si riferisce alle questioni dell'individualità artistica, del

processo creativo e del coinvolgimento dell'osservatore come colui che porta a compimento l'opera d'arte. Marcel Duchamp cercò di escludere tutte le questioni relative alla formazione del gusto e alle rappresentazioni stilistiche. «La rappresentazione della casualità, della quale a quel tempo si parlò molto, interessava anche me, e oltre a ciò volevo far dimenticare la "mano", la cosiddetta firma dell'artista, perché in fondo anche questa mano è casualità. La pura casualità era per me un mezzo che potevo adoperare contro la realtà logica...»[2]. John Cage venne a contatto con questo mondo di pensieri di Duchamp innanzitutto attraverso Gertrude Stein già negli anni trenta. Il pensiero che il piacere estetico e il gusto siano solo d'impedimento per un'opera d'arte, nell'effettiva percezione delle sue qualità, lo affascinava. Se infatti Jackson Pollock e gli espressionisti astratti della seconda metà degli anni quaranta sembravano eliminare il processo compositivo attraverso nuovi procedimenti e pareva che il tempo necessario a produrre un quadro dovesse ridursi, grazie ai «gesti pittorici», a pochi minuti, tuttavia i materiali (la tela, i colori, i pennelli, i barattoli ecc.), come anche lo stesso processo pittorico, rimanevano soggetti, a causa dell'esperienza visiva, ad un ordine che l'artista poteva pilotare, sia pure solo inconsciamente – ed è per questo motivo che possiamo distinguere un quadro di Pollock da uno di Franz Kline.

John Cage compie qui un sostanziale passo in avanti rimuovendo ulteriormente l'ego dell'artista dalla conformazione dell'opera: a tal fine gli fu utile, a partire circa dal 1951, l'*I Ching* dal *Libro delle metamorfosi* cinese, un principio di casualità legato ai dadi: «E questa è del resto anche quella che si potrebbe chiamare la differenza vera e propria fra l'indeterminatezza e le operazioni casuali. Nelle operazioni casuali sono più o meno noti gli elementi dell'ambito con cui uno ha a che fare, mentre con il metodo dell'indeterminatezza io ho la sensazione (o forse solo me la faccio venire) di trovarmi al di fuori dei limiti di un universo conosciuto e di avere a che fare con cose, sulle quali fino ad ora non so proprio niente»[3]. Qui Cage procede in modo deciso: le altezze dei suoni, la loro durata, il colore timbrico e la strumentazione (ma anche le pause!) – come in seguito le forme, i colori, la scelta dei materiali e le loro collocazioni nello spazio figurativo – si generano sulla base del principio di casualità dell'*I Ching*, un procedimento che risulta dispendioso. Per *Music of Change* egli impiega, come ci dice egli stesso, nove mesi; in seguito si avvarrà dell'ausilio del computer. All'inizio degli anni cinquanta è raro che le sue partiture presentino prescrizioni fisse per gli strumentisti; piuttosto esse rimangono «solo» dei singoli fogli, in parte costituiti da pellicole trasparenti, che devono essere ricomposti ogni volta di nuovo secondo determinati principi, ma anche secondo la volontà del singolo interprete che si trova ad eseguirli. L'ordine visuale sempre nuovo che ne risulta genera anche, di volta in volta, una forma musicale nuova.

«4'33"» (1952). Il suono del silenzio

Cage si rende conto molto presto che il ritmo sarà un elemento fondamentale dell'arte del XX secolo; i suoi primi pezzi sono per lo più per batteria, per *ensembles* di batterie o per nuovi oggetti costruiti in proprio e utilizzati come strumenti a percussione. Egli stesso riconduce la cessazione della sua attività al New Bauhaus/Institute of Design di Chicago, fondato da Laszlo Moholy-Nagy, anche solo al fatto che i suoi colleghi non riuscivano più a sopportare il «frastuono» del suo gruppo di studenti[4].

Il titolo del pezzo – 4 minuti e 33 secondi – determina la lunghezza del brano, e questa indicazione di tempo è anche l'unico parametro che il compositore prescrive; la lunghezza dei tre movimenti che compongono il pezzo è fissato ancora una volta con l'*I Ching*. La prima rappresentazione ebbe luogo il 29 agosto 1952 alla Maverick Concert Hall di Woodstock con David Tudor e l'attacco, soltanto visivo, dei singoli movimenti, fu dato dall'apertura o dalla chiusura del coperchio del pianoforte oppure, secondo un'altra fonte, alzando le braccia[5]. Non ci fu nessun «suono evocato intenzionalmente» da parte degli strumentisti, ma ci furono molti rumori nella sala che gli ascoltatori, che adesso diventavano anche spettatori, produssero prima involontariamente, ma poi probabilmente in modo sempre più consapevole. Improvvisamente fu la sala a suonare, le sedie, i rumori esterni, gli stessi astanti si resero conto della loro possibilità di essere fonte di rumore per un'opera d'arte. Un pezzo fatto di silenzio, nel quale però si potevano ascoltare molte cose, nel quale non lo strumentista, bensì l'osservatore, rimasto fino ad allora passivo, aveva il compito di attivarsi. Quali furono dunque i presupposti per quella che, senza esagerazione, possiamo chiamare un'opera rivoluzionaria? Da un lato le molteplici dichiarazioni teoriche e i pochi tentativi pratici dei brüitisti italiani intorno al 1910, ma anche i pensieri perspicaci di Mondrian: «Per giungere ad una forma più universale, la musica muova dovrà azzardarsi a istituire un ordine nuovo dei suoni e dei non-suoni (rumori determinati)»[6].

Dall'altro lato vi contribuì l'esperienza personale della non esistenza di un silenzio reale. Perfino in un laboratorio insonorizzato dell'Università di Harvard Cage sentì due suoni: un suono alto, proveniente dal suo sistema nervoso, e uno basso del suo sistema vaso-circolatorio. Nemmeno lì c'era dunque il silenzio, e perciò egli accettò i rumori generati involontariamente come suoni che hanno lo stesso valore di quelli inventati dal compositore, e quindi anche le pause fra questi suoni. Anch'esse fanno parte della composizione delle opere, e hanno lo stesso valore delle altre parti[7]. Ulteriori sollecitazioni provengono dall'arte figurativa e tornano a riflettere i loro effetti su di essa. L'amico più stretto di Cage, accanto a Merce Cunningham, è in questo periodo Robert Rauschenberg, che era tornato per il semestre estivo universitario del 1952 al Black Mountain College, presso il quale anche Cage tornava a insegnare. Ne nacquero proprio i *White Paintings* e i *Black Paintings*[8]: le tele, trattate con colore nero brillante, ancora umide venivano messe per terra, sulla polvere, oppure vi venivano applicati brandelli di giornale, ripassando poi con il colore: «there was much to see but not much showing»[9]. L'artista decideva il formato del quadro, ma tutto il resto cercava di ridurlo il più possibile. A questo proposito Cage disse in un'intervista: «No painting needs to be made, since an empty surface already has images and events»[10]. Chi fosse a dare le sollecitazioni e chi a riceverle è forse una domanda che non può più essere chiarita, dato che già nel 1948 Cage aveva formulato, in una sua conferenza al Vassar College, l'idea di un'«opera musicale silente». Cage e Rauschenberg si erano incontrati già prima al Black Mountains College con Josef Albers, il cui motto era: «To open eyes» – che in seguito Cage modificò in «To open ears». Un presupposto ulteriore per il nuovo atteggiamento artistico fu la conoscenza del buddismo Zen, la sapienza orientale che egli conobbe per la prima volta negli anni trenta attraverso il pittore Marky Tobey e il regista Oskar Fischinger (Cage fu impressionato dalla frase di quest'ultimo: «Tutti gli oggetti hanno un'anima, bisogna solo scoprirla»), e in seguito approfondì le sue conoscenze da Suzuki a New York negli anni cinquanta.

Lo «happening primigenio» del 1952 al Black Mountain College

Nello stesso periodo e nello stesso luogo, nell'estate del 1952 al Black Mountain College, nella Carolina del Nord, ebbe luogo un fatto artistico particolare, un vero e proprio *event* che da allora è noto come «happening primigenio». Sollecitata dalla conoscenza di *Le Théâtre et son double* di Antonin Artaud, e scaltrita dalle numerose rappresentazioni di Xanti Schawinsky, ex-allievo del Bauhaus di Schlemmer che ora insegnava anch'egli lì («Spectodrama», del 1938) e dai «Light-Sound-Movement-Workshops» di Betty e Pete Jennerhahn, nella Dining Hall ebbe luogo una rappresentazione, le cui singole parti multimediali si svolgevano l'una accanto all'altra in modo non coordinato (o meglio, nel linguaggio di Cage: indeterminato).

Lo spazio degli spettatori era articolato in quattro triangoli che erano, sì, rivolti verso un centro, ma che al tempo stesso lasciavano molto spazio fra i gruppi, cosicché molte *actions* si svolgevano anche al di fuori del centro. Nel 1965 Cage ne diede questa descrizione: «Su una delle pareti frontali della sala quadrata veniva proiettato un film, dall'altro lato venivano proiettate delle diapositive. Io stavo su una scala e tenevo un discorso che conteneva passaggi silenziosi. Su di un'altra scala si alternavano M.C. Richards e Charles Ohlson. In determinati intervalli di tempo, che io chiamavo parentesi temporali, gli interpreti potevano fare, entro certi limiti, quello che volevano. Si potrebbe parlare, a questo proposito, anche di "campi", campi che non dovevano necessariamente essere riempiti, ma che potevano esserlo. Solo all'interno di questi campi gli attori potevano agire a loro piacimento, altrimenti dovevano attendere. Robert Rauschenberg faceva suonare della musica da un grammofono *démodé* con tanto di tromba e con un cane che ascoltava da un lato. David Tudor suonava il piano. Merce Cunningham e altri danzatori si muovevano in mezzo al pubblico e intorno ad esso. Al di sopra di noi erano appesi quadri di Rauschenberg. A quel tempo egli dipingeva anche quadri neri, ma mi sembra che usavamo solo quelli bianchi. Essi venivano appesi in diverse angolature, una specie di baldacchino di immagini al di sopra del pubblico»[11]. Questo primo happening primigenio (prima ancora che esistesse questa parola come tale!) è rimasto solo nel racconto di pochi; non ci sono neanche delle foto – si può farsene però un'idea guardando le opere di quelli che sarebbero diventati in seguito artisti di primo piano. Proprio per questo ho voluto fare questa citazione piuttosto esauriente, perché John Cage diventò intorno al 1960 a New York il

maestro influente e l'animatore degli artisti di happening e del gruppo Fluxus.

I suoi corsi alla New School for Social Research di New York, alla quale lo stesso Cage aveva studiato nel 1933-34 sotto la guida di Henry Cowell, diventarono negli anni 1956-1960 il punto d'incontro di alcuni artisti importanti che furono i primi a dominare la scena del movimento Fluxus: George Brecht:«Cage fu un grande liberatore»[12]; Allan Kaprow (che nel 1959 fu davvero il primo a realizzare un happening molto documentato e discusso, *18 Happenings in 6 Parts*, presso la Reuben Gallery di New York), Dick Higgins e Al Hansen, Toshi Ichiyanagi, Jackson McLow, talvolta anche George Segal, che in questo periodo passò dalla pittura alla scultura realistica realizzata per mezzo di calchi, e che a sua volta organizzò happenings nella sua fattoria, Jim Dine, che in questo periodo cominciò a inserire oggetti reali e grandi environment nei suoi quadri, e Larry Poons. Le posizioni multimediali di fondo di questi artisti, che lavoravano con l'arte figurativa e al tempo stesso con la musica, i filmati o la fotografia e con forme aperte di teatro («Happenings = per i cinque sensi», così recita la locandina per il pezzo di Kaprow) sentirono di trovare una conferma della via intrapresa nel pensiero radicale di Cage e nelle sue opere, che adesso coinvolgevano anche le nuove possibilità tecniche, come la radio, i giradischi, la televisione, i nastri sonori. Cage può essere senz'altro definito come il prima artista mediale, che ha scritto dozzine di opere per le nuove possibilità elettroniche, come il *Concerto Grosso* del 1979 per 4 televisori e 12 apparecchi radio con il coinvolgimento del pubblico.

Già nel 1968, nel suo libro *Storia dell'arte americana dal 1900* Barbara Rose ha attribuito a Cage un ruolo di spicco anche nell'arte figurativa, che Cage non accetta affatto volentieri – soprattutto per quanto concerne la Pop Art – perché per lui molte opere sono troppo unidimensionali e dirette:«Per capire l'evoluzione della Pop Art bisogna tener presente l'atmosfera in cui essa è nata. Essa è stata creata dal compositore John Cage, i cui saggi e discorsi hanno contribuito alla formazione della coscienza di alcuni dei più importanti giovani compositori, coreografi, pittori e scultori. L'estetica di Cage, derivante in parti uguali dal dadaismo e dal buddismo Zen, ha aperto da molti punti di vista una via sbarrata, analogamente al modo in cui il surrealismo ha aperto la porta che conduce all'espressionismo astratto». L'antologia di Robert Motherwell *Dada Painters and Poets*, apparve nel 1951 e può forse avere già esercitato un'influenza sui due eventi del Black Mountain College descritti in precedenza, come appunto anche il libro di Artaud, apprezzato da Cage, che fu pubblicato in traduzione inglese nel 1958 e che fece furore nei circoli degli artisti newyorkesi. Sorprende quindi che il 1958 venga generalmente considerato come l'anno decisivo per quel fenomeno che viene chiamato «BLAM, the Explosion of Pop, Minimalism and Performance 1958-1964», come recita il titolo dell'esposizione del Whitney Museum of American Art di New York[14]. In quell'anno Robert Rauschenberg e Jasper Johns, amici di Cage, presentarono i loro nuovi gruppi di opere: dardi e bersagli («Is it a flag or is it a painting?» chiedeva retoricamente Max Imdahl per portare su questo punto il discorso sull'arte come realtà-discussione) e *Combined Paintings* (assemblaggi multimediali con relitti del mondo quotidiano). I due organizzarono nel 1952 (contribuendo anche per il finanziamento) un concerto-retrospettiva per i «25 Years» di Cage alla Town Hall di New York.

«Calligrafia notazionale» – fra funzione e valore autonomo
Nello stesso anno 1958 Cage vinse il massimo premio alla trasmissione della RAI *Lascia o raddoppia?*, rispondendo a domande sulla micologia, e presentò nella stessa trasmissione due opere audiovisive *Water Walk* e *Sounds of Venice*. Durante la sua tournée europea egli fa impressione, ai «Darmstädter Musiktage», su Nam June Paik, che gli dedica diversi lavori personali. Inoltre egli espone per la prima volta in una galleria d'arte alcune delle sue partiture, sulle quali Dore Ashton scrive nel «New York Times»: «Poiché la scrittura notazionale di Cage è stata inventata da lui stesso, queste composizioni esistono come qualcosa di unico nel loro proprio mondo. Esse sono annotate in un sistema complesso di numeri, note, lettere dell'alfabeto e figure geometriche e ciascuna pagina possiede, a prescindere totalmente dal fatto che rappresenta una composizione musicale, una sua propria bellezza calligrafica... In tutti questi manoscritti domina un senso delicato per l'elemento grafico che va molto al di là del procedimento tecnico della notazione musicale»[15]. Quanto queste partiture musicali siano, viste in se stesse, singole unità grafiche, diventa evidente guardando ad esempio le pagine relative a *Winter Music* del 1957: la partizione grafica della pagina, che vede un uso consapevole del «vuoto» delle pause e la valorizzazione dei singoli fogli l'uno rispetto all'altro.
Così come Cage isola la sequenza sonora in singoli suoni e differenzia ciascun suono in colore sonoro, volume del suono ecc., subordinando così la scelta di tutti gli elementi all'*I Ching*, allo stesso modo egli libera anche le parole dalla sintassi e i grafemi dal senso della parola che compongono e anzi, ricorrendo a caratteri di stampa diversi, anche dal nesso reciproco. Così si può capire anche che Cage traspose il suo principio operativo, desunto dall'ambito musicale, in forma visuale sulle parole e sulle lettere dell'alfabeto, quando dopo la morte di Marcel Duchamp volle creare qualcosa in suo onore. *Not Wanting to Say Anything about Marcel* è però al tempo stesso anche la sua prima opera puramente visiva, una scultura all'aperto che consiste di otto dischi di plexiglas, sui quali sono riportate singole lettere dell'alfabeto o gruppi di grafemi in modo tale che si vedano sempre anche le parti del disco successivo. I riferimenti al dadaismo sono evidenti sia nel materiale di partenza (pagine di dizionario) che nell'aspetto grafico (poesie sonore di Raoul Hausmann), ma vengono sottilmente introdotti sia elementi caratteristici di Duchamp (vetro/plexiglas trasparente e attivazione dell'osservatore come utente nel collocare da sé gli oggetti e nell'idea del multiplo) sia anche elementi originali di Cage: l'aspetto dell'oggetto come unità di partitura, poesia, scultura, istruzione operativa, l'impostazione legata ad una rigorosa produzione di casualità (la pagina di dizionario è stata smembrata in 64 pezzi e poi rimessa assieme nuovamente sulle pagine di plexiglas), cioè una logica rigorosa nella realizzazione produce un risultato apparentemente illogico, l'attivazione

dell'osservatore dovuta alla possibilità di modificare la successione delle lamine.
Nello stesso periodo intorno al 1969 Cage pubblica, assieme a Alison Knowles la prima raccolta completa di partiture e di opere grafiche con il caratteristico titolo «aperto» di *Notations*. Nella collaborazione con David Tudor Cage intensifica il suo interesse per la produzione, l'amplificazione e l'elaborazione del suono per mezzo dell'elettronica. Quest'apertura nei confronti di tutte le nuove possibilità tecniche lo collega fin dai giorni di Black Mountain con Buckinster-Fuller e un po' più tardi con Marshall McLuhan. Nasce così un progetto dall'aspetto utopistico di rendere udibili la crescita e i rumori vitali dei cactus, sperimentato ad Ivrea. Oppure il suo dedicarsi alla produzione di «rappresentazioni radiofoniche», nate in collaborazione con Klaus Schöning dalla metà degli anni settanta alla WDR di Colonia come una sorta di mescolanza di musica e parole, rumore e silenzio, suono naturale ed elettronico[16].

Serie grafiche, dal 1978
Cage trasferì il procedimento dello scioglimento dei vincoli non solo sulla musica, sul linguaggio (qui in particolare sulle opere di James Joyce)[17], sulle trasmissioni radiofoniche, sull'opera (*Europeras*, Francoforte 1989 e serie nuove), sul film (*Progetto*, 1991), ma già fin dagli anni cinquanta anche sull'ambito visivo, sull'arte figurativa. Nascono diverse serie di opere grafiche, in particolare dopo che Cage, su invito di Kathleen Brown nel 1978, ha potuto condurre esperimenti nel grandioso laboratorio di grafica a stampa di quest'ultima, con tutte le forme di tecnica grafica, e ripeté volentieri quest'esperienza a distanze di tempo sempre più ravvicinate. Nacque così una vasta opera grafica, che peraltro è stata stampata prevalentemente in piccole tirature, soprattutto serie di pezzi unici appartenenti a gruppi di opere connesse fra loro. Il modo di lavorare di John Cage lo si può vedere sull'esempio dell'uso modificato dei disegni di David Henry Thoreau, che un poeta suo amico, Wendell Barry, gli mostrò nel 1967 sotto forma di diapositive già isolate dal testo. Cage fu affascinato della peculiare tensione di questi minuscoli disegni, dalle loro linee, dalle anse, dai cerchi, dalle spirali e altre forme che, sganciate dal testo e dalla loro funzione illustrativa, apparivano autonome e libere[18]. Egli non si limitò ad adoperare i disegni di Thoreau come *ready-mades*, ma li dissolse in parti secondo il suo principio dell'*I Ching*, ricomponendoli con lo stesso principio nuovi e colorati: da *Song Books* (1970) e *Mureau* (1971), che già nel titolo suggeriva il collegamento fra Mu-sic e Tho-reau, fino a *Renga* (1976), nel quale 361 disegni di Thoreau vengono utilizzati come linee melodiche da suonare. Un anno dopo nasce la serie *Score without Parts*, prodotta con una complessa tecnica d'incisione, come arte «libera», dato che qui le combinazioni generate dal caso costituiscono «solo» una partitura per l'occhio, in parte con colori generati anch'essi col metodo dell'*I Ching*. Dato che la partitura musicale *Renga* fu subito esposta, già nel 1977, al Museum of Modern Art di New York, e certamente alcune delle grafiche sono state nuovamente usate da strumentisti come partitura, la seguente distinzione non è questione storico-artistica o di principio, ma solo una questione editoriale: quella cioè fra le partiture come ossalidati o

copie fotostatiche dell'edizione Peters, a basso prezzo, oppure intese come opere grafiche, come lavori stampati in maniera dispendiosa e firmati dall'artista.

Che poi dal 1983 nascano anche primi disegni «liberi» è una conseguenza coerente come la nascita degli acquarelli a partire dal 1987. Sul piano estetico tutti i lavori grafici seguono le stesse disposizioni: i disegni di *Ryoanji* nascono come bordature delle 15 pietre con differente intensità di matita, dove la ricorrenza e la posizione delle «rupi» corrisponde all'*I Ching*. La sottile, equilibrata qualità delle composizioni, la scelta discreta dei materiali, la complessità dei riferimenti delle singole forme fanno apparire molte partiture, come le nuove opere grafiche, come forme d'arte suprema. Mark Tobey, Jasper Johns, Willem de Kooning o più ancora Cy Twombly sono esteticamente vicini – eppure la fragilità della struttura figurativa sulla base dell'*I Ching*, il coinvolgimento del «vuoto» come «pista di atterraggio dei pensieri» e la realizzazione precisa, oltremodo magistrale della ricomposizione grafica, sono una sua qualità peculiare.

Si può parlare qui di una grafia artistica, di massime estetiche, che fanno capolino da tutti i suoi lavori e che li fanno diventare delle isole di concentrazione, dell'equivalenza delle parti, anche se essi sono nati propriamente «solo» con l'*I Ching*, e cioè con la causalità non influenzabile? Qui Cage è tornato a recuperare Duchamp, dato che negli ultimi anni Cage ha preso molte decisioni, anche sul piano estetico: quali forme, quali colori, quale tecnica su quale carta ecc. E nonostante tutta la casualità dell'*I Ching* rimane tuttavia la questione dell'accettazione da parte dell'occhio dell'artista, che deve valutare i risultati.

Perciò si può dire per John Cage quello che già Duchamp osservava nell'affrontare la critica alle sue opere del caso così piacevoli sul piano estetico: «Your chance is not the same as my chance»![19].

Il nuovo principio museale

In un altro campo ancora Cage ha avuto l'ardire di un'impostazione radicale, la cui portata ancor oggi non ci appare del tutto chiaramente: quando in occasione della sua prima entrata in scena a Berlino ovest con un Museum-Circus degno di nota sul Kollwitz-Platz, nel maggio del 1990, entrò con me nella enorme hall di quello che fu l'Hamburger Bahnhof, nel quale la Nationalgalerie esporrà in futuro l'arte contemporanea, egli formulò i suoi pensieri a proposito del museo. Perché consideriamo giusta questa strada a senso unico che vede i suoi apici nei nomi dei grandi artisti? Alle volte, diceva, nei musei ci sarebbero altre cose ad interessarlo; una piccola coppa, un'opera secondaria di un maestro ignoto alle volte gli darebbero di più dei cosiddetti capolavori. Egli propose, per l'esposizione in programma, un «Circo-Museo» che potesse esporre pezzi provenienti da tutti i 18 musei degli Staatliche Museen Preußischer Kulturbesitz, provenienti da tutte le epoche, da tutti i paesi, di tutti i mezzi di comunicazione, di tutte le categorie e di tutti i livelli di qualità. Con l'*I Ching* verrebbero selezionati oggetti del tipo più diverso, messi a disposizione dalle collezioni dei musei, e si potrebbe determinare anche la loro reciproca collocazione. Infatti una testa antica accanto ad un vaso dell'arte popolare della Slesia, ad una natura morta di un piccolo maestro olandese e ad una imbarcazione dei mari del sud, darebbe a questi oggetti, strappati comunque già dal loro contesto vero e proprio, storicamente giusto, un effetto per una volta diverso, forse più fresco e immediato che non nelle loro bacheche fabbricate secondo contesti di praticità e di tradizione. Questo nuovo contesto di «storia universale» o appunto casuale, lascia all'osservatore non solo la possibilità di un'interpretazione, ma anche quella di una nuova contestualizzazione.

Cage poté presentare questo Museum-Circus per la prima volta in occasione della sua esposizione *Kunst als Grenzüberschreitung. John Cage und die Moderne* alla Staatsgalerie Moderner Kunst di Monaco nel luglio del 1991.

In ottobre del 1991, in occasione della più importante esposizione internazionale americana, la Carnegie International di Pittsburg, Cage realizzò una concezione di riselezione giornaliera e di sostituzione quotidiana dei quadri secondo il principio dell'*I Ching*. Qui il fattore tempo è stato ancora una volta coinvolto nel processo di trasformazione. Niente doveva restare appeso allo stesso posto e vicino alle stesse cose per più di 24 ore. Il posto e il contesto contribuiscono a determinare un'opera rispetto allo spettatore, e perciò deve essere possibile per lui un'alternanza, dato che niente è interpretabile da un unico punto di vista. L'opera dovrebbe restare aperta per nuove percezioni. «To open ears» fu una delle dichiarazioni di Cage. Noi dobbiamo dire: egli apre anche gli occhi alla ricerca di una nuova struttura della percezione artistica nei musei, interrogandosi sui principi che guidano l'esposizione museale. Nell'autunno del 1993 Julie Lazar darà vita presso il Museum of Contemporary Arts di Los Angeles ad un'esposizione complessiva delle opere di Cage e dei suoi amici rispettando questi principi: «Rolyholyover A Circus».

Il passo forse più radicale l'ha fatto lasciandoci un'idea per l'Hamburger Bahnhof di Berlino: voleva che in una delle stanze non fosse mostrata più alcuna opera d'arte: le fonti di luce non dovevano più illuminare l'arte, dunque, ma gli spettatori. L'altezza dei fari e la loro accensione o spegnimento dovevano essere stabiliti secondo il sistema dell'*I Ching*. L'arte si fa visibile nel contorno stesso in cui si inserisce: lo spazio museale neutrale, «vuoto» e l'illuminazione come riferimento, il più ridotto possibile, alla presentazione artistica che pone l'osservatore al centro della luce che «cade» a «caso».

Non vi è modo più radicale e al tempo stesso più umano – più ricco di contenuto e al tempo stesso più sintetico – più complesso e ad un tempo più silente per rendere chiare al visitatore di museo le questioni sul valore dell'arte e del lavoro museale.

[1] John Cage, 1965, a Michael Kirby e Richard Schechner, in R. Kostelanetz, *John Cage im Gespräch*, DuMont, Köln, 1989, p. 29.
[2] M. Duchamp, in P. Cabanne, *Gespräche mit Marcel Duchamp*, Köln, 1972, p. 65.
[3] J. Cage, in Kostelanetz, *John Cage im Gespräch*, cit., p. 36.
[4] Colloquio con l'autore, febbraio 1990, a New York.
[5] La partitura originale, datata 8/52, fu donata a Irwin Kremen, amico del Black Mountain College, e stampata per la prima volta nel catalogo *Raum Zeit Stille*, Köln, 1985, pp. 83-86. È più completa della partitura *Tacet* dell'edizione Peters.
[6] P. Mondrian, *Die Neue Gestaltung in der Musik und die Bruitisten*, in «De Stijl», cit. da L. Moholy-Nagy, *Neue Gestaltung in der Musik – Möglichkeiten des Grammophons*, in «Der Sturm», 1923, pp. 102-103. Qui Moholy esige anche un utilizzo produttivo, e non solo riproduttivo del grammofono per la produzione del suono.
[7] J. Johnston, *Nun gibt es keine Stille mehr*, in «Village Voice», 8 novembre 1962, ristampato in DuMont, Kostelanetz, *John Cage*, Köln, 1973.
[8] Cage scrisse un breve testo su questo argomento per la prima esposizione alla Stable Gallery di New York, stampato il 27 dicembre 1953 nel «New York Herald Tribune»: «To whome, no subject, no image, no taste, no object ...», e ciò si addiceva anche per il suo *4'33"*. Ristampato in tedesco in Kostelanetz, *John Cage*, cit., p. 162.
[9] C. Tomkins, *Off the Wall*, New York 1980, p. 72.
[10] J. Cage, cit. in M.E. Harris, *The Arts at Black Mountain College*, Cambridge Mass., 1988, p. 231.
[11] *John Cage im Gespräch mit Michael Kirby und Richard Schechner*, 1965, cit. da Kostelanetz, *John Cage im Gespräch*, cit. 1989, pp. 93 ss.
[12] J. Schilling, *Aktionskunst, Identität von Kunst und Leben? Eine Dokumentation*, 1978, p. 81.
[13] B. Rose, *Amerikas Weg zur modernen Kunst*, Köln 1969.
[14] Catalogo a cura di B. Haskell, Whitney Museum, New York, 1984.
[15] D. Ashton, *Der Komponist John Cage zeigt Notenkalligraphie*, in «The New York Times», 6 maggio 1958, cit. da Kostelanetz, *John Cage*, cit., 1973, p. 177.
[16] L'opera più importante esiste come edizione in volume e in cassette: *Roaratorio. Ein irischer Circus über Finnegans Wake*, a cura di K. Schöning, Königstein Taunus, 1982.
[17] Le Züricher Festwochen hanno organizzato, in collaborazione con il Kunsthaus Zürich, il festival estivo del 1991 dedicandolo interamente al tema *Cage e Joyce*.
[18] Cfr. anche le informazioni contenute nel catalogo *John Cage, Etchings 1978-1982*, Crown Point Press, Oakland, 1982.
[19] M. Duchamp cita da C. Tomkins, *The Bride and The Bachelors*, New York 1965, p. 33 e da A. d'Harnoncourt, *John Cage, Scores and Prints*, Whitney Museum of American Art, New York, dépliant, 1982, s.l.

La randomizzazione in arte *di* Jon Elster

Nessuno sa veramente se Dio lanci i dadi, anche se la maggior parte dei fisici quantistici lo crede. Supponiamo che sia così. Possiamo fare un ulteriore passo e chiederci se il carattere casuale degli eventi quantistici possa intervenire a livello del macroscopico. Ciò potrebbe accadere, ad esempio, se le mutazioni, che sono la materia grezza fondamentale della selezione naturale e dell'evoluzione biologica, traessero origine da eventi casuali a livello dei quanti. Oppure ciò potrebbe accadere, e questa sarebbe una possibilità più affascinante e più pertinente ai nostri scopi, se ciò che percepiamo come libero arbitrio fosse dovuto alla indeterminatezza dei quanti nelle scariche di neuroni che costituiscono la nostra vita mentale. In questo caso, l'attività creativa nelle arti trarrebbe origine in parte dalla randomizzazione. Ciò che noi riteniamo una scelta conscia e intenzionale sarebbe in una certa misura risultato del caso. Ma non è questo l'argomento di questo articolo.

L'argomento è piuttosto la scelta conscia della randomizzazione come meccanismo per generare combinazioni specifiche degli elementi che vanno a far parte dell'opera d'arte. Così concepita la randomizzazione non è l'opposto dell'intenzionalità, ma in effetti la presuppone anche se ad una certa distanza: è la scelta intenzionale di un meccanismo non intenzionale. Non solo si deve scegliere in modo cosciente di operare una randomizzazione, ma si devono anche scegliere consapevolmente gli elementi specifici del processo di randomizzazione. Per prima cosa si deve selezionare l'insieme di elementi tra i quali si fa il sorteggio. Quindi si devono stabilire le probabilità con cui essi devono essere estratti. Non è affatto scontato assegnare a tutti gli elementi una uguale probabilità di essere selezionati. Vi possono essere contesti in cui probabilità non uguali potrebbero produrre risultati «migliori».

Prima di proseguire con questo argomento discuterò brevemente l'uso della randomizzazione in altri contesti[1]. Tra i casi in cui decisioni individuali o sociali sono state prese attraverso un meccanismo casuale ci sono: la decisione di bluffare a poker o la scelta di una particolare strategia militare, la selezione di immigranti, giudici, giurati, lavoratori da licenziare e marinai da cannibalizzarsi nelle sciagure marittime, l'assegnazione di terre, alloggi pubblici, posti al college e l'attribuzione di compiti religiosi, militari, medici o politici. Inoltre è stato proposto di usare la randomizzazione per una schiera quasi infinita di decisioni che vanno dall'assegnazione di reni per il trapianto, all'affidamento dei figli nei casi di divorzio più controversi, alla scelta del momento per le elezioni parlamentari. Infine – in un'altra lettura della frase «la randomizzazione in arte» – le lotterie hanno attratto l'attenzione di un gran numero di scrittori. Jorge Luis Borges e Shirley Jackson hanno entrambi scritto racconti intitolati *The Lottery*. L'elemento chiave di un racconto di Graham Greene *The Tenth Man* è la selezione casuale degli ostaggi che devono essere giustiziati. La più notevole di queste opere è *The Dice Man* di Luke Rhinehart che ritrae e (forse) difende la randomizzazione come stile di vita. Il personaggio principale è uno psichiatra che comincia a prendere alcune decisioni quotidiane su una base casuale e questa sua abitudine si espande fino ad assorbire la sua vita culminando in un testo quasi religioso *The Book of the Die*. Dalla biografia di John Cage veniamo a sapere che anch'egli usava *I Ching* per regolare questioni pratiche della vita quotidiana[2].

Le basi logiche di queste pratiche o proposte possono essere classificate nel modo seguente. (I) Quando un bene è scarso e indivisibile una lotteria con eguali possibilità può essere il modo migliore di realizzare l'ideale di uguaglianza. (II) Nelle stesse condizioni le lotterie truccate – in cui individui diversi ricevono un bene scarso con probabilità non uguali – potrebbero offrire il modo migliore di tener conto delle differenze individuali di valore o merito. In Olanda questo sistema è usato per l'iscrizione alla facoltà di medicina, per cui le probabilità di ammissione sono proporzionali ai voti conseguiti alla scuola superiore. (III) Quando parecchie opzioni appaiono tutte ugualmente buone o quando non siamo in grado di confrontarle o quando il confronto potrebbe sembrare fuori luogo e intrinsecamente offensivo, la lotteria può essere usata come uno spareggio. (IV) Possiamo anche ricorrere alla sorte quando il costo per scoprire qual è l'opzione migliore supera il guadagno previsto. (V) Una giustificazione per le lotterie può essere l'incertezza che esse creano rispetto al risultato. Se i giudici o i giurati invece che essere selezionati con criteri deterministici vengono scelti a caso, diventa più difficile trovarli e corromperli in tempo. In tutti questi casi l'uso di meccanismi casuali è sfruttato per un fine intenzionale.

Nessuno di questi scopi porta alla randomizzazione in arte, per lo meno non direttamente. Si consideri per esempio la composizione di *Naked Lunch*. «L'eroinomane si trovava di fronte ad una confusa giustapposizione di parola e immagine e per raggiungere questo effetto in *Naked Lunch* Burroughs spezzò la trama e la struttura del pensiero tradizionali del romanzo, disponendo gli episodi del libro in una sequenza casuale e creando così la qualità onirica dell'opera»[3]. Secondo la concezione tradizionale dell'arte dello scrivere, Burroughs avrebbe scelto accuratamente la sequenza in modo da raggiungere questa qualità onirica. Tuttavia, il problema di questo procedimento è che qualsiasi scelta conscia lascia delle tracce dietro di sé che attestano la presenza di un pensiero più logico di quello che si trovava nei sogni. Guardando dei film o delle commedie si ha qualche volta l'impressione che le indicazioni di scena richiedessero «disordine» e che il regista abbia cercato di eseguirle con dei tentativi più o meno ingegnosi di disporre sedie, giornali ecc., in un modo casuale. Ma il casuale intenzionale di solito non convince. Analogamente, le rovine artificiali, così care alle generazioni precedenti di architetti del paesaggio, raramente riuscivano nell'intento di produrre un'impressione di pittoresca decrepitezza. «Man merkt die Absicht und wird verstimmt»[4].

In questo senso, quindi, la scelta di Burroughs era giusta. Tuttavia, la randomizzazione porta con sé un pericolo, il rischio cioè che l'osservatore possa leggere un disegno non voluto nel risultato generato dal processo casuale. William Feller, riferendosi allo schema dei bombardamenti tedeschi sulla Gran Bretagna nella seconda guerra mondiale, scrive che «all'occhio inesperto la casualità appare come regolarità o come tendenza a raggrupparsi»[5]. Analogamente, Daniel

Kahneman e Amos Tversky scrivono che «delle venti possibili sequenze (senza tener conto della direzione e del verso) di sei lanci di una moneta, per esempio, ci azzardiamo a dire che solo HTTHTH[6] appare realmente casuale. Su quattro lanci forse non ve ne sarebbe uno»[7]. Usare la randomizzazione per produrre l'impressione della casualità è un affare rischioso. Un altro scopo a cui può servire la randomizzazione in arte è quello d'imporre delle costrizioni agli artisti. In generale, la produzione di qualsiasi opera d'arte procede in due fasi: prima la scelta delle costrizioni e poi la scelta all'interno di queste costrizioni. Per esempio, un poeta può prima decidere di scrivere sotto forma di sonetto (scelta delle costrizioni) e poi cercare le parole giuste (scelta all'interno delle costrizioni scelte). Nella prima fase l'artista può decidere di sostituire alla scelta conscia la randomizzazione. Così Francis Bacon cominciava ogni quadro gettando il colore sulle tele in modo che le macchie che ne risultavano gli servissero come costrizioni per il resto del lavoro e limitando la sua libertà aumentassero così, forse paradossalmente, la sua creatività. I *Poured Paintings* di Jackson Pollock possono essere visti come una variazione su questa idea. Nonostante Pollock dicesse che «con l'esperienza sembra possibile controllare in larga misura il flusso del colore» e che «io nego l'accidentale»[8], queste affermazioni non sembrano del tutto plausibili. Piuttosto io supporrei che qualsiasi fatto accidentale avvenuto mentre il colore veniva versato sulla tela era incorporato come una costrizione per le fasi successive del versamento del colore. Nonostante non fosse stato *ex ante* l'obbiettivo di un pensiero intenzionale, lo sarebbe diventato *ex post*.

Qualcosa di simile può accadere nella generazione della musica rock elettronica. L'uso del *feedback* (con l'eccezione forse di Jimi Hendrix e di pochi altri virtuosi) crea quasi inevitabilmente un elemento di imprevedibilità e casualità. Si sostiene che, in una certa misura, è proprio questo che genera la maggior parte del piacere di questa musica. (Si vedano in particolare le affermazioni di Lou Reed dei *Velvet Underground*). Il musicista deve costantemente reagire e improvvisare sulla base di suoni non intenzionali generati dal *feedback*. Invece di dover generare la partitura tutta da sé stesso, questa sfida costante concentrerà la sua attenzione e creatività in modo migliore. Il suonare di routine semplicemente non sarà possibile. Se queste affermazioni sono corrette, il dominio tecnico dell'effetto *feedback* può effettivamente andare a scapito della creatività.

Ritengo che questo punto sia collegato agli argomenti sviluppati da Henri Poincaré e Jacques Hadamard nei loro scritti sulla creatività matematica. In un passaggio cruciale Poincaré scrive che:

«Inventer, je l'ai dit, c'est choisir; mais le mot n'est peut-être pas tout à fait juste, il fait penser à un acheteur à qui on présente un grand nombre d'échantillons et qui les examine l'un après l'autre de façon à faire son choix. Ici les échantillons seraient tellement nombreux qu'une vie entière ne suffirait pas pour les examiner. Ce n'est pas ainsi que les choses se passent. Les combinaisons stériles ne se présenteront meme pas à l'esprit de l'inventeur. Dans le champ de sa conscience n'apparaîtront jamais que les combinaisons réellement utiles, et quelques-unes qu'il rejettera, mais qui participent un peu des caractères des combinaisons utiles. Tout se passe comme si l'inventeur était un examinateur du deuxième degré qui n'aurait plus à interroger que les candidats déclarés admissibles après une première épreuve[9]».

Successivamente egli passa a trattare la prima selezione preliminare, sostenendo che essa è fatta dall'io conscio e intenzionale. I criteri di selezione usati dall'io inconscio o subliminale sono essenzialmente estetici. «On peut s'étonner de voir invoquer la sensibilité à propos de démonstrations mathématiques qui, semble-t-il, ne peuvent intéresser que l'intelligence. Ce serait oublier le sentiment de la beauté mathématique, de l'harmonie des nombres et des formes, de l'élégance géométrique. C'est un vrai sentiment esthétique que tous les vrais mathématiciens connaissent»[10].

Egli riconosce tuttavia che ciò lascia insoluta una difficoltà:«est-il vraisemblable que [le moi subliminal] puisse former toutes les combinaisons possibles dont le nombre effrayerait l'imagination? Cela semblerait nécessaire néanmoins, car s'il ne se produit qu'une petite partie de ces combinaisons, et s'il le fait au hasard, il y aura bien peu de chances pour que la *bonne*, celle qu'on doit choisir, se trouve parmi elles»[11]. Per risolvere il problema egli suggerisce che non tutte le possibili combinazioni vengano generate e passate al vaglio dell'inconscio. Alcuni elementi hanno più probabilità di altri di venire usati come blocchi da costruzione: «ce sont ceux dont on peut raisonnablement attendre la solution cherchée»[12]. Jacques Hadamard espandendo l'idea di Poincaré suggerisce che il trucco sia generare e combinare elementi che siano dissimili in modo ottimale l'uno dall'altro. «È risaputo che le buone cartucce da caccia sono quelle che hanno una buona rosa di tiro. Se la rosa è troppo ampia è inutile mirare, ma se è troppo ristretta ci sono molte probabilità di mancare la selvaggina per un soffio»[13].

La mia opinione è che la randomizzazione può essere usata come meccanismo per trovare l'ampiezza ottimale. Un episodio della vita di Cage illustra proprio questo punto. Al college andava piuttosto male nei corsi in cui semplicemente leggeva il materiale assegnato. Ma poi in un corso,«invece di seguire il gregge Cage andò agli scaffali della biblioteca e lesse il primo libro il cui autore aveva il nome che cominciava per Z e con una interessante anticipazione di un sistema che avrebbe applicato anni dopo, lesse dell'altro materiale a caso, preparandosi così a tempo debito per l'esame. Ebbe il voto più alto»[14]. Se si vuole uscire dal circolo incantato della routine e andare al di là di ciò che già si conosce, sarebbe autolesionistico cercare di farlo usando le conoscenze che già si possiedono. Invece ci si deve esporre a ciò che è veramente inaspettato adottando, per esempio, un meccanismo casuale. Tuttavia è pur sempre vero che la selezione dell'insieme entro il quale viene fatto il sorteggio deve essere conscia e basata su di una conoscenza che già si possiede, altrimenti ne deriva un infinito processo di regressione. Una biblioteca, dopotutto, non è un campione casuale dell'universo.

Tutto ciò che è stato detto finora sulla randomizzazione in arte presuppone che tali meccanismi siano sfruttati a fini estetici. Cage, tuttavia, afferma che «il più alto fine è non avere alcun fine»[15]. L'idea della scelta estetica deve essere bandita. Al massimo, la scelta si presenta quando le «operazioni casuali producono delle richieste impossibili, nel qual caso, il giocatore agirà a sua discrezione in modo che la sorte

generi le condizioni in cui la scelta verrà esercitata»[16]. Tali effetti non erano tuttavia visti come desiderabili. Analogamente Cage disapprova la musica di Christian Wolff, il cui «successo dipende dalla reazione istantanea a scelte imprevedibili degli altri musicisti e comporta una pericolosa vicinanza all'improvvisazione e una spontaneità interpersonale che Cage non tollererebbe mai». Presumibilmente non tollererebbe neppure lo sfruttamento del *feedback* casuale per fini artistici. La questione che lascio aperta è se siamo ancora nel campo della randomizzazione *in arte* , o se piuttosto non si debba vedere Cage come l'incarnazione vivente de *The Dice Man*.

[1] Il testo fondamentale è T. Gataker, *On the Nature and Use of Lots*, London 1927[2].
[2] D. Revill, *John Cage*, London, Bloomsbury, 1992, p. 132.
[3] M. Schumacher, *Dharma Lion: A Biography of Allen Ginsberg*, New York, St. Martin's Press, 1992, p. 354.
[4] «Ci si accorge dell'intenzione e ci si arrabbia».
[5] W. Feller, *An Introduction to Probability Theory and its Applications*, 3[a] ed., vol. I, New York, Wiley, p. 161.
[6] H, head: testa. T, tail: croce (*n.d.t.*)
[7] D. Kahneman e A. Tversky, *Subjective Probability*, in D. Kahneman, P. Slovic, A. Tversky, a cura di, *Judgment under Uncertainty*, Cambridge, Cambridge University Press, 1982, pp. 32-47.
[8] C. Cernuschi, *Jackson Pollock*, New York, Harper Collins, 1992, p. 128.
[9] Inventare, come ho detto, è scegliere; ma il termine forse non è del tutto giusto: fa pensare ad un acquirente a cui viene presentato un gran numero di campioni e che li esamina uno dopo l'altro per fare la sua scelta. In questo caso i campioni sarebbero talmente numerosi che una vita intera non sarebbe sufficiente per esaminarli. In realtà le cose non accadono così. Le combinazioni sterili non si presenteranno nemmeno alla mente dell'inventore. Alla coscienza appariranno solo le combinazioni veramente utili e alcune che egli rifiuterà ma che partecipano almeno in parte dei caratteri delle combinazioni utili. Tutto accade come se l'inventore fosse un esaminatore di secondo grado che dovesse solo interrogare i candidati ammessi dopo una prima prova. *L'invention mathématique*, in H. Poincaré, *Science et Méthode*, Paris, Flammarion, 1920, pp. 49-50.
[10] Ci si può stupire di vedere invocata la sensibilità a proposito di dimostrazioni matematiche che apparentemente riguardano solo l'intelligenza. Ma questo vorrebbe dire dimenticare il sentimento della bellezza matematica, dell'armonia delle cifre e delle forme, dell'eleganza geometrica. È un vero sentimento estetico che tutti i veri matematici conoscono. *Ibid.*, p. 57.
[11] È verosimile che [l'io subliminale] possa formare tutte le combinazioni possibili il cui numero spaventerebbe l'immaginazione? Ciò parrebbe tuttavia necessario poiché producendo solo una piccola parte di queste combinazioni e facendo ciò a caso, ci saranno ben poche probabilità che quella *buona*, quella che si deve scegliere, si trovi tra loro. *Ibid.*, p. 59.
[12] Sono quelli da cui ci si può ragionevolmente attendere la soluzione cercata. *Ibid.*, p. 61.
[13] J. Hadamard, *The Psychology of Invention in the Mathematical Field*, New York, Dover Books, 1954, p. 48.
[14] Revill, *John Cage*, cit., p. 34.
[15] J. Cage, *Silence*, Middletown, CT, Wesleyan University Press, 1961, p. 155.
[16] Revill, *John Cage*, cit., p. 135.
[17] *Ibid.*, p. 211.

Lo sviluppo della sua arte visiva

di Richard Kostelanetz

Una mente interessata al cambiamento ... è interessata precisamente dalle cose che stanno agli estremi. Certamente per me è così. Se non andiamo per estremi, non andiamo da nessuna parte.
John Cage

Giunti agli anni novanta, è chiaro che John Cage non fu solo un compositore o un «compositore-scrittore», ma un vero *poli-artista*, ovvero qualcuno che ha prodotto lavori notevoli in più di un'arte non adiacente – dove l'aggettivo qualificativo principale è «non adiacente». Scultura e pittura sono al contrario arti visive adiacenti proprio come la poesia e la narrativa sono adiacenti in quanto arti letterarie. Però, musica e scrittura sono non adiacenti, così come la pittura e la poesia. È possibile distinguere il poli-artista dal grande maestro che si diletta in un'arte diversa dalla sua – come ad esempio Pablo Picasso, il quale, ricordiamolo, scrisse modeste poesie e prose teatrali; è possibile distinguere il poli-artista dal dilettante che in nulla eccelle. Moholy-Nagy era un poli-artista e lo erano in modi diversi anche William Blake, Kurt Schwitters, Theo van Doesberg e Wyndham Lewis.

Si potrebbe dire che, tra le attività artistiche in cui Cage eccelle, quelle visive furono le più lente ad emergere. Nella mia monografia documentaria del 1970 su Cage è riprodotta *Chess Pieces*, realizzata circa nel 1944 per la mostra di Julian Levy e legata all'interesse di Marcel Duchamp per gli scacchi. L'opera è composta da una scacchiera quadrata in cui la metà delle sessantaquattro caselle contiene note musicali in nero, mentre quelle adiacenti hanno note in bianco, il tutto su un fondo grigio uniforme. Dato che non vi è continuità musicale tra casella e casella, in nessuna delle direzioni, neppure tra note nere e successive note nere (e questo in ogni direzione), Cage suggerisce che le caselle possono essere lette (o eseguite) in ogni ordine – dall'alto al basso o in senso opposto, dal dentro al fuori, o dal fuori al dentro, o in qualsiasi altro ordine. Questo è un altro modo per dire che *Chess Pieces* manifesta un'attività non focalizzata, uniformemente distribuita «dappertutto», fino ai margini dell'opera.

In un'altra parte della mia monografia documentaria è riprodotto un disegno senza titolo che Cage fece nel 1954 mentre puliva la penna durante una certa composizione musicale. Messo da parte da un collega, il compositore Earle Brown, questo pezzo d'arte non intenzionale ricorda un Jackson Pollock, il quale era altrettanto interessato alle distribuzioni uniformi non gerarchiche; il disegno inoltre anticipa il tratteggio incrociato che Jasper Johns introdusse negli anni settanta. Infine, l'ambiente dell'arte visiva fu sempre ben disposto verso la squisita calligrafia delle partiture musicali di Cage, molte delle quali vennero esposte nel 1958 alla Stable Gallery di New York. Come scrisse a quel tempo Dore Ashton sul «New York Times», «Ogni pagina ha una bellezza calligrafica che prescinde la sua funzione di composizione musicale».

Nel 1968, l'anno successivo alla morte del settantanovenne Marcel Duchamp, Cage divenne *composer-in-residence* presso l'Università di Cincinnati. Alice Weston, una mecenate locale, «si convinse che pur non avendo mai fatto litografie

Negli ultimi tre anni della sua vita, John Cage produsse disegni commestibili (*Edible Drawings*) presso la Rugg Road Papers and Prints, di Somerville, Massachusetts. Ciò che motivò John a questo progetto fu la sua eterna passione per le piante e una curiosa concezione del riciclo. John aveva scritto due libri sui funghi e fu, per un certo periodo, il presidente della New York Mycological Society. Era inoltre profondamente coinvolto nelle questioni sociali, di cui aveva molto scritto. Mentre viaggiava in Sudamerica, apprese che spesso la gente povera raccoglieva cartacce per cucinarle e mangiarsele. Ciò gli diede l'idea di creare delle carte che avessero valore nutritivo e che potessero effettivamente essere mangiate. Nel tempo passato alla Rugg Road Papers and Prints, Cage creò tre serie di carte commestibili, gli *Edible Drawings*, basati sulla dieta macrobiotica, gli *Wild Edible*

Drawings, basati su piante che aveva raccolto insieme allo staff della Rugg Road sulle montagne del Nord Carolina, e i *Medicine Drawings* basati sulle piante cinesi tradizionali di cui faceva uso nella medicina omeopatica.

sarei stato in grado di farne. Marcel era appena morto ed una delle riviste di qui mi chiese di fare qualcosa per Marcel. Avevo appena sentito dire a Jap [Jasper Jones] "non voglio dire nulla su Marcel", perché anche a lui i giornali avevano chiesto di dire qualcosa per Marcel. Così intitolai sia i plexigrammi che le litografie, *Not Wanting to Say Anything About Marcel* (Non volendo dire nulla su Marcel) citando Jap senza dirlo».

Non volendo dire nulla in particolare con il linguaggio, Cage decise di usare operazioni casuali per scoprire parole nel dizionario. In quegli anni, prediligeva l'uso di tre monete che, una volta lanciate, potevano dare *Head-Head-Tail* (testa, testa, croce), HHT, THT, HTH, THH, TTH, TTT, il che equivale a dire otto diverse combinazioni. Così realizzò quadrati con sessantaquattro opzioni (8 × 8), lanciando una sequenza di tre monete per ottenere la posizione verticale di un quadrato ottenuto casualmente e quindi un'altra sequenza per determinare la sua posizione orizzontale. Di conseguenza, ogni collezione di possibili scelte artistiche si dovette dividere in sessantaquattro alternative. Prendendo le 1428 pagine del Dizionario Americano (1955), Cage stabilì venti gruppi di ventitré pagine ciascuno e quarantaquattro gruppi di ventidue pagine ciascuno. Una volta che il lancio delle monete lo aveva costretto ad isolare un gruppo di pagine, lanciava di nuovo per determinare quale pagina in particolare. Dopo aver contato il numero di lemmi inclusi in quella pagina, faceva un'altra serie di lanci per localizzare una parola singola.

Poiché alcune di queste parole avevano forme differenti (plurale, forma passata, gerundio) spesso lanciava di nuovo le monete per scoprire quale usare. Aveva poi delle altre tabelle che suddividevano i 1041 caratteri tipografici disponibili in un normale catalogo di lettere trasferibili (Letraset). Una volta stabilito ciò, lanciava di nuovo le monete per scoprire se usare il carattere maiuscolo o minuscolo. E poi ancora una volta per scoprire dove collocare la parola o il carattere scelto nello spazio disponibile di 14″ × 20″. E ancora per scoprire in quale direzione la parola dovesse essere rivolta. E infine ancora un lancio per scoprire se la parola dovesse essere percepita intatta o dovesse avere delle parti mancanti o «se si trovasse in uno stato di disintegrazione non strutturale». E così via.

L'effetto di tali operazioni casuali, come sempre in Cage, è di scindere i particolari da qualsiasi gusto personale e di dare poi a tutti gli elementi, siano essi intere parole o solo parti di lettere, una pari importanza nell'opera. Poiché non aveva nulla di particolare da dire su Duchamp, non sorprende che le parole dietro il primo plexigramma, per esempio, fossero «agglutination, voltaic, wild rubber, trichoid, agrological, exstipulate, suc-undershrub, shawl, advanced, moccasin flowers», e così via. Usò simili metodi aleatori per raccogliere immagini da una enciclopedia illustrata.

A prescindere da come appaiono singole parole, lettere, parti di lettere, o immagini, se queste immagini scelte e decostruite in modo casuale vengono poste su plexiglas, è probabile che si ottenga un campo di materiali linguistico/visuali uniformemente distribuiti privi di connessioni sintattiche o di connotazioni semantiche. Se si distribuiscono diverse raccolte di questi materiali su una successione di otto fogli di plexiglas affastellati in verticale su di una singola base, l'effetto di caos è moltiplicato. Ciò che si vede è un campo tridimensionale che può essere osservato in vari modi, sia orizzontalmente che verticalmente, con la possibilità di scoprire delle relazioni in continua variazione tra gli elementi dei plexigrammi davanti e di quelli dietro. Poiché i plexigrammi possono essere rimossi dalle loro scanalature, si è anche liberi di cambiarne l'ordine. Non per nulla ho sempre supposto che con la sua verticalità e con il suo stile epigrafico l'intera opera assomigli ad una pietra tombale. (Cage derivò da questa ricerca anche due litografie su carta nera – opere minori a mio avviso – che manifestano anch'esse quel denso campo uniforme che ricorda Pollock).

Il principale collaboratore di Cage per questo progetto fu il grafico Calvin Sumsion «Io l'ho composto, io l'ho scritto», Cage disse durante un'intervista. «Prima lavoravamo insieme, poi fui in grado di dirgli di fare delle cose che lui poi mi spediva una volta completate. Albers ha usato questi metodi nel suo lavoro – non è così? Oppure dà le cose da fare a degli artigiani. Molti artisti adesso, quando non conoscono un particolare mestiere, imparano a dire ad uno del mestiere cosa fare». Tra gli altri associati di Cage in questo progetto vi erano i litografi Irwin Hollander e Fred Genis.

Cage insiste che Duchamp avrebbe apprezzato la frammentazione del linguaggio «Dopo aver fatto l'opera trovai un suo commento in cui diceva che spesso amava guardare i cartelli consumati dalle intemperie perché dove mancavano le lettere era divertente immaginare come erano state le parole prima di consumarsi. Nella mia opera, la ragione per cui si sono consumate è che Duchamp era morto. Così ogni parola è in uno stato di disintegrazione». Come le opere più autentiche di Cage, *Not Wanting to Say Anything* è estremo, non solo nel rifiuto di dire, ma nell'uso di materiali verbal-visuali tridimensionali. Come scrisse Barbara Rose. «Il risultato della ricerca di Cage dimostra certamente che l'artista afferma sé stesso anche nella negazione».

Alcuni dei lavori di Cage sono minimali, avendo molto meno contenuto di quanto l'arte non avesse prima (ad iniziare dal cosiddetto pezzo silenzioso, concepito per piano solista) mentre altri sono massimali, dotati come sono di una abbondante attività artistica. Nell'apprezzamento delle sue opere, ho teso a favorire il massimale sul minimale e dunque a preferire, tra le opere strettamente musicali, *Sonatas and Interludes* (1947-49) e *Williams Mix* (1953); tra le opere per il teatro, HPSCHD (1969) e *Europeras 1 and 2* (1987); tra gli altri scritti le poesie *Diario di vent'anni fa* e *I-VI* (1990). Soprattutto se paragonata all'arte visuale che la seguì, *Not Wanting to Say Anything About Marcel* rappresenta l'apice dell'immaginazione dell'artista nella sua più alta resa visuale.

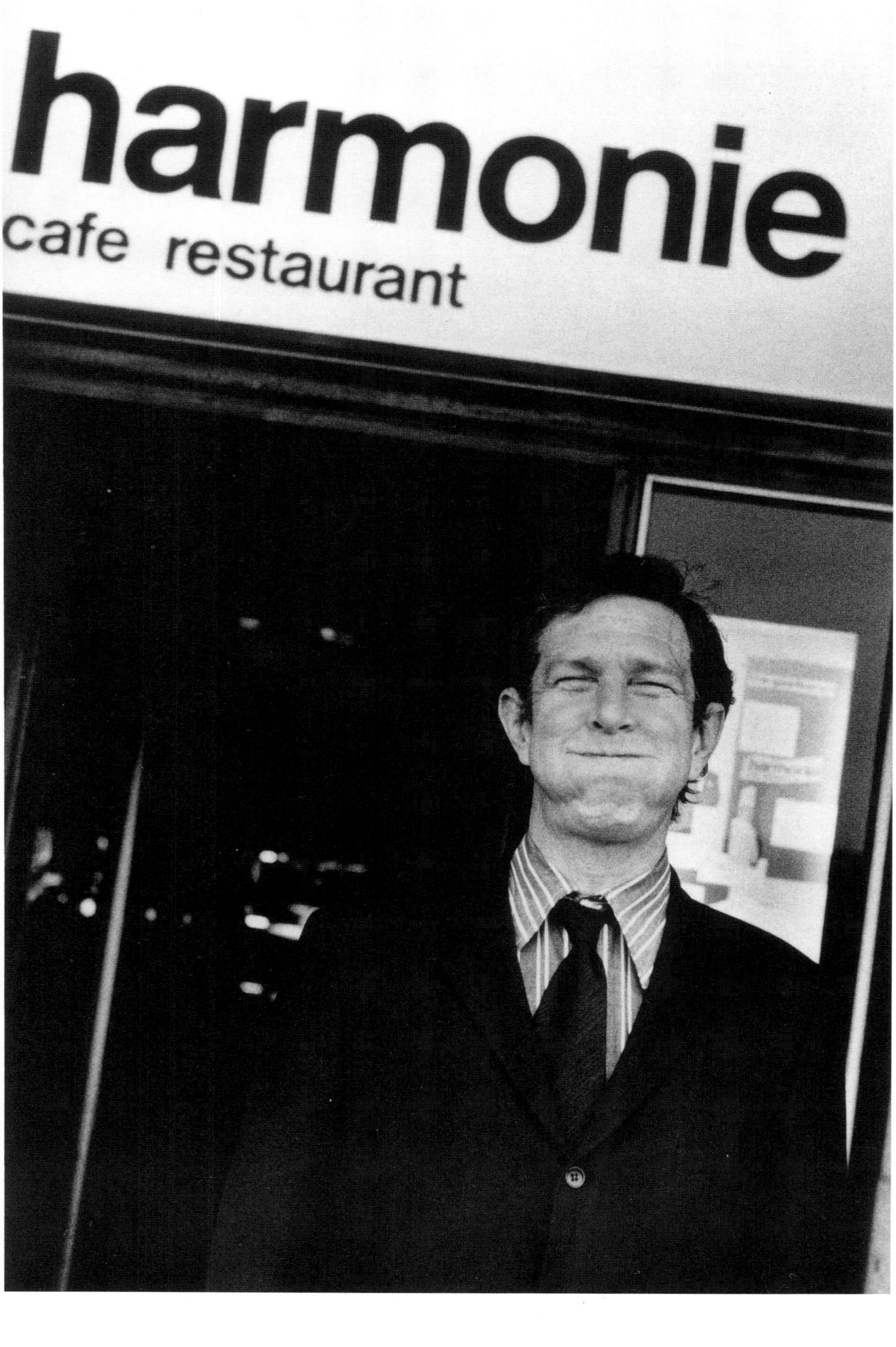
harmonie
cafe restaurant

Cage: universi multimediali *di* Giulio Alessandri

Nonostante Cage si sia sempre collocato sulla soglia dell'inedito, nel campo aperto dell'inaudito, oltre il limite dell'*inconnu*, vi sono diverse questioni che l'artista musicista eredita, in modo apparentemente inconsapevole, da ambiti storici, teorici, poetici, appartenenti a mondi lontani, ad universi multimediali che ritengo sia giusto far rivenire alla memoria per un fecondo esercizio al limite tra la realtà storica e l'evocazione fantastica della medesima.

In questo senso è opportuno partire per un viaggio all'indietro nel tempo che muova da quel campo, sufficientemente sondato, costituito dalle esperienze di contaminazione multisensoriale prodotte nell'ambito delle avanguardie storiche: futurismo, dadaismo e surrealismo soprattutto avevano, come noto, suscitato, all'interno del loro movimento eccellente, diversi momenti di interscambio tra vita e arte fino ad allora separati dagli alti ideali classico-romantici, accademici di matrice ottocentesca.

Nel ripercorrere *à rebours* la biografia poetica di Cage mi sono affidato alle suggestioni ricavate dalla lettura di una mappa redatta da George Maciunas nel 1972[1]. Il tracciato di questo diagramma si colloca tra due parentesi ideali: il SENSAZIONALISMO[2] da un lato e l'ICONOCLASMO BIZANTINO[3] dall'altro. Tra questi due estremi l'autore trama una fitta relazione tra universi in cui l'arte e la vita sapessero instaurare repertori immaginativi forti.

La vicenda muove, diremmo si origina, nel mondo della ritualità e da questo si snoda come il serpente di una processione: un flusso di canti, fumi, incensi, odori, gesti e movimenti lenti tra torcie, candele e paramenti in una stretta relazione tra gli oggetti di culto e il comportamento, la liturgia.

Le *Aktionen* poetiche di Beuys, Nitsh ed altri si approprieranno di queste esperienze mutandone il senso in direzione certamente più sociale, profana, laica, pagana, determinando così un campo di sperimentazione contiguo a quello coltivato da Cage. Ma come vedremo il viaggio mappato da Maciunas va ben oltre, verso contesti più vicini alle poetiche Fluxus. È a Versailles che si spalancano le porte a un fantastico e per certi versi insuperato, fastoso e festoso universo multimediale. A Versailles assistiamo al trionfo di un'arte totale che nell'ellissi del proprio epicureismo non voleva rinunciare ad alcuna delle possibilità di un vortice, di una vertigine edonistica in cui bellezza, piacere, stupore e meraviglia sapessero confluire a soddisfare il sistema complesso del potere costituito dal re Sole e dai pianeti cortigiani. Immaginare Versailles nei momenti in cui venivano attivati quei complessi giochi d'acqua e fontane (vere opere cinetiche cui Tinguely darà nuova vita), che assieme ai fuochi artificiali costituiscono gli autentici *topoi* dell'effimero, non è esercizio di fantasia, ma capitolo decisivo per la comprensione di una categoria estetica la cui fortuna conosceva il proprio apogeo tra la fine degli anni cinquanta e la fine degli anni sessanta con l'invasione di luoghi eventuali tra happening, performance, azioni, manifestazioni e festival Fluxus. A lato, o meglio, all'interno di questo display scenotecnico: parate (Parade?), giochi equestri, teatro e teatranti live (Living?), balletti, suoni rapidi di

cose, esplosioni, recitativi e musiche e poi i grandi banchetti, che giustamente Maciunas definisce eventi culinari per la grandiosità dell'apparato formale e per il trionfale iperdecorativismo scenico messo in gioco in cotali contesti. La corte, la vita di corte diveniva così un precedente autorevole, per non dire necessario, per la messa in forma a tutto tondo di quel rapporto arte e vita così caro a Cage e ai suoi amici. A Versailles quindi andava instaurandosi, in una dimensione sfarzosa ed edonistica, un'estetica multisensoriale e multimediale. Ma si ripercorrano poi idealmente i repertori immaginosi dei circhi romani e delle fiere medievali prima di giungere a quegli esempi di assoluto moderno costituiti dalle esposizioni universali e a quel surrogato fantastico del mondo rappresentato da Walt Disney. Si incroci quindi la mimica barocca[4], con i miti wagneriani di un'arte totale estendibile a tutta l'epopea del melodramma ed abbiamo già delineato, sulla falsa riga di quanto suggerito da Maciunas, i vaghi contorni di alcuni universi multimediali cui si richiamerà idealmente la controcultura delle neoavanguardie di cui Cage fu protagonista pur con i suoi modi duchampiani, distaccati e discreti, minimal e microemotivi. Si torni quindi al mondo delle avanguardie storiche che certificano il passaggio alle esperienze della contemporaneità di alcune delle questioni sopracitate[5].

Infine i *topoi* dell'effimero sono luoghi culturali fortissimi, la cui forza però, diretta in senso antimuseale, non può essere conservata secondo un codice d'opera, ma sotto quello molto più ambiguo di notizia, documento, dato archiviato in una memoria stratificata. La nostra cultura artistica ammalata di museificazione (processo di mummificazione dell'opera) ha costantemente rimosso esperienze decisive per la storia del gusto e dell'arte poiché capaci di restituirci l'utopia di una visione integrale del tempo (il che potrebbe in estrema sintesi coincidere con i programmi di Cage). Una restituzione di integralità, una lezione di integralità, una nozione di integrità costituisce la forma ultima del pensiero di Cage.

[1] Letteralmente trattasi di: diagramma degli sviluppi storici di Fluxus e di altre forme d'arte a quattro dimensioni, aurali, ottiche, olfattive, epiteliali e tattili.
[2] Per SENSAZIONALISMO Maciunas intende un mondo di pulsioni quali esibizionismo, sadismo, masochismo, ed altre perversioni erotiche.
[3] Letteralmente così nel testo.
[4] M. Fagiolo dell'Arco, in *Le forme dell'effimero*, in *Storia dell'arte italiana*, Einaudi, Torino, 1982, vol. XI, pp. 203-232, a proposito della Roma barocca parla di «architetti, pittori, ma anche di un esercito di capomastri e stuccatori, argentieri ed ingegneri, fuocaroli e tecnici dell'acqua, inventori di imprese e allegoristi, mastri d'arme e pasticceri, ebanisti e fabbri, sarti e ricamatori» la cui opera andava a descrivere «l'arco di trionfo ed il castrum doloris, la regia della cavalcata e l'apparato per la nascita, il costume e l'arredo, il convito e la giostra, la decorazione di stoffe ed il calcio in costume, il torneo ed il carosello, il trionfo da tavola e la statuetta di zucchero, la cartapesta ed il legno, lo stucco e l'argenteria, l'automa e la statua processuale, il carro allegorico ed il fuoco artificiale, la naumachia e la bardatura del cavallo».
[5] In questo senso Maciunas si scatena in una girandola di menzioni d'onore: Surrealismo, Paris Dada, Zürich Dada, Berlin Dada, Hannover Dada, il Teatro Futurista (arte dei rumori di Russolo), M. Duchamp, il Vaudeville (Chaplin, Keaton e altri), la Antiart (Mayakowsky, il Lef ecc.), la Bauhaus (Total Theater di Gropius) e molto di più.

Diario: John Cage, il seminario di Mountain Lake *di* Ray Kass

Il primo esperimento di John Cage in ambito pittorico al seminario di Mountain Lake fu organizzato in seguito alla visita precedente che il compositore aveva effettuato nel 1983 nella Virginia del sud ovest. All'epoca Cage aveva tenuto una conferenza all'apertura di una esposizione di sue stampe e disegni presso l'Università statale e politecnico della Virginia e aveva diretto, insieme al dottor Orson K. Miller un esperimento micologico (ricerca di funghi). Organizzando l'esposizione del 1983, Cage suggerì che vi includessi alcune stampe e disegni della sua nuova serie, dal titolo *Where R = Ryoanji*, ispirata all'inizio degli anni ottanta dallo stile zen del giardino Ryoanij a Kyoto. I disegni *Ryoanji* sono costituiti da linee circolari che si sovrappongono, tracciate seguendo il contorno di piccole pietre con matite di spessore diverso, scegliendo a caso le pietre e le matite per ciascun disegno e decidendo pure casualmente quale parte del foglio avrebbe occupato la figura di ogni pietra.

Spinto dall'interesse per i disegni *Ryoanji*, lo condussi a esplorare un luogo particolare lungo il New River negli Appalachi, dove si trovano pietre straordinarie. Grazie a questa esperienza decidemmo di organizzare un seminario sperimentale sulla pittura ad acquerello, che avrebbe utilizzato tali pietre.

Quanto segue è tratto dai diari del seminario relativi all'ultima visita di John Cage a Mountain Lake nell'aprile del 1990. Nei due giorni conclusivi realizzò due dipinti monumentali che, a mio parere, erano epitomi del suo sforzo di trasformare l'acqua in fuoco.

Venerdì, 13 aprile. Il seminario ha preso una nuova direzione. Cage aveva deciso di usare su un dipinto molto grande i pennelli grossi che avevamo preparato per lui. Abbiamo esaminato un rotolo di cartastraccia pesante (larga 102 pollici) e abbiamo usato metà della lunghezza, che era di 20 yard in totale. Una parte di questa, lunga 80 piedi, è stata fissata al pavimento. John Cage, «Per me va bene quella lunga, vorrei fare una serie casuale, una serie di pietre...».

Per determinare la posizione orizzontale delle pietre, Cage ha suddiviso ogni piede della carta in sesti secondo la lunghezza, ottenendo così 168 divisioni totali. In armonia con il soggetto del giardino Ryoanji, ha deciso che il dipinto avrebbe compreso 15 pietre, molto grosse, messe nella loro rispettiva posizione orizzontale in una fila posta arbitrariamente lasciando un margine di un piede dal fondo della carta. I colori erano mescolati (80 per cento, 20 per cento) casualmente, ed erano stati scelti tra quelli che aveva usato fino a quel momento. Dipingeva con pennelli scelti anch'essi casualmente da un gruppo di 12 dei più grossi del tipo «hake», che avevano una lunghezza compresa tra i 2 e gli 8 pollici. Nel dipinto dovevano essere utilizzati, per l'intera lunghezza, tutti i rimasugli dei colori usati per il seminario.

Dopo l'operazione di dipintura finale, ci radunammo tutti intorno a una goccia di pittura accanto all'ultima figura di una pietra e restammo in attesa che si asciugasse, affinché Cage potesse applicare «le macchie miste di acqua e colore».

Venne preparato un grosso pennello largo 84 piedi e fu attentamente imbevuto di pittura stemperata in un lungo trogolo di legno. Cage lo sollevò sopra la testa e poi lo tenne all'altezza della cintola, lo piegò lentamente e fu guidato al suo punto di inizio all'estremità lunga della carta. La prima mano venne data sulla parte superiore delle pietre. Cage sembrò soddisfatto dell'effetto, e ripetè l'operazione tre volte, cominciando ogni nuova mano spostandosi di circa tre piedi in giù rispetto alla lunghezza della carta. Anche la parte restante della carta, contenente le figure delle pietre, ricevette una «mano di colore e acqua», questa volta con un pennello di 28 pollici appositamente costruito.

Le mani di colore e acqua avevano assorbito i colori delle pietre senza oscurarli troppo. Intitolammo quest'opera *New River, Rocks and Washes*, e ne notammo la rassomiglianza con un enorme rotolo di pergamena.

E poi Cage disse che voleva dipingere un'altra versione del gigantesco rotolo, questa volta usando il «fumo» al posto delle «macchie di colore e acqua». I volontari del seminario, che molto spesso avevano guidato la «squadra del fumo», vollero cercare di applicare il «fumo» a un pezzo di carta così grande e... proposero di farlo per sezioni successive di 6-8 piedi. La procedura venne provata una volta prima che venissero costruiti dei fuochi di paglia. Poi gettammo la carta nel primo fuoco. Il processo fu frenetico e a metà circa il vento rinforzò e cominciò a lacerare la carta così malamente che abbandonammo ogni sforzo. Qualcuno disse: «È impossibile con il vento che monta... e l'oscurità sempre più fitta». Cage disse: «Sembra una tragedia irlandese». Ma avevamo un altro pezzo grande di carta e decidemmo di riprovare, anche se si era fatto ormai buio. Tutti si dettero alacremente da fare e questa volta ci riuscimmo. La carta raggrinzita era bagnata e presentava fili di paglia carbonizzata intrecciati quando la stirammo e la fissammo al pavimento dello studio. Poi ci mettemmo seduti in silenzio con Cage ad ascoltare i suoni straordinari prodotti dalla carta mentre si seccava e si tendeva. Non avevamo mai sentito niente del genere.

Domenica, 15 aprile. Cage dipinse il secondo «rotolo» ripetendo le stesse operazioni di dipintura con le medesime pietre che aveva usato per *New River, Rocks and Washes*, ma richiese versioni molto più tenui dei colori, perché «corrispondessero» alla sensazione del fumo. Le raffigurazioni delle rocce contro lo sfondo infuocato erano veramente straordinarie. Ammirò tutti gli strappi alle estremità di questo rotolo e quindi non abbiamo regolato il dipinto come invece avevamo fatto per la prima versione. Questa, intitolata *New River, Rocks and Fire* concluse il seminario.

Europera 5
von
John Cage

Gastspiel des Musiekcentrum DE IJSBREKER

Yvar Mikhashoff
Piano

Charles van Tassel
Bariton

Vibeke Rolskov
Mezzosopran

u. a.

12. September 1992
20.00 Uhr

SCHAUSPIEL
FRANKFURT

Kartenreservierung:
Neue Mainzer Straße 15 · Telefon 21 23 74 44

Jarry, Joyce, Duchamp e Cage

di William Anastasi

Poco dopo l'inizio della Parte II del *Faust* di Goethe vi è una breve scena in cui vari poeti – poeti della natura, poeti di corte, poeti d'amore – sono così intenti a dire la loro che non se ne sente la voce. Ma alla fine uno riesce a farsi sentire – il Poeta Satirico; è la sua unica battuta nell'opera: «Sapete che cosa mi farebbe davvero piacere come poeta? Scrivere e recitare quello che nessuno vuole sentire».

Con quest'unica battuta Goethe stava involontariamente predicendo una delle caratteristiche più evidenti della nostra avanguardia del XX secolo. Penso in particolare all'opera di tre giganti che hanno legami tra loro: James Joyce, Marcel Duchamp e John Cage.

Mai prima un'opera letteraria è stata universalmente conosciuta per il suo titolo e tuttavia così poco letta come *Finnegans Wake* di Joyce. Similmente, non esistono precedenti di un *corpus* di opere d'arte così diffusamente elogiato e pur tuttavia così poco compreso come la produzione di Duchamp dal 1913 in avanti. E in John Cage abbiamo un genio che, anche prima della morte, era citato come il compositore più influente del nostro secolo. E tuttavia, quanti musicofili si precipitano a casa dal negozio di dischi per mettere immediatamente nel lettore il suo ultimo CD? Non c'è da meravigliarsi quindi che Joyce fosse lo scrittore contemporaneo preferito da Cage, *Finnegans Wake* la sua opera preferita della letteratura del XX secolo e Duchamp il suo artista preferito.

L'eccentrico poeta e drammaturgo francese Alfred Jarry, strenuo ammiratore del *Faust* di Goethe, ne ha allegramente attinto a piene mani. La sua lunga parodia, *Gestes et opinions du docteur Faustroll, pataphysicien*, contiene passi di flusso di coscienza che preludono all'*Ulysses* di Joyce, e numerose parole inventate, che aiutano a prepararci per *Finnegans Wake*[1]. Il *Faustroll* è, nell'insieme, un'opera di tale complessità che Jarry aggiunse queste parole al manoscritto finito: «Questo libro non verrà pubblicato integralmente fintanto che l'autore non avrà acquisito sufficiente esperienza per assaporarne appieno tutte le bellezze». E, infatti, fu pubblicato solo nel 1911, quattro anni dopo la morte di Jarry, scomparso all'età di trentaquattro anni.

Come Jarry fu permeato dal modo di sentire di Goethe, così Joyce, Duchamp e Cage furono permeati dal modo di sentire di Jarry; Joyce e Duchamp, secondo le mie conclusioni, direttamente; Cage, tramite il suo amore per Joyce e Duchamp. John Cage non apprezzava ciò che conosceva di Jarry. Quando affrontai l'argomento, mi disse, «Ho una specie di allergia, si potrebbe definirla, al tipo di espressione propria di Jarry, ma è chiaro che Duchamp non era del mio stesso parere. Concordo con l'opinione che tutti sono stati influenzati da Jarry. Secondo me, è molto interessante che Duchamp e Joyce si siano serviti di Jarry, di qualsiasi cosa che lo stesso Jarry abbia fatto»[2].

Non sono mai riuscito a sapere con sicurezza quanto di Jarry John Cage avesse letto, ma egli ammise che ne aveva letto un po'. Nel 1989 gli ho prestato la mia copia di *Le surmâle*, in cui avevo evidenziato numerosi passi che corrispondono a parti delle note di Duchamp e a sezioni di *Finnegans Wake*. Dopo alcuni giorni mi restituì il libro, dicendo che si trattava di un romanzo e lui non riusciva a leggere romanzi. Poco tempo dopo affermò spontaneamente che il mio interesse per l'argomento lo aveva fatto riaccostare a Jarry. Non menzionò alcun titolo né rivelò mai che la sua «allergia» lo avesse lasciato. Ritengo che se avesse letto di più di Jarry, *Faustroll* in particolare, la sua sensazione sarebbe potuta cambiare. Dopo tutto, oltre al suo amore per Joyce e Duchamp, che anche secondo lui erano stati influenzati da Jarry, aveva ripetutamente asserito di essere un seguace della filosofia del teatro di Antonin Artaud. Questo era, in effetti, un discepolo così convinto dello scrittore che chiamò il suo teatro «L'Alfred Jarry».

Ironicamente, John Cage aveva più somiglianze superficiali con Jarry degli stessi Joyce e Duchamp. Le sue preferenze sessuali erano più vicine a quelle di Jarry rispetto agli altri due, sebbene egli fosse tanto riservato sull'argomento quanto Jarry lo sbandierava ai quattro venti. E Cage, come Jarry, era un anarchico confesso. Anche qui la differenza sta più nella forma dell'espressione e nell'enfasi che nell'impegno di fondo. Ma forse il parallelismo più significativo tra i due si manifesta quando si esamina l'interesse che entrambi avevano per il Caso. Sappiamo che Cage aveva studiato con il maestro Zen, Daisetz Suzuki, e che a seguito di ciò iniziò a usare operazioni casuali nelle sue composizioni intorno al 1950.

Anche Jarry si interessava al Caso. La sua «Patafisica», una ipotesi alternativa per spiegare il funzionamento dell'universo, assegna un ruolo importante alla casualità. E lo stesso è vero quando tratta di questioni d'amore: «Gli uomini e le donne pensano di scegliersi reciprocamente... come se la terra dovesse vantarsi di ruotare attorno a se stessa di proposito! È questa ineluttabilità passiva, come una pietra che cade, che gli uomini e le donne chiamano amore».

Molto probabilmente, l'osservazione sulla «pietra che cade» ha lasciato il segno nelle interruzioni tipo di Duchamp, con le quali l'artista sperava di creare «una nuova immagine dell'unità di lunghezza». In effetti, la battuta di Jarry che segue il riferimento alla «pietra che cade» legge: «Il dio e la dea sono vicini all'unione... Per incontrarsi hanno bisogno di un periodo di tempo che, secondo i calcoli dell'uomo, varia da un secondo a due ore...»[3]. Su questo argomento ho scritto: «Il dottor Faustroll di Jarry è affascinato quasi all'ossessione dalle misure tipo. Ha in tasca un "centimetro, una copia autentica in ottone della misura tradizionale". Possiede anche un diapason con il periodo "determinato attentamente... in termini di secondi solari medi". Queste abitudini sono una parodia della scienza occidentale tradizionale, che l'anarchico Jarry minava. Discutendo della scienza, osservava: "L'assenso universale è... un pregiudizio miracoloso e incomprensibile". Duchamp condivideva questo atteggiamento. I *3 Standard Stoppages*, per esempio, in cui l'autore riteneva di aver "intercettato la corrente principale del (suo) futuro", riflettono la sua intenzione pseudo-scientifica "di creare una nuova immagine dell'unità di lunghezza", e di ottenere un campione di "casualità riprodotta". Lo stesso metodo della loro realizzazione – "un filo lungo un metro (che cade) direttamente da un'altezza di un metro su un piano orizzon-

tale avvolgendosi *a piacimento*" – ricorda una riga di Jarry: "Quando si lascia cadere un pezzo di rame ... esso fluttuerà lentamente verso il basso come se un liquido viscoso riempisse lo spazio"»[4].

In molti passi delle sue opere principali Jarry rivela una forte sensibilità verso la casualità. Particolarmente adatta è una descrizione in *Le surmâle*. Il supermaschio (Marcueil) vuole travestirsi per effettuare gli ottantadue stupri di Ellen Elson nell'arco di ventiquattr'ore. «Erano le dieci, e André Marcueil stava cercando una scusa per squagliarsela e *lasciare il posto all'indiano*. Il Caso – o forse un aiuto predeterminato verificatosi per caso – gliene fornì una». Ascoltava Duchamp? Nelle note relative alla realizzazione dei *3 Standard Stoppages*, descrive quasi letteralmente un aiuto predeterminato verificatosi per caso.

André Breton sosteneva che «iniziando con Jarry ... la differenziazione tra arte e vita a lungo considerata necessaria è stata messa in discussione fino a finire annichilita come principio». Duchamp presentava i prodotti della vita come arte, un gesto sicuramente in sintonia con questa posizione di Jarry. E *4'33"* di Cage, in cui i suoni naturali che si verificano durante quel periodo di tempo costituiscono il pezzo, demolisce ugualmente la distinzione. Ha detto spesso che *4'33"* era la sua opera preferita e che la riteneva la più grande musica che riproduce i suoni normali[5].

I personaggi del *Faustroll* di Jarry parodiano e, a volte, ridicolizzano il grande modello, il *Faust* di Goethe. I baffi improvvisati di Duchamp rendono il medesimo servizio alla *Gioconda* di Leonardo. E lo stesso accade con i cantanti delle *Europeras 1, 2, 3, 4 & 5* di Cage, che devono eseguire arie proprie scegliendo simultaneamente a caso brani, orchestrali e vocali, tratti da capolavori esistenti del passato.

Per un amante di Mozart o Monteverdi, sentire un'aria amata soffocata dai suoni di una pasticceria presi da un'operetta popolare è un'esperienza facilmente paragonabile a quella di un estimatore dell'opera di Leonardo che si trova di fronte per la prima volta l'icona dissacrata di Duchamp, *L.H.O.O.Q.*

C'è un passo nel *Faustroll* in cui Jarry prende in giro così deliziosamente i pittori che, a mio parere, la sua pubblicazione nel 1911 può avere aiutato Duchamp a decidere di chiamarlo un giorno al cavalletto. In esso Jarry paragona la pittura alla masturbazione, uno stimolo così forte e irrefrenabile che la pittura esisterà anche dopo la fine del mondo vivente. E di nuovo, il Caso ha una parte importante nella sua fantasia: «... Intanto, dopo che non era rimasto nessuno nel mondo, la macchina della pittura, animata al suo interno da un sistema di molle senza peso, roteava... come una trottola... si lanciava contro le colonne, ondeggiava e si volgeva in un'infinità di diverse direzioni, e seguiva il suo capriccio eiaculando sulla tela delle pareti la successione dei colori primari ordinati secondo i tubetti del suo stomaco... questo diluvio moderno...».

Quando Jarry attacca il razionale scientifico, conclude proponendo «i fenomeni puramente accidentali» come spiegazione realistica: «le leggi che si ritiene siano state scoperte nell'universo tradizionale (sono soltanto) corrispondenze di eccezioni... di fenomeni puramente accidentali». E *l'accident* è un'idea cardine nella sua definizione di Patafisica, data qui in versione abbreviata: «La Patafisica... è la scienza di ciò che è supraindotto sulla metafisica, entro, o al di fuori dei, confini di quest'ultima, e va molto al di là della metafisica come la metafisica va al di là della fisica. Per esempio, l'epifenomeno (ciò che è supraindotto su un fenomeno) è spesso il caso, e quindi la patafisica sarà al di sopra della scienza del particolare, anche se si dice che l'unica scienza è quella del generale. Studierà le leggi che governano le eccezioni e spiegherà l'universo supplementare a questo...».

All'inizio degli anni ottanta, a un festival di musica nuova a Venezia, ho assistito a molti concerti con John Cage, talvolta a parecchi in un giorno solo. Ho osservato che mentre ascoltavo la musica di qualcuno, coglievo echi di Berg, Stravinskij, Webern, Bartók, Schönberg, o altri. Ma poi veniva suonato qualcosa di suo e io restavo interdetto. Non si avvertivano tracce di idee di compositori precedenti; la sua musica era piena di suoni e strutture sempre nuovi – senza dubbio garantiti dal suo uso della casualità. A quanto ne sapevo, la sua musica poteva provenire da un altro mondo, da un altro universo. E, in effetti, il suo sorriso di cortese accordo al mio commento mi ricordava che il suo modo di ascoltare non poteva discostarsi dal mio – che il suo approccio totale era astorico.

Rauschenberg osservò che gli piaceva operare in quello spazio sempre più stretto esistente tra vita e arte. John Cage ha risposto che egli avrebbe preferito farle crollare insieme. E se pensiamo alla radicale freschezza delle *Europeras*, costruite effettivamente con i frammenti del vecchio – i suoi detriti, si potrebbe dire – sembra essere indicata, se non vendicata l'introduzione all'*Ubu enchaîné* di Jarry, con cui l'autore salutava il nostro secolo nel 1900:

«Papà Ubu: "Corpo di una mignotta! Non saremo riusciti a demolire tutto se non demoliremo anche le rovine. Ma l'unico modo in cui potremo farlo è usarle per costruire dei begli edifici ben progettati"»[6].

24 aprile 1993

Poco tempo dopo che John Cage venne a sapere che stavo cercando corrispondenze tra gli scritti di Jarry e le note e le opere di Duchamp, mi chiese, «Che cosa hai scoperto?». Io gli elencai alcuni pezzi di Duchamp per cui avevo scoperto passi o immagini di Jarry che sembravano probabili fonti – un elenco che comprendeva *The Large Glass*, *Etant donnés*, *The Bicycle Wheel*, *The Bottle Dryer*, *In Advance of the Broken Arm*, *Tu m'*, *To Be Looked at with One Eye...*, *Monte Carlo Bond*, *L.H.O.O.Q.*, «*Why Not Sneeze, Rrose Selavy*», *Comb, with Hidden Noise*, *Apolinere Enameled*, *Traveller's Folding Item*, *Fountain* e *With My Tongue in My Cheek*. Quando mi fermai, cercando di ricordare altri titoli, mi chiese se avevo trovato qualcosa in Jarry che poteva aver suggerito il paragrafo sulla scultura musicale di Duchamp che si trova nelle note della scatola verde. («*La scultura musicale*. Suoni duraturi e provenienti da posti diversi che formano una scultura sonora che dura»). Risposi che avevo trovato un collegamento possibile ne *Le surmâle*, che era forse una connessione meno letterale e certamente più complessa dei collegamenti che avevo riscontrato per molte delle opere.

Le immagini che costituiscono questa connessione compaiono in una sezione del romanzo in cui viene improvvisamente descritta per noi una notevole varietà di suoni a ogni piè sospinto. In alcuni casi, suoni che emanano da luoghi diversi in momenti diversi vengono descritti al loro arrivo in un unico luogo, mescolati. E, ripetutamente, ci vengono proposte descrizioni di tre oggetti dimensionali che producono suoni – «sculture sonore», se si vuole. Le immagini di suono comprendono «il ticchettio di tacchi», «uno scoppio di risa», «un chiacchierio cristallino... come parrocchetti, deliziosamente stonati, come il suono di strumenti d'amore che si accordano», «un fruscio», «si ode un passo rapido e leggero», il «battito dei pugnetti di (una ragazza)» mentre «tamburella» su una porta cerchiata di ferro, un voluminoso orologio che batteva i quarti, mentre «al piano di sotto... venivano accordati i violini», ecc. Facendo riferimento ai rintocchi dell'orologio che scandiscono l'intera sezione, o meglio gli spazi di silenzio tra di loro, scrive, «Era l'una, era qualsiasi ora, poi erano le undici di sera, e la musica lontana fendette il silenzio così confusamente come dita nervose che cercano di centrare la cruna di un ago». Dato che la guglia di una chiesa da cui provengono i rintocchi ai quarti potrebbe essere descritta molto appropriatamente come «scultura sonora», sembra pertinente il passo che segue: «... a intervalli irregolari le note più alte delle corde alte si innalzano come guglie che fendono la nebbia». Queste note alte, ci dice, sono inframmezzate dai rintocchi assordanti e da altri suoni, che aiutano il lettore a immaginare un vero concerto eseguito da oggetti tridimensionali: «... il suo rombo riempiva la lunga stanza, vibrava il lampadario, tremavano le cornici dei quadri, e vicino al soffitto vibrava una lastra di vetro». Jarry, che, ci dice Breton, annichiliva la differenza tra arte e vita, spesso descrive i suoni naturali in termini intenzionalmente musicali. Per esempio, in un passo già citato parzialmente, descrive il suono della conversazione di sette puttane come «chiacchierio cristallino, deliziosamente stonato, come il suono di strumenti d'amore che si accordano, si potrebbe immaginare». Non sta solo paragonando il loro «chiacchierio» al suono di strumenti musicali – ci dice anche che in quanto prostitute, le donne sono esse stesse «strumenti musicali», che i loro clienti, ovviamente, suoneranno. E in altri passi di Jarry, altre entità vengono paragonate a strumenti musicali. Nel *Faustroll*, per esempio, descrive «pietre (che) sono fredde come il suono delle trombe», mettendole in contrasto con altre che hanno «il calore affrettato della superficie dei timpani».

Mi fermai dopo avere fatto a John Cage un sunto di quanto esposto qui sopra, pensando di avere risposta. Non ricevendone, continuai a descrivere una connessione più diretta tra un altro passo di Jarry e una nota di Duchamp. Poiché non riguardava un pezzo di Duchamp ma piuttosto una delle molte parti componenti un pezzo (*The Large Glass*), non mi era venuto in mente prima. Quando Jarry descrive per la prima volta l'abbigliamento del dottor Faustroll, ci descrive «minuscoli stivaletti grigi, con perfino gli strati di polvere perfettamente conservati, con grande sforzo, da molti mesi...». Duchamp nelle note della scatola verde, scrisse: «Perché i setacci nel vetro – consentono alla polvere di depositarsi da questa parte su una polvere di tre o quattro mesi...». Ho fatto notare che l'idea dei «setacci» poteva derivare dallo

stesso libro di Jarry. Il capitolo 6 del *Faustroll* è intitolato *Della barca del dottore, che è un setaccio*. Il dottore descrive minuziosamente e ossessivamente nei dettagli le magnifiche proprietà di lungo cabotaggio di questo legno, poi finisce informando il lettore che «non navigheremo sull'acqua ma sulla terra ferma». E, per coincidenza o altro, la fotografia di Man Ray del *Dust Raising* di Duchamp, riprodotta sulla pagina di fronte all'appunto di Duchamp nella versione tipografica di Richard Hamilton delle note della scatola verde, che John Cage aveva aperto in quel momento dinanzi a noi, rassomiglia, più di ogni altra cosa, a una veduta aerea della terra ferma estremamente piatta.

Osservai arditamente che queste connessioni, e un centinaio di altre, mi lasciavano con l'impressione che Duchamp, forse inconsapevolmente, avesse fatto un gioco in cui usava spunti presi dagli scritti di Jarry nei suoi pezzi principali e anche in molti di quelli minori; che egli lasciasse immancabilmente indizi della connessione con Jarry nel titolo, nella forma, o nelle note che accompagnano il pezzo, ma che egli altrettanto immancabilmente facesse deviare l'attenzione non appena un'intervista o una conversazione sembrassero puntare in quella direzione[7].

Di nuovo per un po' non ebbi risposta. Poi John Cage disse, «Sì, era un uomo meraviglioso e mi piaceva. Ma amava i segreti».

Pensando a questa osservazione, mi sono reso conto che l'apertura ben nota di John Cage è a 180° dalla posizione del suo amico. Cage, nelle aggiunte alle sue composizioni, alle incisioni all'acquaforte o ai disegni, e anche a molte delle sue opere scritte, si è dato gran pena a descrivere amorevolmente i suoi metodi in tutti i dettagli per ottenere la più grande chiarezza. Gli appunti di Duchamp, in contrasto, sembrano un labirinto di offuscamento intenzionale. Sono a conoscenza di un unico caso in cui l'artista ha lasciato un documento al solo scopo di fare chiarezza. Mi riferisco al *Manuale di istruzioni* per la fabbricazione di *Etant donnés*, rivelato al mondo dopo la sua morte. E fu lasciato per l'eccellente ragione che senza di esso, non ci sarebbe stato alcun modo terreno di montare le tavole così complesse nel loro disegno nella maniera voluta dall'artista.

Una volta ho discusso questo argomento di rivelazione artistica con John Cage. Non era riferito a Duchamp, ma piuttosto a Jasper Johns, un ammiratore di Cage e Duchamp che all'epoca, secondo alcune affermazioni attribuitegli, sembrava condividere l'amore di Duchamp per il mistero. John Cage fece luce sull'argomento. «Oh, ritengo si tratti solo di una questione di personalità», disse.

Ho chiesto a Dorothea Tanning se voleva leggere un nuovo saggio non pubblicato che avevo scritto, intitolato *Chi ha rotto il vetro*, che presenta prove a sostegno della tesi che *The Large Glass* non è stato rotto accidentalmente, come è stato reso noto al mondo, ma intenzionalmente dall'artista, o dietro suo ordine. La signora Tanning, che con il suo defunto marito Max Ernst, conosceva bene Duchamp, è stata generosa con il suo aiuto e incoraggiamento. Lei e Max Ernst amavano molto Alfred Jarry, e poiché la sua passione per Joyce eguaglia la mia, avevamo sempre argomenti di conversazione. Quando mi restituì il saggio, disse che l'aveva convinta, e mi mostrò qualcosa che aveva scritto a margine dell'ultima pagina. Si riferiva a Duchamp e lei disse che potevo usarlo con l'attribuzione, o in quanto a ciò, senza, come ritenevo opportuno. Dice, «Tutto è formula e calcolo. Questa progettazione meticolosa non lascia *niente* al caso, quella forza così spesso invocata dall'artista».

Leggendolo, mi sono ritrovato a pensare ai parallelismi e alle differenze tra Marcel Duchamp e il suo amico John Cage. Tutti e due consideravano il caso un assistente. Ma nel caso di Duchamp, come afferma recisamente la signora Tanning, niente è più lontano dalla verità. Anni fa, volendo testare la sua fede nel caso, avevo provato il suo esperimento della corda che cade per le tre interruzioni tipo – caso riprodotto, come lo chiamava. Instancabilmente, con un'ampia varietà di corde di diverso materiale e spessore, ho seguito le sue «istruzioni» a se stesso, così come sono indicate nelle note della scatola verde. Non una sola volta i risultati si avvicinarono a quei tre archi delicati ed eleganti che egli rendeva permanenti come le interruzioni. E John Cage, celebrando Duchamp, tentò questo stesso esperimento nel creare alcune delle sue acqueforti. Anche i suoi risultati erano ben lontani da quelli di Duchamp, mentre erano uguali ai miei. Ne discutemmo a lungo, cercando di scoprire come si potesse spiegare la differenza.

Sono giunto lentamente alla conclusione che quando un uomo intelligente come Duchamp, elegante nell'eloquio, civile e benevolo, dice, «Ogni mia parola è stupida e falsa», e, «Tutto sommato, sono un simulatore, è la mia caratteristica» – quando ci dà un autoritratto intitolato *With My Tongue in My Cheek*, un altro da criminale ricercato, un terzo da vecchia bagascia, e un altro ancora in cui si raffigura come il diavolo in persona – l'effetto su molti osservatori è portarli a credere a ogni sua parola, forse molto di più che se egli non avesse mai sollevato l'argomento. Pare che Duchamp riesca a nascondersi molto bene dietro quelle affermazioni e persone ambigue. Pare che molti di noi abbiano difficoltà a credere che un uomo di tale genio ed eleganza sia capace di fare qualcosa di così scontato, così privo di fantasia quanto dire la verità quando si definisce un impostore. È più facile credere che la menzogna stessa sia un gioco, una messa in scena, un atto – che il vero Duchamp sia così retto quanto il suo famoso profilo.

John Cage e Marcel Duchamp possono essere dunque considerati ugualmente colpevoli di dire quello che intendono e intendere quello che dicono.

Continuamente Duchamp, in una varietà spettacolare di modi, ci ha avvertito di non prenderlo troppo sul serio. John Cage aveva la passione di dire che una cosa è quello che è, e la sua opera preferita accetta qualunque suono si manifesti. E nella sua vita, come nella sua arte, non faceva il seppur minimo uso di segreti, un fatto che caratteristicamente non gli impediva assolutamente di amare e ammirare proprio quell'artista che, sui segreti, prosperava.

[1] Secondo la mia lettura di *Finnegans Wake*, Joyce si riferisce ad Alfred Jarry come al «me innerman monophone» e al «me altar's ego in miniature», e racconta o ricorda varie scene della vita, e anche di ogni romanzo e pièce teatrale, dell'autore francese. Inoltre, uno dei quattro personaggi principali del libro, Shem (vedi Jarry), è basato in larga parte su Jarry.

[2] Parlando di sé e di Duchamp, Cage disse: «Ritengo che la differenza fra i nostri atteggiamenti verso la casualità derivi probabilmente dal fatto che lui è stato coinvolto nelle idee attraverso la vista, mentre io lo sono stato attraverso l'udito». Similmente l'asserzione di Jarry, «[...] si deve solo guardare», fa da contrappunto a «[...] si deve solo ascoltare» di Cage.

[3] Jarry, in *Come costruire una macchina del tempo*, afferma chiaramente che «Lo Spazio e il Tempo sono commensurabili». Rende esplicito poi il suo ragionamento: «L'esplorazione dell'universo, cercando la conoscenza di punti nello Spazio, può avvenire solo attraverso il Tempo; e per misurare il Tempo quantitativamente, facciamo riferimento ad intervalli spaziali sul quadrante di un cronometro».

[4] John Cage, riferendosi ai *3 Standard Stoppages*, ha fatto osservare a Duchamp che quando lui, Cage, aveva due anni, l'artista usava già il Caso. E in varie occasioni disse che questa era la sua preferita nell'intera opera di Duchamp.

[5] Nel 1975 Cage disse: «Cerco di pensare a tutta la mia musica posteriore [a *4'33"*] come a qualcosa che non interrompa fondamentalmente quel pezzo».

[6] Père Ubu: Cornegidouille! nous n'aurons point tout démoli si nous ne démolirons même les ruines! Or je n'y vois d'autre moyen que d'en équilibrer de beaux édifices bien ordonnés.

[7] Ho trovato da allora diverse trascrizioni di interviste in cui Duchamp, in risposta a tre domande sul Dadaismo elaborate in modo simile, lodava l'«impeto» di Jarry – arrivando una volta a definirlo «un grande uomo». Devo ancora venire a conoscenza di un caso in cui qualcun altro sollevi l'argomento Jarry e Duchamp vi faccia eco.

«Non mi occorre un piano, ho la 6th Avenue»
John Cage e la tradizione Zen

di Thomas McEvilley

Non sentiamo nulla finché non è udibile. Almeno non io.
John Cage[1]

Nella Leggenda di Cage, che John sembra aver rimaneggiato assiduamente come chiunque altro, due apprendistati sono considerati momenti chiave: il Momento iconico di Cage che Ascolta Schönberg e quello di Cage che Ascolta Suzuki. Era evidente come andasse orgoglioso di questi due legami quando diceva: «non ho studiato musica con uno qualsiasi – ho studiato con Schönberg, e non ho studiato Zen con uno qualsiasi – ho studiato con Suzuki». L'aver avuto maestri così eccellenti gli pareva già di per sé una legittimazione.

Ma un altro aspetto della Leggenda creata da Cage, di segno opposto e contrario, com'era tipico, voleva che egli fosse stato lo studente fallito di entrambi questi grandi maestri. Nessuno dei due – diceva – l'aveva mai riconosciuto, o lodato, ed entrambi snobbavano i suoi tentativi di far conversazione. Per loro era il Giullare, il farfuglione un po' toccato che inciampava sugli slogan e le pietre di paragone della nuova Epoca e cosmicamente s'adoperava per far atterrare l'astronave del futuro esattamente nel punto prestabilito per l'atterraggio. Per quel che riguarda la trasmissione dello Zen all'occidente, Suzuki sorvolò la zona, ma fu Cage a far atterrare la nave mentre tutti noi dormivamo. Non solo seppe dar ostentatamente corpo e azione al suo Zen, ma incorporandolo nelle attività artistiche occidentali seppe farne una forza culturale. Così ci siamo svegliati un momento, diciamo, nel 1961, e il mondo fu ridefinito nella sua non-immagine – ciò che lui chiamava la *nomindedness*[2].

Mostrami qualcosa di nuovo; ricomincerò daccapo.
John Cage[3]

Il buddismo è una tra le molte religioni antiche che si consideravano terapie e che concepivano i loro fini con zelo missionario. È da tempi immemorabili che le leggende buddiste dicono che il dharma si sarebbe messo in viaggio. Per facilitare questo trapianto e incorporamento in altre culture il buddhadharma era stato inteso spoglio di ogni cosa che non fosse mera essenza, privo di bagaglio culturale eccetto che dei suoi punti dharmici fondamentali (sia che essi fossero le Quattro Nobili Verità Thervadin e i Dodici Nessi di Coproduzione Condizionata, o la dottrina del Vuoto Zen, o altro ancora). Un messaggio dharmico fondamentalmente neutro o trasparente si sarebbe adattato senza piega in qualsiasi ambiente culturale fosse entrato.

Così la storia del dharma è in un certo senso la storia dei suoi viaggi e del suo cambiar pelle e cultura: innanzitutto dall'India a Ceylon, dove si è amalgamata con gli animismi oceanici e indù. Quindi nel Nepal e nel Tibet, per mischiarsi allo shamanismo Bon. Quindi ancora in Cina per la sintesi con il taoismo, che sarà portato da qui in Corea. Ed infine in Giappone, dove inizia la fase scintoista. La fermata successiva in questo viaggio a oriente: la California. «Dove l'uccello di ferro vola nel cielo», recita un'antica profezia buddista, «il dharma verrà all'occidente».

È certo che il dharma ha fatto la sua prima comparsa in occidente più o meno all'epoca della rivoluzione industriale, attraverso lavori fondamentali quali la traduzione francese del *Loto della Buona Legge* di Eugene Burnouf, del 1852. Negli Stati Uniti, il punto di svolta fu la riunione del Parlamento Mondiale delle Religioni, che si tenne a Chicago nel 1893. Nel 1930 venne fondata nella città di New York la Buddhist Society of America, una organizzazione dello Zen Rinzai. Fu più o meno in quel periodo che John Cage iniziò ad interessarsi di Zen. Nella seconda metà degli anni trenta partecipò ad almeno una conferenza su Zen e Dadaismo tenuta da Nancy Wilson Ross, autrice di un libro seminale sull'argomento. Nel 1939 lesse *Lo spirito dello Zen* di Alan Watts, appena pubblicato[4]. Ma la sua vera iniziazione avvenne qualche tempo dopo, con le famose conferenze tenute da Daisetz Teitaro Suzuki presso la Columbia University tra gli anni quaranta e cinquanta.

Suzuki, per quanto giapponese, aveva passato molto tempo in occidente, a cominciare dal 1897, a ventun'anni, quando venne a Chicago come traduttore sull'onda del Parlamento Mondiale delle Religioni. Nel mezzo secolo successivo risiedette negli Stati Uniti. Nel 1947 occupò un posto di lettorato sullo Zen presso il Dipartimento di Studi Religiosi della Columbia University. Le lezioni si tenevano il venerdì pomeriggio dalle 16.00 alle 19.00 ed erano seguite da un vasto auditorio composto più da esterni, come Cage, che da studenti. Cage sembra aver frequentato assiduamente queste lezioni per due o tre anni nel periodo 1947-52[5]. L'influenza di queste audizioni sulla vita di Cage, sul suo pensiero e la sua musica, non vennero mai meno. Fino al giorno della sua morte quarant'anni dopo si riferiva spesso a Suzuki come la persona che gli pareva avesse articolato più da vicino un qualcosa di simile ad una verità.

[Dopo aver ascoltato Suzuki] iniziai a comporre ... con delle mappe su cui mi muovevo a prescindere dalle mie intenzioni, [con] uno spirito di accettazione piuttosto che con uno spirito di controllo.
John Cage[6]

Gli anni in cui Cage Ascoltava Suzuki videro le sue due maggiori innovazioni musicali, l'introduzione del silenzio in quanto elemento musicale primario, e l'uso di metodi aleatori nella composizione. Ai primordi del periodo Suzuki, nel 1949, Cage iniziò a costruire i suoi lavori facendo ricorso agli *I Ching* e un po' più tardi, nel 1952, avvenne *4'33'*, il lavoro silenzioso che rimase il suo preferito fino alla morte[7]. Entrambe le pratiche avevano a che fare con l'idea dell'accettazione, piuttosto che con quella del controllo, e dietro l'accettazione stava la dottrina buddista del non-io, o *anatta*.

L'accettazione delle azioni prese dagli *I Ching* implicavano una abiura del desiderio di fare del proprio lavoro il riflesso del proprio ego, un po' come aveva fatto molto prima di lui Marcel Duchamp introducendo procedure casuali nella sua arte. Duchamp diceva, senza implicazioni religiose, che si sentiva come se stesse subordinando la sua piccola volontà ad una volontà più grande, quella della natura, o più semplicemente a quella del caso, o dell'universo. Cage non riprese esattamente quel sentimento, ma espresse il suo stesso piacere nel sorprendersi di ascoltare come suonasse un lavoro compiuto una volta che fosse stato determinato da operazioni aleatorie.

Non ho una intonazione perfetta. Tengo semplicemente le orecchie aperte.
John Cage[8]

In *4'33"*, non era esattamente il silenzio che Cage cercava, ma la consapevolezza dei suoni ambientali che ognuno esclude quando ascolta musica o qualsiasi altra cosa, incluso il suo stesso flusso di coscienza. Nell'accettare suoni che non erano pensati da o per lui, Cage riconfermava la fedeltà al principio del non-io, alla cui luce gli eventi casuali appaiono più soddisfacenti che non quelli controllati tramite l'esercizio della volontà. Allo stesso tempo, e senza contraddizione, esprimeva quel senso di universalità di spirito sostenuto dal suo autore Zen preferito, Huang Po[9]. Questa concezione non solo presuppone l'idea che ci sia uno spirito universale da cui gli eventi casuali sorgano con un'armonia interiore che è così vasta da essere difficile da percepire, ma implica anche il progetto di disperdere l'ego nell'ambiente.

Non mi occorre un piano, ho la 6th Avenue.
John Cage[10]

Questo spostamento d'attenzione – da un esile flusso di suoni altamente controllati ad un vasto e casuale insieme di suoni ambientali – per quanto fosse incredibilmente nuovo per l'occidente, era la trasposizione di una antica pratica Zen. Nelle tradizioni Ch'an e Zen uno dei modi con cui l'ego può disperdersi è attraverso il rapporto con il paesaggio – e non solo attraverso il vedere. Anche l'udito doveva essere applicato ai suoni dell'ambiente naturale. Nella tradizione paesistica cinese, ciò è rintracciabile almeno a partire dalla dinastia Sung, ad esempio nel famoso dipinto di Ma Lin del XIII secolo *Ascoltando il vento tra i pini*. L'innovazione di Cage non è l'attenzione verso i suoni ambientali, ma è la trasposizione di questa pratica da un ambiente rurale ad uno urbano. Fu primariamente il suono del traffico stradale che egli considerò come musica urbana casuale, quella musica che si sarebbe potuta sentire in sala durante i quattro minuti e mezzo di silenzio.

L'uso di procedure aleatorie nella produzione dell'arte era presente nella tradizione Zen già da secoli prima di Cage, come nella famosa storia di Hokusai che intinse la zampa di una gallina nell'inchiostro, per liberarla poi su di un foglio di carta bianca. L'idea di John di accendere e spegnere un insieme di radio e di accettare qualsiasi cosa esse trasmettessero non è cosa poi diversa.

Mi interessa confondere la distinzione tra arte e vita, come credo facesse Duchamp.
John Cage[11]

Oltre a Schönberg e Suzuki l'influenza di un altro maestro deve essere considerata sia per quanto concerne l'arte che la vita di John Cage. Le sue due maggiori «innovazioni» artistiche – l'aleatorio e il *ready-made* – erano di fatto già state introdotte da Duchamp quarant'anni prima. John, nel definire quelli che lui intendeva essere i suoi meriti maggiori, disse di aver mostrato «la praticabilità del fare arte per caso». Non sembra che abbia rivendicato la scoperta della pratica del «fare arte per caso», visto che Duchamp, Arp ed altri l'avevano preceduto in questo. «Praticabilità» diventa dunque la parola chiave della frase. Duchamp aveva usato il casuale come meccanismo con cui decostruire la tradizione kantiana secondo cui l'artista doveva ricercare la perfezione estetica attraverso l'espressione precisa della sua sensibilità. Fu Cage a mostrare che l'approccio creativo casuale può essere sostenuto con successo indefinitamente, non per decostruire un qualche altro approccio, ma semplicemente perché i risultati erano validi. Al contrario, Duchamp, nel definire la *sua* maggiore conquista, disse che questa era il *ready-made*. Naturalmente anche John fece uso del *ready-made*, nel senso che le trasmissioni radio sono dei *ready-made* sonori, come lo è il frastuono della 6th Avenue, e così via. Ripeto, il *ready-made* nell'opera complessiva di Duchamp potrebbe essere considerato come il gesto decostruttivo di quell'epoca. Fu John (insieme a molti della sua generazione) a mostrare la «praticabilità» dell'uso del *ready-made* – quella che può essere considerata come la strategia dominante nella pratica artistica delle ultime generazioni[12].

Vedevo l'arte ... come una attività ... in cui l'artista trovava il modo di lasciare che i suoni fossero loro stessi ... per aprire la mente della gente che li produceva e li ascoltava a possibilità mai prima prese in considerazione.
John Cage[13]

Il Bodhisattva Avalokitesvara disse che il suono – l'ascolto – era la via più diretta all'Illuminazione. Questa linea di pensiero ha diverse connessioni. Da un lato, si collega all'idea tradizionale che le onde sonore viaggino non attraverso l'aria, ma attraverso la quintessenza, la più squisita e divina tra le sostanze, chiamata etere nell'Antica Grecia e *akasha* in Sanscrito. Questa idea la si trova parallelamente sia nella tradizione indiana, dove assume rilievo particolare nella pratica dei *mantra* – sia nell'Induismo che nel Buddismo – sia nella tradizione greca, dove venne messa alla base dell'idea pitagorica della musica delle sfere, la concezione secondo cui le sfere planetarie produrrebbero nella loro rotazione un poderoso accordo, che *è* l'armonia dell'universo, la *ratio* su cui l'universo è intonato. Di speciale rilievo per la pratica musicale di Cage è che l'*akasha* è tradizionalmente inteso essere l'elemento Illimitato, quello che occupa tutto lo spazio ed è ovunque. La trasposizione di Cage dell'Illuminazione akashica nell'attenzione ai suoni che ci circondano ogni giorno riflette questa tradizione.

D'altro canto, per quel che concerne la tradizione meditativa che si sviluppa dalla meditazione *vipassana* (che si dice Buddha stesse praticando quando divenne illuminato sotto l'albero bodhi) alle forme molto più tarde sviluppatesi in contesti Zen più di mille anni dopo, Avalokitesvara potrebbe aver preso spunto all'efficacia pratica. Come l'attenzione al respiro, l'attenzione agli onnipresenti suoni ambientali spesso ignorati può unificare il continuum della coscienza. Essendo stato considerato lo Zen una scorciatoia all'Illuminazione, così per molte delle tradizioni in cui si divide il Buddhismo, la meditazione sui suoni venne considerata una scorciatoia nella scorciatoia.

Nell'adattamento che Cage fece delle idee Zen all'ambiente urbano e industriale si può vedere un caso esemplare di assimilazione storica del buddhadharma alle condizioni culturali locali. La conferenza della Ross a proposito di Zen e

dadaismo aveva mostrato la strada che Cage, un decennio più tardi, avrebbe usato per la sua assimilazione, visto che senz'altro il Dada conteneva elementi di casualità e di apertura al flusso generale. Questa conferenza aveva già creato una situazione in cui gli atteggiamenti Zen potevano essere incorporati senza giunture all'interno di una nicchia già presente nella cultura occidentale.

Non ho nulla da dire, e lo dico.
John Cage

La saldatura senza apparenti giunture di due codici culturali è al centro dell'impresa antropologica di Cage. Da un lato, molto di ciò che era sembrato nuovo e sconcertante nel suo lavoro e nei suoi pronunciamenti è semplicemente la riproposta di cliché Zen. Li ripeteva in continuazione quando conversava, ad esempio nel modo in cui eccepiva alla parola «concetto» – forse il più trito elemento dello Zen – o quando sfidato diceva, «devo ridirigerti verso te stesso», o cose del genere. D'altro canto, Cage introdusse questi cliché in occidente in un modo insieme appropriato e affascinante. La sua famosa battuta, «non ho nulla da dire, e lo dico», trova nella tradizione occidentale un antecedente nelle battute *avant-garde*, quali quella di Rimbaud «Parlo silenzi», che a loro volta trovano riferimento nelle proposizioni mistiche di Meister Eckhardt e di altri. C'era in sostanza nella cultura occidentale un luogo già pronto per questa frase che aspettava qualcuno che lo riempisse. D'altra parte, la battuta di Cage è un truismo Ch'an e Zen sull'arte in quanto articolazione del vuoto. «Non ho nulla da dire, e lo dico», significa «sto esprimendo il vuoto nel mio lavoro», come ben si rendevano conto i pittori di paesaggi ed i poeti Ch'an.

[Suzuki] disse, «se prendete la via della meditazione a gambe incrociate, quando entrate dentro attraverso la disciplina, allora vi libererete dell'ego». Ma io decisi di andare fuori. Fu per questo che decisi di usare operazioni aleatorie. Le ho usate per liberarmi del mio ego.
John Cage[14]

Suzuki era inamovibile nella sua insistenza che la tipica meditazione seduta della tradizione Zen fosse il sentiero per l'Illuminazione. Cage senza pensarci un attimo si sbarazzò di tutto questo e non intraprese alcuna pratica Zen formale, a meno di non considerare tale la sua dieta macrobiotica[15]. Nel suo insistere sulla purezza del quotidiano non frammisto a meditazioni trascendentali, Cage era più vicino ai maestri di Soto Zen che al militante Zen Rinzai[16] di Suzuki, e ancor più vicino al maestro Buddista contemporaneo Buddhadasa, che enfatizza l'attenzione al quotidiano al punto da dispensare i suoi discepoli da qualsiasi specie di meditazione formale, in ragione del fatto che si tratterebbe di una perversione della natura casuale e accidentale della vita[17]. Sia per Suzuki che per Cage questa dicotomia produsse un'incertezza sul significato da attribuire alla storia.

Una volta chiesi ad uno storico, «Come si scrive la storia?» e lui mi rispose, «Ah be', te la devi inventare».
John Cage[18]

Suzuki aveva assunto un atteggiamento introspettivo sul valore da dare alla prospettiva storica. Per quanto fosse uno storico meticoloso, non poté far a meno di sentire che il suo

lavoro era connesso con un assoluto trascendentale che negava la storia. La storia era l'aspetto «formato» della realtà e il vuoto quello senza forma[19]. Suzuki fece una chiara scelta di campo in favore del senza forma, in quanto più reale. Nonostante questo, una tensione si manifestò nella sua contraddittoria meticolosità storica, che male si combinava con l'atteggiamento antistorico del suo metafisicismo[20].

Il senso storico di Cage era altrettanto duplice e ambiguo, essendo il riflesso della contraddizione ereditata da Suzuki tra il trascendente e lo storicizzato[21]. Nel saggio *Storia della musica sperimentale negli Stati Uniti*, ad esempio, Cage mostra un acuto senso di «continuità con il passato»[22] e dell'importanza di una tale coscienza per la pratica artistica. Le sue innovazioni musicali chiaramente debbono qualcosa alla «storia [come] la storia delle azioni originali»[23]. Malgrado ciò, Cage disse che la contemplazione di tali questioni lo spinse infine al «disgusto», e precisamente al disgusto per la competizione delle sensibilità nella ricerca spasmodica del nuovo. Cage, dando forse voce ad un desiderio, riteneva che il suo stesso contributo alla musica – incentrato sul silenzio (o il Vuoto) e sull'aleatorio (o acausalità) – fosse transistorico non legato ai bisogni di una sensibilità, ma «neutrale» in questo rispetto[24].

Molto più importante è il fatto che Cage sembra aver vissuto con la consapevolezza che, nel momento iconico di Cage che Ascolta Suzuki, una linea Zen si sia trasmessa in modo trans-etnico e trans-razziale, in discreto accordo con l'idea originale di un dharma trasparente e in viaggio. Quel Momento è entrato nella storia culturale come una grande transazione culturale al cui successo John sapeva di aver contribuito. Senza darci troppo peso, Cage non ha mai comunque lasciato passare sotto silenzio come egli sia stato il tramite di un evento storico di portata mondiale, divenendo, come Jung disse di Richard Wilhelm, un «intermediario gnostico» («uno che trasmette un insegnamento da una cultura e da un'epoca ad un'altra, non attraverso l'intelletto ma attraverso l'assorbimento corporeo, così che, in verità, egli stesso diventi l'insegnamento»[25]). Infine, Cage possedeva un senso dello storicismo molto personale, che si manifestava nel fascino che avevano su di lui certi punti di coincidenza, dove la storia sembra governata da forze aleatorie che in effetti implicano grandi significati sotterranei. In quei momenti il suo senso sia del significato che dell'insignificanza della storia erano quasi appacificati. Amava quelle simultaneità apparentemente significative ma sconnesse, di cui la mera cronologia rappresentava il felice registro di una casualità che, come notò Duchamp, sembrava essere lo strumento di una volontà più grande. Un esempio è il piacere che ebbe nel notare la contemporaneità di Milarepa e Niccolò Cusano.

Le trait principal de votre caractère?
Una disposizione gioiosa.
John Cage[26]

Se è vero che il dharma fu una sorta di terapia, John vi fu sottoposto prima di passarla in forma culturale nella sua musica e nei suoi scritti, e tutto lascerebbe pensare che egli fu un paziente guarito. La sua affermazione che il suo tratto principale era una disposizione gioiosa convince chiunque lo abbia conosciuto. Era contento John per via del dharma o malgrado il dharma? O sarebbe stato il suo carattere lo stesso a prescindere da esso? Il dharma gli servì da bilanciamento. Lo introdusse nella storia e simultaneamente lo portò fuori di essa. Era la sua ancora e la sua deriva. Diede talvolta segni di antagonismo e limitatezza e parlò e pensò come ogni altro ego meschino. Ma l'ambigua posizione in equilibrio tra lo storicismo e l'antistoricismo gli parve il più delle volte esilarante, una posizione che avrebbe svuotato per lui i pensieri della vita o li avrebbe trasformati, ancor meglio, nella Sinfonia della 6th Avenue.

[1] R. Kostelanetz, (a cura di), *Conversing with Cage*, New York, Limelight Editions, 1991, p. 227.

[2] *Ibid.*, p. 13.

[3] *Ibid.*, p. 12.

[4] Si veda D. Revill, *The Roaring Silence: John Cage. A Life*, New York, Arcade Books, 1992, pp. 107-110.

[5] Cage talvolta dice che la sua frequenza durò tre anni e terminò nel 1951; in altri momenti dice invece che gli anni di frequenza furono due. In *Conversing with Cage*, pp. 16, 29. Revill, cit., dice che Cage frequentò sino al 1952.

[6] *Ibid.*, pp. 16-17.

[7] *Ibid.*, p. 63.

[8] *Ibid.*, p. 277.

[9] Vedi *The Zen Teaching of Huang Po*, trad. inglese di John Blofeld, New York, Samuel Weiser.

[10] Kostelanetz, *Conversing with Cage*, cit.

[11] *Ibid.*, p. 23.

[12] Paradossalmente, allo stesso momento che John mostrò la praticabilità di queste procedure, le investiva anche di un certo ritualismo religioso. Per Duchamp tali attività erano secolari e prosaiche. Cage, nel legarle allo Zen le investì di un'aura religiosa. La predilezione per il libro di Huang Po sulla mente universale rappresenta la bardatura più sentimentale di quest'aura – anche se non è poi molto sentimentale, soprattutto se paragonato, per esempio, alla sentimentalità di un qualsiasi libro di devozione occidentale.
Il fascino che il casuale esercita sul moderno mondo occidentale è stato considerato, da occidente, come una radicale tendenza secolarizzante, una tattica nichilistica per sovvertire e deridere idee quali la divina provvidenza e la necessità storica. Eppure l'idea di una mente, o di uno spirito universale, una idea essenzialmente religiosa, è segretamente presente in buona parte di questa tradizione. Il punto è che cosa intendiamo esprimere con la parola «caso». Descrive forse questa parola un evento che non possiede letteralmente nessuna connessione con il significato, con l'intenzione e con la personalità? Oppure si tratta di un evento che nell'ottica in cui usualmente lo si inquadra sembra essere sconnesso, ma che in un'altra ottica – magari ottenuta aprendo o chiudendo lo *zoom* della psiche in una direzione anziché nell'altra – è in effetti significativo? Nell'ultimo caso la supposta natura casuale dell'evento è costituita dalla discrepanza delle percezioni da questo a quel livello, non nella natura fondamentale della cosa in sé. Così, l'evento supposto casuale – incapace di essere compreso sulla terra, ma comprensibile nei cieli, per così dire – diventa un *numinosum*, un punto di addensamento dell'energia trascendentale.
Sembrerebbe essere la prima di queste nozioni – l'idea di un evento che non è assolutamente significativo, che equivale a dire non causato, a nessun livello e in nessun modo – a cui Cage mirava. Si tratta di un tipo di entità religiosa particolare – quella che Aristotele chiamò motore immobile, Aquino il causato da sé, Rudolf Otto il *mysterium tremendum*, Shankara il *nirquna brahman*, Nagarjuna *shunyata*, e così via. Chiaramente questo è ciò a cui Cage stava mirando, anche se non era sempre capace di livellare le contraddizioni tra espressione e assolutismo. La sua discendenza dal buddismo portava con sé questo contenuto religioso.
Duchamp d'altro canto, che discendeva, come è stato dimostrato di recente, da quella linea di continuità francese che porta da Baudelaire e Rimbaud a Jarry, mostrava di contenere un'intenzione religiosa più limitata. Nell'affermazione che egli rispetta il volere del caso, poiché in esso si manifesta una forza maggiore, Duchamp sottintende una situazione simile a quella della mente universale di Huang Po: una situazione in cui una piccola mente fatta di scarsa materia può aprirsi ad una più grande forza immateriale, grazie a dei processi casuali dove è il lancio del dado a decidere tra dio o Mente. Così per Duchamp l'evento casuale non era insignificante in senso assoluto, ma solo nel presente assetto della mente. Cage, per quanto impegnato in una dimensione più mistica, vista la sua sottomissione a Suzuki, fu ciò nonostante meno vulnerabile alla critica di cripto-daimonismo nella ricerca di un regno al di là del significato.

[13] Kostelanetz, *Conversing with Cage*, cit., p. 43.

[14] *Ibid.*, p. 229.

[15] Si veda *Ibid.*, pp. 42-43.

[16] Come Edward Conze ha fatto notare (E. Conze, *D.T. Suzuki on Indian*

Mahayana Buddhism, New York, Harper Torchbook, 1968, Introduzione; e lo si compari a Conze, *Thirty Years of Buddhist Studies*, London, B. Cassirer, 1967, pp. 27-28), gli scritti di Suzuki avevano ad oggetto tanto lo Zen quanto il Buddismo indiano Mahayana, da cui venne un influsso dei Vedanta che verteva sull'idea del vuoto (*sunyata*) in quanto assoluto metafisico, oltre che un influsso *yogacara*, derivato dai Lankavatara Sutra (Daisenz Teitaro Suzuki, *Studies in the Lankavatara Sutra*, London, Routledge and Kegan Paul Ltd., 1930, e *The Lankavatara Sutra: A Mahayana Text*, London, Routledge and Kegan Paul Ltd., 1932), sull'assoluto come si manifesta in una mente universale. Lo Zen di Suzuki fu profondamente influenzata dalla tradizione neo-kantiana, o meglio dalla propensione occidentale del diciannovesimo e ventesimo secolo di assimilare i Vedanta come se fossero una dottrina neo-kantiana, enfatizzando cose come il continuum che legherebbe l'oggettività alla soggettività, e così via. Queste idee altamente metafisiche filtrarono attraverso le radici Rinzai di Suzuki, la tradizione giapponese dello Zen dei *samurai* a cui si oppone lo Zen Soto, i cui effetti si manifestano più nell'enfasi Theravadin data alla realtà ordinaria anziché a quella metafisica.

[17] Si veda Buddhadasa, *Toward the Truth*, Donald K. Swearer, a cura di, Philadelphia, The Westminster Press, 1971.

[18] Kostelanetz, *Conversing with Cage*, cit., p. 38.

[19] Un dualismo che Suzuki derivò direttamente dalla distinzione tradizionale tra *nirguna* e *saguna brahman* – l'assoluto visto attraverso la forma e l'assoluto visto nel senza forma. (Certe fondamentali distinzioni kantiane grosso modo seguono un andamento simile).

[20] La critica del dualismo di Suzuki fu portata avanti da Hu Shih, *Ch'an (Zen) Buddhism in Cina: Its History and Method*, in Philosophy East and West 3 (1955), pp. 3-24.

[21] Si potrebbe notare, in termini generali, che il desiderio di Cage di disperdere il sé nel quotidiano entrò in conflitto con l'intuizione per cui l'io si lega infine ad un vuoto trascendente. L'attenzione data al suono culturale piuttosto che a quello naturale cercò di cortocircuitare l'ideologia della storia nello stesso momento in cui, attraverso il congiungimento di Dada e Zen indicato negli anni trenta dalla Ross, realizzava il suo più grande contributo storico.

[22] Cage, *Silence*, p. 74.

[23] *Ibid.*, p. 75.

[24] *Ibid.*, p. 75. Allo stesso modo, quando si occupa del lavoro di altri artisti e compositori Cage dimostra una consapevolezza della continuità storica che si accompagna ad un desiderio di sovvertirla. Nel saggio *Storia della musica sperimentale negli Stati Uniti*, per esempio, cita De Kooning che, in risposta al quesito «chi l'ha influenzato di più», disse, «il passato non mi influenza, sono io che lo influenzo». (Cage, *Silence*, cit., p. 67). Questo desiderio di rovesciare la causalità della storia si esprime anche da Yves Klein, un altro artista colto nel vivo della tensione tra il trascendente e lo storico, che sosteneva come Malevič non lo avesse influenzato; piuttosto era stato lui a influenzare Malevič.

[25] J. Goldstein, *The Experience of Insight: A Natural Unfolding*, Santa Cruz, University Press, 1976, p. VIII.
In un certo senso, la partecipazione di Cage al movimento storico del viaggio del dharma non è poi così differente dalla partecipazione al movimento storico occidentale di cui diceva di essere disgustato. In ognuno di essi vi era un senso di sviluppo storicamente inevitabile che avrebbe finito con l'imporre nel mondo una determinata ideologia. In entrambi i casi, vi era una pretesa salvifica a giustificare il movimento storico. John in effetti ha disertato dal senso occidentale di sviluppo storico mondiale per abbracciare un mito asiatico di totalità storica. Naturalmente i due involucri contenevano oggetti diversi: il mito buddista della storia in cui John si arruolò non si muoveva primariamente nel mondo economico, ma in quello terapeutico. Per quanto i sostenitori della visione occidentale della storia potrebbero dire le stesse cose, essi rimarrebbero comunque poco credibili. L'avanzata storica del buddismo non procedette su conquiste marziali o colonizzazioni commerciali.

[26] Kostelanetz, *Conversing with Cage*, cit., p. 285.

③ getting olD?
then give Up. or
          Continue.
      go Home.
        chAnge
      your Mind.
    still comPosing?

3 kinds

Cage e la poesia

Frammenti di funghi *di* Gigliola Nocera

Venuto originariamente alla luce in un'edizione limitata, arricchita da litografie dello stesso Cage e di Lois Long[1], il *Mushroom Book* mi è più volte capitato fra le mani, in anni recenti, come una sorta di punto di passaggio obbligato: sia che lavorassi alle partiture di Cage, sia che mi trovassi dinanzi ai suoi *etchings* o che leggessi i suoi ultimi mesostici, questo libro dei funghi mi si faceva innanzi come *mise en abyme* della poetica cageana, come luogo in cui tanti elementi che la contraddistinguono trovavano una spiegazione pur nell'apparente esilità del testo, o venivano detti, o predetti.

Da tutto questo, e dalle sollecitazioni di comuni amici e dello stesso John, nacque l'idea di tradurlo e di offrirlo al lettore italiano che tante volte aveva seguito – tra l'appasionato e l'incuriosito – i concerti, le conferenze, gli happening di questo strano musicista che affascinava sempre tutti riuscendo persino a radunare mille bambini torinesi per un grandioso *Musicircus* o a far viaggiare altrettanti passeggeri da Bologna a Porretta Terme sul suo sonoro *Treno di John Cage*. Ne nacquero pure molte, tante conversazioni (l'ultima a Perugia e Assisi, sul finire di giugno del 1992) con Cage, la cui sintassi espositiva risulta a prima vista non problematica proprio perché estremamente lineare e concisa; e invece obbliga il traduttore a equilibrismi multipli per potere ad esempio rispettare le invisibili regole interne di un mesostico (grandiosa rilettura ironica della dodecafonia), e soprattutto alla tensione primigenia di una eclissi ideologica, allo sforzo liberatorio dello «starting from zero».

Poiché anche di questo libro dei funghi, insieme a tante altre cose, si parlò con John Cage nelle sue notti perugine, le ultime trascorse in un'Italia che tante volte lo aveva visto ospite, dalla Milano di Gianni Sassi, e dello storico concerto al Teatro Lirico, a Roma o alla Palermo delle «Settimane Musicali»; dalla Torino di Luciano Martinengo e di Alfredo Tradardi (insieme al quale Cage ideò lo straordinario progetto di sonorizzazione di Montestella d'Ivrea) alla Bologna di Tito Gotti, mi sembrava – come direbbe solo lui, ma mai di se stesso – «relevant to him» consegnarne qui alcuni frammenti, alcune «tracce» anticipatrici. E mi sembrava «relevant» che tali «tracce», passando da quelle pagine a queste, riportassero a Venezia: la Venezia della Biennale, dei *Thirty Pieces for Five Orchestras* e delle affollatissime interviste pubbliche, ma anche quella di casa Messinis e di casa Venier dei Leoni, da cui si muoveva in gondola con Peggy Guggenheim; la Venezia che attraversavamo insieme, da San Marco alle Zattere, in compagnia della sua sacca (*my body*), del suo cestino pieno di ortaggi (*my stomach*), e dell'eterna valigetta nera (*my brain*); la Venezia che mi disse apparirgli nella stessa luce di Ruskin come *a stone under the water*, una pietra splendente sotto la superficie dell'acqua.

Anche da queste «tracce», si vede subito in che modo il *Mushroom Book* venga incontro al lettore col passo leggero di una pagina che è raffinatissima già a partire dall'organizzazione grafica del testo: tra vuoti e pieni, tra silenzi e parole, scivola la serpentina del pensiero che di pagina in pagina riporta ricordi, annota esperienze, anticipa partiture a venire, permettendoci di volta in volta, di gettare uno sguardo ora sul tavolo di lavoro di questo straordinario pensatore, ora sul titolo dell'ultimo *livre de chevet* o sull'ultima sua rilettura di Thoreau.

Anche da queste pagine saltano fuori i funghi, presenza silenziosa, talvolta inquietante; soprattutto quando compaiono in forma di mesostico che si «vede», ma non si «sente», come quello sulla *Stropharia rugosoannulata*. Ma si sa già: i funghi sono creature misteriose anche a partire dall'aspetto e dalla silenziosa provenienza. Da dove arrivano? Non si sa. Non è possibile risalire all'origine di una creatura della *chance* che spunta sempre come un fungo e che t'insegna la poetica del trovare senza cercare, la libertà del Rossore preferibile alla prigionia della Competenza. Quel che sappiamo è soltanto che è fra noi, grande *oversoul* vegetale il cui inesistente potere nutritivo è inversamente proporzionale all'estasi del suo sapore; la cui innocente commestibilità può avere un sosia nella morte.

Anche tra questi frammenti del *Mushroom Book*, infine, ho lasciato cadere un frammento in Italia, filtrata attraverso lo sguardo ironico di Cage che riesce a coniugare le teorie del suo amico italo-americano Martino con il teorema di Margaret Mead: l'importanza dei numeri minori. È vero: bastano oggi poche imperfezioni sulla carta per scrivere una partitura; così come bastarono ieri poche creature vegetali incontrate per caso nel sottobosco intorno a Walden Pond per far sì che Henry David Thoreau aprisse il suo diario e confidasse al mondo: «funghi superbi, sei».

---

[1] J. Cage, *Mushroom Book*, Hollander Workshop Inc., New York, 1972, con litografie di John Cage e Lois Long.

MUSHROOM BOOK

IL LIBRO DEI FUNGHI

Bake *Polyporus frondosus* (buttered,
seasoned, covered)
until tender. Chop.
Steep wild rice 5 x 20'
in boiling water (last water salted).
Combine.

Voices singing Joyce's Ten Thunderclaps
transformed
electronically to fill actual
thunder envelopes; strings playing star
maps transformed likewise to fill
actual raindrop envelopes (rain
falling on materials representing history of
tecnology).
(McLuhan.) Last rain not falling
(wind instruments), i.e. present moment.
Music becomes nature (Johns)

Man/Earth: a problem to be
solved.

highway system (Ivan Illich): a false utility,

no water unless necessary.

Hunting for *hygrophoroides*, found
abortivus instead.
Returning to get more *abortivus*, found
ostreatus in fair condition. South to
see the birds, spotted *mellea*.
Hunting is starting from
zero, not looking for.

Moving around, we take concerts and exhibitions
with us. There is no
connected administration. We are audience
and visitors. There are no special hours or
places. We also manage in
spite of all the entertainment to
get some work done,

great fungi, six.
(Henry David Thoreau)

Not only the foliage begins to look
dark and dense, but many ferns are fully
grown, (Henry David Thoreau)

Cuocete il Polyporus frondosus (*imburrato,
aromatizzato, coperto*)
*finché tenero. Spezzettatelo.
Immergete del riso integrale 5 x 20'
in acqua bollente (salare all'ultimo).
Servire insieme.*

*Voci che cantano i Dieci colpi di tuono di Joyce
modificate
elettronicamente per raggiungere la reale
frequenza sonora del tuono; archi che eseguono mappe
stellari modificati altresì per raggiungere
la frequenza delle gocce di pioggia (pioggia
che scroscia su materiali rappresentativi della storia della
tecnologia).
(McLuhan.) L'ultima pioggia che non scroscia
(strumenti a fiato), sta per il momento presente.
La musica diventa natura (Johns).*

*Uomo/Terra: un problema da
risolvere.*

sistema autostradale (Ivan Illich): una falsa necessità,

niente acqua se non ce n'è bisogno.

Andando a caccia di hygrophoroides, *trovammo
invece l'*abortivus.
Ritornando a prendere altri abortivus, *trovammo
dell'*ostreatus *niente male. Andando a sud
sulla rotta degli uccelli, il* mellea *maculato.
Andar per funghi è partire da
zero, più che sapere cosa si cerca.*

*Quando siamo in giro, ci portiamo dietro concerti
e mostre. Niente
apparato amministrativo. Siamo pubblico
e artisti. Non ci sono orari o luoghi
deputati. Riusciamo pure al
di là di tutti i vari spettacoli a
portare a termine del lavoro,*

*funghi superbi, sei.
(Henry David Thoreau)*

*Non solo il fogliame comincia ad apparire
scuro e fitto, ma anche le felci sono in pieno
rigoglio. (Henry David Thoreau)*

Martino told me reason his lamb chops're better
than Ottomanelli's was his business's
smaller. Margaret Mead,
too, insisted on importance
of less numbers (if one's a futurist).

ing and yellowing the grass, as if a
liquor (or dust) distilled from them.
(Henry David Thoreau)

Holding her knife in
her right hand,
lady-psychoanalyst rushed to reach the
mushroom first. When she saw her left
hand getting near, not hesitating, she cut
herself.

Who's been killed
by a work of art?

Brown's letter: Ellul says human nature has
been destroyed, that
food must become entirely artificial.
There is no hope in
counter-culture ("nothing there to build
on"). Brown made me read Ellul.

II

We're in a confusion of
books. Bonfire?

Sandwiches of leftover
mushrooms.

Plan (which Grace agrees
to): to visit the school in Baltimore,
one, two, three,
four or five days after the first
November rain.
That way I'll get to revisit
Bombay Hook (peak of
Canadian geese) and the woods
near Smyrna (excellent for
fungi).

We have turned
around: We live in another direction.

Work's a series of replies
without regrets.

Martino mi disse che il suo spezzatino d'agnello è più buono
di quello di Ottomanelli perché il suo locale è
più piccolo. Margaret Mead,
pure, insisteva sull'importanza
dei numeri inferiori (se uno è futurista).

endo e ingiallendo l'erba come se un
secreto (o cipria) ne stillasse.
(Henry David Thoreau)

Con il coltello ben saldo
nella mano destra,
ecco la psicoanalista slanciarsi per raggiungere il
fungo per prima. Quando vide la sua mano
sinistra avvicinarsi, senza esitazione alcuna, si
tagliò.

Chi mai fu ucciso
da un'opera d'arte?

La lettera di Brown: Ellul afferma che la natura umana è
stata distrutta, che
il cibo diventerà del tutto artificiale.
Non v'è speranza alcuna nella
contro-cultura («non v'è nulla su cui
costruire»). Brown mi fece leggere Ellul.

II

Ci troviamo in una babele di
libri. Al rogo?

Sandwiches di funghi
avanzati.

Progetto (su cui Grace è
d'accordo): visitare la scuola a Baltimora
una, due, tre,
quattro o cinque giorni dopo la prima
pioggia di Novembre.
Così potrò rivisitare
Bombay Hook (paradiso delle
oche canadesi) e i boschi
nei pressi di Smyrna (ideali per
funghi).

Abbiamo invertito
rotta: Viviamo in un'altra direzione.

Il lavoro è una serie di repliche
senza rimpianti.

In woods, we're misled
by leaves or play of
sunlight; driving along, we sometimes
stop, park, and get
out, only to discover it's a football or a
piece of trash. Learning from such
experiences isn't what we do.

matsutake. L. rachodes. umbonatus.
(Map showing locations)

sInuUsrrn.snnenhL.hmecusoaenilsiw
aWhhdm.

Tendency to
counteract: hunting in the same places.

Music ("good
music") excludes the stranger, establishes the
government, renders
the composer deaf. Is't because connection of
state'n'art was
clearer to them than others that
Chinese (twice at
least)'ve shaken'em apart?

Mosquitoes that bite us while we're
finding mushrooms
don't bother us.

E. (from *Solo for Voice 79*)

trgOnefosnr uJvaR mbthr
mnols htbu.

back on one another
or try to gain at the expense
of another. Any success in such lopsidedness
will be increasingly
short-lived.
(R. Buckminster Fuller)

In 1935 when I first
arrived in Huautla in quest of
the sacred mushrooms no one
would speak to me about them.
(R. Gordon Wasson)

Eat only small portions, ... half a head
the first time. Be sure
each member of the family follows the same

---

*Nei boschi, veniamo fuorviati
da foglie o da giochi di luce
solare; quando si va in macchina, talvolta ci si
ferma, si parcheggia e si scende,
per scoprire ch'era poi solo un pallone,
o spazzatura. Apprendere da simili
esperienze non è il nostro forte.*

matsutake. L. rachodes. umbonatus.
(Mappa indicante i luoghi)

sInuUsrrn.snnenhL.hmecusoaenilsiw
aWhhdm.

*Tentazione da
combattere: andar per funghi negli stessi posti.*

*La musica (la «buona
musica») rifiuta quanto le è estraneo, fonda il
governo, rende
il compositore sordo. È perché il legame tra
stato e arte risultò
chiaro a loro più che ad altri che i
Cinesi (che sono il doppio
almeno) li tengono ben separati?*

*Le zanzare che ci pizzicano quando abbiamo
già trovato dei funghi
non ci infastidiscono affatto.*

Mi. (da *Solo for Voice 79*)

*trgOnefosnr uJvaR mbthr
mnols htbu.*

*nuovamente uno sull'altro
o a tentar di farcela a spese
di un altro. Ogni successo per vie così traverse
sarà sempre più
effimero.
(R. Buckminster Fuller)*

*Nel 1935 quando per la prima
volta arrivai a Huautla in cerca dei
funghi sacri, nessuno
me ne volle parlare.
(R. Gordon Wasson)*

*Mangiatene solo piccole porzioni, ... metà cappello
la prima volta. Assicuratevi che
ogni membro della famiglia rispetti la stessa*

procedure. It does not follow that because
father can eat them mother and all the
children can do likewise.
(Alexander H. Smith)

"The situation is
changing rapidly. Don't read Ellul. Read *The
Chinese Road to Socialism*
(Wheelwright and McFarlane). Fight
self[1] (Self-Interest).
Serve the People[2], I.e. Fight Profit motive[3],
consumer economy, technique in command[4].
Choose Redness over
Expertness".
1. Duchamp and Zen.
2. Buckminster Fuller. 3. Thoreau.
4. Anarchy.

tala.

In the early 'thirties Cowell
introduced me to oriental
musics. I was
attracted by the
rhythmic structure and rhythmic
complexity of North
Indian Music.

No mushrooms in the woods? Let's go
buy some real ones.

During the
transit strike in
New York City many people became
hitchhikers. I
picked up a South
American. We got into a
conversation. He turned out to be a composer
whose principal hobby was hunting
wild mushrooms.

It is neither long nor short, big
nor small, but transcends
all limits, ... and
every method of
treating it concretely. It is
the substance you see
before you – begin to reason
about it and you at once fall
into error.
(Hsi Yun recorded by P'ei Hsiu)

---

procedura. Non è detto che se il
padre li tollera la madre e tutti i
figli possono fare altrettanto.
(Alexander H. Smith)

«La situazione sta
cambiando rapidamente. Non leggete Ellul. Leggete La
via cinese al socialismo
(Wheelwright and McFarlane). Lottate contro il
self[1] (Interesse Personale).
Siate al servizio della gente[2]. Cioè: Combattete ogni motivo di
profitto[3], l'economia dello spreco, la tecnica del comando[4].
Preferite il Rossore alla
Competenza».
1. Duchamp e lo Zen.
2. Buckminster Fuller. 3. Thoreau.
4. Anarchia.

tala.

All'inizio degli anni trenta Cowell
mi fece conoscere la musica
orientale. Fui
attratto dalla
struttura ritmica e dalla ritmica
complessità della musica
dell'India del nord.

Niente funghi nei boschi? Andiamo a
comprarne di veramente buoni.

Durante lo
sciopero del metrò a
New York City molta gente si diede
all'autostop. Diedi
un passaggio a un sud
americano. Cominciammo a
chiacchierare. Alla fine era un compositore
il cui principale passatempo era andare a caccia
di funghi selvatici.

Non è né lungo né corto, né grosso
né piccolo, ma trascende
ogni limite, ... e
qualunque metodo di
approccio concreto. È la
sostanza che vi trovate
dinanzi – cominciate a ragionarci
su e tutt'ad un tratto cadrete
in errore.
(Hsi Yun trascritto da P'ei Hsiu)

4 notes. (*Cheap Imitation*, sketch, II:
XXXI)

he Suddenly said,
"sTop!"
gReat
quantities Of it were growing near the
road.
his name was fletcher Pence.
after Hurried
exAmination i decided it was
pRobably
an *agarIcus*, we filled
bAgs and baskets.

guy neaR   ing had never seen it
before.
"it mUst be
a new *aGaricus!*" i decided
tO take it to town and
Serve it
tO friends
At a party.
fortuNately
No one the next day was
ill. lois took
specimens
to
ann arbor,
dr,
smith immediately took
down
icones
farlowianae
and opened
it to *stropharia rUgoso*, we had proven its
edibiLity, though we did so
foolishly.
As he asked,
we senT him (to his surprise)
A bushel of dried material).

4 note. (Cheap Imitation, *sketch*, II:
XXXI)

disSe all'improvviso,
«*sTop!*»
gRandi
quantità ne crescevanO vicino alla
strada.
il suo nome era fletcher Pence.
dopo più cHe veloce
esAme decisi potesse
foRse essere un
agarIcus, *ne riempimmo*
sAcchetti e ceste.

guy neaRing non ne aveva mai visti
prima.
«*qUesto dev'essere*
un nuovo aGaricus!» *decisi di*
pOrtarlo in città e
Servirne al
nOstro gruppo riunito
per festeggiAre.
per fortuNa
Niente di male ci capitò il
giorno dopo. lois ne portò
campioni
ad
ann arbor,
il dr,
smith riconobbe prontamente
delle
icones
farlowianae
e ci rivelò
trattarsi della stropharia rUgoso, *avevamo dimostrato che*
era commestibiLe, pur se in modo così
rischioso.
Appena ci chiese,
gliene mandammo subiTo, (con suo enorme stupore)
unA montagna di esemplari secchi.

Cage e la musica

Dalla musica alla fonografia* *di* Daniel Charles

Più ancora che gli *Intonarumori* del futurista Russolo, i tentativi di «audio-art» di Dziga Vertov, avviati fin dal 1916 e culminanti nel film *Enthusiasm* del 1931, sembrano dover accelerare il processo di ciò che si è convenuto chiamare, nella musica del XX secolo, l'«emancipazione del rumore»: Vertov si proponeva di sviluppare una «fonografia» che avesse con la musica lo stesso rapporto che intercorre tra fotografia e pittura. In realtà, i musicisti hanno ragionato diversamente: il Varèse di *Ionisation* (1931) o il John Cage percussionista a partire dal 1933, si sono preoccupati essenzialmente di allargare il campo di competenza del compositore, annettendo a beneficio della musica «pura» l'intero campo dei fenomeni udibili; e più tardi i musicisti sedicenti «concreti» si sono ingegnati a «de-causalizzare», come diceva Pierre Schaeffer, il suono vissuto, sgravandolo di «connotazioni» e di altre referenze segnaletiche. Allo stesso modo, le partiture seriali degli anni cinquanta e sessanta hanno affrontato con le pinze il problema dell'«emancipazione» del materiale: come ha rilevato Dieter Schnebel, i rumori sono stati utilizzati solo in quanto «ridotti alla loro purezza chimica, libera da ogni associazione».

Tuttavia, i suoni «non sono così puri»: dopo tutto, sono prodotti da uomini, e gli stessi suoni elettronici non sfuggono all'incrostazione della storia. Il filosofo tedesco Ernst Bloch diceva che in ogni canto come in ogni rumore, c'è «un intento intimidatorio». Impossibile ignorare il contesto.

La reintroduzione della «mimetica» nella sonorità era dunque a termine inderogabile. Cosa che, ad esempio, ha capito benissimo John Cage. Certo, le sue composizioni silenziose (*4'33"* o *0'00"*), per quanto urtanti siano apparse alle anime belle, portavano a compimento proprio il sogno dell'Occidente nella sua modernità conquistatrice, dal momento che giungevano a musicalizzare *tutto*: secondo Douglas Kahn, Cage, imponendo il silenzio alla musica, musicalizzava l'integralità del dominio sonoro, e troncare i suoni della loro semantica «naturale» equivaleva a spingere il formalismo al suo limite estremo. Ma Cage non si è limitato a questo. Fedele all'assioma dell'empirismo radicale, in base al quale ogni negazione deve finire con l'essere essa stessa negata («è proibito proibire...»), Cage, grazie alla persistenza di un certo «gusto» (quello stesso che all'epoca delle *Sonate* e *Interludi per piano preparato*, aveva autorizzato che la scelta delle sfumature di timbro si effettuasse «come una raccolta di conchiglie sulla spiaggia»), ritornò su ciò che il suo assioma di onni-accettazione o di inclusione generalizzata lo aveva – paradossalmente – portato a rifiutare.

Traccerò qui brevemente l'itinerario seguito. Allievo di Schönberg dopo il 1933, Cage aveva accettato il principio di un *metodo* «dodecafonico» perché gli sembrava che la tonalità considerasse solo sette suoni sui dodici offerti dalla tastiera; e che la distribuzione di questi sette suoni fosse gerarchizzata dalla semplice applicazione delle regole e dell'armonia, era ciò che consentiva raramente di comporre rigorosamente le durate. Ma perché la dodecafonia, a sua volta, giungesse a una coerenza reale, sarebbe stato necessario, innanzitutto, che essa si demoltiplicasse; ora Schönberg correva il rischio di tralasciare la differenziazione dei registri. Con Henry Cowell, Cage aveva cominciato a comporre con serie di venticinque suoni; ma è con ottantotto suoni – tutti quelli della tastiera – che si sarebbe dovuto operare. Se il cromatismo tramandato dalla tastiera temperata rigettava l'esuberanza delle sonorità microtonali, non si sarebbe allora dovuto *cambiare strumento*? Le relazioni armoniche «corrispondevano» a un certo stato della fattura strumentale, che metteva al bando l'estensione del principio seriale ai ritmi perché non aveva spinto abbastanza lontano l'*individualizzazione di ogni suono*. Per il regista astrattista Oscar Fishinger, che espose un giorno a John Cage la sua teoria sullo «spirito del materiale», lo «spirito» di un suono prodotto da un pezzo di legno differiva completamente dallo «spirito» di un suono ottenuto facendo risuonare un bicchiere. Il giorno dopo, Cage cominciò a scrivere per la percussione.

L'idea non era del tutto nuova. A quell'epoca Cage si sentiva prossimo alla *Ionisation* di Varèse e ai dischi di musica orientale che gli aveva fatto ascoltare Henry Cowell. Non pensava, tuttavia, di prendere le distanze dalla tradizione dei futuristi italiani e desiderava – come un Ernst Toch o un Darius Milhaud – spingere la liberazione della dissonanza fino a far vacillare, con l'introduzione del rumore, la definizione del suono «musicale»: la «musica» doveva allargarsi fino a comprendere tutti i modelli possibili di organizzazione del suono, invece di limitarsi deliberatamente alla trinità melodia-armonia-ritmo; ma ciò abbisognava di un rinnovamento sostanziale a livello della liuteria. L'elettricità avrebbe potuto, fin da quell'epoca, consentire l'installazione di studi: Cage vi pensava, ma questo sogno, negli anni attorno al 1937, avrebbe potuto realizzarsi solo sotto il controllo di compagnie commerciali private... La Cornish School di Seattle, per contro, disponeva di uno studio di registrazione: qui John Cage venne a lavorare ai suoi *Imaginary Landscapes* nei quali intervenivano dischi di frequenze sia fisse che variate; qui egli ebbe l'idea di amplificare sonorità infinitesimali, e dunque di utilizzare un *instrumentarium* elettrico a fini euristici, divenendo così la musica un modo di esplorazione dei rumori e di quel mondo fino ad allora inaccessibile. Per questo riguardo, lo stimolo gli veniva dalla danza. In effetti, stando alle sole caratteristiche fisiche del suono, e cioè all'altezza, all'intensità, al timbro e alla durata, sembrava chiaro che se l'armonia e il contrappunto, che si erano dispiegati sfruttando la dimensione dell'altezza, cessavano, con l'aiuto della dodecafonia, di reggere la costruzione musicale, quest'ultima, nella misura in cui si appoggiava alla dodecafonia, tendeva a intellettualizzarsi. Una «serie» consiste in una griglia di relazioni *pensate*, e non direttamente attinta dalla materialità «sensuale» della sonorità. L'utilizzazione delle percussioni, al contrario, avrebbe consentito di evitare la «cerebralizzazione» del musicale, rinviando a una dimensione *fisica* del suono – ma *altra* rispetto all'altezza: la dimensione della *durata*. L'esempio invocato da John Cage era quello del *wood-block*: non è in potere del percussionista fare in modo che un suono di *wood-block* si prolunghi al di là della durata che la natura dello strumento determina. Non c'è, con un *wood-block*, «nota trattenuta».

Ora, ciò che interessava, fin da allora, il compositore Cage, era lasciare che i suoni «si» esprimessero *da se stessi*. Che una «espressione» dovesse scaturire dalla personalità del musicista, era inevitabile. Ma non lo era meno quella che proveniva contemporaneamente dalla *natura* dei materiali e dal loro *contesto*. E il giovane Cage considerava che la prima rischiava di neutralizzare o annientare la seconda; ma che, se si metteva l'accento sulla seconda, tutti ne avrebbero beneficiato, a cominciare dai danzatori, che avevano essenzialmente bisogno di ritmi *naturali*.

Fu dunque la danza, e non semplicemente il desiderio di una totalizzazione dei mezzi sonori micrologici, a determinare l'accompagnatore di Syvilla Fort a Seattle a «preparare» il suo pianoforte. Non insisterò su questo aspetto, salvo che per ricordare che gli antecedenti – menzionati da Cage stesso (= i canti *Yei-be-chai* degli indiani Navajos, i pezzi di carta posti tra le corde del piano dai jazzisti di New Orleans, l'uovo da rammendo di Cowell, ecc.) – non sembrano aver dato luogo ai calcoli rigorosi di cui Cage sentì prestissimo la necessità, tanto per la disposizione degli oggetti da situare tra le corde del piano quanto per la ripetizione di un determinato suono complesso, dipendente da tale vite o da talaltro dado, in esclusione di qualunque altro item. Il pianoforte preparato, dal momento in cui richiedeva una rigorosa disciplina, «spostava» in qualche modo l'attività compositiva; dal campo delle altezze a quello dei timbri, il cambiamento concerneva, tuttavia, non solo la focalizzazione dell'attenzione su un «parametro» piuttosto che su un altro, ma, in modo ben più radicale, la sostituzione – prevista da Schönberg fin dall'*Harmonielehre* del 1911 – della dimensione inglobante del timbro a quella, univoca, dell'altezza, dovendo essere considerata l'altezza come un «caso particolare» del timbro, un timbro «orientato in una sola direzione». L'invenzione «preparatoria» significava, in questo senso, la realizzazione del sogno schönberghiano di una sussunzione del particolare al generale. Ma Cage, trascinato dalla sua invenzione, non si sarebbe fermato qui. Comporre una melodia facendo susseguirsi *ex abrupto* timbri eterogenei non era solo passare da una logica dell'unità a una logica della totalità. Cage lo ha spiegato nel corso dei dibattiti organizzati dall'Unesco nel 1969 a Chichén Itzá, nello Yucatan, sulla *Biologia e la Storia del futuro*, sotto la presidenza di C.H. Waddington, dibattiti ai quali partecipano anche Margaret Mead e Gunther Stent: poiché la ricerca della totalità rischiava di riproporre le aporie dell'idea di unità, Cage definisce la sua intenzione in altro modo – come una *produzione di molteplicità* – irriducibile sia all'unità che alla totalità. Gli esempi ai quali fa riferimento sono significativi, poiché è in Bach che egli cercherà l'unità, e in Mozart la totalità: la musica classica è qui considerata al suo vertice, cioè anche nei suoi limiti. «Prendete – afferma Cage – un poco di Bach: noterete che tutte le voci obbediscono alla stessa specie di movimenti. Un movimento cromatico significa che tutte le voci "cromatizzano", e un modulo di sedici valori di durata comporta che l'insieme delle voci ubbidisca alle stesse pulsazioni di sedici in sedici durate. In Mozart questa bella unità tende a frammentarsi: prendete un poco di Mozart, e constaterete la sovrapposizione di almeno tre strati, quello dei grandi accordi arpeggiati in terze e in quarte, quello delle scale diatoniche che combinano toni e semitoni, e infine i passaggi cromatici: la simultaneità del gioco delle loro differenze suggerisce l'idea, non più come in Bach, di una unità, ma di una totalità armoniosa. Non ho niente – diceva Cage a Waddington – contro la totalità, se non che essa induce a pensare che il tutto abbia dei limiti, e che di conseguenza esso non si allontani per nulla dall'unità. Preferirei "l'ouverture" (open-ness): non l'unità, né la totalità, ma l'ouverture. E l'ouverture, in particolare, ha cose con le quali sento una certa familiarità. Lo straniero ha sempre, in una società, un'importante funzione integratrice»[1].

La rinuncia di Cage all'unità e alla totalità – cioè, secondo le sue stesse parole, a Bach e a Mozart – portava con sé, più in profondità, la contestazione della criteriologia estetica classica fondata sull'unità del multiplo, presente in Occidente a partire da Platone fino a Kant e a Hegel, ma squalificata sul piano della pratica, dal momento in cui l'armonia era concepita come oscurante le differenze tra sonorità individuate, cioè individuali, in sostituzione delle differenze fisiche, sensibili, dettate dalla natura della fonte sonora considerata per se stessa, una rete di relazioni imposte dall'esterno a opera dello spirito. Cominciamo così a cogliere ciò che, nel rimprovero rivolto a Cage da parte di Douglas Kahn a proposito della «fonografia», è un po' una forzatura: se è vero che il superamento dei limiti dell'arte musicale – la Grenzüberschreitung – si effettua in Cage sempre a profitto del musicale, le sonorità che questo «musicale» riunisce possono perfettamente mantenere la loro identità di partenza, cioè il loro valore «semantico» iniziale.

Il divieto già pronunciato da Pierre Schaeffer, e la limitazione di ogni musica «concreta» a suoni alla fin fine «astratti» perché liberati da ogni implicazione significante, può consentire in studio il lavoro di purificazione «acusmatica», consistente nel «ripulire» le bande magnetiche dei diversi rumori avventizi. Ma la massima di Cage, pronunciata in occasione del convegno di Yucatan, secondo la quale è «moderna» solo una musica suscettibile di accettare le sonorità dell'ambiente, senza che per questo insorga il senso di un'interruzione, questa massima evita appunto l'impasse acusmatica. In effetti, come premunirsi contro l'irruzione del senso, se le sonorità dell'ambiente circostante, direttamente intrappolate dall'opera, si lasciano captare quali sono, senza la manipolazione che le mutilerebbe del loro rapporto nei confronti della quotidianità? Nessuna restrizione mentale potrebbe far sì che Variations IV di Cage, che sono come noto un prelievo «geografico» di sonorità ready made nel cuore di uno spazio dato, non comprendano talvolta i rumori della foresta e talaltra la sonorità di una chiamata telefonica, come all'epoca di una celebre esecuzione alla Sainte-Baume. Ascoltate, ora, la registrazione «ufficiale» di questa stessa opera, realizzata a Los Angeles con, a comando, un David Tudor immobilizzato in una galleria d'arte dedicata, quel giorno, a un vernissage: i rumori della strada, prelevati in situ, si sovrappongono alle conversazioni di un pubblico che tracanna champagne, così come alla diffusione di qualche decina di registrazioni passate al vaglio del caso da un mulinello abbastanza efficace, quello delle scelte personali. Il risultato, che mescola a un'atmosfera festiva una specie di pot-pourri delle musiche mondane, fu ripreso per fungere da musica d'atmosfera nel padiglione ecumenico della Mostra Internazionale di Montréal.

E una risposta analoga potrebbe essere avanzata all'obiezione rivolta nel 1984, nei Darmastadter Belträge zur neuen Musik, da Carl Dahlhaus a John Cage, obiezione che ripeteva quella di Douglas Kahn e che consisteva nel diagnosticare, nella pratica di Cage, la realizzazione dell'ideale kantiano del disinteresse. Poiché la musica è cosa mentale – così argomenta Dahlhaus – assegnarle la missione di raggiungere il materiale, la materia prima di Aristotele e degli scolastici, rientra nel campo della mistica. Cage, continua Carl Dahlhaus, pensa di essere un distruttore. Ma ciò che egli produce presenta questo di comune con la musica da cui pretende di prendere le distanze: il fatto che le sonorità vi sono epurate, liberate dei loro significati ancillari, segnaletici, quotidiani.

Esattamente come un compositore tradizionale, Cage ha badato a depennare la mimetica, per mantenere solo, a livello di ciò che resta in lui dell'opera come opus solidum, suoni alterati, spersonalizzati, e spossessati della loro origine. Pur ammettendo che, quando Cage si serve di un pianoforte non preparato, i timbri da lui impiegati sono effettivamente tanto inodori e insipidi quanto quelli di un qualunque brano di repertorio per pianoforte. Bisogna riconoscere che, una volta superato lo scoglio pianistico (e in generale, quello degli strumenti tradizionali non trasformati o «preparati»), il riferimento al mondo esterno sussiste. Questo riferimento non può certo, da solo bastare a far raggiungere una materia prima: ma lo stesso compositore ha mai rivendicato un simile oltrepassamento delle frontiere del percepito? Ciò che Cage dice a chiare lettere, dovrebbe togliere ogni equivoco: «Se, come può avvenire in una composizione beethoveniana, gli strilli di un bambino o qualcuno che tosse interrompono la musica, allora sappiamo che quest'ultima non è moderna. Ritengo che il modo che abbiamo, oggi, di decidere se qualcosa è artisticamente utile, consiste nel domandarsi se questo qualcosa è suscettibile di essere interrotto dalle azioni di un altro, oppure se partecipa dello stesso flusso»[2]. Per riprendere il vocabolario della biologia contemporanea, l'opera così concepita è identificabile a un chréode di Waddington, cioè a un sistema aperto capace di assorbire rumori; un simile sistema non potrebbe essere che aperiodico, perché se fosse periodico, qualunque elemento non periodico agirebbe come rumore che dissolve questa periodicità, dunque l'unità o la totalità. «Aggiungete – afferma Cage – elementi periodici a un sistema aperiodico: non attenteranno in nessun modo all'aperiodicità. Ora, che cosa di più aperiodico della natura? Le nostre concezioni dell'ordine sono elementari, se le paragoniamo a quelle che regnano effettivamente nell'ordine universale».

Contro Dahlhaus, dunque, e anche contro Douglas Kahn, bisogna tener fermo che il linguaggio, o l'insieme dei semantemi che veicolano le sonorità del mondo, sono talmente poco dissociabili dal «flusso» aperiodico chiamato natura, e sullo sfondo del quale Cage lavora, che la distinzione segnale/rumore, argomento principe delle teorie della comunicazione, cessa a questo livello di essere operativa. Cage, ci dice Douglas Kahn, rappresenta l'epitomé dell'indifferenza nei confronti dei significati: una volta reintrodotti i rumori nel campo del musicale, l'appartenenza delle sonorità al mondo esteriore si trova ricusata, e una nuova specie di rumori fa la sua apparizione, rumori di forma o di senso e non più rumori di fondo o non-sensi; il musicista Cage, per salvare la musica, non ha fatto altro che far camminare i suoni del mondo esteriore sulla testa, neutralizzandoli per renderne più asettica la *funzione*. Ma era proprio necessario «salvare la musica»? La risposta di Cage è ora chiara: «il» senso non è per niente una proprietà intoccabile, perché non si tratta di un dato fisso, ma di una convenzione. Il ruggito di un leone, se lo sento in mezzo alla savana africana, può darmi qualche fremito: registrato in un'opera zoomusicale di Henning Christiansen, sarà sempre un ruggito di leone, ma non dovrò più temere per la mia vita. Tra la posizione di un Christiansen o di un Cage e quella (che Khan critica) di un Pierre Schaeffer (che si accanisce a far sì che non si possa più riconoscere che si tratta di un ruggito di leone...), la differenza è evidente: l'ideale della non-denominazione del rumore, la finzione della «purezza» del rumore, portano a un solfeggio, e solo raramente sono decisivi sulle pratiche compositive tradizionali. Per contro, anche se il ruggito, in un'opera di Christiansen, si accontenta della sicurezza (lucreziana più che kantiana) del soave *mari magno*, il suo inserimento in un'opera musicale non differisce in modo essenziale dalla sua comparsa nella vita, se non per via della convenzione in base alla quale l'ascolto di una musica non presenta di per se stesso alcun pericolo reale. Che esista la convenzione inversa, quella platonica in quanto bandisce i poeti dalla città, alla quale Schaeffer si rifà per decretare categoricamente il primato dell'acusmatica sull'acustica, non è dubbio. Ma se si pretende, come Douglas Kahn, di fare a meno di *ogni* convenzione, cioè di eliminare *contemporaneamente* il platonismo di Schaeffler che liquida il mondo esterno e l'antiplatonismo di Cage per il quale interno ed esterno sono la stessa cosa, si cade sotto la critica enunciata da Carl Dahlhaus, perché si comincia a rivendicare la fusione con una *materia prima* immaginaria.

Tutto ciò torna a confermare la diagnosi fatta a suo tempo da Dieter Schnebel sulla preoccupazione maggiore del compositore Cage, che era quella, stando a Schnebel, di restituire «le particolarità del materiale» tenendo conto dell'«origine degli eventi musicali». In testi recenti – in particolare nell'intervista con Henning Lohner pubblicata nel 1989 in *Interface* (vol. 18, pp. 243-56), con il titolo «22708 tipi», intervista che risale in realtà al 1987 – Cage pronunciandosi sulla struttura della temporalità, giungeva ad affermare che se il futuro, letteralmente, «non esiste», è perché esso non è altro che *quello in cui* noi siamo *già*, e cioè il presente: quanto al passato, neppure esso «esiste» perché è ciò che inventiamo *a partire* dal presente e *nel* presente; esso fa dunque parte del futuro, e deve essere compreso come «futuro anteriore». Che dire, se non che ciò che il musicista utilizza, in quanto a sonorità, *è in statu nascendi*? Mettiamo ora a confronto questa tesi con il dibattito fondamentale che Dieter Schnebel ricordava a proposito di Cage, e rispetto al quale l'opera di Ernst Bloch su *Avicenna e la sinistra aristotelica* ha mostrato di non essere, oggi, per niente insensibile: la questione dell'individuazione tramite la forma o tramite la materia. Applicata alla musica contemporanea, la tesi dell'individuazione tramite la materia torna a enunciare il principio che il materiale musicale, se «connota», cioè se rinvia a significati che vengono d'altrove, cortocircuita l'*imperium* della sua musicalizzazione a priori. Detto in modo diverso, «prima» di

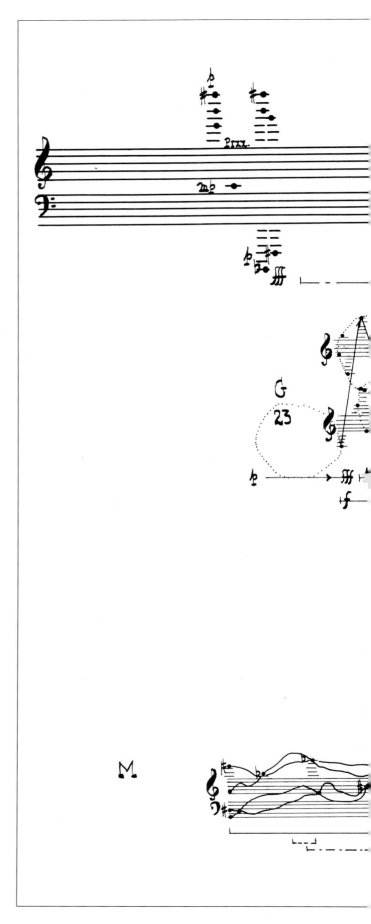

diventare «musicale» – il che vuole immancabilmente dire, in un'ottica formalista, che esso è investito di una forma imposta «dall'alto» oppure «dall'esterno» – il materiale musicale contiene allo *stato latente* un'energia, la *dunameion* della sua storicità o della sua stessa narratività che l'ha *già da sempre* proiettato in qualche modo fuori da se stesso, nel mondo. Jean Wahl, e Heidegger da parte sua lo aveva suggerito, diceva a proposito di Leibniz: se le monadi sono «senza finestre», è perché sono già nella strada! Ora, ciò che *fa senso* o almeno aiuta a *costituire il senso* è una dinamica del genere (che possiamo anche chiamare, con teorici come Albert Hofstadter o Elliott Deutschen, una «intenzionalità»), in quanto essa introduce nell'enunciato sonoro non solo un *telos*, ma anche la singolarità (o il ritmo) di una particolare velocità di spiegamento; il risultato è nitido per ciò che concerne la poesia, per la quale mai, contrariamente a ciò che si pretende generalmente, è possibile dissociare senso e suono. Di qui, per il teorico, ma anche per quel praticante che è il compositore, la necessità di un riesame della dimensione fondamentale del tempo: quest'ultimo non può ormai essere compreso che come *ouverture* (open-ness, diceva Cage), su una «dis-simultaneità» (l'*Un-gleichzeitigkeit*, secondo Ernst Bloch) di «strati» di velocità disuguali, zampillanti. La musica attualizza la complementarietà del lineare e del non-lineare (alcune ricerche come quelle di Jonathan Kramer vanno oggi risolutamente in questa direzione).

Posso quindi considerare la *materia prima* non più, come faceva Dahlhaus, a partire dallo schema ilomorfico aristotelico che impediva di fatto ogni afferramento «concreto» della materialità, in quanto quest'ultima era accessibile – secondo un fondamentale dogma platonico – soltanto tramite l'aspetto (*eidos*) che le conferiva l'intelletto; ma in funzione di una coppia *altra* rispetto a quella di materia e forma: la coppia, indicata dagli stoici e ripresa da Leibniz (e, oggi, nell'estetica di Gilles Deleuze), di materia e forza. La *materia prima* cessa di essere ridotta a una «essenza», come pretende Carl Dahlhaus che di fatto la pensa come il *rovescio* della forma nella coppia materia-forma; essa è piuttosto il *movimento della forza* sprizzante dalla materia e che la dinamizza senza sosta e *sua sponte*. Ma se è così, se la disseminazione dell'infinità delle sonorità naturali si effettua nel grembo della natura a opera dei sommovimenti e dei vortici da cui tale natura è animata, comprendiamo come possa apparire che l'intervento del compositore, in profondità, costituisca ridondanza nei confronti di quel «trambusto incessante» dell'«il y a», come lo chiamano Levinas e Blanchot (ma in un senso peggiorativo che non ha qui nessuna giustificazione). All'epoca del simposio di Chichénitza, a Gunther Stent che pronosticava la fine del progresso nelle scienze come nelle arti, John Cage rispose che se il progresso consiste proprio nel «dominare» la natura, l'arte non «progredisce» affatto, perché la sua vocazione è quella di «ascoltare» la natura. «Negli anni quaranta – disse – ho pensato a un'opera che non contenesse suoni; ma mi sono detto che essa sarebbe sembrata incomprensibile, dato il contesto europeizzante. Cinque anni dopo (nel 1952), mi sono ispirato, per realizzarla, ai dipinti di Robert Rauschenberg: uno di essi consisteva in una tela sulla quale non c'era niente. Charles Ives ha scritto un saggio romantico sul fatto di essere seduto su una sedia a dondolo, in contemplazione

dell'aurora, e "stando in ascolto della sua sinfonia"... Ho partecipato un giorno a un incontro – silenzioso – di quaccheri, e cominciai a pensare a ciò che avrei *detto* – cioè al modo (faustiano) con cui avrei dominato quell'incontro; e poi mi accorsi che *non c'ero*: ciò che occorreva, non era dominare, ma ascoltare. E ascoltare il silenzio. Con silenzio, intendo la molteplicità delle attività che ci attorniano senza sosta. Noi la chiamiamo "silenzio" perché essa non dipende dalla *nostra* attività. Non corrisponde né a idee di ordine, né a un sentimento espressivo...»[3].

Ora, il silenzio – Cage l'ha detto più volte – è il partner obbligato del suono: in termini semiotici, diremo con Eero Tarasti che il silenzio è la modalità sonora del non volere. Questo non volere è possibile solo se il compositore tiene conto di ciò che la natura «vuole»: siamo quanto mai vicini non solo a Leibniz, ma a Schopenhauer. E poiché ciò che il suono e il silenzio hanno in comune, il tempo, deve essere colto come l'incoglibile, come l'*in statu nascendi* perpetuo, con l'indefinitezza dei suoi strati e della molteplicità di tali strati, l'identificazione della *physis* col divenire diventa l'orizzonte stesso del lavoro d'ascolto. Quando Cage ha tentato di operare con strutture ritmiche «neutre», aperte a tutti gli eventi possibili, era portato a un ascolto del genere. Ma si comprende come non si sia fermato lì. Difatti un simile atteggiamento, che sfociava effettivamente nella liberazione del silenzio, non gli consentiva di evitare le esclusioni che il suo stesso gusto continuava a far subire a questa o a quella entità sonora, al centro dei suoni «voluti». Trovò la soluzione seguendo l'insegnamento del Daisetz Teitaro Suzuki: essa consisteva nel diffidare del proprio ego, affidandosi ad esempio a sorteggi. L'utilizzazione sistematica dell'*I Ching* aveva il vantaggio di permettere un rinvio, nei confronti dell'immediatezza quasi riflessa della scelta delle sonorità, immediatezza che tradiva una mancanza di rispetto verso le dinamiche naturali, e dunque verso il volere della natura. L'indeterminatezza, di converso, costringeva a creare solo in modo obliquo, indiretto: comporre non era più produrre un oggetto finito, era elaborare una matrice suscettibile di far nascere tanti oggetti finiti quante sarebbero state le esecuzioni. Si finiva così col modellare sul non volere del silenzio quei suoni che cessavano di essere «voluti» direttamente. Il critico Fred Goldbeck una volta qualificò John Cage come «il compositore più giraudoussiano della nostra epoca»: è chiaro, comunque, che se, per dirla con Jean Grenier, «l'eleganza suprema per un artista consiste forse nel non creare nulla», questa eleganza è uno dei tratti maggiori di Cage – ma a condizione di osservare nello stesso tempo che il «nulla» che, così, (non) si crea, altro non è che la molteplicità in quanto tale – benché la negazione si annulli da se stessa; Cage, come si sa, è sempre stato un lavoratore accanito.

La congiunzione del silenzio e del tempo, poggiante sulla dottrina Kegon del buddhismo Mahayana, che Suzuki insegnò a John Cage a partire dal 1951, permette nel corso del decennio 1950-60 lo sviluppo di una poetica dell'imprevedibile, contrassegnata da una pleiade di invenzioni e di realizzazioni apparentemente provocanti, ma in realtà fedeli alla linea direttrice dell'onni-inclusione degli eventi più disparati (e provenienti dalle arti più differenti).

L'inventario del periodo della «indeterminatezza» appartie-

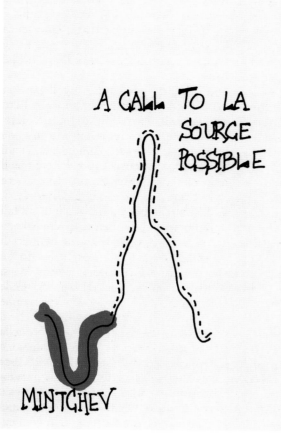

John Cage, Aria, *1958*

Alla pagina precedente:

John Cage,
Concert for Piano, *1957-58*

ne alla musicologia e – in ragione dell'estrema varietà dei tentativi – alla storia dell'arte in generale. Ma queste discipline, fino a nuovo ordine, raramente sono armate per integrare ciò che John Cage, ispirandosi a Christian Wolff, designava con «tempo zero»: non il tempo degli accadimenti considerati dal solo angolo visuale della loro successione, ma il tempo «reversibile» delle differenti «interpenetrazioni senza ostruzione» grazie alle quali si instaura al *presente* una cosmogonia a base di equitemporalità (la *Gleichzeitigkeit* heideggeriana, o il suo «rovescio», l'*Ungleichzeitigkeit* già ricordata secondo Bloch): o, se si preferisce, non *chronos*, ma *aiôn* (mi richiamo qui a categorie della *Logica del senso* di Gilles Deleuze). Con *chronos*, è noto, Deleuze designa il tempo dell'effettività «mondana» degli accadimenti; con *aiôn* egli intende il tempo «trascendentale» degli accadimenti presi in se stessi, «che ripercorre nei due sensi il gioco incorporeo delle singolarità»[4]. L'originalità dell'impresa di Cage, messa a confronto con la problematica della genesi del senso, consiste in questa scoperta di una temporalità aleggiante o fluttuante, indefinita e incommensurabile, vicina forse a ciò che Boulez aveva tentato di tematizzare con le specie del tempo liscio (cfr. *Penser la musique aujourd'hui*), ma che prende le mosse in realtà da un'assenza di pulsazione che cortocircuita ogni forma o ogni contorno perché *si identifica con l'esteriorità stessa sulla quale qualcosa del genere «forma» potrebbe stagliarsi*.

Ed è qui che la problematica della «fonografia» trova il coronamento della sua formulazione. Se, in conformità all'insegnamento del libero maestro della setta Hua-yen (alias «Kegon»), l'*Avatamsaka-Sûtra*, ogni suono, nella sua unicità, è al centro del mondo; se, dunque, tutto è reversibile – allora, il futuro e il passato, come il qui e l'altrove, sono la stessa cosa; e il gesto più trattenuto, l'accadimento più infinitesimale, si ripercuoteranno istantaneamente in tutto l'universo. Cage, da parte sua, non può che constatare tuttavia che anche se, grazie alle *operazioni* autorizzate dalla «computerizzazione» dell'*I Ching*, «tutto» è divenuto apparentemente possibile, resta ancora una *categoria di suoni (o di accadimenti) dimenticata*, e anzi condannata a un esilio sempre maggiore a causa del gioco delle innovazioni; *i suoni del passato*, quelli che il partito preso della non-esclusione ha, fin dall'inizio, trascurato, perché proprio essi erano *gli agenti dell'interdizione che si trattava di interdire*. Ora, che cos'è la fonografia (nell'accezione di Douglas Kahn), se non la rivendicazione in atto del diritto alla presenza di ciò la cui presenza fa problema in ragione della sua «insignificanza», che a sua volta altro non è che una delle figure della quotidianità? Se Cage erigeva in «rumori» i significati, era perché essi chiamavano l'ego defunto alla riscossa; ma una volta esorcizzata questa riscossa, perché impedirsi di farli ricomparire? La «svolta», nella produzione di Cage, risale alla prima *Cheap Imitation* del 1969. Volendo tradurre in balletto il *Socrate* di Satie, Merce Cunningham e John Cage fecero vano appello agli eredi del Maestro d'Arcueil; poiché questi ultimi restavano restii nei confronti di tale progetto, Cage si mise d'impegno a comporre una «levigatura» a partire dal *Socrate*: mantenendo l'ossatura ritmica e il fraseggio dell'originale, ma modificandone il giro melodico grazie a un computer, veniva fatto rivivere lo *spirito* satiano anche se formalmente l'«imitazione» restava lontana. Il computer di *Cheap Imitation* non equivale forse a una video camera, o al marchingegno di ripresa di suoni che impone a ogni fonografia, quale che sia il desiderio di «fare davvero» del realizzatore, un coefficiente di distanziazione non trascurabile? Il «significato», nel caso di un prestito consapevole a una partitura tanto nota come il *Socrate*, risiedeva nel testo che Satie aveva ripreso e sfrondato a partire da tre traduzioni di Platone; questo significato poteva ben essere *formalmente* assente, esso irrigava la struttura musicale, sia pure metamorfosata, che veniva data all'ascolto. Ma apparteneva meno alla *lettera* di un testo, pensato da Cage, che a un ritratto di Satie stesso; se *Cheap Imitation* aveva un senso, esso, atmosferico, andava oltre l'enunciato sonoro puro e semplice. Così, per poco che possano contare uno o due gradi di distanza rispetto all'immediatezza del percepito, il *Socrate* di Satie comincia a rivivere, e con lui il suo autore; il tratto principale della fonografia, in particolare la trasmissione di un'atmosfera, è rispettato. E la devozione personale di Cage nei confronti di Satie, benché prenda le mosse da un gusto soggettivo, non diventa per questo ammissibile, perché la soggettività che vi procede non esercita più, come prima, potere discrezionale; un'«armonia» ritorna possibile, ma slegata da ogni *a priori*. Di questa armonia di nuovo genere, Cage dirà che essa «accetta i rumori» – cosa che certo non faceva l'antica... In fatto di armonia, si tratta di quella, evanescente, che si può inferire dal «legame del senza legame» (Serge Leclaire, citato da Gilles Deleuze): è l'armonia degli *incontri* e non quella, premeditata all'eccesso, delle *selezioni*. Armonia labile, dunque, e precaria, che riassume la formula che John Cage ha tratto dal tantrismo: «Scrivere sull'acqua».

Il paragone cui ho accennato tra Cage e Deleuze meriterebbe di essere approfondito. Esso permetterebbe di circoscrivere meglio i casi di interpretazione senza ostruzioni che, connettendo elementi eterogenei, danno luogo a tipi nuovi di individuazione piuttosto che a «opere» nel senso canonico. Il «significato» ne è tanto meno escluso, quanto la nozione di opera rinvia sempre più o meno al principio di un'autonomia dell'arte, mentre ciò che è in gioco si situa al di là, e circoscrive quindi più da vicino la quotidianità; piuttosto che di opera sarebbe meglio marlare, come Gilbert Simondon faceva in *Du mode d'existence des objets techniques*, di «impressione estetica»; o ancora, come Deleuze ha suggerito, di «ecceità», cioè di «una costruzione *sui generis* che contravviene alla suddivisione tradizionale del campo percettivo in soggetti / oggetti / sfondo»[5].

Con «ecceità», Deleuze intende caratterizzare entità che fino ad oggi non hanno mai avuto diritto di cittadinanza – ad esempio: «Un nugolo di cavallette portato dal vento alle cinque della sera» o ancora: «Un lupo mannaro al chiaro di luna»... Si tratta in realtà di individuazioni che portano con sé il pre-individuale nel quale sorgono, in modo che nessuna origine debba più essere cercata altrove, in una «forma». È, se si vuole, l'estensione a tutte le arti del principio satiano della «musica da arredamento», pura spennellatura superficiale che fa rinvenire le forze senza esibire forme pensate come loro corrispondenti, e cortocircuita, così ogni *Gestalt* a favore di un *drone* incessante, inesauribile.

Allora, dice Deleuze (ma Cage lo enuncia in termini molto

simili), «il senso non è mai principio o origine, esso è prodotto. Esso non è da scoprire, da restaurare né da re-impiegare. È da produrre con nuovi macchinari»[6]. E, per esempio, con fonografie.

* Estratto da: Serge Dentin (a cura di), *Temps et mouvement. La musique et ses doubles*, Publ. del Laboratoire Musique et Informatique de Marseille, Atelier reprographique de l'Université de Provence, dicembre 1992.
[1] Cfr. C.H. Waddington, *Biology and the History of the Future*, Edinburgh, U.P. 1972, pp. 28-29.
[2] *Ibid.*, p. 58.
[3] *Ibid.*, p. 37.
[4] Mireille Buydens, *Sahara, l'esthétique de Gilles Deleuze*, Paris, Vrin, 1990, p. 41.
[5] *Ibid.*, p. 65.
[6] G. Deleuze, *Logique du sens*, Paris, Minuit, p. 98.

Su alcune trasformazioni caratteristiche nelle ultime opere di Cage *di* Martin Erdmann

Per Andrew Culver

Durante il festival «Pražské Jaro '92» ci fu un concerto con opere di John Cage e Lou Harrison, nel corso del quale suonai due delle opere per pianoforte di Cage, prima il pezzo solistico *One* e poi *Winter Music*, anch'essa in una versione solistica. Sebbene fosse solo metà maggio, le temperature erano state durante il giorno da estate piena, cosicché alla sera nella piccola sala sovraffollata nel centro di Praga fu necessario aprire le finestre durante la pausa. Entrai subito dopo la pausa e volli comunque suonare *Winter Music* ancora con le finestre aperte, ma durante l'esecuzione di *One* le feci tenere di nuovo chiuse. *Winter Music* è una di quelle opere grazie alle quali soprattutto Cage è famoso, un'opera «indeterminata», indeterminata dal punto di vista della durata, della continuità musicale, della dinamica, addirittura da quello dell'organico: la si può eseguire con almeno un pianoforte, ma con un massimo di 20 pianoforti. Essa fa parte quindi di quel tipo di musica «sperimentale» che Cage disse di comporre in modo tale da non interrompere o disturbare i rumori costanti dell'ambiente.

Da questo punto di vista sembrava perfino relativamente logico tenere aperta la finestra durante la sua esecuzione in modo che i suoni del pianoforte potessero associarsi nel modo migliore con quelli del traffico stradale. *Winter Music* fu composta nel 1957, *One* invece fu scritta trent'anni più tardi, nel 1987, ed è uno dei primi esempi di quel gruppo di opere che hanno come titolo solo uno o due numeri e che hanno occupato il compositore soprattutto negli ultimi anni della sua vita. E sebbene le due composizioni abbiano molto in comune (e soprattutto questo: che non possiedono assolutamente nessun tipo di «grammatica musicale» in senso consueto, o addirittura di retorica, e a ciò contribuisce in misura considerevole l'uso di operazioni casuali), tuttavia esse sono così diverse l'una dall'altra che in quella situazione del concerto di Praga ebbi senz'altro la netta sensazione che l'estetica del primo pezzo consentisse l'aggiunta dei rumori del traffico, mentre l'altro no.

Molti ascoltatori della sua musica erano dell'idea che la maggior parte dei 60 pezzi che sono nati dal 1987 fino al 1992, anno della sua morte, differiscano dalle opere precedenti, anche se le sue concezioni generali sull'arte e sulla vita, che egli espresse per iscritto o nelle interviste, non sembravano essere cambiate nei loro tratti basilari: le opere tarde sembrano ancora di più creare uno spazio autonomo, del quale il mondo quotidiano pare far parte alla lontana, sia che questo faccia piacere o che faccia rimpiangere il distacco dalla concezione di una musica rigorosamente sperimentale. Che cos'è successo dunque nelle sue ultime composizioni? Che cos'è rimasto uguale e che cosa invece è cambiato?

Se confrontiamo il materiale musicale per queste due composizioni e cioè osserviamo per così dire le diverse limitazioni che Cage ha fissato per i due pezzi, osserviamo, fra l'altro, a proposito di *Winter Music* quanto segue:
1) ci sono 20 singole pagine che possono essere eseguite da

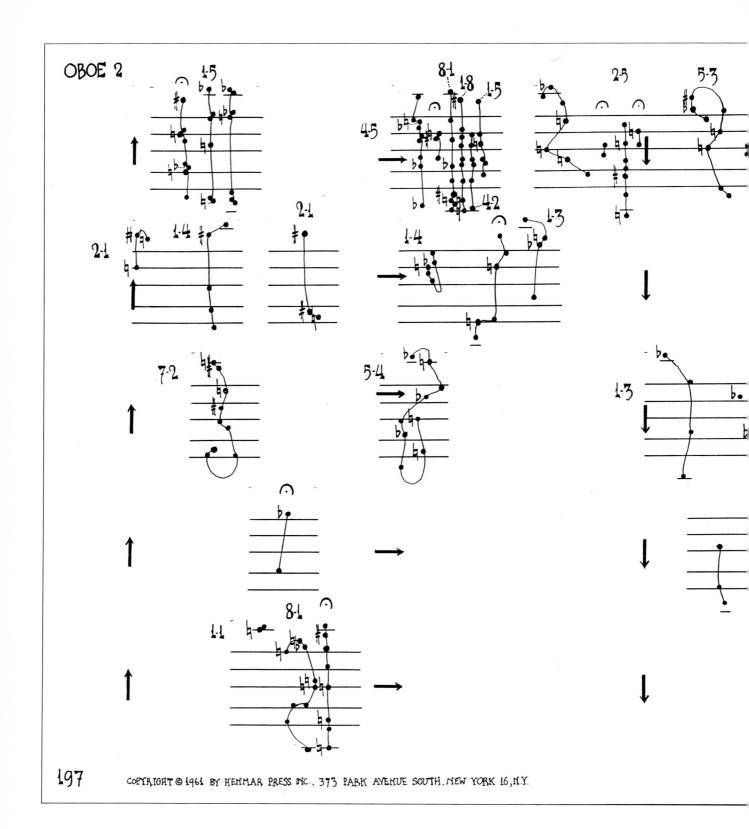

John Cage,
Atlas Elipticalis, *1961*

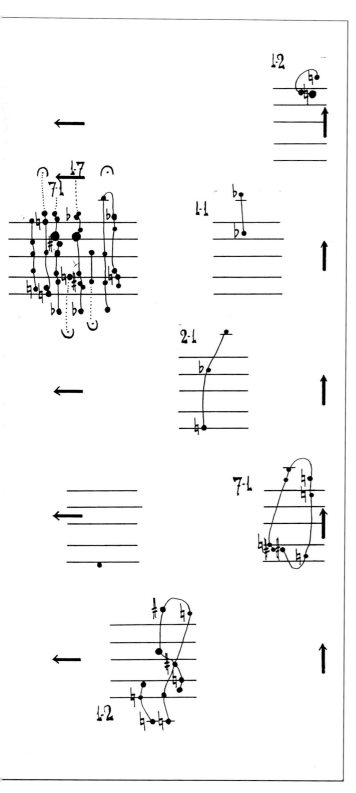

un numero di pianisti che va da 1 a 20, in qualsiasi successione, contemporaneamente o l'una dopo l'altra. Le proporzioni temporali delle singole parti – ogni pagina comprende 5 sistemi di note – non sono prescritte, come nemmeno la durata complessiva;

2) vengono utilizzati singole note, accordi di due note, accordi più complessi che hanno fino a 10 altezze sonore diverse, e gruppi, nel caso dei quali, qualora si sovrappongano più pianoforti, possono generarsi formazioni più complesse. Viene utilizzato tutto lo spazio sonoro disponibile sulla tastiera, dalla nota più bassa a quella più alta;

3) mentre le altezze delle note sono prescritte, la dinamica e la durata di ciascuna singola nota sono completamente lasciate alla libertà dell'esecutore o degli esecutori, e non solo dalla logica della notazione restante, ma anche dalle dichiarazioni esplicite e dalle esecuzioni dello stesso Cage risulta che viene utilizzata l'intera gamma delle dinamiche e della scala delle durate, e che dunque risuonano note estremamente lievi ed estremamente forti, estremamente brevi ed estremamente lunghe, con tutti i gradi intermedi;

4) se dunque sui piani suddetti della composizione, ovvero di una sua esecuzione, è già quasi tutto possibile, questo vale anche per la successione degli altri elementi: in questo pezzo tutto può virtualmente seguire a tutto, e questo o con una concentrazione e rapidità inaudite o con silenzi di interi minuti fra un tocco e l'altro.

Su *One* osserviamo invece, fra l'altro, quanto segue:

1) si tratta di un pezzo per un pianista solo, che deve suonare due pagine – ancora una volta ciascuna con 5 sistemi di note – in una successione che viene indicata. La durata dell'esecuzione è fra i 9'15" e i 10'00". Per ciascun singolo sistema di note c'è o un determinato *arco* di tempo, all'interno del quale l'esecutore deve cominciare un sistema e uno entro il quale lo deve concludere – e questo accade in 9 sistemi su 10 – oppure c'è indicato un *punto* temporale prima del quale egli deve averlo concluso – questo succede in un solo sistema. Tutti gli archi di tempo, che si susseguono direttamente l'uno all'altro, si sovrappongono per un certo tratto;

2) le due mani del pianista suonano indipendentemente l'una dall'altra, come se appartenessero a due musicisti diversi. Ciascuna mano realizza singole note, accordi di due note e accordi più complessi che arrivano fino a 5 altezze diverse, ma senza gruppi. Certo, nel caso della sovrapposizione delle due mani possono nascere formazioni più complesse – fino ad accordi di 10 note. Degli 88 tasti a disposizione i 15 inferiori e i 16 superiori non vengono utilizzati, cosicché l'evento sonoro si gioca nello spazio mediano:

3) ciascun tocco è provvisto della sua prescrizione dinamica e non sono disponibili più di quattro gradi mediani diversi d'intensità: p, mp, mf e f. La durata temporale dei singoli elementi è libera, ma limitata dal fatto che i sistemi devono essere eseguiti entro una determinata *parentesi* temporale – come Cage chiama il plesso di due archi di tempo o di due punti temporali posti all'inizio e alla fine di ciascun sistema;

4) se dunque nei suddetti campi della composizione, ovvero di una sua esecuzione, è delimitato un determinato campo all'interno degli estremi fisicamente possibili, anche i singoli elementi all'interno di un campo non possono sempre susseguirsi l'un l'altro in maniera illimitata: vengono evitate le

ripetizioni dirette di note. La densità dell'evento sonoro è regolata da un lato dal fatto che il numero dei tocchi per mano e per sistema varia solo fra 3 e 5, dall'altro dalla grande regolarità nella successione delle parentesi temporali.

Quale sia nel dettaglio l'aspetto di questa successione, sarà discusso in seguito. Riassumiamo per ora il confronto fra *Winter Music* e *One* dal punto di vista delle premesse estetiche desumibili dalle osservazioni fatte.

Il pezzo *Winter Music* si gioca per così dire in un campo che è delimitato da estremi molto lontani l'uno dall'altro. Questo vale sia per l'ambito della notazione esplicita – come ad esempio le altezze delle note utilizzate – sia anche per l'ambito di ciò che è possibile fare in un'esecuzione e che è implicito solo tramite la notazione – come ad esempio la sovrapposizione di voci fino a 20 voci. I principi dell'indipendenza e dell'intercambiabilità attraversano la composizione su tutti i livelli: così come i singoli elementi sonori sono stati composti indipendentemente l'uno dall'altro e non si dispongono mai a formare assieme figure musicali, così lo sono anche le singole parti della composizione – perché comunque esse sono date, anche in senso fisico, come reciprocamente indipendenti, cioè come 20 fogli non legati assieme, che non hanno quindi bisogno l'uno dell'altro per formare un tutto caratteristico. Ma solo attraverso questa indifferenza reciproca delle singole parti la composizione stessa diventa nel suo complesso così permeabile che essa, senza ricavarne alcun danno estetico, può essere eseguita in una stanza che è aperta verso l'esterno, dove ancora una volta non ha nessuna importanza se da fuori proviene il canto di un merlo o quello di un aeroplano che comincia la manovra di atterraggio.

La composizione *One* presuppone quest'esperienza estetica di permeabilità e intercambiabilità, ma delimita sostanzialmente il campo delle possibilità: ciascuna singola nota merita anche in questo caso la maggiore attenzione possibile, e nessuna perde la propria autonomia, cosicché la musica rimane rigorosamente non-figurativa, ma nella misura in cui vengono posti più strettamente i limiti all'interno dei quali può dispiegarsi quest'autonomia, diminuisce anche il numero di possibilità di addensare l'una all'altra note a piacimento o di farle seguire a piacimento l'una all'altra. Le singole parti della composizione hanno ancora la facoltà di essere reciprocamente permeabili solo nel senso che gli archi di tempo che indicano la fine di un sistema e l'inizio del successivo si sovrappongono a vicenda (il che non significa che due sistemi debbano di fatto suonare assieme durante il tempo di sovrapposizione, ma solo che possono susseguirsi indirettamente l'un l'altro).

Un confronto con le opere di Cage nel campo delle arti figurative chiarifica allo stesso modo le trasformazioni interne alle sue concezioni estetiche: se ad esempio nelle litografie per il *Mushroom Book* (1972) c'è ancora tutta la superficie della carta a disposizione per suddividere su di essa il materiale – si tratta di particelle di testo scritte a mano, nelle serie degli acquerelli della produzione tarda, ad esempio in *River Rocks and Smoke* (1990), le diverse figure dipinte vengono viste sempre nello stesso taglio prospettico, indipendentemente dal loro numero e dal loro colore. Questi quadri fissano nella loro serialità in un certo senso certe configurazioni analoghe di campi figurativi di contenuto diverso, così

come diverse esecuzioni di *One* realizzano sempre con leggeri differenti la continuità di campi temporali prescritta dalla partitura.

One non fu il primo pezzo in cui Cage fece uso di parentesi temporali. È però uno dei primi pezzi in cui il materiale musicale che viene utilizzato all'interno di una parentesi temporale è già piuttosto ridotto e unificato. Nei pezzi precedenti, come ad esempio *Thirty Pieces for Five Orchestras* (1981) e *Music for* (1984-87) Cage aveva utilizzato materiale molto più abbondante, che era già in sé strutturato in svariati modi. Le parentesi temporali offrivano lì solo un mezzo compositivo fra altri ed erano ordinate anche in questo senso in modo relativamente semplice e ben visibile, come accade del resto anche in *One*. A partire dal pezzo *Two* per flauto e pianoforte (composto nell'aprile del 1987, otto mesi dopo *One*), fino alla sua ultima opera completata, *Thirteen* (maggio 1992), è possibile osservare tuttavia un'evoluzione parallela estremamente istruttiva di materiale e strutturazione temporale: il modo di trattare le parentesi temporali diventa sempre più raffinato e multiforme e al tempo stesso il materiale musicale diventa sempre più ristretto, uniforme e unitario: alla fine ci sono opere che utilizzano fino a 12 lunghezze diverse di parentesi temporali, ma che per ciascuna parentesi temporale prevedono solo un singolo suono per voce. La struttura temporale di un pezzo è diventata quindi sempre più punto di partenza e base del processo compositivo. Per chiarire ciò intendo dare una spiegazione sistematica del sistema delle parentesi temporali, così come Cage l'ha usato in misura sempre maggiore a partire dal 1987.

Cage concepì una serie di 12 parentesi temporali.

Ogni parentesi consta – secondo la sua funzione musicale – di quattro componenti: 1) un arco temporale all'interno del quale dev'essere iniziata una parte di una composizione, cioè normalmente un semplice sistema di note; 2) un arco temporale all'interno del quale la stessa dev'essere completata; 3) un arco temporale all'interno del quale i due archi di tempo precedentemente citati si sovrappongono (cioè l'inizio e la fine di un sistema); e 4) un arco temporale all'interno del quale si sovrappongono la fine di un sistema e l'inizio del successivo. (La possibilità di lavorare con punti temporali anziché con archi temporali Cage l'ha usata inizialmente solo in *One* e in poche altre opere, e l'ha poi abbandonata).

Ciascun singolo sistema di note della composizione ha dunque la sua propria parentesi temporale e la successione di queste parentesi temporali costituisce la continuità temporale dell'intero pezzo. (Qui va osservato che Cage non ha mai scritto partiture, ma sempre solo singole voci; quindi nelle opere per *ensemble* ciascuna singola voce ha perlopiù la sua successione propria di parentesi temporali). Il tratto caratteristico preferenziale di questo sistema sta nelle sue proporzioni equilibrate: 1) gli archi temporali per l'inizio e la fine di un sistema sono sempre della stessa lunghezza (esempio *One*: se per l'inizio di un sistema sono a disposizione 45 secondi, anche per la fine dello stesso sistema sono a disposizione 45 secondi); 2) il tempo di sovrapposizione fra l'inizio e la fine di un sistema è sempre uguale a quello fra la fine di un sistema e l'inizio del successivo (esempio *One*: se gli archi di tempo per l'inizio e la fine dello stesso sistema si sovrappongono di 15 secondi, si sovrappongono di 15 secondi anche gli archi di tempo per la fine di questo sistema e l'inizio del successivo); 3) gli archi di tempo per l'inizio e per la fine di un sistema stanno sempre nello stesso rapporto con i rispettivi tempi di sovrapposizione, cioè 3:1 (esempio: se gli archi di tempo all'inizio e alla fine di un sistema sono ciascuno di 45 secondi, i tempi di sovrapposizione ammontano a 15 secondi); 4) le 12 parentesi temporali stanno in rapporto reciproco: 1:2:3...:12 (la parentesi temporale più breve consta di un arco di tempo di 15 secondi per l'inizio di un sistema, seguito da un arco di tempo uguale per la fine dello stesso sistema. Entrambi gli archi di tempo si sovrappongono di 5 secondi. Allo stesso modo l'arco di tempo per l'inizio del sistema successivo comincia 5 secondi prima del ritardo massimo della fine del primo. Nella seconda parentesi temporale più breve che Cage ha utilizzato l'arco di tempo per l'inizio è di 30 secondi e il tempo di sovrapposizione alla fine è di 10 secondi, e così via).

Dal totale di 12 parentesi temporali a disposizione Cage ne scelse per una composizione sempre solo alcune, di volta in volta a seconda della lunghezza e dell'organico del pezzo e, a seconda del fatto che volesse privilegiare alcuni strumenti rispetto ad altri, oppure no, le divideva in modo differente fra diversi strumenti. Per quanto ne so tutte le 12 parentesi temporali vengono utilizzate soltanto in *Four* per quattro batterie, un pezzo che a causa della sua durata straordinariamente lunga – 72 minuti senza pausa – concede tempo sufficiente per giocare a fondo tutte le varianti. Cage determinava anticipatamente per ogni pezzo la durata massima complessiva e utilizzava poi procedimenti di casualità – con l'ausilio di un computer – per ottenere una successione a piacere delle parentesi temporali scelte. Nel far questo tutti i «tipi» di parentesi temporali scelte potevano certo ripetersi più volte. Il computer era programmato in modo tale da fermarsi di volta in volta prima della parentesi temporale la cui lunghezza avrebbe portato a superare la durata complessiva fissata da Cage e da suddividere quindi il tempo, che restava fino al raggiungimento della durata massima complessiva, fra due parentesi temporali da qualche parte del brano. In questa partizione del tempo, ottenuta come espressione del computer, Cage inseriva poi a mano le altezze delle note (con le lettere dell'alfabeto che corrispondono alle note nella notazione anglosassone) o, se si trattava di strumenti a percussione senza note precise, inseriva il numero del relativo strumento.

Per quanto concerne la scelta dell'altezza delle note, che avveniva ugualmente con operazioni di casualità, non entriamo qui nel dettaglio. Diciamo soltanto che spesso Cage adoperò solo certi settori dell'intera scala di note a disposizione di un determinato strumento, in modo tale che per un certo numero di parentesi temporali, successive le une alle altre, tutte le altezze delle note venivano scelte da un determinato settore, al cui posto subentrava in seguito un altro settore, e così via. In questo modo Cage creò ancora una volta un campo di possibilità per l'ambito delle altezze delle note, in un certo senso una successione di parentesi di altezze di note[1] che era abbastanza analoga alla strutturazione del tempo in parentesi temporali, anche se lungi dall'essere così limata.

Dove vogliamo arrivare con tutto ciò? Da un lato Cage poté continuare a dire che il suo modo di fare composizioni consiste sostanzialmente nel porre questioni che trovano poi risposta nell'*I Ching* o in altre operazioni di casualità, e che in tal senso nulla cambiava nei suoi metodi compositivi, e da questa prospettiva egli poteva continuare a commentare in grande stile il proprio lavoro senza apportare ai suoi commenti alcun cambiamento. Dall'altro lato egli concepì, con il suo «highly refined and individual taste», che Henry Cowell aveva già constatato nel 1952[2], un sistema di strutture compositive così equilibrato e bilanciato, che in questa sede si è potuto esporre solo nei suoi tratti fondamentali, da garantirsi in misura molto superiore di quanto non potesse fare in precedenza il controllo sul carattere della musica. In tal senso abbiamo qui a che fare ovviamente «di nuovo» con musica autonoma che crea uno spazio proprio e che ha bisogno di un muro di cinta difensivo attorno a sé.

La logica interna del sistema progettato da Cage di comporre con l'uso di parentesi temporali, di fatto va nella direzione di quello che il compositore Andrew Culver, che ha scritto i programmi di computer utilizzati da Cage, una volta ha formulato intuitivamente con queste parole: i veri pezzi con le parentesi temporali sono quelli con una sola nota per ogni sistema di note, e quindi per ogni parentesi temporale[3]. Infatti, finché più note sono segnate l'una di seguito all'altra l'indeterminatezza dal punto di vista della suddivisione della durata è ancora relativamente grande. Ma solo nel caso di una nota per ogni parentesi temporale di una voce è possibile raggiungere la più grande simmetria – ἁρμονία – possibile, quando dunque – dal punto di vista statistico – non può intervenire alcuna distorsione, nel senso che il bilanciamento fra i suoni o fra i suoni e il silenzio verrebbe disturbato dall'arbitrio degli interpreti. Questo, almeno, è quello che sembra.

---

[1] L'espressione «parentesi di altezze di note» l'ha utilizzata del resto lo stesso Cage – in inglese essa suona *pitch bracket* – in riferimento peraltro sia alle sue opere che alle *Intersections* (1951-53), di Morton Feldmann nelle poesie che furono pubblicate con il titolo *Mesosticha*, in «MusikTexte», n. 40-41, agosto 1991, pp. 23-27.

[2] H. Cowell, *Current chronicle: United States, New York*, in «The Musical Quarterly», XXXVIII/1, gennaio 1952, pp. 123-136.

[3] Comunicazione orale fatta all'autore il 29 agosto 1992 a Frankfurt am Mein.

John Cage e il Serialismo* europeo

di Paul Van Emmerik

Per Ol'ga Smetanova

John Cage «è una figura centrale dell'avanguardia negli Stati Uniti da parecchi decenni. L'influenza delle sue composizioni è avvertita in tutto il mondo, in particolare dalla seconda guerra mondiale; ha avuto un impatto sulla musica mondiale più forte di qualsiasi altro compositore americano del XX secolo», ha scritto Charles Hamm[1]. Sebbene nessuno neghi l'enorme influenza della musica di Cage che Hamm descrive qui, pochi sanno dire in cosa consista questa influenza. E Charles Beeler ha scritto di Cage: «il significato preciso della sua musica rimane oscuro»[2].

Soprattutto l'esame poco approfondito delle tecniche compositive di Cage ha spesso portato ad un travisamento del suo pensiero musicale. L'opinione generalmente accettata di Cage come grande iconoclasta e catalizzatore che offriva felici spunti a molti compositori, soprattutto europei, soffre di ipersemplificazione. Le tendenze perseguite da Cage sono complesse e per questo aperte ad equivoci. La sua posizione nella storia della composizione del XX secolo deve essere riconsiderata. La descrizione della costellazione storica, della quale la musica di Cage è parte, da un lato, e i contributi di Cage dall'altro mancano di un corretto equilibrio di trattamento. Il termine «storia» di per sé non è senza problemi, in quanto «storia» – al singolare – solleva sempre più il sospetto di essere un costrutto artificiale che impedisce invece che chiarificare la visione del passato. Per quanto questa nozione possa sembrare banale, è importante se si cerca di formulare l'introduzione ad una storia della composizione musicale nel nostro secolo. Ed è proprio il concetto di serialismo[3], carico di storia, tendenza dominante nella musica postbellica dell'Europa occidentale, al quale la musica di Cage apparentemente si è sempre opposta. (L'Europa orientale si mosse in una direzione diversa, che ebbe inizio al congresso di Praga del 1948 dove il realismo socialista fu proclamato tesi centrale).

La definizione più semplicistica di musica seriale è l'estensione del principio di Arnold Schönberg degli ordini per gli elementi musicali («parametri») diversi dalle note. Ma il termine non può essere definito correttamente senza coinvolgerne l'aspetto storico. Una frase nella definizione di serialismo di Konrad Boehmer, risalente al 1967, pone l'accento sulla sua percezione di questo problema: «Im Laufe der letzten Jahre ist die Bedeutung des Begriffs erwertet und verallgemeinert worden»[4]. La storia del serialismo, per esempio nel caso di Luciano Berio, Pierre Boulez, Mauricio Kagel e Karlheinz Stockhausen, si estende fino ai nostri giorni, e dovrebbe includere le opere recenti di questi compositori. Oltre a ciò, tuttavia, la stessa nozione di serialismo è di per sé problematica. È stato ancora Konrad Boehmer a sostenere che le tecniche seriali variano da compositore a compositore e che la tesi dell'esistenza di caratteristiche seriali comuni nell'opera di compositori così diversi come, per esempio, Stockhausen e Boulez, non tiene. Anche le prime opere di Boulez (la *Première* e *Deuxième Sonate*, *Le visage nuptial* e *Le*

soleil des eaux, tutte composte tra il 1946 e il 1948), sosteneva Boehmer, portano il marchio di un'impronta chiaramente personale, basata sulla sua comprensione dell'opera di Anton Webern, mutuata dal suo mentore René Leibowitz, con elementi di modalità ritmica del suo maestro Olivier Messaien. Lo stesso vale, continuava Boehmer, per Karlheinz Stockhausen, che già nei primi anni cinquanta, in opere come *Formel*, *Spiel*, *Punkte* e *Kontra-Punkte* lavorava in modo indipendente sui principi dei suoi sistemi compositivi, in cui una qualche forma di corrispondenza proporzionale tra micro e macro strutture ha il ruolo principale[5].
Sembra che entrambi i problemi, l'aspetto storico e la questione delle caratteristiche comuni abbiano origine dal fatto che il serialismo è, fino ad una certa misura, «neutrale» e più o meno indipendente dai tratti stilistici.

Il momento in cui l'esame degli spartiti di Cage «sarà sostituito da dicerie e preconcetti»[6] è ancora lontano. Molti critici della sua opera affermano perfino, basandosi solo sugli scritti di Cage, senza fare riferimento alcuno agli spartiti, che il contributo più importante di questo artista alla storia della musica consiste nelle idee da lui espresse, e non nella sua musica. Ma, come ha sostenuto James Pritchett, «è stato il lavoro di Cage compositore che lo ha condotto verso la prosa e non viceversa»[7]. E vari studi apparsi a partire dai primi anni ottanta rivelano che una prospettiva analitica sulla musica di Cage offre la sorprendente percezione che le tecniche compositive hanno aspetti completamente sistematici[8]. È molto dubbio, quindi, se sia corretta l'opinione pubblica musicale-storica di Cage che offre ai compositori europei un'alternativa imprevista alle pastoie del serialismo[9]. Se è vero che gli sforzi di Cage negli anni cinquanta lo separano dagli sviluppi nella musica europea del tempo, ci si chiede come si possa spiegare il suo forte impatto su di essa.

Nonostante lo stadio iniziale della ricerca analitica e documentaria nel campo delle possibili connessioni tra il serialismo e la musica di Cage, sembra possibile individuare almeno quattro (e forse più) caratteristiche in stretta relazione tra loro, riscontrabili sia nei compositori di musica seriale che in Cage. Tutte queste caratteristiche hanno origine dal «metodo» di Schönberg «di comporre con dodici suoni che sono in relazione solo l'uno con l'altro»: primo, il principio di non-ripetizione; secondo, il concetto di precomposizione; terzo, il fenomeno dell'astrazione musicale; e quarto, la separazione dei suoni in parametri.

I compositori di musica seriale e Cage hanno tratto conclusioni dal concetto schönbergiano di non-ripetizione delle classi di altezze, che sono più o meno estranee a quella che secondo compositori come Igor Stravinsky, Roger Sessions, Elliott Carter e Wolfgang Fortner era l'importanza centrale del principio di Schönberg, da essi adottato. Concepivano l'ordine più come una configurazione di classi di intervalli. (In quanto a ciò, lo stesso Schönberg spiegava che il concetto di una serie di dodici suoni aveva origine nel desiderio di evitare la ripetizione della classe di altezze nell'atonalità)[10]. E sembra che il pensiero tematico-motivico caratteristico di

questi compositori e la concezione neutralizzata della serie da parte dei compositori di musica seriale si escludano reciprocamente. Perché, in varie opere seriali, l'ordine dei suoni divenne «un semplice regolatore per assicurare un modello statistico desiderato di distribuzione delle altezze»[11]. Fu sospesa la sua funzione di intervallo, e l'ordine in cui le altezze compaiono divenne poco importante relativamente, nella misura in cui veniva soddisfatto il principio di non-ripetizione. È il caso di *Structures I* di Pierre Boulez del 1952 e de *Il canto sospeso* di Luigi Nono del 1956. Anche la forma aperta, così come eseguita in opere come la *Troisième Sonate* di Boulez, era una continuazione del concetto di permutazione di elementi, che era essenzialmente una nozione seriale.
Anche per Cage, sin dai primi lavori, l'aspetto più importante del metodo di Schönberg è il principio di non-ripetizione delle classi di altezze, più che il principio di un ordine fisso di classi di intervalli. Se la serie viene concepita soltanto come semplice susseguirsi di classi di altezze, non è nient'altro che una enumerazione amorfa del materiale di altezze totale disponibile nella musica occidentale a temperamento uguale, e di conseguenza tutte le altezze possono essere considerate uguali. L'interpretazione di Cage della tecnica dodecafonica mette in rilievo questo aspetto: «Il metodo di Schönberg assegna a ciascun materiale, in un gruppo di materiali uguali, la sua funzione rispetto al gruppo, (non) rispetto al materiale fondamentale o più importante nel gruppo»[12]. Infine, Heinz-Klaus Metzger ha rilevato che l'adozione da parte di Cage del principio di non-ripetizione di Schönberg, come espresso nel termine «variazione in sviluppo», è stato esteso alla forma di un'opera nel suo complesso. Perché nel caso della musica indeterminata, il principio di non-ripetizione viene applicato all'esecuzione di un'opera. Secondo Metzger, ciò significa che l'opera non resta più identica a se stessa nel senso primitivo dell'identità delle esecuzioni tra loro, ma piuttosto che ogni esecuzione diventa unica all'interno dell'identità astratta della sua concezione[13].

Da quando Arnold Schönberg ha formulato i principi base del suo metodo, il concetto di precomposizione ha fatto parte della musica dodecafonica. In tutte le opere dodecafoniche si presume un ordine seriale non ambiguo e precompositivo di un gruppo[14]. I compositori di musica seriale, similmente, hanno fatto il tentativo di pre-definire gli elementi che stavano usando (serie di altezze, durate, dinamica e timbri) e le regole per agire su questi elementi. La messa in atto effettiva delle regole per produrre lo spartito musicale, in certa misura, procedeva automaticamente, il che in molti casi porta ad eventi musicali in parte imprevedibili. Per quanto riguarda le composizioni di Cage che utilizzano la casualità, non contenevano meno aspetti precompositivi delle tecniche di composizione dei compositori di musica seriale. Cage aveva bisogno di un meccanismo per mettere in moto le procedure casuali perché la casualità potesse diventare operativa. Perciò anche Cage ha concepito un gruppo di elementi predefiniti (traducibili in numeri) e un gruppo di regole per lavorare su questi elementi (per mezzo di operazioni casuali). Nuovamente, la messa in atto effettiva delle regole per produrre lo spartito musicale, in certa misura, procedeva automaticamente, il che in molti casi porta ad eventi musicali in parte imprevedibili. In questo modello di musica seriale e composizione casuale la predefinizione degli elementi e delle regole per lavorare sugli elementi sono considerate precompositive e la messa in atto delle regole viene vista come il processo reale della composizione. Ma, in ultima analisi, la separazione di precomposizione e composizione in fasi successive del processo compositivo diventa irrilevante, in quanto un sistema compositivo non può essere fondamentalmente separato dalla sua messa in atto. Come ha scritto Andras Wilheim, «è molto difficile parlare di un ordine logico per le fasi e gli elementi particolari della composizione. Tutti questi (...) si verificano contemporaneamente durante il processo creativo – almeno all'atto del concepimento, anche se in seguito vengono definiti separatamente per mezzo di vari processi di distinzione»[15]. Il termine «precomposizione», quindi, esprime un disprezzo mistificante per gli aspetti razionali di un'opera composta sistematicamente. Sia la «precomposizione» che la «composizione» sono parte integrante di un unico e medesimo processo compositivo.

La dodecafonia è un'astrazione[16]. Consiste solo nella relazione che unisce la serie di base, l'inversione, e l'inversione al contrario e anche le loro diverse trasposizioni. Quello che si sente e si nota è un intervallo particolare, un secondo maggiore, per esempio. Il concetto di ordine, tuttavia, si riferisce al fattore astratto che è comune al secondo maggiore, al settimo minore e al nono minore, sia salendo che scendendo – ad una caratteristica, quindi, per la quale non c'è né nome né segno: una configurazione di classi di intervalli. E anche la terminologia usata nell'analisi delle opere dodecafoniche può trarre in inganno. I suoi tratti principali derivano dallo stesso Schönberg. Il suo concetto dell'ordine di dodici suoni come *Grundgestalt* suggerisce che esiste una forma gerarchicamente superiore dell'ordine, da cui vengono dedotte tutte le altre forme. Tuttavia, nel corso di una composizione, la forma iniziale in cui appare l'ordine non è più importante di quelle successive. La forma di base dell'ordine è soltanto una forma tra le altre. Per quanto riguarda il grado di astrazione, non vi è distinzione basilare tra la concezione schönbergiana dell'ordine e il modo in cui i compositori di musica seriale l'hanno usata. L'unica cosa che si può dire è che hanno portato alle estreme conseguenze questa concezione: soprattutto se viene applicato un ordine al parametro dei timbri, gli elementi che costituiscono questa serie sono solo numericamente in relazione con l'ordine, in quanto una serie di timbri diversi non ha ordine logico. Perché, nel caso dell'altezza, durata o dinamica, è possibile determinare il valore medio di tre diversi elementi di una serie senza ambiguità, nel caso del timbro no. Non è difficile trovare un esempio dell'uso dell'astrazione musicale nella produzione di Cage simile al livello di astrazione di una serie. Già nel 1937 Cage dichiarò che i nuovi metodi di scrittura musicale avevano una relazione ben definita con il sistema dodecafonico di Schönberg[17]. E lo stesso Cage già nel 1939 trovò un metodo nuovo nel concetto di struttura ritmica. Questa struttura ritmica era «una divisione del tempo reale con mezzi metrici convenzionali; il metro era semplicemente considerato la misura della quantità»[18]. Così come un ordine non si sente, ma è una configurazione astratta di classi di intervalli (si *possono* sentire nella loro manifestazione sotto forma di intervalli), la struttura ritmica di Cage è un orientamento compositivo astratto, formulato in risposta alla nozione schönbergiana che la struttura, la divisione del tutto in parti[19], deve essere articolata con costruzioni di altezze. Perché, secondo Cage, «(i)n contrasto con una struttura basata sull'aspetto di frequenza del suono, la tonalità, cioè questa struttura ritmica, era ospitale nei confronti di suoni non musicali, di rumori, come verso quelli delle scale e degli strumenti convenzionali»[20]. Le strutture ritmiche di Cage erano come segni che gli dicevano dove si trovava durante il corso del lavoro, nel modo in cui l'armonia funzionale era un fattore modellante per i compositori dell'epoca classica. Nella musica di Cage degli anni quaranta queste strutture ritmiche erano spesso articolate in modo musicale – e si potevano quindi sentire. Dopo il 1950 circa le strutture ritmiche sussistevano ancora, ma non erano più intese per essere sentite direttamente, ma erano ovviamente ancora importanti nel processo compositivo. E anche in molte opere a partire dagli anni ottanta Cage usò le cosiddette parentesi di tempo flessibili, un meccanismo di disposizione e rappresentazione delle note in cui è in funzione una grata immaginaria. A detta dello stesso Cage in un'intervista con Steve Sweeney Turner del 1990: «Per esempio, lavorando con le parentesi di tempo flessibili, si può effettuare un movimento entro un particolare periodo di tempo, e la fine entro un particolare periodo di tempo. E mentre penso che tutto questo sia nuovo, è difficile dire che è diverso dalle strutture ritmiche di prima»[21].

Le conseguenze della teoria che Schönberg chiamava «l'unità dello spazio musicale»[22] fu un'emancipazione dell'elemento diastematico dal ritmo; o, per essere più precisi, spiega il modo in cui un motivo, nella concezione di Schönberg, è suddiviso nelle sue componenti diastematica e ritmica, poiché nella sua visione anche un accordo poteva essere un motivo, e il ritmo in sé non poteva essere un elemento costitutivo di un accordo[23]. Così, il concetto di separare gli attributi distintivi del suono (altezza, durata, intensità, timbro), che musicalmente o anche acusticamente in realtà non esistono, ha precedenti storici. Ciò nondimeno, la sua applicazione radicale non è poi così facile. E il concetto di separare i parametri è diventato un feticcio della musica seriale, ma un feticcio che era di importanza centrale nella formulazione delle teorie dei compositori delle composizioni seriali.
Il modo in cui Cage ha gestito la separazione dei parametri è in stretta relazione con la sua concezione della notazione musicale. E anche qui si riscontrano connessioni storiche: una tendenza comune che si può osservare nel pensiero tematico-motivico del tardo Beethoven, di Brahms, nella tecnica dodecafonica di Schönberg e nelle tematiche seriali degli anni cinquanta, è che l'ascolto e la lettura sono complementari e si permeano reciprocamente, soprattutto nel senso che la notazione musicale ha consentito a questi compositori di stabilire «relazioni diastematiche indipendentemente da quelle ritmiche e, al contrario, connessioni ritmiche separa-

tamente da quelle diastematiche»[24]. Nell'opera di Cage questa tendenza porta infine ad una concezione della musica in cui la sua forma scritta dell'esistenza, almeno nel processo compositivo, predomina sulla sua forma udita dell'esistenza[25]. Ed è stata l'insistenza enfatica di Cage sulla composizione come arte scritta, non come arte di riprodurre suoni uditi o immaginati, che lo ha spinto a comporre parametri separatamente, solo perché potevano essere, e lo erano sempre stati nella storia, scritti separatamente. Così la notazione poteva diventare «l'abilità di esprimere idee musicali per iscritto»[26], e metteva in discussione la tesi che l'unico ruolo della musica è essere ascoltata o suonata e non letta o scritta. Infine, il concetto di separare i parametri ha anche consentito a Cage di introdurre gradualmente l'indeterminatezza[27]. Trovando modi di notazione che non specificavano ogni singolo parametro, riuscì a comporre spartiti che si prestavano a parecchie letture sostanzialmente diverse[28].

I quattro aspetti qui discussi illustrano la tesi che la musica seriale e l'opera di Cage rivelano tendenze comuni che hanno origine nella tecnica dodecafonica. L'asserzione fatta dai compositori di musica seriale, e in particolare da Pierre Boulez, che essi portavano a compimento le implicazioni storiche della musica di Schönberg, cioè la serializzazione dei parametri diversi dalle note, non è nuova[29]. Ma, come ha fatto notare Carl Dahlhaus, questa asserzione non è giustificata. L'opinione che esista una contraddizione nelle opere dodecafoniche di Schönberg fra una struttura avanzata di note e il ritmo tradizionale, una contraddizione risolta solo dalla musica seriale, è imprecisa, ha asserito Dahlhaus, poiché sia la struttura dodecafonica sia i ritmi non seriali nella musica di Schönberg servivano allo stesso scopo, cioè ricreare forme strumentali autonome su larga scala entro un contesto atonale. «Nel pensiero musicale di Schönberg non è l'analogia tra i parametri, ma la loro complementazione funzionale che rappresenta il principio che controlla la relazione tra struttura delle altezze e struttura della durata»[30]. Così, la tecnica dodecafonica negli anni venti si poneva nel contesto del neoclassicismo, situazione ben diversa da quella di trent'anni dopo. La tesi che l'opera di Cage riveli tendenze che hanno origine nella tecnica dodecafonica si aggiunge all'insostenibilità della pretesa di compimento storico della tecnica dodecafonica addotta dai compositori di musica seriale. Se, dunque, la contraddizione che questi compositori sostengono sia stata risolta si verificasse solo insieme alla sua risoluzione, e se, oltre a ciò, esiste nell'opera di Cage una diversa interpretazione delle implicazioni della tecnica dodecafonica, sembra appropriato sostituire la visione generalmente sostenuta del serialismo come realizzazione di oggettive «tendenze del materiale» nel senso inteso da Theodor W. Adorno[31]. E sembra giustificato sostituirla, ancora, con la tesi di Dahlhaus che, in entrambi i casi, la scelta delle tecniche compositive è stata determinata dalla «libertà di porre assiomi», come l'ha chiamata da un'affermazione di Ernst Krenek del 1927[32]. Tuttavia, nonostante le differenze, ci sono tendenze comuni nelle tecniche compositive della musica seriale e in quelle dell'opera di Cage, soprattutto nella composizione degli anni cinquanta. I compositori di musica seriale e Cage, figure dominanti della musica di quegl'anni, hanno evidenziato un forte interesse per la speculazione tecnica. (Il declino di questo interesse nelle scritture successive di questi compositori è un altro tratto comune). E non è poi così sorprendente che il pensiero compositivo di Cage e quello dei suoi contemporanei europei, per un periodo, convergesse invece che divergere, come invece vorrebbe l'opinione comune. L'opinione comune poneva anche un forte accento sugli aspetti tecnici e sistematici della musica di, per esempio, Boulez e Stockhausen come esempi idealizzati di pensiero seriale, laddove gli aspetti tecnici e sistematici del pensiero compositivo di Cage venivano poco sottolineati, e talvolta neppure presi in considerazione. Le due opinioni hanno origine dal fatto che le scritture di questi compositori venivano studiate al posto dei loro spartiti, a detrimento di questi ultimi. Anche se, nel corso degli anni cinquanta, si è avuta una graduale divergenza dei punti di vista estetici di questi compositori, ciò è irrilevante per le caratteristiche comuni di molte loro tecniche compositive. E queste tecniche rimanevano centrali nell'attenzione compositiva di tutti questi compositori. L'immagine di Cage compositore di una musica quasi seriale può essere un po' sconcertante. Tuttavia, già in molte delle sue prime opere erano chiaramente presenti tecniche compositive sistematiche, delle quali scriveva con la rigidità e il gergo tecnico tipici dei protagonisti del serialismo musicale. E le connessioni fra questi primi lavori e la sua musica più tarda, che implica elementi casuali, sono numerose. La posizione storica di Cage, compositore della generazione tra Stravinsky e Schönberg da un lato e Boulez e Stockhausen dall'altro, è complicata. Aveva già formulato gran parte dei principi compositivi che avrebbero portato all'inclusione della casualità nella sua opera, quando i compositori di musica seriale fecero la loro comparsa sul palcoscenico della storia. Tuttavia, anche prima di questo evento, gli elementi dell'opera di Cage che hanno origine nella musica di Schönberg erano già stati – in larga misura – sviluppati, se non palesemente formulati: il principio di non-ripetizione e il concetto di precomposizione già nel 1933 (anche prima che Cage avesse cominciato gli studi con Schönberg), il fenomeno dell'astrazione musicale e la divisione dei suoni in parametri nel 1939. Questi fatti offrono, almeno in via sperimentale, la possibilità di una nuova prospettiva storica per l'opera di Cage. Il fatto che non ci siano ancora molte prove documentarie a conferma della sua affinità con il pensiero dodecafonico e il serialismo, per non parlare dell'influenza che ebbe su di esso (un breve studio dell'apprendistato di Cage con Schönberg a metà degli anni trenta[33] e la pubblicazione dell'intensa corrispondenza tra Cage e Boulez fra il 1949 e il 1952[34] sono due importanti eccezioni), non deve «sconcertare lo storico. Per lui non è un fattore decisivo. Perché la continuità o affinità storica può essere discussa anche quando i protagonisti degli eventi non ne sanno nulla; è una delle massime senza le quali la scrittura della storia non sarebbe possibile – ed una, perciò – a cui si deve aggrappare lo storico se non vuole abbandonare lo scopo stesso della sua professione»[35].

Sebbene lo stesso Cage non abbia mai dichiarato di avere portato a compimento le implicazioni dell'eredità di Schönberg, è possibile ricostruire tendenze generali che sono caratteristiche del modo in cui ha gestito le influenze musicali ed extramusicali sul suo pensiero. Facendo un sunto delle precedenti osservazioni di Martin Erdmann, si può affermare che a questo riguardo due sono gli aspetti importanti: primo, la tendenza di Cage a reinterpretare fatti dati in un modo che si adeguava ai suoi concetti estetici; secondo, la sua tendenza a radicalizzare concetti dati[36]. La reinterpretazione e radicalizzazione che Cage fa degli aspetti storici del pensiero di Schönberg lo hanno portato a formulare, fra gli altri, il suo concetto della struttura ritmica, com'è stato precedentemente rilevato. E i sistemi che Cage ha usato nella composizione casuale possono venire compresi solo se si cerca il «principio sottostante», un termine che Cage ha mutuato dalle sue lezioni con Schönberg, il quale lo usava per descrivere il denominatore comune che riunisce tutte le diverse soluzioni di cui le regole che controllano la voce in stretto contrappunto terrebbero conto[37].

A questo punto sarà necessario chiarire le ipotesi che sottendono a queste tendenze ricostruite. Come è stato già detto, non è più possibile parlare di tendenze oggettive del materiale musicale nel senso di Adorno. Naturalmente non si nega che vi siano connessioni storiche, storie al plurale; ma sembra che la storia al singolare non esista. Né nel caso della musica seriale né nel caso di Cage, la legittimità estetica della musica segue la logica che ha consentito di trarre conclusioni storicamente inevitabili. La forza di persuasione estetica dell'atto stesso della composizione e l'autorità delle opere musicali che da esso derivano fanno ricostruire agli storici le precondizioni storiche in modo tale da far sembrare che siano esse a portare al risultato. Ma le previste intenzioni musicali dei compositori determinano le domande da porre e quelle da non fare. Sembra dunque che sia John Cage che i compositori europei di musica seriale abbiano tratto le loro conclusioni dalle implicazioni del metodo di Schönberg, partendo da una diversa comprensione delle sue caratteristiche fondamentali e tuttavia arrivando a concetti correlati, concetti che hanno determinato il pensiero compositivo e la storia della composizione occidentale per parecchi decenni. Una delle ragioni per cui una discussione fruttuosa del raffronto tra Cage e il serialismo europeo è ostacolata, è che non esiste uno studio della storia della composizione seriale che abbia come punto di partenza questa prospettiva più ampia. Se questa barriera sarà infine rimossa, il termine «serialismo» potrà ben essere sostituito dal termine «composizione sistematica», e le tecniche compositive di Cage avranno probabilmente un posto di primo piano in questa storia.

---

* Si tratta di una versione riveduta di un intervento letto nella Moyzesova sieh della Slovenska filarmonica a Bratislava durante il festival *Perché Cage?* il 4 settembre 1992. È stata tradotta poi in slovacco da Juraj Kusmerik. Sono grato a Daniel Matej per avermi invitato a questo incontro, alla Spolocnost pre nekonvencnu hudbu (Società di musica non convenzionale) per il sostegno finanziario e a Ol'ga Smetanova per l'assistenza organizzativa che ha reso possibile questa visita. Hannah Bosma, Joke Dame e Martin Erdmann hanno fatto un intelligente commento dopo aver letto il manoscritto. Sono loro grato per il generoso aiuto.

[1] Ch. Hamm, *Cage, John*, in *The New Growe Dictionary of Music and Musicians*, London, Macmillan, 1980, vol. 3, p. 597.
[2] Ch. A. Beeler, *Winter Music / Cartridge Music / Atlas Eclipticalis: a Study of Three Seminal Works by John Cage*, tesi per il dottorato di ricerca, Università di Washington, Saint Louis, Missouri, 1973, I-II.
[3] Cfr. soprattutto Th. W. Adorno, *Philosophie der neuen Musik*, Frankfurt am Mein, Suhrkamp, 1991[6].

[4] K. Boehmer, *Zur Theorie der offenen Form in der neuen Musik*, Darmstadt, Tonos, 1967, p. 206.
[5] K. Boehmer, *The Sanctification of Misapprehension into a Doctrine*, in «Key Notes: Musical Life in the Netherlands», 24 (1987), p. 44.
[6] J. Cage, *Foreword*, in *John Cage*, a cura di Robert Dunn, New York, Henmar Press, 1962, p. 5.
[7] J. Pritchett, *Understanding John Cage's Chance Music: an Analytical Approach*, in «Bucknell Review» 32, n. 2 (1989), p. 251.
[8] Cfr. soprattutto W. Brooks, *Choice and Change in Cage's Recent Music*, in «Triquarterly» n. 54 (primavera 1982), pp. 148-66; D.(A.) Campana, *Form and Structure in the Music of John Cage*, tesi per il dottorato di ricerca, Northwestern University, Evanston, Illinois, 1985; J. Petkus, *The Songs of John Cage (1932-1970)*, tesi per il dottorato di ricerca, Università del Connecticut, 1986; J.W. Protchett, *The Development of Chance Techniques in the Music of John Cage, 1950-1956*, tesi per il dottorato di ricerca, Università di New York, 1988; M. Erdmann, *Untersuchungen zum Gesamtwerk von John Cage*, tesi per il dottorato di ricerca, Rheinische Friedrich-Wilhelms-Universität, Bonn, 1991.
[9] Cfr., per esempio, U. Michels, DTV-*Atlas zur Musik: Tafel und Texte*, München, Deutscher Taschenbuch Verlag, vol. 2, 1985, pp. 208-9, ripetuto in Id., *Moderne Musik 1945-1965*, München, Piper, 1966, pp. 208-9, ripetuto in Id., *Moderne Musik II: 1965-1985*, München, Piper, 1988, p. 104.
[10] A. Schönberg, *Style and Idea: Selected Writings*, Leonard Stein, a cura di, trad. Leo Black, London, Faber & Faber, 1975, pp. 216-20.
[11] G. Poné, *Webern and Luigi Nono: the Genesis of a New Compositional Morphology and Syntax*, in «Perspectives of New Music», 10, n. 2 (primavera-estate 1972), p. 118.
[12] J. Cage, *Silence*, Middletown, Connecticut, Wesleyan University Press, 1961, p. 5.
[13] H.-K. Metzger, *John Cage o della liberazione*, trad. Sylvano Bussotti, in «Incontri musicali: quaderni internazionali di musica contemporanea», n. 3, 1959, p. 28.
[14] Cfr., per esempio, la voce *Precompositional*, in *Dictionary of Contemporary Music*, a cura di John Vinton, New York, E.P. Dutton, 1974, p. 591.
[15] A. Wilheim, *Thirty pieces for five orchestras*, note liner per l'LP SLPD 12893, Budapest, Hungaroton, 1987.
[16] C. Dahlhaus, *Schönberg and the New Music: Essays*, trad. di D. Puffett e A. Clayton, Cambridge, C.U.P., 1987, p. 257; C.M. Schmidt, *Schönbergs Oper Moses und Aron: Analyse der diastematischen, formalen und musikdramatischen Komposition*, Mainz, Schott, 1988, p. 13.
[17] Cage, *Silence*, cit., p. 5.
[18] *Ibid.*, p. 19.
[19] *Ibid.*, p. 18.
[20] *Ibid.*, p. 19.
[21] J. Cage-S. Sweeney Turner, *John Cage and the Glasgowegian Circus: an Interview around Musica Nova 1990*, in «Tempo: a Quarterly Review of Modern Music», n. 177, giugno 1991, p. 4.
[22] Schönberg, *Style and Idea*, cit. p. 223.
[23] Dahlhaus, *Schönberg and the New Music*, p. 164.
[24] *Ibid.*
[25] Metzger, *John Cage o della liberazione*, cit., p. 18.
[26] P. Yates, *Twentieth Century Music: Its Evolution from the End of the Harmonic Era into the Present Era of Sound*, London, George Allen & Unwin, 1968, p. 222.
[27] Per una spiegazione del termine, cfr. Cage, *Silence*, cit., p. 35-40.
[28] Pritchett, *The Development of Chance Techniques*, cit., p. 235.
[29] P. Boulez, *Schönberg Is Dead*, in «The Score: a Music Magazine», n. 6 (maggio 1952), p. 18-22.
[30] Dahlhaus, *Schönberg and the New Music*, pp. 275-6.
[31] Adorno, *Philosophie der neuen Musik*, cit., pp. 38-42.
[32] Dahlhaus, *Schönberg and the New Music*, cit.
[33] M. Hicks, *John Cage's studies with Schönberg*, in «American Music: a Quarterly Journal Devoted to All Aspects of American Music and Music in America 8», n. 2, estate 1990, pp. 125-40.
[34] P. Boulez/J. Cage, *Correspondance et documents*, J.-J. Nattiez et al., a cura di, Pubblicazioni della Fondazione Paul Sacher 1, Winterthur, Amadeus, 1990.
[35] Dahlhaus, *Schönberg and the New Music*, cit., p. 168.
[36] Erdmann, *Untershuchungen zum Gesamtwerk von John Cage*, cit., pp. 123, 155.
[37] J. Cage-R. Reynolds, *A Conversation*, The Musical Quarterly 65 (1979), pp. 593-4.

L'anarchia mediante la negazione del tempo ovvero saggio di una lezione contro la morale

di Heinz Klaus Metzger

Toute société constituée est une provocation à la débauche; et ceci pour la même raison que toute propriété trop bien assurée est ressentie comme vol.
Julien Alvard, *L'Art moral ou La répétition punie*

A Dieter Schnebel per il 14 marzo

Il nostro tempo corre via, non servono a niente il *carpe diem*, la *spes aeternitatis* e neanche il comporre musica.

Chi in queste condizioni ha l'ardire di scrivere musica, dunque di concepire forme estetiche, la cui essenza consiste nell'articolare il tempo e quindi occupare il tempo, fissando tecnicamente la durata della sua composizione, non dispone mai solo di archi di tempo astratti, che si concretizzano musicalmente come evento, figura, relazione, struttura, forma, ma sempre anche di un pezzo del tempo reale della vita dei suoi ascoltatori che stanno davanti ad essa, un tempo che è irrecuperabile. Se una composizione musicale semplicemente rinuncia a ciò che potrebbe motivare un interesse per essa, in modo tale che gli ascoltatori che sfortunatamente la seguono perdano per suo tramite *ipso facto* alternative di fare un'esperienza o di un'attività più sensata, in questo caso il compositore ha davvero abbreviato la loro vita. Un tale modo di comporre musica gravita virtualmente verso l'assassinio. Non è un caso che proprio sotto il dominio del nazionalsocialismo, che bandiva la musica radicale, fossero in voga molti elaborati di tipo «moderato»: il modo tecnico che essi avevano di affrontare il tempo era un assassinio delle masse: non aveva affatto soltanto una mera affinità col nazismo[1]. Forse, come si dice, si batte la sella per non battere l'asino; se la musica abbatte il tempo, è in realtà gli uomini che abbatte. Per loro infatti non torna indietro neanche un attimo solo: perciò alla mediocrità della cattiva musica non si potrà mai porre «nuovamente» rimedio.

Anziché dipanare speculazioni scioccanti sulla causa fisica dell'irreversibilità del tempo – secondo principio della termodinamica: aumento dell'entropia – bisognerebbe rivolgersi ai suoi motivi economici. Questi potrebbero rivelarsi in futuro passibili di mutamento (di eliminazione perfino?); in ogni caso essi sono stati nominati fin dagli inizi della filosofia europea – per non dire già prima: in scrittura speculare, certo, come rovesciamento proprio di quello che non si può rovesciare, e ciò per amore di finzione della giustizia. Invero quello che viene comunemente chiamato «detto di Anassimandro» non è tramandato come un insegnamento in sé concluso, che riveli almeno un inizio conoscibile come tale, una fine ben precisa e nessuna interruzione troppo incerta del suo incedere, bensì è giunto a noi avvolto in una citazione e senza la giusta selettività, una citazione che il Diels riporta con queste sigle: «Simplic. phys. 24, 13 (Z. 22-29 aus Theophrasts Ph –/s. Opin. fr. 2 Dox. 476)»[2]. Allo stesso modo è possibile dedurre da un frammento tanto esiguo quanto disperso, come indubbiamente riconducibile ad Anassimandro l'affermazione secondo cui il principio (ἀρχή)[3] delle cose è lo ἄπειρον[4] e che inoltre esse proprio là, donde sono venute, anche faranno ritorno «secondo necessità; infatti pagano reciprocamente il fio e la colpa dell'ingiustizia [in proporzione al loro debito], secondo l'ordine del tempo»[5]. Lo scambio di equivalenti di valore, che è l'essenza dell'economia di scambio di merci e il nucleo della valorizzazione del capitale, anche e soprattutto da quando esso si scambia con forza-lavoro, conserva ancora a livello della raffinata civiltà di mercato[6] una traccia della sua condizione primigenia dei tempi immemorabili: lo scambio è nato dalla vendetta, ne è la razionalizzazione, è il risultato di una faticosa trasposizione dei rapporti economici arcaici, che dovevano essersi basati sulla rapina e sulla controrapina, nella convenzione civilizzata fra parti contraenti «in proporzione al loro debito, secondo l'ordine del tempo». Eppure in ciò è rimasto un elemento minaccioso: tutti sanno che cosa voglia dire quando due persone «hanno un vecchio conto da saldare» o quando la si fa «pagare cara» a qualcuno.

Ma in cattiva opposizione alla speculazione filosofica, che è ridotta a ideologia dominante che intende risarcire gli uomini vittime d'inganni, la realtà finora non ha mai conosciuto questo tipo di giustizia. La storia è in effetti altrettanto irreversibile quanto lo stesso processo economico che costituisce un suo movente coercitivo – non correggibile da alcun tipo di «storia dello spirito» – e che ormai da molto tempo si è dato alla distruzione della terra attraverso la sua completa consumazione; anche se ciò verrà pagato enormemente, non si tratterà comunque mai di doverla «pagare cara» a qualcuno. Non che al corso del mondo sfugga quel momento ciclico – ripetizione, ritorno – che una volta intere filosofie, da Machiavelli a Vico a Nietzsche, volevano porgli a fondamento; quel modo di dire popolare che descrive la storia come una «ruota» che non si può «far girare a ritroso» ha quantomeno coniato un'immagine calzante della contraddizione dialettica fra movimento desolatamente circolare:«ciò che è stato si ripeterà, ciò che è avvenuto avverrà di nuovo, non c'è niente di nuovo sotto il sole» (Pred. 1,9) – e altrettanto assoluta irrecuperabilità del tempo. Ma il tratto ciclico del capitalismo – come si capisce dalla critica dell'economia politica – non è nient'altro che la ciclicità delle crisi. Ad essa corrisponde, nelle forme musicali dell'età borghese, la «ripresa», che si accompagna alla vistosa preferenza accordata a tutti gli schemi che si basano su di essa: formule ternarie secondo la formula A-B-A o A-B-A′, che peraltro riflettono esteticamente allo stesso tempo, con l'immedesimarsi dell'ingegno artistico, le più elementari operazioni di scambio, dato che tutte le concatenazioni sotto forma di rondò A-B¹-A-B²-A-B³-A-ecc. già corrispondono a concatenazioni economiche verosimili o semplicemente alla rappresentazione a lungo termine di un normale andamento economico che può avere un economista, uno che conosce soprattutto «i tempi», e che sa cioè che essi sono alternativamente «buoni» e «cattivi» (nella struttura della musica classica borghese questo arriva fino alla distinzione fra unità ritmiche «buone» e «cattive»); infine la forma più manifesta: la sonata, dove dalla «esecuzione» del «conflitto», che viene posto con l'«esposizione» di due temi contrastanti, «risulta processualmente», come somma del tutto, la «ripresa» (forse l'estinzione di un debito?). Nelle produzioni più riuscite del classicismo viennese, e cioè in alcune costruzioni di sonata veramente radicali di Beethoven, la ripresa rappresenta di fatto il momento di

maggiore crisi – e di critica; al contrario in composizioni di minor valore essa finisce spesso trionfalmente. Ma questo è il trionfo o di colui che sa che non si può più portargli via niente, o peggio ancora: di un vincitore[7].

Il tempo corre via anche su questo, soprattutto il tempo della propria vita: *memento mori*. «La musica rappresenta relazioni d'ordine nel tempo. Ciò presuppone una rappresentazione che ci si fa di questo tempo. Noi sentiamo dei mutamenti in campo sonoro: silenzio-suono-silenzio, oppure suono-suono. Qui possiamo distinguere intervalli di tempo di grandezza diversa fra i mutamenti. Gli intervalli di tempo li chiamiamo *fasi*»[8]. Le «fasi» di Stockhausen sono differenze fra il prima e il poi: tali differenze però sono in verità al tempo stesso – anzi ancor prima – categorie morali. Johann Peter Hebel ha capito che soltanto a partire da esse è possibile costruire criteri razionali per una morale della proprietà privata: «In che cosa consiste la differenza fra un uomo onesto e uno disonesto? Risposta: l'uomo onesto non trova niente finché qualcosa non è stato perso dal proprietario. Nell'altro caso il proprietario perde qualcosa non appena l'ha trovato il disonesto»[9]. Certo la proprietà privata è impensabile senza l'identità certa del proprietario: «In una bella sera d'estate, già piuttosto tardi, il signor Vogt di Trudenbach fa ritorno nel suo calesse dal mercato della frutta di Brassenheim, e il cavallo aveva due cose da trainare, cioè il signor Vogt e il suo rumore. Per strada, presso l'osteria, un paio di facce allegre guardarono fuori dalla finestra per vedere se il signor Vogt si volesse fermare ancora un po' per fare una visitina; la notte era rischiarata dalla luna. Il signor Vogt non esitava tanto per la visitina in sé, ma per il fatto che scendere e salire dal calesse, che già al mattino gli riusciva difficile, alla sera gli risultava quasi impossibile. Il signor Theodor disse, per la verità: "Spostiamo il calesse da una parte e aiutiamolo a scendere", ma risultò alla fine più semplice salire da lui con la bottiglia. Le bottiglie diventarono quattro e i discorsi lo assopirono sempre più, finché il sonno non gli ottenebrò la parola e l'ultimo barlume di pensiero. Ma quando egli fu addormentato, le facce allegre condussero il cavallo nella stalla, mentre il signor Vogt lo lasciarono seduto lì, dov'era. Di buon mattino però, quando il gallo davanti alla finestra dell'oste lo svegliò, egli rimase stupito e per un bel po', senza sapere dove fosse e dove si trovasse. Poi, dopo essersi guardato attorno per un pezzo ed essersi strofinato gli occhi, disse infine: "Adesso tutto sta a vedere se sono Vogt di Trudenbach, oppure no. Perché se lo sono, allora ho perso un cavallo, ma se non lo sono, allora ho trovato un calesse"»[10]. Adorno ha fatto di questa teoria una teoria critica: «L'irreversibilità del tempo offre un criterio morale oggettivo. Ma questo è unito strettamente al mito come lo stesso tempo astratto: il dominio esclusivo, che vi è posto, di gruppi chiusi ermeticamente, cioè, in ultima analisi, della grande industria. Non c'è niente di più commovente della paura degli amanti che il nuovo possa attrarre a sé amore e tenerezza, il loro possesso migliore, proprio perché sono cose, queste, che non si lasciano possedere, e ciò proprio in forza di quella novità che viene prodotta dalla priorità di ciò che è più vecchio. Ma c'è una via inarrestabile che conduce da quest'aspetto commovente, assieme al quale andrebbero perduti al tempo stesso ogni calore e ogni sicurezza, attraver-

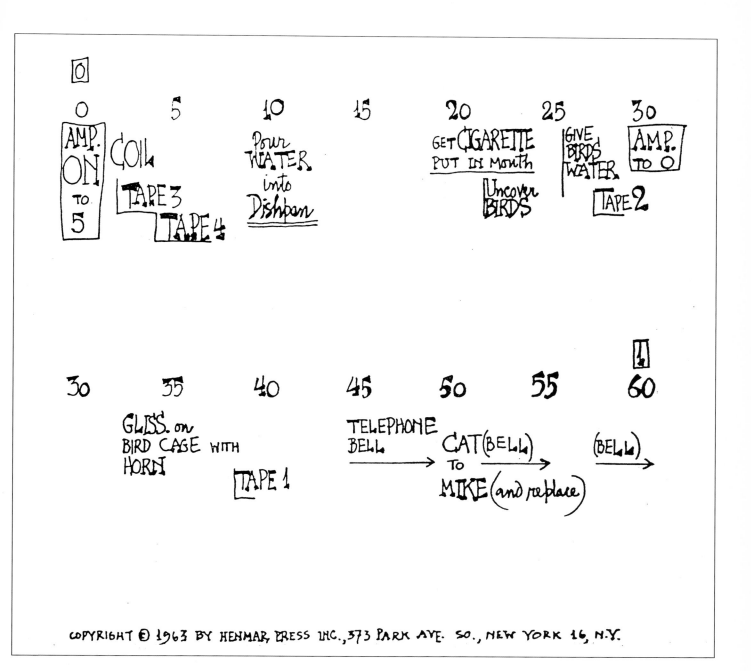

John Cage,
Sound of Venice, *1963*

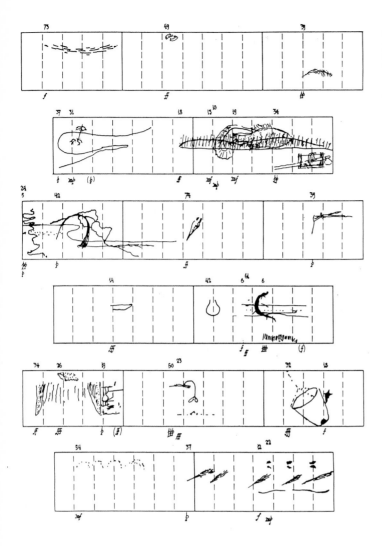

John Cage,
Renga, *1976*

so l'antipatia del fratellino nei confronti del secondogenito e il disprezzo che lo studente più anziano, che funge da tutore, ha nei confronti della matricola assegnatagli, fino alle leggi sull'immigrazione, che nell'Austria socialdemocratica tengono fuori tutti i non caucasici, fino allo sterminio fascista della minoranza razziale, con i quali di fatto il calore e la sicurezza esplodono nel nulla. Non solo tutte le cose buone, come afferma Nietzsche, furono un tempo cattive: le cose più tenere, abbandonate alla loro propria forza di gravità, tendono a compiersi in una crudeltà inimmaginabile. Sarebbe ozioso voler mostrare una via d'uscita da quest'intreccio, ma è possibile dare un nome a quel momento nefasto che mette in moto tutta questa dialettica. Esso riposa nel carattere esclusivo di ciò che è primo. La relazione originaria, nella sua semplice immediatezza, presuppone appunto già quell'ordine astratto del tempo. Dal punto di vista storico il concetto stesso di tempo è formato sulla base dell'ordine della proprietà»[11].

La composizione musicale anarchica – la negazione della ἀρχή: dell'inizio, del primo, della priorità, del privilegio, del dominio puro e semplice – deve eliminare tecnicamente quel concetto di tempo per colpire l'ordine della proprietà. Le *Variations I for David Tudor* di Cage implicano, nella trasfigurazione meno appariscente, un modello che – anche se inizialmente è solo nella testa – è in grado di scardinare il mondo. La descrizione dei due fogli di cellophane e l'istruzione per il loro uso sono estremamente semplici, la dizione asciutta non ha nulla del pathos di una promessa: «Six squares of transparent material, one having points of 4 sizes: the 13 very small ones are single sounds; the 7 small but larger ones are 2 sounds; the 3 of greater size are 3 sounds; the 4 largest 4 or more sounds. Pluralities are played together or as "constellations". In using pluralities, an equal number of the 5 other squares (having 5 lines each) are to be used for determinations, or equal number of positions – each square having 4. The 5 lines are: lowest frequency, simplest overtone structure, greatest amplitude, least duration, and earliest occurence within a decided upon time. Perpendiculars from points to lines give distances to be measured or simply observed. Any number of performers; any kind and number of instruments. – On his birthday (tardily), Januar [sic!] 1958». Il tratto peculiare del pezzo non sta assolutamente nel fatto che tutte le disposizioni di cui esso consta siano non-vincolanti, che il suo contenuto tecnico sia assoluta libertà, mentre il metodo per garantirlo sia assolutamente rigoroso; tutto ciò costituisce non meno la sostanza della maggior parte delle opere tarde di Cage. Quello che importa è piuttosto il fatto che per la prima volta nella storia sia stata concepita una musica *nella quale il momento in cui un suono appare è soltanto una faccenda sua*[12]. Nessun contesto determina, nelle *Variations I*, il momento in cui entra in scena un certo evento sonoro; non c'è alcun criterio per lo svolgimento della composizione, nessun ordine temporale regola la successione o la simultaneità dei suoni, dei rumori, delle pause; il momento di ciascuno risulta, assieme a tutte le altre proprietà – altezza, timbro, intensità, durata –, soltanto dalle loro determinatezze individuali, che vengono ricavate per mezzo di un procedimento, fra le cui caratteristiche si potranno evidenziare l'assoluta libertà della metrologia e del calcolo nei confronti dell'aspetto metrologico-calcolatorio, certamente pedestre, di questa libertà. L'opera realizza del tutto la costruzione del puro «in sé», l'emancipazione da qualsiasi «essere-per-altro», i suoi momenti singoli: poiché ogni punto temporale in cui accade qualcosa, diventa definitivamente una funzione esclusiva dell'evento singolare, che ha luogo proprio in questo punto temporale per il fatto che è una delle proprietà, fondate esclusivamente in lui stesso, quella di verificarsi in esso, non si verifica più che un momento «segua» l'altro a causa del motivo giuridico, che affonda le sue radici nella notte dei tempi, secondo il quale quello verrebbe «prima» e questo «dopo» «secondo necessità. Poiché essi *non* si pagano reciprocamente» più alcun «fio e colpa dell'ingiustizia in proporzione al loro debito secondo l'ordine del tempo». Questa ribellione che – anche se finora soltanto nella composizione – concede *a ciascuno il proprio tempo*, fa comunque sì che che la Pred. 3, 1-9 («Omnia tempus habent...») non venga più letta soltanto nel senso di una rassegnazione, come senza dubbio furono intesi quei versi pressoché incomparabili, ma forse in senso profetico:

1. Ciascuno ha il proprio tempo / e tutto ha la sua ora per il Padre che è in cielo
2. Il nascere, il morire, il piantare e l'estirpare ciò che è piantato
3. La fatica, la cura, il distruggere e il costruire
4. Il pianto, il riso, il lamento e la danza
5. Disperdere pietre, raccoglierne, seminar zizzania
6. Cercare, perdere, conservare, buttar via
7. Viaggiare, guardare, tacere, parlare
8. Amore, odio, guerra e pace / hanno il loro tempo
9. Si lavori come si vuole / Non si può ottenere di più.

Il contenuto del testo, come quello tecnico delle *Variations* I di Cage, è la costruzione rivoluzionaria dell'«in sé», e invero per mezzo del medesimo espediente: la negazione di quel concetto di tempo che secondo la visione bonaria di Hebel e quella meno bonaria di Adorno, si forma sul concetto di proprietà e ne trasmette il terrore[13]. Non bisognerebbe lasciarsi trarre in inganno dal verso 9; Lutero nella traduzione riportata sopra, omise la parola «jithron», che significa «guadagno». Una giusta traduzione moderna del testo sarebbe: «Che plusvalore (valore di scambio?) riceve il produttore per il fatto che si affatica?» Si tratta dunque di una polemica contro la fungibilità universale, contro il totale dominio dell'«essere-per-altro», contro l'oggettiva demenza di una produzione di merci di cui nessuno ha bisogno, soltanto in virtù del plusvalore o del valore di scambio; oggi essa distrugge addirittura il mondo. Gli uomini dovrebbero poter togliere di mezzo lo scambio, che essi stessi hanno introdotto, così come Cage, nelle *Variations* I va al di là di quelle condizioni che un tempo lo avevano caratterizzato sul piano della tecnica compositiva, soprattutto il riconoscimento dell'assurdità dello stesso antagonismo di classe: «Di fatto questo operaio "produttivo" è interessato a questa porcheria che deve produrre, tanto quanto il capitalista stesso, che chiederebbe anche al diavolo il suo ciarpame»[14]. Il grande pagamento del fio, il rovesciamento dell'«essere per altro» nell'«in sé», sia nella predica riportata che nelle *Variations* I di Cage, viene postulato nella forma peculiare del pensiero di una sospensione del tempo dominante: a ciascuno dovrebbe spettare invece il suo tempo proprio. «Ancora nella rivoluzione di luglio era accaduto un contrattempo, nel quale questa coscienza aveva avuto ragione. Quando fu giunta la sera del primo giorno di lotta, accadde che in posti diversi di Parigi, contemporaneamente e in maniera indipendente, ci furono degli spari alle torri degli orologi. Un testimone oculare, che deve forse alla rima la propria divinazione, scrisse a quel tempo: Qui le croirait! on dit qu'irrités contre l'heure/ De nouveaux Josués, au pied de chaque tour,/Tiraient sur les cadrans pour arrêter le jour»[15].

[1] Lo stesso vale anche oggi per tutti i modi moderati di comporre, per quello di coloro che sono genuinamente mediocri, che scendono addirittura a schiere con il loro piroettare galvanizzato sugli enormi palcoscenici di prassi e di presentazione musicale avanzata, e anche per gli stessi malandati ex-avanguardisti etici, che nel frattempo hanno abbandonato le loro proprie conquiste. La cosa, a prescindere da quale sia la sua origine anche particolare, ha la sua propria durata di esecuzione, e ruba agli uomini l'unica cosa che essi hanno sulla terra: il loro tempo, che sempre fugge via.
[2] Cfr. *Die Fragmente der Vorsokratiker. Griechisch und Deutsch von Herrmann Diels*, vol. I, Berlin, 1922⁴, p. 15.
[3] Questo termine spinoso significa al tempo stesso «origine» e «dominio». Dalla sua negazione di tipo innanzitutto morfematico, data dall'*alpha privativum*, si è costituito il concetto di «anarchia», e con esso anche l'anarchismo politico. Se si procede dalla semantica inerente a questa formazione concettuale, oggi discussa, l'anarchismo può significare filosoficamente solo che non bisogna riconoscere alcun principio primo dal quale procede tutto il resto – dunque una negazione di ogni *philosophia prima*, quella stessa che Hegel realizzò all'inizio della sua *Logica* sotto forma di dimostrazione appunto dell'impossibilità di un inizio, e che risulta dal fatto che ogni immediatezza è già essa stessa frutto di una mediazione; ma inteso come concetto sociale il termine anarchismo connota la concezione secondo cui non ci dev'essere alcun dominio e non si deve istituire ed esercitare alcuna forma di potere.
[4] Illimitato, incommensurabile, infinito, non esperito, insondabile.
[5] Cfr. *Die Fragmente*, cit. L'interpolazione esplicativa, fra parentesi quadre, è dell'autore.
[6] Anche se lo spostamento rozzo , addirittura brachiale, di beni mobili e di monete sonanti è stato frattanto nobilitato e spiritualizzato nei settori fondamentali dell'economia sotto forma di pure operazioni di contabilità, il cui luogo deputato è quello dei dispositivi elettronici e dei loro procedimenti.
[7] In molta musica neoprimitiva che fiorisce al giorno d'oggi la ripetizione celebra la *permanenza* finalmente raggiunta. Essa si atteggia a permanenza della crisi non solo del capitalismo, ma frattanto anche dell'economia *tout court*, anche se i suoi adepti sostengono che quella monotonia provenga da un Afghanistan immaginario, o lo sa il diavolo da quale altro posto. In essa non sono praticamente più necessarie delle «riprese», il cui concetto presuppone che prima del tono ripetersi ci sia stato almeno qualche cosa d'altro: il «debito», il «fio da pagare» dei giorni nostri è del tempo *immediatamente* ripetitivo, consiste solo nella ripetizione diretta di se stesso.
[8] K. Stockhausen, *... wie die Zeit vergeht...*, in *Texte zur elektronischen und instrumentalen Musik*, a cura di Dieter Schnebel, vol. I, p. 99.
[9] J.P. Hebel, *Nützliche Lehren*, in *J.P. Hebels Werke. Ausgabe in drei Bänden*, vol. III, Karlsruhe, 1847: *Erzählungen des rheinländischen Hausfreundes, Zweite Abteilung*, 1814-19, p. 59.
[10] Hebel, *Verloren oder gefunden*, in *Erzählungen*, cit., p. 38.
[11] Th.W. Adorno, *Moral und Zeitordnung*, in *Minima Moralia*, Frankfurt, 1951, pp. 138 ss.
[12] Le *Variations* II sono un'ingegnosa economizzazione delle *Variations* I. Esse non vengono discusse qui perché vi sottostà il medesimo principio.
[13] Il rapporto di Hebel con la proprietà era problematico: «Da giovane era famigerato per i suoi scherzi; si racconta che Gall, il celebre fondatore della frenologia, una volta sia venuto nel Baden e che gli fosse stato presentato anche Hebel, chiedendogli di esprimere un proprio parere. Ma nel mormorio indistinto Gall non sentì chiaramente, stringendogli la mano, se non queste parole: "davvero molto sviluppato". E lo stesso Hebel domandare: "Che cosa, l'organo del furto?"», W. Benjamin, *Johann Peter Hebel*, in *Gesammelte Schriften*, vol. II/2, a cura di Rolf Tiedemann e Hermann Schweppenhäuser, Frankfurt, 1977, p. 639.
[14] K. Marx, *Grundrisse der Kritik der politischen Ökonomie*, Moskau, 1939, p. 184.
[15] W. Benjamin, *Über den Begriff der Geschichte*, in *Gesammelte Schriften*, cit., vol. I/2, p. 702.

Il mio ultimo giorno con John Cage: un ricordo

di Margaret Leng Tan

Era uno di quegli afosi giorni estivi newyorkesi quando mi diressi al loft di John Cage nella Diciottesima strada, all'una e mezza del pomeriggio di lunedì 10 agosto 1992. A John non è mai piaciuta l'aria condizionata e i numerosi fan che circondavano l'appartamento, insieme con le piante, facevano da fresco e calmo rifugio contro l'aggressione incessante del traffico della Sesta Strada cinque piani più sotto.

Avevo fame, così John, con la sua abituale ospitalità, mi diede da mangiare. Mentre si muoveva per la cucina, non potei fare a meno di notare che sembrava zoppicare molto più del solito. Era la conseguenza di un lieve attacco che lo aveva colpito quattro anni prima a Francoforte; il teatro dell'Opera si era incendiato proprio a pochi giorni dalla prima delle sue *Europeras* I e II. Dopo pranzo ci mettemmo a lavorare al tavolo vicino alla finestra; in seguito, le immagini di John al lavoro a questo tavolo apparse in omaggi funebri si sarebbero rivelate particolarmente dolorose.

Ero venuta a discutere come avrei affrontato *Music for Piano #2* e *One²* che John aveva composto per me, e che io stavo preparando per le esecuzioni di Vienna e di Atene. Prima di incominciare, ero ansiosa di fargli vedere *Arched Interiors*, il pezzo per piano suonato con archetto che Christopher Hopkins aveva scritto per me nel 1991 e che stavo preparando per un programma di pezzi creati da figli spirituali di Cage. John aveva incluso note per strumenti ad arco nel lessico di vari brani recenti, ma lasciava che fosse l'esecutore a vedersela con ciò che questo presuppone. L'aveva colpito il fatto che avessi passato un intero anno a sviluppare e affinare la mia abilità nell'uso dell'archetto per questo brano. Penso che fosse attratto dall'elemento del non-controllo controllato inerente a questa tecnica: bisogna avere una certa disciplina nel maturare il controllo dell'archetto, pur tuttavia le sopra-toniche che ne risultano sono deliziosamente imprevedibili e non riproducibili. Tale aspettativa dell'inaspettato è in accordo con la filosofia di John.

Passammo poi a *Music for Piano #2*. L'intensità dei toni deriva da imperfezioni sulla carta, mentre operazioni casuali determinano il numero di suoni per pagina. Pensava che questo brano non fosse una gran buona scelta, ma una volta che gliene ebbi spiegato il contesto, lo soddisfò pienamente: l'isolata purezza delle singole note sarebbe emersa dalla «silenziosa cacofonia» (come nel «brano silenzioso» di John, *4'33"*) della notte ateniese. Anche se le note di corde mute e pizzicate sono gli unici timbri interni del piano a essere usati in *Music for Piano #2*, dissi che certe note della tastiera stavano solo chiedendo di essere suonate con l'archetto. Non è che mi avrebbe permesso di farlo? John ne fu decisamente entusiasta. Allora ne segnalai sette nel brano, che si prestavano particolarmente a essere suonate come proposto. Fummo entrambi d'accordo che sette note costituivano un numero adeguato perché rimanessero «speciali e memorabili».

Erano passati due anni da quando avevo suonato *One²*, un pezzo appartenente alla serie dei numeri degli ultimi anni di John. *One²* denota un pezzo per singolo esecutore e indica che è il secondo pezzo della serie degli a solo. Terminato nel

luglio del 1989, va suonato fino a quattro pianoforti. *One²* è un brano-performance tridimensionale il cui lessico include gruppi per tastiera, un motivo a tremolo, note preparate e per archetto e altri effetti interni del piano, come pure interventi ausiliari di natura prolungata. Un altro tratto saliente è che il pedale della sordina di ogni pianoforte viene tenuto abbassato per tutto il tempo, in modo che il brano diventi uno studio sulle risonanze prolungate e mescolanze di sopratoniche.

In quei due anni, avevo cercato di venire a patti con l'osservazione di John: «Veramente preferirei, Margaret, che non lo prendessi così sul serio e suonassi invece qualsiasi cosa ti esca fuori ogni volta che vai a un piano». La mia reazione iniziale al suo consiglio fu la consapevolezza che quello implicava un tremendo atto di fede o di coraggio e non mi sentivo pronta per nessuno dei due. Non era senza un certo timore che affrontavo di nuovo *One²*, semplicemente senza sapere come avrei trovato una soluzione a quest'ultima sfida. Le prime versioni che avevo fatto erano versioni strutturate e le sentivo «sicure».

Tornando a lavorare su *One²*, trovai che la mia premessa originale era pur sempre valida: trattare i pianoforti come sculture sonore la cui disposizione strategica avrebbe fatto sì che i coperchi riflettessero e amplificassero le vibrazioni armoniose. Tre pianoforti sembravano rimanere il numero ideale, dato che si potevano collocare nella configurazione più interessante per una installazione sonora. Il punto cruciale della questione stava allora, o così pensavo io in quel frangente, nel trovare un altro modo ancora di lavorare con il materiale che John mi aveva dato. Decisi che la maniera più ovvia per rompere l'*impasse* era, molto semplicemente, familiarizzare di nuovo con la partitura per ogni piano, spogliandomi di tutte le nozioni preconcette su quanto ne avrei fatto. Fu durante questo progetto di revisione oggettiva delle partiture che realizzai cosa aveva voluto dire John con la sua osservazione. Era molto chiaro: non dovevo proprio fare niente! Dopo aver preparato a fondo il materiale, non dovevo far altro che attingere spontaneamente, al momento dell'esecuzione, alla riserva delle possibilità. Insomma, fare un'esecuzione veramente indeterminata che avrebbe avuto ogni volta un esito diverso e che nemmeno io sarei stata in grado di predire. Il momento della verità avrebbe coinciso con il mio arrivo a ogni piano; mi sarei accorta che non stavo *per suonare*, ma semmai che io (o «essa») *stavo/a suonando*. Nell'istante del suono, sarei stata contemporaneamente esecutrice e pubblico; valutare il risultato era totalmente irrilevante: «Lascia semplicemente che i suoni siano suoni».

L'indeterminatezza non è un invito all'anarchia, dal momento che l'uso di procedimenti casuali nel processo compositivo di Cage è una disciplina «così rigida come starsene seduti con le gambe accavallate». Solo quando conosciamo il materiale talmente bene da farlo diventare un atto riflesso, siamo pronti e liberi di fare un'esecuzione *responsabilmente* indeterminata. Come diceva John, il suo più grande problema era trovare «un modo per far sì che la gente fosse libera senza che diventasse stupida». Parte integrante di questo processo formativo era imparare a essere non-premeditata, fidarmi di me stessa e di John Cage al punto che persino il movimento fra i pianoforti sarebbe scaturito come reazione spontanea ai suoni prodotti, fossero stati ammassi di sonorità cumulative, o interventi isolati che cadevano nel silenzio.

Mentre quel giorno dividevo con John queste scoperte, lui mi fece sentire che ero sulla strada giusta. Era contento che avessi capito che *One²* tratta dello «spazio-tempo» (così come è rappresentato nel concetto giapponese del *ma*, dove lo spazio e il tempo sono percepiti come entità coincidenti e indivisibili). Mi suggerì di ricorrere a una tabella delle possibilità de *I Ching*, applicabile ai sei modi d'approccio disponibili per i tre pianoforti (tastiera e cassa), così non «avrei vagato qua e là senza meta». Tracciai una sequenza di spostamenti fra i pianoforti alla quale avrei aggiunto un utile parametro come rinforzo strutturale entro cui ha luogo l'indeterminatezza, libera ma disciplinata. Quando gli esposi l'analogia in cui io ero come il campanaro che se ne va in giro a suonare le campane lasciandole però parlare da sé, si illuminò e disse: «Ecco, hai colto».

Ventiquattr'ore dopo, nel mezzo di un temporale di proporzioni epiche, John Cage fu colto da un violento e, questa volta, fatale attacco. A quell'ora stavo lavorando alla sua musica, integrando le idee del giorno precedente. Lavorarci su dà luogo inevitabilmente a nuovi interrogativi. Ora dovrò trovare le risposte da sola. Mi aiuta ricordare a me stessa che, in linea con la tradizione Zen, John preferiva definirsi uno che fa domande, piuttosto che uno che fornisce risposte.

La fine della vita di John è stata indiscutibilmente coerente con la sua ultima musica, che termina in modo brusco, senza preparazione e senza cadenza. Il trapasso di John è avvenuto in accordo con il suo volere: voleva semplicemente svanire, e così ha fatto.

17 novembre 1992
«La vita va avanti benissimo senza di me e questo ti spiegherà il mio brano silenzioso *4'33"*» - John Cage.

John Cage alla Westdeutscher Rundfunk Köln

di Klaus Schöning

La vasta opera poetico-filosofica di John Cage si presenta strettamente connessa a quella musicale e artistica. Essa è stata largamente pubblicata nei suoi libri: *Silence* (1961), *A Year from Monday* (1988), *M* (1970), *Writings through Finnegans Wake* (1978), *Empty Words* (1979), *Themes & Variations* (1982), *Roaratorio: An Irish Circus on Finnegans Wake* (1982), *x* (1983), *Charles Eliot Norton Lectures* (1988). Molti di questi testi poetici sono testi di letteratura orale che Cage recitava con la sua voce eccezionale. Poesia del suono che rivela la sua ricchezza di intensità e intonazione, movimento e calma, ritmo e tempo, respiro e silenzio. «La poesia è ambigua – disse John Cage – Fa entrare elementi musicali come il tempo e il tono nel mondo delle parole».

Fu sorprendente scoprire quante poche registrazioni radio esistessero dei suoi numerosi *readings* e *performances* poetiche. Decidemmo pertanto di invitarlo, ogniqualvolta fosse stato possibile, a realizzare le sue opere poetiche come pezzi alla radio e composizioni di suoni presso la WDR di Colonia in modo da farli conoscere a un pubblico più ampio e al tempo stesso da poterli conservare. Fino al 1992 questa fruttuosa cooperazione tra John Cage, poeta e filosofo, e il WDR Studio Akustische Kunst portò alla realizzazione di numerose produzioni di «Ars Acustica» divenute già classiche quali: *Roaratorio: An Irish Circus on Finnegans Wake, James Joyce, Marcel Duchamp, Erik Satie: An Alphabet, Muoyce. Writing for the First Time through Finnegans Wake,* HMCIEX, *Themes & Variations, Mushrooms et Variationes, Diary (I), Writings through the Essay "On the Duty of Civil Disobedience", The First Meeting of the Satie Society, Mirage Verbal, Writings through Marcel Duchamp Notes* e *Eric Satie. An Imaginary Conversation.*

Nel giugno del 1991 insieme con il settantottenne John Cage potemmo registrare a Zurigo l'integrale delle otto parti pubblicate fino ad allora del suo *Diary. How to improve the world. You will only make matters worse* sotto forma di esperienza uditiva multi-prospettica e ne pubblicammo il CD per la WERGO. Avrebbe dovuto essere un regalo per il suo ottantesimo compleanno il 5 settembre 1992. Un altro omaggio era una installazione sonora della durata di sette ore con opere che aveva realizzato per la WDR nel corso degli anni. John Cage aveva accettato l'invito a presenziare a questo evento pubblico nella WDR Concert Hall a Colonia il 19 settembre 1992 e anche a leggere in questa occasione un nuovo testo poetico. Dopo di ciò avevamo intenzione di andare con lui alla Philarmonic Hall di Colonia per assistere insieme alle anteprime contemporaneamente della sua opera per orchestra *103* e del suo film *One*[11].

Il 12 agosto ricevemmo la notizia della morte di Cage. La presentazione all'altoparlante dei suoi pezzi per radio alla WDR e l'anteprima della sua opera audio-visuale alla Philarmonic Hall di Colonia divennero una emozionante commemorazione.

Il programma con pezzi alla radio e composizioni di suoni che può essere udito in una installazione sonora alla Biennale corrisponde al programma che presentammo alla WDR di Colonia il 19 settembre 1992 in onore e in memoria di Cage.

Come si dice Zen in gallese? *di* John Cale

Nel Galles lo Zen non c'era quando nel 1959 iniziai a frequentare il corso di storia e composizione musicale del Goldsmith's College di Londra. Qui studiai a fondo i lavori di Anton Webern e dell'avanguardia americana, in special modo quelli di John Cage, che per me era diventato il teorico più coerente e significativo, non solo della scena musicale, ma dell'intera New Art.

Quando per la prima volta lessi *Silence* trovai, tra l'altro, che in questo libro Cage riusciva a dare un senso alla religione – impresa non da poco, visto che nel Galles la religione era un sistema ortodosso che incuteva timore. Leggendo e rileggendo i *koan* dello Zen, trovai che fossero illuminanti, ma non in modo autoritario, solenne, o minaccioso. La propensione dello Zen al mistero e alla magia, così come lo intendeva Cage, nutriva l'immaginazione di più e molto meglio di quanto non facessero altre religioni.

Tutto ciò fu molto importante per un giovane compositore gallese impaziente di tracciare la carta genealogica della musica europea post-bellica, e di prevederne gli sviluppi possibili. Una rotta, la principale forse, portava in America e specialmente a New York. Fin dall'adolescenza avevo coltivato il sogno ossessivo di andare a New York – quando, tra una scarica di energia statica e l'altra, ascoltavo rapito su Radio Luxembourg «For your listening play-sure», di Allan Freed. A New York nel 1963 facevano base il movimento Fluxus e il suo fondatore, George Maciunas, come anche La Monte Young, Terry Riley, Walter de Maria e Terry Jeannings. Non mi importava che il *rockabilly* che ascoltavo venisse da Memphis o Nashville: ero certo che l'avrei sicuramente trovato, insieme a molto altro ancora, a New York. Nel frattempo, mi apprestavo a diplomarmi al Goldsmith's College. Ero già ansioso di conoscere Cage, e come parte di un disegno per fare ciò misi in piedi un festival di New Music. Con l'aiuto di Cornelius Cardew (uno dei musicisti più in voga a Londra, che era giunto all'avanguardia passando per la Scuola di Coro di Westminster) riuscimmo a persuadere il preside del Goldsmith's a concederci l'uso dell'*auditorium*. Ma ancor meglio, riconoscendo il nostro impegno in favore della New Music, volle pagare per un'inserzione pubblicitaria sull'«Observer» di Londra – un atto di generosità che avrebbe avuto un esito poco felice.

Nel mio ruolo di Sol Hurok dell'avanguardia, concepii un *matinée* fatto delle più rappresentative composizioni del meglio della scena europea e americana. Radunai alcuni dei miei compagni dell'orchestra giovanile del Galles per fare gli onori lì dove forze «orchestrali» fossero richieste, mentre Cornelius e io ci dividemmo una varietà di compiti (Cornelius avrebbe fatto da solista in un pezzo di George Brecht e nel Concerto di Cage).

Nel primissimo pomeriggio sarebbero stati eseguiti i pezzi «musicali», mentre più tardi avrebbero avuto luogo le opere più concettuali. Il *Concerto for Piano and Orchestra* di Cage fu eseguito mentre il direttore d'orchestra imitava il quadrante di un orologio in cui le braccia erano le lancette dei minuti e dei secondi. Ma ci fu un pezzo ancora più radicale, composto dal dadaista inglese Robin Page che chiedeva

all'esecutore di *Scream at a potted plant until it dies* (Urlare a un vaso di fiori fino a farlo morire). Di La Monte Young venne eseguito *X for Henry Flynt*, in cui «X» rappresentava un qualsiasi numero di volte si scegliesse di ripetere un certo *cluster* di note a un intervallo rigidamente determinato. Purtroppo il sogno di eseguire *Danger Musics No. 1 – Climb the Vagina of a Live Female Whale* rimase nulla più di un sogno. L'inserzione sull'«Observer», come si capì più tardi, portò al finimondo. Durante la mia esecuzione di «X», il pubblico decise di tirarmi via il pianoforte a coda e di portarlo dall'altra parte del palco, costringendomi (ero in ginocchio vicino alla tastiera) a strisciargli dietro per portare avanti il pezzo. Cornelius era furente, e minacciando i guastafeste con i suoi occhi da gufo venne di corsa a rimettermi il cuscino sotto le ginocchia. Nel frattempo il pubblico aveva iniziato a battere il tempo sui coperchi della spazzatura e a trasportare delle persone sulle spalle in giro per tutto l'*auditorium*.

Il concerto finì in un pandemonio. La pazienza del pubblico venne meno, e con essa quella del corpo docente, che subito annunciò la mia espulsione dal dipartimento di musica per avere dedicato troppo del mio tempo accademico ad accademiche sciocchezze.

In un certo senso, mi stavo già preparando a questo da tempo. Avevo già scritto a tutto il mondo – Tanglewood, Mosca, Yale, Leningrado – per ottenere i prospetti e trovare dove andare. Avevo inoltrato domanda d'iscrizione al Berkshire Music Center di Tanglewood, e avevo avuto un colloquio con Aaron Copland, che alla mia domanda su che cosa pensasse di John Cage aveva risposto: «John vive su di una sponda dello Hudson e io sull'altra». Tanglewood mi aveva accettato, e partii il giorno dopo la mia espulsione ufficiale dal Goldsmith.

A Tanglewood, il Master in composizione era tenuto dal compositore greco Yannis Xenakis. Per quanto la teoria con cui sosteneva la sua musica fosse un miscuglio claustrofobico di teoria delle probabilità di Heisenberg e di serie di Fourier, i suoi lavori orchestrali denotavano una brillante maestria d'arrangiamento cromatica e una brillante attitudine drammatica.

Fu durante quell'estate passata a Tanglewood che finalmente entrai in contatto con John Cage. Gli dissi che in autunno mi sarei incontrato con La Monte Young, nella speranza di entrare nel suo gruppo d'improvvisazione. John mi spiegò che avrebbe dato la *première* americana delle sue *Vexations* di Satie in settembre al Pocket Theatre di Manhattan. Gli incassi sarebbero stati devoluti alla Foundation for the Contemporary Performance Arts, che egli stesso aveva fondato. Stava cercando altri musicisti per l'esecuzione, e io mi offrii subito come volontario. Entrai così in contatto con luminari quali David Tudor, Viola Farber, James Tenney e Freddie Herko. (Quest'ultimo, un danzatore di talento, finì la sua carriera qualche anno dopo nel tragico equivoco di poter volare – giù per la la finestra di James Dodd che dava su Cornelia Street).

Qualche giorno prima del concerto, ci incontrammo al Pokket Theatre per quelle che venivano chiamate comicamente «prove». Mettemmo le nostre energie nelle mani di quest'uomo silenzioso e sorridente che nel progetto in questione, come in molte altre sue opere, aveva un posto per tutti.

Niente era meno di niente altro, eppure una gentile risolutezza si nascondeva dietro l'apparente *nonchalance* democratica.

In quindici minuti, i nostri nomi vennero messi in ordine d'apparizione, e fu decisa la *routine*. Il pezzo in sé (per piano solista) era piuttosto breve, ma lo spartito avvertiva di ripeterlo per ottocentosessantasei volte. Noi, i pianisti, (conosciuti come «The Pocket Theatre Piano Relay Team») eravamo divisi in turni di tre, così da dividere tra noi le responsabilità tra chi aspettava il turno per suonare, chi suonava e chi avendo già suonato teneva il conto di quante volte il pezzo fosse stato ripetuto. Tra ogni ciclo di palco, ritornavamo di sotto per riposarci, qualche volta per stenderci su brandine, o per sedere e bere caffè. I media erano in sala per registrare l'evento, e i produttori furono avvertiti che malgrado le sue quattordici ore (lo spettacolo iniziava alle sei del pomeriggio e finiva alle otto del mattino seguente) coloro che sarebbero rimasti sarebbero stati rimborsati di cinque cents per ogni quarto d'ora, con un bonus di venti cents alla fine del concerto. I biglietti costavano cinque dollari.

Con il passare del tempo, mi è diventato sempre più chiaro con quale abilità John Cage abbia trattato il problema principale dell'arte e della vita contemporanea, quello della responsabilità morale e intellettuale. Nel dopoguerra questo fu un problema specificamente europeo, molto lontano, ad esempio, dal movimento Fluxus, con la sua banda di *performers* radicali che non erano neppure vicini alla formulazione di un approccio coerente ai nuovi sviluppi culturali, essendo in aperta lotta contro di essi. Anche i beat furono un gradito diversivo dall'eccessivo peso dato al problema della legittimazione che aveva permeato ogni aspetto dell'arte dal 1945 in poi. Il jazz offrì una via di uscita, e ancor più la offrì il rock and roll. Ma ciò che vidi in John Cage e nei brevi *koan* Zen del suo *Silence* fu senz'altro una via in avanti, una via che muoveva attraverso e oltre il bisogno di spiegare e il costruttivismo (che erano i problemi principali di Stockhausen e della scuola di pensiero di Darmstadt) e verso una equilibrata leggerezza nel trattare gli affari di tutti i giorni – dove non c'era spazio per la stupidità.

CAGED/UNCAGED:
un omaggio rock/sperimentale a John Cage
di Lokke Highstein

John Cage esprimeva apertamente la sua disapprovazione sia per il rock and roll che per la musica jazz. Trovava il rock and roll noioso, soprattutto ritmico e pensava che il jazz fosse il risultato di un gruppo di musicisti che cercavano di comunicare con i loro strumenti ma senza successo.

Nonostante questo atteggiamento (e forse a sua disgrazia), il suo lavoro ha costituito un indefinibile e allo stesso tempo enorme influsso su questi due generi, con l'ironia della sorte che tanti musicisti rock e jazz gli sono inconsapevolmente debitori. Un esempio anche troppo ovvio di tale influenza è il lavoro pionieristico di Cage nell'uso del piatto e di piste che hanno anticipato l'uso odierno e diffuso di alcuni DJ rap. Sebbene non sia qui a suggerire Cage quale fondatore del rap, va sottolineato il fatto che egli fu il primo compositore riconosciuto a usare seriamente il piatto e a considerarlo uno strumento musicale. Cage riteneva tutti i suoni, musica e in base a ciò dichiarava che non aveva preferenza alcuna, per esempio, per un clarinetto basso rispetto al frastuono della metropolitana che entra in una stazione. Questo atteggiamento culminò in quello che comunemente è conosciuto come il brano del silenzio, *4' 33"*, in cui non viene suonata nessuna musica e il tentativo è quello di portare l'attenzione del pubblico sui suoni circostanti. La definizione di «suono come e contro la musica» divenne un problema filosofico fondamentale attraverso il quale Cage definì la sua posizione di compositore.

In questa mostra omaggio a John Cage, *Il suono rapido delle cose*, i curatori hanno raccolto documenti visivi e audio, sia familiari che insoliti. La decisione di creare una colonna sonora per l'occasione scritta da musicisti rock, e di musica alternativa e sperimentale, è stata avventurosa e ha offerto un'opportunità insolita a John Cale, consulente artistico e produttore e a me stesso, che ho coordinato e organizzato il progetto.

Per la produzione Cale e io, ci siamo accordati su una premessa molto elementare; il progetto era inteso come un vasto omaggio a un grande musicista e compositore che aveva aperto le strade a una incredibile quantità di «movimenti» musicali differenti, inclusi il rock, la musica sperimentale, e altri generi alternativi degli anni settanta, ottanta e l'inizio degli anni novanta.

Cale ha suggerito che la selezione degli artisti avvenisse in base al loro uso e appropriazione delle tecniche più comuni di Cage: suoni d'ambiente, manipolazione dei piatti, feedback, registrazioni di «scherzi», la ripetizione e la parola scritta. La selezione attuale è il risultato di riunioni con i consulenti, gli artisti e John Cale.

Questo progetto è un forum per musicisti non associati solitamente a Cage che hanno voluto donare un tributo al suo genio e alla sua visione, uno strumento per gli ascoltatori, soprattutto per i giovani ascoltatori, per comprendere Cage e il suo costante ottimismo nel futuro della musica. Cage considerava i giovani musicisti come una speranza affinché la musica rimanga interessante (almeno secondo lui). Cage

andava regolarmente a concerti di musica sperimentale, anche di musicisti praticamente sconosciuti e a cui dava un sostegno generoso nel procurare spazi come il Roulette, il Knitting Factory, Phil Niblock's Experimental Intermedia e il «Bang on a Can».

A proposito della musica sperimentale, Cage stesso cercò di darne una definizione nel 1957, prima parlando delle sue riflessioni sul termine e più tardi sul suo uso, «... i tempi sono cambiati, la musica è cambiata; ed io non sono più contrario all'uso del termine "musica sperimentale". Di fatto io lo utilizzo per descrivere tutta la musica che mi interessa particolarmente, e a cui sono affezionato, sia che sia stato io a scriverla o qualcun'altro. Molte persone hanno smesso di chiamarla "sperimentale". Hanno invece preso una posizione intermedia, affermando che sia "controversa" oppure hanno assunto una posizione limite chiedendosi se questa "musica" sia della vera musica» (*Silence*, p. 7, Wesleyan 1961).

Ovviamente quello che era sperimentale e innovativo nel mondo musicale nel 1957 non resta necessariamente valido oggi. A causa di questa evoluzione, la definizione di «sperimentale» in *Caged/Uncaged* si situa al di là dell'accezione comune, fuori dalla vena popolare sia del rock and roll, che del jazz e del country. Qualsiasi elencazione di artisti statunitensi definiti «sperimentali» non poteva non includere i nomi di: John Zorn, Elliott Sharp, Shelley Hirsch, David Weinstein, Amy Demio, David Shea, Marc Riboud, Zeena Parkins, Anthony Coleman e Arto Lindsay. Questi musicisti hanno accettato di scambiare un vasto e popolare consenso nei confronti del loro lavoro in cambio di una marginalità accettabile e una massima manovrabilità. In questo CD abbiamo incluso un gruppo ampiamente rappresentativo di questi artisti.

L'intero progetto musicale di *Caged/Uncaged* è stato reso unitario dalla voce di Cage stesso che legge parti del progetto poetico di John Giorno. Il poeta John Giorno, amico intimo di Cage, collabora a *Caged/Uncaged* con una selezione di poesie di Cage che intervallano i brani musicali.

Infine devo aggiungere che la mia adolescenza è stata dedicata all'ascolto di gruppi musicali quali i Black Flag, Fear, Agnostic Front e Ramones. Questi gruppi hanno sempre usato un'anarchia controllata come struttura musicale. Cage non era solito suonare di fronte a orde di adolescenti urlanti, e aveva invece altri problemi di esecuzione: le sue composizioni di suoni ambientali oppure di rumori selezionati in modo casuale avevano l'effetto di alienare orde di adulti sempre più sofisticati ma tuttavia ostili. I suoi concerti erano accompagnati sempre da numerose persone che uscivano perplesse. Fu soltanto alla fine della sua carriera che le persone restavano per tutto il concerto. Cage avrebbe sofferto considerevolmente sia emotivamente che durante l'ascolto di un concerto *hard core* punk o rap. Ironicamente, questi gruppi e i loro giovani sostenitori sono stati e in molti casi rimangono i suoi ascoltatori più fedeli.

Cage e l'Italia

John Cage a Roma, gennaio
1959, in occasione del concerto
al Teatro Eliseo

Partitura di Fontana Mix
(1959), rumori su nastro
magnetico

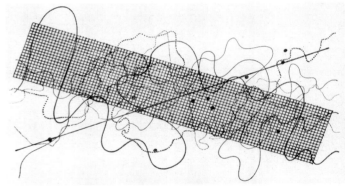

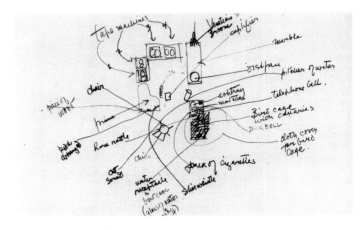

John Cage, Sounds of Venice,
1959, schema di performance
televisiva

John Cage (1912-1992) in Italia: principali eventi

1930-1931
Primo viaggio in Italia con la famiglia in vacanza. Cage visita Capri.

1954
Milano, concerti per pianoforte di Cage insieme a David Tudor durante una tournée europea in Germania, Francia, Belgio, Svezia, Svizzera e Regno Unito. Invitato da Gino Negri che dirigeva il circolo culturale Pirelli, nonché da Luciano Berio e Luigi Nono, Cage tiene il suo concerto con Tudor nella sala piccola del Conservatorio, presentato da Riccardo Malipiero. Malipiero, a metà concerto, interviene per dissociarsi pubblicamente dall'iniziativa e dalla musica di Cage.

1956
Milano, «Incontri Musicali», concerto di David Tudor.

1958
Milano, prima audizione per amici e musicisti di Fontana Mix e di Aria, composta per la voce accompagnatrice di Cathy Berberian.

1958 - 1959
Milano, attività sperimentale allo studio di fonologia della RAI, fondato nel 1955. Cage, invitato da Bruno Maderna e Luciano Berio, conosciuti in Germania e che dirigevano la ricerca musicale dello studio, vi realizza Fontana Mix con l'assistenza tecnica di Marino Zuccheri. Il pezzo è completato in novembre utilizzando, fra l'altro, frammenti di nastro magnetico raccolti dai cestini di rifiuti nello studio. Il titolo deriva dal nome della padrona di casa dove risiedeva Cage, la signora Fontana, alla quale è dedicata l'opera. Cage ricorda che la signora beveva vino Fontanafredda. Vi sono rumori di fabbrica, voci, strumenti, suoni elettronici e altro, su diciassette minuti di nastro magnetico. A Milano, Cage conosce Umberto Eco, che lavorava alla RAI come programmista, e Roberto Leydi. Soggiorna a casa di Berio e Leydi e compone Aria, musica per voce solista, per la moglie di Berio, Cathy Berberian, che accompagna il nastro Fontana Mix. Oltre ad Aria con Fontana Mix, sono state successivamente realizzate diverse versioni di Fontana Mix, una per piano elettrico, di David Tudor, una per strumenti a percussione, di Max Neuhaus, una per chitarra, di Cornelius Cardew. Cage conosce Walter Marchetti, il quale gli presenta l'artista Lucio Fontana. Sono gli anni del bar Giamaica, gli stessi in cui si sviluppa l'attività di

Piero Manzoni e di «Azimuth». Cage va anche a trovare il conte Panza di Biumo, già collezionista, e gli suggerisce di acquistare le opere di due suoi giovani amici, Robert Rauschenberg e Jasper Johns.

1959
Roma, Ridotto del teatro Eliseo. Cage e Berio suonano musiche di Cage al pianoforte, con Cathy Berberian come voce accompagnatrice. È la prima esecuzione pubblica mondiale di Aria per mezzosoprano con Fontana Mix (1958), in cui la Berberian canta contemporaneamente alla trasmissione del nastro di Fontana Mix. La tournée italiana di Cage e Berio fa tappa anche al circolo Leonardo da Vinci di Firenze, e comprende anche l'esecuzione di Musica per due pianoforti (1951-57), Winter Music (1957) e Variations I (1958). A Roma, per l'Accademia filarmonica romana, Cage presenta musiche alla sala Casella. Conosce Aldo Clementi a Milano.

Milano, Rotonda dei Pellegrini. Concerto di Cage, Juan Hidalgo e Walter Marchetti.

Milano, Cage partecipa alla trasmissione RAI di Mike Bongiorno, Lascia o raddoppia? come esperto di funghi, invitato da Leydi che era membro della commissione di entrata. Vince cinque milioni in gettoni d'oro. Fa cinque apparizione televisive durante le quali presenta Amores (29 gennaio) per pianoforte preparato, seguito da Water Walk (6 febbraio), dove palline da ping pong venivano triturate in frullatori accanto ad apparecchi radio, bagnarole piene d'acqua, un sifone di selz, un pesce meccanico caricabile, un mazzo di rose, un annaffiatoio, un pianoforte, una pentola in bollore con sibilo e una paperella di gomma. Il 13 febbraio propone un mix di nastri con la voce di Mike Bongiorno registrata la volta precedente. Il 20 febbraio presenta Sounds of Venice, con molla, amplificatore, corno da caccia, caraffa d'acqua, due registratori, sigarette, una scopa di saggina, una campana e un pianoforte. Peggy Guggenheim aiuta Cage a cambiare in dollari, al mercato nero, la vincita, che doveva essere spesa in Italia. Water Walk e Sounds of Venice sono performance televisive realizzate basandosi sui materiali registrati di Fontana Mix.

È pubblicata, per la prima volta in assoluto, Lecture on Nothing sulla rivista «Incontri Musicali».

Milano, sul primo numero della rivista «Azimuth» pubblicata da Piero Manzoni ed Enrico Castellani, appare un testo di Yoshiaki Tono dal titolo, Spazio vuoto e spazio pieno, che riporta notizie di una performance al pianoforte di Cage a New York. L'articolo è stampato di fron-

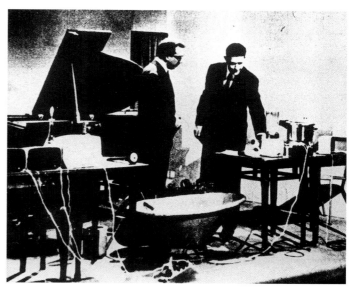

John Cage e Mike Bongiorno durante l'esecuzione della performance Televisiva Water Walk, 1959

Milano, Studio di fonologia della RAI

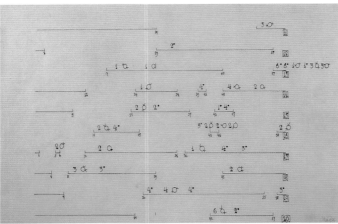

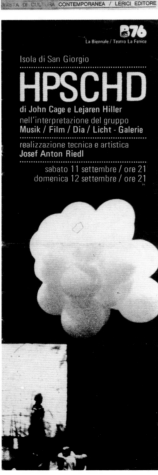

John Cage, Partitura, *1962*

*Copertina del primo disco
di Cage in Italia, 1974*

*Copertina di «Marcatre», 1968,
con un'intervista a Cage*

*Copertina del secondo disco
di Cage, 1977*

Programma dell'opera HPSCHD
alla Biennale del 1976

Copertina del CD
Empty Words *parte III, 1977*

John Cage, Il treno,
Bologna-Rimini 1978

Locandina de Il treno di Cage,
Bologna 1978

Manifesto per Empty Words
parte III, *Milano 1977*

te a una Tavola di accertamento *di
Piero Manzoni. Sullo stesso numero, appaiono riproduzioni delle
opere di Rauschenberg e Johns.*

*Roma, David Tudor suona musi-
che di Cage al teatro Eliseo.*

1960
*Palermo, 1ª Settimana internazio-
nale di nuova musica, a cura del
GUNM (Antonino Titone, direttore di
«Amici della Musica», Francesco
Agnello e Daniele Paris). Il 17
maggio, all'Antiquariato Tirenna, è
presentato* Fontana Mix.

*Venezia, Accademia di belle arti,
concerti di «Musica d'oggi». Cage
presenta* Variation I *nonché la prima italiana di* Concert for Piano
and Orchestra.

*Biennale di Venezia, spettacolo di
danza con Merce Cunningham.*

1961
*Sulla rivista «Metro» appare un te-
sto di Cage su Rauschenberg.*

1962
*Palermo, 3ª Settimana internazio-
nale di nuova musica. Alla sala
Scarlatti, viene eseguita la prima
italiana di* Atlas Eclipticalis *con
l'orchestra sinfonica siciliana, diretta da Daniele Paris.*

1963
*Roma, 1° Festival di nuova conso-
nanza, teatro delle Arti. È presentato* Theatre Piece *di Cage, preceduto da una conferenza di Mario
Bortolotto sul tema* Musica, gesto,
azione musicale. *Le opere di Cage
saranno eseguite molte volte nei
concerti di nuova consonanza, fra
l'altro, nel 1964, accanto a musiche di Scelsi, Bussotti, Fukushi-
ma. Nel Festival del 1969, John
Tilbury esegue* Music of Changes
*di Cage. Anche i Festival del 1968,
1970 (che si svolgono nella Galleria nazionale d'arte moderna),
1971, 1972 hanno musiche di Cage in programma.*

*Palermo, 4ª Settimana internazio-
nale di nuova musica. Il 5 ottobre,
al teatro Biondi, viene eseguita*
Winter Music, *con A. Ballista, B.
Canino e A. Neri al pianoforte; direttore A. Faja.*

1968
*Sulla rivista «Marcatré», esce l'in-
tervista con John Cage di Michael
Kirby e Richard Schechner.*

1969
*Venezia, 32° Festival internazio-
nale di musica contemporanea.
Viene eseguito* Concert for Piano
and Orchestra *(1957-58) al teatro
La Fenice.*

1970
*Venezia, primo incontro-seminario
internazionale di musica d'avanguardia. John Cage esegue, con
l'ensemble di Musica negativa di*

Essen, Theatre Piece *(1960) al
teatro di Palazzo Grassi. A settembre John Tilbury esegue pezzi per
pianoforte di Cage nelle sale Apol-
linee del teatro La Fenice, nell'ambito del 33° Festival internazionale
di musica contemporanea.*

1971
*Venezia, prima esecuzione mon-
diale della versione da concerto di*
Seasons, *eseguito dall'orchestra
filarmonica dell'ORTF, diretta da
Marcello Panni al teatro La Fenice
16 settembre.*

*Milano, galleria Schwarz, mostra
di plexigrammi acquistati da Carl
Solway,* Not Wanting to Say Anything about Marcel *(1969).*

*Esce per la cura di Renato Pedio,
poeta visivo del Gruppo '63, l'antologia* John Cage: Silence, *da Silence.* A Year from Monday, *edito
da Feltrinelli, Milano.*

*La rivista «Lo Spettatore Musica-
le» dedica a Cage un numero monografico, curato da M. Bortolotto.*

1972
Torino, Festival di nuova musica.

*Venezia, 35° Festival internazio-
nale di musica contemporanea,
teatro La Fenice. Merce Cunningham Dance Company con musiche di Cage, Mumma, Tudor. Sono eseguite* Rainforest, Landrover
e T.V. Rerun.

*Esce, sul numero 37 di «Flash Art»
un testo di Gianni-Emilio Simonetti
su Cage,* Hanno Buddenbrook torna a scuola.

1973
*Roma, galleria L'Obelisco di Ga-
spare del Corso. È l'unica mostra,
di una certa completezza, di opere
di Cage in gallerie d'arte italiane: è
intitolata* Perplex, *e si inaugura alla
presenza di Cage. In mostra sono
due litografie e otto strutture di plexiglas,* Not Wanting to Say Anything about Marcel Duchamp *del
1969, realizzate in collaborazione
con Calvin Sumsion: si tratta delle
prime opere d'arte visiva di Cage.
La mostra è presentata da Barbara
Rose e recensita da Lorenza Trucchi. È esposta la serie completa
del multiplo* Not Wanting to Say
Anything about Marcel *(1969).
Ogni serie comprende otto «plexigrammi», ognuno dei quali è fatto di otto lastre, ciascuna di
35 x 50 x 0,5 cm. Due lastre sono
color bronzo e le altre sono trasparenti. Tutte contengono immagini
serigrafate. Le otto lastre si possono sistemare sulla loro base di legno nell'ordine che si vuole. I frammenti di parole serigrafate sono ottenuti con un metodo casuale
basato sull'* I Ching, *come da catalogo esplicativo con testo di Cage,
che accompagna la serie. Questo
multiplo era realizzato da Eye Editions di Cincinnati, Ohio. Il testo di*

Barbara Rose sottolinea come l'idea della generazione casuale, già divulgata da Cage musicista in passato, sia stata usata per l'elaborazione di opera d'arte visiva soltanto molto più tardi, da parte di Cage stesso. La Rose nota anche l'aspetto anti-elitario e politico della produzione di multipli.

Roma, l'Accademia filarmonica romana, diretta da Mario Labroca, organizza un convegno-festival su La nuova musica, alla sala Casella. Partecipano anche Berio, Bortolotto, Bussotti e Pousseur. L'11 maggio, tavola rotonda con Bussotti, Cage, Clementi, Donatoni, Gazzelloni, Metzger, Pousseur e Kontarsky. Al concerto che segue, viene suonato Winter Music per due pianoforti.

Roma, Teatro delle Arti. Viene presentato 4'33''. Vengono poi eseguiti simultaneamente Songbooks, Rozartmix e Solos da Concert for Piano and Orchestra. L'esecuzione è di John Cage, Merce Cunningham, Simon Rist e i solisti del Teatro-musica.

Roma, teatro Olimpico. Spettacoli di danza della Merce Cunningham Dance Company.

1973-1974
Viene registrato a Milano, in studio, il primo disco italiano di Cage, con brani eseguiti da Gianni-Emilio Simonetti, Walter Marchetti, Juan Hidalgo e Demetrio Stratos. Il disco esce per Cramps Records, sotto la direzione di Gianni Sassi, e contiene Radio Music, Music for Amplified Toy Pianos (1960), e Music for Marcel Duchamp (1947), 4'33'' (1952) e Sixty-two Mesostics re Merce Cunningham (1971).

1975
Viene pubblicato il libro di André Reszler L'estetica anarchica: da Bakunin a Cage, SugarCo edizioni, Milano.

1976
Venezia, Biennale musica, Cage presenta l'opera HPSCHD all'isola di San Giorgio. È un'opera multimediale con diapositive, luci e suoni e clavicembali sospesi regolati da programma informatico su principi casuali derivati da I Ching. Sono utilizzati brani di musiche di Cage stesso e Mozart. È stato eseguito la prima volta negli Stati Uniti nel 1969 e poi a Berlino nel 1972. La realizzazione è del gruppo Musik/Film/Dia/Licht - Galerie, sotto la direzione artistica di Josef Anton Riedl. Viene eseguita per due sere consecutive. Esiste un video documentario di 66'.

1977
Milano, esce il secondo disco di Cage in Italia, sempre edito dalla Cramps Records e prodotto dalla Cooperativa nuova intrapresa. È

Cheap Imitation, un'opera concepita nel 1968 partendo dal Socrate di Éric Satie. La registrazione era stata effettuata il 7 marzo 1976 al Center for Contemporary Music, Mills College, Oakland, California, con lo stesso Cage al pianoforte.

Milano, Cage presenta il libro Per gli uccelli, conversazioni con Daniel Charles, uscito per le edizioni Multhipla, allo spazio Aut Off. Il giorno dopo, al teatro Lirico, il 2 dicembre 1977, Cage propone Empty Words Part III, invitato da Gianni Sassi e Gino Di Maggio, della Cramps Records. La radio Canale 96 e il Consorzio comunicazioni sonore producono il concerto. Davanti a più di duemila persone, Cage legge i Diari di Henry David Thoreau, tradotti in parole e fenomeni attraverso un metodo casuale derivante dall'uso dell'I Ching. «Non c'è alcun senso, non si dice nulla. Invece si hanno suoni che provengono da parole, ma che non significano nulla. È il tipo di linguaggio che la gente usa quando ama, non quando cerca di sopraffare», diceva Cage in un'intervista del giorno prima. Sulla scena, ci sono diapositive di disegni di Thoreau, proiettate da Walter Marchetti su uno schermo. L'azione dura due ore e mezzo fra la crescente insoddisfazione del pubblico che invade il palcoscenico, strappa gli occhiali a Cage, gli spegne la lampada, gli benda gli occhi e arriva persino a sparare petardi. Nel 1991, viene pubblicato da Gianni Sassi della Cramps Records un doppio compact disc della registrazione, con un'introduzione di Gianni-Emilio Simonetti.

1978
Roma, villa Medici, Settimana della musica contemporanea. Avviene un incontro fra Georges Léon e John Cage, registrato per la radio di stato francese, il 29 giugno. La sera, viene eseguito un concerto in contemporanea di Grete Sultan, che esegue Études australes all'aperto, nella grande loggia della villa, e Paul Zukovsky, che esegue Freeman Etudes.

Una delle più importanti partecipazioni italiane di Cage è un concerto-happening su di un treno e nelle diverse stazioni ferroviarie fra Bologna e Rimini. Tito Gotti, organizzatore delle Feste musicali di Bologna invita Cage a fare una performance su un treno locale. Cage progetta un happening dal titolo Alla ricerca del silenzio perduto, con sottotitolo Tre escursioni su un treno appositamente preparato, variazioni su un tema di Tito Gotti. L'opera è realizzata con l'assistenza di Juan Hidalgo e Walter Marchetti. Fra i partecipanti, c'è anche Demetrio Stratos. Nelle carrozze del treno ci sono altoparlanti posti vicino al soffitto che ricevono segnali da microfoni posti all'esterno e all'interno delle carrozze, con

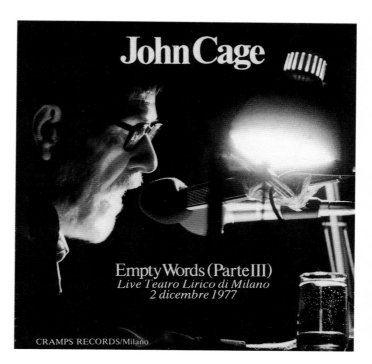

commutatori e pulsanti che consentono di sintonizzarsi sul rumore preferito. Altri altoparlanti ricevono segnali da cassette preparate da Hidalgo e Marchetti, contenenti i suoni dell'ambiente della stazione di Bologna, e altre contenenti registrazioni di musiche e rumori caratteristici delle località in cui il treno sosta, rappresentative degli abitanti, della loro vita e del loro lavoro. Il pubblico sul treno può inserire, cambiare e fermare le cassette. Nelle stazioni sono collocati apparecchi televisivi sintonizzati su diverse stazioni. Ci sono improvvisatori, singoli musicisti e gruppi musicali delle località vicine. I gruppi possono salire sul treno e il pubblico del treno può restare o scendere in qualunque stazione. La manifestazione è recensita su «Lotta Continua». Le fotografie di Nino Monastra vengono pubblicate nel volume Treno di Cage, edito da Grafis di Bologna nel 1979, e accompagnato da una cassetta audio documentaria della performance.

Viene pubblicato il libro John Cage: dopo di me il silenzio?, Emme Edizioni, Milano.

1979
Roma, Galleria nazionale d'arte moderna. La Beat 72 promuove la mostra documentaria del progetto Take the Cage Train. Il 3 maggio, infatti, è presentata un'installazione audiovisiva di un'ora circa con quattrocento diapositive, curata da Nino Monastra e Sten Hanson.

1980
Milano, Cage è al teatro Nazionale con la Merce Cunningham Dance Company.

Roma, Musica nella città, organizzato da Spettro sonoro, dedicato alla musica di John Cage. Le sue opere sono eseguite in diversi punti della città, fra l'altro da Giancarlo Cardini, David Tudor, John Tilbury e F. Rzewski. Nel catalogo, l'introduzione è di Sylvano Bussotti e sono pubblicate le note su Variations.

1982
Venezia, Biennale musica. Nella chiesa di Santo Stefano, viene presentato Thirty Pieces for Five Orchestras and Five Directors, coprodotto dalla RAI, sede regionale del Piemonte.

1983
Esce presso Costa e Nolan la traduzione del libro di Calvin Tomkins Vite d'avanguardia.

Roma, teatro Olimpico. Cage è a Roma con la Merce Cunningham Dance Company, per degli spettacoli organizzati da Spaziozero intitolati Èvents, su musiche di Cage, Tudor, Calvert e Kosugi. Una serata è dedicata alla musica di Cage, Muoyce.

1984
Montestella di Ivrea, Cage elabora un progetto consistente nell'offrire a dodici bambini un microfono sensibile alle vibrazioni, un piccolo amplificatore da portare in tasca e una cuffia leggera. John Fullemann di New York aiutava Cage da un punto di vista tecnico. Il progetto prevedeva la possibilità di fare apprendere ai bambini come ascoltare il rumore delle diverse piante nella campagna dove essi passeggiavano.
L'operazione doveva essere preceduta dalla produzione di un video-tape in cui un bambino presenta il progetto a un altro bambino. Durante l'operazione i rumori raccolti dai bambini a passeggio con i microfoni dovevano essere trasmessi a dei grandi amplificatori-altoparlanti sul Montestella: in tal modo tutte le altre persone della comunità avrebbero potuto ascoltare i rumori. Il progetto non fu realizzato ma, per la regia di Luigi Martinengo, fu fatto un video dalla DSE della RAI, su interventi di Cage nelle scuole.

Torino e Ivrea: viene organizzato dal Cabaret Voltaire, dall'Unione culturale Franco Antonicelli e dall'Università, un festival di quindici giorni dedicato a Cage. Oltre a una mostra fotografica di Roberto Masotti, è presentato il film di Luciano Martinengo, prodotto dal DSE della RAI. Al teatro Alfieri, Cage presenta Muoyce, tratto da Finnegan's Wake di James Joyce. Al teatro degli Infernotti, Cage legge il suo Mushroom Book. Al teatro Giacosa, è eseguito Music for Prepared Piano.

Roma, villa Medici, Festival musicale. È presentato Musicircus, in cui il pubblico è invitato a partecipare ed esibirsi a piacimento. La prima esecuzione risaliva al 1967 e vi avevano partecipato cinquemila persone. Si propone di ricrearlo sotto una tenda a villa Medici, invitando circa quindici gruppi di musicisti italiani e francesi. Piove a diluvio e l'evento prosegue sotto il loggione.

1987
Torino, l'orchestra sinfonica di Torino e la RAI invitano Cage ad assistere all'esecuzione di Thirty Pieces for Five Orchestras and Five Directors (1981).

1988
Milano, Milanopoesia, Spazio Ansaldo.

1990
Venezia, Biennale sezione arti visive, Ubi Fluxus Ibi Motus. Viene presentato il progetto, solo parzialmente realizzato, Family of Pianos: il progetto prevedeva sette Steinway rovesciati e appoggiati su numerosi strati di diversi materiali tagliati a mano seguendo il perimetro del pianoforte.

John Cage, Family of Pianos,
1990-91, particolare

Ritratto di John Cage

Il catalogo Milano poesia,
ottobre 1990

John Cage, Empty Words
parte III, *Milano 1977*

John Cage, Milano 1980

*John Cage a Roma,
2 maggio 1983*

Ferrara, Festival '91 promosso da Arteforum.
È presentata Cage/Ives/Thoreau: cent'anni di invenzione nella musica americana al castello Estense, casa Romei, castello della Mesola, Voghiera e Reggio Emilia. Nel catalogo dell'iniziativa, figura un testo di Franco Masotti. Il 29 giugno, al castello Estense, l'Ives Ensemble presenta musiche di Cage e Ives. Il 1° luglio sono eseguiti i 32 Freeman Etudes per violino dal violinista Janos Negyesy. Al castello Estense, il 2 luglio è presentato Europera 5 con Yvar Mikhashoff al pianoforte e come direttore artistico. In altre serate, eseguono Linda Hirst, John Constable, lo Schönberg Ensemble e l'Harp Ensemble di Milano.

Milano, Milanopoesia, Spazio Ansaldo. Il programma è a cura di Gianni Sassi e Mario Giusti, con la consulenza di Nanni Balestrini, Juan Hidalgo, Roberto Gatti, Marinella Guattari e Jean-Jacques Lebel. È organizzato un convegno, Forum '90 sul tema: La ricerca sul crocevia: contaminare e tradurre: il primo giorno è dedicato a John Cage, e vede la sua partecipazione.

1992
Firenze, conservatorio Cherubini, John Cage a Firenze, concerto organizzato dal Gruppo aperto musica oggi. Vengono eseguiti: Winter Music, (1957); Variations 1 (1958); Music for Amplified Toy Pianos (1960); Solo for Voice 2 (1960); Ryoanji Solos (1984) e Two (1987). Esecutori: G. Cardini, D. Lombardi, R. Fabbriciani, S. Scodanibbio e la soprano F. Della Monica. Il concerto viene preceduto da un incontro con Cage a cura di Michele Porzio.

Macerata, 10ª Rassegna di nuova musica. Sono eseguiti i Freeman Etudes.

Perugia, sei giorni di concerti e incontri dedicati a Cage e organizzati dai «Quaderni Perugini di Musica Contemporanea», con la presenza di Cage.

Carolyn Christov-Bakargiev
Ludovico Pratesi
Angela Vettese

Si ringraziano, per aver fornito o cercato informazioni utili alla compilazione di queste note cronologiche, Giancarlo Cardini, Roberto Leydi, Daniele Lombardi, Walter Marchetti, Gianni-Emilio Simonetti, Marino Zuccheri, Gino Di Maggio, Paolo Coteni, Piero Gallina, Landa Ketoff, Gianni Sassi, Antonino Titone, La Nouvelle Dag, Aldo Clementi, Giulio Alessandri, Marta Massaioli. Inoltre, un precedente racconto critico delle vicende cageane in Italia, soprattutto dal punto di vista musicale, si può trovare in V. Rizzardi, John Cage e l'Italia: sentieri interrotti, in «Quaderni Perugini», estate 1992.

Luigi Russolo

Portogruaro, Venezia, 1885
Cerro di Laveno 1947

Luigi Russolo, Partitura, *1921*

L'arte dei rumori
Manifesto futurista

Caro Balilla Pratella, grande musicista futurista,

A Roma. Nel teatro Costanzi affollatissimo, mentre coi miei amici futuristi Marinetti, Boccioni, Balla ascoltavo l'esecuzione orchestrale della tua travolgente MUSICA FUTURISTA, mi apparve alla mente una nuova arte: l'Arte dei Rumori, logica conseguenza delle tue meravigliose innovazioni.

La vita antica fu tutta silenzio. Nel diciannovesimo secolo, coll'invenzione delle macchine, nacque il Rumore. Oggi, il Rumore trionfa e domina sovrano sulla sensibilità degli uomini. Per molti secoli la vita si svolse in silenzio, o, perlopiù, in sordina. I rumori più forti che interrompevano questo silenzio non erano né intensi, né prolungati, né variati. Poiché, se trascuriamo gli eccezionali movimenti tellurici, gli uragani, le tempeste, le valanghe e le cascate, la natura è silenziosa. In questa scarsità di rumori, i primi suoni che l'uomo poté trarre da una canna forata o da una corda tesa, stupirono come cose nuove e mirabili. Il suono fu dai popoli primitivi attribuito agli dei, considerato come sacro e riservato ai sacerdoti, che se ne servirono per arricchire di mistero i loro riti. Nacque così la concezione del suono come cosa a sé, diversa e indipendente dalla vita, e ne risultò la musica, mondo fantastico sovrapposto al reale, mondo inviolabile e sacro. Si comprende facilmente come una simile concezione della musica dovesse necessariamente rallentarne il progresso, a paragone delle altre arti. I greci stessi, con la loro teoria musicale matematicamente sistemata da Pitagora, e in base alla quale era ammesso soltanto l'uso di pochi intervalli consonanti, hanno molto limitato il campo della musica, rendendo così impossibile l'armonia, che ignoravano.

Il Medioevo, con gli sviluppi e le modificazioni del sistema greco del tetracordo, col canto gregoriano e coi canti popolari, arricchì l'arte musicale, ma continuò a considerare il suono nel suo svolgersi nel tempo, concezione ristretta che durò per parecchi secoli e che ritroviamo ancora nelle più complicate polifonie dei contrappuntisti fiamminghi. Non esisteva l'accordo; lo sviluppo delle parti diverse non era subordinato all'accordo che queste parti potevano produrre nel loro insieme; la concezione, infine, di queste parti era orizzontale, non verticale. Il desiderio, la ricerca e il gusto per l'unione simultanea dei diversi suoni, cioè per l'accordo (suono complesso) si manifestarono gradatamente, passando dall'accordo perfetto assonante e con poche dissonanze di passaggio, alle complicate e persistenti dissonanze che caratterizzano la musica contemporanea.

L'arte musicale ricercò e ottenne dapprima la purezza e la dolcezza del suono, indi amalgamò suoni diversi, preoccupandosi però di accarezzare l'orecchio con soavi armonie. Oggi l'arte musicale, complicandosi sempre più, ricerca gli amalgami di suoni più dissonanti, più strani e più aspri per l'orecchio. Ci avviciniamo così sempre più al suono-rumore.

QUESTA EVOLUZIONE DELLA MUSICA È PARALLELA AL MOLTIPLICARSI DELLE MACCHINE, *che collaborano dovunque coll'uomo. Non soltanto nelle atmosfere fragorose delle grandi città, ma anche nelle campagne, che furono fino a ieri normalmente silenziose, la macchina ha oggi creato tante varietà e concorrenza di rumori, che il suono puro, nella sua esiguità e monotonia, non suscita più emozione.*

Per eccitare ed esaltare la nostra sensibilità, la musica andò sviluppandosi verso la più complessa polifonia e verso la maggior varietà di timbri o coloriti strumentali, ricercando le più complicate successioni di accordi dissonanti e preparando vagamente la creazione del RUMORE MUSICALE. *Questa evoluzione verso il «suono rumore» non era possibile prima d'ora. L'orecchio di un uomo del Settecento non avrebbe potuto sopportare l'intensità disarmonica di certi accordi prodotti dalle nostre orchestre (triplicate nel numero degli esecutori rispetto a quelle di allora). Il nostro orecchio invece se ne compiace, poiché è già educato dalla vita moderna, così prodiga di rumori svariati. Il nostro orecchio però non se ne accontenta, e reclama sempre più ampie emozioni acustiche.*

D'altra parte, il suono musicale è troppo limitato nella varietà qualitativa dei timbri. Le più complicate orchestre si riducono a quattro o cinque classi di strumenti, differenti nel timbro del suono: strumenti ad arco, a pizzico, a fiato in metallo, a fiato in legno, a percussione. Cosicché la musica moderna si dibatte in questo piccolo cerchio, sforzandosi vanamente di creare nuove varietà di timbri.

BISOGNA ROMPERE QUESTO CERCHIO RISTRETTO DI SUONI PURI E CONQUISTARE LA VARIETÀ INFINITA DEI SUONI-RUMORI.

Ognuno riconoscerà d'altronde che ogni suono porta con sé un viluppo di sensazioni già note e sciupate, che predispongono l'ascoltatore alla noia, malgrado gli sforzi di tutti i musicisti novatori. Noi futuristi abbiamo tutti profondamente amato e gustato le armonie dei grandi maestri. Beethoven e Wagner ci hanno squassato i nervi e il cuore per molti anni. Ora ne siamo sazi E GODIAMO MOLTO PIÙ NEL COMBINARE IDEALMENTE DEI RUMORI DI TRAM, DI MOTORI A SCOPPIO, DI CARROZZE E DI FOLLE VOCIANTI, CHE NEL RIUDIRE, PER ESEMPIO, L'EROICA O LA PASTORALE.

Non possiamo vedere quell'enor-

me apparato di forze che rappresenta un'orchestra moderna senza provare la più profonda delusione davanti ai suoi meschini risultati acustici. Conoscete voi spettacolo più ridicolo di venti uomini che si accaniscono a raddoppiare il miagolio di un violino? Tutto ciò farà naturalmente strillare i musicomani e risveglierà forse l'atmosfera assonnata delle sale di concerti. Entriamo insieme, da futuristi, in uno di questi ospedali di suoni anemici. Ecco: la prima battuta vi reca subito all'orecchio la noia del già udito e vi fa pregustare la noia della battuta che seguirà. Centelliniamo così, di battuta in battuta, due o tre qualità di noie schiette aspettando sempre la sensazione straordinaria che non viene mai. Intanto si opera una miscela ripugnante formata dalla monotonia delle sensazioni e dalla cretinesca commozione religiosa degli ascoltatori buddhisticamente ebbri di ripetere per la millesima volta la loro estasi più o meno snobistica e imparata. Via! Usciamo, poiché non potremmo a lungo frenare in noi il desiderio di creare finalmente una nuova realtà musicale, con un'ampia distribuzione di ceffoni sonori, saltando a pié pari violini, pianoforti, contrabbassi e organi gemebondi. Usciamo!

Non si potrà obiettare che il rumore sia soltanto forte e sgradevole all'orecchio. Mi sembra inutile enumerare tutti i rumori tenui e delicati, che danno sensazioni acustiche piacevoli.

Per convincersi poi della varietà sorprendente dei rumori, basta pensare al rombo del tuono, ai sibili del vento, allo scrosciare di una cascata, al gorgogliare di un ruscello, ai fruscii delle foglie, al trotto di un cavallo che si allontana, ai sussulti traballanti di un carro sul selciato e alla respirazione ampia, solenne e bianca di una città notturna, a tutti i rumori che fanno le belve e gli animali domestici e a tutti quelli che può fare la bocca dell'uomo senza parlare o cantare. Attraversiamo una grande capitale moderna, con le orecchie più attente che gli occhi, e godremo nel distinguere i risucchi d'acqua, d'aria o di gas nei tubi metallici, il borbottio dei motori che fiatano e pulsano con una indiscutibile animalità, il palpitare delle valvole, l'andirivieni degli stantuffi, gli stridori delle seghe meccaniche, i balzi del tram sulle rotaie, lo schioccare delle fruste, il garrire delle tende e delle bandiere. Ci divertiremo a orchestrare idealmente insieme il fragore delle saracinesche dei negozi, le porte sbatacchianti, il brusio e lo scalpiccio delle folle, i diversi frastuoni delle stazioni, delle ferriere, delle filande, delle tipografie, delle centrali elettriche e delle ferrovie sotterranee.

Né bisogna dimenticare i rumori nuovissimi della guerra moderna. Recentemente il poeta Marinetti, in una sua lettera dalle trincee di

Michelangelo
Pistoletto

Biella 1933
Vive a Torino

Michelangelo Pistoletto,
Cage, *1962-72*

Gianni-Emilio Simonetti

Roma 1940
Vive a Milano

Voci fuori testo

Che successe al teatro Lirico di Milano il 2 dicembre 1977? Che successe di tanto singolare da meritare di essere ricordato con una registrazione?
Un'azione teatrale – la lettura da parte dell'autore della terza sezione di un'opera intitolata Empty Words *– si trasformò imprevedibilmente in tutt'altro, in un evento in cui gli attori giocarono fino in fondo le loro parti con caparbietà e determinazione. Sul palcoscenico, uno speaker, un uomo âgé, con certe convinzioni sulla musica che gli avevano fruttato una qualche notorietà tra gli estimatori delle avanguardie.*
Dall'altra, un manipolo di giovani che di avanguardie non avevano sentito dire che di quelle armate e che, comunque, si aspettavano di ricevere un messaggio in forma di concerto, se non altro per il fatto che, questa volta, avevano pagato il biglietto invece di contestarlo com'era in uso fare a quei tempi. Lo avevano pagato perché qualcuno glielo aveva chiesto da «sinistra». Pagandolo, pensavano di aver acquisito anche certi diritti, il divertimento e un messaggio o, quantomeno, un'ipoteca sul «contenuto» – non importa se complesso – purché conciliabile con le loro idées reçues. *La durata di questa lettura e l'esperienza dello speaker hanno poi fatto il resto.*
Una generazione si specchia oggi in queste voci fuori testo. Una generazione che collezionò ogni umiliazione e ignorò ogni rivolta, ma essa non ci si riconoscerà perché la viltà fa smarrire il senso delle esperienze infelici.

...meurtrier comme on est musicien

Il riso e la morte, due modi d'infrangere il niente. Il primo grido della platea verso lo speaker è quello di assassino.
Ci piacerebbe pensare che questo grido rimandi a quella conoscenza fisica della rivolta assoluta di cui parla André Masson su La révolution surréaliste, *una conoscenza che la politica e la cultura da tempo si affannano a vanificare.*
Assassino qui significa semplicemente che lo speaker ha soppresso con la sintassi il significato e che la lettura è già durata abbastanza perché chi ascolta non abbia avuto tutto il tempo logico per concludere di essere caduto in una «gabbia». Da questo momento, le pause nella rissosità vociante sono gli iati di una vergognosa contraddizione tra ciò che questo pubblico ama e ciò che afferma di amare, tra ciò che segretamente lo gratifica e ciò di cui si dice spavaldamente solidale. La sua generosità e il suo disinteresse si misurano con lo stesso metro delle sue rudimentali esigenze.
Più avanti qualcuno formulerà un rappel à l'ordre *ricordando gli operai in corteo per le strade della capitale. Intendeva dire che i valori che non hanno corso, della condizione operaia insoddisfatta delle condizioni della propria sopravvivenza, sono esattamente quelli in cui questo pubblico finge di credere e proclama degni della sua preziosa oziosità.*
Resta un inciso da considerare. Nel mondo in cui viviamo tutte le iniziative culturali sono truccate – esattamente come quelle politiche – e anche i più sprovveduti se ne rendono da tempo conto. Del resto, nessuno si aspetta più nulla da nessuno dal momento che ogni argomento a favore del nuovo è diventato superfluo se non sospetto. In questa lettura il trucco è quello di rivelare tutto ciò come se fosse stato fino a quel momento un segreto. Qualcosa di analogo avvenne tra il circuito integrato dei media *e le lettere da un «carcere del popolo» scritte da Aldo Moro – la canea vociante è diversa solo per censo e interessi. Nella terra di Epimenide i segreti pubblici sono da sempre i meglio custoditi – guai a chi non sta al gioco!*

Schiacciare una noce
«Schiacciare una noce non è certo un'arte, perciò nessuno oserebbe convocare un pubblico e in sua presenza, per divertirlo, mettersi a schiacciare noci. Se però lo facesse e riuscisse nell'intento, non potrebbe trattarsi assolutamente del solo schiacciare le noci... in tal caso sarebbe anzi utile allo scopo se egli si rivelasse meno abile a schiacciare noci che la grande maggioranza». Il Journal di Henry David Thoreau passato a fil di spada con il Classico dei mutamenti, *in questo lavoro intitolato* Empty Words, *non è qualcosa di molto diverso da una noce schiacciata sul palcoscenico.*
Conclude Kafka, «forse questo avviene perché ammiriamo (nell'attore) ciò che non ammiriamo affatto in noi» (da Josephine, *la cantante). In questo caso, però, lo speaker ha fatto di tutto per non essere ammirato – protetto dall'* analytical engine *del* Classico dei mutamenti *e dall'esperienza – seminando il sospetto che la rappresentazione fosse una sorta di liturgia a cui il pubblico, pagando, poteva assistere, senza spiegazioni. Qui, la particolarità sta nel fatto che dietro queste noci schiacciate non c'è nulla se non il caso – lo stesso che Ada Lovelace sognava di far diventare un compositore con le macchine di Charles Babbage. Un nulla – se gli vogliamo dare un'anima musicale, un vuoto – che lo speaker non ha mai nascosto. Un insieme di circostanze che hanno finito con lo spingere il pubblico a disprezzare platealmente (nello speaker) ciò che non osava disprezzare in se stesso.*

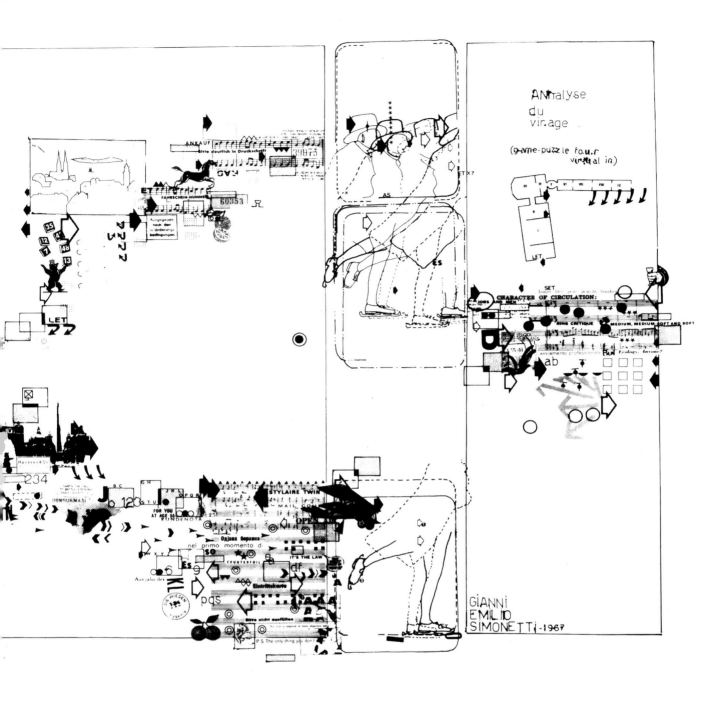

Gianni-Emilio Simonetti,
Mutica Ex: ANnalyse
du vir.age, *1967*

L'applauso come continuazione dello spettacolo

«L'applauso stesso come continuazione dello spettacolo. Occhi raggianti e un benevolo sorriso sono la specie di applauso che viene tributata a tutta la grande commedia del mondo e dell'esistenza, ma nello stesso tempo una commedia nella commedia, che deve condurre gli altri spettatori al plaudite amici» (Nietzsche).

Il niente ha una sua fragile perfezione, di questo niente basta poco a scatenare l'applauso di consenso o di scherno.

Ma che significa questo applauso? Che la direzione finale del niente è quel movimento verso la realtà che integra e surroga in modo tale da non apparire di fronte a essa come qualcosa di estraneo.

In questo caso l'applauso è una forma patologica di comportamento che gli scarti dello speaker dall'ovvio scatena sul non-sense della rappresentazione. Esso dimostra a questa platea d'incauti che gli argomenti a favore della novità sono diventati inutili, esattamente come inutili sono i loro sogni di potersi dichiarare nemici di qualcosa o di qualcuno.

Dilettanti di tutte le contestazioni essi non si accorgono che in questo spettacolo, come in quello che vivono fuori da questo teatro, non si può cambiare anche il dettaglio più insignificante senza disfare l'insieme.

Così, paradossalmente, è la coerenza dello speaker a gestire quelle tensioni del pubblico verso una soluzione ludica di tutta l'impasse. Questo pubblico, per sé, non cercava la guerra, ma una resa onorevole. Solo che, questa guerra non dichiarata riguardava lo speaker e i suoi fogli mutili ed era piuttosto un gioco perché aveva delle regole ferree e una durata stabilita in anticipo.

Una nota sulle «Lettere persiane»
Il suggerimento di Rousseau alle autorità parigine di «fare spettacolo con gli spettatori» ratifica l'equivoco di Rica che, accompagnato ad assistere a una rappresentazione teatrale, scambia il pubblico per lo spettacolo stesso.
Le ragioni di Montesquieu sono evidenti, il vero spettacolo è dappertutto meno che sul palcoscenico dove tutto si può rappresentare salvo quello che dovrebbe essere rappresentato: il complotto della cultura a favore dell'ordine consolidato. Un complotto che acceca la conoscenza storica e favorisce l'oblio dell'evidenza riducendo gli spettatori a lacchè.
Congiurati per nulla essi non vogliono pensare a un senso per cavarne delle conclusioni, sbrigativamente lo esigono per aver pagato un biglietto, e, comunque, a differenza del vero la menzogna non ha necessità di grandi sforzi per trovare il suo pubblico. Un tempo, parlando di cose dell'arte occorre-

va saper distinguere l'autentico dal falso, o, perlomeno, dall'impossibile. Con la nascita delle avanguardie questa distinzione è venuta a mancare. Cui prodest? In un'epoca dominata dalle false evidenze la menzogna è alla confluenza di non pochi segreti. Segreti che condividono con la mancanza di senso storico dell'arte moderna un'oscurità inaccessibile al linguaggio corrente.
Ora, all'applauso la platea sostituisce per bocca dei suoi tribuni più avvezzi alla rissa le concitate esortazioni a tacere la banalità sulla quale essa ha edificato il castello delle sue contraddizioni.
Come già aveva notato Feuerbach, il tumulto delle contestazioni non serve altro che a nascondere l'unità della miseria. Il suo addomesticato silenzio.

La totalité honteuse
Molti individui hanno sul significato delle arti delle idee particolari, sono gli stessi che sulla società ragionano à rebours del buon senso pratico. Si riconoscono facilmente perché mangiano l'erba dei prati fino alla radice, perché l'ordine e la connessione delle loro idee è la stessa della merce e dello Stato.
A costoro, scrive Marx, «bisogna rendere ancora più oppressiva l'oppressione già in atto, aggiungendovi la coscienza dell'oppressione, bisogna rendere ancora più infame l'infamia rendendola pubblica». Bisogna costringerli «a ballare questi rapporti pietrificati intonando la melodia adatta a loro».
Non essendo la lettura di Empty Words niente di più di ciò che ci dice il suo titolo, essa non poteva essere logica né tantomeno deludere o trasmettere «messaggi» di sorta. Alla platea di questa rappresentazione del 2 dicembre 1977 mancò quel po' di buon senso che sarebbe bastato a cogliere tali conclusioni trasformandola a tutti i costi in un enigma di cui lo speaker fu il primo a stupirsi.
Tutto, infatti, si può dire dell'arbitrio preso à la lettre meno che sia enigmatico, nella fattispecie esso è una metafora di quell'antitesi tra la vita e la forma che ha reso incerto il diritto dell'arte all'esistenza tra le rovine di un tempo che non le appartiene. Se è vero, come si dice tra gli studiosi di quella antica, che l'arte secolarizza il modello teologico del facere a immagine e somiglianza di «dio», allora questa lettura è esattamente l'inveramento di quel caos che anticipa l'ordine sinistro del destino in sessantaquattro mosse.
Nulla di più estraneo alla cultura di questa platea risentita da una lettura che si era annunciata da subito inconcludente, tanto da sembrare un'opera d'avanguardia, ma non abbastanza per essere definita «rivoluzionaria».
Adorno, che di queste disavventure se ne intendeva, nella sua Teoria estetica aveva suggerito «il

contegno adeguato: occhi chiusi e denti serrati». Peccato che nel 1977 Francoforte fosse distante da Milano quanto Pechino!

Nota conclusiva
Una cosa almeno è acquisita a proposito delle illusioni sull'arte: che questa non si dissolve in pace. I risultati della sua dabbenaggine che si sono moltiplicati con gli ultimi conati delle avanguardie sono arrivati fino al punto di mettere in pericolo la conquista di quella saggezza di cui un tempo era lo specchio e che da sola la giustificava. L'evidenza di un tale stato di cose non ha bisogno di spiegazioni.
Che cosa, allora, questa platea si aspettava da un concerto di John Cage? Che cosa chiedeva – con una buona dose di autoillusione e di malafede – alla cultura del suo tempo? Senza dubbio un antidoto a quelle alterazioni fondamentali delle sue condizioni di vita che i mezzi materiali, scientifici e tecnici – sfuggiti al controllo del politico, ma non al dominio degli oligopoli – le imponevano.
Eppure, lo stato di cose era per molti versi quello ideale: proprio perché non c'era più nulla su cui contare, si poteva contare su tutto. L'arte della guerra insegna che bisogna sorprendere il nemico. In effetti, i nemici di questi giovani sono da tempo sorpresi non di non essere combattuti, ma di non essere riconosciuti, considerando che non si nascondono che dietro le loro verità che da tempo sono quelle del mondo à l'envers.
A questi giovani sfuggiva la continuità del dominio fin dentro la cultura che è cosa ben diversa dal fantoccio dell'industria culturale con il quale erano abituati a spartire il mondo dello spettacolo in integrato e alternativo. La falsità, lo sappiamo, è dappertutto in un mondo falsificato, ma tanta rabbia nei confronti dello speaker e della sua lettura morcelée non può essere considerata soltanto come un equivoco sulla collocazione e il significato della rappresentazione; essa tradisce il disagio di vedere la loro balbuzie messa a nudo sulla falsariga di uno spettacolo che era diventato lo pittoresco esempio della loro incapacità a cogliere la continuità con l'insieme sociale di cui erano i figli. Un'incapacità sapientemente coltivata in tutta la sua oscura evidenza proprio da quella «cultura» su cui avevano riposto tutte le loro illusioni.
Questa rabbia ha il contraltare nell'abulia. L'esistenza di questi giovani bascula da tempo tra il nulla e la retorica degli choc della forma spettacolo, tra intervalli di vita vuoti e paralizzanti e false quanto brevi euforie. Quella sera essi si aspettavano qualcosa da quest'ultima e furono doppiamente delusi. Non è certo l'ascolto di Empty Words che poteva risvegliarli al desiderio e al ricordo, ma si dà il caso che, eccezionalmente, i sintomi del rimosso

possono in qualche modo ferire, ed è ciò che successe.
Così, questa rabbia non è stata altro che uno sforzo per ristabilire l'ordine, «toutes les fois qu'on verra tout le monde tranquille dans un État qui se donne le nom de république, on peut être assuré que la liberté n'y est pas» (Montesquieu). Del resto, ogni tentativo della cultura moderna di contrapporsi al dominio è destinato a finire nelle fosse comuni dei disastri senza nome. Questa è la verità che questi giovani fuggivano da almeno una generazione, da quando un quadro realistico della decomposizione della società moderna non può più essere ottenuto per semplice giustapposizione di tutte le calamità che si rendono pubbliche o che soltanto si sospettano, ma bisogna sommare a esse quelle che ci nascondono e dalle quali dipende l'importanza di tutte le altre. Per dirla in breve, se la nave affonda non è conveniente al suo armatore che la ciurma si ammutini?
Nel 1977 le cattive letture avevano fatto credere a questi giovani che la cultura dipendeva dall'economia, ora essi resistevano con tutta la caparbietà possibile al fatto che questa da tempo dipendeva da quella. Che da tempo, nella forma spettacolo, la libertà – grazie alla «cultura» – non ha che l'aspetto sinistro della catastrofe anche quando essa appare entusiasmante come un colpo di pistola. Giacché ciò che è impossibile alle forme economiche è possibile a quelle culturali: arrestare il tempo storico su se stesso in modo tale che sia coloro che non vogliono dimenticare il passato, sia coloro che sognano l'avvenire siano condannati allo stesso programma di sopravvivenza.
In questo modo non è solo la storia che passa alla clandestinità con i suoi partigiani, ma la stessa nozione di vero.
L'agonia della saggezza è cominciata il giorno in cui l'interrogarsi si è inaridito per il fatto che nella logica del dominio non c'è più nessuna risposta che non sia preconfezionata dalle mode culturali e politiche. Così, è tutto più facile: Empty Words for an empty world - le meilleur est encore à venir!

Gianni-Emilio Simonetti

Gianni-Emilio Simonetti,
The Fifteenth CAge,
Amsterdam 1973

Giuseppe Chiari

Firenze 1926
Vive a Firenze

Giuseppe Chiari, *1993*

Io spero che la musica torni alla musica, che il musicista torni al musicista. Scompaia questo Iperuranio musicale, che è solo un pretesto per un ragionare ozioso. La musica è la cosa più semplice del mondo. Ho detto cosa ma volevo dire attività. Vorrei che vi fosse molta più musica intorno. Abbiamo mezzi di riproduzione e diffusione che mai ci saremmo immaginati. Che questi mezzi portino la quantità. Qualsiasi musica. Tutto può essere musica. Tutto può essere bello. Tutto può essere ascoltato. Il repertorio è un campo. Che questo campo abbia limiti confusi. Se i limiti si preciseranno finiranno per tornare al centro. Non voglio al centro Rossini. Il centro lascerà il mondo e tornerà a essere idea.

Il suono è naturale. Solo il suono. Oggettivamente. Abbiamo un rumore confuso. Possiamo discutere se il suono è un modello, col quale riusciamo ad analizzare (conoscere) il rumore. Forse il suono è oggettivo/soggettivo, ma qualsiasi grappolo di suoni è capriccioso. Se vediamo sempre gli stessi grappoli vuol dire che siamo abitudinari. Tutto qui.

Vorrei i musicisti liberi. Certi di esserlo. Non li vorrei spaventati. La musica è copiare, cambiare, cercare, trovare.

Certo chi scrive musica deve scrivere musica. Qualcosa che trova già istituzionalizzato nella sua società.
Fate attenzione il sua è importante.
Ma il rapporto tra copiare e cambiare, tra cercare e vedere il trovato, questo rapporto è un tentativo. Il maestro deve aiutare nei tentativi. Descrivere il lavoro del passato. Accompagnare.

L'armonia è un oggetto immaginario. La musica è un oggetto non-immaginario.
L'armonia si vede.
La musica non si vede.
L'armonia non esiste. Perché in musica esistono solo fatti musicali.
Tutto ciò che serve a fare esiste.
Ma un servizio è relativo.
L'armonia è assoluta.
Dunque non è un servizio.
Dunque è un fatto.
Ma quando è accaduto?

Tolta però la noia di rispecchiare in sé un ordine dell'universo, l'alibi cade. La musiva va scritta, suonata, cantata.

L'origine della musica si pone come causa immanente di tutte le musiche. Mentre in particolare le musiche avrebbero delle cause transitorie. I metodi. L'origine si pone come causa prima.

Siamo di fronte a un dualismo.

Come se il basso nell'effetto morisse, si risolvesse.
Non fosse interessante come causa. Un accorgimento temporaneo.

Trovare un metodo generale cioè un'origine può essere ammesso. Ciò che non si può ammettere è che questa origine, questa causa immanente divenga causa pratica.

La conoscenza possibile, la zona del possibile in musica, è data dalle musiche.

L'origine non può inferire sull'accorgimento tecnico.

Dobbiamo ammettere la possibilità dell'esperienza.

La teoria non può farsi pratica. Perché la pratica nasce, vive prima.
La pratica non può rispondere a due ordini.
La pratica vive per dimostrare la musica.

L'origine della musica non è un problema musicale.

Le leggi sono schemi riassuntivi dell'esperienza. Sembrano sopra (prima) la vita della musica.
Mentre, dedotte da fatti, sono dopo la musica.
Paiono anticipare, mentre constatano.

L'armonia non ha necessità della musica per definizione.
Mentre l'inverso è obbligatorio.
Non è difficile dare autonomia all'armonia perché questa si pone come esistente.

Non ci sono condizioni, ma solo il conoscere e il disconoscere.

Non è difficile rispondere cos'è l'armonia, perché l'armonia è la sua definizione. Basta dire la definizione. È difficile rispondere al dov'è.

L'armonia rifiuta di morire, risolversi nella musica.
Sì dà come limite da raggiungere, ma irraggiungibile.

Giuseppe Chiari

Giuseppe Chiari,
Gesti per Pianoforte

BREAK A WATCH
THEN MOVE WITH YOUR HAND A HAND OF THE
WATCH AND LISTEN TO THE CLICK

Sergio Lombardo

Roma 1939
Vive a Roma

Pittura stocastica

Nel 1979 avevo ideato uno Specchio tachistoscopico che sollecitava i sogni del pubblico attraverso due tipi di stimolazione: le istruzioni suggestive che invitavano a sognare ad esempio «La Tua Vera Immagine», e la visione subliminale di un disegno che avveniva durante l'atto di specchiarsi in stato di intensa concentrazione sul proprio volto. La visione subliminale del disegno metteva in moto un processo di elaborazione inconscia che terminava nel sogno manifesto, nel quale si potevano riconoscere alcune parti o aspetti del disegno-stimolo.

La scelta del disegno-stimolo diveniva perciò importante. Inizialmente usai semplici fogli bianchi, poi alcune forme casuali: dei ritagli di cartoncino nero gettati a caso su un foglio bianco e fotocopiati così come erano caduti. L'abbondanza di sogni che queste immagini senza senso riuscivano a provocare, mi pose un nuovo e più difficile problema: quale sarebbe l'immagine casuale senza senso in grado di stimolare più efficacemente i sogni?

Avevo già notato, infatti, che non tutti i disegni casuali potevano essere interpretati dal pubblico in senso proiettivo.

Inoltre, secondo la teoria eventualista, lo stimolo estetico più efficace non è quello che viene interpretato in modo tendenzialmente più uniforme da parte di un campione di persone, ma quello che viene interpretato da ciascuna persona in modo diverso, quello cioè che produce il massimo numero di interpretazioni diverse. La pittura stocastica che ho elaborato dal 1980 a oggi, è un tentativo di rispondere a questi problemi.

Scopi della pittura stocastica
Al contrario di quanto potrebbe pensare un osservatore superficiale, la pittura stocastica non è una pittura astratta, non vuole mostrare la bellezza «in sé» delle armonie matematiche, né ha uno scopo espressivo o comunicativo dell'animo o della fantasia dell'artista. Si tratta invece di una ricerca sperimentale, scientificamente valutabile nell'ambito della teoria eventualista, che ha come scopo l'invenzione dello stimolo visivo più adatto a suscitare nello spettatore una specifica risposta interattiva: l'interpretazione proiettiva non conformista. Ciascun osservatore, infatti, per cause non consapevoli (legate alla struttura funzionale del suo sistema percettivo-cognitivo) è coinvolto in un frenetico lavoro d'interpretazione dello stimolo stocastico, alla fine del quale giunge a conclusioni diverse da tutti gli altri osservatori, dopo aver percorso sentieri cognitivi differenti e dopo aver evocato ricordi ed emozioni differenti. In sintesi la pittura stocastica tende a stimolare «eventi percettivi» il cui contenuto non è espressione dell'artista, ma «espressione dello spettatore». Poiché la pittura stocastica è priva di senso a priori, dunque assolutamente estranea (freudianamente «Unheimlich» = non familiare), ciascun osservatore esplorandola metterà in atto un diverso e personale «processo di familiarizzazione», durante il quale sarà soggetto a proiettare il proprio vissuto. Si tratta dunque di un tipo di esperienza percettiva nota come «interpretazione del rumore», consistente in una serie di illusioni e di allucinazioni sensoriali, che ricordano l'interpretazione delle famose macchie di Rorschach, e che affondano le loro radici storiche fino alle più antiche pratiche criptomantiche. Ma lo scopo della pittura stocastica non è quello di dimostrare l'esistenza di effetti proiettivi durante la contemplazione di alcune forme irregolari, ma quello di ricercare sperimentalmente, nel dominio sterminato dell'irregolarità, quelle strutture visive che, essendo maggiormente estranee all'esperienza precedente, stimolano la massima attività interpretativa.

Non si tratta di scoprire che in alcune strutture irregolari le persone proiettano contenuti arbitrari, ma di «misurare» l'arbitrarietà di questi contenuti in relazione alle strutture visive che li stimolano, per inventare nuove strutture irregolari con un grado di psicoattività sempre più elevato, generabili per mezzo di algoritmi. Il problema è dunque matematico e può essere formulato nella domanda: «Qual è l'algoritmo che genera la struttura visiva più eventualista?», dove per «eventualista» si intende quella che, se esposta a un campione di persone, stimola il più elevato numero di interpretazioni diverse. Qualcuno potrebbe trovare ovvio che lo spettatore, interagendo con lo stimolo estetico, produca un vissuto interiore soggettivo, con associazioni cariche di investimenti affettivi ed emozionali legate alla sua storia personale, ben diverso da persona a persona. In questa direzione si potrebbe perfino includere il concetto di «deriva interpretativa» di Derrida. Ma, ancora una volta, la particolarità della pittura stocastica è affidata alla misurazione. Se infatti la contemplazione estetica autorizzasse tutte le associazioni libere e tutti i viaggi interpretativi allo stesso modo, non vi sarebbe più alcuna differenza tra stimolo e stimolo, né vi sarebbe alcun bisogno di quella particolare classe di stimoli che chiamiamo «arte».

Pavimenti stocastici
Qualsiasi grafo planare composto di spigoli retti e vertici, inscritto in un rettangolo cartesiano, può essere deformato per mezzo di una pioggia di punti. I punti vengono estratti a sorte uno alla volta e ciascuno di essi deforma uno spigolo del grafo secondo la seguente procedura: si elencano tutti gli spigoli del grafo «visibili», da questo elenco si estrae a sorte lo spigolo da cancellare e al suo posto si disegnano due nuovi spigoli che congiungono il punto estratto con i vertici dello spigolo cancellato. Per spigolo visibile si intende quello che può essere deformato senza incrociare altri spigoli. Dopo che sono stati estratti a sorte gli n punti della pioggia e ciascuno di essi ha deformato lo spigolo corrispondente, alcuni angoli del grafo risultante si possono trasformare in curve.

Ho usato questa procedura per disegnare mattonelle quadrate da combinare in vari modi affinché il disegno stocastico dell'insieme potesse variare illimitatamente. Un primo gruppo di sei mattonelle partiva da altrettanti disegni in bianco e nero deformati con una pioggia stocastica di 15 punti e con 7 angoli trasformati in curve. Per osservare la versatilità combinatoria di queste mattonelle prendiamone una a caso, ad esempio la prima e, utilizzando le quattro possibili rotazioni, formiamo tutti i possibili pavimenti di quattro mattonelle. Con tale procedura scopriamo di poter formare ben 256 configurazioni diverse (disposizioni con ripetizione di 4 oggetti di classe 4).

Se poi vogliamo formare tutti i possibili pavimenti di 16 mattonelle possiamo costruire 4^{16} configurazioni diverse, cioè 4.294.967.296. Anche usando una sola mattonella, dunque, vi sono ampie possibilità di comporre pavimenti sempre diversi fra loro.

Se vengono impiegate due mattonelle, i possibili pavimenti di quattro mattonelle con disegno diverso che si possono formare sono 4.096, e se vengono impiegate tutte le sei mattonelle, un pavimento di quattro mattonelle si può disegnare in 331.776 modi differenti. Uno di 16 mattonelle in $1,2117^{22}$ modi. L'algoritmo che produce la configurazione più complessa per un pavimento di dimensione illimitata è il seguente: estrai a sorte una delle sei mattonelle, estrai a sorte una delle quattro posizioni della mattonella estratta, applica la mattonella nella prima casella del pavimento, ripeti l'algoritmo per tutte le caselle successive, fino alla fine del pavimento. Un secondo gruppo di quattro mattonelle partiva da due disegni, ancora in bianco e nero, deformati con una pioggia stocastica di 30 e di 60 punti, dei quali la metà trasformata in curve.

Sergio Lombardo

Sergio Lombardo,
Sfera con sirena, *1968-69*

Renato Mambor

Roma 1936
Vive a Roma

Evidenziatore
1971
Genesi dell'evidenziatore
Gli oggetti creati dall'artista vivono in un mondo autonomo, parallelo al mondo della realtà. Mi proposi di acutizzare problematicamente questa dualità, spostando l'attenzione direttamente sul polo del reale. Portai semplicemente l'attenzione sugli oggetti e sul mondo reale, in un rapporto diretto ed esclusivo con ogni singola cosa, come in un atto d'amore.
Trasferirsi nell'altro, nella cosa che diventa unica.
Vedere con amore, dimenticandosi di se stessi. L'amore esiste solo quando tace l'io.
Ognuno di noi si accorge che quando ama avverte come un rafforzamento sensoriale: il sole è più luminoso, l'albero è più verde, l'acqua è più liquida. Le cose vengono percepite con più intensità.
In realtà ciò che cambia non sono le cose, ma solo il nostro modo di guardarle.
Mutare lo sguardo.
Fu così che cominciai ad elaborare una serie di segnali che indicassero le cose nel loro contesto: cerchi, asterischi, marchi a fuoco, frecce, stelle. Documentai questi possibili interventi sulla realtà attraverso il mezzo fotografico.
Ma questi segnali già esistevano nella categoria degli indicatori.
Pensai allora di costruire un oggetto tridimensionale e prensile, che entrasse a far parte della realtà e «segnalasse» concretamente le cose da mettere in evidenza.
Dopo una serie di studi, di progetti, di disegni, di prove di forme e di materiali diversi costruii l'oggetto EVIDENZIATORE.

1972
Evidenziatore
*L'*EVIDENZIATORE *è un oggetto meccanico.*
La sua forma è stata determinata dalla sua funzione che è quella di aprirsi e chiudersi per agganciarsi alle cose. Le sue dimensioni sono determinate dall'uso meccanico che si effettua a mano.
Un oggetto non riconoscibile nella famiglia degli oggetti funzionali esistenti, ma carico anche visivamente di parvenze di utilità sufficienti a non farlo recepire solo come oggetto estetico.
Insomma un aggeggio.
L'oggetto evidenziatore è stato creato come una macchina linguistica che restituisse all'oggetto il suo nome. È come una mano meccanica, un gancio sull'oggetto per trattenerlo nella categoria del reale senza che l'io del soggetto lo alteri o lo deformi.
L'evidenziatore cerca le cose nel loro luogo di appartenenza senza spostarle o manipolarle. Gli oggetti rimangono intatti nella loro tipicità e struttura, vengono soltanto immessi in una nuova relazione.

1972-74
Evidenziatore: indagine
Non appena iniziai a mostrare l'evidenziatore nei suoi agganci con gli oggetti della realtà, mi accorsi che l'attenzione dello spettatore era portata più all'evidenziatore che all'oggetto in relazione.

Un articolo «preparato» sull'Evidenziatore.

«Questo era così commovente in Miracolo a Milano: la gente seduta in fila a guardare il tramonto».
Lessi questa frase su «Marcatré» nel 1968 in un'intervista a Cage di Michael Kirby e rimase dentro di me per molto tempo come un seme.
In quel periodo ero molto attento a usare tecniche antiespressive, impersonali. Tendevo talmente alla spersonalizzazione da affidare in alcuni casi l'esecuzione ad altri.
Il segno era determinato da una matrice già esistente (Itinerari 68).
L'assillo costante di togliere l'io dal quadro mi portava a mettere in atto una serie di strutture di partecipazione che coinvolgevano altri soggetti attivi.
Una premessa fondamentale anche nella creazione dell'oggetto EVIDENZIATORE.

L'Evidenziatore, agganciando un oggetto nel suo contesto, rinnova lo sguardo dello spettatore all'attenzione necessaria per «vedere» l'oggetto e non «riconoscerlo».
Nel tempo credo sempre di più che l'arte sia proprio questo: la possibilità di mutare lo sguardo.
Un obiettivo che sento in comune con Cage nella sua ricerca con i suoni, vicino al sogno di Duchamp di riuscire a guardare un oggetto conosciuto come se non lo avesse mai visto prima.
Cage ha detto: «...consentire all'ascoltatore di sperimentarlo, quel che avevo da dire, e non semplicemente di sentirne parlare».

Decisi poi di affidare l'Evidenziatore ad altri, lasciandoli liberi nell'interpretazione e nell'uso. Quando cioè iniziai l'«indagine» dell'evidenziatore, allargai l'esperienza artistica da un oggetto finito, chiuso, ad un oggetto aperto a raccogliere pensieri di altri che entravano a far parte del lavoro.
Avevo scoperto che ciò che mi interessava era non il «che», ma il «come», che non è importante l'espressività del soggetto, ma una metodologia del fare che spinge ad esplorare sistemi sconosciuti. Ho ideato moduli, dispositivi diversi per innescare questa possibilità di realizzare rapporti intersoggettivi e sopraindividuali.
Dall'Evidenziatore alla Trousse che mi ha fatto scivolare nello spazio teatrale, fino al Riflettore di cui sto esplorando ora il rapporto tra osservatore e cosa osservata.

«Se c'è qualcuno che deve cam-
biare quello sono io...».
Così per Cage «sperimentale» è descrittivo di un atto il cui risultato è sconosciuto.

I nostri pensieri meccanici sono un filtro che impedisce di vedere ciò che è.
Se nel mondo vogliamo cambiare qualcosa modificando solo la struttura esterna non ci sarà una vera mutazione. Tra osservatore e oggetto osservato bisogna agire sui due poli, ciascuno di questi elementi è sia causa che effetto, il mondo soggettivo è origine del mondo oggettivo. Quando l'uomo vivrà in amore l'esterno cambierà.
L'arte è un modello non per cambiare la realtà, ma per cambiare il pensiero della relazione responsabile che abbiamo con essa.
L'interesse era più per l'indice della mano che per la luna indicata.
Ho fatto allora diventare parte del lavoro in corso le varie interpretazioni che l'oggetto EVIDENZIATORE *riusciva a stimolare, configurare, determinare.*
*L'*EVIDENZIATORE *si staccava pian piano dall'intenzione segnaletica precisa per cui era nato assumendo una specie di ruolo dialettico nei confronti di coloro che attraverso di lui evidenziavano i loro processi percettivi e conoscitivi.*
Le varie ottiche interpretative venivano prelevate in campi specifici diversi e nel contesto in cui l'interlocutore si muoveva. Era sempre l'oggetto EVIDENZIATORE *che andava a trovare il suo interprete.*
È iniziata così un'indagine che è durata due anni, in diverse città, che si è avvalsa della collaborazione di critici d'arte, semiologi, psicologi, filosofi, romanzieri, teatranti... che hanno scritto la loro interpretazione del solo oggetto EVIDENZIATORE.
Ho documentato anche risposte di artisti, fotografi, musicisti ecc. che mi hanno restituito delle immagini dell'Evidenziatore da loro manipolato.

Mi ero reso conto che la cosa migliore da fare era di lasciarlo libero – metterlo nelle mani di un altro. Dopo tutto questo era lo scopo per cui era stato creato. In un certo senso era stato fatto per dare ad altri la possibilità di creare un certo tipo di esperienza. Era un oggetto fatto per essere abbandonato.

Lo abbandonai nelle mani di amici ed essi lo inserirono in ambienti della pubblicità, della televisione, del teatro, della scuola...

Pensai anche di sottrarlo al suo nome e in una mostra-indagine formulai un questionario in cui le persone che venivano a contatto con l'oggetto lo potevano ridefinire nel suo nome e nella sua funzione.

*L'*EVIDENZIATORE *da macchina linguistica diventò un dispositivo per suscitare opinioni, stimolare interpretazioni.*

L'oggetto diventò una costante fissa e le varianti furono i soggetti che entrando in contatto si esprimevano. Il lavoro in progress si è arrichito sempre di più nel tempo assorbendo modalità diverse.
La funzione dell'Evidenziatore si spostava dal segnalare la realtà esterna a evidenziare una realtà interna attraverso le interpretazioni che ognuno attribuiva all'oggetto Evidenziatore.

L'esperienza dell'Evidenziatore è stata per me importante anche perché ha creato una metodologia di lavoro che ho usato di nuovo nel teatro con la struttura TROUSSE e nelle ultime opere del '93 in pittura che ho nominato RIFLETTORE.

Renato Mambor

Renato Mambor,
L'evidenziatore
sulla canoa di Ettore Sordini

Gianfranco Baruchello

Livorno 1924
Vive a Roma

La verifica incerta

La verifica incerta è un film costituito da fotogrammi sottratti al cinema degli anni cinquanta-sessanta. Gli autori non hanno cercato questo materiale; si può dire invece che il materiale ha cercato gli autori. Si trattava, in sostanza, di un camion di detriti della distribuzione diretto – pare – a Milano per il ricupero del cloruro di polivinile (?) contenuto nella pellicola. Questa ingombrante merce (circa 150.000 metri lineari) è stata prima riordinata (cioè pulita, incollata, riavvolta in senso adatto alla visione) poi scelta impiegando la tabella statistica dei numeri casuali (Random Numbers). Si è avuto così il vero materiale di partenza che, montato con l'ausilio di una moviola Gentilini Prevost del 1937 comperata usata, è diventata qualcosa di molto simile a un film (o se si vuole a un ready-made cinematografico). La sceneggiatura non ha dunque preceduto l'esecuzione dell'opera, ma è stata dettata da questa. Il film tratta delle avventure di uno o più protagonisti che assomigliano a un tale, certo Eddie Spanier, sconosciuto numero uno delle Statistiche, personaggio ipotetico che dal punto di vista morale farebbe bellissime figure se non si trovasse di continuo sorpreso e coinvolto negli incidenti del montaggio. I Vikinghi, la marina tedesca, sir Walter Raleigh, i fedeli Sikh, Clark Gable, il principe Filippo, Sinhue l'Egiziano e le Nostre Truppe Vittoriose partecipano con ruoli fondamentali anche se della durata di pochi fotogrammi e dunque all'orlo della percezione visiva. Con le stesse modalità si possono vedere: colonnelli codardi incerti sull'uso della loro autorità; cannonieri del settimo Cavalleria che sparano contro obiettori di coscienza alle dipendenze di celebri registi italiani contemporanei; personaggi storici che prendono spunto dall'atmosfera morale delle catacombe per affrontare gare olimpiche con conseguenze talvolta tragiche; eroi ignoti che marciano al suono di pifferi, contrapposti ad altri pochi, protervi e scettici, premiati, loro soltanto, col titolo ambito di Faraone; personaggi femminili di grande spicco e dolcezza quali Mariko Webb e Susan; quest'ultima insolentemente corteggiata da romani in corazza che non si trattengono dal proporle offerte sconvenienti; e Finok l'indiano che, vestito l'abito talare, tiene poi conferenze a Civitavecchia sull'età prepubere. Molte e avvincenti dunque le vicende di questo film.

L'apporto di quest'opera allo studio dei valori inutili prelude ad altre scoperte (forse addirittura a quella di uno «state of matter in which the matter is dispersed in a medium called the dispersed medium...»?). Gli autori abbandonano però la prosecuzione di queste indagini sullo stato colloidale delle immagini a professionisti qualificati del CINEMA, *volenterosi solitari decisi anch'essi a considerare l'idiozia che ci circonda un* CIBO DOLCISSIMO, *sono nutrimento della condizione creativa della odierna civiltà. Né il loro sforzo sarà maggiore di quello degli autori di questo film: basterà schiudere con abbandono le labbra perché dolci rivoli di questa pappa bianca e felice colmino le loro bocche. Quello che è invece da vedersi è come la sapranno non solo digerire, ma metabolizzare inserendosi con decenza nel ciclo dell'azoto.*

In ogni caso, provvisoriamente, sarà di aiuto a quest'opera l'interromperla spesso con la parola INTANTO *o seguirne sperimentalmente la visione come a teatro, mediante l'uso mentale dell'*A-PARTE. *Se l'azione che segue risponde alle domande visive che la precedono si avrà insomma, a titolo di esempio, la misura perfetta della stupidità del materiale usato.*

Gli autori, due incompetenti (un pittore e un fotografo), hanno inoltre raccolto in un dossier tutto il materiale proveniente da questo esperimento molto simile ad un happening durato sette mesi. In particolare l'archivio degli scambi epistolari tra i personaggi, la contabilità privata del o dei protagonisti, i principi statistico-morali che, a richiesta, ne sarebbero derivati, con conseguente attribuzione casuale dei Vessilli e delle Opinioni anche Politiche nonché, naturalmente i piani a posteriori di montaggio del film. Sono stati tenuti in particolare evidenza i consumi di materiali e servizi in rapporto ai bisogni sia dei personaggi che degli autori che con quelli finiscono poi per confondersi. Questo dossier servirà insomma prima o poi alla redazione di un generico e incerto Manuale per l'Uso e Manutenzione di cui si sente profondamente la mancanza.

Gianfranco Baruchello

Gianfranco Baruchello,
La verifica incerta, *1965*

Daniele Lombardi

Roma 1939
Vive a Roma

Happy New Ears

John Cage è stato uno specchio. Questo ho pensato mentre ci stavano fotografando insieme a Firenze, in occasione del concerto a lui dedicato dal GAMD, nel giugno 1992.

Egli apriva quel bonario e radioso sorriso che prima o poi tutti hanno visto, uno dei sorrisi più fotografati del nostro secolo; quello era il suo modo di «fare vuoto» e diventare la superficie riflettente di ciò che era oggetto della sua attenzione.

Se si prende in considerazione la sua musica, la sua vasta e multiforme produzione, si può dire che anche questa è stata il prodotto di un processo speculare. La costante della sua poetica è identificabile in una progressiva non azione, un cammino verso un modo nuovo di vedere e di ascoltare la realtà.

Spesso alcuni suoi lavori sono strategie di assemblaggi, di spezzoni di fonti sonore, semplici sculture messi insieme da suoni tratti dalla everyday life.

La sua idea di preparare il pianoforte con vari oggetti all'interno della cordiera, che partiva dalla necessità di economizzare sull'uso di sets di percussioni, era un modo di specchiare la danza di Merce Cunningham, il suo fare silenzio in 4'33" altro non era che mettere gli esecutori davanti al pubblico come uno specchio e lo stesso titolo veniva dallo specchiare un'azione sulla macchina da scrivere.

La sua idea di «metafora dello spazio», avvicinando il segno grafico all'evento sonoro, concepiva il rispecchiamento tra visivo e uditivo, rendendo ipotizzabile una musica per occhi. Il demandare al caso ciò che per gli altri compositori era frutto di paziente lavoro e di ambasce, tendeva a restituire nell'operazione artistica un volere trascendente, quello della natura, secondo un ordine imprevedibile.

La sua è stata un'arte senza attesa, senza turbamenti drammatici, al contrario di quella del suo maestro Arnold Schoenberg, la cui cifra poetica poteva essere racchiusa in Erwartung.

Cage, come Duchamp, osservava l'evento con la curiosità di chi esplora una sconosciuta, ma preesistente dimensione. Allora, suoni come oggetti readymade, una continua e sottile distanza dalle cose, una continua lucidità metalinguistica.

Robert Ashley, in un'intervista a Cage, una volta disse: «It seems to me that your influence on contemporary music, on "musicians" is such that the entire metaphor of music could change to such an extent that – time being uppermost as a definition of music – the ultimate result would be a music that wouldn't necessarily involve anything but the presence of people. That is, it seems to me that the most radical redefinition of music that I could think of would be one that defines "music" without reference to sound»[1].

Ma il punto centrale dell'opera di Cage è la sua grande rivoluzione dell'idea di arte nel sociale.

Happy New Ears in una visione utopica, decenni dopo McLuhan e Fuller, l'idea di una nuova sensibilità che permettesse di intessere col mondo esterno un nuovo rapporto, anestetico e incantato. La cifra più affascinante di questo pensiero è l'idea di un mondo senza violenza, un atteggiamento bonario verso la realtà in un'utopia decisamente anarcoide.

Quando feci il primo numero della rivista «1985 La Musica» chiesi anche a Cage un contributo sul tema «avanguardia». Mi spedì la fotocopia delle pagine 276-278 di Men Against the State di James F. Martin[2], aggiungendovi queste parole: «Ci sono molte ragioni per cui credo nell'avanguardia e questa, politica, è una di esse. Un'altra è la sua stretta relazione con l'invenzione» (29 ottobre 1984).

> JOYCE
> TUDOR
> MC LUHAN
> RAUSCHENBERG
>
> DUCHAMP
> SATIE
> CUNNINGHAM
> FULLER

Daniele Lombardi

[1] Cfr. J. Johnston, *There is no silence now*, in R. Kostelanetz, *John Cage*, Allen Lane Press, 1970, p. 148.
[2] Pubblicato da Myles Inc., Colorado Springs, 1970.

Relazionando le opere di Cage degli anni cinquanta con pagine coeve di compositori europei appartenenti alla corrente post-weberniana salta all'occhio, tra le altre cose, una differenza non da poco, che è questa: il musicista americano accoglie in sé anche le consonanze, gli accordi e le relazioni armoniche più comuni, fatto inaudito e scandaloso, in tempi di davvero bui di terrorismo culturale. Si potrebbe desumerne che, affidandosi Cage ad operazioni aleatorie, la responsabilità del reingresso di questi relitti sonori nella prassi compositiva avanzata di quegli anni fosse da ascrivere appunto al caso, e non ad un atto cosciente del musicista. Ma non è così, o comunque non solo così, perché diversi pronunciamenti teorici di Cage accertano della sua posizione permissiva e libertaria riguardo al mondo dei suoni. O meglio: il suo radicalismo estetico rimane in fondo fondamentalmente modernista, nel senso che non si scorge in lui nessuna indulgenza verso atteggiamenti volti alla restaurazione del passato, almeno per quanto riguarda la forma o la costruzione. Ma il suo è un modernismo, per converso, sorridente, e non totalitario; ecco che allora, diversamente dagli intolleranti delle nuove accademie credute progressiste degli anni di Darmstadt, nelle sue opere galleggiano tranquillamente i vocaboli sonori allora proscritti, quasi oggetti trovati, alleggeriti dal peso delle consequenzialità e delle funzioni logico-costruttive.

Si realizza così una convergenza curiosa ed eletta tra caso e pensiero cosciente, nel senso che il caso realizza ciò che Cage vuole (!).

Altra riflessione, che è poi un interrogativo, legata alla detta convergenza: nonostante tutti gli sforzi messi in atto da Cage per non impregnare i suoni della propria personalità, siamo proprio sicuri che il caso non abbia partorito uno «stile Cage»? Per quanto mi riguarda non so ancora dare una risposta convincente a questo dilemma non da poco.

Nel pensiero del Nostro, com'è noto, i tratti personali sono sentiti come difetti (si veda per esempio quanto egli dice a proposito di Ives o Varese), e il giudizio di valore riferito alle sue proprie opere sperimentali, quelle dove i suoni sono, o dovrebbero essere, finalmente liberi di esprimere se stessi, viene ricusato, non senza, mi sembra, una buona dose di ingenua e perfino irritante astrattezza.

Già, perché si dovrà pure ammettere che il ricorso al caso non garantisce la riuscita dell'opera, come non la garantisce, d'altronde, il più strenuo impegno cosciente; si sa d'altra parte che il risultato non interessa a Cage, e siamo quindi punto e daccapo.

C'è però da dire che anche se non interessa a Cage, il valore rimane un criterio difficilmente eludibile nel nostro rapporto con l'arte, e non solo con quella.

Qui bisogna intendersi: io sono d'accordo nell'assegnare pari dignità ai generi artistici (alti, bassi, profondi, leggeri) e ai materiali usati (nobili, plebei), nel senso che un'inezia Fluxus, o una canzonetta, o un qualunque attimo intenso di quotidianità possono tranquillamente equivalere una sinfonia di Beethoven, ma penso anche che all'interno di ogni genere sia inevitabile, in presenza di un oggetto artistico, esprimere un giudizio di valore. In fondo in ogni momento della nostra vita, pratica ed estetica, non facciamo altro che giudicare e scegliere, sull'unica base, ineliminabile e legittima, del nostro gusto personale.

Giancarlo Cardini

John Cage a Firenze,
21 giugno 1992;
da sinistra: Michele Porzio,
Daniele Lombardi, John Cage,
Giancarlo Cardini,
Francesca Della Monica,
Stefano Scodanibbio

Piero Manzoni

Soncino 1933 - Milano 1963

Spazio vuoto e spazio pieno

Ho incontrato un curioso silenzio al centro di New York, la grande città dei rumori e della follia meccanizzata. Era in una cantina a Greenwich Village, piena di fumo di sigarette e di tumulto alcolico.

Un pianista suonava la nota do o mi, seguita da un silenzio di parecchi minuti. Questa musica muta, rotta da suoni, che John Cage ha consacrato a Jasper Johns e Rauschenberg abbondava in silenzio bianco. Gli americani, cullati dal jazz in culle di cemento, giocavano fanaticamente con il margine del suono.

Non si può forse dire oggi che anche in pittura si cerca il margine dello spazio, la presenza pregna del vuoto?

Cinquant'anni fa, una tela bianca e non dipinta minacciava molto il giovane Paul Klee come uno spazio inquietante e nefasto.

Egli si vedeva obbligato a coprirla de «les plus petites choses» del mondo interiore, al fine di scacciare l'inquietudine e giungere all'armonia microcosmica.

Dopo il Rinascimento, lo spazio europeo era molto razionalista; era così pieno di elementi razionali, e, se volete, controllato dalla prospettiva di un umanesimo sterile che non voleva conoscere che le cose comprese nello stretto cerchio determinato dal vano orgoglio dell'essere umano. Nello spazio della piccola (o grande) cornice, tutto era ben calcolato, controllato e risolto dalle leggi assolute del razionalismo umanista.

In questo senso gli europei mi fanno pensare agli uomini del Medioevo, che credevano la terra posta al centro dell'universo.

Un esempio: la parte bianca si vede quasi sempre sui quadri moderni. In Matisse, era una specie di sollievo dopo la tensione cromatica. Nei pittori astratti di oggi, essa testimonia, mi sembra, della loro fuga lontano dall'invecchiato spazio razionalista.

Provano a scavare forse, il loro spazio finito. Ma pure questa parte bianca altro non è, generalmente, che una parte il cui effetto è ben calcolato in contrasto con le altre parti colorate.

Qui il bianco altro non è che un colore destinato a riempire una porzione di un microcosmo beato. Al contrario, come voi sapete, lo spazio bianco della carta era, per i cinesi e i giapponesi antichi, la sorgente di tutte le possibilità della creazione. Guardate una squisita e antica calligrafia orientale (non parlo della calligrafia contemporanea del Giappone, che altro non è che ordinaria pittura astratta, eseguita con inchiostro di china su carta), e vedrete come una forte linea nera del carattere sia balzata vigorosamente dallo spazio vuoto del biancore della carta.

Ciò nonostante l'artista cinese non ha mai negletto la plasticità, ma questa plasticità è il risultato del-l'interpretazione drammatica del vuoto e dell'essere. Qui il bianco è un utero straordinariamente fecondo, dal quale nascono tutte le cose. Non è mai una componente dell'opera.

Date una scatola a un europeo o a un giapponese contemporaneo. Egli vi forzerà dentro i suoi effetti personali, dopo di che sarà soddisfatto. Se fosse stato posto lo stesso piccolo recipiente davanti a un antico Zennista, egli l'avrebbe vuotato, lanciato per aria, e se ne sarebbe andato. Non è forse quest'attitudine più moderna dell'altra?

I piccoli drammi alla maniera di Corneille, le tre regole di unità, ci annoiano nella pittura.

Noi vogliamo muoverci verso la scoperta di un nuovo spazio, del nostro vero spazio d'oggi.

Per finire potremmo ricordare Sam Francis o Franz Kline tra gli altri per l'America, che si abbandonano meravigliosamente all'incredibile fecondità dello spazio vuoto, al biancore pregno, oltre l'astrazione pregna.

Yoshiaki Tono

Copertina del primo numero di «Azimuth», *Milano 1959*

a cura di Enrico Castellani – Piero Manzoni

1959

AZIMUTH

via Cernaia 4   Milano

Lucio Fontana

*Rosario di Santa Fé 1899 -
Comabbio, Varese, 1968*

Lucio Fontana,
Concetto spaziale, *1958*

Walter Marchetti

Canosa 1931
Vive a Milano

Walter Marchetti,
J'aimerais jouer avec un piano
qui aurait une grosse queue,
1974

Walter Marchetti,
Musica da camera n. 171,
1989

Walter Marchetti,
J'aimerais jouer avec un piano
qui aurait une grosse queue,
1974

Il suono rapido delle cose:
Cage & Company

I curatori della mostra dedicata a John Cage si sono
avvalsi, del contributo di Merce Cunningham (danza),
William Anastasi (scacchi), Marie-Claude Beaud
(micologia), John Cale e Lokke Highstein (new music),
Melissa Harris (fotografia), John Giorno (poesia),
Robert Rauschenberg, Jasper Johns (arti visive),
Allan Kaprow (happening), Diana McKown (film),
Margaret Lang Tan (musica).
Consulenti: Marie-Claude Beaud, René Block,
Paul Bowles, William Burroughs, John Cale,
Diego Cortez, Dino Di Maggio, Eli Gottlieb,
Earl McGrath, Glenn O'Brien, Franco Sapio,
Walter Marchetti.
Consulenti artistici e tecnici: Risé Cale, Don Gillespie,
Miles Green, Laura Kuhn, Joe Mc Ginty, David Moss,
Klaus Schöning, Chris Stein, Niko Tenten,
Margarete Roeder.

Nell'ambito delle manifestazioni della Biennale
di Venezia, il Festival Internazionale di Musica
Contemporanea organizza, il 20 giugno 1993
al Teatro La Fenice di Venezia, in collaborazione
con la XLV Esposizione Internazionale d'Arte,
un concerto con musiche
di Luigi Nono e di John Cage,
secondo il seguente programma:

Luigi Nono
Post-Prae-Ludium per
Donau, *1987*

per tuba e live electronics

John Cage
103, *1992*

*per orchestra,
con la proiezione
del film
One¹¹ and 103
di John Cage
musica e copione di Cage,
regia di Henning Lohner,
camera Van T. Carlson
(prima esecuzione italiana)*

Tuba *Giancarlo Schiaffini*
*Experimentalstudio
der Heinrich Strobel Stiftung
des Südwestfunks e. V. Freiburg*
Regia del suono
*André Richard
Rudolf Strauß*
Tecnico del suono
*Bernd Noll
Orchestra
del Teatro La Fenice*
Direttore
Arturo Tamayo

Macchine della pace

GIARDINI DI CASTELLO

Tony Cragg,
Terris Novalis, *1992*

Eiréne *di* Laura Cherubini

La pace. Il tema della pace è oggi sentito molto vivamente, non solo dai movimenti politici e religiosi, ma anche a livello della riflessione teorica (è uscita da poco in Italia l'edizione di un piccolo classico sull'argomento, *Filosofie di pace e guerra* di W.B. Gallio che analizza gli scritti di Kant, Clausewits, Marx, Engels e Tolstoj considerandoli all'origine della moderna visione della pace e della guerra soprattutto per la comune critica all'idea di guerra come meccanismo intrinseco alla società). È un tema comunque che ha attraversato la storia dell'arte, dalla statua di *Irene* (dea greca della pace, figlia di Giove e di Temi, la giustizia) di Cefisodoto, maestro di Prassitele, che la ritrae con in braccio Plutos, il dio della ricchezza (questa immagine ebbe fortuna e fu riprodotta su moltissime monete) fino all'allegoria della Pace nell'affresco di Ambrogio Lorenzetti nel Palazzo Pubblico di Siena. Nelle *Immagini dei Dei degli antichi* di Vincenzo Cartari (edizione del 1571) la Pace fa parte delle immagini che accompagnano Mercurio e l'autore fa riferimento alla descrizione di Pausania, la dice amica di Cerere e cita Tibulio: «Vieni alma pace con la spica in mano / E di bei frutti piena il bianco seno». Cesare Ripa nel suo manuale d'*Iconologia* (che dalla fine del Cinquecento in avanti ebbe numerose ristampe ed era ancora in epoca neoclassica molto consultato dagli artisti) elenca più immagini alla voce «pace». Una è quella che si vede scolpita nella medaglia d'Augusto: «Donna, che nella sinistra mano tiene una Cornucopia, piena di frutti, fiori, fronde, con un ramo d'ulivo, e nella destra una facella, con la quale abbruci un monte d'arme. La Cornucopia significa abbondanza, madre e figliuola della pace; non si mantiene la carestia senza la guerra, né l'abbondanza del vitto senza l'abbondanza di pace, come dice il Salmo. *Fiat pax in virtute tua, & abundantia in turribus tuis.* Il ramo dell'ulivo denota la mitigatione degli animi adirati, et la facella che abbruci il monte d'arme, significa l'amore universale, & cambievole fra i Popoli, che abbrugia & consuma tutte le reliquie degli odij».

Altre immagini la presentano come giovane bella, con una ghirlanda d'ulivo, la figura di Pluto nella mano destra e un fascio di spighe di grano nella sinistra (Pausania); una donna vestita «d'incarnato» che tiene una statuetta nella destra e un ramo d'ulivo nella sinistra posata su un piedistallo con un calice, una donna che nella destra ha una fiamma rivolta in giù e sotto un monte di armi varie e accanto un leone e un agnello; una donna che siede tenendo con la destra «legati insieme un lupo & un Agnello sotto a un giogo medesimo» e con la sinistra un ramo d'ulivo; una donna che con la destra tiene un ramo d'ulivo e con la sinistra un «Corno di divitia» (medaglia di Traiano). Mentre un'immagine per noi più inconsueta è questa: «Donna, la quale tenga in grembo l'uccello chiamato Alcione, & in terra à canto d'essa vi sarà un Castoro in atto di strapparsi con denti i genitali».

Tuttavia l'immagine doveva esser chiara per gli uomini di allora: nell'antico «bestiario» *Il Fisiologo*, il castoro è descritto come un animale mansueto che, inseguito dai cacciatori poiché i suoi organi genitali sono utili in medicina (Plinio), se li tronca e li getta all'inseguitore, se si imbatte in un altro cacciatore si getta a terra supino e gli si mostra; mentre l'alcione è, non solo nel Ripa, ma anche in Giordano Bruno simbolo di «tranquillità», alla cui voce il Ripa spiega che questo uccello fu «preso a gli antichi Egittij indicio di Tranquillità, perché esso, per naturale istinto, conosce i tempi, & si pone à fare il nido, quando vede, che siano per continovare molti giorni tranquilli, & quieti: però, tirando di qui la metafora, dimandavano i Romani Giorni Alcionij quei pochi dì, che nò era lecito andar in giudicio, & attender alle liti nel Foro».

È chiaro che ora non si può più parlare per l'arte contemporanea di pace come tema iconografico, si può però proporre agli artisti di lavorare «in vista» della pace.

Sette artisti. «L'immagine di cui sto parlando, immagine santa / era la forma del Creatore di tutte le forme: non c'è. / In quella forma soltanto si ottiene assoluta certezza; / fuori di quella cercammo certezza: non c'è / ... Quella luce evidente che tutta si mostra chiarissima / nel manifesto e nel visibile, l'abbiamo cercata: non c'è» (Gialâl ad-Dîn Rûmî, *Poesie mistiche*). Questa immagine, questa forma, questa luce che non c'è è forse l'oggetto della ricerca artistica praticata ad alta tensione da Shirazeh Houshiary, una luce che nel mondo si dà solo mista al suo contrario, che è anche la sua matrice, l'ombra in una remota dialettica che l'artista fa rivivere nei materiali, in genere rame contrapposto ad altri metalli, nelle sue sculture-ambiente, articolate in interno-esterno o nei lavori bidimensionali in cui la trama luminosa emerge dalle tenebre attraberso il magnetismo dei segni.

«C'est une fluctuation, un va-et-vient entre ma pensée et le lieu où je la dépose...» ha detto Ange Leccia dei suoi *arrangements*, come chiama le sue opere, con riferimento a tutta la fase processuale del lavoro e al suo ruolo di orchestrazione. L'origine insulare (l'artista francese è nato in Corsica) ha determinato a un tempo il forte rapporto con la natura, ma anche il ricorso ai mezzi di comunicazione di massa (l'informazione esterna che filtrava attraverso la radio...). L'imballaggio, a cui viene quasi conferito un primato sull'oggetto (J. Sans), ha il senso della matrice dell'oggetto. La pace è per Leccia un miraggio di purezza, come nel tulle bianco che vela il dolce viso della ragazza giapponese, richiamo al tema della vergine già presente in altri lavori, o nell'infinito svolgersi dell'onda marina, prima matrice di tutte le cose, vergine-madre che si autogenera.

La ricerca di Julian Opie parte dall'oggetto seriale prodotto dall'industria. L'industria ripropone la struttura formale di questo tipo di oggetti, ma gli sottrae l'aspetto funzionale. Design industriale e scultura si saldano sulla soglia dell'ambiguità. Strutture lignee ricoperte in calcestruzzo bianco compongono una delle più antiche formazioni simboliche della storia delle immagini: il *labirinto*, «terreno deviante», spazio fisicamente praticabile, che attende qualcuno che lo percorra, e specchio di un microcosmo, della mente e dei suoi meandri.

Mario Ceroli ha sempre evidenziato l'aspetto fisico dei materiali, allargando i confini dell'opera all'ambiente. *Progetto per la pace* è il titolo di un'opera ideata nel 1969 per *Quattro artisti più che natura*, la mostra curata da Calvesi al Museo di arti decorative del Louvre a Parigi. Si tratta di cento bandiere di seta bianca che sorgono da un campo di sabbia, un terreno recinto e dunque, in qualche modo, consacrato. Alla bandiera è stato sottratto ciò che in genere è chiamata a portare, l'emblema che distingue, ma anche divide, una nazione dall'altra. E così la bandiera resta come materiale, elemento concreto, denominatore comune a tutte le genti. Così le bandiere vengono piantate come alberi e replicano la serialità delle sagome (anch'esse materie ritagliate rese astratte dall'eliminazione dei connotati) realizzando uno spazio che aspira alla coralità di una selva (*La foresta analoga* è il titolo di un successivo lavoro) tanto fitta che nella prima versione una figura ci si aggirava vagamente (davanti c'era una gabbia di sassi in gommapiuma «commissionata» all'amico artista Gilardi in occasione della mostra da Sperone nel '67).

Panamarenko è il nome assunto dall'artista belga che con impostazione da scienziato intende portare nell'arte cose che non ci si aspetterebbe, inserirci nel flusso di una vita fantastica, ma attraverso una precisa programmazione. L'assunzione di uno pseudonimo è comunque una forma di travestimento e una sorta di travestimento è quello che Panamarenko impone alla realtà naturale con la costruzione delle sue macchine, tanto improbabili rispetto a un discorso funzionale, tanto eseguite con logica e impeccabile precisione. L'importanza del rapporto con la natura è attestata dall'attenzione per il mondo vegetale e animale (un po' forse anche per il ricordo dei «mostri», crostacei e piovre giganti, che popolano l'estuario del fiume non lontano da Anversa). Un mondo animale insieme preistorico e futuribile è ricostruito a mano, con perfezionismo quasi maniacale, dall'artista, un mondo che dettagliati e delicati giochi meccanici rendono mobile, provocando allarmanti inquietudini e suggestive nostalgie dei romanzi di Verne. Il mito del volo è modello alla costruzione, a volte miniaturizzata, di questi *automi* e di queste *macchine celibi*.

Roman Opalka coniuga da anni la pratica della pittura con un sistema mentale concettuale, trascrivendo progressivamente una serie di numeri sulla tela di successivi quadri. I supporti hanno identiche dimensioni e monotona è la ripetizione degli strumenti come monotona è la ripetizione cromatica del grigio, modificata da impercettibili variazioni. Opalka ha cominciato nel 1965 con un quadro che portava l'iscrizione del numero uno e da allora ha continuato senza soste in una scansione continua di pausa e numero che fraziona il flusso temporale. I quadri non terminano con il pieno numerico, ma con il vuoto della pausa finale, dell'interstizio mentale.

La coazione a ripetere addomestica lo sgomento dell'uomo che affronta solo l'infinita dimensione del tempo. Il colore tende al bianco smorzando l'energia iniziale nella consapevolezza dell'impossibilità di esercitare il proprio controllo. Ogni giorno, alla fine del lavoro, scatta una fotografia del suo volto di fronte al quadro: ambedue tradiscono in una serie di minime mutazioni i segni del tempo. «L'obiettivo della macchina fotografica, con il suo piccolo scatto, registra la sua ossessione, così come le cifre della progressione numerica segnalano la *miniaturizzata entropia del tempo*» (A. Bonito Oliva). Come dice Opalka «Siamo e stiamo per non essere». Riutilizzare materiali per ricostruire un'immagine unica e diversa dall'originale, conferendole una nuova sintassi è un'operazione tipica del lavoro di Tony Cragg, un'operazione di riciclaggio e di montaggio, evidente sia nelle formazioni di immagini come l'aereo da un insieme di frammenti del materiale antiecologico per eccellenza, la plastica, sia nelle guglie costruite mettendo insieme elementi meccanici in ferro. Nel caso di questo lavoro il «riciclaggio» è di altro genere: Cragg presenta, sotto il titolo di *Terris Novalis* (il riferimento è ai campi arati), due apparecchi usati nell'Ottocento per la misurazione del paesaggio. Anche in questo caso, se pur attraverso un diverso procedimento, una immagine viene ricostituita per la vista, la terra, una volta misurata, diventa *campo*. Ancora una volta un elemento meccanico, artificiale, si sovrappone all'elemento naturale per ritrovare un *metro*.

Un museo. È il Museo per la Pace di Montecassino (uno dei luoghi più drammaticamente segnati dalle vicende dell'ultima guerra) la cui inaugurazione è prevista entro il 1994, che verrà realizzato e gestito per conto del Comune di Cassino dal Consorzio «Le Muse» (SPS Sistema permanente di servizi - Artesia - D. Jacorossi). Il Museo intende proporsi come centro di riflessione sulle tematiche della pace, accogliendo gli stimoli che possono derivare da opere d'arte contemporanea. A tal fine si prevede l'allestimento di un'area ove saranno ospitate opere realizzate «per la pace» e la realizzazione di una sezione multimediale dove, con l'impiego di nuove tecnologie, verranno ricostruiti i fatti della battaglia di Montecassino. La superficie coperta di 1300 mq ospiterà anche moderne strutture di servizio (sala convegni, ristorante, vendita di prodotti editoriali e oggettistica...). Con questa mostra il Consorzio «Le Muse» e la Biennale hanno inteso indicare un ideale collegamento tra la dolorosa attuale situazione della Jugoslavia, quella di Cassino di allora e il lavoro degli artisti e offrire un'anticipazione di alcuni possibili aspetti del futuro museo.

Shirazeh Houshiary,
Cube of Man, *1992*

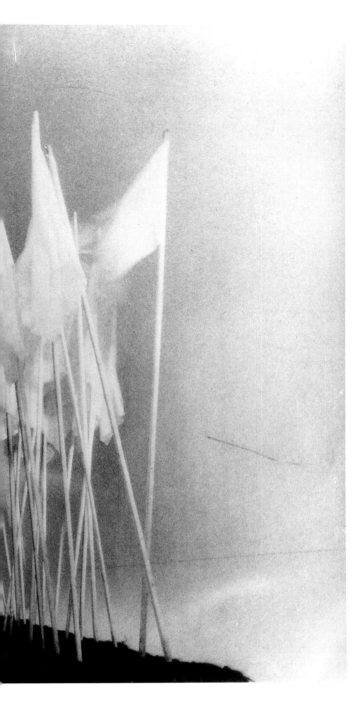

Mario Ceroli,
Progetto per la pace
e per la guerra,
1969

Mario Ceroli

Castel Frentano, Chieti, 1938
Vive a Roma

1. Progetto per la pace
e per la guerra, *1969*
Installazione,
legno, stoffa, sabbia
700 x 700 cm

Tony Cragg

Liverpool 1949
Vive in Germania

1. Terris Novalis, *1992*
Acciaio, 2 parti,
160 x 287 x 150 cm;
245 x 208 x 136 cm

Shirazeh Houshiary

Shiraz, Iran, 1955
Vive a Londra

1. Open Secret, *1993*
(Segreto aperto)
Piombo e foglia d'oro,
2 parti,
15 x 150 x 150 cm
ciascuna

Ange Leccia

Minervino, Corsica, 1952
Vive a Parigi

1. Arrangement,
1993
(Sistemazione)
Installazione,
5 televisori,
misure variabili

Roman Opalka

Abeville, Francia, 1931
Vive a Tournon d'Agenais

1. Opalka 1965 1/∞ Détail
2668393-2688144, *1965*
(Opalka 1965 1/∞ Particolare
2668393-2688144)
Olio su tela, 196 x 135 cm
New York,
Collezione John Weber

2. Opalka 1965 1/∞ Détail
4875812-4894230,
1993
(Opalka 1965 1/∞
Particolare 4875812-4894230)
Olio su tela, 196 x 135 cm
New York,
Collezione John Weber

Julian Opie

Londra 1958
Vive a Londra

1. Fortified Area, *1993*
(Zona fortificata)
Installazione, cemento armato
dipinto, misure variabili

Panamarenko

Anversa 1940
Vive ad Anversa

1. Archaeopterix, *1993*
Installazione,
h 220 cm, diam. 40 cm

Con il contributo
del Consorzio «Le Muse», Roma

Ange Leccia, Arrangement,
1993, particolare

Roman Opalka, Opalka 1965
1/∞ Détail 4335236-4356165,
1965

Julian Opie,
Model for Section
of «Fortified Area», *1993*

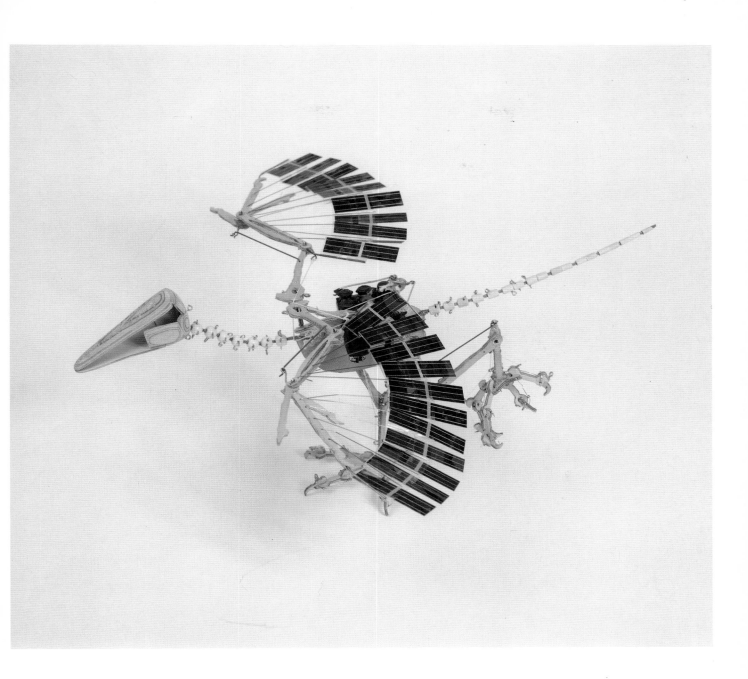

Panamarenko,
Archaeopterix, *1993*

La coesistenza dell'arte

Ex vetrerie, Procuratie vecchie,
Piazza San Marco

Mirjana Djordjevic,
Horizontal und Vertikal, *1992*

La coesistenza dell'arte *di* Lóránd Hegyi

La mostra *La coesistenza dell'arte* si svolge in un momento nel quale l'Europa ha superato i grandi terremoti politici degli anni ottanta e sta vivendo altri conflitti emergenti. I radicali e profondi cambiamenti politici nell'Europa centrale ed orientale, visti inizialmente con grande speranza ed euforia, in seguito però, con scetticismo e disappunto crescenti, si sono già compiuti, lasciando in tutta l'Europa una nuova struttura politica ed economica nella quale non esistono più né un blocco orientale né uno occidentale, senza fronti chiari, senza antagonisti facilmente riconoscibili e identificabili. Ma le grandi aspettative non sono ancora state soddisfatte. La riunificazione tedesca, uno dei risultati più importanti del crollo delle strutture poststaliniste, non ha portato né l'integrazione veloce e completa della Germania orientale nell'economia di mercato occidentale, né la democrazia parlamentare come si sperava, bensì una quantità di nuovi conflitti e pericoli politici, dalla disoccupazione di massa apparentemente irrisolubile fino alla risurrezione di un neonazismo che nella sua attuale radicalizzazione non ha eguali prendendo in considerazione gli ultimi decenni. Ancora più drammatica la situazione nell'ex Unione Sovietica, dove i conflitti nazionali, etnici e religiosi, che il regime sovietico aveva ereditato dalla Russia zarista e che non aveva mai potuto risolvere, hanno portato a una situazione quasi di guerra civile. Ovunque nell'Europa centrale e orientale, al posto di uno sviluppo di strutture democratiche, pluraliste e parlamentari si riscontra una rinascita di ideologie ultraconservative, ultranazionaliste, razziste e totalitarie. Dopo il disfacimento dell'Unione Sovietica, l'Europa ha visto il crollo della Jugoslavia e infine quello della Cecoslovacchia. Mentre verso la fine degli anni ottanta, con un'ideologia razionalistico-democratica e ottimistico-evoluzionistica, si sperava nell'avvicinamento e nella disponibilità di comunicazione fra le regioni europee, nello sgretolarsi dei blocchi contrastanti e nel risanamento veloce dei problemi delle minoranze e dei conflitti nazionali, ora come ora dobbiamo riconoscere il fatto doloroso che la sorte europea viene determinata su due livelli contrastanti: da una parte la visione di un'Europa democratica, razionalista, transnazionalista e umanistica, e dall'altra il disfacimento di grandi strutture politiche, la nascita di stati nazionali sempre più piccoli, nemici tra di loro, e addirittura nuove guerre di religione, crociate fondamentaliste e uno sciovinismo culturale spesso razzista, populista e primitivo.

Se oggi, in queste situazioni conflittuali, cerchiamo di rappresentare l'attuale attività artistica nell'Europa centrale anche sotto un aspetto storico-retrospettivo, e cioè la ricostruzione delle relazioni artistiche dell'Europa centrale e orientale degli anni ottanta, contemporaneamente ci interessiamo della coscienza artistica contemporanea dei paesi dell'Europa centrale e meridionale e dei processi storico-culturali degli anni ottanta che in tale regione cercavano di dissipare il pensiero dei blocchi allora dominante. La mostra *La coesistenza dell'arte* cerca quindi da un lato di ricostruire una situazione di cultura politica nella quale l'Austria, come paese neutrale e non «legato al blocco», ha assunto il ruolo di mediatrice culturale e politica tra est e ovest, non per ultimo

Nunzio, Passaggio, *1992*

Franz Graf, o.T., *1992*

per completare la propria nuova ricerca d'identità anche con quest'aspetto, e dall'altro presenta gli eventi artistici più differenti che nell'arte contemporanea dell'Europa centrale e orientale tematizzano sia il problema della multiculturalità e transnazionalità culturale, sia il fenomeno del nomadismo culturale.

Sin dall'inizio, ma ancor più verso la fine degli anni settanta, si può osservare il cambio radicale nell'analisi dell'arte per quanto riguarda internazionalità e regionalismo. La critica del pensiero lineare «linguistico-evoluzionistico» della teoria dell'arte degli anni cinquanta e sessanta ha suscitato anche lo scetticismo verso i modelli astratti, non storici, liberi dal legame con momenti concreti sociali, storico-culturali e geopolitici. Contrario ai sistemi di validità generale, utopistici, determinati da strutturalismo e semiotica, l'arte dei tardi anni settanta non cercava più lo sviluppo dei metodi, non più la purificazione dell'espressione formale, bensì di rappresentare il carattere antropologico dell'arte in un complesso contesto culturale, storicamente determinato.

Da un lato ciò ha portato a un rafforzamento del carattere individuale dell'attività artistica: tematica prevalente diventa l'ambiente spirituale dell'artista, il suo contesto culturale e linguistico derivante dalla storia; dall'altro ha portato a un interesse più intenso nei confronti della storia della civiltà, che funge da serbatoio capiente e gigante per le allegorie, i simboli e le metafore attivabili e rilevanti per la formulazione di esperienze esistenziali. Ciò implica spesso anche un pensiero analogico, che interpreta i sistemi di valore provenienti dal passato e a volte dalla mitologia, come analogie o archetipi di sistemi e formazioni odierni. In questo contesto si può notare che la svolta nella storia dell'arte coniata dalla Transavanguardia internazionale, era un segno, una conseguenza dei cambiamenti dei punti di vista non solo nell'arte ma anche nella coscienza storica. In tale periodo, l'interesse degli artisti si orientava verso le riserve di significato dell'immediato ambiente spirituale, mentale, storicamente dato.

Contemporaneamente venivano rifiutati i modelli astratti, staccati da concreti sviluppi storici.

Il carattere metaforico dell'arte si è rafforzato ed il legame sociologico-culturale dell'opera d'arte ha acquisito una dimensione storica.

La situazione storico-culturale particolarmente interessante dell'Austria negli anni ottanta è nata in un periodo in cui le rigide e chiare frontiere all'interno del blocco, determinate esclusivamente da interessi strategici e politico-militari e da ragionamenti geopolitici, cominciavano a disgregarsi. Dopo quarant'anni di separazione tra est e ovest si presentava nuovamente la possibilità di uno spazio culturale cooperativo, aperto alla comunicazione e ad idee svariate, in cui però le regioni, sviluppatesi nel giro di secoli e determinate da diversi momenti storico-culturali, come ad esempio l'Europa centrale e meridionale (Italia, Austria, Cecoslovacchia, Ungheria, Jugoslavia), hanno mantenuto e sviluppato la loro affinità storica, incuranti di strutture statali politiche sviluppatesi in seguito e di delimitazioni da ciò risultanti. Questa rivalutazione delle grandi regioni culturali rinforzava anche la coscienza della multiculturalità e la disponibilità alla coesistenza delle unità nazionali e linguistiche più piccole.

Anche se le opere della mostra *La coesistenza dell'arte* sono state realizzate negli ultimi anni, la concezione di base della mostra unisce in sé sia lo sguardo nel passato recente sia la prospettiva dell'avvenire.

Artisti come Hubert Schmalix che, nato in Austria da madre italiana e padre austriaco, dalla metà degli anni ottanta vive a Los Angeles, oppure come Jiři Georg Dokoupil, originario di Praga, che nei primi anni ottanta in Germania è stato cofondatore della cosiddetta «pittura violenta» e che vive in Spagna e a New York, oppure Braco Dimitrijevic, nato a Sarajevo, che vive a Londra, Parigi e New York, fanno notare già attraverso le loro biografie l'intreccio e la compenetrazione nell'ambiente individuale, la multiculturalità avvincente che nelle installazioni di Dimitrijevic o nei quadri di Schmalix è diventata il tema centrale. Questa multiculturalità feconda è parte importante del quadro generale della cultura mitteleuropea nella quale le differenze fondate storicamente hanno continuato a sussistere mescolandosi tra di loro.

L'intrecciarsi di unità regionali si rispecchia nella concezione della mostra in quanto essa offre la possibilità di riconoscere – con tutte le particolarità delle singole opere – anche delle affinità, delle motivazioni e delle mete paragonabili. Da un lato abbiamo cercato di scegliere artisti che nei tardi anni settanta e all'inizio degli anni ottanta hanno fortemente influenzato e coniato con le loro attività nei diversi centri artistici dell'Europa centrale e meridionale i cambiamenti artistici e il cambio di paradigma nell'analisi dell'arte (Jiři Georg Dokoupil, Hubert Schmalix, Gianni Dessì, Braco Dimitrijevic, Marina Abramović); dall'altro volevamo mettere in relazione i nuovi impulsi e le domande attuali delineatisi a partire dalla fine degli anni ottanta e dall'inizio degli anni novanta per la definizione della funzione dell'arte con le opere della nuova generazione artistica (Manfred Erjautz, Kirchhoff, Marjetica Potrc, Herwig Kempinger, Peter Kogler, Stefano Arienti, Amedeo Martegani).

Un aspetto importante della mostra è la presentazione di statement artistici provenienti dagli ex paesi dell'est nei quali era stata formulata una concezione differente della storia e una presa di posizione complessa e spesso contraddittoria per quanto riguarda «l'arte universale», «l'attualità», «l'adeguamento», «il mondo occidentale» insieme all'interesse critico nei confronti della tradizione dell'avanguardia, che per motivi politici aveva dovuto rifugiarsi nella clandestinità. L'appiglio al «mondo artistico occidentale» e la riscoperta della «propria avanguardia» si sono verificati in un periodo in cui le frontiere politiche tra est ed ovest, durate per quarant'anni, cominciavano a sgretolarsi, e le strutture statali e i sistemi politici, durati per decenni, avevano perso la loro validità.

Per i giovani artisti degli ex paesi dell'est il nomadismo culturale significava non solo un viaggio libero e sovrano di scoperta all'interno di altre culture, altre epoche, ma anche un interesse esistenziale nei confronti dei radicali cambiamenti politici nell'Europa centrale e orientale. Questa situazione ricca di tensioni ha portato anche a una nuova definizione radicale della propria identità artistica e dell'autodeterminazione nell'ambito internazionale. Una delle poche piattaforme per tale incontro, che, intenzionalmente al di fuori del pensiero schematico dei blocchi e volutamente sulla base della riscoperta affinità regionale e culturale, ha reso

possibile ed ha accelerato il confronto con una nuova coscienza storica, è stata la Trigon Biennale di Graz, promossa nel 1963. La sua meta era di dimostrare ed intensificare i rapporti artistici e culturali dell'Austria con i paesi dell'est e più tardi anche con i paesi dell'Europa centrale e meridionale ai sensi di una tradizione storica. Con temi specifici le mostre *Trigon* organizzate da Wilfried Skreiner hanno tentato di dimostrare e rappresentare la validità degli sviluppi artistici più attuali anche nei paesi dell'Europa sudorientale per smascherare come finzione il concetto di un'avanguardia europea puramente occidentale dopo l'arte moderna.

Come protagonisti rappresentativi dell'«ultima generazione» di Roma dopo la «Transavanguardia» propriamente detta abbiamo scelto Gianni Dessì, Nunzio, e Piero Pizzi Cannella. Come complemento per questi interessanti artisti, che si occupano in linea di principio di metafore storico-culturali e dimensioni mitiche, abbiamo scelto i rappresentanti di un atteggiamento estetico che Achille Bonito Oliva ha chiamato «transavanguardia fredda» e cioè gli artisti Stefano Arienti e Amedeo Martegani che vivono in Italia settentrionale, e i pittori e «artisti di oggetto» Kirchhoff e Felice Levini che lavorano a Roma.

L'Austria è rappresentata da un lato dagli esponenti più importanti della «nuova pittura» e della «nuova scultura», che all'inizio degli anni ottanta hanno cambiato radicalmente e dominato il paesaggio artistico austriaco, e cioè Hubert Schmalix e Manfred Wakolbinger, dall'altro da artisti più giovani come il pittore Herbert Brandl che sostiene l'idea di una continuazione, ma anche di una revisione di tale posizione pittorica, oppure Franz Graf, la cui opera si può interpretare come continuazione critica e contemporaneamente come distacco dalla «nuova scultura». I tre giovani artisti Peter Kogler, Herwig Kempinger e Manfred Erjautz rappresentano la nuova interrogativa estetica più attuale, determinata da aspetti di critica culturale e di sociologia culturale che non vede più l'opera d'arte come emanazione personale, bensì come complessa struttura semiotica sociale. Il gruppo Die Damen definisce l'opera d'arte come avvenimento a mo' d'evenimento, come evento non spettacolare, ma tuttavia minuziosamente tramato, che richiede la presenza degli artisti come protagonisti attivi. La massima «Cattivo è meglio» si deve intendere come proposta di sceverare l'avvenimento nel campo di tensione dei dati di fatto storici concreti e universali.

La Jugoslavia, disgregatasi negli ultimi anni, è rappresentata da cinque artisti dalle differenti posizioni estetiche. Marina Abramović ha cominciato la sua attività con performance art con la tematica dell'espansione artistica e delle possibilità di nuovi nessi sintattici. Attraverso il riferimento al corpo è arrivata alla scoperta di livelli di significato «quasi-mitici». Con le sue installazioni, Braco Dimitrijevic, che vive a Londra, Parigi e New York effettua delle installazioni sperimentando con oggetti comuni e con oggetti artistici di diverse epoche. I diversi livelli di significato delle relazioni storico-culturali e dei contesti politici, ed i modelli fenomenologico-strutturali, allo stesso tempo citazioni dell'avanguardia e ironici modelli relativizzati del differimento della realtà, fanno della sua arte un fenomeno tipico della coscienza storica postmoderna che rappresenta anche una certa attitudine

mentale nichilista proveniente dall'assurdità della situazione
degli intellettuali negli stati mitteleuropei. Dubravka Rakoci
appartiene alla giovane generazione artistica della ex-Jugoslavia che ha tratto la sua autointerpretazione dalla tensione,
vissuta consapevolmente, tra est e ovest, cioè tra ricerca
storica autocritica e ironica e attitudine artistica orientata al
mercato, differenziata e perfezionista. Marjetica Potrc, che è
nata in Slovenia e lavora a Lubiana e Washington, cerca nella
sua «arte di installazione» di confrontare il carattere di esperienze materiali con strutture semiotiche e metafore che
spesso si riferiscono all'esistenza femminile come fenomeno
sociale. Le sottili costruzioni murali di Mirjana Djordjevic, di
Belgrado, accentuano con i loro elementi verticali e orizzon-
tali la struttura degli spazi. La scelta di questi cinque artisti
richiede anche la riflessione sul fenomeno del nomadismo
culturale che negli ex stati dell'est, ma anche nella ex-Jugoslavia, aveva una connotazione politica sconosciuta nell'Europa occidentale.
Nelle opere dei due artisti ungheresi vediamo da un lato un
forte interesse per motivi che spesso richiamano associazioni
degli immediati livelli di significato storico-culturali e arche-
tipici, e dall'altro un confronto con la problematica dell'emanazione metaforica dell'opera d'arte come centro spirituale o
meglio con l'affermazione storicamente tramandata del carattere ontologico dell'opera d'arte. Le installazioni di Tamás Trombitás costruiscono su forme frammentarie, in rovina, delle strutture quasi architettoniche, dove la relazione tra
i riferimenti differenti implica una nuova interpretazione
storica oppure una trasvalutazione. Nei suoi quadri, Laszlo
Mulasics cerca allo stesso tempo di mitizzare e di relativizza-
re l'aura poetica delle formazioni magiche, archetipiche e
atemporali.
L'ex Cecoslovacchia viene rappresentata da due artisti che
nelle loro opere, a causa di differenti esperienze, ci offrono
due modi differenziati di espressione artistica. Jiři Georg
Dokoupil, improvvisando virtuosamente, interiorizza strategie di mercato ricercando e parafrasando da un punto di vista
estetico gli oggetti più disparati, codici culturali e sistemi
semiotici. Così confronta i cliché dell'arte o meglio dell'analisi dell'arte con i cliché dell'economia di mercato. Contrariamente a ciò l'arte di Jiři David è contraddistinta da una
coerenza legata a una certa concezione estetica, riconoscibile
attraverso una ripetizione monomane, che concede ai quadri
un valore proprio irrazionale, quasi autonomo. Tale autonomia celata e l'intangibilità dell'immagine creano, nonostante
tutte le diversità formali, una relazione tra le opere di László
Mulasics a Budapest e quelle di Jiři David a Praga.
Nel contesto del concetto della mostra lo sguardo nel passato
e nel presente significa anche interesse per la creazione di
future possibilità di una coesistenza delle posizioni artistiche
individuali, cosicché la mostra può essere vista non solo
come rappresentazione dello spazio culturale mitteleuropeo,
ma anche come modello per una costellazione paneuropea
futura.

Dubravka Rakoci, Stations

Il sottile desiderio della frontiera

Dare attualmente una definizione dell'Europa appare compito quanto mai arduo, spettri e fantasmi sembrano ciclicamente comparire per confondere e mischiare ogni orientamento e allontanare ogni approdo. Si sbiadiscono così quei contorni culturali che avevano contribuito a definire un'identità europea in qualche modo riconoscibile, ciò che solo pochi anni or sono risultava sufficientemente leggibile ora pare assolutamente indecifrabile. Eppure altro non è che l'intimo e misterioso spirito europeo, quella cupa e sublime atmosfera che avvolge, come un'ovattata nebbia intellettuale, ogni fisionomia e ogni definizione rendendo impalpabile ogni forma e incerta ogni immagine.

È soprattutto nel cuore del continente, in quell'area definita Mitteleuropa, compresa fra le alpi orientali, la pianura danubiana e i Balcani, che si coagulano i fluidi incantevoli del pensiero europeo, si addensano le nubi dell'inquietudine intellettuale, si svelano le maschere aristocratiche di ambigue presenze dall'incerta fisionomia. Territorio asburgico dall'aspetto nomadico e contraddittorio dove gli acri vapori di una cultura contorta e perversa si condensano sulla pelle rugosa di un'antica memoria, solenne e imperturbabile. La complessità di tale clima culturale si evidenzia nella frammentazione, nella perdita di una stabilità, nella pluralità del centro che non solo impone il nomadico comportamento del viandante, ma impedisce anche la definizione credibile di una mappa affidabile per un orientamento sicuro. La fluttuazione del concetto stesso di centralità, sia essa teorica, geografica, psicologica, come elemento di sicurezza e fiducia, spiega la famelica e un po' arrogante curiosità dei bordi e l'incerta e instabile affermazione del centro. Così, anche il lontano sguardo dell'estrema periferia tirolese può squarciare le acide e corrosive atmosfere di un impero ancora in decomposizione, così il sussulto libertario dell'emozione può travolgere una certezza razionale che in questo territorio non può sopravvivere. In questo luogo il dubbio esistenziale è individuale e collettivo, è ricerca di sé e della propria Heimat, è lo spirito poetico di Robert Musil che legge la dissoluzione del proprio tempo e ne scopre il ritmo ripetitivo e costante, è l'angoscioso enigma di Franz Kafka della perdita di senso, del compromesso equilibrio della follia. Sono le suggestioni di Bartók o i contrappunti di Schönberg e Webern, le atmosfere di Mahler, ma soprattutto sono i pensieri di Sigmund Freud e le riflessioni di Ludwig Wittgenstein.

Il viaggio psicoanalitico nei sogni e nelle memorie è metafora della costante opera di occultamento e di scoperta, di verità negate e incerte affermazioni, di dubbi rifiutati e illusorie sicurezze. Il pensiero freudiano rappresenta emblematicamente non solo un'epoca, ma un intero tessuto culturale, un luogo del mistero dove deboli e inconsistenti visioni si consolidano e si delineano in un'evocazione che è magico rito liturgico di una scienza occulta, l'unica possibile per chi abita le ombre di questo territorio. In questo paesaggio Ludwig Wittgenstein definisce il suo Tractatus logico-philosophicus, dove l'incertezza teorica prende forma e l'instabilità del pensiero si rende matura, dove il vuoto è una condizione necessaria al movimento, dove la realtà è, comunque, altra: «Il senso del mondo deve essere fuori da esso. Nel mondo tutto è come è, e tutto avviene come avviene: non v'è in esso alcun valore – né, se vi fosse, avrebbe un valore». L'indeterminatezza e il dubbio, la coscienza del buio come piacere di una contemplazione imprevedibile, la conoscenza come fragile instabilità, «su ciò di cui non si può parlare si deve tacere». Ecco allora emergere da tali sulfuree sorgenti, esperienze artistiche dai connotati linguistici apparentemente contraddittori e di sconcertante ingenuità: è il caso del sinuoso, contorto e perverso segno di Egon Schiele che intimamente accarezza forme proibite, oppure l'eccesso decorativo ed estetizzante di una tragedia imminente come nelle opere di Gustav Klimt, o ancora la fisica e «volgare» brutalità di Oskar Kokoschka e delle sue immagini deformi.

Poi sono le guerre su cui tutto è già stato scritto, sono i macabri fantasmi che riemergono e scuotono con il loro alito terrificante i sussurri complici di una cultura ormai irrimediabilmente corrosa.

È il bisogno di purificazione che spinge successivamente l'arte mitteleuropea a procedere lungo la sperimentazione di una teatrale simbologia del corpo, è il bisogno accecante del miracolo della transustanziazione che stimola la definizione di una complessa ed esoterica liturgia dove il sangue riaffiora dal corpo e ne evidenzia la trascendenza, dove l'etica si riappropria di un volto espressivo e di una fisicità simbolica. Si definiscono i percorsi di Gunter Brus, Adolf Frohner, Otto Muehl, Hermann Nitsch, Rudolf Schwarzkogler e Arnuof Reiner, si delinea la fisionomia contemporanea di un'arte che risente del peso della storia. Una sospensione spirituale che è «diafana ontologia» (Bruederlin), attesa sublime che si diluisce nella pratica dell'intrigo e del gioco ermetico. Nella contemporaneità mitteleuropea il cupo concettualismo del nord, quello ironico di Kurt Schwitters e quello celtico di Joseph Beuys, a ridosso delle Alpi e sulle rive del Danubio, si attenua in una gestualità che è ritualità e mistero, interiorità visionaria e comportamento; allo stesso modo gli accesi e spettrali contrasti mediterranei si smorzano nelle ombre sfumate di una consistenza europea che è alchimia di coesistenza. Oggi la frantumazione e l'instabilità tornano ad essere le cifre di un tessuto europeo che non può rinunciare alla propria complessità e particolarità, non solo in termini nazionali, ma anche come individuazione soggettiva, specificità intellettuale. Ecco allora, ad esempio, convivere in Austria le ricerche di Herbert Brandl, Gunter Damisch e Hubert Scheibl, dove la velocità esecutiva si coniuga con una straordinaria sensibilità cromatica, con quelle di Siegfried Anzinger, Christian Ludwig Attersee e Hubert Schmalix, dalle suadenti suggestioni visionarie, o ancora con le costruzioni formalmente più rigorose di Franz Graf, Peter Kogler, Manfred Wakolbinger e Franz West. Anche in Italia emergono realtà difficilmente omologabili, non solo a Roma e a Milano, ma anche a Bologna, Napoli, Torino, aspetti controversi di un fermento libertario e incontrollabile, elementi peculiari di una specificità territoriale. In tal modo, accanto a un ambiente milanese, più sensibile alle atmosfere calviniste elvetiche che non alle suggestioni di un cattolicesimo asburgico, dove può emergere un sofisticato concettualismo attraverso le opere di Stefano Arienti, Mario Della Vedova, Massimo Kaufmann, Amedeo Martegani, Marco Mazzucconi, a Roma, barocca e papalina, si definisce un più ambiguo sguardo mitteleuropeo, magico e misterioso, accattivante e indecifrabile nelle opere di Domenico Bianchi, Bruno Ceccobelli, Gianni Dessì, Piero Pizzi Cannella, Nunzio.

Ovunque la ricerca del segno indelebile di appartenenza, il tatuaggio tribale della propria identità, il bisogno di una nuova determinazione del concetto di coesistenza. È una sofferta spiritualità che sopporta il peso della storia europea e si concede il «sottile piacere della frontiera», un'eccitazione morbosa della diversità intesa come processo di autoriconoscimento, come certezza di sé e della propria esistenza. Quasi un sussurrato godimento nell'atto di porre un limite che è riparo e sicurezza ma anche soglia, luogo necessario all'attraversamento, enigma e labirinto di un'identità costantemente in procinto di perdersi e ritrovarsi. La frontiera come terra di nessuno, punto di arrivo e di partenza per un viandante senza approdo. Il confine è la costa, l'aspetto domestico e rasserenante, ma è anche il termine del viaggio, il luogo nostalgico del ricordo e dei progetti per una nuova partenza. È l'emozione dell'incanto di un limite oltre il quale scaturisce la diversità, che non può più provocare paure e incertezze ma solo piacere e curiosità; la felicità abita questa precarietà, si nutre di essa, alimenta il distacco e si abbandona al soffio leggero dei venti.

Nel nuovo modello di coesistenza che nella Mitteleuropa si sta a fatica definendo, non può essere trascurata la dimensione altra della frontiera, quel fremito erotico di possesso che impone il transito e determina una cultura nomadica, quel limite posto e contemporaneamente infranto dove maturano le contaminazioni e si esaltano le comunioni epifaniche. La «cultura frontaliera» non è il frutto di un culto periferico, bensì consapevolezza intellettuale di un'inesistente centralità che riemerge nei sussulti del transito e dell'attraversamento che è soprattutto esperienza personale, soggettiva, spirituale, è riconoscimento di sé e dell'altro, è stimolo e piacere.

L'arte europea contemporanea non può rimanere indifferente a tale brivido, le tenebre della differenza rappresentano anche l'ombra notturna di una mobilità sospettosa e guardinga, curiosa e attenta; l'ignoto e l'altro sono il confine che non può essere annullato ma solo rimosso, che non può essere negato ma attraversato. Convivere con il dubbio e l'incertezza, l'inquietudine e lo smarrimento rappresenta il processo comportamentale che caratterizza il nostro tempo e condiziona il nostro procedere. L'originalità e la particolarità sono le stigmate di un altrove che non viene solo riconosciuto come tale ma anche individuato e delimitato nei confini della sua storia, della sua memoria, della sua anima. L'arte, nella sua supremazia intellettuale, registra e confida questo sommesso compiacimento di diversità, indica un modello di coesistenza che si alimenta e si rafforza nel gioco ambiguo della distinzione e nel piacere subdolo della precarietà di un limite, un confine, una frontiera.

Danilo Eccher

Tamás Trombitás, Senza titolo, *1992*

L'anomalia romana: identità storica e aderenza al presente nell'arte italiana d'oggi

Sulla svolta neoggettuale, neo-concettuale, neogeometrica e neominimale che ha caratterizzato in tutto il mondo il transito dalla prima alla seconda metà degli anni ottanta si è riflettuto molto, ma lo si è fatto soprattutto attenendosi a quei parametri che l'orientamento stesso di questa svolta suggeriva più vistosamente, vale a dire il rapporto tra arte e nuove realtà della comunicazione e il rapporto tra arte e nuove tensioni etico politiche.

Il fattore «strategia conoscitiva» è rimasto, invece, piuttosto trascurato con l'effetto di consentire alla critica un'oscillazione ancora irrisolta tra l'idea che il processo innescatosi rappresenti uno sforzo di fuoriuscita dal postmoderno e l'idea che invece del postmoderno stesso costituisca un'ulteriore fase più analitica e raffreddata.

Rispetto a questo processo la situazione romana rappresenta un'anomalia, non nel senso che al suo interno non siano apparse forme di sintonia anche precoci con quanto andava affermandosi nel mondo intero, ma piuttosto nel senso che non vi è stata, nell'insieme, quell'ansia di adeguamento a un malinteso codice internazionale che altrove ha reso insincero più di un operatore, il che, poi, è un po' come dire che dalla «città eterna» si è risposto con grande dignità e senso della storia agli aggressivi modelli d'oltreoceano.

Fare il punto sulla peculiarità del modo in cui a Roma, rispetto al contesto italiano e a quello internazionale, si sono attuati i principali mutamenti d'indirizzo interni agli ultimi dieci anni di produzione artistica comporta dunque non tanto un'analisi del ventaglio delle ultimissime proposte, quanto un'attenta valutazione degli elementi di originalità che hanno svolto così felicemente il ruolo di antidoti.

Una consimile valutazione, però, non è concepibile se non ci si attiene a ciò che abbiamo già definito come parametro della «strategia conoscitiva», ragion per cui converrà prima esaminare quello caratteristico dell'operatività oggi più diffusa e omologante. Esso, a mio avviso, è riconducibile sostanzialmente a due tratti salienti: la spersonalizzazione dell'opera e una ideale tendenza alla transustanziazione.

Questi tratti, in genere ci vengono presentati come quelli che hanno consentito il superamento dell'enfaticità neoespressionistica e della superficialità citazionistica. Orbene, basta uno sguardo un po' approfondito al lavoro degli artisti della cosiddetta scuola di San Lorenzo e a quello di alcune altre personalità chiave per comprendere come a Roma da superare in questo senso vi fosse ben poco e come piuttosto nelle esperienze più significative si fosse per tempo configurata una sorta di alternativa autonoma al consumo delle spinte più contingenti dei primi anni ottanta.

Gli artisti romani presenti in questa mostra illustrano bene i caratteri di tale alternativa: Dessì e Nunzio per la loro concezione aurorale della significazione che fa del soggetto non un pretenzioso demiurgo, ma un verificatore della potenza del linguaggio allo stato nascente sondata attraverso una sorta di sfregamento tra materia dell'espressione e materia del contenuto; Pizzi Cannella per la sua intelligente riconsiderazione del ruolo della memoria nella definizione secca dello spazio pittorico e di ciò che in esso appare, definizione in virtù della quale chi dipinge non viene più ad essere un io alla deriva, ma un narratore assolutamente presente a se stesso; Levini per la capacità dimostrata di virare il mentalismo della migliore arte degli anni settanta in ricarica semantica pronta a tradurre in immagine universalmente efficace l'esperienza quotidiana del guardarsi attorno; Kirchhoff, infine, per il suo uso tagliente del tromp-l'oeil, dell'inquadratura, della scenografia e di una privata filologia del moderno che sa trasformare la competenza metalinguistica di chi osserva in acuto senso della derealizzazione senza necessità di stipulazione preventiva.

È quasi inutile osservare come la categoria più generale che possa essere chiamata a presiedere a questo insieme di atteggiamenti sia quella del rapporto della città di Roma con lo scorrere del tempo. Sulle sponde del Tevere e all'ombra del Colosseo l'eccesso di passato ridimensiona sempre ogni ansia di futuro smascherando immancabilmente la presunzione di chi del domani è certo di possedere le chiavi.

Se il disincanto romano a chi non sappia coglierne l'intrinseca saggezza teoretica può apparire venato di cinismo, ciò non toglie che proprio questa saggezza, da ricondursi a una costruzione storica collettiva, rappresenti il legame più forte con quanto accade negli altri centri italiani, laddove, invece, le differenze sono riconducibili al tipo di vocazione economica e umanistica caratteristico di ogni città e puntualmente riaffacciatosi nelle trame larghe e nette della nuova arte. E basti pensare, per esempio, all'apparizione a Milano, città in cui l'etica del fare è valore dominante, di una ricerca criticamente fondata sull'idea che si possa fare arte con qualunque cosa, o all'affermarsi a Genova, città di traffici e viaggi in cui la merce è quasi un'entità immateriale, di un'arte basata sulla pertinentizzazione dei suoi stessi canali di diffusione.

Stanti queste premesse, l'incontro con l'arte dei paesi dell'Europa centrale andrà concepito come il convergere di omologhe catene di esperienza storica verso un luogo ideale, le cui coordinate possono essere evidenziate attraverso i concetti base della degerarchizzazione del patrimonio visivo occidentale con relativa disponibilità alla contaminazione più produttiva, del cosmopolitismo non certo puramente fattuale, ma filtrato dall'autoconsapevolezza di una comune civiltà e dell'autoironia praticata non come fattore distruttivo, ma come regolatore di tensioni altrimenti costituzionalmente passibili d'irrigidimento.

Paolo Balmas

Piero Pizzi Cannella, Cinese,
1990

Milano, provincia d'Europa

«L'individualismo è paradossalmente un fenomeno di massa, quindi le credenze personali sono di nuovo veramente tali solo se aspirano ad una legittimazione collettiva... La grande intolleranza che invece vediamo spesso spuntare nei più insospettati angoli di mondo, Italia compresa, dimostra un sentimento di irritazione e di insofferenza, che sempre più accompagna la compresenza di identità diverse». La posizione di Stefano Arienti (Il nostro bene, 1993), va confrontata con quella di Amedeo Martegani, che sottolinea l'importanza di disporre della massima libertà personale, in quanto premessa indispensabile a ogni attuabilità, visto che «l'abilità, come il talento, è costruire un senso senza accorgersene, è fare della propria vita un caso unico d'impegno a sopravvivere» (L'abilità necessaria, 1992). Scegliere allora di esaminare in questa sede soltanto il lavoro di questi due protagonisti della «scena emergente» milanese, invitati a rappresentarla, significa essere coerenti con l'idea forte della mostra, quella di presentare gli artisti con le rispettive nazioni, regioni e città (come Roma e Milano, in eterna concorrenza), per documentare attraverso le esperienze dei singoli le situazioni ambientali che le hanno rese possibili, sottolineando la necessaria coesistenza di modelli diversi nella circolazione delle idee, il «nomadismo culturale» che caratterizza fortemente la società odierna, tanto da rendere indispensabile una radicale ridefinizione del concetto di provincia rispetto a uno o più centri propulsori. Sebbene non amino le classificazioni e non si sentano nemmeno parte di una generazione, Arienti e Martegani fanno sfoggio di uno scetticismo culturale e ideologico tutto sommato esemplare del profondo disagio di chi, formatosi durante gli «anni di piombo», si è trovato ad avere un rapporto molto conflittuale con il dogmatismo di certi schieramenti d'opinione vissuti in modo repressivo, senza per questo seppellirli nel rimosso, trovando poi occasioni di crescita alternativa dentro una particolare storia milanese, legata alle esperienze di lavoro nella fabbrica dismessa della Brown Boveri e alla lezione di Corrado Levi, docente di Composizione alla Facoltà di Architettura. Il professore torinese sapeva infatti indicare vie laterali, sotterranee al lavoro d'arte, mediando, anche attraverso il suo operare come artista, tra alcune conquiste della cultura degli anni settanta (il concettualismo atipico di Alighiero Boetti, per esempio), e tecniche inusuali, come la prestidigitazione e la musica rap, con l'obiettivo di aprire la strada a un'altra tradizione. Il suo corso era seguito, verso la metà degli anni ottanta, da un gruppo di giovani che provenivano da studi universitari di indirizzo scientifico (insime ad Arienti e Martegani c'erano anche Marco Mazzucconi e Mario Dellavedova), trovatisi a essere artisti per caso, proprio attraverso l'esperienza diretta di formalizzazione spontanea dell'opera nell'ambito delle occasioni espositive, proposte dallo stesso Levi perfino in seno all'istituzione (Il Cangiante, Padiglione d'Arte Contemporanea, 1986-87). Mentre altri giovani sceglievano maestri come Luciano Fabro e diverse situazioni di crescita nelle aule d'accademia e attraverso esperienze di autogestione, Arienti e Martegani lavoravano in modo diverso, facendo dell'ironia una strategia liberatoria, un mezzo di acquisizione di coscienza critica per imparare ad agire una tecnica artistica ai margini della logica che necessariamente, anzi «darwinianamente», lega una scelta estetica, una buona idea ad un'altra. Dentro e fuori dal flusso della storia dell'arte, rifiutando debiti anche evidenti, come da quello degli eventi che modificano in questi anni la geografia europea, tra una fuga da Milano e un «viaggio di lavoro» negli States, lunghi mesi passati a lavorare segregati in casa, per salvaguardare la propria autonomia critica nei confronti dell'«ecosistema di immagini» in cui viviamo, controllando l'ansia del vivere l'omologazione, o intenti a Gonfiare Bronzino al computer (Martegani, 1991), per far fuori la poetica, «il fumo che avvolge le opere, delinea una carriera, imposta un personaggio, guida e organizza un pubblico», facendo dell'ozio un grande lavoro.

Convinti che l'arte italiana sia «una fragile commedia» rispetto a quella euroamericana dell'asse Colonia-New York, e che Milano sia una piccola città ai confini dell'Impero, con una buona tradizione di esterofilia, ritengono di avere un'unica via di sopravvivenza: fare della propria emarginazione un punto di forza, teorizzando la massima libertà operativa (disposti a correre l'alea della multidentità), ma anche il virtuosismo della formalizzazione dell'idea, caparbiamente ancorati alla concezione di un presente che non è necessariamente attualità storica. Dimostrano perciò grande versatilità nella manipolazione di materiali diversi e di immagini, siano riproduzioni di opere di maestri o fotografie delle loro vacanze; si dedicano al disegno, alla pittura e alla realizzazione di oggetti, senza farsi tentare dall'idea di costruirsi uno stile personale di riferimento (che non sia rapportabile alla «ditta produttrice», l'artista stesso, s'intende), stabilendo un conflittuale dialogo (piuttosto un monologo) a distanza con la cultura milanese della grafica e del design, nonostante la sostanziale alterità degli obiettivi teorici e dei risultati. Martegani che fa dell'irriverenza una professione e della propria capacità di stupirsi un'acida forma mentis, procede al giocoso re-design degli oggetti, soltanto per chiedersi a che cosa servono, nascondendo apparecchi radio in graziose custodie di ceramica a fiorellini; lavora sulle riproduzioni dei capolavori d'arte, per praticare impertinenti restauri e altri sfasamenti, prescindendo sempre dal loro essere documento storico. Arienti, invece, che fa del proprio esercizio di libertà critica una attività salvifica, da nuovo ecologista che si propone di bonificare il mondo delle immagini, si applica con pazienza certosina alla parziale cancellazione delle illustrazioni di libri dedicati alle meraviglie naturali, per raddoppiare il mistero della loro bellezza, o al ritocco a pongo di poster di famosi quadri impressionisti, per ridare loro la freschezza del dipinto en plein air. O ancora alla trasposizione su carta di un soggetto fotografico, per trasformarlo in un delicato arabesco di bave di silicone. Entrambi riflettono, nell'apparente leggerezza e fragilità intrinseca del loro lavoro, la ricerca di un difficile equilibrio, di «un esemplare spazio privato» conquistato giorno dopo giorno, senza enfasi, in questi anni inquieti di fine secolo.

Luisa Somaini

Amedeo Martegani,
Siete un pubblico meraviglioso,
1993

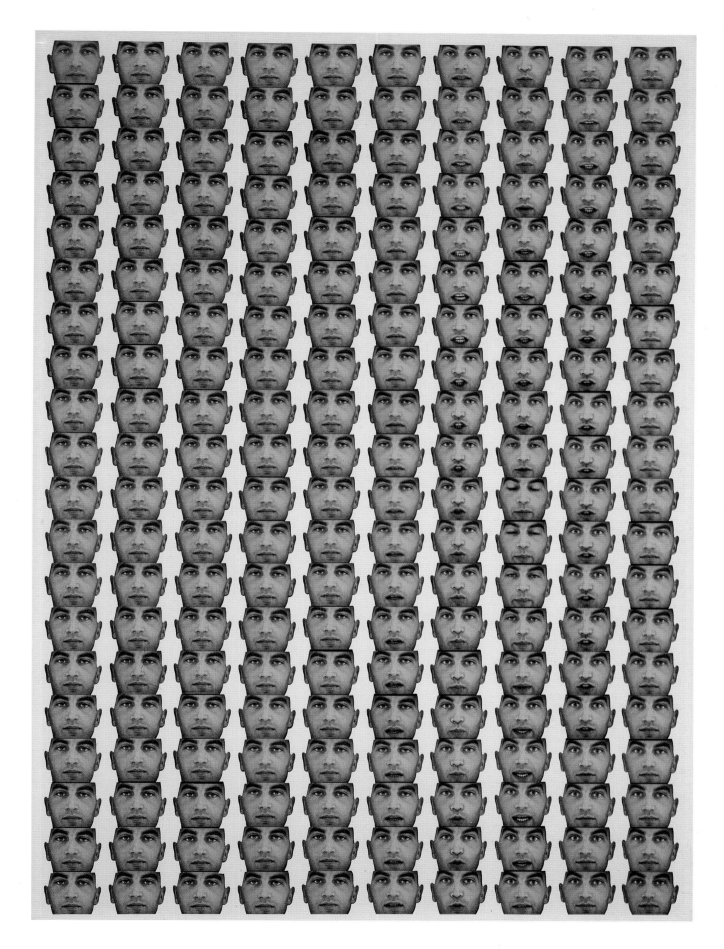

La geografia dell'arte

La presentazione dell'arte di uno spazio culturale specifico, specialmente in questo momento, implica anche la geografia di tale spazio – la sua localizzazione.

Belgrado è un punto d'incontro/ transizione per il centro Europa: i Balcani, mentre il Danubio e la Sava ne costituiscono le coordinate in direzione nord-sud/est-ovest.

In quanto crocevia storico di corsi d'acqua, strade, genti, culture... la città ha i tratti nomadi della transizione e dell'apertura, di distruzione e di rinnovo, di passato e futuro. Belgrado come crocevia di culture nell'ultimo decennio – e non solo – è stato, grazie agli sforzi di una cerchia di persone raccolte intorno al BITEF, *il Centro Culturale Studentesco, il punto d'incontro di un'arte diversa e di buon livello/il mondo dell'arte: Marina Abramović,Gergelj Urkom, Raša Todosijević, Slobodan Milivojević Era, Zoran Popović, Neša Paripović... Radomir Damnjan... Dunja Blažević, Bojana Pejić, Jasna Tijardović, Jadranka Vinterhalter, Dragica Vukadinović, Goranka Matić, Slavko Timotijević... Ješa Denegri... Biljana Tomić... Marko Pogačnik, David Nez, Milenko Matanović, Andraž Šalamun, Tomaž Šalamun, Tomaž Brejc... Germano Celant, Catharine Millet, Tommaso Trini, Giancarlo Politi, Achille Bonito Oliva, Michelangelo Pistoletto, Jannis Kounellis, Giulio Paolini, Daniel Buren, Giuseppe Chiari, Franco Vaccari, Tano Festa... Goran Trbuljak, Braco Dimitrijević, Nena Baljković, Tugo Šušnik, Gina Pane, Nuša i Srečo Dragan, Luciano Giaccari... Jovan Cirilov, Pol Pinion, Vladan Radovanović, Ljuba Gligorijević, Kosta Bogdanović... Ilija Šoškić, Luigi Ontani... Paolo Musat Sartor... Goran Dordević, Ida Biar, Balint Szombathy, Tim Jones, Vladimir Gudac, Darko Glavan... Barbara Reise, Joe Mcewan... Joseph Beuys... Lucio Amelio... Tom Marioni, Lutz Becker, Marlies Grüterich, Željko Koščević, Marjan Susovski, Davor Matičević, Mladen Stilinović, Ugo La Pietra, Entre Tot... Maurizio Kagel... Lamberto Calzolari, Jack Moor, Antonio Dias... Francesco Clemente... Bogdanka Poznanović, Tadeusz Ruzewich, Gizlind Nabakowski, Ulrike Rosenbach, Nicole Gravier, Natalia LL, Katherina Sieverding, Jole de Freitas, Sanja Iveković, Dalibor Martinis, Zvi Goldstein, Hervé Fischer, Peter Štembera, Dragan Stojanovski, Ladislav Galeta, Željko Jerman, Vlasta Delimar, Sven Stilinović, Boris Demur, Fedor Vučimilović, Vlado Martek... Hans Haacke, John Stezaker, Nancy Kitchen, Janusz Haka, Zdislaw Sosnowski, Jan Milčoh, Ulay, Diego Kortez, Klaus Mettigh, Rozeta Brooks, Miša Savić... Klaus Honnef, Branka Stipančić, Ursula Krinzinger... Miško Šuvaković... Radoslav Putar... Goran Petercol, Tom Gotovac...*

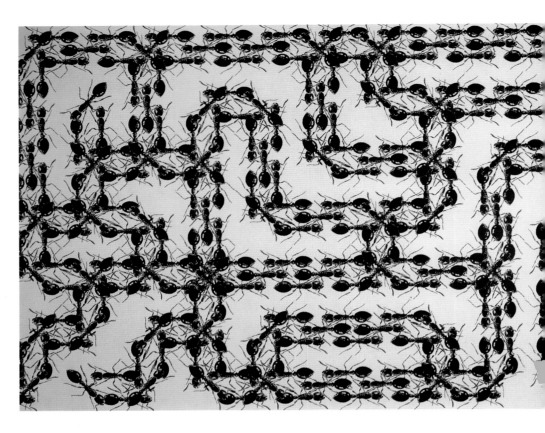

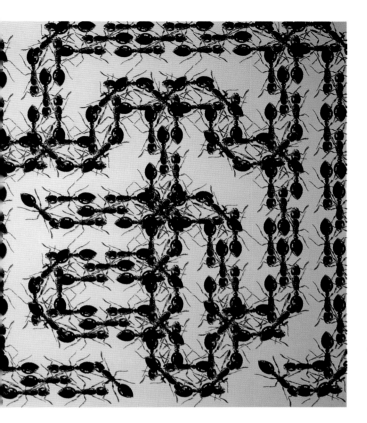

Peter Kogler, Ants, *1991*

Manfredo Tafuri, Enzo Mari, Filiberto Menna, Matko Meštrović... Nenad Petrović, Zoran Belić, Jusuf Hadžifejzović, Dragana Žarevac, Nada Alavanja, Tahir Lušic... Željko Kipke, Antun Maračić, Milivoj Bjelić, Bojan Gorenec, Tanja Špenko, Marjan Molnar, Ante Rašić, Damir Sokić, Andrej Trubentar, Tomo Podgornik... Mustafa Musić, Marjan Čehovin, Dejan Ećimović, Slobodan Maldini, Stevan Žutić... Bruno Ceccobelli, Wulf Herzogenrath, Klaus von Bruch, Charlemagne Palestine, Simone Forti, Flatz, Peter Weibel, Jürgen Klauke... Ivan Picelj, Juraj Dobrović, Feda Klikovac, Marina Martić, Lidija Merenik, Floris Neusüss... Bogdan Bogdanović... Piedder Augerger, Luciano Bertolini, Fernando Calhau, Kees de Goede, Leigh Hobba, Jürgen Partenheimer, Hannes Priesch, Michael Sauer... Gies van Tuyl, Bruno Mantura... Klaus Rinke, Sando Antal, Harald Klingelholler, Wolfgang Luy, Klaus Simon, Ivo Deković, Milovan Marković, Vlasta Mikić, Smilja Kudić, Mileta Prodanović, Veso Sovilj... Vittorio Fagone, Jeff Hoare, Antonio d'Avossa, Tommaso Durante, Darivoj Čada, Lili Fischer, Nina Ivančić, Edita Šubert, Duba Sombolec, Jože Slani, Bernard Lamarche-Vadel, Bazon Brock, Zév, Enrico Luzzi, Lino Fiorito, Maurizio Canavacciolo... Nicola Polak, Ivan Crnković, Dušan Blaganje, Ranko Radović, Bojan Brecelj... Kaspar Koenig... Boris Podreka... Breda Beban, Zvezdana Fio, Dušan Minovski, Igor Rončević... Jochan Gerz, Jaroslav Andel... Roland Fischer, Barbara Hamman, Stephan Huber, Otto Kunzli, Dagmar Rodius, Helmut Friedel, Vladimir Šlapeta, Rudi Fucks, Harald Szeeman... Ida Panicelli, Felice Levini, Gianni Melotti, Lorenzo Pezzantini... Saša Bukvić, Mrdan Bajić, Miha Vipotnik, Dubravka Durić... Ursula Perucchi... Darija Kačić, Vesna Popržan, Dragoslav Krnajski, Vera Stevanović, Marija Dragojlović, Johannes Cladders, Marisa Vescovo, Jeremy Welch, Victoria Vesna... Vojteh Ravnikar, Matjaž Garzarolli, Damnjan Gale, Slobodan Selinkić, Aldo Rossi, Franco Purini, Paolo Portoghesi, Maurizio Calvesi... Grigor Stefanov, Albert Hien, Heinrich Klotz... Miomir Grujić, Rajko Vujović, Lola Bonoro, Tom Van Vliet, Michael Bock, Loredana Parmesani, Lorenzo Mango... Donald Kuspit... Marco Gazzano, Paolo Laudisa, Jane Parish, Igor Stepančić, Boris Miljković, Lorenzo Bianda, Shonzo Shimamoto, Snežana Litvinović, Zorica Savičević... Julije Knifer, Ivan Kožarić, Marjan Jevšovar, Duro Seder, Josip Vaništa, Daniela Purešević, Marina Gržinić, Aina Šmit, Hans Peter Ammann, Heidi Grundmann, Hrvoje Horvatić, Alain Bourges, Marjan Max Oslole, Eduardo di Mauro, Nenad Racković, Getulio Alviani, Klaus Kumrow... Stephan Schmidt

Wulffen... Marcel Odenbach, Kathy Huffman, Mare Kovačić, Valentina Valentini, Mirko Radojčić, Bill Seaman, Nunzio, Ljubo Gamulin, Franz West, Heimo Zobering, Peter Pakesch, Armin Zweite, Dragan Petković, Jovan Šumovski, Blagoje Manevski, Zoran Petrovski, Dušan Petrović, Thomas Lehnerer, Friedmann Malsch, Srdan Apostolović, Dejan Mujčić, Sissel Tolaas, Zdravko Joksimović... Olga Jevrić... Dejan Damnjanović, Marcus Geiger... Marija Serebrjakova, Anatolij Žuravljev, Aljona Kircova, Andrej Savin... Dobrivoje Krgović, Lucius Grisenbach, Slobodan Peladić, Martin Kippenberger, Bleich-Rossi, Peter Greenaway, Peter D'Agostino, Ivan Ilić, Mirjana Dordević, Janne Finley... Piero Pizzi Cannella, Ljiljana Stepančić, Jure Mikuš, Dejan Andelković, Petar Goljević, Zdenka Badovinec, Igor Zabel, Dobrila De Negri, Kevin Fahy, Thomas Kaiser, Gudrun Kemsa, Markus Mussinghoff, Bertolt Mohr, Radomir Stančić, Stephan von Weisse... Zlatko Kopljar, Ken Friedmann, Francesco Mariotti, Andre Iten, Nenad Glišić, Selman Trtovac, Branko Lepen, Vlatko Vincek, Alieta Monas, Viana Conti, Timothy Duckrey, Murray Grigor, Rossen Milev, Katica Trajkovska, Stamen Stamenov, Ferdinand Ullrich, Martin Bartela...

Belgrado oggi è alla fine ... all'inizio... del crocevia dell'arte.

Biljana Tomić

Marina Abramović

Belgrado 1946
vive a Berlino e Amsterdam

1. Sala d'aspetto, 1993
Legno, ferro, lapislazzuli,
ossidiana, crisocolla
Berlino, Nationalgalerie

Stefano Arienti

Asola, Mantova, 1961
Vive a Milano

1. Senza titolo, 1993
Disegni, silicone su carta velina
su tavolo, 400 x 100 cm

Herbert Brandl

Graz, 1959 Vive a Vienna

1. o.T., 1993 (Senza titolo)
Cromospray, olio su tela,
240 x 180 cm

2. o.T., 1993 (Senza titolo)
Cromospray, olio su tela,
220 x 220 cm

Jiří David

Rumburk, Cecoslovacchia, 1956
Vive a Praga

1. Plasm, 1993 (Plasma)
Tecnica mista su tela

Gianni Dessì

Roma 1955, vive a Roma

1. Girotondo, 1993
olio e tempera su tela e muro,
260 x 460 cm

Die Damen

Gruppo formato da Ona B.,
Evelyne Egerer, Birgit
Jürgenssen, Lawrence Weiner

1. Böse ist besser - To Bitch is
To Be - Cattivo è meglio, 1993
Performance

Braco Dimitrijevic

Sarajevo 1948
Vive a Parigi e Londra

1. Triptychos Post Historicus,
1988 (Trittico post-storico), foto

2. o.T., 1993 (Senza titolo)
Installazione, 3500 x 1100 cm

Mirjana Djordjevic

Belgrado 1967
Vive a Belgrado

1. Horizontal
und Vertikal,
1992
(Orizzontale e verticale)
Installazione, acciaio, gomma,
alluminio, 350 x 400 x 400 cm

Jiří Georg Dokoupil

Krnov, Cecoslovacchia, 1954
Vive a Madrid, New York
e Colonia

1. Jongleure, 1991 (Giocoliere)
Nerofumo su tela

2. Orchester, 1991
(Orchestra)
Nerofumo su tela, 170 x 200 cm

Manfred Erjautz

Graz, Austria, 1966
Vive a Vienna

1. Source Under Cover, 1992
(Fonte nascosta)
Telaio di candeliere in ferro,
gomma, 215 x 170 x 100 cm

Franz Graf

Tulln, Austria, 1954
Vive a Vienna

1. o.T., 1993 (Senza titolo)
Carta trasparente, grafite, vetro,
54 fogli di 42 x 28 cm ciascuno

Herwig Kempinger

Graz, Austria, 1959
Vive a Vienna

1. Installazione, 1993
4 oggetti, foto a colori su vetro
acrilico, 360 x 50 cm

Kirchhoff

Copenhagen, Danimarca, 1960
Vive a Roma

1. Tutti sanno cantare, 1993
Olio su altoparlanti,
amplificatore, microfono,
250 x 150 cm

2. Poortrade n. 9, 1993
(Ritratto/Commercio povero)
Olio su tela, 100 x 150 cm

Peter Kogler

Innsbruck, Austria, 1959
Vive a Vienna

1. o.T., 1993
(Senza titolo)
Installazione, motivo
computerizzato

Felice Levini

Roma 1956
Vive a Roma

1. Quattro punti cardinali,
1993
Tecnica mista, 4 seggi,
250 x 160 x 120 cm ciascuno

Amedeo Martegani

Milano 1963
Vive a Milano

1. Senza titolo, 1993
Serigrafia su lavagna,
170 x 200 cm

Lászlo Mulasics

Szebetnek, Ungheria, 1954
Vive a Budapest

1. Afrikanisches Bekenntnis,
1993
(Confessione africana)
Encausto, olio su tela,
180 x 200 cm

2. Aus Licht und aus Schatten,
1993
(Dalla luce e dalle ombre)
Encausto, olio su tela,
220 x 190 cm

Nunzio

Cagnano Amiterno,
L'Aquila,
1954, vive a Roma

1. Senza titolo, 1993
Piombo su legno,
200 x 450 cm

Piero Pizzi Cannella

Roma 1955, vive a Roma

1. Porta d'Oriente,
1989
Tecnica mista su tela,
250 x 320 cm

2. Porta d'Oriente,
1989
Tecnica mista su tela,
250 x 320 cm

Marjetica Potrc

Lubiana, Slovenia, 1953
Vive a Baltimora

1. Installation, 1993
(Installazione)
Mattone, feltro, legno
multistrato

Dubravka Rakoci

Zagabria, Croazia, 1955
Vive a Zagabria

1. Circles, 1993 (Cerchi)
Acrilico su tela

2. Circles, 1993 (Cerchi)
Acrilico su tela

Hubert Schmalix

Graz, Austria, 1952
Vive a Los Angeles

1. o.T., 1989 (Senza titolo)
Olio su tela, 235 x 210 cm

2. Das rote Haus, 1989
(La casa rossa)
Olio su tela, 244 x 214 cm

Tamás Trombitás

Budapest 1952
Vive a Budapest

1. Installation, 1993
(Installazione)
Legno, ferro, bronzo,
foglia d'oro, luce al neon,
300 x 800 x 800 cm

Manfred Wakolbinger

Oberösterreich 1952
Vive a Vienna

1. o.T., 1993
(Senza titolo)
Installazione, 8 elementi,
rame, vetro, 70 x 70 cm
ciascun elemento

Con il contributo del Ministero
Federale d'Austria
per la Scienza e la Ricerca
e delle Banche Centrali
dello Stato austriaco

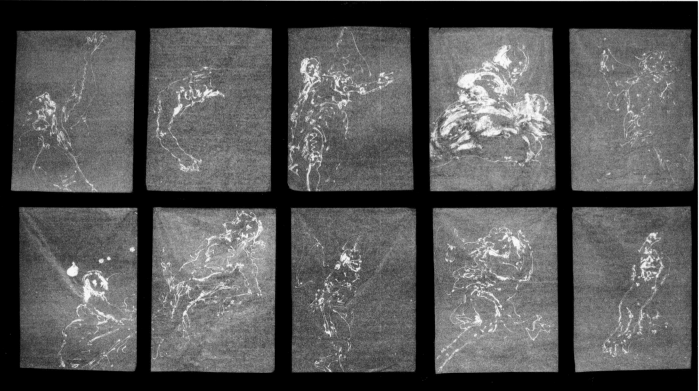

Braco Dimitrijevic,
Triptychos Post Historicus or
in the Galaxy of Blue Horse,
1988

Nella pagina precedente:

Manfred Wakolbinger,
Senza titolo, *1993*

Stefano Arienti,
Dai disegni di Tiepolo, *1992*

Gianni Dessì, Senza titolo,
1990

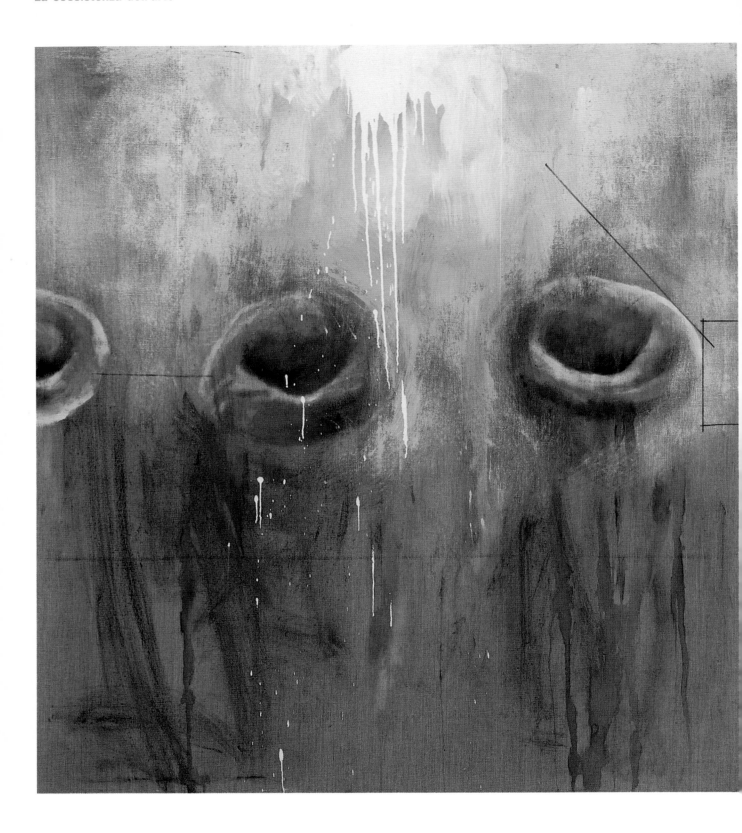

Jiři David, Plasm, *1993*

Kirchhoff,
Tutti sanno cantare, *1993*

Jiři Georg Dokoupil,
Badende II, *1991*

Felice Levini, Spartaco, *1990*

Marina Abramović,
Sala d'aspetto, *1993*

Marjetica Potrc,
Torso and Landscape, *1992*

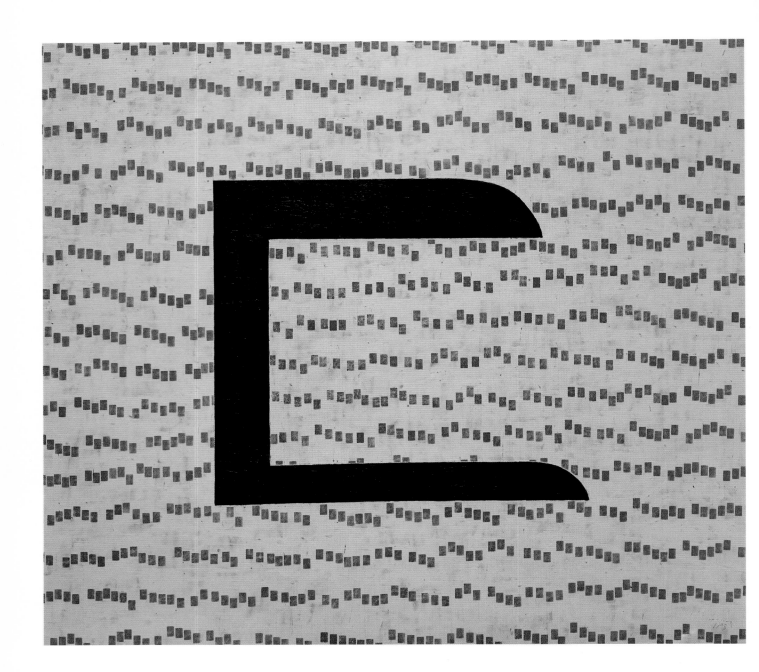

Lászlo Mulasics,
Afrikanisches Bekenntnis, *1993*

Hubert Schmalix,
Banane, *1990*

Herwing Kempinger,
Installation, *1993*

Manfred Erjautz,
Source Under Cover, *1992*

**Viaggio verso Citera
Arte e poesia**

Ca' Vendramin Calergi

Rodney Graham,
Les dernières merveilles
de la science, *1990*

In viaggio verso Citera *di* Francesca Pasini

Parlare di una mostra prima che sia attuata comporta una specie di spaesamento. Come quando vogliamo dare un appuntamento ai sogni prima di addormentarci, sperando che si realizzi nel sonno quanto è ancora, soltanto previsione, desiderio, attesa. In genere l'appuntamento non viene rispettato: si sogna sempre altro.

Così succede anche con le mostre. Si ha tutto davanti agli occhi, con la mente già si vede, ma quando si arriva faccia a faccia con le opere tutto sembra diverso. La sorpresa c'è sempre. Arte e poesia oggi vivono in contrade separate, il progetto di questa mostra è dunque un sogno di avvicinamento, un sasso gettato nella laguna per vedere se i cerchi che increspano l'acqua possono intrecciarsi.

Non è tuttavia un progetto realizzato insieme tra artisti e poeti, ma l'indicazione di un'affinità elettiva, segnalata da ogni singolo artista rispetto ad alcuni poeti. Appunto un viaggio verso Citera, dove per Citera si intende il luogo in cui – come ci ricorda il famoso quadro di Watteau – la pittura celebra i suoi fasti facendoci percepire il sogno di una contrada abitata da bellezza e armonia. Nell'*Embarquement pour Cythère*, Watteau ci trasporta in quel luogo immaginario dove si rende possibile l'incontro tra le energie creatrici e il loro perenne dilagare, fino a percepire il loro fluire all'unisono con l'orizzonte.

Con gli artisti che si sono dati appuntamento per questo imbarco potremo camminare su un ponte di visioni, lanciato verso questa terra sognata, alla ricerca di un incontro con cui stabilire un nuovo contatto tra arte e poesia. D'altro canto, arte e poesia sono il simbolo stesso dell'incontro, esse infatti, dando forma e corpo alla sensibilità diffusa, danno vita a un mondo e lo rendono visibile e comunicabile. Per questo ognuno riconosce in un verso o in un'opera l'incontro per eccellenza, perché attraverso quella visione egli può creare un contatto tra il gesto del creatore e il proprio desiderio di ampliare i confini della percezione, partecipando così all'energia che ha dato vita all'opera e al verso.

L'imbarco verso Citera evoca, dunque, un viaggio che prevede l'apertura di una perenne serie di incontri. Un viaggio che non finisce mai: sempre nuovi segni, nuovi colori, nuove figure ci fanno captare l'inesauribile ricchezza che si deposita nell'animo umano.

Come dicevo, prima di vedere è difficile cogliere la sensibilità di una mostra. Manca quel faccia a faccia che solo può svelare l'entità emotiva dell'opera. Inoltre, la previsione, anche se precisa, non è mai in grado di metterci in sintonia con il movimento sensibile che avviene in noi quando ci troviamo di fronte all'arte. È, invece, possibile delineare l'intuizione mentale che precede l'evento della visione.

La mostra vuole essere un appuntamento libero, per un libero viaggio. Non si tratta di fondare nuovi movimenti, o schieramenti, ma di usare la libertà e l'autonomia, che l'arte si è conquistata in questo secolo, per indicare una trasformazione del mondo che tenga in primo piano l'energia creativa dell'individuo, invece che quella puramente produttiva. In alcuni artisti vi è un esplicito contatto con un poeta; in altri è più segreto, emerge, direi, per coincidenza mentale tra il titolo della mostra e la figura dell'opera. Sono queste le correnti su cui navigano le imbarcazioni degli artisti qui convenuti.

Mimmo Paladino porta a Venezia l'esperienza dello scambio reale col poeta Giuseppe Conte, avvenuta attorno al suo oratorio, «Veglia». Marco Bagnoli testimonia in presa diretta il suo lungo dialogo creativo con Paolo Marinucci, poeta e prestigioso cultore delle conoscenze esoteriche, morto pochi anni fa. Thomas Schütte ha voluto segnalare in catalogo l'incontro che intrattiene con Hans Brinkmann, il poeta dell'ex DDR, abbinando una sua terzina di versi alla propria scultura.

Anche Alfredo Pirri congiunge l'immagine della sua maschera che legge con una poesia di Mariangela Gualtieri. E una scelta analoga fa Franz West contrastando la riproduzione del suo quadro con un testo. Michelangelo Pistoletto evoca l'incontro attraverso l'immagine della sua opera: *Libro*, dove risuona lo spazio della scrittura e quello delle sue azioni teatrali. Una strada simile percorre Rodney Graham che, con la scultura *Les Dernières merveilles de la Science*, ci presenta un'immaginaria lettura circolare tra le pagine aperte di un libro. Giulio Paolini ha una particolare risonanza con il titolo stesso della mostra: fin dall'83 egli ha avviato un dialogo a distanza ravvicinata con Watteau. In *Cythère* Paolini rappresenta il luogo dove è ancora possibile recuperare un fondamento e ricomporre l'orizzonte spezzato della pittura. Mario Merz disegna un tavolo attorno alla fotografia del piano della roulette. La sua poesia spaziale, spesso scandita dalla serie matematica di Fibonacci, dilaga in altri numeri, in altri ritmi, in altre visioni. Incontra Dostoevskij e l'avvincente demone che presiede alla messa in gioco di sé. Günther Förg fa affluire dal suo dipinto un testo a due «voci» alternate, mentre Nicola De Maria dà vita a un racconto timbrico, in cui i colori acquistano la sonorità speciale della favola. Bizhan Bassiri unisce, in una sola immagine, la visione archetipica della spada con il disegno dipinto di una sonata al chiaro di luna. Ettore Spalletti ci dà la sensazione di star dentro la materia stessa del colore: un colore che respira, che ci avvolge a tutto tondo, come spesso succede quando siamo catturati dalla multisonante lettura di una poesia. Marisa Merz ci porta a contatto dell'eterno presente, proprio della composizione poetica e che continuamente ci attrae nelle figure dei suoi volti. Sono volti più da ascoltare che da guardare, proprio perché danno forma a quell'imprendibile passaggio che colora l'espressione umana.

C'è una misteriosa poesia anche negli oggetti che circondano la nostra vita, si dilegua come un lampo anonimo: Haim Steinbach con devota precisione la ricompone davanti ai nostri occhi. E così il silenzio estremo e perfetto delle cose riesce a superare la barriera del rumore contemporaneo e a toccare i nostri orecchi.

Bertrand Lavier, invece, vede anche nel dramma degli oggetti, nel loro destino di distruzione, un elemento emotivo che può entrare in sintonia con la bellezza del mondo, e il suo motorino incidentato dona grazia alla morte delle cose. Susana Solano spinge il suo sguardo dentro la fibra nuda dell'architettura, e con le sue grandi sculture di ferro ci mette a contatto con uno spazio claustrale, dove solo il cielo può entrare. Isa Genzken esplora le relazioni tra aria e luce con

cui l'umanità costruisce la percezione del mondo. Una percezione che ha bisogno di finestre a cui affacciarsi e di illuminazioni interiori: le sue lampade accese diventano diafane dimore di luce. Anche Reinhard Mucha ha a cuore l'enigma degli spazi interiori, sono spazi a volte scanditi da linee d'acciaio, o da densi e ovattati feltri, a volte sono in dialettica con l'ambiente quotidiano. Come dire che armonia e bellezza hanno anche contrasti di temperature, coglierli significa liberarli dalla nostalgia, cioè dal dolore del ritorno, restituendo alle emozioni la loro articolata profondità.

Questo il progetto che ho davanti agli occhi nel momento in cui scrivo questa presentazione. Per raggiungere Citera, gli artisti che hanno aderito a questo appuntamento segnalano che non si può che partire da sé. Con questo stato d'animo mi appresto a imbarcarmi. Viaggeremo gli uni accanto agli altri: la rivista «Poesia» ci starà vicino con un numero speciale. L'attesa e il sogno è di poter incontrare l'artista-poeta che ha incontrato Anna Achmatova:

«... ha avuto in premio un'eterna fanciullezza,
la perspicacia degli astri;
la terra tutta è stata suo appannaggio,
ed egli l'ha divisa con tutti».
(A. Achmatova, *Il poeta*, 1936)

Marco Bagnoli
Firenze 1949
Vive a Firenze

Bizhan Bassiri
Teheran 1954
Vive a Roma

Nicola De Maria
Foglianise, Benevento, 1954
Vive a Torino

Günther Förg
Füssen, Germania, 1952
Vive a Areuse, Svizzera

Isa Genzken
Bad Oldesloe, Germania, 1948
Vive a Colonia

Rodney Graham
Vancouver, Canada, 1949
Vive a Vancouver

Bertrand Lavier
Chatillon-sur-Seine, Francia, 1949
Vive a Aignay-le-Duc, Francia

Mario Merz
Milano 1925, vive a Torino

Marisa Merz
Vive a Torino

Reinhard Mucha
Düsseldorf 1950
Vive a Düsseldorf

Mimmo Paladino
Paduli, Benevento, 1948
Vive a Paduli

Giulio Paolini
Genova 1940
Vive a Torino

Alfredo Pirri
Cosenza 1957
Vive a Roma

Michelangelo Pistoletto
Biella, Vercelli, 1933
Vive a Torino

Thomas Schütte
Oldemburg, Germania, 1954
Vive a Düsseldorf

Susana Solano
Barcellona 1946
Vive a Barcellona

Ettore Spalletti
Cappelle sul Tavo, Pescara, 1940
Vive a Cappelle sul Tavo

Haim Steinbach
Rechovot, Israele, 1944
Vive a Brooklyn

Franz West
Vienna 1947
Vive a Vienna

POESIA

Presentazioni di Poesia, *editore Nicola Crocetti, nei mesi di giugno e luglio;* Edizioni di poesia, *di Vanni Scheiwiller, nei mesi di luglio e agosto.*

Promozione e organizzazione ZERYNTHIA, *Associazione per l'Arte Contemporanea. In collaborazione con il Casinò Municipale di Venezia. Con il contributo del Grand Hotel Berti di Silvi Marina*

Michelangelo Pistoletto,
Libro, *1989*

931

Nicola De Maria,
Canzone del mare, *1989-90*

Marisa Merz, Senza titolo,
1988

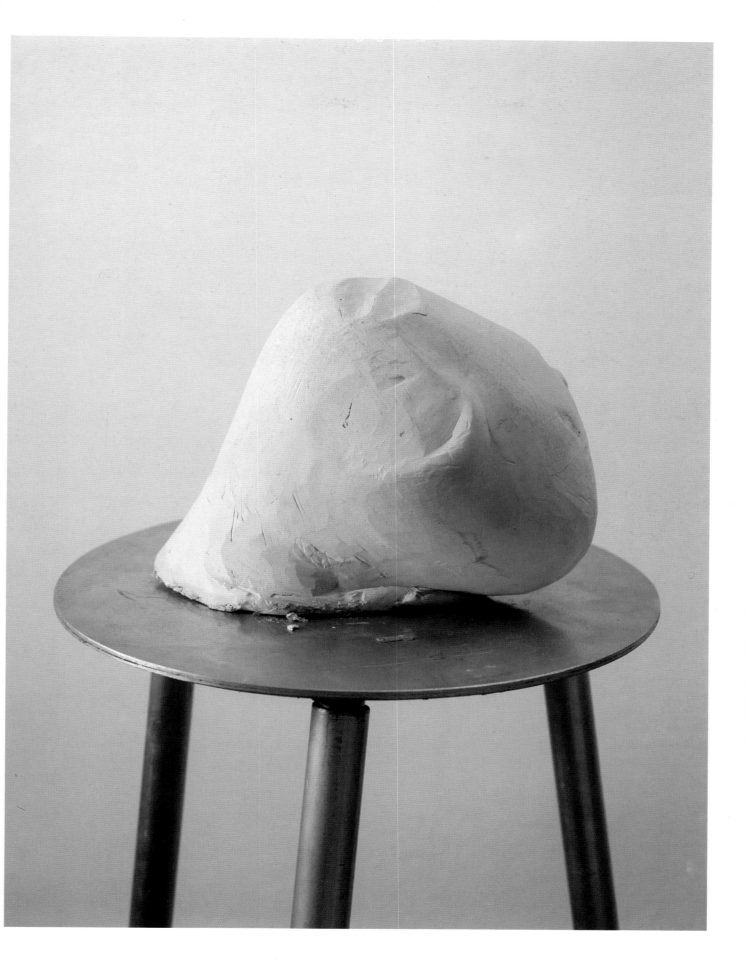

Franz West, Senza titolo,
1990

Ettore Spalletti,
Vista dall'alto, coppa,
1992

Susana Solano,
FA EL 14,
1990

Ho passato gran parte della mia gioventù nei caffè letterari e perciò non avevo nessuna voglia di leggere o scrivere per conto mio. Così mi sono risparmiato un insuccesso con i critici strutturalisti allora dominanti (ad esempio Roland Barthes), il cui parere era che la letteratura era crepata per colpa della televisione. In queste circostanze ho preferito muovermi nelle arti visive, ma la nostalgia per la poesia mi ha spesso condotto a intraprendere una collaborazione con poeti ed autori, come Daniele Pieroni, Kobo, Enrico Comi, Ferdinand Schmatz, Elisabeth Schlebrügge, ecc. Ho anche provato con la poesia nonverbale, come quella di Bernhard Riff (poesia video) accostandola alle mie sculture e voglio continuare a farlo.

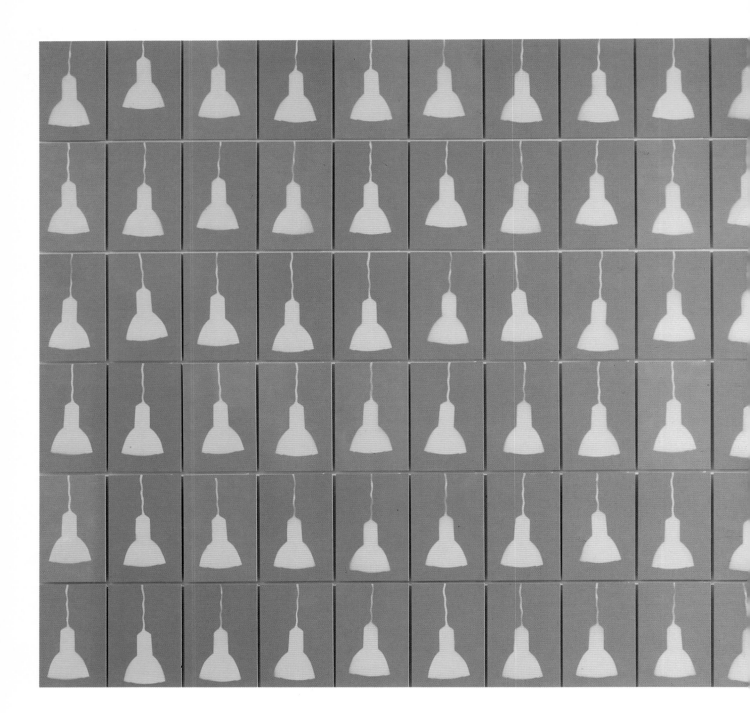

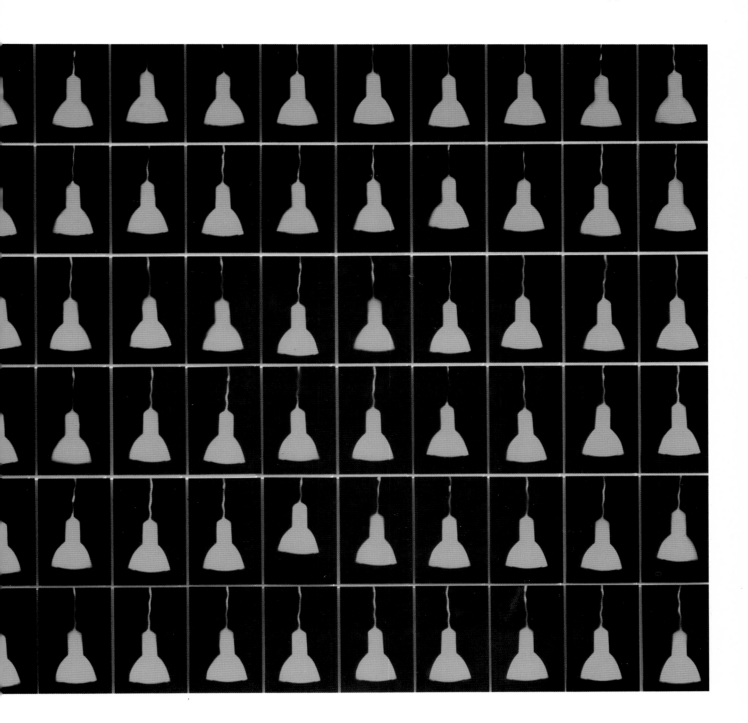

Isa Genzken,
Texte zur Kunst, *1992*

Günther Förg,
Senza titolo,
1993

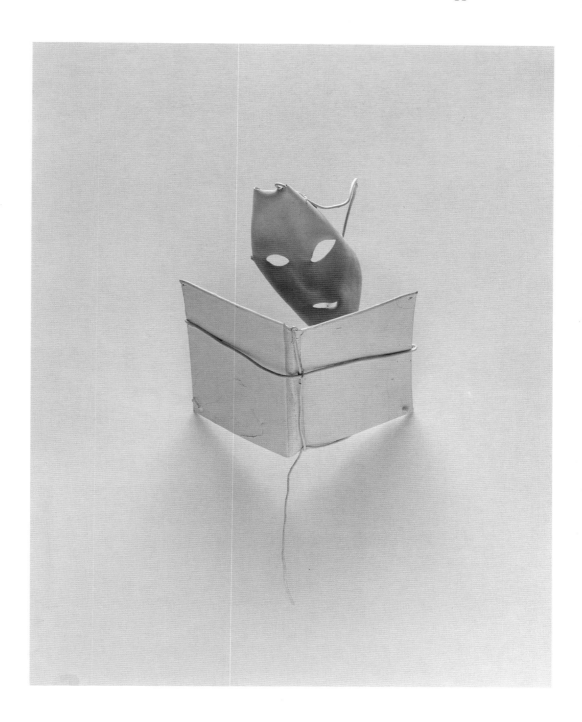

Non siamo a pezzi
non siamo scalzi abbiamo con noi
l'ombra, una certezza che
non s'inclina, portiamo anche i vostri
colori i vostri album di figurine e
non strisciamo non ridiamo, affondiamo
nel pane solo pochi denti.
Tornate. Tornate tutti, non si può
stare morti per sempre, bere
i liquidi giallastri, masticare le
cose sporche attaccate. Tornate belli.

Mariangela Gualtieri

Alfredo Pirri,
Faccia di gomma
con copertina, *1991*

Bertrand Lavier,
Motobecane, *1993*

**Reinhard
Mucha**,
Untitled,
1979

Mimmo Paladino,
«Il tagliatore di teste»
da «Veglia»,
1992

Giulio Paolini, Cythère,
1989-90, particolare

Mario Merz, Senza titolo,
1993

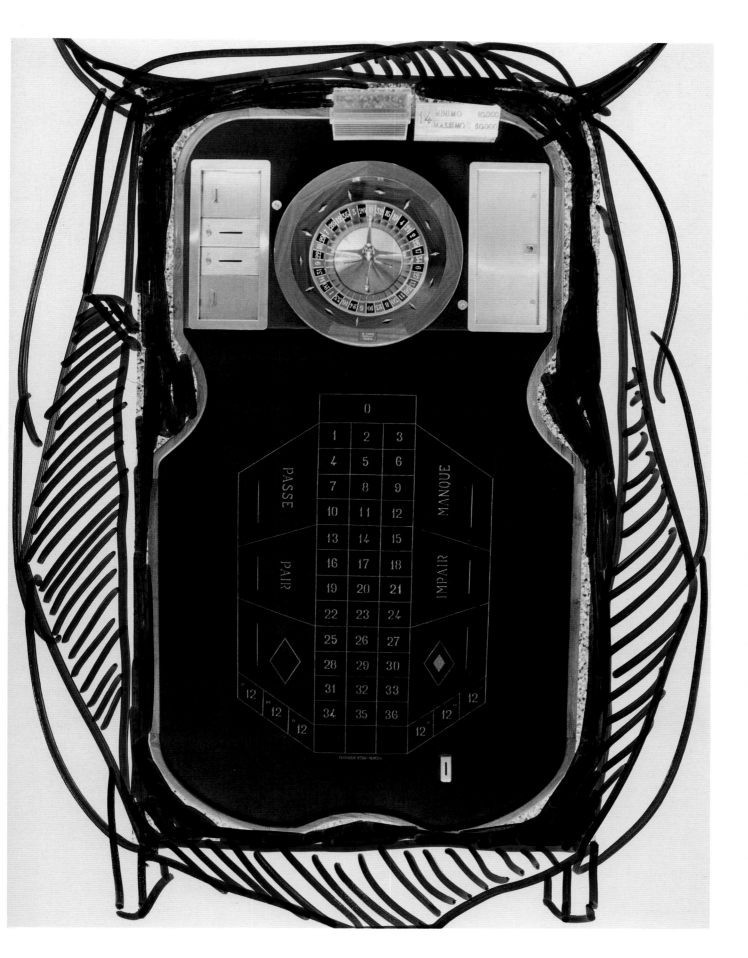

Haim Steinbach, Untitled,
1990

Marco Bagnoli, Io e te, *1984*

Bizhan Bassiri, La spada,
1993

Leere Tablettenröhrchen
sagen: Ich und Du
spielen schlecht im falschen Film

*Tubetti vuoti di pastiglie
dicono: Io e te
pessimi attori in un film sbagliato*

Ritaglio di poesia
di Hans Brinkmann Chemnitz,
Germania

Thomas Schütte, Kopf,
1992, particolare di scultura

Art Against Aids. Venezia 93

Collezione Peggy Guggenheim,
Ca' Venier dei Leoni

Drawing the Line Against Aids *di* John Cheim,
Diego Cortez, Carmen Gimenez, Klaus Kertess

Il titolo che abbiamo voluto dare a questa mostra è *Drawing the Line Against Aids.* Esistono, ovviamente, molti tipi di linee; ma nessuna di queste è in grado di prevenire o curare l'Aids. Nessuna metafora, nessuna allegoria sembra possibile. Un orrore di questa entità rifiuta l'uso della metafora. Nella città di New York viene diagnosticato l'Aids a centocinquanta persone ogni settimana. In Uganda i raccolti sono insufficienti, ma non a causa della siccità: troppe persone sane sono occupate ad andare ai funerali dei loro morti per Aids e così i raccolti vengono trascurati. Chi tra noi non ha mai guardato con impotente orrore la violenza gratuita del corpo di un caro amico consumato fino allo scheletro? O chi non è mai involontariamente indietreggiato inorridito alla vista di uno sfogo del sarcoma di Kaposi che brucia attraverso la pelle di un ennesimo sconosciuto che passa per la strada? Sempre di più l'apparentemente invincibile promessa della giovinezza sta diventando vuota e prematuramente precaria. Non esiste una metafora curativa possibile. Solo il denaro, la ricerca scientifica e una rabbia ben focalizzata possono curare l'Aids.

Che tipo di linee stiamo tracciando qui? C'è una linea che chiediamo a noi stessi e anche a voi di tracciare – una linea che segni il rifiuto della cecità, del razzismo e dell'insensibile indifferenza che, troppo frequentemente, ancora accompagnano questa distruzione. Chiediamo a quelli di voi che posseggono denaro di investirlo laddove si lavora per la speranza che l'Aids un giorno non rappresenti più una realtà incurabile. Comprare una o più di queste opere, così generosamente donate a questa mostra, può fare la differenza. Chiediamo anche a coloro fra voi che non posseggono le possibilità economiche per farlo, di alzarsi per essere comunque annoverati nel gruppo, insieme alla stupefacente molteplicità degli artisti che così di buon grado hanno dato il proprio contributo.

L'altra linea che è stata tracciata qui è naturalmente quella disegnata dagli artisti nella loro fervida ricerca, nel tentativo di dare forma visibile e significato al flusso volubile della nostra coscienza. Se la nostra disposizione d'animo ce lo consente, le linee che sono state qui tracciate possono contribuire a una migliore conoscenza di noi stessi e aiutarci forse anche a riscoprire la nostra dignità. Abbiamo un impressionante sfarzo di produzione, qui. Volevamo che venisse rappresentata un'ampia gamma di opere. Nonostante i limiti di tempo, spazio espositivo e contatti, abbiamo cercato di portare la più vasta cerchia di grandi artisti internazionali che siamo stati in grado di individuare. Dove abbiamo fallito, non è stato certo per la riluttanza degli artisti a donare. La loro travolgente risposta, così come quella dei collezionisti e dei commercianti, ha reso il nostro compito molto più semplice e di gran lunga più piacevole di quanto avessimo previsto. Gli artisti hanno donato due volte: nel momento creativo e nella collaborazione alle vendite. Siamo doppiamente in debito e doppiamente riconoscenti.

Alla pagina precedente

Carla Accardi,
Yellowredblack, *1991*

Jean-Michel Basquiat,
Untitled, *1982*

Art Against Aids Venezia

Siamo molto grati per l'incredibile manifestazione di sostegno che ha reso possibile Art Against Aids Venezia. In primo luogo vogliamo esprimere i nostri più sentiti ringraziamenti al Comitato esecutivo della Biennale e al suo curatore, Achille Bonito Oliva, per aver accolto così generosamente Art Against Aids Venezia all'interno di uno degli eventi più prestigiosi nel mondo dell'arte internazionale. Desideriamo inoltre porgere il nostro ringraziamento a Thomas Krens, direttore del Solomon R. Guggenheim Museum, a Philip Rylands, vice direttore della Peggy Guggenheim Collection di Venezia e al Consiglio di amministrazione del Guggenheim Museum, per aver permesso l'esposizione delle opere d'arte donate a Art Against Aids Venezia presso la Peggy Guggenheim Collection. Vogliamo anche esprimere la nostra riconoscenza ai curatori di Drawing the Line Against Aids – John Cheim, Diego Cortez, Carmen Gimenez e Klaus Kertess – per la loro competenza e per l'instancabile energia profusa nella creazione di questa mostra. Tuttavia, la nostra gratitudine più profonda va doverosamente agli artisti, ai commercianti d'arte e ai collezionisti di tutto il mondo che hanno donato gli splendidi disegni che compongono Drawing the Line Against Aids. Essi hanno donato in modo straordinario a questa iniziativa e la loro voce sarà udita in tutto il mondo poiché esprime il loro sentimento di compassione per coloro che hanno sofferto a causa di questo flagello e il desiderio di ridurre le sofferenze che l'Aids continua a infliggere all'umanità.

È dal 1987 che il mondo dell'arte dona e parla a sostegno del tentativo di combattere l'Aids mediante le iniziative di Art Against Aids negli Stati Uniti. Nel 1991 è stato realizzato il primo progetto internazionale a Basilea, per aiutare AmFAR a varare il suo programma internazionale inteso a combattere l'Aids nei paesi in via di sviluppo. Siamo estremamente onorati e grati a tutti coloro che all'interno della comunità internazionale dell'arte hanno generosamente intrapreso questo secondo incredibile sforzo per far sì che informazione, prevenzione e cura dell'Aids diventassero una realtà. Siamo anche lieti che una parte dei profitti di Art Against Aids Venezia venga devoluta per la raccolta di fondi in Italia per ottimi programmi di cura dell'Aids, tra i quali ANLAIDS, Caritas italiana, Centro italiano di solidarietà (CEIS), Forum AIDS e Lega italiana lotta all'AIDS (LILA).

A tutti coloro che hanno partecipato o parteciperanno in futuro a Art Against Aids Venezia, porgiamo i nostri più sinceri ringraziamenti.

Mathilde Krim
Elizabeth Taylor

Elenco dei partecipanti

Carla Accardi
Curtis Anderson
Afrika
Alighiero e Boetti
John Armleder
Charles Arnoldi
Giovanni Anselmo
Richard Artschwager
Frank Auerbach
Donald Baechler
Marco Bagnoli
John Baldessari
Miguel Barceló
Matthew Barney
Jean-Michel Basquiat
Mike Bidlo
Ross Bleckner
Jonathan Borofsky
Frédéric Bruly-Bouabré
Louise Bourgeois
James Brown
Grisha Bruskin
Peter Cain
Saint Clair Cemin
Sandro Chia
Francesco Clemente
George Condo
Tony Cragg
Enzo Cucchi
Hanne Darboven
Richard Deacon
David Deutsch
Braco Dimitrijevic
Jim Dine
Jiri Georg Dokoupil
Carroll Dunham
Pepe Espaliu
Lyonel Feininger
Eric Fischl
Louise Fishman
Sylvie Fleury
Günther Förg
Gilbert & George
April Gornik
Robert Graham
Robert Greene
Philip Guston
Federico Guzman
Peter Halley
Keith Haring
Georg Herold
Eva Hesse
Jenny Holzer
Rebecca Horn
Roni Horn
Shirazeh Houshiary
Ralph Humphrey
Michael Hurson
Donald Judd
Roberto Juarez
Ilya Kabakov
Anish Kapoor
Alex Katz
Mike Kelley
Ellsworth Kelly
R.B. Kitaj
Martin Kippenberger
Franz Kline
Martin Kline
Jeff Koons
Joseph Kosuth
Lee Krasner
Guillerrmo Kuitca
Jonathon Lasker
Annette Lemieux
Barry Le Va
Sherrie Levine
Sol LeWitt
Roy Lichtenstein

Glenn Ligon
Nino Longobardi
Paul McCarthy
Robert Mangold
Brice Marden
Matta
Suzanne McClelland
Mario Merz
Marisa Merz
Joan Mitchell
Tatsuo Miyajima
Aldo Mondino
Malcolm Morley
Juan Muñoz
Elizabeth Murray
Alice Neel
Joan Nelson
Cady Noland
Manuel Ocampo
Albert Oehlen
Luigi Ontani
Mimmo Paladino
Giulio Paolini
Izhar Patkin
Giuseppe Pennone
Beverly Pepper
Raymond Pettibon
Ellen Phelan
Jack Pierson
Lari Pittman
Stephen Prina
Richard Prince
Martin Puryear
Robert Rauschenberg
Sam Reveles
Gerhard Richter
Larry Rivers
Alexis Rockman
Andrei Roiter
Mimmo Rotella
Edward Ruscha
David Salle
Juliao Sarmento
Kenny Scharf
Tony Scherman
Toti Scialoja
Mario Schifano
Julian Schnabel
Richard Serra
Joel Shapiro
Kiki Smith
Ray Smith
Tony Smith
Keith Sonnier
Ettore Spalletti
Pat Steir
Niki de Saint Phalle
Saul Steinberg
Billy Sullivan
Jim Shaw
Philip Taaffe
Antoni Tàpies
Rosemarie Trockel
Alan Turner
Cy Twombly
Meyer Vaisman
Andy Warhol
Lawrence Weiner
John Wesley
Rachel Whiteread
Sue Williams
Robert Wilson
Terry Winters
Christopher Wool
Michele Zalopany
Gilberto Zorio

*Con il contributo
di Livet Reickard Company, Inc.*

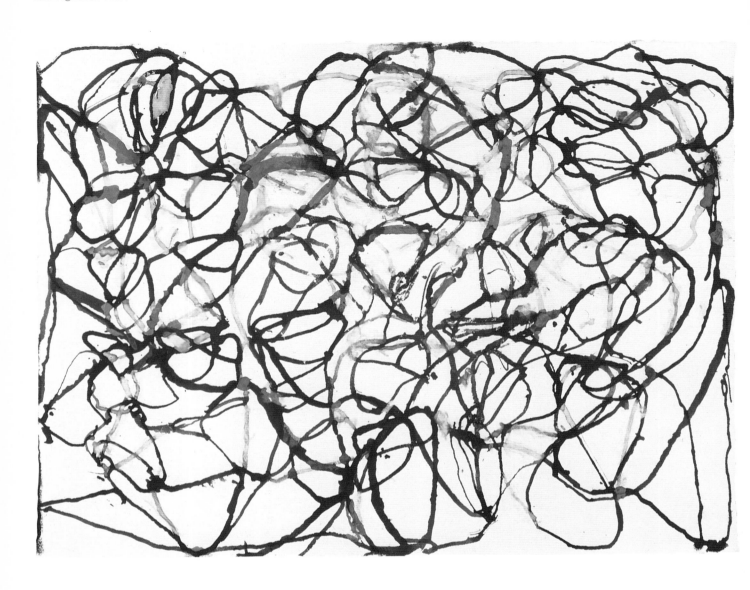

Brice Marden,
Drawing for Venice, *1993*

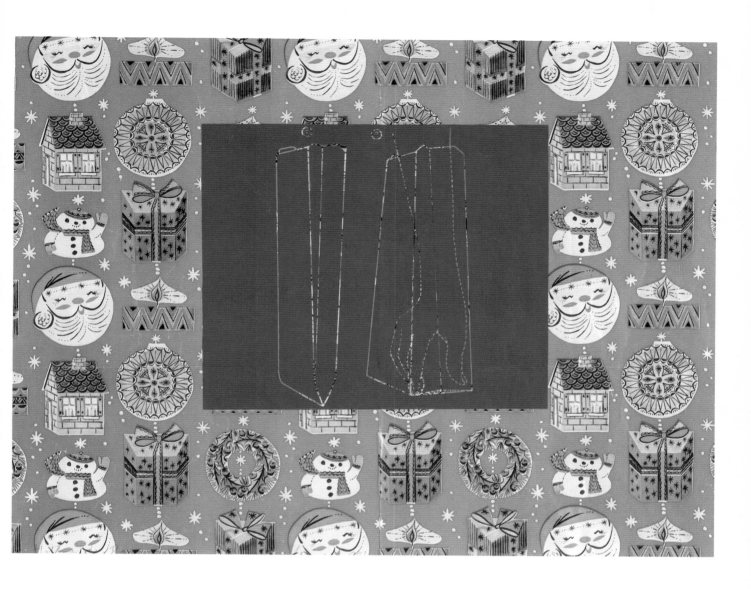

Annette Lemieux,
Holding the Bag, *1992*

Lee Krasner, Ahab, *1965*

Franz Kline, Untitled, 1947

Francesco Clemente,
Untitled, *1992*

Mimmo Paladino,
Untitled (Veroniche), *1988*

Roy Lichtenstein,
Les Nympheas-Study for,
1992

Sherrie Levine,
Krazy Kat,
1992

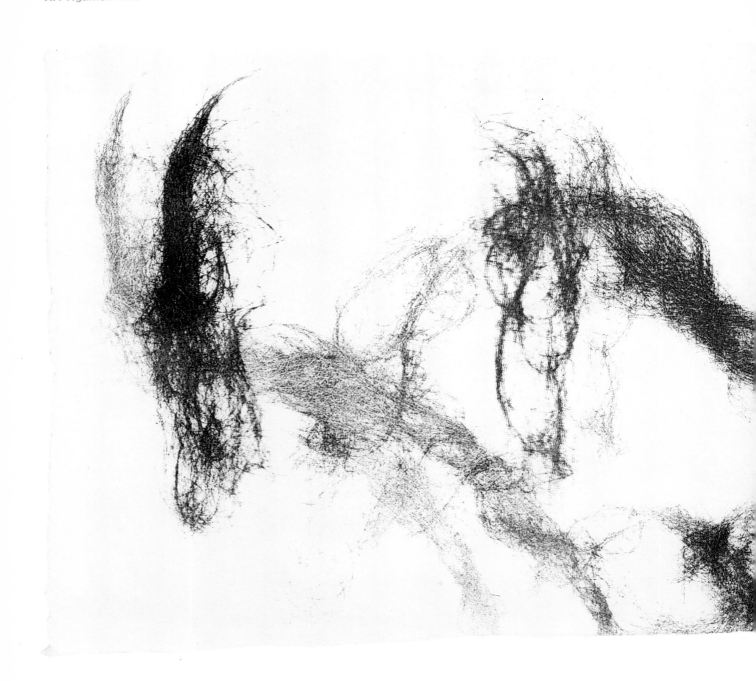

Rosemarie Trockel,
Untitled, *1993*

Kiki Smith,
Untitled, *1991*

Deterritoriale

Fondazione Bevilacqua La Masa

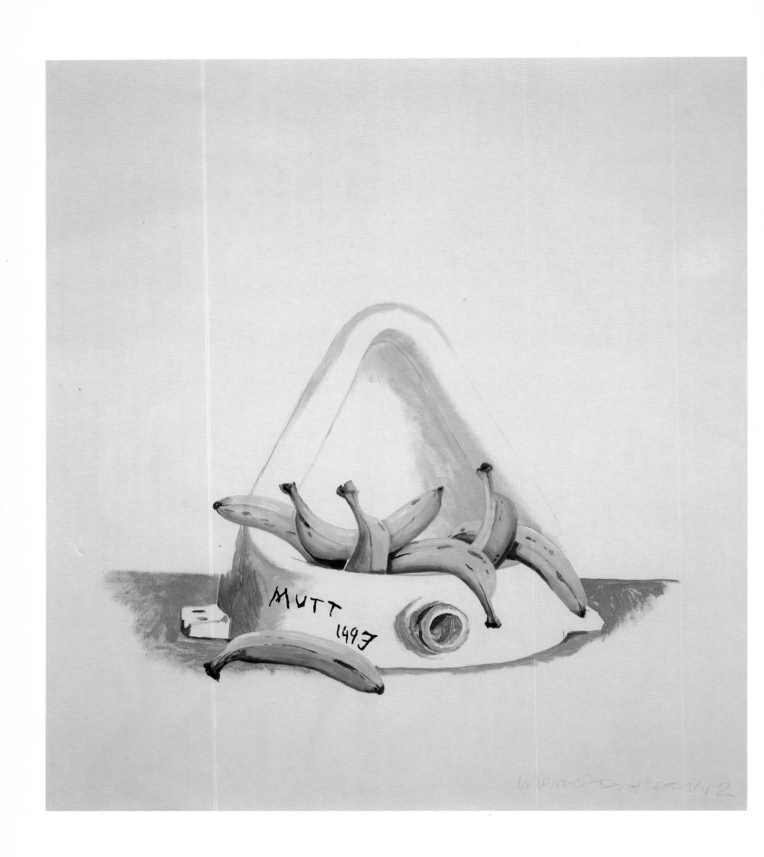

Maria Grazia Rosin,
Senza titolo, *1993*

966

Deterritoriale

Deterritoriale si pone come uno dei percorsi possibili all'interno di questa multiforme Biennale, ma ne indica, in realtà, il carattere dominante. In essa, infatti, l'intera città di Venezia viene a configurarsi come una specie di «mappa deterritoriale» dove si dislocano avvenimenti artistici disparati, all'insegna dei liberi scambi tra i linguaggi espressivi e della più stretta simultaneità rispetto al momento storico attuale. Dall'autonomia espositiva storica di ogni padiglione ai Giardini, si passa ai territori esterni in virtù di una forza centrifuga che muove le più diverse manifestazioni dell'agire artistico contemporaneo, evidenziandone le innumerevoli problematiche. È uno spirito deterritoriale quello che permette di riconoscere – vuoi alle Corderie, alle Zitelle o alla Bevilacqua La Masa – il valore effettivo della trasversalità dell'arte. Da un centro che si rimette in gioco in ogni periferia, si irradiano e si contestualizzano le nuove planimetrie di quei linguaggi artistici che proprio in questa movimentazione ritrovano nuova energia e originalità. Nello specifico, la mostra *Deterritoriale*, nella sede in piazza San Marco della Fondazione Bevilacqua La Masa, insiste sul territorio per meglio definirlo, togliendo ad esso ogni traccia di localismo e per ricollocarlo all'interno di un più vasto circuito, senza nulla togliere al fatto, oggettivo, della provenienza degli artisti invitati. La Fondazione diventa in tal modo doppiamente rappresentativa: di un'istanza di contemporaneità forte, collegandosi alla Biennale, e di promozione dei giovani artisti veneti, ragione del suo stesso operare. Gli artisti invitati, pur se altre volte presenti in mostre della stessa Fondazione, non sono riconducibili a linee critiche unitarie, tantomeno caratterizzate in senso regionale. Anzi, per la prima volta si ha l'occasione di destabilizzare in maniera programmatica una situazione bloccata in virtù di una ipoteca storica che vincola la disponibilità al nuovo al riscontro di indizi ereditari. *Questa* mostra, nello spirito di *questa* Biennale, scavalca qualsiasi lettura limitativa e ne garantisce piuttosto una più ampia e contemporanea. *Deterritoriale*, attraverso gli artisti che presenta, ha lo scopo e il potere di rendere possibili i collegamenti da luogo artistico a luogo artistico, ponendosi come uno dei punti che garantiscono quella necessaria e vitale circolarità dei linguaggi artistici e dei pensieri che alimentano l'arte.

Virginia Baradel, Luca Massimo Barbero, Chiara Bertola

Deterritoriale è la forma una e trina del territorio veneziano:
1) è la città, l'*insula*, registro di memoria, flusso e riflusso di passato passato, letteratura vischiosa;
2) è la città industriale, l'utopia realizzata di Sant'Elia in via dell'azoto, l'archeologia moderna e la sua catastrofe;
3) è la città postmoderna, ibrida forma bidimensionale ove primario e secondario si travestono da terziario.
Deterritoriale è un integrale morfologico di storia e geografia.

Giulio Alessandri

**Michele Arzenton,
Elisabetta Di Maggio,
Marco Ferraris**

*Montagnana, Padova, 1966,
Milano 1964, Vercelli 1966
Vivono a Venezia, Selvazzano
Dentro-Padova, Venezia*

1. In-Utile, 1993
*Installazione: terracotta
e pigmento rosso, tela,
misure variabili*

Gianluca Balocco

*Verona 1964
Vive a Lugagnano, Verona*

1. Viaggio senza passaporto,
1993
*Calco fotografico a rilievo
su tavola, 12 pannelli,
362 x 270 cm*

Maria Bernardone

*Mestre, Venezia, 1964
Vive a Mestre*

1. Contenuti del sapere.
Progetto a Oriente, 1992
*Grafite, tempera, olio su carta,
31,9 x 24 cm (2 disegni),
24 x 31,9 cm (2 disegni)*

2. Frammenti. Desiderio, 1992
*Acquerello, olio, fusaggine,
pastello, grafite su carta,
24 x 31,9 cm (2 disegni),
31,9 x 24 cm (1 disegno)*

3. Passaggio, 1992
*Carboncino, tempera, pastello,
grafite su carta, 3 parti
di 100 x 70 cm ciascuna*

4. Tasselli, 1992
*Tempera, polvere di grafite
su carta, 6-8 disegni
di 28 x 50 cm ciascuno*

Daniele Bianchi

*Roma 1963
Vive a Venezia*

1. Senza titolo, 1992
Olio su tela, 100 x 150 cm

Cristiano Bianchin

*Venezia 1963
Vive a Venezia*

1. Lare, 1992-93
*Canapa monocroma a intreccio,
argento battuto, gemme
di zaffiro, 80 x 235 cm*

Costantino Ciervo

*Napoli 1961
Vive a Alte Montecchio
Maggiore, Vicenza, e Berlino*

1. Senza titolo, 1993
*Installazione: alimentatore,
led luminosi, obiettivi, platine
di assemblaggio, cavi, sensore,
220 x 560 x 150 cm*

Luca Clabot

*Venezia 1966
Vive a Marghera, Venezia*

1. 75, 1993
Tecnica mista, 97 x 97 cm

2. 130, 1993
Tecnica mista, 97 x 97 cm

3. 391, 1993
Tecnica mista, 97 x 291 cm

Giuliano Dal Molin

*Schio, Vicenza, 1960
Vive a San Vito di Leguzzano,
Vicenza*

1. Senza titolo, 1993
*Polvere su legno,
210 x 80 x 14 cm*

2. Senza titolo, 1993
*Polvere su legno,
210 x 80 x 14 cm*

Maria Degenhardt

*Palmanova, Udine, 1961
Vive a Venezia*

1. Estate, 1992-93
Acrilico su tela, 180 x 180 cm

2. Inverno, 1992-93
Acrilico su tela, 180 x 180 cm

3. Ritratto di fidanzato, 1993
*Acrilico encausto su tela,
60 x 45 cm*

Riccardo De Marchi

*Tombe di Mereto, Udine, 1964
Vive a Flaibano, Udine*

1. Senza titolo, 1992
Ferro e rilievo, 30 x 50 cm

2. Senza titolo, 1993
*Buchi e rilievo su lamiera
zincata, diam. 130 cm*

Michelangelo Penso

*Venezia 1964
Vive a Mestre, Venezia*

1. Vestale italica, 1992
*Tecnica mista su tavola intelata,
19 x 51 cm*

Maria Grazia Rosin

*Cortina d'Ampezzo 1958
Vive a Milano e Venezia*

1. Disintegrazione, 1993
*Copia fotostatica su lucido,
video e cristallo molato,
250 x 200 cm ca.*

2. Senza titolo, 1993
*Acrilico e olio su tela,
170 x 160 cm*

3. Senza titolo, 1993
*Acrilico e olio su tela,
260 x 200 cm*

Carmen Rossetto

*Cervarese Santa Croce, Padova,
1965
Vive a Cervarese Santa Croce*

1. Senza titolo, 1993
*Foto stampata su Kodaline
2586, plexiglas, acciaio,
alluminio, 5 pannelli
di 200 x 70 cm ciascuno*

Mariateresa Sartori

*Lido di Venezia 1961
Vive a Venezia*

1. Cane, 1993
Tecnica mista, 80 x 90 cm

2. Senza titolo, 1993
Tecnica mista, 70 x 50 cm

3. Senza titolo, 1993
Tecnica mista, 120 x 85 cm

4. Senza titolo, 1993
Tecnica mista, 140 x 100 cm

Ampelio Zappalorto

*Vittorio Veneto, Treviso, 1959
Vive a Vittorio Veneto*

1. Senza titolo, 1989-90
*Terracotta, lamiera di zinco,
radio, batterie, 600 x 200 cm ca.*

*In collaborazione
con la Fondazione Bevilacqua
La Masa, Venezia.*

Ampelio Zappalorto,
Senza titolo, *1989-90*

Costantino Ciervo,
Installazione, *1993*

Daniele Bianchi, Senza titolo,
1992

Gianluca Balocco,
Viaggio senza passaporto,
1993

Giuliano Dal Molin,
Senza titolo, *1992*

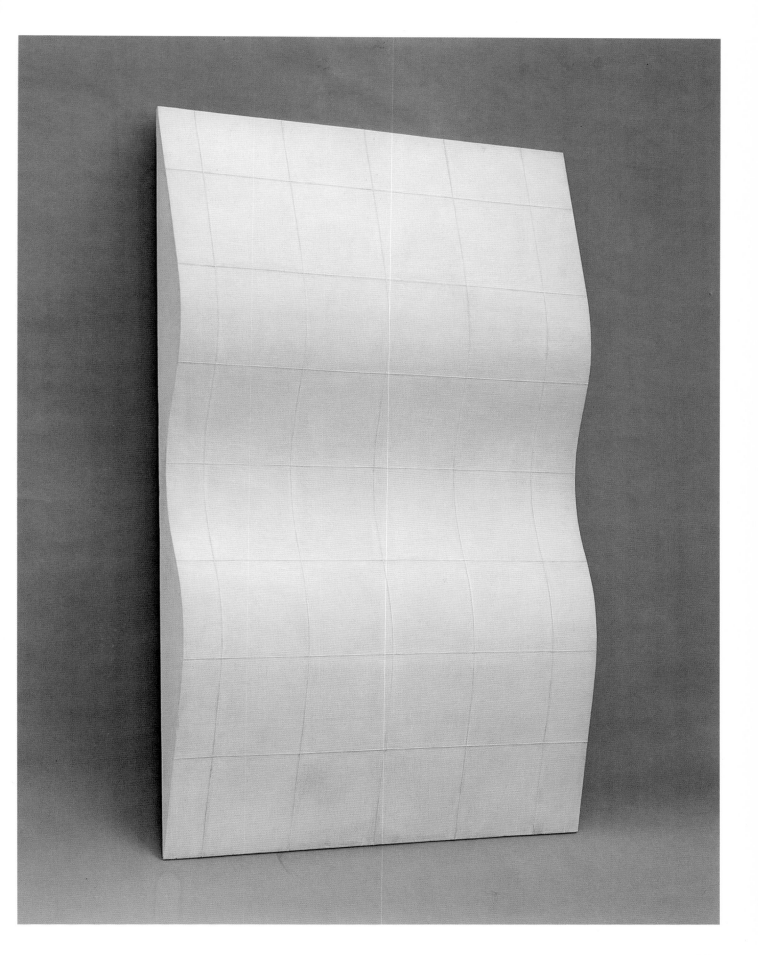

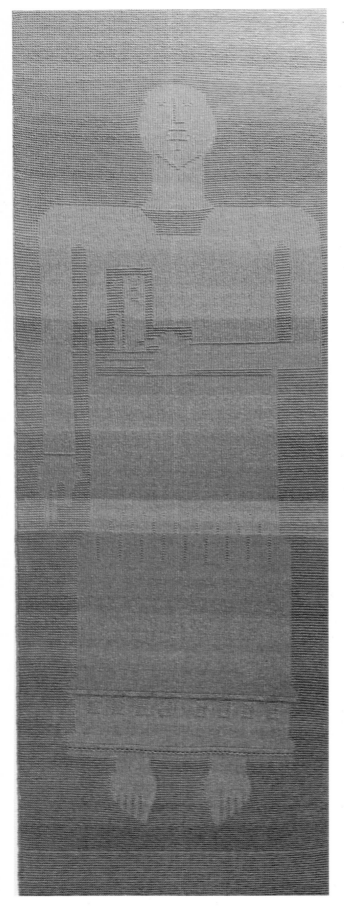

Maria Bernardone,
Contenuti del sapere, *1992*

Cristiano Bianchin,
Lare, *1992-93*

Michele Arzenton,
Elisabetta Di Maggio,
Marco Ferraris,
La passatoia, *1993*

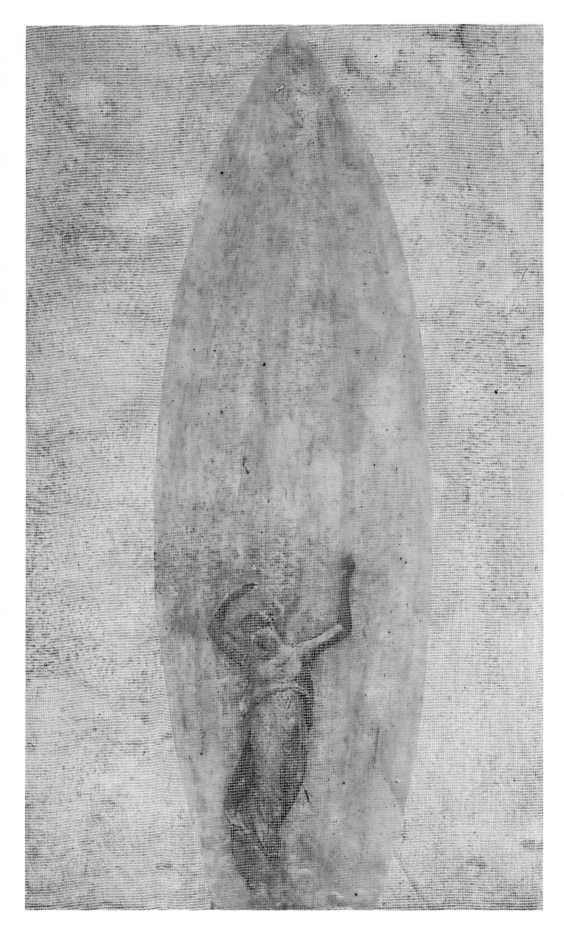

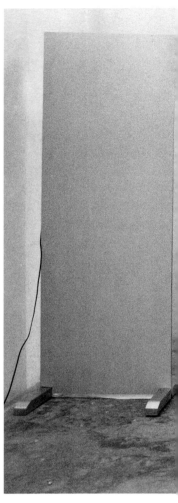

Carmen Rossetto,
Senza titolo, *1993*

Michelangelo Penso,
Vestale italica, *1992*

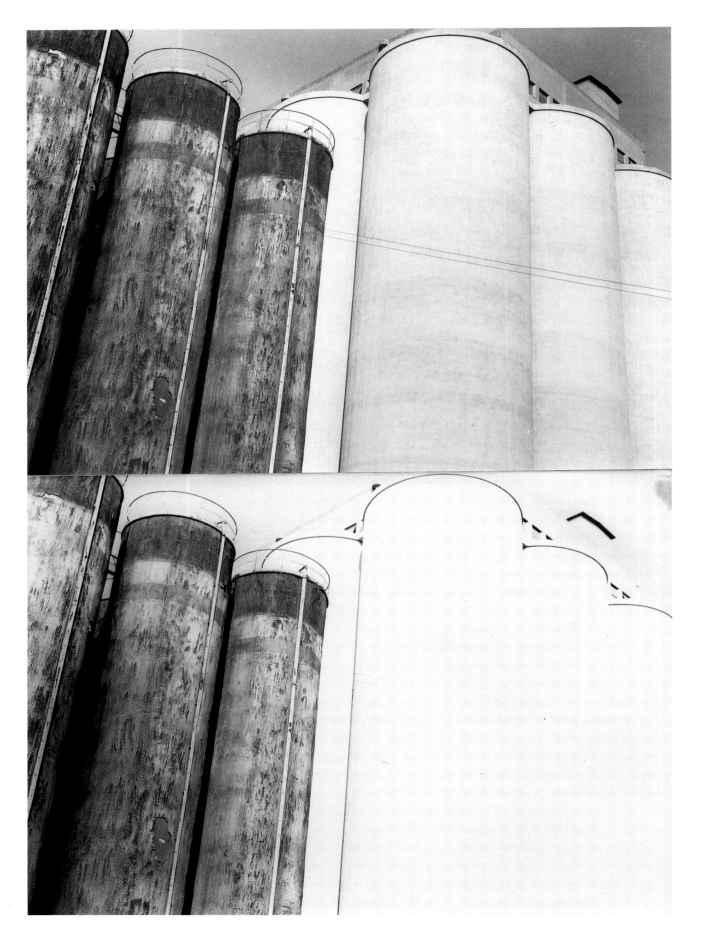

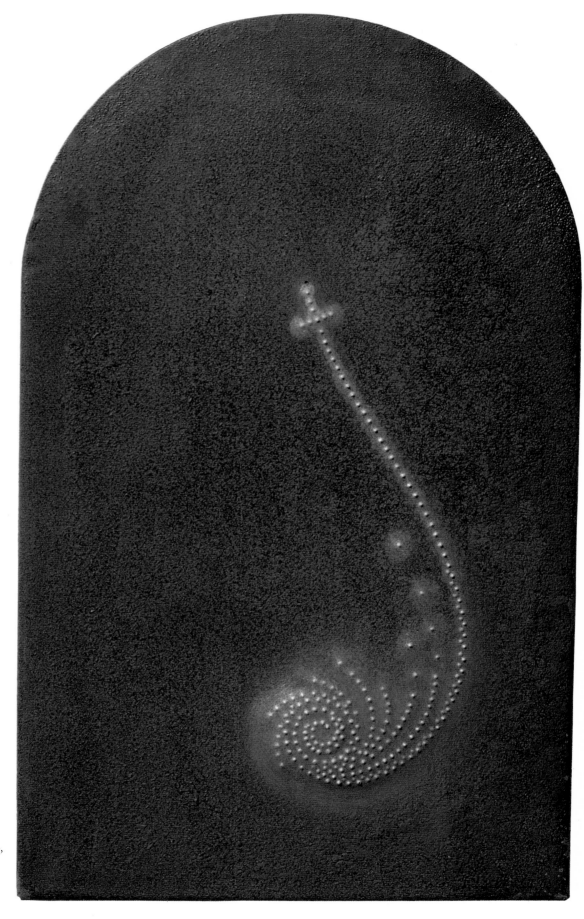

Luca Clabot, Senza titolo,
1993

Riccardo De Marchi,
Senza titolo, *1992*

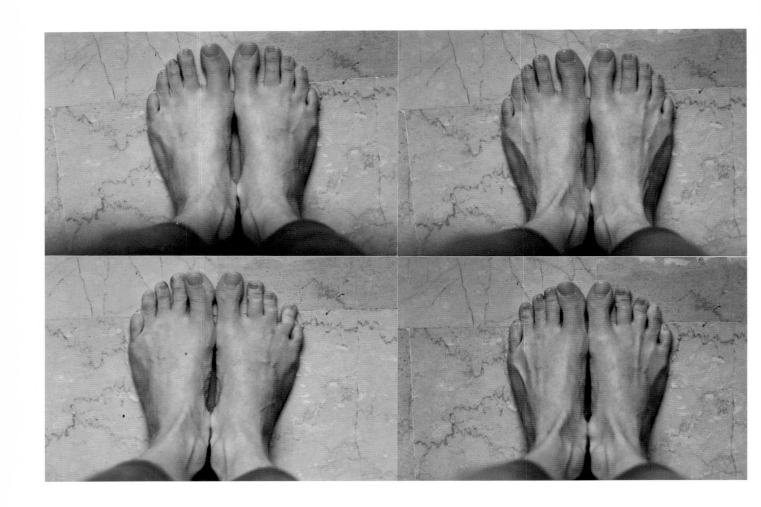

ARTI-STARE

Maria Degenhardt,
Arti-stare, *1993*

**Mariateresa
Sartori**,
Senza titolo,
1993

Casino Container

Riva dei Sette Martiri

Casino Container

Nomadismo
Un anno fa nacque il «Café des Artistes», struttura viaggiante con laboratorio di media incorporato. Quattro containers apribili di circa sei metri e mezzo con varie estensioni a tenda mettono a disposizione in poco tempo una struttura trasparente di dimensioni di una stanza di 24 m di lunghezza, 10 m di larghezza e 6 di altezza. Un bar, una cucina e una stazione di lavoro collegata con tutto il mondo con svariate strutture per la produzione e la raffigurazione artistica, sono saldamente installate e immediatamente disponibili appena il Casino Container viene collegato alle infrastrutture della città.

Networking
Mediante la ISDN (linea telefonica digitale) il Casino Container è collegato con una rete mondiale di partner per la trasmissione: tale struttura viene chiamata Caffè internazionale elettronico (ECI). La ECI offre la possibilità di realizzare insieme ad altri partner, colleghi o conoscenze casuali, progetti di ogni tipo in tutto il mondo: arte, letteratura, arte video, design o semplicemente conversazioni e giochi.

Ricerca privata
La strumentazione digitale è responsabile del totale cambiamento dei parametri di produzione, raffigurazione e ricezione, nella vita sociale come nella sfera artistica. Per l'arte immateriale, che esiste nell'interfaccia di una memoria digitale ed è sempre disponibile ad accessi interagenti, Keigo Yamamoto ha coniato il termine «Network Art». Il Casino Container lavora con le stesse modalità di «Network Life», una stazione di ricerca per il futuro della comunicazione sociale che viaggerà per cinque anni in Europa.

Artisti presenti
Durante il periodo in cui si terrà la Biennale ci saranno ogni settimana artisti di tutti i generi ospiti del Casino Container che presenteranno i risultati ottenuti con le strutture e i partner del network. Diversi cuochi si alterneranno per preparare pranzi e cene per gli artisti, il personale e i visitatori della Biennale (si richiede la prenotazione).

Ideazione e realizzazione
Reinhard Müller, Meyer Voggenreiter, Sabine Voggenreiter, Uwe Wagner, Axel Wirths
In collaborazione con
Christine Drabe, Dariusch Ghanai, Hermann Keldenich, Ulrich Leistner, Claudia Neumann, Sing Ling Chin & Hanjo Scharfenberg
Network Partner
Kit Galloway & Sherri Rabinowitz (Santa Monica), La Villette & Center of Binarisation (Parigi), School of Fine Arts (Nantes), Club Nouvelles Images (Périgueux), Cottage Electronique, Ray Gallon (Amiens), Kunsthochschule für Medien (Colonia), Zentrum für Kunst und Medientechnologie ZKM (Karlsruhe), Hochschule für Bildende Künste HBK (Saarbrücken), Steirische Kulturinitiative (Graz), Netz Europa (Linz e Vienna), Academy of Fine Arts (Praga), Musashino Art University (Tokyo), K-Bit Institute (Fukui), The Thing (Colonia)
Artisti
The Artists of Aperto, Volker Albus, Amedeo Balestrieri & Giò di Sera & Al Hansen, Klarenz Barlow, Ursula Böckler & Rolf Persch, Filippo Falaguasta & Jochen Fey, Res Ingold, Andreas Kopp, Manfred Lexa & Barbara Szüts, Silvestro Lodi, Martin Mlecko & Charles Citron, Atsushi Ogata, Michael Petry, Frank Schulte, Marlon Shy & Carla Subito, Karlheinz & Simon Stockhausen, Wolf D. Wolf, Mia Zabelka
Organizzazione
MASA - Media & Art Service und Ausstellungen GmbH
Con il contributo di
Abet, König Brauerei/Kelts, Lavazza, Network Express, SIP

Il Casino Container

Venezia

Amiens · Wien

Périgueux · Graz

Nantes · Linz

ISDN-Transfer
· Artists in Residence ·

Paris · Connected Workstations · Network - Art - Processing - · Fukui

ISDN-Transfer

Köln · Tokyo

Karlsruhe · Praha

Saarbrücken · Arhus

Santa Monica

The roundabout of communication between the
Electronic Café International, the Casino Container
and other network partners all over the world

*Progetto Casino Container,
il diagramma di comunicazione*

Plot Art

Najpax *di* Alessandra Mammì

«Tutta l'esperienza dell'audiovisivo, della musica e dei video accumulata fino ad oggi mi permette di entrare nella memoria della storia. Del resto il nostro cervello è fatto così come un nastro magnetico».

Nam June Paik

Quest'opera non è destinata alle sale. Non ha un luogo fisico dove mostrarsi. Si frammenta, almeno potenzialmente, nei network di tutto il mondo, fra uno spot della Coca Cola e un telegiornale, fra la pubblicità di un film e un talk show. Sono 21 parti di un tutto, di un lavoro che forse non è corretto chiudere nella categoria della Video Art ma che più propriamente è un esempio unico di Spot Art.

Del linguaggio pubblicitario Nam June Paik, mantiene la sintesi, la gratificazione della musica e del colore, il montaggio rapido e finalizzato al lancio del marchio. Come il linguaggio pubblicitario i suoi spot si ripetono ossessivamente, con uno schema simile, fino a fissarsi in un luogo della memoria dello spettatore in grado di riconoscere il prodotto, ma non di ricostruire il meccanismo o di decifrare i nessi che legano immagine con immagine. Così ogni spot di Paik si conclude nello stesso identico modo: con la sigla che annuncia la XLV Biennale internazionale di arti visive di Venezia, rotolando da un punto lontano e infinitesimale del video fino al primo piano, in un gioco di computer grafic tipico dell'immagine televisiva.

Ma a differenza dell'immagine televisiva qui la fine è tronca, la musica s'interrompe spezzando le note, l'immagine è talmente rapida da essere quasi irriconoscibile, il messaggio si conclude sul vuoto, su una sensazione di crollo improvviso. Non c'è rassicurazione finale, il prodotto non garantisce affatto il lieto fine della soddisfazione di un desiderio in un consumo.

«Video non significa vedo, ma volo», ha detto Nam June Paik. E questo volo di Icaro lascia aperta l'ipotesi della caduta. Così è: in tutto il percorso, anzi in tutte le 21 tappe di quest'unico viaggio che tocca Venezia e va oltre. Parte da una Venezia kitsch, quella dei viaggi di nozze e delle cartoline da gita turistica, che Paik esalta chiudendo piazza San Marco e palazzo Ducale in un cuore dai colori pastello (come le case di Barbie). Sfiora una Venezia tecnologica dove il vaporetto in un frammento di secondo diventa un missile lanciato su un percorso da videogame. Arriva alla Venezia colta con le immagini da repertorio che rendono omaggio a John Cage, a Merce Cunnigham, a Joseph Beuys, al logo stesso della Biennale che attraversa lo schermo lanciato come un disco dove ora compare il Leone, ora il volto appena riconoscibile del suo attuale direttore, Achille Bonito Oliva.

Ma Venezia è solo un luogo dove tornare o da cui partire. Per dove? Per tutti i punti cardinali che questa Biennale raggiunge, ma che Paik trasforma con un doppio movimento, da quattro a infiniti punti. Così al montaggio orizzontale che accosta le immagini una all'altra, lasciando che si succedano come i passi di un viaggiatore, si sovrappone un montaggio in profondità che lavora per sovrapposizione, su una stessa inquadratura, sommando le immagini, incastrandole una sull'altra (il cuore che incornicia palazzo Ducale; i colori computerizzati che si sovrappongono alle forme, un volto

Nam June Paik, TV Spots of 45. Venice Biennale «High Tech Gondolas», *1993*

che compare nella pupilla di un occhio). E questo è invece lo sguardo o il sogno del viaggiatore.

Ben oltre le nostre possibilità fisiche, ben oltre le nostre possibilità tecnologiche di spostamento, Paik insegue i territori del mondo e dell'arte accostandoli senza alcun rispetto dei confini disciplinari o logici. «Quello che per l'Egitto sono le piramidi, quello che per l'Inghilterra è Shakespeare, per il XX secolo sono gli spot pubblicitari». È la sua poetica di sempre che qui Paik esalta al massimo grado. Così la *Creazione* di Michelangelo dalla Sistina arriva a Venezia, così David Bowie è all'improvviso accanto a Joseph Beuys in un sublime duetto che li rende compagni di strada.

«La sensazione comincia dove cambia la percezione, di qui la necessità del viaggio», scriveva André Gide in *Nourritures terrestres*. Ma in questo viaggio la percezione cambia troppo velocemente e la sensazione non ha il tempo di decantarsi. Il video di Paik, come il volo di Icaro, è tutto sul filo del rischio. E allora immaginatelo di nuovo fra uno spot della Coca Cola e il trailer di un film. Con l'ambiguità che gli permette di condividerne il linguaggio ma al tempo stesso di trasformarne l'essenza. Perché negli spot di Paik l'appropriazione di spazio è eccessiva e il tempo talmente ridotto da tradire l'equilibrio delle nostre categorie di pensiero. Siamo persino ben oltre quello che la televisione può concedere alla sua natura frammentaria. Oltre lo zapping, oltre i balbettii del flusso continuo di immagini video, oltre qualsiasi tempo televisivo. Qui è il linguaggio artistico che s'impone trasformando lo spot in opera, distillandone la natura, concettualizzandone la forma. Nam June Paik ha fatto dello spot un'opera concettuale, colonizzando l'etere con una immensa installazione. In tutti i punti cardinali.

Nam June Paik
Paul Garrin
Marco Giusti

Spot TV della XLV Esposizione
Internazionale d'Arte
della Biennale di Venezia
21 «High Tech Gondolas»
15-30 secondi ciascuno

Si ringraziano
Postperfect Inc., New York
Broadway Video Inc.,
New York
WNET TV, TV tab, New York
WGBH TV, New Television
Workshop, Boston
RAI 3 (*Blob*), Milano
Sony HD Softcenter, Tokyo
«Leningrad» TV Station
WDR 3, Colonia
Computer Graphic
Hans Donner, Paul Garrin,
Judson Rosebush, Lester
Weiss, Dean Winkler
Artisti/Staff
Laurie Anderson, David Bowie,
John Cage, Kyungwha Chun,
Myungwha Chun, Merce
Cunningham, Hiroe Ishii,
KBS Sinfonie Orchestra,
KODO Japanese Drummer, La
La La Human Steps, Jungsung
Lee, Charlotte Moorman, Lou
Reed, Ryuichi Sakamoto,
Popular Mechanix
(St. Petersburg), Seoul
Performing Art Highschool,
Die Toten Hosen, e tutto il
personale dei tre spettacoli
satellite *Good Morning,
Mr. Orwell*, 1984, *Bye Bye
Kipling*, 1986, *Wrap Around
the World*, 1988.

Nam June Paik, TV Spots
of 45. Venice Biennale
«High Tech Gondolas», *1993*

Trésors de voyage
Monastero Mechitarista
Isola di San Lazzaro degli Armeni

**La notte dell'informazione:
strumenti di pace**
Possagno, Gipsoteca
Antonio Canova

Insulae & insulae
Ca' Giustinian, Sala delle Colonne

**Incroci del sud
Affinities**
Fondazione Ugo e Olga Levi

**Mostre patrocinate
da La Biennale
di Venezia**

Trésors de voyage

Narrano le antiche cronache francesi che Carlo Magno acquistò degli abiti di seta orientale da mercanti veneziani, e che un cavaliere del suo seguito incontrò a Pavia un mercante di Venezia, ben informato sui prezzi dei tessuti di seta nelle città bizantine. Si sa inoltre, da fonte certa, che a partire dall'inizio del IX secolo, Venezia intratteneva rapporti commerciali non solo con Costantinopoli ma anche con Alessandria d'Egitto e le città della Siria.

Venezia era dunque in grado, già prima dell'anno mille, di collegare tra loro due luoghi così lontani fra loro come la corte carolingia di Aix-la-Chapelle e i caravanserragli di Samarcanda. Le sue navi percorrevano le rotte del Mediterraneo, senza far distinzione tra due potenze rivali: Bisanzio e l'Islam. Si diceva infatti che, se il navigatore veneziano era considerato dai bizantini un compatriota, per gli arabi era un amico.

Si legge nei libri di storia che la rete commerciale veneziana costituiva un «ponte» fra l'Oriente e l'Occidente, e che l'attraversamento di questo ponte non era evidentemente consentito a tutti. Al contrario, era esclusivo appannaggio dei veneziani, e non era certo senza pericolo.

T.S. Eliot ci dà questa immagine del marinaio mercante, che affrontava le infide rotte:

«Phlébas, il Fenicio, morto da quindici giorni
Dimenticò il grido dei gabbiani, e il fondo gorgo del mare
E il profitto e la perdita.
Una corrente sottomarina
Gli spolpò le ossa in mormorii».
(Da T.S. Eliot, The Waste Land, IV)

Ben altra, e piena di gioia, è la visione del poeta Costantino Cavafis:

«Augura che il cammino sia lungo,
numerose le mattine d'estate
in cui avrai gioia, il piacere
dei porti fino allora sconosciuti;
fermati presso gli emporii dei Fenici,
e scegli le buone merci,
madreperle e coralli, ambre e ebani,
e i profumi voluttuosi di ogni specie,
i profumi voluttuosi più che puoi;
visita molte città d'Egitto,
impara e impara ancora dai saggi».
(Da Costantino Cavafis, Itaca)

Kalokairinà proià (nella piena luce del mattino): quale espressione più sublime può rendere la luminosità mediterranea. È in questa luce dunque e nella prospettiva di quella morte che si svolgeva l'avventura di quei mercanti che, tornando dai loro viaggi, portavano con sé un tesoro che aveva il valore della lontananza e della rarità. Le stive delle loro navi dovevano apparire alla fantasia popolare come le caverne delle Mille e una Notte, colme di oggetti preziosi di ogni sorta. L'opera d'arte è simile al bene prezioso che giunge in porto da lidi lontani. La distanza che separa lo studio, in cui avviene la trasmutazione artistica, dal luogo dell'esposizione, è smisurata, così come era incommensurabile quella che separava Venezia dai luoghi di provenienza delle merci che importava.

Quale luogo migliore dell'isola di San Lazzaro a Venezia, per ritrovare la dimensione fantastica dell'opera d'arte, in cui si avverte ancora quel clima mediterraneo, fatto di avventura e rischio, che nell'antichità, ad Atene prima e a Bisanzio poi, fu la culla dell'arte occidentale.

Venezia, e in particolare l'isola di San Lazzaro, è dal XVIII secolo un luogo in cui si trova ancora oggi, in tempi di viaggi facili e di distanze inesistenti, quella distanza ideale di cui l'opera d'arte è un ponte, e in cui ci si costituisce e si raccoglie. Il monastero armeno dell'isola di San Lazzaro è abitato dai monaci dell'ordine dei Mechitaristi. È situato nel mezzo della laguna di Venezia fra piazza San Marco e il Lido, a dieci minuti di vaporetto dalla Riva degli Schiavoni. Dal XVIII secolo, il monastero conserva in una grande biblioteca e nel museo, la memoria di un Oriente lontano e insieme molto vicino. Ne sono parte integrante una scuola, una casa editrice, e inoltre, l'isola accoglie anche una tipografia, fondata nel 1788, le cui edizioni sono di notevole valore.

Adelina von Fürstenberg

Alighiero e Boetti

Torino 1940
Vive a Roma

1. I libri rossi di Alighiero e Boetti, 1977-93

Marco Bagnoli

Firenze 1949
Vive a Firenze

1. L'Archange Empourpré, 1984
(L'Arcangelo imporporato)

Christian Boltanski

Parigi 1944
Vive a Parigi

1. Livres 1968-93
(Libri 1968-93)

Jacques Bruel

Nantes, Francia, 1948
Vive a Parigi

1. Les trois âges de la vie, 1988
(Le tre età della vita)

Frédéric Bruly-Bouabré

Zéprégühé, Costa d'Avorio, 1923
Vive in Costa d'Avorio

1. Connaissance du monde, 1990
(Conoscenza del mondo)

Daniel Buren

Boulogne-Billancourt, Francia, 1938
Vive a Parigi

1. Incrusté, 1993
(Incrostato)

Gino De Dominicis

Ancona
Vive a Roma

Silvie & Chérif Defraoui

Ginevra
Vive a Vufflens-le-Chateau, Svizzera

San Gallo, Svizzera
Vive a Corbera de Llobregat, Spagna

1. Le jour les fenêtres sont plus petites, 1990
(Di giorno le finestre sono più piccole)

Braco Dimitrijevic

Sarajevo 1948
Vive a Parigi e Londra

1. About Two Artists, 1969-75
(Su due artisti)

Lili Dujourie

Roselare, Belgio, 1941
Vive a Lovendegem, Belgio

1. Sans titre (Cabinet), 1990-91
(Senza titolo - Armadietto)

Pepe Espaliu

Cordova 1955
Vive a Madrid

1. Paseo del Amigo, 1993
(Paseo dell'amico)

Shirazeh Houshiary

Shiraz, Iran, 1955
Vive a Londra

1. The Image of Heart, 1991
(L'immagine del cuore)

Anish Kapoor

Bombay, India, 1954
Vive a Londra

1. Moon, 1990
(Luna)

Per Kirkeby

Copenhagen 1938
Vive a Copenhagen, Laeso
e Francoforte

1. Untitled, *1993*
(Senza titolo)

Sol LeWitt

Hartford, Stati Uniti, 1928
Vive a Chester, Connecticut,
e Spoleto

1. Complex Form, *1990-91*
(Forma complessa)

Annette Messager

Berek-sur-Mer, Francia, 1943
Vive a Parigi

1. Bâtons de Pélerin, *1993*
(Bastoni del Pellegrino)

Stephen Mueller

Norfolk, Stati Uniti, 1947
Vive a New York

1. Sans titre, *1993*
(Senza titolo)

Matt Mullican

Santa Monica, Stati Uniti, 1951
Vive a New York

1. Cosmology, *1983*
(Cosmologia)

Pablo Reinoso

Buenos Aires 1955
Vive a Parigi

1. Passeur de Temps, *1992*
(Traghettatore del tempo)

Sophie Ristelhueber

Parigi
Vive a Parigi

1. Fait, *1992*
(Fatto)

Sarkis, L'atelier, *1993*

Sarkis

Istanbul
Vive a Parigi

16 cornici
con differenti titoli,
1986-93

Pat Steir

Newark, Stati Uniti, 1940
Vive a New York e Amsterdam

1. Dragon Tooth Waterfall,
1990
(Cascata dei denti di drago)

Garo Terzian

Erevan, Armenia, 1961
Vive a Grenoble

1. Sans titre, *1992*
(Senza titolo)

Chen Zhen

Shangai, Cina, 1955
Vive a Parigi

1. Trépieds, *1993*
(Treppiedi)

Produzione Magasin, Centre
National d'Art Contemporain
de Grenoble
Con il contributo dell'A.F.A.A.
(Association Française d'Action
Artistique) Ministère des
Affaires Etrangères, Paris.
Con il patrocinio
della Biennale di Venezia

Chen Zhen, Le retour du
Fantôme de l'homme, *1992,*
particolare

Sol Lewitt, Pyramids, *1986*

Gino De Dominicis,
Scheletro, *1990*

Lili Dujourie, Sans titre
(cabinet),
1990-91, particolare

Alighiero e Boetti,
En alternant de 1 à 100
et vice versa, *1993*

Silvie & Chérif Defraoui,
Les jour les fenêtres
sont plus petites, *1990*

Matt Mullican,
Sans titre, *1990*

Pepe Espaliu,
Sin título, *1992*

Shirazeh Houshiary,
The Image of Heart, *1991*

Pat Steir,
La lingne du coeur,
1992

Sophie Riestelhueber,
Fait, *1992*

La notte dell'informazione: strumenti di pace

Intorno a Canova ars adriatica

Intorno a Canova *senza sensuali mitologie, trionfi o lotte ma con esattezza e molteplicità, per non disdegnare bellezza, virtù e grazia, ma per riuscire a presentare l'ars adriatica in una specie di teatralizzazione della storia presente, senza nessuna maniera e nessuna ricerca del pittoresco.*

Le Venezie, Centro triveneto per la cultura e le arti visive, confortate dal patrocinio della Biennale, attraverso l'esposizione mettono in rapporto con la stessa le Soprintendenze ai beni architettonici e ai beni artistici e storici del Veneto, la Fondazione Canova e l'Opera pia del tempio, la Provincia di Treviso e il Comune di Possagno, svolgendo funzione di catalizzatore di esperienze comuni.

Se il test coltiva l'ideale di un uomo in cui la fantasia, lievitata da ogni accadimento, continui a far credere nel valore della vita anche quando la società reale invoca le ombre, allora forse la topografia del labirinto può essere esplorata.

Canova scelto non solamente per ricreare nell'attività della memoria l'anno a lui dedicato e da poco concluso, ma per il carattere internazionale della sua opera, per la modernità del suo atteggiamento anche nell'aver adeguato ai tempi il concetto di scultura, collegandosi con la società e incrementando un mercato, altrimenti improponibile, attraverso l'impiego dei gessi, mostrati e tradotti in marmo solo dopo l'ordine.

La Gipsoteca, considerata luogo «destinato ad essere sempre più riconosciuto come uno dei maggiori santuari della scultura mondiale», come scriveva Fred Licht nove anni orsono, dove Carlo Scarpa, annettendo una nuova struttura alla preesistente basilica del Segusini, ha ridistribuito ogni scultura sul bianco totale, improntando, per felice intuizione, con luce spiovente dall'alto, lo spazio dell'ambiente che si anima di presenze. Per questo popolo perfetto in cui la «grazia nata dalla bella natura» assimila umanità, concretezza, autenticità in un ordine ritrovato e fondato sulle ragioni profonde dell'arte, si inaugurano, in occasione della XLV Biennale, tre luminose aule di Luciano Gemin.

In questi spazi inizialmente pensati da Canova, condotto sempre verso l'azione alla quale sapeva imporre risoluzioni di ordine intellettuale e poetico, si confrontano ora più culture affacciate sull'Adriatico.

L'area di riferimento de Le Venezie, che abbraccia tre regioni, ha stimolato una collaborazione con gli stati confinanti a est, dopo aver avviato ricerche concrete su aspetti caratteristici di tempo e di luogo dei meccanismi di funzionamento di società diverse. Intendendo proseguire questa scelta operativa attraverso azioni reali quali segni inconfondibili della necessità di una ripresa civile in luoghi martoriati, da quelli più vicini ai più lontani, Le Venezie propongono, quali strumenti di conciliazione e di intesa, aspetti diversi dalla creazione artistica di una società multiculturale per andar oltre l'enunciazione di principi.

La scelta di David Finn per interpretare Canova, sollecita un passato-presente, caricando e insieme fondendo diversità storiche e geografiche nel processo di universalità della cultura. Le immagini del fotografo americano di particolari delle sculture dell'artista, concentrano l'attenzione in modo più suadente dell'opera nel suo insieme e allargano la possibilità di lettura e di comprensione, restando tuttavia affidate alla misteriosa ambiguità di ammiccamenti, di richiami o di fascinose sovrapposizioni di forme sulla forma.

Irrinunciabile contributo della contemporaneità è fornito dalle esperienze degli scultori invitati, Romano Abate, Giuliano Caneva, Pino Castagna, Adolf Vallazza, che, avendo come denominatore comune una materia, il legno, testimoniano, attraverso l'opera, i processi tecnici e formali dell'immagine nel suo rapporto con ogni drammatico accadimento.

Accanto a questi si trovano i pittori Franco Batacchi, Santorossi, Ottorino Stefani, da tempo efficienti nel condividere l'attenzione verso Canova penetrando gli oggetti della sua cultura per considerarne l'effetto.

Fra tutti si innestano prepotentemente Danino Božić, Dragica Čadež, Nenad Dančuo, con la carica degli artisti che vivono la realtà della guerra attraverso la sua estetizzazione, per colpire e provocare.

Se nel campo musicale la presenza di Giusto Pio, per grinta e lucidità di analisi, rappresenta una delle forme di ricerca più suggestive e avanzate, i suoi interventi nella mostra interagiscono con le opere, ampliando l'aspetto interdisciplinare dell'esposizione. Il linguaggio digitale del musicista, nel processo di contaminazione di lessici diversi, è mezzo espressivo e metafora di nuove idee.

Nel 1991, poco prima di lasciarci, Massimiliano Pavan scriveva per noi: «Quando il Comune di Venezia il 19 aprile 1893 diede il via all'istituzione di una mostra biennale d'arte, la comunione tra l'evento cittadino e regionale e quello nazionale implicava progetti di antica aspirazione e una visione dell'Adriatico non come mare circoscritto ma canale di collegamento con lidi lontani cui le strade ferrate davano anche alimento di scambi con l'Europa Balcanica...».

Siamo certi di riprendere il suo pensiero e di interpretarlo ipotizzando, oggi, un'arte del dialogo che possa svolgersi attraverso l'esperimento di questa mostra, illuminata dal faro della Biennale in un suo aspetto inedito, per trarre dall'ombra luoghi e figure della terraferma di Venezia. Il che significa non aver perduto l'illusione dell'uomo colto, l'illusione dell'arte, di negare cioè la solitudine e il silenzio.

Luigina Bortolatto

Romano Abate

Cividale del Friuli 1941
Vive a Olmi di Treviso

Franco Batacchi

Treviso 1944
Vive a Venezia

Danino Božić

Pola 1961
Vive a Katerlir, Istria

Dragica Čadež

Lubiana 1940
Vive a Lubiana

Giuliano Caneva

Udine 1948
Vive a Udine

Pino Castagna

Castelgomberto, Vicenza, 1932
Vive a Costermano sul Garda, Verona

Nenad Dančuo

Zagabria 1954
Vive a Zagabria

David Finn

New York 1921
Vive a New Rochelle, New York

Santorossi

Treviso 1947
Vive a Carità di Villorba, Treviso

Ottorino Stefani

Volpago del Montello, Treviso, 1928
Vive a Montebelluna, Treviso

Adolf Vallazza

Ortisei, Bolzano, 1924
Vive a Ortisei

Organizzazione e promozione di Le Venezie. Centro Triveneto per la Cultura e le Arti Visive, Soprintendenza ai Beni Architettonici del Veneto, Soprintendenza ai Beni Artistici e Storici del Veneto, Fondazione A. Canova, Opera Pia Dotazione del Tempio di Possagno, Provincia di Treviso, Comune di Possagno (TV). Con il patrocinio della Biennale di Venezia

Danino Božić,
Ai miei poveri novant'anni,
1992

Santorossi,
Il bosco di Endimione,
1993

Romano Abate, Orfeo, *1992*

Insulae & insulae

Nuove forme di esperibilità estetica

Se è vero che l'operare su una forma non può valere come costruzione di altri mondi, astrattamente indipendenti da quello dell'originaria e naturale oggettività del «già-dato», il fare dell'uomo si limita di fatto a rompere un equilibrio pre-esistente, e a dare dunque a quest'ultimo altre simmetrie, altri volti, altre configurazioni: effetto di un radicale differenziarsi dell'identico. Certo, la conseguente renovatio mundi *non può essere tale in quanto disponibile a custodire l'oggetto di questa operazione di ri-facimento come il nonostante tutto ancora-presente nella forma di un eloquente* non-più. *Ma, ciò che più conta, è che la fatticità dell'opera, il prodotto, non vale come semplice trasfigurazione di questa o quella oggettualità pre-esistenti, ma piuttosto come autentica ri-scrittura del mondo intero di cui quello avrebbe dovuto significare l'immediata, anche se irrappresentabile, presenza. Dunque,* ecce miraculum: *se tutto ciò ha un qualche significato, è anche evidente che quel mondo, che l'esperienza conoscitiva non può che limitarsi a evocare per il tramite di un oggetto mai davvero presente (in quanto manchevole della determinatezza resa possibile dalla presenza della totalità delle sue condizioni), reso miracolosamente «presente», nella sua altrimenti impossibile positività, dall'operazione demiurgica della trasfigurazione artistica. Esso, l'inaccessibile negativo, è rovesciato, per la* negatio negationis *del fare produttivo, in «determinatamente positivo» (d'altra parte ogni positività è ineluttabilmente determinata – come mostrava nel modo più radicale la «logica» hegeliana). Nell'opera, per l'appunto. Non certo nel mondo attualmente presente come con-testo della stessa, anch'esso semplicemente evocato da quest'ultima come il suo ancora una volta irrapresentabile orizzonte. In questo senso davvero l'opera fa-mondo; «retroattivamente», è chiaro. Come dire che il suo futuro è l'indeterminata negatività di un «già-stato» di cui essa, solamente, può farsi positiva significazione. Solo in questo senso la sua determinatezza può esser fatta valere come determinatissima presenza di un «non-più» realmente incondizionato; e, ciò va sottolineato, in termini radicalmente diversi da quelli in cui tale paradosso riusciva a essere pensato dal* theorein *kantiano e dal pensiero a partire da esso costituitosi quale forma specifica dell'immaginario romantico e dei suoi epigoni novecenteschi (non ultimo l'azzardo duchampiano). Infatti, solo nella dire-*

zione che stiamo qui prospettando l'incondizionatezza del prodotto può costituirsi come metron *di un giudizio estetico, scongiurando il tragico inabissarsi della determinata fatticità dell'opera in quanto la* negato negationis *in cui l'operare viene a definirsi come tale, precipita in una mondità risolventesi tutta nella determinatissima e positiva «negazione» cui questo stesso operare ha dato luogo come suo prodotto – nulla di là da quest'ultimo (che è per ciò stesso anche autentica condizione di possibilità della «chiara ed evidente» presenza della determinatezza della forma pre-esistente su cui l'operare era tutto concentrato). Essendo in tale opera venuto alla luce il mondo che prima era solo in forza di un «dover essere» tutto formale, la stessa «precedentemente impossibile» determinatezza cui l'operare rivolgeva il proprio anelito trasfigurante è da quest'ultimo ormai resa davvero esistente. Nessuna figura, dunque, davvero «esiste», se non come effetto di una radicale tras-figurazione che pone in immagine, appunto, ciò che altrimenti si costituirebbe solamente nel paradosso di un'immagine assolutamente inimmaginabile.*

E poi, solo nei termini qui prospettati l'assolutezza dell'opera è empiricamente percepibile – equivalendo, sic et simpliciter, *alla sua perfetta «insularità». Ché la determinatissima concentrazione esperienziale in cui il fare demiurgico dell'artista mette radicalmente in gioco tutto quel passato che nella positiva e attuale presenza della sua perfetta* qualitas *viene restituita a una visibilissima nonché singolarissima definibilità. Da ciò la rottura di una troppo codificata significazione che le forme del reale sono state troppo a lungo costrette a sopportare; allora il reale è veramente detto, e gli «ismi» prodotti da quelle codificazioni astrattamente de-liranti (in quanto eccedenti i confini – la lira – del «proprio» dell'ente) vengono travolti dal processo implosivo di un venire all'esserci da cui sono rigorosamente espulse tutte le indeterminate e dunque irrisolte «negatività» che hanno fatto il successo di un romanticismo davvero tutto già dominato dal più radicale arbitrio ermeneutico (assai prima delle ormai sfacciatamente deresponsabilizzate danze esegetiche dell'ermeneutica contemporanea).*

Massimo Donà

Insulae & insulae

L'esposizione Insulae & insulae *nasce da un progetto di QuNST (Istituto di cultura dei linguaggi artistici ed estetici, operante a Venezia) che accomuna alcuni artisti come Piergiorgio Colombara, Francesco Correggia, Daniele Degli Angeli, Carlo Tognolina e Luigi*

Viola che lavorano in città diverse, ma che hanno un costante punto d'incontro a Milano, e alcuni artisti veneziani come Franco Costalonga, Gea D'Este, Paolo Giordani, Silvestro Lodi e Franco Montemagno che sono appunto tra i fondatori di QuNST. È evidente che questi artisti non hanno affinità di tendenza o di poetica, oggi più che mai improbabili, ma sono legati invece a indirizzi di ricerca assai prossimi a una problematizzazione del fare arte con intenti rifondativi.

Il concetto di insularità, proposto da Luigi Viola alcuni anni addietro, è stato importante per buona parte degli artisti che partecipano a questa esposizione, proprio per delineare una praticabile prospettiva di lavoro. È un concetto che presenta diverse sfaccettature: parlare di insularità innanzitutto significa respingere la tipica concezione che sussume ogni situazione artistica entro una persistente idea di «centro» e di «periferia» o, più estensivamente, di «internazionalismo» e di «localismo» nei circuiti delle arti visive, in maniere spesso pretestuose o troppo semplificatrici, come se il radicarsi di certi fenomeni artistici in determinate aree storico-geografiche fosse una questione trascurabile, mentre in realtà nel nostro secolo tale «radicamento» è stato un fenomeno straordinariamente complesso, per nulla facile da delineare e che attende ancora di essere opportunamente indagato e approfondito regione per regione. È detto, infatti, che una certa «marginalità» dai grandi circuiti espositivi non possa essere invece una condizione indispensabile per un artista, proprio per «darsi tempo» al fine di sviluppare un discorso coerente e continuativo che vada oltre la gratificazione di un riconoscimento effimero e occasionale, puntando su alcuni requisiti indispensabili per sviluppare un pensiero sull'arte e sull'attività artistica facendo appunto arte.

Mentre il mercato privilegia tendenzialmente tutto ciò che è semplificatorio, la ricerca artistica privilegia la complessità, che è esattamente il contrario di ogni falsa semplificazione, ovvero quanto passa per i consueti mezzi d'informazione. Parlare in termini di insularità per questi artisti vuol dire respingere non solo quanto è troppo semplificatorio, ma anche certe categorie critiche troppo generiche (o troppo generalizzanti) circa la complessità del fare arte col rischio di appiattirne la problematicità.

Non è allora soltanto entro il continuum della comunicazione estetico-artistica (da cui solo in parte si può prescindere) nascono, si elaborano e si sviluppano le proposizioni dell'arte di oggi e di domani, ma è piuttosto nella pausa riflessiva dell'artista, che mira ad approfondire un più proprio ed ele-

vato livello di ricerca, indubbiamente più produttivo ma dai tempi più lunghi, i quali mal si conciliano con i meccanismi perversi di un «presenzialismo» distraente, tipico di una fin troppo vulgata figura d'artista.

Ma il concetto di insularità pone anche il problema del rapporto dell'artista col proprio lavoro, con la propria solitudine nel misurarsi con i problemi dell'arte, quindi con le proprie scelte e con i propri retaggi sviluppando un «discorso» la cui complessità è irriducibile al contesto sociale e culturale dal quale emerge: insula quindi l'artista stesso con riferimento al suo fare e pensare, insula l'assolutezza stessa dell'opera.

Gli artisti della presente mostra cercano di praticare una diversa deontologia nel fare arte: essi pongono in primo piano l'esigenza riflessiva, che per alcuni in particolare è strettamente legata a una pratica rifondativa del fare e pensare arte. Ogni effettiva messa in questione non può che affidarsi a tempi più lenti di quelli del mercato, quindi meno legati a una «domanda produttiva» troppo strutturata e prevedibile, cercando di avvicinarsi ad alcune questioni ineludibili del destino dell'arte nel nostro tempo, che non fanno parte evidentemente del mero «rumore di fondo».

Porre l'ipotesi di una pratica rifondativa per alcuni di questi artisti vuol dire riconoscere una notevole affinità tra la pratica artistica e quella filosofica, dove il fare e il pensare non solo sono momenti strettamente connessi – come dovrebbe risultare ovvio – ma non possono essere dati per scontati in quanto ripropongono la grande questione della percorribilità dell'arte oggi, cioè quale essa sia in effetti. Ne viene, d'altro canto, un'esigenza di consequenzialità tra determinate impostazioni – evidentemente non solo operative – e gli esiti artistici che ne derivano. Si tratta di una scommessa difficile, legata a una vigile preoccupazione circa il futuro dell'arte, che poi è anche la questione dello spazio dell'arte entro i saperi contemporanei e quindi del valore dell'esperienza e della conoscenza artistica.

Giorgio Nonveiller

Piergiorgio Colombara

Genova 1948
Vive a Genova

Francesco Correggia

Catanzaro 1950
Vive a Milano

Franco Costalonga

Venezia 1933
Vive a Venezia

Daniele Degli Angeli

Cesena 1946
Vive a Bologna

Gea D'Este

Venezia 1943
Vive a Venezia

Paolo Giordani

Venezia 1945
Vive a Venezia

Silvestro Lodi

Marostica, Vicenza, 1947
Vive a Venezia

Franco Montemagno

Catania 1940
Vive a Conegliano, Treviso

Carlo Tognolina

Fusine, Sondrio, 1951
Vive a Milano

Luigi Viola

Feltre, Belluno, 1949
Vive a Venezia

Luigi Viola,
Area di natura protetta,
1992

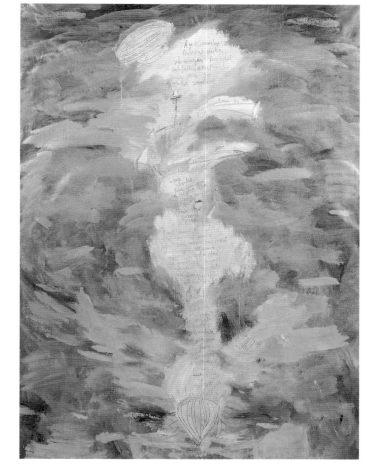

Con il patrocinio
della Biennale di Venezia

Francesco Correggia,
Il dire del detto si mostra,
1992

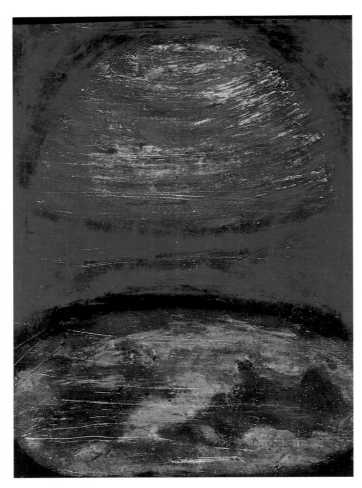

Daniele Degli Angeli,
La nicchia delle luci, 1991

Franco Montemagno,
Monadico-Noetico-Tautologico
n. 2, *1993*

Carlo Tognolina,
Otre di Klein, *1992,*
particolare

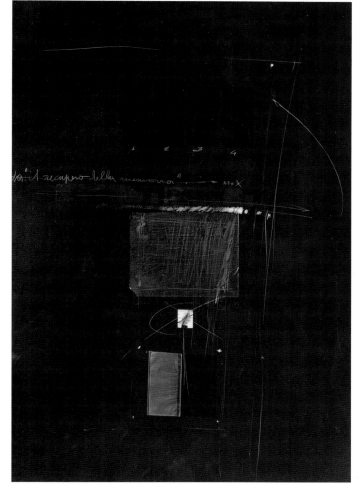

Silvestro Lodi,
Senza titolo, *1993*

Paolo Giordani,
Isola, *1993*

Gea D'Este,
Senza titolo, *1991*

Incroci del Sud. Affinities

Concetto per la mostra «Incroci del Sud. Affinities»

Prologo
In questa mostra si possono configurare una molteplicità di piani d'informazione e interpretazione:
- la relazione tra un'opera e l'altra;
- la relazione tra l'opera e il suo significato;
- la relazione tra l'opera e lo spettatore;
- la relazione tra l'opera e l'allestimento;
- il concetto del dialogo tra opposti;
- il concetto del dialogo tra spiriti affini.
Il percorso (la passerella) della mostra offre un'esperienza «multivisiva» e «multilingue» mentre fornisce un orientamento tramite una data serie di costanti: pittura, scultura, incisioni, mezzi visivi, installazioni collocati all'interno dello spazio definito dalla struttura espositiva.

Dialogo
In Sudafrica, il linguaggio dell'arte viene trasmesso in tante lingue, di cui la retorica è determinata da forme eterogenee. Si può anche parlare dell'esistenza di punti fissi/costellazioni le quali facilitino flussi incrociati e la conseguente genesi di nuove forme ibride.
L'espressione figurativa è emblematica di tante opere sudafricane. I pittori Catherine, Dietrich, Ka Mkame, Kentridge, Makhoba, Motswai, Sebidi, Siopis e gli scultori Botha, Maswanganyi, Segogela e Strydom occupano un posto ben individuato. In questi lavori il discorso su temi quali risorse, migrazione, la vita urbana si dipanano attorno ai «nodi» archeotipici dei riti, radici e della vita organica. La questione se artisti neri debbano adottare un vocabolario astratto, fa parte del dibattito sull'arte in Sudafrica. Il pioniere Koloane mostra lavori a mezza strada tra forme astratte e figurative, mentre i giovani pittori Nel e Nkotsi esplorano il confine tra due possibili opposti.
Una casa, un'installazione a forma di medaglia, una cupola sacra a forma di sega circolare che abbraccia lo spazio.
Williamson, Payne, Schönfeldt scandagliano la memoria passata e presente. Questi lavori funzionano come determinanti sociali sullo sfondo di dati fenomeni storici.
Sistemi visivi: il commento sociopolitico, parlato, disegnato, scritto, assemblato. I pittori Bester, Geers e Kentridge decifrano, recodificano, trasmettono la realtà urbana.
L'architettura, nella sua funzione di occupare e definire lo spazio, prescrive il nesso delle varie categorie: l'architettura emerge come potere organizzante tra le arti. Zungu adopera una geometria flessibile per ricreare, bidimensionalmente, un mondo di edifici a più piani e macchine che trasportano le persone. Impulso atrofico e un'architettura a base di perline geometriche.
Occupando un'arca collocata fisicamente e concettualmente tra il bi e il tridimensionale, tra l'intaglio e la stampa a rilievo, tra il principio maschile e quello femminile, se vogliamo, l'incisione è una categoria autonoma di espressione artistica. Questa è stata elevata a categoria indipendente originariamente da Albrecht Dürer. Stampe su carta con matrice di legno o di metallo: Hobbs e Skotnes mostrano immagini speculari del blocco e della lastra.

Epilogo
Si dovrebbe tener conto che una società viene determinata non già dalle immagini pittoriche ma dalla contingente ratio del potere. Nonostante l'arte abbia in sé la capacità di sostenere le istanze sociali e di circoscrivere gli ambiti. La passerella che congiunge questi lavori di diversa provenienza costituisce una sorta di legame immaginario e allo stesso tempo è il luogo deputato per gli incontri. Qui passano, si incontrano, il dialogo comincia – sotto il cielo di Venezia e i suoi punti cardinali d'arte.

Sally Arnold

Willie Bester

Montagu 1952
Vive a Mitchell's Plain, Sudafrica

1. Township Life, 1993
(Vita di borgata)
Tecnica mista su lastra, 85 x 126 cm

Andries Botha

Durban 1952
Vive a Durban, Sudafrica

1. Baptism for the Fallen...and Those Taken Darkly, 1990
(Battesimo per i caduti...e quelli sorpresi nel buio)
Metallo, paglia, tappi di lattine, 94 x 183 cm

Norman Catherine

East London 1949
Vive a Hartebeespoort, Sudafrica

1. Confession, 1993
(Confessione)
Olio su tela, 200 x 142 cm

Keith Dietrich

Johannesburg 1950
Vive a Johannesburg, Sudafrica

1. Themba, Thinsila and the Tigermat, 1987
(Themba, Thinsila e la stuoia con tigre)
Pastello su carta, 200 x 110 cm

Kendell Geers

Johannesburg 1967
Vive a Johannesburg, Sudafrica

1. Untitled (Riot), 1993
(Senza titolo - Rivolta)
Tecnica mista, 150 x 190 cm

Philippa Hobbs

Johannesburg 1955
Vive a Johannesburg, Sudafrica

1. Madonna of Eternal Light, 1993
(Madonna della luce eterna)
Xilografia, matrice di legno, 143 x 113 cm

Sfiso Ka Mkame

Durban 1963
Vive a Clermont, Sudafrica

1. Nomalong Is Gonna Be Married, 1991
(Nomalong si sposa)
Gessetto, 76 x 1050 cm

William Kentridge

Johannesburg 1955

1. Head, 1991
(Testa)
Acquerello, carbone su carta, 148 x 119 cm

2. Johannesburg 2nd Greatest City After Paris
(Johannesburg la città più interessante dopo Parigi)
Videoclip
Monument
(Monumento)
Videoclip
Mine
(Miniera)
Videoclip
Sobriety, Obesity and Growing Old
(Sobrietà, obesità e invecchiamento)
Videoclip

David Koloane

Alexandra, Johannesburg, 1938
Vive a Johannesburg, Sudafrica

1. Made in South Africa I, 1992
Grafite su carta, 64 x 91,5 cm

2. Made in South Africa II, 1992
Grafite su carta, 64 x 91,5 cm

3. Made in South Africa III, 1992
Grafite su carta, 64 x 91,5 cm

Noira Mabasa

Tshigalo, Venda, 1938
Vive a Vuwani, Venda, Sudafrica

1. Carnage II, 1988
(Strage II)
Legno, 79 x 197 x 218,5 cm

Trevor Makhoba

Durban 1956
Vive a Umlazi, Sudafrica

1. Sharing Mood of the Future, 1991
(Senso di condivisione del futuro)
Olio su carta, 63,6 x 42,8 cm

Johannes Maswanganyi

*Vicino a Giyani, Gazankulu,
1948
Vive al Msengi Village,
Gazankulu, Sudafrica*

1. Crocodile Head, *1980*
(Testa di coccodrillo)
Legno dipinto, 74 x 37 x 234 cm

Tommy Motswai

*Johannesburg 1963
Vive vicino a Johannesburg,
Sudafrica*

1. Tommy, Evelyn, Children,
Florida Lake, *1991*
*(Tommy, Evelyn, bambini,
Florida Lake)*
Pastello su carta

2. Excellencies, *1992*
(Eccellenze)
Pastello su carta, 66 x 105,5 cm

Karel Nel

*Pietermaritzburg 1955
Vive a Johannesburg, Sudafrica*

1. Sounding: Ancestral Dream
(Sogno ancestrale)
Tecnica mista, 200 x 200 cm

Tony Nkotsi

*Johannesburg 1955
Vive a Johannesburg, Sudafrica*

1. Burning Canvas, *1986*
(Tela bruciante)
Olio su tela, 164,8 x 206,3 cm

Malcolm Payne

*Pretoria 1946
Vive a Città del Capo, Sudafrica*

1. Frederick Jameson
in Witbank, *1991*
(Frederick Jameson a Witbank)
*Carbone, vetro, acrilico, tela,
feltro, 275 x 360 cm*

Joachim Schönfeldt

*Pretoria 1958
Vive a Johannesburg, Sudafrica*

1. Saw, *1992*
(Sega)
*Legno compensato, legno
Struttura sospesa:
200 x 200 x 75 cm
Scultura a pavimento:
65 x 45 x 50 cm*

Helen Sebidi

*Vicino a Hammanskraal 1943
Vive a Johannesburg, Sudafrica*

1. Mother Africa II, *1988*
(Mamma Africa II)
Pastello su carta, 155 x 129 cm

Mashego Segogela

*Sekhukhuneland 1936
Vive in Sudafrica*

1. Multidenomination
Conference, *1993*
(Conferenza multiconfessionale)
*Legno dipinto, 47 cm a figura,
base 80 x 80 cm*

Penny Siopis

*Vryburg 1953
Vive a Johannesburg, Sudafrica*

1. Dora and the Other Woman
(Dora e l'altra donna)
Pastello su carta, 153 x 120 cm

Pippa Skotnes

*Johannesburg 1957
Vive a Città del Capo, Sudafrica*

1. Sound from the Thinking
Strings
(Suono di corde pensanti)
*Quattro acqueforti,
19,8 x 15,8 cm ciascuna*

Willem Strydom

*Johannesburg 1945
Vive a Pietrasanta, Italia*

1. Gariep
*Rilievo in marmo,
diam. 45 x 10 cm*

2. Gedaante verwisseling
oggendster se vrou
*(Metamorfosi moglie
della stella vespertina)
Marmo, 66 x 34 x 70 cm*

3. Van Zijlsrust, *1993*
*Rilievo in marmo,
diam. 45 x 10 cm*

Kendell Geers,
Untitled (Riot), *1993*

William Kentridge,
Head, *1991*

Sue Williamson

Lichfield, Regno Unito, 1941
Vive a Città del Capo,
Sudafrica

1. Mementoes of District Six,
1993
(Ricordi di District Six)
Installazione, tecnica mista,
217 x 130 cm

Tito Zungu

Distretto di Napumulo,
Natal,
1946
Vive a Durban, Sudafrica

1. Plane and Building
(Aeroplano e edificio)
Matita, penna a sfera,
pennarelli, carta lucida
e cartone, 17 x 32 cm

2. Untitled
(Senza titolo)
Pennarello, 17 x 32 cm

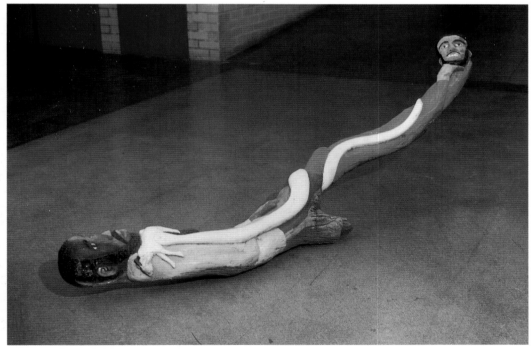

William Segogela,
Multidenomination
Conference, *1993*

Johannes Maswanganyi,
Crocodile Head, *1980*

Organizzazione del Governo
del Sudafrica con il contributo
della Giunta della Presidenza
Regione Lazio.
Con il patrocinio
della Biennale di Venezia.

9 giugno
Alessandro Mendini
Swatchanschauung
James Lee Byars
La vostra presenza è l'arte più bella
Giardini di Castello
Allan Kaprow
Squeeze Play
Zitelle
Art Affair
Xenografia
Giardini di Castello
Peter Greenaway
Palazzo Fortuny

9-11 giugno
Margaret Leng Tan
Performance
musicale
Teatro Goldoni

10 giugno
Emilio Fantin
Concerto per un piacere pubblico
Zitelle
Chiari, Lombardi, Simonetti, Marchetti, Cardini e Mosconi
Performance musicale
Teatro Goldoni
Robert Wilson
Lecture
Zitelle

10-11 giugno
Direttori Network - Paesi Europa dell'Est
Convegno Centri Soros di Arte
Contemporanea
Biblioteca Fondazione Guggenheim

10-12-13 giugno
Amos Gitai
La Guerra dei Figli
della Luce contro i Figli delle Tenebre
Campo del Ghetto

11-12-13 giugno
Andrés García Cubo
Flamenco y kathak
Teatro Goldoni

12 giugno
Anna Mari & Matteo Licitra
Jazz in Time
Teatro Fondamenta Nuove

12-13 giugno
Derek Jarman
Blue
Zitelle

8-9 ottobre
Convegno: l'arte delle mostre
Parigi

Eventi

Swatchanschauung

Questo segno urbano ha caratteri neo-pop: si presenta come un ready-made dorato, come il redesign ingigantito di un oggetto mitico della nostra epoca: l'orologio Swatch, eletto a elegante monumento nelle piazze di Venezia.

Giocando sul rapporto fra arte, design e architettura, quest'opera non si atteggia a vero monumento, ma ne è invece la finzione.

È l'ironica rappresentazione del linguaggio di un probabile monumento, la citazione sub-specie artistica di un oggetto di grande serie, simbolo e feticcio di un modo disincantato di considerare il tempo.

Simile a un piccolo campanile ripetibile anch'esso in serie in tante città, questo alto, policromo e luccicante strumento di misura è, alla sua base, anche una panca: i passanti possono riposare alla sua ombra, mentre il quadrante dell'orologio «nero su nero» esprime loro un ritmo difficile da interpretare...

Alessandro Mendini

Per torri Venezia

Biennal watch, Biennal swatch, Time to biennial, Time to art, Art time, sono i nomi di prova di una rappresentazione ironica del monumento. Alto cinque metri, replicato in due o tre esemplari, con base azzurra, fusto colore oro, con incastonato un quadrato di mosaico policromo, un quadrato nel quadrato, e sono sette, che messi in pila reggono un orologio, nero su nero, con pinnacolo. È un obelisco, replicato e replicabile all'infinito, in teoria e prassi seriale che fonde l'uno con i tanti, dando all'uno la stessa preziosità che non dovrebbe più avere nella sua moltiplicazione. Un oggetto pop che si dispone nei luoghi di una Venezia, città impossibile, scelta per sperimentare un'ennesima contaminazione d'arte e design con l'architettura, per figurare come oggetto d'arredo e di sconvolgimento. Oggetto vero e proprio e fantasma, con due stazioni di pensiero: persistenza di un attraversamento di passato, presente e futuro, colti come una sincronia che fa incidere l'uno nell'altro: scorrimento e mutevolezza che si manifesta al minimo turbamento dell'ordine delle cose, felicità nel lutto, celebrazione nella parodia.

Se proviamo a vestire Mendini di mentite spoglie, ci accorgiamo che il suo swatch, uno, nessuno, centomila, non è altro che la nostra maschera di collezionisti cleptomani, travestiti da turisti del pensiero, sognatori d'un segno da scrivere sul preteso eterno simbolico. Magari solo un nome e un co-

gnome, con sotto una data, che dia tono a una replica del concetto classico fatto d'armonia, ritmo, simmetria con modi popolari, in apologia e trionfo del colore, contro lo smorto del neoclassico risorto e morto. Re design, nella sua corte fatta di echi e citazioni, ma anche di venti turbinosi, implacabili, scompone la vertigine babelica della torre, la fa diventare querelle tra sostanze e accidenti, in discendenza di vertigini di Gibellina e di Hiroshima, con padrini in transavanguardia e postmoderno. Si tratta di mettersi d'accordo sui limiti del nomadismo e dell'attraversamento, altrimenti l'abbandono della tradizione e della contemplazione diventa sprezzante crollo barbarico, vendetta della novità e della creazione. Per questo Mendini nella sua poetica del de, assorbe tutto nella dislocazione e nell'invenzione, cioè nel cambiamento con le carte in tavola, fino a giungere alla forma del tempo. Nuovo culto priapeo verso l'indisciplina, l'esuberanza che non si trova nei manuali delle sostanze e degli accidenti, però è contemporaneamente terrea, acquea, ignea, acriforme per stare in concerto con l'alchimia di un contagio che è come un destino, come un'opera aperta che non si rassegna ad esser chiusa in un significato univoco.

Continuare nella discontinuità, è questo il disegno di Mendini, aderente al progetto di riprogettare, per districarsi nella selva di oggetti dell'esistente, di innalzarli, come per poter guardare tutto dall'alto. Da un osservatorio fatto apposta per dare la parola ai giganti di una misteriosa architettura cosmica, che si misura con le tracce del tempo infinito, registra il transito delle stagioni, raccoglie frammenti di cosmo che si vanno spargendo di qua e di là, come segni d'un'illusione palingenetica dell'universo estetico, mentre in effetti esso è arcigno e lascia fuori i più, senza occhi e senza lingua.

Mendini coniuga i verbi di una lingua in bilico tra due cadute rovinose nel caotico del passato e nell'ipotetico dell'avvenire, lavorando con i mezzi della semplificazione, della riduzione, del misticismo, della messa in moto dei meccanismi immobili. Così in una coincidentia oppositorum l'obelisco torna dal suo tempo immemorabile e diventa torre d'un orologio vero, simbolo di una produzione di massa fatta ad hoc, per un destino di composizione delle referenze marginali del consumismo in momenti di alto contesto e di orientamento. Orientamento come teatro, s'intende, come provocazione dolce degli automatismi, sulla via dei nuovi conformismi che sembrano essersi fatti da sé, senza artefici. Questo sa fare bene Mendini, ritrarsi, nascondere la mano perché tutto possa apparire naturale, in una miscelazione teorica di uomini

e discipline sotto il destino estetico che si manifesta di pioggia. D'oro o d'acqua sporca, come pare a ciascuno, in questa rivolta dell'oggettività, in questa idealizzazione che nasce dalle ceneri mai composte del materialismo dalle vesti stracciate, facendo da traghetto dal mare dell'oggettività a quello della soggettività, come parrebbe ad un Calvino di città invisibili, dove ciascuno è libero di dire e di fare, tacere e disfare, simulando la finzione come nel sogno. Un sogno a tinte piatte, senza sfumature né velature, come contraddizione assoluta che si compone e si scompone come specchi mobili d'illusione.

Eppure l'obelisco è pronto a tagliare verticalmente la linea dell'orizzonte, a fare da campanile tra i campanili, a marcare uno spazio urbano, sui generis, quale è quello veneziano. Un'utopia territoriale in un contesto ricco, affollato, intenso, dove è difficile pensare un vuoto, dove è impossibile, spesso, decifrare i confini fra la scelta e la casualità. Un territorio come scena personale, senza dare conto a nessuno di intemperanze e manchevolezze, dove disporre l'armamentario di oggetti propri e impropri, in modo da trarre gli auspici di un alfabeto privato da proporre al pubblico.

Così lo spazio diventa simbolico in senso lato, del caricarsi di una serie di effetti ora stranianti ora accattivanti, a seconda del prevalere di una filosofia estroversa del «tutto fuori», oppure di un momento di riflessione psicologica, sia pure oggettuale. Il problema non finisce d'essere culturale, alzando o abbassando il livello sensoriale del piacere della vista, con un parametro disseminato nell'ambiente, come se fosse una performance provvisoria, reversibile. Perché è appunto questo che mi sembra essere l'approdo di Mendini, una convenzionalità in cui trovano sintesi il progetto e l'emozione, il concetto di incrollabile durata con la disavventura improvvisa: nesci tuam.

Francesco Gallo

Alessandro Mendini

Swatchanschauung
Presentato nei campi di Venezia durante la XLV *Esposizione Internazionale d'Arte della Biennale di Venezia*

Disegno per il monumentino *di Mendini*

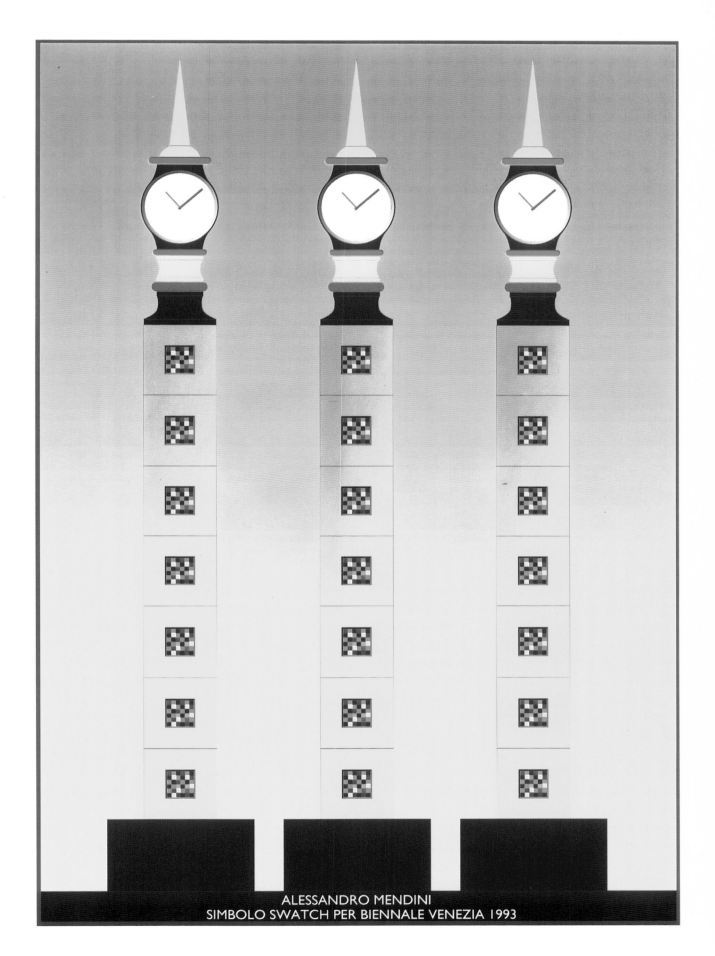

ALESSANDRO MENDINI
SIMBOLO SWATCH PER BIENNALE VENEZIA 1993

Xenografia

ART AFFAIR
presenta Xenografia
Una videoinstallazione su un carro nomade: un intreccio di relazioni immanenti, una Non-Guerra, per una nuova linea di fuga artistica, in contrapposizione alle istituzioni e alle potenze stabili e totalitarie, alle manifestazioni di certezze male interpretate.
La ricerca di un luogo dove non è più possibile la discriminazione, un luogo del desiderio, della sovversione, del tumulto, della trasformazione, della produzione e dove sorridere.
Un luogo ambulante, «Xenografia nomade», inciso (graphein-scrivere) dall'unione delle parole xenos (ospite, straniero) e nomos, nemein (indicare), nemesis (vendetta), vendetta intesa come riversamento in un luogo giusto, quindi una filosofia senza fini, senza intenzioni, una filosofia della propria inquietudine, sensibilità e intensità.

Artisti della videoinstallazione
Robert Longo, Dave Channon, Alba d'Urbano, Alex Infascelli, Cristiano Pintaldi, Julio Leitao, Paola lo Sciuto, Theo Eshetu, Donatello Alunni Pierucci, Marlen Puccini, John Delsaux, Andres Serrano, Dominique Smerzu, Christopher e Paul Calabrese, Mark Pines, Mr. Bitten, Jeanne Headstrom, Edward Finnegan, Eugenio Dittborn, Doris Salcedo, Galen Garwood, Chris Costan, Ford Crull, Erick Bergstrom, Holly Miller, Robert Gero, Andy Moses, Marcy Brafman, Jenny Holzer, Karen Caldicott, Phoebe Legere, Michael Kasino, Mudge Rose Guthrie Alexander & Ferdon, Richard Caldicott, Simon Larbalestier, Michael Mc Kenzie, Hunter Reynolds, Patina du Prey, Chrysanne Stachacos, Adam Simon, Charlie Ahearn, John Ahearn, George Briedenbach, Lothar Hempel, Paul Garrin, Nam June Paik, Any Greenfield, Gerard Couty, Rotraud Pape, Jochen Gerz, H.J. Andree, Daniela Puresevic, Bojana Pecic, Amtrit Batsry, Ingo Günther, Ernst Jürgens, Udo Kier, Carsten Höller, Peter Fend, Michael Krome, Alan Belcher, Ken Lum, Rainer Ganahl, Peter Waibel, Jean Francois Guiton, Atsushi Ogata, Massimo Audiello, Mila Dau, Coralana Parlato, Ray Rapp, Brooke Hunyady, Peter Beard, David Kelleran, Erik Oppenheim, Four Wall, Marcel Odenbach, Dalibor Martinis, Sanja Ivekovic, Irwin, Ben Vautier, Carl Michael George, Peter Cramer, Ardele Lister, David Cort, Ron Wood, Werner Eckl, Batoto Yetu, Ed Paschke, Breathout and the Dolphins, Branca Bogdanow, Greg, Rachel & Merrilee, Belkis, Vincenzo, E. Voss, Al Hansen, Jack Ox, Benjamin Patterson, Igor Sacharov-Ross, Norbert Meissner, Ari Takahashi, Manos Tsangaris, Marina Grzinic, Stanlie Stahl, Jayce Jalloum, Freddy Paul Grunert, C.M. Judge, Ernest Gusella, Yvette Torrell, Merel Mirage, Ronnie Cutrone, Dieter Roth, Egon Bunne, Clea T. Waite, David Larcher, Antal Lux, ART AFFAIR

Freddy Paul Grunert

Umberto Scrocca

Xenografia
Videoinstallazione realizzata da Freddy Paul Grunnert e prodotta da Umberto Scrocca che insieme formano il gruppo ART AFFAIR

Si ringraziano
L. Gaye, D. Buchholz, D. Daniels, F. Malsch, C. Schüppenhauer, G. Di Maggio, B. Perika, M. Hoffmann, G. Barcellona, Ph. Magers, P. Waibel, W. von Bonin, E. Jürgens, G. Stella, A. Bonito Oliva, Generalkonsulat Milano, bar della Pace, Carpené Malvolti, Goetheinstitut Roma, ZKM Karlsruhe, Philip Morris, Siemens Kulturprogramm, Nordstern Versicherungen, das Institut für Auslandsbeziehungen der BRD, Wagner Taunus Film TV GmbH, Hochschule für Gestaltung, Karlsruhe

Con il contributo di
Videomusic Super Channel, Roma-Londra

Freddy Paul Grunert,
Umberto Scrocca,
Xenografia. Videoinstallazione
su carro nomade, *1993*

Emilio Fantin

faites vos jeux

THE JOLLY
JOKER

ADVENTS
ADVERTISING FOR EVENTS

Emilio Fantin Diffusione

take away
Emilio Fantin Produzioni

L'Invito
a giocare

Concerto
per un Piacere Pubblico

Il Pass per andare
di Mostra in Mostra

La Guerra dei Figli della Luce contro i Figli delle Tenebre

Un bel giorno si presentò al vecchio saggio Baal Shem un grande problema. Andò a meditare in un luogo particolare della foresta e accese un fuoco. Fu in grado di risolvere il quesito che lo assillava solo sulla via del ritorno. Una generazione più tardi, anche il suo successore dovette affrontare un grande problema. Anch'egli andò nella foresta, si fermò nello stesso punto e fece una catasta di legna. Mentre meditava disse: «non so più come si accende un fuoco, ma conosco il rituale secondo il quale dovrebbe essere fatto». Ritornò dalla sua gente e fu in grado di risolvere il problema che si era posto. Quando il saggio della generazione seguente si trovò alle prese con lo stesso quesito, andò anch'egli nella foresta. Non sapeva come accendere il fuoco, non conosceva il rituale, ma era in grado di ritrovare il posto dove avrebbe dovuto andare. Anch'egli riuscì a risolvere il suo problema. Allora quando il saggio della generazione successiva si trovò a dover risolvere lo stesso enigma, non sapeva come fare un fuoco, né conosceva il rituale né il posto nella foresta dove accenderlo, ma riuscì a raccontare queste cose, e trovò anch'egli una risposta.

In questo caso si trattava di tramandare la conoscenza attraverso il racconto, ma ci troviamo di fronte ad una grande quantità di passaggi, con molte versioni una sull'altra, una costellazione di racconti.
La nostra presentazione si ispira ai brani contenuti nei manoscritti del mar Morto, in particolare La Guerra tra i Figli della Luce contro i Figli delle Tenebre, *e ai testi di Flavio Giuseppe, vissuto all'epoca di Tito Flavio Vespasiano e autore della* Guerra giudaica. *Lo scritto prende inoltre a prestito poesie di Oscar Wilde, frammenti delle* Elegie Duinesi *di Reiner Maria Rilke, e brani tratti dalle cronache di Hans Magnus Enzensberger. Questi frammenti narrativi, poetici, liturgici e critici trovano qui la loro voce, i suoni e le parole.*
I brani sono raccontati da sette narratori, provenienti da paesi e culture differenti, con lingue diverse. Rappresentano l'esilio: da un lato perché sono sempre in giro per il mondo, dall'altro in quanto depositari di storie di altri tempi. Questi sette narratori formano i sette diversi livelli del conflitto che contrappone i figli della luce ai figli delle tenebre.
Queste differenze sonore, linguistiche e culturali, mostrate in un universo artistico e in tempo di pa-

ce, raccontano nuovamente una delle più terribili e crudeli storie di guerra, quella in cui le legioni romane, agli ordini di Vespasiano, attaccarono il tempio di Gerusalemme e seminarono il terrore nella Galilea. La guerra dei figli della luce contro i figli delle tenebre rappresenta uno sguardo retrospettivo a tutto ciò che è diventato invisibile nel passato archeologico ed ha incoraggiato la ricerca delle tracce di una storia sepolta sotto le rovine.

Elisabeth Lebovici

Amos Gitai

La Guerra dei Figli della Luce contro i Figli delle Tenebre
Spettacolo interdisciplinare originale

Produzione
A.G.A.V. Productions

In collaborazione con
Goethe Institut, Monaco
Centre National
de Cinématographie, Parigi
Ministero della Cultura,
Gerusalemme

La cisterna di Masada

Flamenco y kathak

Flamenco/kathak: ancora ne resta l'essenza

Quanti di noi hanno combattuto nella creazione d'avanguardia degli ultimi decenni hanno fatto, prima o poi e con più o meno buona fede – perché ce n'era per tutti i gusti – espressa quanto decisa manifestazione di ostilità nei confronti dell'eurocentrismo artistico. L'Europa ci appariva, più che mai e nel peggiore dei sensi, un vecchio continente.

Ci piaceva citare, ad alcuni con fruizione, quella brillante uscita di John Cage che, alla domanda «ma lei, come può creare negli Stati Uniti, così lontano dai centri tradizionali della musica europea?» rispose: «E voi, in Europa, come potere creare così vicino ai centri tradizionali della musica europea?».

Gli esempi di Stockhausen, con la sua Mantra*, che lui stesso considerava come emanata dalla «vera musica, piena dei simbolismi, delle relazioni e dei misteri imparentati con tradizioni e culture non occidentali», o dei Beatles, per rifarsi sul fronte pop a guru in piena regola, riprendevano il fascino che di fronte all'in-audito (vale a dire, il non udito fino a quel momento) della musica non europea, aveva esercitato sullo stesso Debussy l'ascolto dei gamelan indonesiani all'Esposizione di Parigi del 1900.*

Lì si dava compimento a una delle permanenti – e salutari – contraddizioni nelle quali incorre la creatività, a fasi cicliche, con l'irrompere nella sua avanguardia di una tradizione che si rivela soggettivamente eccentrica e che viene assunta come segno di modernità.

È questo un paradosso che mette in rilievo l'igienico principio – che dovrebbe comparire in tutte le tabelle di ginnastica svedese intellettuale per esercizi quotidiani – che l'arte, in definitiva, è al di sopra dei concetti (tradizione, avanguardia, modernità ecc.) e che, di per sé, dispone di certi mezzi quasi ecologici che ne assicurano lo sviluppo, tous azimuts *e in tutte le epoche, in modo a volte persino sorprendente.*

Così com'è sorprendente – alla luce delle idee che con accurata anarchia ho tracciato fin qui – il connubio dei due generi che in questo spettacolo vengono sottoposti all'attenzione, eurocentrica o no, del pubblico: il flamenco e il kathak.

Quando qualcuno serio e rigoroso come Horst Koegler compose la voce kathak *per il suo splendido* The Concise Oxford Dictionary of Ballet, *la concluse con questa osservazione: «I piedi, ornati di sonagli, fungono da strumento a percussione, in modo simile a quella che è la loro funzione nei* zapatea-dos del ballo flamenco spagnolo».

Con ciò, il critico tedesco consacrava una relazione plurisecolare che il-più-grande-cantaor-di-tutti-i-tempi, Camarón de la Isla, coglieva in una delle ultime canzoni, prima della sua prematura morte:

*«Terra da dove io vengo,
dall'India millenaria,
anche se è da lungo tempo
ancora ne resta l'essenza...».*

Se Camarón, figlio e nipote di Camborios, come l'eroe di Federico García Lorca – pietra miliare della cultura europea del nostro secolo – sentiva che le sue radici affondavano in quell'India millenaria, allora deve essere vero. Ancor più vero di quelle leggende che raccontano, come ci racconta Andrés García Cubo, sommo pontefice, istigatore e sciamano di questo spettacolo, che «i gitani, il popolo calé – forse gli adoratori della dea Kali – fuggirono dal Nord dell'India e, in un pellegrinaggio durato secoli, si sparsero nell'Europa centrale (Ungheria, ex-Jugoslavia) per poi dirigersi verso il Mediterraneo»: e finalmente arrivare in Andalusia.

In tale diaspora portarono con sé, preservarono con cura e poi trasmisero quelle puntualizzazioni ieratiche della loro danza, quel simbolismo pieno di magia nel movimento – dal tratto enigmatico – delle dita, in quell'ondulare di avambracci e braccia elettrizzati da un flusso che ci congiunge alle forze più telluriche e saturniane, in quella epicrisi di un dramma interiore senza limiti – né divini, né umani – in quella, diceva il poeta Caballero Bonald, «trance estenuante dell'inesprimibile, che è attributo comune al ballo flamenco e alle danze indù, nelle cui forme gemelle pare di presagire la stessa immemorabile sostanza religiosa della danza asiatica».

Delfín Colomé

Andrés García Cubo

Flamenco y kathak
Spettacolo di danza

Produzione
Andrés García Cubo, CEYAC
della Comunidad de Madrid

Con la collaborazione di
INAEM del Ministerio de Cultura
e della Dirección General de Relaciones Culturales y Científicas del Ministerio de Asuntos Exteriores

Andrés García Cubo,
Flamenco y kathak

Jazz in Time

Anna Mari

Matteo Licitra

Jazz in Time
Performance

Riprese e montaggio video
Centro Formazione
professionale per la Tecnica
Cinetelevisiva del Comune
di Milano, Settore Educazione.

Con il contributo di
A.U.G.E. srl

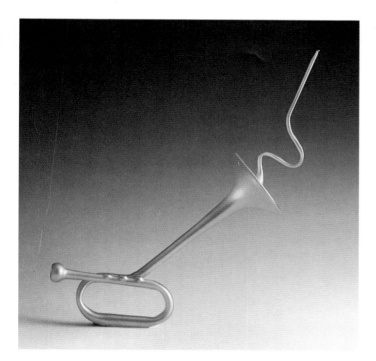

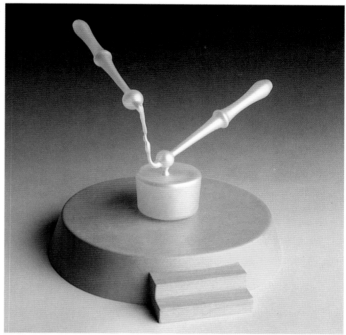

La batteria di Lionel Hampton,
1993

Ritratto di Anna Mari &
Matteo Licitra, *1993*

Ritratto di Dizzy Gillespie,
1992

Allan Kaprow

Squeezeplay.
A enclosed
space. Hundreds
of hanging oranges.
Ten or more
juicing

Machines. Sign
outside saying.
Drink: Allan
Kaprow, 1993

James Lee Byars

APRESENCEISTHEBESTWORK

Il cavallo di Leonardo

Bacino di San Marco

Ben Jakober, Yannick Vu,
Il cavallo di Leonardo, *1993*

Mai più sarà un cavallo... *di* José Luis Brea

«Penso, molto semplicemente, che l'acqua sia l'immagine del tempo, e la notte di Capodanno, con un gusto un po' pagano, cerco sempre di trovarmi vicino all'acqua, possibilmente davanti a un mare o a un oceano, per assistere all'affiorare di una nuova porzione, di un'altra tazza di tempo».
Josif Brodskij, *Fondamenta degli Incurabili*

Immaginatevi Scott Fitzgerald che esce da una delle sue migliori sbornie di conversazione accesa nelle interminabili notti dell'Harry's Bar: state pur certi che vide affiorare questa testa di mostro translucido dalla laguna. Perché lei – serpente immaginario – galleggiava da sempre nel sogno di quei mari, misteriosa e occulta, irreale, in attesa di quella tensione della coscienza che, proprio come intensità dello sguardo, l'ha messa lì – per farci vedere il rovescio del sapere assoluto, la forma pura dell'enigma.

Enigma, sì. Tensione stessa dell'interrogarsi. Ebbene, cosa vedremo, affacciati allo specchio scuro di queste acque? Di certo non la nostra immagine, ma questo Altro enigmatico, fantasmagorico e effimero – come serpente d'estate, mostro del lago Ness – che ha inghiottito il naufrago Narciso. L'enigma, il non-saputo, quella strizzata d'occhio che l'inconoscibile, l'inesplicabile ci fa dall'altra parte del giorno.

Come ha potuto l'Occidente, nella sua superbia, credere che a noi uomini sarebbe stato concesso di ottenere il pieno dominio della conoscenza? Come abbiamo potuto pensare che avremmo continuato a essere autenticamente umani, senza quell'abissale vuoto che introduce la fantasia, senza quella violenza della visione cieca che dà luogo alla facoltà – riservata all'arte, al mito – che organizza la rappresentazione, senza la forza della sfida oscura che viene a colmare quel baratro *prodotto* nel pensiero dall'inspiegato, dall'interrogativo puro, dall'enigma?

Rovina, resto. Quel che evoca questa figura[1] appartiene al passato, non certo a quella tronfia rassegna che è la *storia dei vincitori*, ma ai resti dispersi attorno al solco che con furia travolgente il progresso imprime nel suo passaggio sul mondo. Quel che affiora in questa figura è la voce di tutto ciò che *non è divenuto*, la stessa voce che parla in memoria delle rovine per esprimere la superbia con cui la cultura pretende di mettere a tacere la fondamentale legge di natura che vuole che tutto passi, che tutto sia fugacità, impermanenza.

È proprio da quell'umile fugacità che discende questa testa di cavallo, per parlarci di un'altra eternità, di un'altra gloria: quella che si costruisce come catastrofe permanente, quella alla cui luce la storia appariva all'angelo nuovo benjaminiano come accumulazione unica e ininterrotta di residui, di vestigia. Da quel luogo remoto del passato eterno, immortale nella sua piena fugacità, la testa ci assale rompendo il sogno delle sicronie compatte con cui si adorna la cultura occidentale, obbligando il divenire su una *strada a senso unico*, sotto il peso della storia linearizzata. Infranto quel sogno superbo, questo cavallo emerge dal seno scuro di altri tempi, per farci vedere che quello in cui abitiamo è sempre multiplo e aperto: multisincrono.

Non dimentichiamo[2] che questa scultura ha origine in un doppio negativo, nel disegno di una struttura metallica concepita per mantenere compresso lo stampo, il cui interno doveva ospitare al negativo la figura equestre dell'eroe. Così,

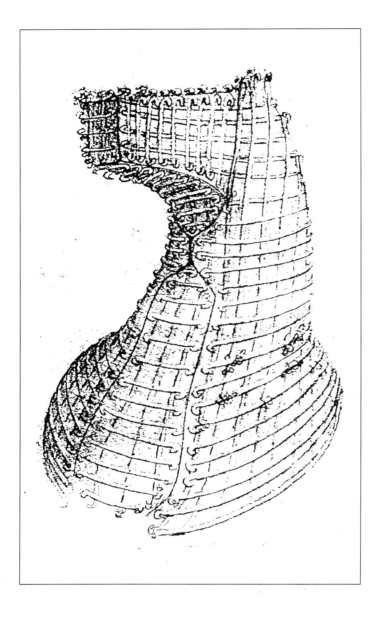

La forma ingabbiata della testa e del collo del cavallo di Leonardo (disegno originale presso la Biblioteca Nacional di Madrid)

in apparenza, il risultato sarebbe stato al positivo. Ma solo in apparenza.

In primo luogo, la forma inesatta dell'esterno che deve racchiudere nel suo interno un altro esterno – quello della statua fusa – riproduce solo in maniera molto approssimativa la figura del cavallo che, in teoria, dovrebbe «rappresentare». In quanto a tale rappresentazione, perciò, la sua «identità» è caratterizzata dalla differenza con il vero significante in essa contenuto. La forma qui significa soltanto con indolenza, con *indifferenza*: non possiede la tormentata volontà del senso. È, se vogliamo, serena memoria, fiacca rimembranza di qualche oggetto del mondo – un cavallo, un drago, un serpente...?

In secondo luogo, bisogna tener presente che in questo non costituirsi come rappresentazione, bensì esattamente come quello che la rende possibile, la sua natura si sposta dall'orizzonte del linguaggio fino al più anteriore spazio della tecnica. Infatti, lo studio di Leonardo è diretto alla soluzione di un problema tecnico, è puro calcolo di tensioni e elasticità, di capacità di torsione e resistenza della struttura. E anche nell'opera ideata da Yannick Vu e Ben Jakober, la soluzione costruttiva procede da un'approfondita analisi tecnica. Questo cosa significa? Molto probabilmente che la tecnica non potrebbe essere definita se non come quell'elemento che stabilisce le condizioni stesse di possibilità del linguaggio, che quindi ne definisce la durata, che immette nelle forme dell'esprimibile l'impronta del tempo, che mostra come un significante in grado di celebrare la magia della rappresentazione è, prima di tutto, ciò che fra le possibilità della forma decide la determinazione di un qui e soprattutto di un *adesso*. Infine, non va dimenticata la scelta, come matrice dello sviluppo costruttivo, di un dispositivo tecnico destinato ad andare sprecato, perso, come lo stesso stampo che avrebbe dovuto contenerlo. E così tutto il suo potere evocativo, commemorativo, è generato non tanto dalla volontà di opporre resistenza al tempo, quanto dal molle adattarsi, già presente nella sua origine remota, all'ineluttabile «divenire-nulla», com'è proprio dei resti.

Chissà non sia precisamente questo il genere di eternità che Leonardo prometteva al conte quando gli scriveva: «Ancora si poterà dare opera al cavallo di bronzo, che sarà gloria immortale & eterno onore de la felice memoria del Signor vostro patre & de la inclita casa Sforzesca»[3].

Si tratta, dunque, di un antimonumento. Vi coincidono la storia recente dell'arte degli spazi pubblici – con il suo avvio prossimo alla tradizione degli *earthworks*, concepita per allontanare l'arte dai luoghi istituzionalizzati, in particolare il museo – e quella quasi atavica dei monumenti, dove questi si costituiscono come luoghi di riferimento antropologico dell'ordine simbolico che articola le topologie dell'immaginario collettivo. Come possiamo osare sostenere, essendo impossibile limitare la versatilità di questo immaginario, l'opinione di Arlene Raven[4], secondo cui «l'arte pubblica non sarà mai più un eroe o un cavallo»? Sarà forse sottraendo completamente all'arte ogni funzione simbolica – e limitandola al solo compito definito da una estenuante dialettica aporetica che fatalmente le impone di diventare (e allo stesso tempo opporvisi) mera istituzione-Arte?

Non vi è alcun dubbio che si è venuto qui delineando il

profilo di un orizzonte: quello dell'umano tracciato attraverso i suoi simboli. Si sarebbe compiuto un tradimento anche ai danni della storia recente della coscienza critica se non si fosse assunto quel preciso dovere che invoca resistenza al puro monumento commemorativo. Senza smettere di esserlo, questa testa soltanto lo è dal suo negativo – e questo non lo deve meno a Leonardo che a Robert Smithson –, come il calco della sua colata, come rovescio di una volontà di ordine, come sereno lasciarsi andare al destino nell'entropia.

«Del cavallo non dirò niente perché cognosco i tempi...»
(Leonardo, *Lettera a Ludovico Sforza*).
Le sorti dell'arte sono comunque sempre soggette all'andamento dei tempi. La guerra si portò via la speranza che Leonardo aveva coltivato, per quindici anni, di costruire questa statua. E fu proprio Leonardo che ne registrò la definitiva impossibilità in forma di epitaffio[5], forse per se stesso:
Epitaffio
Se io non ho potuto fare
Se io...
Chissà non possano saperne di più i viaggiatori che oggi si trovano davanti, sulle acque di Venezia, il calco di quello che fu uno dei suoi più amati progetti, e chissà non possano dire, alla sua vista, quel che il saggio pellegrino Matsuo Bashō annotò nel diario di viaggio[6]: «Passa il tempo e passano le generazioni e nulla, nemmeno le sue tracce, dura ed è vero. Ma qui gli occhi contemplano con certezza e ricordo mille anni e giunge fino a noi il pensiero degli uomini di allora...Ricompensa del pellegrinare... Sì: il piacere di vivere mi ha fatto dimenticare la stanchezza del viaggio, e quasi mi ha fatto piangere».

Ben Jakober
Vienna 1930
Cittadino britannico,
vive a Maiorca

Yannick Vu
Montfort l'Amaury 1942
Cittadino britannico,
vive a Maiorca

Il cavallo di Leonardo
Installazione, scultura in tubo
di ferro, 1400 x 890 x 772 cm

Con il contributo di
Venini S.p.a., Murano

---

[1] La testa di cavallo è stata eseguita sulla base del disegno realizzato da Leonardo per costruire una struttura che abbracciasse lo stampo in cui si doveva fondere la statua equestre di Francesco Sforza, mai realizzata.
[2] Vedi nota 1.
[3] Leonardo, *Lettera a Ludovico Sforza*, 1482. Citato da L. Reti (a cura di), *Io Leonardo*, Milano 1974.
[4] Arlene Raven, *Art in the Public Interest*, citato in J.M. Parreño, *Cirugía estética: el arte comprometido en los años ochenta*, Madrid 1992.
[5] Leonardo, *Codex Madrid* II, citato da Maria Vittoria Brugnoli, *Il Monumento Sforza*, in L. Reti (a cura di), *op. cit.*
[6] Matsuo Bashō, *Sendas de Oku*, traduzione di O. Paz, Madrid 1981.

Indice degli artisti

Abate, Claudio, 6
Abate, Romano, 998
Abramovič, Marina, 912
Absalon, 116
Accardi, Carla, 20, 37, 953
Afrika, 953
Agnetti, Vincenzo, 568
Aguilar, Laura, 331
Agut, Pep, 302
Aksel, Erdağ, 199
Alberola, Jean-Michel, 116
Albus, Volker, 982
Alfano, Carlo, 10
Alighiero e Boetti, 20, 953, 992
Almódovar, Pedro, 570
Althoff, Kai, 323
Alviani, Getulio, 37, 572
Amarger, Michel, 500
Anderson, Curtis, 953
Anselmo, Giovanni, 953
Antoni, Janine, 283
Anufriev, Sergej, 534
Anzalone, Filadelfo, 341
Arienti, Stefano, 912
Armanious, Hany, 341
Armleder, John, 953
Arnoldi, Charles, 953
Artschwager, Richard, 953
d'Arville, Jean-Paul, 500
Arzerton, Michele, 968
Auerbach, Frank, 953

Bacon, Francis, 614
Baechler, Donald, 953
Bagnoli, Marco, 931, 953, 992
Baldessari, John, 953
Balestrieri, Amedeo, 982
Balestrini, Nanni, 26
Bałka, Mirosław, 154
Balocco, Gianluca, 968
Barbieri, Olivo, 476
Barceló, Miguel, 953
Barlow, Klarenz, 982
Barney, Matthew, 259, 953
Baruchello, Gianfranco, 872
Baselitz, Georg, 374
Basquiat, Jean-Michel, 953
Basilico, Gabriele, 452
Bassiri, Bizhan, 931
Batacchi, Franco, 998
Baudrillard, Jean, 575
Benmayor, Samy, 217
Benning, Sadie, 271
Bernardone, Maria, 968
Bester, Willie, 1004
Betancourt, Miguel, 217
Beuys, Joseph, 374
Bianchi, Daniele, 968
Bianchi, Domenico, 74, 968
Bianchin, Cristiano, 968
Bidlo, Mike, 953
Biefer & Zgraggen, 294
Bigert & Bergstrom, 302
Bijelić, Milivoj, 162
Biwer, Jean-Marie, 137
Bleckner, Ross, 953
Böckner, Ursula, 982
Boero, Renata, 20
Boltanski, Christian, 398, 992
Bond, Henry, 355
Borland, Christine, 271
Borofsky, Jonathan, 953

Botha, Andries, 1004
Bourgeois, Louise, 187, 953
Božić, Danino, 998
Brandizzi, Marco, 302
Brandl, Herbert, 912
Broutin, Gérard-Philippe, 498
Brown, James, 953
Bruel, Jacques, 992
Bruly-Bouabré, Frédéric, 953, 992
Bruskin, Grisha, 953
Bülher, Karl-Dietrich, 464
Bulloch, Angela, 323
Buren, Daniel, 382, 992
Burkhart, Kathe, 315
Burroughs, William S., 576
Busanel, Marisa, 85

Čadež, Dragica, 998
Cage, John, 727-883
Cain, Peter, 953
Cajahuaringa, Milner, 217
Calder, Alexander, 116
Caneva, Giuliano, 998
Caraven, Virginie, 500
Carrega, Ugo, 26
Castagna, Pino, 998
Castella, Vincenzo, 478
Castellani, Enrico, 37
Catherine, Norman, 1004
Cattani, Giorgio, 302
Cattelan, Maurizio, 259
Cemin, Saint Clair, 953
Cercle Ramo Nash, 323
Ceroli, Mario, 891
Chácon, O. René, 217
Chong-Hyun Ha, 159
Chia, Sandro, 953
Chiaramonte, Giovanni, 472
Chiari, Giuseppe, 866
Ciervo, Costantino, 968
Citron, Charles, 982
Clabot, Luca, 968
Clemente, Francesco, 382, 953
Clements, Dawn, 236
Collin-Thiébaut, Gérard, 116
Collishaw, Mat, 271
Collyer, Robin, 101
Colombara, Piergiorgio, 1001
Condo, George, 953
Consagra, Pietro, 37
Cordova, Ines, 217
Correggia, Francesco, 1001
Costa, Corrado, 34
Costalonga, Franco, 1001
Cragg, Tony, 891, 953
Cranston, Meg, 294
Cresci, Mario, 468
Cross, Dorothy, 129
Cubo, Andrés García, 1018
Cucchi, Enzo, 398, 953
Curlet, François, 116
Currin, John, 237

Dal Molin, Giuliano, 968
Dalí, Salvador, 579
Damian, 181
Dančuo, Nenad, 998
von Dangel, Miguel, 209
Darboven, Hanne, 953
David, Jiři, 912
Deacon, Richard, 953

De Domicis, Gino, 390, 992
Defraoui, Chérif, 992
Defraoui, Silvie, 992
Degenhardt, Maria, 968
Degli Angeli, Daniele, 1001
Deković, Ivo, 162
Dellavedova, Mario, 237
De Marchi, Riccardo, 968
De Maria, Nicola, 931
De Martiis, Plinio, 6
Deredia, Jiménez, 217
Dessì, Gianni, 912
D'Este, Gea, 1001
Deutsh, David, 953
Devaux, Frédérique, 500
Diamond, Jessica, 259
Dia, Tamessir, 143
Dicancro, Agueda, 206
Die Damen, 912
Dietrich, Keith, 1004
Di Maggio, Elisabetta, 968
Dietman, Erik, 116
Dime, Moustapha, 143
Dimitrijevic, Braco, 912, 953, 992
Dine, Jim, 953
Ding Yi, 541
Djordjevic, Mirjana, 912
Doherty, Willie, 129
Dokoupil, Jiři Georg, 912, 953
Donegan, Cheryl, 283
Dopitová, Milena, 247
Ducrot, Isabella, 20
Dujnourie, Lili, 992
Dunham, Carroll, 953
Dupont, Albert, 500
Duwenhögger, Lukas, 323

Eichhorn, Maria, 302
El-Hassan, Róza, 247
Erjautz, Manfred, 912
Espaliu, Pepe, 953, 992
Evans, Walker, 428
Expósito, Marcelo, 303
Eyfells, Jóhann, 132

Fabro, Luciano, 37, 63
Fajardo, Carlos Alberto, 96
Falaguasta, Filippo, 982
Fang Lijun, 541
Fantin, Emilio, 1014
Faye, Mor, 143
Fedorov, Vladimir, 534
Feininger, Lyonel, 953
Feng Mengbo, 541
Fermariello, Sergio, 74
Ferrari, Jean-Marc, 116
Ferraris, Marco, 968
Festa, Tano, 692
Fey, Jochen, 982
Finn, David, 998
Fioroni, Giosetta, 67
Fischer, Daniel, 178
Fishl, Eric, 953
Fishman, Louise, 953
Fleury, Sylvie, 355, 953
Fontana, Lucio, 37, 390, 878
Förg, Günther, 931, 953
Formento-Sossella, 315
Fraser, Andrea, 90
Fridfinnson, Hreinn, 132

Gallizio, Pinot, 40
Garrin, Paul, 989
Gasiorowski, Gérard, 116
Geers, Kendell, 1004
Geismar, Jårg, 199
Geng Jianyi, 541
Genzken, Isa, 931
Geva, Avital, 134
Ghirri, Luigi, 444
Giacomelli, Mario, 440
Gilardi, Piero, 78
Gilbert & George, 953
Giordani, Paolo, 1001
Gitai, Amos, 1016
Giusti, Marco, 989
Gonzales-Foerster, Dominique, 355
González-Torres, Félix, 351
Gorgoni, Gianfranco, 6
Gornik, April, 953
Gotsho, 355
Graf, Franz, 912
Graham, Rodney, 931
Graham, Robert, 953
Green, Renée, 283
Greenaway, Peter, 583
Greene, Robert, 953
Grodesky, Scott, 351
Grunert, Freddy Paul, 1012
Guidi, Guido, 484
Guston, Philip, 953
Guzman, Federico, 953

Haacke, Hans, 173
Hachette, Micheline, 498
Hafiz, Farghali Abdel, 111
Haha, 283
Haidong, Song, 551
Halley, Peter, 953
Hamilton, Richard, 124
Hansen, Al, 982
Haring, Keith, 953
Hempel, Lothar, 355
Henri, Florence, 424
Hernández-Diez, José Antonio, 331
Herold, Georg, 953
Hesse, Eva, 953
Hirst, Damien, 271
Hlungwane, Jackson, 191
Hobbs, Philippa, 1004
Höller, Carsten, 302
Holzer, Jenny, 953
Honert, Martin, 237
Horn, Rebecca, 953
Horn, Roni, 953
Houshiary, Shirazeh, 891, 953, 992
Humeres, Paulina, 217
Humphrey, Ralph, 953
Hurson, Michael, 953
Hybert, Fabrice, 116, 323

Iglesias, Cristina, 184
Imana, Gil, 217
Ingold, Res, 982
IRWIN, 170
Isgrò, Emilio, 50
Isou, Isidore, 498
Ispezione Medermeneutica, 534

Jakober, Ben, 1031

Jarman, Derek, 584
Jianyi, Geng, 551
Jodice, Mimmo, 448
Joo, Michael W., 315
Juarez, Roberto, 953
Judd, Donald, 953

Kabakov, Ilya, 104, 953
Ka Mkame, Sfiso, 1004
Kanayama, Akira, 522
Kane Kwei, Samuel, 341
Kantor, Tadeusz, 603
Kapoor, Anish, 390, 953, 992
Kaprow, Allan, 1022
Katz, Alex, 953
Kelley, Mike, 953
Kelly, Ellsworth, 953
Kempinger, Herwig, 912
Kemps, Niek, 138
Kentridge, William, 1004
Kipke, Željko, 162
Kippenberger, Martin, 953
Kiraz, Serhat, 199
Kirchhoff, 912
Kirkeby, Per, 374, 993
Kitaj, R.B., 953
Kline, Franz, 953
Kline, Martin, 953
Kogler, Peter, 912
Koloane, David, 1004
Koons, Jeff, 953
Kopp, Andreas, 982
Kosuth, Joseph, 202, 953
Kounellis, Jannis, 37, 398
Kozaris, Dimitris, 247
Krasner, Lee, 953
Kriel, Sandra, 191
Krystufek, Elke, 247
Kubota, Shigeko, 557
Kuitca, Guillermo, 953
Kusama, Yayoi, 119
Kustera, Carter, 259

Lambert, Alix, 259
Landers, Sean, 323
Lange, Dorothea, 432
Larsen, Jørn, 107
Lasker, Jonathan, 953
Lavier, Bertrand, 931
Leal-Ruiz, Juan, 217
Leccia, Ange, 891
Lee Byars, James, 1024
Lejderman, Jurij, 534
Lemaître, Maurice, 498
Lemieux, Annette, 953
Le Va, Barry, 953
Levine, Sherrie, 953
Levini, Felice, 912
LeWitt, Sol, 953, 993
Lexa, Manfred, 982
Li Shan, 541
Libera, Zbigniew, 247
Lichtenstein, Roy, 953
Licitra, Matteo, 1020
Ligon, Glenn, 953
Liu Wei, 541
Lodi, Silvestro, 982, 1001
Lois, Viktor, 202
Lombardo, Sergio, 868
Lombardi, Daniele, 874
Longobardi, Nino, 10, 953
Lo Savio, Francesco, 670

Lüpertz, Markus, 587

Mabasa, Noria, 1004
Makhoba, Trevor, 1004
Mambor, Renato, 870
Mangold, Robert, 953
Manso, Belkis Ayón, 217
Manzoni, Piero, 876
Manzoni Borghesi, Bartolomeo, 167
Mapplethorpe, Robert, 10
Marchetti, Walter, 880
Marden, Brice, 953
Mareev, Aleksandr, 534
Mari, Anna, 1020
Marisaldi, Eva, 247
Martegani, Amedeo, 912
Martinez, Daniel J., 331
Maswanganyi, Johannes, 1005
Matta, 953
Mauri, Fabio, 50
McCarthy, Paul, 259, 953
McClelland, Suzanne, 953
Melin, Truls, 150
Mendini, Alessandro, 1010
Mendoza, Nélida A., 217
Merlino, Silvio, 12
Merz, Mario, 931, 953
Merz, Marisa, 931, 953
Messager, Annette, 993
Miccini, Eugenio, 26
Migliori, Nino, 436
Milanova, Stana, 99
Ming-Sheng, Lee, 315
Mitchell, Joan, 953
Miyajima, Tatsuo, 953
Mlecko, Martin, 982
Molinier, Pierre, 116
Möller, Regina, 294
Monastyrskij, Andrej, 534
Mondino, Aldo, 85, 953
Mondo/Mokoh, 341
Montemagno, Franco, 1001
Montesano, Gianmarco, 237
Morán, Elvis García, 217
Morley, Malcolm, 953
Moro, Liliana, 247
Morris, Robert, 374
Mosher, Kirsten, 302
Motonaga, Sadamasa, 522
Motswai, Tommy, 1005
Mucha, Reinhard, 931
Mueller, Stephen, 993
Mulasics, Lászlo, 912
Müller, Christian Philipp, 90
Mullican, Matt, 993
Muñoz, Juan, 953
Murakami, Saburō, 522
Murray, Elizabeth, 953
Mussat Sartor, Paolo, 9

Nagasawa, Hidetoshi, 63
Nakahara, Kohdai, 283
Nassar, Emmanuel, 96
Neel, Alice, 953
Nel, Karel, 1005
Nelson, Joan, 953
New Madras Agency
  (Cinema Indiano), 341
Ney, Betrand, 137
Nigro, Mario, 40
Nikoloski, Petre, 165

Niva, Jussi, 150
Nkotsi, Tony, 1005
Noland, Cady, 953
Ntshalintshali, Bonnie, 341
Nunzio, 912

Oberto, Martino (OM), 26
Ocampo, Manuel, 953
Ocean Earth Construction &
  Development Corporation, 294
Oehlen, Albert, 953
Ogata, Atsushi, 982
Ono, Yoko, 561
Ontani, Luigi, 953
Opalka, Roman, 891
Opie, Julian, 891
Oppenheim, Kristin, 259
Orozco, Gabriel, 259
Osmolovsky, Anatoly, 315
Ouattara, 143

Paik, Nam June, 173, 989
Paladino, Mimmo, 931, 953
Panamarenko, 891
Paolini, Giulio, 40, 931, 953
Papadrimitriou, Agelo, 237
Paper Tiger Television, 271
Parreno, Philippe, 323
Pascali, Pino, 40, 589
Patella, Luca Maria, 590
Patkin, Izhar, 953
Patterson, Simon, 271
Payne, Malcolm, 1005
Pennone, Giuseppe, 953
Penso, Michelangelo, 968
Pepper, Beverly, 953
Pepperstejn, Pavel, 534
Perlman, Hirsch, 295
Persch, Rolf, 982
Peterman, Dan, 295
Petry, Michael, 982
Pettibon, Raymond, 953
Phaophanit, Vongphrachanh, 271
Phelan, Ellen, 953
Piacentino, Gianni, 78
Pierson, Jack, 953
Pippin, Steven, 271
Pirri, Alfredo, 931
Pisani, Vettor, 592
Pistoletto, Michelangelo, 860, 931
Pittman, Lari, 953
Pizzi Cannella, Piero, 912
Plessi, Fabrizio, 982
Polke, Sigmar, 382
Pomerand, Gabriel, 498
Potrc, Marjetica, 170, 912
Poyet, François, 498
Premiata Ditta s.a.s., 247
Prina, Stephen, 953
Prince, Richard, 953
Protti, Luisa, 63
Puryear, Martin, 953

Quartana, Luca, 303

Radino, Francesco, 486
Rakoci, Dubravka, 912
Rama, Carol, 67
Rauschenberg, Robert, 963

Ray, Charles, 259
Ray, Man, 422
Raynaud, Jean-Pierre, 112
Recalcati, Antonio, 85
Reinoso, Pablo, 993
Rennó, Rosângela, 331
Reveles, Sam, 953
Ricciardi, Cloti, 69
Richter, Gerhard, 953
Rist, Pipilotti, 247
Ristelhueber, Sophie, 993
Rivers, Larry, 594, 953
Roberts, Julie, 271
Rockenschaub, Gerwald 90
Rockman, Alexis, 237, 953
Rodríguez, Santiago, 217
Roehmer, Woodie, 500
Roiter, Andrei, 953
Rosin, Maria Grazia, 968
Rosselli, Paolo, 488
Rossetto, Carmen, 968
Rotella, Mimmo, 40, 953
Roth & Stauffenberg, 355
Rubins, Nancy, 351
Rüdiger, Bernhard, 247
Ruscha, Edward, 953
Russolo, Luigi, 856
Rütimann, Christoph, 194

Sabatier, Roland, 498
de Saint Phalle, Niki, 953
Salcedo, Doris, 331
Salle, David, 953
Salvadori, Remo, 74
Santoni, Gérard, 143
Santorossi, 998
Sarkis, 994
Sarmento, Juliao, 953
Sarra, Sergio, 303
Sartori, Mariateresa, 968
Satié, Alain, 498
Scarpitta, Salvatore, 40, 81
Schaerf, Eran, 247
Schafhausen, Nicolaus, 323
Scharf, Kenny, 953
Scher, Julia, 351
Scherman, Tony, 953
Schifano, Mario, 596, 953
Schmalix, Hubert, 912
Schnabel, Julian, 12, 953
Schnyder, Jean-Frédéric, 194
Schönfeldt, Joachim, 1005
Schulte, Frank, 982
Schumacher, Rainald, 259
Schütte, Thomas, 931
Schwartz, Daniel, 456
Scialoja, Toti, 953
Scrocca, Umberto, 1012
Sebidi, Helen, 1005
Segogela, Mashego, 1005
di Sera, Giò, 982
Serra, Richard, 953
Serrano, Andres, 331
Sesma, Raymundo, 217
Sfikas, George, 102
Shapiro, Joel, 953
Shaw, Jim, 953
Shimamoto, Shōzō, 522
Shiraga, Fujiko, 522
Shiraga, Kazuo, 522
Shuy, Marlon, 982
Siopis, Penny, 1005

Simonetti, Gianni-Emilio, 862
Skála jr., František, 157
Skotnes, Pippa, 1005
Slama, Torsten, 324
Smith, Kiki, 283, 953
Smith, Ray, 953
Smith, Tony, 953
Solakov, Nedko, 315
Solano, Susana, 390, 931
Song Haidong, 541
Sonnier, Keith, 953
Sow, Ousmane, 143
Spalletti, Ettore, 931, 953
Starr, Georgina, 271
Stefani, Ottorino, 998
Stefanov, Gligor, 165
Steinbach, Haim, 931
Steinberg, Saul, 953
Steir, Pat, 994
Stingel, Rudolf, 259
Stockhausen, Karlheinz, 982
Stockhausen, Simon, 982
Stokke, Bente, 150
Strydom, Willem, 1005
Subito, Carlo, 982
Subreal, 303
Sullivan, Billy, 953
Sumi, Yasuo, 522
Sun Liang, 541
Szüts, Barbara, 982

Taaffe, Philip, 953
Tala, Botala, 341
Tanaka, Atsuko, 522
Tàpies, Antoni, 184, 953
Terzian, Garo, 994
Tiravanija, Rirkrit, 271
Toderi, Maria Grazia, 247
TODT, 341
Tognolina, Carlo, 1001
Toral, Tabo, 217
Torres, Rigoberto, 331
Tosani, Patrick, 116
Toscani, Oliviero, 341
Trauttmansdorff, Octavian, 324
Trockel, Rosemarie, 953
Trombitás, Tamás, 912
Tsubaky, Noboru, 283
Turcato, Giulio, 20, 40
Turner, Alan, 953
Twombly, Cy, 40, 382, 953

VSSD, 247
Vaccari, Franco, 26
Vaisman, Meyer, 953
Vallazza, Adolf, 998
Van Caeckenbergh, Patrick, 323
Van de Steeg, Niek, 323
Vargas, Eugenia, 331
Vedova, Emilio, 398
Venosa, Angelo, 96
Ventura, Fulvio, 460
Vercruysse, Jan, 92
Vicinelli, Patrizia, 26
Villa, Emilio, 34
Viola, Luigi, 1001
Vu, Yannick, 1031

Wakolbinger, Manfred, 912
Walz, Rolf, 295
Wang Guangyi, 541
Wang Ziwei, 541

Wang, Youshen, 315
Ward, Nari, 283
Warhol, Andy, 12, 953
Watson, Jenny, 89
Weiner, Lawrence, 953
Welles, Orson, 579
Wenders, Wim, 598
Wesley, John, 953
West, Franz, 931
White, Cuchi, 480
Wthiteread, Rachel, 953
Williams, Sue, 237, 953
Williamson, Sue, 1005
Wilson, Robert, 600, 953
Winters, Terry, 953
Wolf, Wolf D., 982
Wool, Christopher, 953

Xerra, William, 34
Xu Bing, 541

Yamasaki, Tsuruko, 522
Yanagi, Yukinori, 283
Yi, Ding, 551
Yilmaz, Adem, 199
Yoshida, Toshio, 522
Yoshihara, Jiro, 517, 522
Yoshihara, Michio, 522
Yu Hong, 541
Yu Youhan, 541

Zabelka, Mia, 982
Zalopany, Michele, 953
Zappalorto, Ampelio, 968
Zhang Peili, 541
Zhen, Chen, 994
Zhuan, Wu Shan, 315
Zimmermann, Peter, 295
Zittel, Andrea, 283
Zongolopoulos, Georges, 126
Zorio, Gilberto, 953
Zungo, Tito, 1005

Elenco dei prestatori*

Amburgo
Kunsthalle
PPS. Galerie

Amsterdam
Galerie van Gelder
ICA

Angoulême
Fonds Régional d'Art
Contemporain

Antwerpen
Zeno X Gallery

Ashiya
City Museum of Art & History
Collezione Michio Yoshihara

Belfast
Ulster Museum

Berlino
Barbara Weiss Galerie
Lukas & Hoffman & Nicolaus
Schafhausen Galerie
Nationalgalerie
Zwinger Galerie

Biella
Collezione Giovanni Aglietta

Bologna
Collezione Michelagnoli
e Castagnoli
Galleria Neon

Bruxelles
Collezione Herman Daled
Galerie Xavier Hufkens

Caracas
Museo de Arte Contemporanea
Sofia Imber

Chicago
Museum of Contemporary Art

Città del Capo
Centre for African Studies
University of Cape Town

Città del Messico
Centro Cultural Arte
Contemporanea

Colonia
Christian Nagel Galerie
Collezione Gabrielle Rivet
Collezione Tanja Grunert
e Michael Janssen
Esther Schipper Galerie
Hagen Foundation
Johnen & Schöttle Galerie
Michael Werner Galerie

Denver
Ginny Williams Family
Foundation

Düsseldorf
Kunstmuseum

Eindhoven
Stedelijk van Abbemuseum

Gaiole in Chianti
Collezione Battista Lena

Gerusalemme
Israel Museum

Ginevra
CAAC (Contemporary African
Art Collection)

Grenoble
Galerie Magasin

Hara
Museum of Contemporary Art

Herning
Collezione Johannes Jensen

Humlebaek
Louisiana Museum of Modern
Art

Johannesburg
Johannesburg Art Gallery

Kobe
Hyogo Prefectural Museum
of Art

Kortrijk
Collezione Hubert Sierens

Kurashiki
Ohara Museum of Art

Kyoto
The National Museum
of Modern Art

Leverkusen
Städtisches Museum

Limoges
Collezione Frac Limousin

Londra
Anthony d'Offay
Anthony Reynolds Gallery
Arts Council of Great Britain
Basilisk Communications -
Uplink Co.
Collezione Jay Jopling
Collezione Patricia Bickers
Collezione Thomas
Frangenberg
Contemporary Art
and Antiques Ltd.
Lisson Gallery
Marlborough International
Fine Art
Tate Gallery
The South Bank Centre
Arts Council Collection

Los Angeles
Burnett Miller Gallery
Robert Berman Gallery

Manchester
Whitworth Art Gallery

Marybuye Centre
University of Western Cape

Mie
Prefectural Art Museum

Milano
ANS-Archivio di Nuova
Scrittura
Archivio Vincenzo Agnetti
Collezione Gerardo Pastori
Collezione Gianni Manzo
Collezione Lisa Licitra Ponti
Collezione Luigi Sansone
Collezione Paolo Consolandi
Collezione Paolo Della Grazia
Collezione Riccardo Cebulli
Galleria Bordone
Galleria Paolo Seno
Galleria Paolo Vitolo
Galleria Silvano Lodi jr.
Studio Guenzani

Milano-Torino
Galleria Christian Stein

Modena
Galleria Civica

Monaco
Collezione Martin Halusa
Mosel & Tschechow Galerie
& Verlag KG

Nantes
Galerie Arlogos

Napoli
Collezione Giuseppe Morra
Collezione Terrae Motus -
Fondazione Amelio

New York
Andrea Rosen Gallery
Barbara Gladstone Gallery
Cohen Gallery
Collezione Brooke Alexander
Collezione Jay e Donatella
Chiat
Collezione John Weber
Daniel Newburg Gallery
Enterprise
Fawbush Gallery
Feature
Gagosian Gallery
Sonnabend Gallery
Josh Baer Gallery
Lee Krasner and Robert Miller
Gallery
Leo Castelli Gallery
Marlborough Gallery
Matthew Marks Gallery
Pat Hearn Gallery
Paula Cooper Gallery
Richard S. Zeisler Collection
Sperone Westwater Gallery
Sandra Gering Gallery
Solomon R. Guggenheim
Museum
303 Gallery
Whitney Museum of American
Art

Nizza
Air de Paris
Collezione Yoon Ja & Paul
Devautour

Parigi
Collezione Alain Satié
Collezione Bruno Sabatier
Collezione Eric Fabre
Collezione Gérard Rambert
Collezione Jean Marc Patras
Collezione Marc Robelin
Collezione Roland Sabatier
Galerie Gerald Piltzer
Galerie Durand-Dessert
Galerie Jennifer Flay
Galerie 1900-2000
Galerie Rüdiger Schöttle
Jean Marc Patras
Musée National d'Art Moderne
Centre Georges Pompidou
Societé Financière de Banque

Parma
Centro Studi e Archivio
della Comunicazione (CSAC)
Galleria d'arte Niccoli

Piacenza
Collezione William Xerra

Ponzano Veneto
Benetton Spa

Radda in Chianti
Collezione Luciano Pistoi

Reggio Emilia
Collezione Achille & Ida
Maramotti

Roma
Collezione Andrea Franchetti
Collezione Carolina Rosi
Collezione Daniela Ferraria
Collezione Eugenia Botti
Collezione Evandro
Franceschelli
Collezione Francesco Soligo
Collezione Giancarlo Limoni
Collezione Gian Tomaso
Liverani
Collezione Giorgio Franchetti
Collezione Giuliana Gamba
Collezione Jean Panni
Collezione Luciano Martinis
Collezione Mario Lena
Collezione Nicola Bulgari
Collezione Nicola Maria
de' Angelis
Collezione Paolo Sprovieri
Collezione Plinio De Martiis
Collezione Silvia Farci
Galleria Cleto Polcina
Artemoderna
Galleria d'Arte Banchi Nuovi
Galleria d'Arte Netta
Vespignani
Galleria La Salita

Sion
Musée Cantonal des Beaux Arts

Stellenbosch
Rembrandt Foundation

Stoccolma
Moderna Museet

Terni
Collezione Tonelli

Tokyo
Fuji Television Gallery
Metropolitan Museum of Art
Satani Gallery
The National Museum
of Modern Art

Torino
Collezione Eliana Guglielmi
Collezione Eva Menzio
Lisa e Tucci Russo
Collezione Luigi Campi
Collezione Rebaudengo
Collezione Renata Novarese
Galleria Salzano

Toronto
Weston Collection

Trapani
Comune di Gibellina

Trento
Collezione Giordano Raffaelli

Valenza
IVAM

Vienna
Metropol Galerie

Winterton
Collezione Fee Berning

Collezione A. Carter Pottash
Collezione Anne Lippens
Collezione Bara Diokhane
e Spike Lee
Collezione Beatrice Perry
Collezione Dakis Ioannou
Collezione Flaminio Gualdoni
Collezione Frank Stella
Collezione Gaetano Manzoni
Collezione Luiza Strina
Collezione Mr & Mrs Keith
L. Sachs
Collezione Rita Donagh
Collezione Roberto Casamonti
Collezione Sandro Lodolo
Collezione Thomas Cohn
Change Performing Art
Danmarks Radio
HAM Gallery
Ny Carlsbergfondet
Royal Copenhagen
South African National Gallery
Statens Kunstfond
Tanja Grunert e Micha
Université d'Odense

* *Le opere presenti in catalogo*
senza prestatore si intendono
di proprietà dell'artista
o di Collezione privata

Courtesy

Air de Paris, *Nizza*
American Fine Arts Co.,
New York
Andrea Rosen Gallery,
New York
Annette Lemieux
Antony Reynolds Gallery,
Londra

Barbara Gladstone Gallery,
New York
Brian Butler & Esther
Schipper, *Santa Monica,*
California
Brice Marden
Brooke Alexander, *New York*
Burnett Miller Gallery,
New York

Carl Solway Gallery
Carla Accardi
Centro Cultural Arte
Contemporaneo, *Mexico City*
CICA
Cohen Gallery

Dove Bradshaw, *New York*

Enterprise, *New York*
Esther Schipper, *Colonia*

Fawbush Gallery, *New York*
Feature, *New York*
Francesco Clemente

G. Hagen Foundation, *Colonia*
Gabrielle Rivet, *Colonia*
Gagosian Gallery, *New York*
Galerie Arlogos, *Nantes*
Galerie Barbara Weiss, *Berlino*
Galerie Claire Burrus, *Parigi*
Galerie Isy Brachot,
Bruxelles-Parigi
Galerie Nelson, *Parigi*
Galerie Urbi et Orbi, *Parigi*
Galleria Christian Stein, *Milano*
Galleria Eva Menzio, *Torino*
Galleria Niccoli, *Parma*
Galleria Paolo Vitolo, *Milano*
Galleria Tag, *Udine*

Jean-Michel Basquiat
Johnen & Schöttle, *Colonia*
Josh Baer Gallery, *New York*

Kiki Smith

La Criée, Halle d'Art
Contemporain, *Rennes*
Le Case d'Arte, *Milano*
Le Fonds Régional d'Art
Contemporain,
Poitou-Charentes, Angoulême
Lee Krasner
Leo Castelli Gallery, *New York*
Lisson Gallery, *Londra*

Magasin, *Grenoble*
Massimo De Carlo, *Milano*
Mathew Marks Gallery,
New York
Matthew Barney, *New York*

Merce Cunningham Dance
Foundation, *New York*
Mimmo Paladino
Muhka Museum, *Anversa*

Nancy Rubins, *New York*
Neue Galerie am
Landersmuseum
Nordanstad Gallery, *New York*

1301, *Santa Monica, California*

Panstwowa Galeria Sztuki,
Sopot
Pat Hearn Gallery, *New York*
Paula Cooper Gallery,
New York
Photo Interform, Interform
Contemporary, *Osaka*
Pio Monti
PPS Galerie F.C. Gundlach,
Amburgo

Robert Miller Gallery,
New York
Robin Collyer, *Canada*
Röntgen Kunst Institut
di Katsua Ikenchi Galerie
AG, *Tokio*
Rosemarie Trockel
Roy Lichtenstein
Rubenstein/Diacono Gallery,
New York

Sandra Gering Gallery,
New York
Satani Gallery, *Tokio*
Sherrie Levine
Sperone Westwater, *New York*
Studio Guenzani, *Milano*

Tate Gallery, *Londra*
Teoman Madra, *Turchia*

Videoteca Giaccari, *Varese*

William Anastasi, *New York*

Zeno Gallery, *Anversa*

Crediti fotografici

© Abate Claudio, *Roma*
© Amendola Aurelio, *Pistoia*

Back John
Barber Ashley
Bellamy Peter, *New York*
Benni Giorgio
Bergmann Olaf
Bernardini Paolo
Bers David, *Berlino*
© Bersani Eugenio
Bertoux Quentin
Bessler John
Bianchi Stefano
Bignone Giovanni, *Genova*
Braeckman Dirk
Bresson Yves
Brown Will
Burden Chris

Cantini Carlo
Capone Mimmo, *Roma*
© Cavallo Stefano, *Milano*
Cesaretti Claudio
Cohen Ralf, *Ettlingen*
Collyer Robin, *Toronto*
Como, G., *Roma*
Cox Peter, *Eindhoven*

Daem Kristien, *Ghent*
© Dee James D.
Deković Ivo
Dell'Aquila Pino, *Torino*
Di Bella Alfio

Engsmar Jan
© Erickson T. Charles,
New Haven
Eynde Tom van

Fabro Silvia
Fasciani Sergio, *Roma*
Ferraris Carlo
Finkelman Alan, *New York*
Fliegner Joachim, *Brema*
Florez G. Julio G.A.
Foto Lops, *Milano*
Friedman Esther
Fürstenberg Egon von

© Garghetti Fabrizio, *Milano*
Gasperoni Diego, *Repubblica di San Marino*
Gene Bagnato Becknell University
Gilardi Piero, *Torino*
Giorgi Gianmaria
Gładykowski Jerzy, *Varsavia*
Goethals Frank
Goldman Paula
Goldstein Neil
Guillaumot Marc

© Haupt Ole, *Copenhagen*
Henmar Press Inc., *New York*
© Herling Jochen, *Godbrange*
© Hermmann Matthias, *Vienna*

Idini A.

James Klosty
Janch Kristina

Jasper Johns/Vaga, *New York*
Jaye R. Phillips

© Kandi Leo
Koller Gerhard, *Vienna*

La Fratta Carmine
Lanfranco Nanda, *Genova*
Leussing Paul
© Licitra Salvatore, *Milano*
Longman Liam
Lovino Fabio

Magliani Mauro
Malinowski Mikolaj
Maranzano Attilio, *Roma*
© Marenčin Martin, *Bratislava*
© Marossi Roberto, *Milano*
Maurer Jean-Pierre
McKeever Robert
Mjeda Luka
Mus, *Milano*
Muscato Peter
Mussat Sartor Paolo, *Torino*

Nadalig Anna
Napoli Massimo, *Roma*
Narita Hiromu
Nilsen Frederik

O'Brien Michael
Ormerod Sue, *Londra*
© Overbruck Alistair, *Colonia*

Peters David M., *Vienna*
Photo Maniscalco, *Milano*
© Pippin Steven
Polak Martin, *Praga*
Prudence Cuming Associates Limited, *Londra*

Rehsteiner Georg
Ricci Enzo, *Torino*
Ricci Giovanni
© Romano Luciano, *Napoli*
Roux Alain & Dumas Richard

Saemundsson V.S.
Sarkis
Scharff Christoph
© Schiavinotto Giuseppe, *Roma*
Schönborn Philipp, *Monaco*
Scianna Ferdinando
© Stappert Andrea, *Colonia*

Vianello Giancarlo
Visser Henk, *Toronto*
Vitale Emilia
© Vitali Guido, *Radda in Chianti*

Walter & Spehr
Webb John
Winters Gareth, *Londra*
Wössner Wolfgang, *Vienna*
Wurster Dieter

Zellien Werner e Schaerf, *Eran*

Impianti	La Fotomeccanica, *Padova*
Composizione	Centro Fotocomposizione Dorigo, *Padova*
Montaggi	Fotoforma, *Padova*
	T. Zaramella Realizzazione Grafica, *Padova*
Stampa	Offset Invicta, *Padova*
	Milanostampa, *Farigliano, Cuneo*
Confezione	Milanostampa, *Farigliano, Cuneo*
	Legatoria Zanardi, *Padova*

Finito di stampare nel mese di giugno 1993
per conto di Marsilio Editori® in Venezia

Il Mattino di Napoli
alla Biennale di Venezia

Design **Bruno Delfino**

LONGINES THE LEGEND LIVES ON

John Cage: innovatore della musica contemporanea, presenza e fondamento della volontà di spersonalizzazione dell'arte. Un precursore, un navigatore delle nuove possibilità di espressione musicale. Longines, azienda produttrice di orologi si accompagna al nome di John Cage e dei suoi compagni di esplorazione artistica come Robert Rauschenberg e David Tudor, per uno spirito innato di complicità e ammirazione con tutti quelli che hanno aperto vie nuove nell'arte, nell'avventura, nella cultura.

Longines e John Cage per sottolineare l'opera di un artista che ha segnato il tempo costruendo un ponte immaginario tra la filosofia orientale e la cultura occidentale. Un legame e un collegamento temerario, così come lo sono state molte delle sue opere. "Treno", ad esempio, realizzato in Italia alla fine degli anni Settanta, che utilizzava appunto il treno come mezzo di coinvolgimento e di raccolta di interventi legati alla musica.

Longines rende omaggio ad un artista che ha prodotto opere musicali e oggettuali, e ha influenzato molti autori contemporanei. Così come John Cage, anche Longines vuole rappresentare la reinterpretazione dell'usuale e un punto di riferimento tra le immagini della cultura moderna.

SWATCH PART OF THE ART

Swatch è da sempre interessata al mondo dell'arte, perché ha trovato nell'arte il giusto traduttore del suo linguaggio. Un idioma che supera i confini, i territori, i popoli. Arte come momento di aggregazione oltre le razze, uniti sotto un'unica sensazione: lo stupore nei confronti di tutte le nuove forme di espressione artistica. Proprio per questo Swatch è anche sponsor della quarantacinquesima edizione della Biennale di Venezia, per le aree "Aperto 93" e "Slittamenti".

Swatch è molto di più di un semplice orologio che segna il passaggio dei minuti e delle ore. Swatch è comunicazione, simbolo di chi è pronto a riconoscere nuove idee e nuovi segnali. Arte è comunicazione, passaggio e insieme ricezione di messaggi, segno universale della possibilità di riconoscersi. Swatch e Arte, segni per comunicare che si incontrano oggi alla Biennale in modo istituzionale, ma reciprocamente attratti sin dall'inizio della storia di Swatch.

Tra Swatch e arte, l'attrazione è incominciata ufficialmente il 20 marzo del 1985 con la realizzazione del primo modello Art realizzato da Kiki Picasso. Da allora è nata una serie di Swatch Art Special. Valerio Adami, Pierre Alechinsky, Pol Bury, Jean Michel Folon, Sam Francis, Alessandro Mendini, Keith Haring, Alfred Hofkunst, Mimmo Paladino, Tadanory Yokoo e tanti altri artisti hanno contribuito a portare l'arte nella vita quotidiana, trasformando il polso delle persone e le strade in una grande mostra in movimento. Swatch Part of the Art.